HISTOIRE
DES CROISADES.

IMPRIMERIE ANTH°. BOUCHER, RUE DES BONS-ENFANS, N°. 34.

HISTOIRE
DES CROISADES,

CONTENANT

LE RÉCIT DE LA QUATRIÈME CROISADE, DE LA CONQUÊTE DE CONSTANTINOPLE PAR LES FRANCS, ET DE LA SIXIÈME CROISADE;

PAR M. MICHAUD,

DE L'ACADÉMIE FRANÇAISE.

AVEC UN PLAN DE CONSTANTINOPLE ET DE DAMIETTE.

QUATRIÈME ÉDITION,

REVUE, CORRIGÉE ET AUGMENTÉE.

TOME TROISIÈME.

A PARIS,

CHEZ PONTHIEU, LIBRAIRE,

PALAIS-ROYAL, GALERIES DE BOIS;
ET AU DÉPÔT DE L'AUTEUR, RUE GÎT-LE-COEUR, N°. 10.

1826.

HISTOIRE DES CROISADES.

LIVRE IX.

Lorsqu'on porte ses regards sur les époques que nous venons de décrire, on ne peut s'empêcher de plaindre ceux qui ont vécu dans ces temps de guerre et de désordre ; mais lorsqu'on jette les yeux autour de soi et qu'on reporte sa pensée aux temps que nous avons vus, peu s'en faut qu'on ne regrette les siècles qu'on appelle barbares. Depuis trente années, une révolution enfantée par des opinions inconnues aux âges passés, a parcouru les cités, agité les peuples, ébranlé les trônes. Cette révolution a pour auxiliaires la guerre et la victoire ; elle se fortifie de tous les obstacles qu'on lui oppose, elle renaît sans cesse d'elle-même, et lorsqu'on croit apercevoir un terme à ses progrès, elle reparaît plus terrible et plus menaçante. Au moment où je reprenais le récit des croisades, un nouveau cri d'alarmes s'est fait entendre d'un bout de l'Europe à l'autre ; les nations se sont armées comme au temps des guerres saintes, et deux fois (1)

---

(1) Ce troisième volume a été écrit en 1814 et 1815.

j'ai vu l'étendard victorieux de l'étranger dans la capitale de la France. C'est en présence de ces grands événemens, au bruit d'une révolution nouvelle, que ma plume a retracé les révolutions et les guerres qui troublèrent l'Orient et l'Occident au moyen âge; puissé-je, en déplorant les malheurs de ma patrie, profiter de l'effrayant spectacle que j'ai eu sous les yeux pour peindre avec plus de vérité les troubles et les passions d'un autre siècle, et rappeler dans le cœur des contemporains l'amour de la concorde et de la paix.

1193 Après la mort de Saladin, on vit arriver ce qu'on voyait presque toujours dans les dynasties d'Orient, un règne rempli d'agitation et de trouble succédant au règne de la force et de la puissance absolue. Dans ces dynasties, qui n'ont d'autre appui que la victoire et la volonté toute puissante d'un seul homme, tant que le souverain commande, entouré de ses soldats, on obéit en tremblant; mais dès qu'il a fermé les yeux, on se précipite vers la licence avec la même ardeur qu'on s'était précipité vers la servitude; et les passions, long-temps contenues par la présence du despote, ne font qu'éclater avec plus de violence lorsqu'il ne reste plus de lui qu'un vain souvenir.

Saladin, avant de mourir, ne régla point l'ordre de sa succession, et par cette imprévoyance il prépara la ruine de son empire. Un de ses fils (1),

---

(1) Saladin laissa dix-sept fils et une fille. (*Biblioth. des Croisades*, §. 69.)

LIVRE IX.

Aziz (1), qui commandait en Égypte, se fit proclamer souverain du Caire; un autre (2) s'empara de la principauté d'Alep; un troisième de la souveraineté de Damas; Malek-Adel (3), frère de Saladin, se fit reconnaître comme souverain d'une partie de la Mésopotamie et de quelques villes voisines de l'Euphrate. Les principaux émirs, tous les princes de la famille des Ayoubites se rendirent maîtres (4) des villes et des provinces dont ils avaient le commandement.

1193

---

(1) Almalek Alaziz Emad-eddin Otsman. Nous avons donné les noms des princes musulmans comme les écrivent la plupart de nos historiens; nous aurons soin de les offrir en note comme ils sont prononcés par les auteurs arabes.

(2) Almalek Aldaher Gaïat-eddin Gazi.

(3) Almalek Aladel Seïf-eddin Abou-becr Mohammed.

(4) Aboulféda et quelques autres historiens arabes indiquent assez succinctement le partage que se firent les princes Ayoubites, des vastes provinces qui formaient l'empire de Saladin. Cet empire se composait de la Syrie, de l'Égypte, de la Mésopotamie presque entière, et même d'une grande partie de l'Arabie.

Aziz, ainsi que nous l'avons dit, s'établit en Égypte; Afdal et Daher se partagèrent la Syrie; l'un régna à Damas et l'autre à Alep. Adel retint pour sa part Carac, ainsi que quelques villes situées au-delà de l'Euphrate, et qui composaient les *provinces orientales* : c'est la Mésopotamie proprement dite. A ces trois grandes divisions se rattachaient plusieurs princes feudataires, qui possédaient en fiefs diverses villes de l'empire. Hamah, Salamiah, Marra et Mambeg, appartenaient à Malek-Mansour : c'est de cette branche qu'est issu le célèbre Aboulféda. La famille de Chirkouh

Afdal (1), fils aîné de Saladin, avait été proclamé sultan de Damas ; maître de la Syrie et de la capitale d'un vaste empire, souverain de Jérusalem et de la Palestine (2), il semblait avoir conservé quelque chose de la puissance paternelle ; mais tout était tombé dans le désordre et la confusion. Les émirs, vieux compagnons des victoires de Saladin, supportaient avec peine l'autorité d'un jeune sultan. Plusieurs avaient refusé de lui prêter le ser-

---

était établie à Émesse; Dafer, fils de Saladin, jouissait de Bosra; Amged, arrière-petit-fils d'Ayoub, était prince de Baalbek ; Schéizar, Abou Cobaïs, Sahyoun, Tell-Bacher, Kaukab, Agloun, Barin, Kafar-Tab et Apamée, étaient possédés par divers émirs qui avaient servi dans les armées de Saladin.

Quant au Yémen, province d'Arabie, où s'établit Saïf-Elislam, frère de Saladin, la famille des Ayoubites y régna jusqu'en 1239. (Voy. *Biblioth. des Croisades*, extrait des historiens arabes, §. 69.)

(1) Almalek Alafdal Nour-eddin Ali.

(2) A la mort de Saladin, Jérusalem vint en la possession d'Afdal son fils, qui la donna en fief à l'émir Azz-eddin Gerdik. Aziz s'étant emparé de Damas, la ville sainte fut le partage d'un autre émir Ilm-eddin Caïsser : à celui-ci succéda Aboulhédja, favori de Malek-Adel ; car dans le partage que ce prince et son neveu Aziz se firent peu de temps après de l'Égypte et de la Syrie, la Palestine resta au pouvoir d'Adel. Aboulhédja fut à son tour remplacé par le fameux émir Acsankar el Kébir, et celui-ci par Meimoun, en 1197. Lorsque l'empire se trouva réuni sous la domination de Malek-Adel, son fils Moadam eut Damas en partage, dont la Palestine et Jérusalem dépendirent.

ment d'obéissance (1) rédigé par les cadis de Damas; d'autres consentirent à le prêter, mais à condition qu'on leur conserverait leurs fiefs, ou qu'on leur en donnerait de nouveaux (2). Loin de travailler à réduire cette milice turbulente, Afdal oubliait les devoirs du trône dans les excès de la débauche; et tout entier livré à ses plaisirs, il abandonnait le soin de son empire à un visir (3) qui le

---

(1) Le texte du serment, tel qu'il nous a été conservé par Boha-eddin, peut se lire dans la *Biblioth. des Croisades*, §. 69, extrait des Arabes, ad ann. 589 de l'hégire.

(2) Voyez, sur la nature des fiefs musulmans, les observations de M. Reinaud dans la *Biblioth. des Croisades*, extrait des historiens arabes, §. 69.

(3) Ce visir se nommait Nasr-allah, et portait le surnom de *Dhia-eddin*, la splendeur de la religion; il était frère du célèbre historien Ibn-Alatir, que nous avons si souvent cité, et cultivait lui-même les lettres avec succès. L'étude de la plupart des sciences avait occupé sa jeunesse, et sa mémoire était ornée des plus beaux morceaux de poésie ancienne et moderne de sa nation. Saladin l'avait donné pour visir à son fils, et Nasr-allah montra par sa conduite qu'il était digne de ce choix. S'il fit des fautes comme ministre, du moins honora-t-il son caractère en restant fidèle à son maître, partageant ses malheurs et le suivant dans son exil. Après avoir resté quelque temps à Samosate, où Afdal se trouvait relégué, il vint à Alep, entra au service de Daher, qui y régnait; et, mécontent de sa conduite, il quitta la cour et se retira à Moussoul, où il fixa sa demeure. Il mourut à Bagdad en 1239, lorsqu'il remplissait une mission diplomatique dont l'avait chargé le prince de Moussoul. Nasr-allah a laissé plusieurs ouvrages de littérature, dont la biographie d'Ibn-Khilcan offre la nomenclature.

1193 rendait odieux aux Musulmans (1). L'armée demandait le renvoi du visir, qu'elle accusait d'avoir usurpé l'autorité du prince ; le visir proposa à son maître le renvoi des émirs séditieux. Le faible sultan, qui ne voyait que par les yeux de son ministre, importuné de la présence et des plaintes d'une armée mécontente, renvoya de son service un grand nombre de soldats et d'émirs, qui allèrent chez tous les princes voisins se plaindre de son ingratitude, et l'accusèrent d'oublier, au sein de l'oisiveté et de la mollesse, les saintes lois du Prophète et la gloire de Saladin.

Le plus grand nombre d'entr'eux qui s'étaient retirés en Égypte, exhortèrent Aziz à prendre les armes contre son frère. Le souverain du Caire écouta leurs discours, et, sous le prétexte de venger la gloire de son père, conçut le projet de s'emparer de Damas. Il rassembla toutes ses forces, et se rendit en Syrie à la tête d'une armée. A l'approche du péril, Afdal invoqua le secours des princes qui régnaient sur les pays de Hamah et d'Alep. Bientôt il éclata une guerre formidable, dans laquelle fut entraînée toute la famille des Ayoubites (2). Aziz avait mis le siége devant Damas.

---

(1) Le jeune prince, suivant Aboulféda, mettait encore quelque retenue et quelque pudeur dans ses plaisirs : aussi Malek-Adel, qui était bien aise de le voir s'avilir pour s'élever sur ses ruines, lui cita ce vers :

Qu'est-ce que le plaisir s'il en faut faire mystère ?

(2) Voyez sur ces guerres et sur le repos qu'elles procu-

LIVRE IX.

L'espoir d'une conquête facile animait ses émirs, 1196 et leur faisait croire qu'ils combattaient pour la justice; mais comme ils eurent d'abord peu de succès, et que la victoire s'éloignait chaque jour de leurs drapeaux, cette guerre commença à leur paraître injuste. Ils firent entendre des murmures; ils se révoltèrent enfin contre Aziz, et se réunirent aux troupes de Syrie. Le souverain du Caire, ainsi abandonné, fut obligé de lever honteusement le siége et de retourner en Égypte. Le sultan de Damas et son oncle Malek-Adel le poursuivirent à travers le désert, avec le dessein de l'attaquer jusque dans sa capitale. Afdal, à la tête d'une armée victorieuse, avait déjà porté la terreur sur les rivages du Nil. Aziz allait être détrôné, et l'Égypte conquise par les Syriens, si le frère de Saladin, conduit par une politique dont on put connaître plus tard le motif, n'eût opposé aux armes du vainqueur l'autorité de ses conseils et rétabli la paix dans la famille des Ayoubites.

Les princes et les émirs respectaient l'expérience de Malek-Adel, et le prenaient pour arbitre de leurs différends (1). Les guerriers de la Syrie et de l'Égypte, accoutumés à le voir dans les camps, le regardaient comme leur chef et le suivaient avec joie au combat; les peuples, qu'il avait si souvent

---

rèrent aux colonies chrétiennes, *Biblioth. des Croisades*, extrait des historiens arabes, ad ann. 593 de l'hégire, §. 70.

(1) Extrait des historiens arabes, *Biblioth. des Croisades*, ad ann. 589 de l'hégire.

1195 étonnés par ses exploits, invoquaient son nom dans les revers et dans les périls. Les Musulmans voyaient avec surprise qu'il eût été comme exilé dans la Mésopotamie, et qu'un empire, fondé par sa valeur, fût abandonné à de jeunes princes qui n'avaient aucun nom parmi les guerriers : lui-même s'indignait en secret de n'avoir pas reçu la récompense de ses travaux, et savait tout ce que les vieux soldats qu'il avait menés à la victoire pouvaient faire un jour pour son ambition. Il importait à ses desseins que l'empire ne fût point réuni dans les mêmes mains, et que les provinces restassent encore quelque temps partagées entre deux puissances rivales. La paix qu'il avait fait conclure ne pouvait être de longue durée, et la discorde, toujours prête à éclater parmi ses neveux, devait bientôt lui offrir une occasion de recueillir à lui seul le vaste héritage de Saladin.

Afdal, averti par les dangers qu'il avait courus, résolut de changer de conduite. Jusqu'alors il avait scandalisé les fidèles Musulmans en se livrant aux excès du vin. A son retour d'Égypte, il se montra plus docile aux leçons des *hommes pieux et dévots*; mais il ne fit que tomber d'un excès dans un autre : on le voyait sans cesse en prières, sans cesse occupé des pratiques les plus minutieuses de la religion musulmane (1); dans son extrême dévotion, comme

---

(1) Il copia tout l'Alcoran de sa propre main. (Voyez l'extrait des historiens arabes, *Biblioth. des Croisades*, ad ann. 589 de l'hégire.)

dans sa vie dissipée, il resta toujours étranger aux 1196 soins de l'empire, et s'abandonna sans réserve aux conseils de ce même visir qui l'avait déjà exposé à perdre ses états. « Alors, dit Aboulféda, des plaintes » s'élevèrent de toutes parts contre lui, et ceux qui » jusque-là avaient fait entendre ses louanges, gar- » dèrent le silence. »

Aziz crut que l'occasion était favorable pour reprendre les armes contre son frère. Malek-Adel, persuadé que la guerre pouvait servir son ambition, ne parla plus de paix, et se mit à la tête de l'armée d'Égypte. Ayant intimidé par ses menaces, ou gagné par ses largesses les principaux émirs d'Afdal, il prit d'abord possession de Damas au nom d'Aziz, et gouverna bientôt en souverain les plus riches provinces de la Syrie.

Chaque jour de nouvelles discordes s'élevaient parmi les princes et les émirs: tous ceux qui avaient combattu avec Saladin, crurent que le moment était arrivé de faire valoir leurs prétentions (1); les princes qui restaient encore de la famille de Noureddin, songèrent à reprendre les provinces dont les fils d'Ayoub avaient dépouillé les malheureux Atabeks. Tout l'Orient était troublé; de sanglantes divisions désolaient la Perse, que se disputaient les faibles rejetons des Seljoucides. L'empire du Ka-

---

(1) On peut lire dans la *Biblioth. des Croisades*, extrait des auteurs arabes, les guerres qui désolèrent à plusieurs reprises la Syrie: tous ces détails, reproduits dans cette histoire, n'auraient pas manqué de fatiguer nos lecteurs.

risme, qui s'étendait chaque jour par des conquêtes, menaçait à-la-fois la capitale du Korassan et la ville de Bagdad, où tremblait le pontife de la religion musulmane. Depuis long-temps les califes ne pouvaient prendre une part active aux événemens qui changeaient la face de la Syrie, et n'avaient plus d'autorité que pour consacrer les victoires du parti triomphant. Afdal, chassé de Damas, invoqua en vain la protection du calife de Bagdad, qui l'exhorta à prendre patience, en lui disant que *ses ennemis rendraient compte à Dieu de ce qu'ils avaient fait.*

Au milieu des rivalités qui divisaient les princes musulmans, Malek-Adel ne trouvait point d'obstacles à ses projets; les troubles, les discordes que son usurpation avait fait naître, les guerres entreprises contre lui, tout contribuait à consolider, à étendre sa puissance usurpée. Il devait bientôt réunir sous ses lois la plupart des provinces conquises par Saladin. Ainsi se vérifia, pour la seconde fois, dans l'espace de peu d'années, cette observation d'un historien arabe qui s'exprimait ainsi en parlant de la succession de Chirkou : *La plupart de ceux qui ont fondé des empires ne les ont pas laissés à leur postérité* (1). Cette instabilité de la puissance n'est point une chose étrange dans des pays

---

(1) C'est Ibn-Alatir, dans son *Histoire universelle*. (Voy. la *Bibliothèque des Croisades*, extrait des auteurs arabes, p. 28.)

où le succès rend tout légitime, où les caprices de 1196 la fortune sont souvent des lois, où les plus redoutables ennemis d'un empire fondé par les armes, sont ceux-là même qui lui ont prêté l'appui de leur bravoure. L'historien que nous venons de citer, déplore ces révolutions du despotisme militaire, sans en approfondir les causes naturelles, et ne peut expliquer tant de changemens qu'en remontant à la justice de Dieu, toujours prête à punir, au moins dans leurs enfans, ceux qui ont employé la violence et répandu le sang des hommes pour arriver à l'empire.

Telles furent les révolutions qui, pendant plusieurs années, troublèrent les états musulmans de la Syrie et de l'Égypte. La quatrième croisade que nous allons faire connaître, et dans laquelle les chrétiens auraient pu mettre à profit les troubles de l'Orient, ne servit qu'à réunir les débris dispersés de l'empire de Saladin. Malek-Adel dut les progrès de sa puissance non seulement aux divisions des infidèles, mais à l'esprit de discorde qui régnait parmi les chrétiens.

Après le départ du roi d'Angleterre, comme on l'avait toujours vu après chaque croisade, les colonies chrétiennes, environnées de périls, marchaient plus rapidement à leur décadence. Henri de Champagne (1), chargé du gouvernement de

---

(1) Richard, dit Bernard le Trésorier, s'embarqua, laissant à Henri de Champagne le gouvernement de tous les

1196 la Palestine, dédaignait de prendre le titre de roi; impatient de retourner en Europe, il regardait son royaume comme un lieu d'exil. Les trois ordres militaires, retenus en Asie par leurs sermens, formaient la principale force d'un état qui naguère avait tous les guerriers de l'Europe pour défenseurs. Guy de Lusignan, retiré dans l'île de Chypre, ne s'occupait plus de Jérusalem, et mettait tous ses soins à se maintenir dans son nouveau royaume, troublé par la révolte continuelle des Grecs et menacé par les empereurs de Constantinople.

Bohémond III (1), petit-fils de Raymond de Poitiers, et descendant, par les femmes, du célèbre Bohémond, l'un des héros de la première croisade, gouvernait la principauté d'Antioche et le comté de Tripoli. Au milieu des malheurs qui affligeaient les colonies chrétiennes, ce prince ne

---

pays que les chrétiens occupaient. (*Biblioth. des Croisades*, tom. 1, extrait de Bernard le Trésorier.) Dans la suite, ajoute-t-il, les pélerins admirant sa constance, l'élurent pour roi; la vérité est que Henri de Champagne avait reçu de Richard le titre de roi de Jérusalem; les auteurs musulmans ne l'appellent que le roi d'Acre, Jérusalem n'étant plus au pouvoir des fidèles. (Ad ann. 589 de l'hégire, §. 69.)

Il est bon de remarquer que Bernard le Trésorier donne deux femmes à Henri, l'une en Europe, et l'autre dans la Palestine. (*Aliam uxorem habebat.*) Ibid.

(1) Continuateur de Guillaume de Tyr, et Bernard le Trésorier.

s'occupait que d'agrandir ses états, et tous les moyens lui semblaient bons pour parvenir à ses desseins. Bohémond prétendait avoir des droits sur la principauté d'Arménie : pour s'en emparer, il employa tour-à-tour la force et la ruse: après plusieurs tentatives inutiles, il attira dans sa capitale Rupin de la Montagne, un des princes d'Arménie, et le retint en captivité. Il lui offrit ensuite la liberté, à condition que celui-ci lui rendrait hommage. Sur le refus de Rupin, Bohémond entra dans l'Arménie : Livon, vainqueur du prince d'Antioche, le força de briser les fers de son prisonnier. Plusieurs années après, de nouveaux débats s'élevèrent entre Bohémond et Livon, devenu prince d'Arménie. Sous prétexte de parler de la paix, Bohémond invita Livon à une entrevue. Les deux princes s'engagèrent par serment à venir sans escorte et sans suite au lieu de la conférence ; mais chacun d'eux avait la secrète pensée de ne point tenir son serment et de n'écouter que sa haine. Le prince arménien fut le plus heureux ou le plus perfide ; il surprit Bohémond, le chargea de fers et l'enferma dans une de ses forteresses. Dès-lors la guerre recommença avec plus de fureur. Les peuples d'Arménie et ceux d'Antioche coururent aux armes; les campagnes et les villes des deux principautés furent tour-à-tour envahies et ravagées. Cependant on parla de rétablir la paix : après quelques débats sur les conditions, le prince d'Antioche fut renvoyé dans ses états. Par un accord fait entre les deux princes, Alix, fille de Rupin, épousa le fils aîné

1196 de Bohémond. Cette union semblait être le gage d'une paix durable, mais le germe de tant de divisions subsistait encore; les deux partis conservaient le ressentiment des outrages qu'ils avaient reçus; chaque traité de paix devenait un nouveau sujet de discorde; la guerre était toujours prête à se rallumer.

D'un autre côté, l'ambition et la jalousie avaient divisé les ordres du Temple et de Saint-Jean. A l'époque de la troisième croisade, les Hospitaliers et les Templiers étaient aussi puissans que des princes souverains; ils possédaient en Asie et en Europe des villages, des villes et même des provinces (1); les deux ordres, rivalisant de puissance et de gloire, s'occupaient moins de défendre les saints lieux que d'accroître leur renommée et leurs richesses; chacune de leurs immenses possessions, chacune de

---

(1) Voyez l'Éclaircissement sur les ordres de chevalerie, dans les pièces justificatives du deuxième volume. Nous y avons exposé la constitution des ordres de chevalerie, et fait connaître les motifs de leur rivalité; nous avons rapporté un passage de Mathieu Pâris, qui montre quelles étaient les richesses en Occident de ces preux défenseurs du tombeau de J.-C. Cependant le grand-maître Geoffroy, écrivant au prieur d'Angleterre, s'exprimait en ces termes : « Il faut tout acheter à un prix excessif, tant pour faire » subsister nos chevaliers que pour les troupes qui sont » à la solde de l'ordre; ce qui nous a obligés de contracter » des dettes considérables que nous ne pouvons acquitter » que par les secours que nous attendons de nos frères » d'Occident. »

LIVRE IX.

leurs prérogatives, la renommée des chevaliers, le crédit des chefs, tout, jusqu'aux trophées de la valeur, était pour eux un sujet de rivalité (1). A la fin cet esprit de discorde et de jalousie éclata par une guerre ouverte. Un gentilhomme français, établi en Palestine, possédait, en qualité de vassal des Hospitaliers, un château voisin de Margat (2), sur les côtes de Syrie. Les Templiers prétendirent que ce château leur appartenait, et s'en emparèrent de vive force. Robert Séguin, c'est le nom du gentilhomme, en porta ses plaintes aux Hospitaliers ; ceux-ci prennent aussitôt les armes et chassent les Templiers du château qu'ils viennent d'envahir. Dès-lors les chevaliers des deux ordres ne se rencontraient plus sans se provoquer au combat : la plupart des Francs et des chrétiens établis en Syrie, prirent parti, les uns pour l'ordre de Saint-Jean, les autres pour celui du Temple. Le roi de Jérusalem et les plus sages des barons firent des efforts impuissans pour ramener la paix ; plusieurs princes chrétiens tentèrent en vain de rapprocher

---

(1) Mathieu Pâris dit que ce qui surtout entretenait les rivalités des deux ordres, c'était la différence considérable qui existait entre leurs richesses : les Hospitaliers possédaient 19,000 manoirs, tandis que les Templiers n'en avaient que 9 mille.

(2) Sur cette querelle relative à Robert de Margat, voyez la lettre d'Innocent III qui la termine (*Epistol. Innoc. III*, lib. 1, pag. 324), et l'abbé de Vertot dans son *Histoire de Malte*, tom. 1, pag. 285.

les deux ordres rivaux; le pape lui-même eut quelque peine à faire adopter sa sainte méditation, et ce ne fut qu'après de longs débats que le Saint-Siége, tantôt armé des foudres évangéliques, tantôt employant le langage paternel du chef de l'Eglise, termina, par sa sagesse et son suprême ascendant, une contestation que les chevaliers auraient mieux aimé décider avec la lance et l'épée.

Au milieu de ces fatales divisions, personne ne songeait à se défendre contre les Sarrasins. Une des suites les plus funestes de l'esprit de faction, c'est qu'il conduit à une fâcheuse indifférence pour la cause publique. Plus les partis s'attaquaient avec acharnement, moins ils voyaient les dangers qui menaçaient les colonies chrétiennes; ni les chevaliers du Temple et de Saint-Jean, ni les chrétiens d'Antioche, ni ceux de Ptolémaïs, ne pensaient à demander des secours contre les infidèles, et l'histoire ne dit pas qu'aucun envoyé de l'Orient ait fait alors retentir en Europe les gémissemens de Sion (1).

---

(1) Ibn-Alatir dit cependant que l'émir qui commandait à Bérithe ayant fait des courses sur les navires chrétiens, et ceux-ci n'ayant pu obtenir aucune satisfaction, écrivirent en Occident : « Si vous ne vous hâtez de nous porter secours, nous sommes perdus et dépouillés des villes qui nous restent encore. » Le compilateur des *Deux Jardins* rapporte que les Francs s'adressèrent surtout à l'empereur

LIVRE IX.

La situation des chrétiens en Palestine était d'ailleurs si incertaine et si périlleuse, que les plus sages n'osaient ni prévoir les événemens, ni prendre une détermination. S'ils invoquaient les secours des guerriers de l'Occident, ils rompaient la trêve faite avec Saladin, et s'exposaient à toutes les fureurs des infidèles; s'ils respectaient les traités, la trêve pouvait être rompue par les Musulmans, toujours prêts à profiter des calamités qui affligeaient les chrétiens. Dans cet état de choses, rien ne semblait annoncer une nouvelle croisade. D'abord elle n'était point provoquée par les chrétiens de la Syrie. D'un autre côté, quel motif religieux pouvait porter la chrétienté à secourir un peuple lointain livré à la corruption et à la discorde? Quel intérêt l'Occident trouvait-il à prodiguer ses trésors et ses armées pour défendre des provinces couvertes de ruines et dépouillées de tout ce qui pouvait les rendre florissantes? Il faut dire néanmoins que le grand nom de Jérusalem frappait encore vivement l'esprit des peuples; les souvenirs des premières croisades animaient encore l'enthousiasme des chrétiens; la vénération pour les saints lieux, qui semblait s'affaiblir dans le royaume même de Jésus-Christ, se conservait au-delà des mers et dans les principales contrées de l'Occident.

---

d'Allemagne. (Voyez les extraits des historiens arabes, *Biblioth. des Croisades*, ad ann. 595 de l'hégire, §. 70.)

1196 Célestin III avait encouragé, par ses exhortations, les guerriers de la troisième croisade ; à l'âge de quatre-vingt-dix ans, il poursuivait avec zèle tous les projets de ses prédécesseurs, et souhaitait ardemment que les derniers jours de sa vie et de son pontificat fussent marqués par la conquête de Jérusalem. Après le retour de Richard, la mort de Saladin avait répandu la joie dans l'Occident et ranimé les espérances des chrétiens. Célestin écrivit à tous les fidèles pour leur apprendre que le plus redoutable ennemi de la chrétienté avait cessé de vivre ; et, sans être arrêté par la trêve de Richard Cœur-de-Lion, il ordonna aux évêques et aux archevêques de prêcher une nouvelle croisade dans leurs diocèses (1). Le souverain pontife promettait à ceux qui prendraient la croix, les mêmes privi-

---

(1) Les lettres de Célestin III sur la prédication de la croisade, se trouvent dans les pièces justificatives de ce volume, n°s. I et suiv.; elles sont adressées à l'archevêque de Cantorbéry, légat du Saint-Siége : l'archevêque de Cantorbéry écrivit à son tour aux officiaux de l'archevêché d'Yorck; il leur ordonne de rechercher avec soin tous ceux qui auraient promis de marcher à la croisade ; lorsqu'on saura leur nom, dit-il, on les fera connaître dans la semaine qui suivra le dimanche où l'on chante *lætare Jérusalem ;* les prêtres les exhorteront à reprendre la croix qu'ils ont quittée, et prêcheront pour que les croisés ne rougissent plus des choses dont ils doivent recueillir des fruits spirituels. Si ceux-ci n'obéissent pas, ils seront privés des saints mystères de la communion à la Pâque prochaine; le prélat espère que cette sévérité aura les plus heureux résultats. (Baronius, *Annal.*, ad ann 1195.)

léges et les mêmes avantages que dans les croisades précédentes. La profanation des saints lieux, l'oppression où gémissaient les fidèles d'Orient, l'insolence et l'audace toujours croissantes des Sarrasins, tels étaient les motifs dont il appuyait ses saintes exhortations. Il s'adressait surtout aux évêques d'Angleterre, et les exhortait à réunir leurs efforts pour engager Richard à reprendre les armes contre les infidèles.

1196

Richard, depuis son retour, n'avait point quitté la croix, symbole du pélerinage : on pouvait croire qu'il avait le projet de retourner dans la Terre-Sainte; mais à peine sorti d'une injuste captivité, instruit par sa propre expérience des difficultés et des périls d'une expédition lointaine, il n'avait d'autre pensée que de réparer ses pertes, de défendre ou d'agrandir ses états, et de se tenir en garde contre les attaques de Philippe-Auguste. Ses chevaliers et ses barons, qu'il exhorta lui-même à reprendre la croix (1), protestèrent comme lui de leur dévouement à la cause de Jésus-Christ, mais ne purent se décider à retourner dans la Palestine, qui avait été pour eux un lieu de souffrance et d'exil.

Les prédicateurs de la croisade, quoique leur présence inspirât partout le respect, n'eurent pas

---

(1) Richard avait coutume de répéter une parabole à ses courtisans, pour les engager à la croisade : elle se trouve dans l'extrait de Mathieu Pâris. (*Biblioth. des Crois.*, t. I.)

1196 plus de succès dans le royaume de France, où, quelques années auparavant, cent mille guerriers avaient pris les armes pour voler à la défense des saints lieux. Si la crainte des entreprises de Philippe suffisait pour retenir Richard en Occident, la crainte qu'inspirait l'humeur vindicative et jalouse de Richard devait aussi retenir Philippe dans ses états (1). La plupart des chevaliers et des

---

(1) Nous croyons qu'il ne sera pas inutile de donner ici une sorte de notice historique sur les rapports politiques de Richard et de Philippe-Auguste, depuis leur retour de la Palestine. Dès que Richard fut arrivé en Angleterre, il se fit couronner une seconde fois, à Wincester, afin d'effacer, disent les chroniques, les marques de ses fers; il passa ensuite dans la Normandie avec une puissante armée, impatient de faire la guerre à Philippe; déjà ce prince avait appris la délivrance du roi d'Angleterre, et il avait écrit à Jean son confédéré : « Prenez garde à vous, le diable a brisé sa chaîne. » (Hoveden, pag. 730-740.) Cette guerre fut peu importante pour les deux couronnes. Richard obligea Philippe de lever le siége de Verneuil, prit Loche, petite ville de Touraine, Beaumont, et quelques autres places moins importantes. On en vint alors à des propositions d'accommodement; on fut arrêté par cette difficulté. Philippe voulait exiger que Richard stipulât dans le traité que ses barons ne pourraient plus faire la guerre privativement aux barons du roi de France; mais le roi d'Angleterre déclara qu'une telle stipulation ne dépendait pas de lui, parce qu'elle touchait aux priviléges et immunités de ses barons. Les négociations étant rompues, les deux armées en vinrent aux mains. Il y eut un engagement de la cavalerie anglaise contre la cavalerie française, à Freteval; l'avantage demeura aux troupes de Richard; les archives,

seigneurs suivirent l'exemple du roi de France, et 1196
se contentèrent de verser des larmes sur la captivité de Jérusalem ; l'enthousiasme de la croisade

---

qui suivaient alors la personne du roi, tombèrent au pouvoir des Anglais. A leur tour, ceux-ci furent battus à Vau-
dreuil; une trève d'un an fut conclue. (Gauthier d'Heming,
p. 541.)

Ce fut pendant cette trève que Jean sollicita et obtint le
pardon de son frère Richard; cette réconciliation fut marquée par le massacre de la garnison d'Evreux, et par un
traité offensif et défensif du roi d'Angleterre et de l'empereur d'Allemagne, qui n'eut aucune suite. Après quelques nouveaux combats, la paix fut conclue à Louviers
entre Philippe et Richard. En 1196, le prince anglais sollicita et obtint les alliances des comtes de Flandre, de
Toulouse, de Boulogne, de Champagne et d'autres grands
vassaux de la couronne de France. La guerre s'alluma avec
toutes ses fureurs. Les deux princes y apportèrent tant
d'animosité, que bien souvent ils firent crever les yeux à
leurs prisonniers. Une trève de cinq ans fut conclue à la
sollicitation du cardinal de Sainte-Marie, qui la maintint
avec peine entre les deux monarques rivaux.

En 1199, Vidomar, vicomte de Limoges, vassal de la
couronne d'Angleterre, ayant trouvé un trésor dans ses
domaines, en envoya une partie à Richard à titre de présent. Celui-ci prétendit que ce trésor tout entier lui appartenait comme suzerain. Le roi fit la guerre et vint assiéger son vassal dans son château de Chalus, près de Limoges; c'est à ce siége qu'il fut atteint d'une flèche; on
sait qu'il mourut de cette blessure le 6 avril 1199. (Hoveden, p. 791; Brompton, p. 1277.) Comparez ce récit avec
celui de Gautier d'Hemingford, dans la *Biblioth. des Croisades*, t. 1, qui donne des détails très curieux sur la
mort de Richard.

1190 n'entraîna qu'un très petit nombre de guerriers, parmi lesquels l'histoire distingue le comte de Montfort, qui, dans la suite, fit une guerre si cruelle aux Albigeois (1).

Depuis le commencement des croisades, l'Allemagne n'avait cessé d'envoyer ses guerriers à la défense de la Terre-Sainte; elle déplorait la perte récente de ses armées dispersées dans l'Asie mineure, et la mort de l'empereur Frédéric, qui n'avait trouvé qu'un tombeau dans les plaines de l'Orient; mais le souvenir d'un si grand désastre n'éteignait point dans tous les cœurs le zèle et l'enthousiasme pour la cause de Jésus-Christ. Henri VI, qui occupait le trône impérial, n'avait point partagé, comme les rois de France et d'Angleterre, les revers et les périls de la dernière expédition; de fâcheux souvenirs et la crainte de ses ennemis en Europe, ne pouvaient l'empêcher de prendre part à une expédition nouvelle, et le détourner du saint pélerinage dont tant d'illustres exemples semblaient lui faire un devoir sacré.

Quoique ce prince eût été, l'année précédente, excommunié par le Saint-Siége, le pape lui envoya une ambassade chargée de lui rappeler l'exemple de son père Frédéric, et de l'exhorter à prendre la croix. Henri, qui recherchait l'occasion de se rapprocher du chef de l'Eglise, et qui avait d'ailleurs de vastes projets, dans lesquels une nouvelle

---

(1) Voyez, sur le comte de Montfort et la croisade des Albigeois, l'Éclaircissement à la fin de ce volume.

croisade pouvait le servir, reçut avec de grands honneurs l'envoyé de Célestin.

1196

De tous les princes du moyen âge, aucun ne montra plus d'ambition que l'empereur Henri VI (1); il avait, disent les historiens, l'imagination toute remplie de la gloire des Césars, et souhaitait de pouvoir dire, comme Alexandre : *tout ce que mes désirs peuvent embrasser m'appartient.* Il crut que l'occasion était venue d'exécuter ses desseins et d'achever ses conquêtes. L'expédition dont le Saint-Père lui proposait d'être le chef, pouvait favoriser ses projets ambitieux : en promettant de défendre le royaume de Jérusalem, il ne songeait qu'à conquérir la Sicile; et la conquête de la Sicile (2) n'avait de prix à ses yeux que parce qu'elle lui ouvrait le chemin de la Grèce et de Constantinople. En même temps qu'il protestait de sa soumission aux volontés du chef de l'Eglise, il recherchait l'alliance des républiques de Gênes et de Venise, auxquelles il promettait les dépouilles des vaincus: mais au fond de sa pensée il nourrissait l'espoir qu'un jour il renverserait les républiques d'Ita-

---

(1) Voyez, dans les pages suivantes, la note sur la guerre de Sicile et de Naples, et sur les malheurs des princes normands.

(2) Le caractère et les projets de l'empereur Henri VI ont été trop souvent retracés, pour que nous entreprenions de les redire dans une note. Nous avons consulté, outre les monumens contemporains, la grande histoire de Schmidt, un des plus beaux monumens de l'érudition allemande.

1196 lie (1), il abaisserait l'autorité du Saint-Siége, et, sur leurs débris, relèverait, pour lui et pour sa famille, l'empire d'Auguste et de Constantin.

Tel était le prince à qui Célestin envoyait une ambassade et qu'il voulait entraîner dans une guerre sainte. Après avoir annoncé sa résolution de prendre la croix, Henri convoqua à Worms une diète générale, dans laquelle il exhorta lui-même les fidèles à s'armer pour défendre les saints lieux (2).

---

(1) Guillaume de Neubridge donne de plus pieux motifs à l'expédition d'Henri VI; ce qui le détermina, dit-il, à prendre les armes, ce fut le spectacle de deux grands rois abandonnant les affaires du Christ pour ne s'occuper que des leurs, et qui, se poursuivant l'un et l'autre par une haine cruelle, brisaient comme des tyrans les forces de la chrétienté.

(2) La diète de Worms se tint le jour de la fête de Saint-André, 1195. Henri déclara ses pieuses intentions aux ecclésiastiques et aux laïques; tous ceux qui se distinguaient par leur dignité, leur sagesse et leur éloquence, firent entendre des paroles si puissantes, qu'on pouvait dire, suivant un historien : *le doigt de Dieu est ici*. L'assemblée dura huit jours. Guillaume de Neubridge parle aussi de l'assemblée de Worms; il dit que l'empereur, pour expier le crime dont il s'était rendu coupable, en retenant prisonnier dans ses états le roi Richard, excita les ecclésiastiques et les laïques, *par un exemple sublime*, à se dévouer à la défense de la Terre-Sainte. (Guill. de Neubridge, lib. 5, chap. 20.)

Arnold de Lubeck, sous la date de 1195, après avoir parlé des soins que prit le pape pour assurer le succès de l'expédition de la croix, dit que l'empereur Henri tint une assemblée à Strasbourg, où les lettres du légat furent lues. L'empe-

Depuis Louis VII, roi de France, qui harangua ses 1196
sujets pour les entraîner à la croisade, Henri était
le seul monarque qui eût mêlé sa voix à celle des
prédicateurs de la guerre sainte, et fait entendre
les plaintes de l'Eglise de Jérusalem. Son éloquence,
célébrée par les historiens du temps, et surtout le
spectacle qu'offrait un grand empereur prêchant
lui-même la guerre contre les infidèles, firent une
vive impression sur la multitude des auditeurs (1).
Après cette prédication solennelle, les plus illustres
des prélats qui se trouvaient réunis à Worms,
montèrent tour-à-tour dans la chaire évangélique
pour entretenir l'enthousiasme toujours croissant
des fidèles : pendant huit jours on n'entendit dans
les églises que les gémissemens de Sion et de la cité
de Dieu. Henri, entouré de sa cour, se revêtit du
signe des croisés; un grand nombre de seigneurs
allemands prirent la croix, les uns pour plaire à

---

reur résolut d'envoyer des députés au chancelier Conrad,
qui était alors dans la Pouille, avec des ordres pour faire
des préparatifs nécessaires à la guerre de Sicile. Dans cette
assemblée se croisèrent Henri, palatin du Rhin; Otton,
marquis de Brandebourg; Henri, duc de Brabant; Herman,
landgrave de Thuringe; Walwred, comte de Limbourg;
Adolphe, comte de Schawenbourg; le duc d'Autriche;
Hasteric, archevêque de Brême; Rodolphe de Verden, et
plusieurs autres. (Arnold de Lubeck.)

(1) Tous les faits relatifs à la prédication de cette croisade,
se trouvent épars dans Roger de Hoveden, Mathieu Paris,
Godefroi Moine, Guillaume de Neubridge, Othon de Saint-
Blaise et Arnold de Lubeck.

1196 Dieu, les autres pour plaire à l'empereur. Parmi ceux qui firent le serment de combattre les Sarrasins, l'histoire nomme Henri, duc de Saxe; Otton, marquis de Brandebourg; Henri, comte palatin du Rhin; Herman, landgrave de Thuringe; Henri, duc de Brabant; Albert, comte d'Hapsbourg; Adolphe, comte de Schawenbourg; Henri, comte de Pappenheim, maréchal de l'empire; le duc de Bavière; Frédéric, fils de Léopold, duc d'Autriche (1); Conrad, marquis de Moravie; Valeran de Limbourg; les évêques de Wurtzbourg, de Bremen, de Verden, d'Halberstadt, de Passau, de Ratisbonne.

---

(1) Comme nous aurons quelquefois l'occasion de parler des ducs d'Autriche, nous allons donner une courte notice sur ceux qui prirent part aux croisades.

Léopold V, fils de Henri II, est le premier duc d'Autriche. Il mourut le 21 décembre 1194, suivant l'*Art de vérifier les dates*, et en 1195 suivant Mathieu Pâris; c'est celui qui retint Richard en captivité.

Frédéric 1er. succéda à son père Léopold; il fit d'abord une croisade à la tête de plusieurs princes allemands contre les Sarrasins d'Espagne, et dans la Terre-Sainte où il mourut l'année suivante. Cornerius Herman le nomme Guillaume.

Léopold VI, dit le Glorieux, frère du précédent, assista au siège de Damiette en 1218; il commanda l'armée des croisés après la mort du comte de Berg, prit la tour du Phare, et se rembarqua en 1219. Les chroniques vantent sa générosité; il donna, dit-on, cinq mille marcs d'argent aux chevaliers de l'ordre Teutonique, pour faire l'acquisition de plusieurs terres, et cinquante marcs d'or aux Templiers. Il mourut le 26 juillet 1230, à San Germano. (*Art de vérifier les dates*, t. III, p. 567.)

On prêcha la croisade dans toutes les provinces 1196
de l'Allemagne ; partout les lettres du pape et
celles de l'empereur enflammèrent le zèle des
guerriers : jamais expédition contre les infidèles
n'avait été entreprise sous de plus favorables auspices. Comme l'Allemagne presque seule prenait
part à la croisade, la gloire des peuples allemands
ne semblait pas moins intéressée dans cette guerre
que la religion elle-même. Henri devait commander la sainte expédition. Les croisés, pleins d'espérance et de joie, se préparaient à le suivre en
Orient, mais Henri avait d'autres pensées. Plusieurs seigneurs de sa cour, les uns qui pénétraient
ses secrets desseins, les autres qui croyaient lui
donner un salutaire conseil, le conjurèrent de
rester en Occident et de diriger la croisade du
sein de ses états. Henri (1), après une légère résis-

---

(1) Arnold de Lubeck explique les motifs qui détournè-
rent l'empereur Henri de sa pieuse entreprise (*Biblioth.
des Croisades*, tom. II); quatre cents habitans de Lubeck
se croisèrent dans cette expédition. (*Ibid.*) On disait aux
Allemands qui traversaient l'Italie : « Vous vous présentez
comme des pèlerins et des défenseurs de la religion, mais
au fond vous êtes des loups rapaces.» (*Ibid.*) L'abbé d'Urs-
perg trace ainsi le caractère des Allemands : belliqueux,
cruels, prodigues de promesses, dépourvus de raison, ne
connaissant d'autres droits que leur volonté, invincibles
par leurs armes. Guillaume de Nangis parle aussi du
départ des Allemands, ad ann. 1196. A l'occasion de ce pélerinage, Roger de Hoveden raconte que deux voisins allemands avaient résolu d'aller ensemble et à frais communs.
Au moment du départ, l'un d'eux va trouver la nuit son

1196 tance, se rendit à leurs prières, et ne s'occupa plus que de hâter le départ des croisés.

L'empereur d'Allemagne se mit à la tête de quarante mille hommes et prit le chemin de l'Italie, où tout était préparé pour la conquête du royaume de Sicile ; les autres croisés furent divisés en deux armées qui, par des routes différentes, devaient se rendre en Syrie ; la première, commandée par le duc de Saxe et le duc de Brabant, s'embarqua dans les ports de l'Océan et de la Baltique ; la seconde traversa le Danube, et dirigea sa marche vers Constantinople, d'où la flotte de l'empereur grec Isaac devait la transporter à Ptolémaïs. A cette armée, commandée par l'archevêque de Mayence et Valeran de Limbourg, s'étaient joints les Hongrois qui accompagnaient leur reine Mar-

---

compagnon et lui montre l'argent qu'il devait emporter pour son voyage. De l'avis de sa femme, l'autre pèlerin le tua et lui prit son argent. Ensuite mettant le cadavre sur son cou, il sortit pour l'aller jeter dans l'eau ; mais il n'en put venir à bout, le cadavre restant attaché sur ses épaules. Au point du jour il retourna chez lui, et se tint caché pendant trois jours ; mais ne pouvant plus long-temps rester dans cet état, il alla consulter son évêque et lui demanda ce qu'il devait faire : l'évêque lui ordonna, en expiation de son crime, de faire le voyage de Jérusalem avec le cadavre sur son cou. Le pénitent partit donc avec les autres pèlerins, portant le cadavre sur ses épaules, à la louange des bons et à la terreur des méchans.

Cette anecdote pourrait bien être une parabole figurant Henri VI, qui, couvert du sang des Siciliens, méditait la délivrance du St.-Sépulcre.

guerite, sœur de Philippe-Auguste. La reine de
Hongrie, après avoir perdu Béla son époux, avait
fait le serment de ne vivre que pour Jésus-Christ,
et de finir ses jours dans la Terre-Sainte.

Les croisés que commandaient l'archevêque de 1197
Mayence et Valeran de Limbourg, furent les premiers qui arrivèrent dans la Palestine. A peine
furent-ils débarqués, qu'ils montrèrent la résolution de commencer la guerre contre les infidèles.
Les chrétiens, qui étaient alors en paix avec les
Sarrasins, hésitaient à rompre la trêve signée par
Richard, et ne voulaient donner le signal des hostilités que lorsqu'ils pourraient ouvrir la campagne
avec quelque espoir de succès. Henri de Champagne et les barons de la Palestine représentèrent aux
croisés allemands les dangers auxquels une rupture
imprudente allait exposer les états chrétiens d'Orient, et les conjurèrent d'attendre l'armée des
ducs de Saxe et de Brabant. Les Allemands,
pleins de confiance en leurs forces, s'indignèrent
qu'on mît des obstacles à leur valeur par de vains
scrupules et de chimériques alarmes; ils s'étonnaient que les chrétiens de la Palestine refusassent
ainsi les secours que la Providence elle-même leur
avait envoyés; ils ajoutaient d'un ton de colère et
de mépris, que les guerriers de l'Occident ne savaient point différer l'heure du combat, et que le
pape ne leur avait point fait prendre la croix et les
armes pour rester dans une honteuse oisiveté. Les
barons et les chevaliers de la Terre-Sainte ne pouvaient entendre sans indignation ces discours in-

jurieux(1), et répondaient aux croisés allemands, qu'ils n'avaient ni sollicité ni souhaité leur arrivée; qu'ils savaient mieux que les guerriers venus du nord de l'Europe, ce qui convenait au royaume de Jérusalem ; que, sans aucun secours étranger, ils avaient long-temps bravé les plus grands périls, et que lorsque le moment serait venu, ils montreraient leur valeur autrement que par des paroles. Au milieu de ces vifs débats, les esprits s'aigrissaient davantage, et la plus cruelle discorde éclatait ainsi au milieu des chrétiens avant que la guerre fût déclarée aux infidèles.

Tout-à-coup les croisés allemands sortirent en armes de Ptolémaïs et commencèrent les hostilités en ravageant les terres des Sarrasins. Au premier signal de la guerre, les Musulmans rassemblèrent leurs forces; le danger qui les menaçait fit cesser leurs discordes. Des rives du Nil et du fond de la Syrie, on vit accourir une foule de guerriers qui naguère étaient armés les uns contre les autres, et qui, maintenant réunis sous les mêmes drapeaux, n'avaient plus d'autres ennemis à combattre que les chrétiens.

Malek-Adel, sur qui les Musulmans avaient les yeux toutes les fois qu'il s'agissait de défendre

---

(1) Sur ces discussions entre les barons de la Terre-Sainte et les croisés d'Europe, qui se renouvelaient dans presque toutes les saintes expéditions, consultez Bernard le Trésorier, Muratory, t. 7, p. 816, et Jacques de Vitry, qui a tracé le tableau des mœurs des habitans de la Syrie.

la cause de l'islamisme, sortit de Damas à la tête 1197 d'une armée, et se rendit à Jérusalem, où les émirs du voisinage vinrent prendre ses ordres. L'armée musulmane, après avoir dispersé les chrétiens qui s'étaient avancés vers les montagnes de Naplouse, vint mettre le siége devant Jaffa (1).

Dans la troisième croisade, on avait mis la plus grande importance à la conservation de cette ville. Richard Cœur-de-Lion l'avait fortifiée à grands frais; et lorsque ce prince retourna en Europe, il y laissa une nombreuse garnison. De toutes les places maritimes, celle de Jaffa était la plus voisine de la cité, objet des vœux des fidèles; si cette place restait aux chrétiens, elle leur ouvrait le chemin de la ville sainte et leur facilitait les moyens d'en faire le siége; si elle tombait au pouvoir des Musulmans, elle donnait à ceux-ci les plus grands avantages pour la défense de Jérusalem (2).

Lorsqu'on apprit à Ptolémaïs que la ville de Jaffa était menacée, Henri de Champagne, ses barons et ses chevaliers, prirent les armes pour la défendre, et, réunis aux croisés allemands, ne s'occupèrent plus que des préparatifs d'une guerre qu'on ne pouvait plus ni différer ni éviter. Les trois ordres militaires, avec les troupes du royaume, allaient

---

(1) Voyez les extraits arabes sur la marche de l'armée musulmane, *Biblioth. des Croisades*, ad ann. 595 de l'hégire, §. 70.

(2) Voyez le récit d'Ibn-Alatir, *ibid.*

1197 se mettre en marche lorsqu'un accident tragique vint de nouveau plonger les chrétiens dans le deuil, et retarder l'effet de l'heureuse harmonie que venait de rétablir parmi eux l'approche du péril. Henri de Champagne s'étant avancé dans une galerie extérieure de son palais, la fenêtre s'écroula tout-à-coup et l'entraîna dans sa chute (1).

---

(1) Tous les historiens du temps ont rapporté la mort de Henri de Champagne, mais tous ne sont pas également d'accord sur la cause de cette fin tragique, et sur les circonstances qui l'accompagnèrent.

Bernard le Trésorier dit qu'Henri de Champagne étant à une fenêtre de son palais, l'esprit préoccupé, tomba du haut en bas et se tua; il ajoute que le roi de Jérusalem était sujet à des étourdissemens. (*Biblioth. des Croisades*, tom. 1.) D'après François Pipin, le roi de Jérusalem s'était mis à la fenêtre pour se laver les mains afin d'aller souper; le serviteur, lorsqu'il vit tomber son maître, se précipita après lui afin qu'on ne l'accusât pas. (*Ibid.*) Albert de Stadt raconte ainsi la mort de Henri : « Ce prince se levant la nuit pour uriner, tomba d'une fenêtre, se brisa la tête et expira. Un de ses serviteurs, qui voulut le retenir, tomba après lui et mourut de même. » Roger de Hoveden raconte aussi la mort de Henri de Champagne. Arnold de Lubeck ajoute que ce prince s'était placé sous un portique de son palais pour prendre l'air. (Le latin se sert du mot *exedra*; d'après Ducange, c'est une petite chambre attenante au portique.) Le chroniqueur ne manque pas de dire que Dieu se vengea le comte Henri de la manière peu fraternelle dont il avait traité les Allemands : Henri, dit-il, avait part les sentimens des barons de la Terre-Sainte, qui enviaient aux Allemands la gloire de délivrer le royaume de Jésus-Christ. Les accusations d'Othon de St.-Blaise

LIVRE IX.

Ce malheureux prince expira à la vue de ses guerriers, qui, au lieu de le suivre au combat, l'accompagnèrent à son tombeau, et perdirent plusieurs jours à célébrer ses funérailles. Les chrétiens de Ptolémaïs pleuraient encore la mort de leur roi, lorsque le malheur qu'ils redoutaient vint accroître leur douleur et leur consternation : la garnison de Jaffa ayant voulu faire une sortie, était tombée dans une embuscade; tous les guerriers qui la composaient, avaient été tués ou faits prisonniers; les Musulmans étaient entrés presque sans résistance dans la ville, où vingt mille chrétiens avaient été passés au fil de l'épée (1).

1197

Ces désastres avaient été prévus par ceux qui craignaient de rompre la trêve; mais les barons et les chevaliers de la Palestine ne perdirent point leur temps à exprimer de vains regrets, à faire entendre d'inutiles plaintes. On attendait avec impatience l'arrivée des croisés, partis des ports de l'Océan et de la Baltique. Ces croisés s'étaient arrêtés sur les côtes du Portugal (2), où ils avaient défait les Maures, et pris sur eux la ville de Sil-

---

sont encore plus violentes. (Voyez *Biblioth. des Croisades*, tom. I.) Le comte Henri étant à Acre, tomba d'un lieu élevé et se tua, dit l'historien arabe Ibn-Alatir, *Biblioth. des Croisad.*, ad ann. 592 de l'hégire.

(1) Voyez le récit d'Ibn-Alatir sur la prise de Jaffa, *Biblioth. des Croisades*, ibid.

(2) Voyez, pour cette croisade dans le Portugal, l'Éclaircissement sur les croisades en Espagne, en Portugal, et dans le nord de l'Europe, à la fin de ce volume.

ves (1). Fiers de ce premier triomphe sur les infidèles, ils débarquèrent à Ptolémaïs au moment où tout le peuple déplorait la prise de Jaffa, et courait dans les églises implorer la miséricorde du ciel.

L'arrivée des nouveaux croisés rendit aux chrétiens l'espérance et la joie; sans perdre de temps, on résolut de marcher contre les infidèles. L'armée chrétienne sortit de Ptolémaïs et s'avança vers la côte de Syrie, tandis qu'une flotte nombreuse côtoyait le rivage, chargée de vivres et de munitions de guerre. Les croisés, sans chercher l'armée de Malek-Adel, allèrent mettre le siége devant Bérithe.

La ville de Bérithe (2), placée à une égale distance de Jérusalem et de Tripoli, par la commo-

---

(1) Il reste peu de monumens nationaux, pour ces temps reculés, de l'histoire du Portugal; plusieurs savans de Lisbonne s'occupent dans ce moment à recueillir tous les débris de ces époques héroïques. Le Portugal était alors en partie sous la domination des Maures, et les guerriers chrétiens allaient essayer leur valeur dans ces contrées, comme dans les royaumes de Castille et de Valence. (Voyez l'Éclaircissement sur les croisades dans le Portugal, à la fin du volume.)

(2) « La ville de Bérithe, dit Arnold de Lubeck, est la plus belle et la plus forte de ce pays; elle a un port excellent ouvert à tous les vaisseaux qui arrivent. Depuis la ruine du royaume de Jérusalem jusqu'alors, dix-neuf mille prisonniers chrétiens y avaient été conduits. Cette ville a pour privilége, que tous les rois du pays y sont couronnés. Lorsque Saladin s'en rendit maître, il s'y fit couronner roi de Jérusalem, et saluer sultan de Babylone. »(*Biblioth. des Croisades*, tome II.)

dité de son port, par sa population, par son commerce, était la rivale de Ptolémaïs et de Tyr. Les provinces musulmanes de la Syrie la reconnaissaient pour leur capitale ; c'est dans Bérithe que les émirs et les princes, qui se disputaient les villes du voisinage, venaient étaler la pompe de leur couronnement. Saladin, après la prise de Jérusalem, y fut salué souverain de la cité de Dieu, et couronné sultan de Damas et du Caire. Les pirates qui infestaient la mer, rapportaient dans cette ville les dépouilles des chrétiens ; les guerriers musulmans y déposaient les richesses acquises par la victoire ou par le brigandage. Tous les captifs faits sur les Francs dans les dernières guerres, étaient entassés dans les prisons de Bérithe. Si les chrétiens avaient de puissans motifs pour s'emparer de cette place, les Musulmans n'en avaient pas moins pour la défendre.

Malek-Adel, après avoir détruit les fortifications de Jaffa, s'était avancé avec son armée sur la route de Damas, jusqu'aux montagnes de l'Anti-Liban. En apprenant la marche et la résolution des croisés, il traversa les montagnes qui s'élevaient à sa gauche, et s'approcha des bords de la mer. Les deux armées se rencontrèrent dans la plaine qu'arrose le fleuve Éleuthère, entre Tyr et Sidon (1). Aussitôt les trompettes sonnent la charge ; les chré-

---

(1) « Dans la nuit de Saint Séverin, dit le duc de Saxe à
» l'archevêque de Cologne, tandis que nous nous avancions
» en ordre et avec beaucoup de précaution entre Tyr et

1197 tiens et les Musulmans se rangent en bataille; l'armée des Sarrasins, qui couvrait un espace immense, cherche tantôt à envelopper les Francs, tantôt à les séparer du rivage de la mer; la cavalerie musulmane se précipite tour-à-tour sur les flancs, sur le front et sur les derrières de l'armée chrétienne.

Les croisés serrent leurs bataillons, et présentent partout des rangs impénétrables. Pendant que leurs ennemis les accablent de traits et de flèches, leurs lances et leurs épées se rougissent du sang des Sarrasins. On combattait avec des armes différentes, mais avec la même bravoure et le même acharnement. La victoire resta long-temps indécise; les chrétiens furent plusieurs fois sur le point de perdre la bataille, mais leur opiniâtre valeur triompha enfin de la résistance des Musulmans. Les rives de la mer, les bords du fleuve Éleuthère, le penchant des montagnes, étaient couverts de morts. Les Sarrasins perdirent un grand nombre de leurs émirs. Malek-Adel, qui avait montré dans cette journée l'habileté d'un grand capitaine, fut blessé sur le champ de bataille, et ne dut son salut qu'à la fuite. Toute son armée était dispersée; les uns fuyaient vers Jérusalem (1), les autres suivaient en désor-

---

» Sidon, Saphadin et tous les amiraux de Babylone et de
» Damas, à la tête d'une grande multitude de Sarrasins, se
» sont présentés à nous du flanc de la montagne. » (*Epist. duc. Saxon.* Elle est rapportée par Othon de St.-Blaise, ad ann. 1197; elle a été traduite dans les pièces justificatives.)

(1) Nous n'avons, sur ce combat, qu'un seul docu-

dre la route de Damas, où le bruit de cette san- 1197
glante défaite porta la consternation et le désespoir.

A la suite de cette victoire, toutes les villes de la
côte de Syrie qui appartenaient encore aux Musulmans, tombèrent au pouvoir des chrétiens; les
Sarrasins abandonnèrent Sidon, Laodicée, Giblet.
Lorsque la flotte et l'armée chrétienne parurent
devant Bérithe (1), la garnison fut surprise et

---

ment, c'est la lettre du duc de Saxe à l'archevêque de
Cologne, dont nous avons parlé plus haut. Le duc de Saxe
assistait lui-même à la bataille. Il termine sa lettre en ces
termes : « Nous prions donc instamment Votre Révérence
qu'elle veuille bien, tant pour notre prospérité que pour
celle de toute la chrétienté, faire faire mémoire de nous sur
toute l'étendue de son archevêché, et engager tous ceux de
cet archevêché qui ont pris le signe de la croix, à s'acquitter de leur vœu et à marcher au secours de la chrétienté;
quant à ceux qui voudraient se fixer dans la Terre-Promise,
nous leur assignerons des revenus suffisans. Roger de Hoveden
dit que dans cette bataille deux fils de Saladin et plus
de soixante émirs furent faits prisonniers, et que Saphadin
y fut blessé grièvement. (Hoveden, ad ann. 1197.)

(1) Arnold de Lubeck dit que lorsque les chrétiens de la
ville de Bérithe aperçurent des voiles carrées sur mer, ils
s'écrièrent : « Voilà une flotte de pélerins! » (Voyez la description que donne de cette cité le même chroniqueur, *Biblioth. des Crois.*, tom. II, extrait d'Arnold de Lubeck,
et rapportée page 34 de ce volume. Comparez son récit à
celui de Bernard le Trésorier, *Biblioth. des Crois.*, tom. I.)
La chronique d'Arnold de Lubeck est ainsi intitulée: *Chronique des Slaves, par Helmode, et continuée par Arnold
de Lubeck*. Helmode la fait commencer au temps de Charlemagne, et la laisse en 1170. Arnold l'a continuée pour
les époques postérieures.

1197 n'osa point se défendre : cette ville renfermait, disent les historiens, plus de vivres qu'il n'en fallait pour nourrir les habitans pendant plusieurs années; deux grands vaisseaux, ajoutent les mêmes chroniques, n'auraient pu suffire à porter les traits, les arcs et les machines de guerre qui furent trouvés dans la ville de Bérithe (1). Dans cette conquête,

---

(1) Cornerius Herman donne, sur la prise de Bérithe les détails curieux que nous allons faire connaître :

Les habitans de Bérithe, abandonnant leur ville désolée, fortifièrent le beau château qui y était joint; ils y mirent les plus braves d'entr'eux et beaucoup d'armes et de vivres. La garnison se voyant pressée de toutes parts, marcha au-devant de l'ennemi; on livra un combat dont le succès fut incertain; le comte Adolphe de Holstein s'était placé en embuscade durant le combat, comme il aperçut le chef des infidèles monté sur un cheval plein de feu, il l'attaqua vigoureusement et le renversa de son coursier; deux fois l'émir tenta de se relever, deux fois le comte Adolphe le foula aux pieds, enfin il le perça d'un coup de lance; les Sarrasins étant venus porter du secours à leur chef, le comte Adolphe leur résista, et fit prisonniers deux émirs de distinction, ce qui le couvrit de gloire.

Pendant ce temps la flotte chrétienne s'avançait du côté de la ville, où il n'était resté que des prisonniers chrétiens; ceux-ci montèrent dans la tour, et comme ils trouvèrent les gardes endormis, ils changèrent leur sommeil en celui de la mort. Alors, élevant un signal, ils appelèrent les pélerins des vaisseaux à la ruine de la ville.

Ceux-ci crurent que c'était un miracle de Dieu, ils débarquèrent en foule sur le rivage. Les ennemis effrayés, et ayant déjà perdu leur plus grande espérance par la mort de leur chef et par la perte de la tour, s'enfuirent à travers

d'immenses richesses devinrent le partage des vainqueurs; mais le prix le plus doux de leurs victoires fut sans doute la délivrance de neuf mille captifs impatiens de reprendre les armes pour venger les longs outrages de leur captivité. Le prince d'Antioche, qui était venu se réunir à l'armée chrétienne, envoya une colombe (1) dans sa capi-

---

les rochers et les montagnes. Les chrétiens entrèrent pleins de joie dans la ville et dans le château, où ils trouvèrent des provisions de bouche pour trois ans, et une si grande quantité de traits, d'arcs et de ballistes, qu'ils auraient pu en charger deux grands vaisseaux.

Roger de Hoveden et Bernard le Trésorier donnent d'autres détails sur le siége et la prise de Bérithe; suivant Roger de Hoveden, les Sarrasins, ayant détruit les murailles de la cité, se réfugièrent dans la forteresse et y furent surpris par les croisés; les prisonniers chrétiens servirent les pélerins; ils tuèrent les gardes des portes et les ouvrirent aux chrétiens, en s'écriant : « que le Christ, fils de Dieu et son St.-Sépulcre nous soient en aide. » Bernard le Trésorier parle assez longuement du dévouement d'un menuisier qui favorisa la prise de Bérithe; il ajoute qu'on mit les esclaves à la torture pour leur faire découvrir les trésors cachés dans la ville. Le menuisier fut très bien récompensé, ajoute Bernard, et on lui assigna d'immenses revenus dans la cité. (Comparez à tous ces récits l'extrait d'Arnold de Lubeck, *Biblioth. des Croisades*, t. II.)

(1) Arnold, qui raconte ce message de la colombe, paraît craindre qu'on n'ajoute pas foi à son récit, et croit devoir expliquer le fait pour le faire croire. Voici comment il s'exprime dans le chapitre III. « *Hic quiddam dicturus*
» *sum non ridiculum, sed ridiculè à gentibus tractum,*
» *qui quoniam sapientiores filiis lucis in generatione suâ*

1197 tale, pour annoncer à tous les habitans de sa principauté les triomphes miraculeux des soldats de la croix. Dans toutes les villes chrétiennes, on rendit des actions de grâces au Dieu des armées. Les historiens qui nous ont transmis le récit de ces glorieux événemens, afin de peindre les transports du peuple chrétien, se contentent de répéter ces paroles de l'Écriture : *Alors Sion tressaillit d'allégresse, et les enfans de Juda furent remplis de joie* (1).

Pendant que les croisés poursuivaient ainsi leurs triomphes en Syrie, l'empereur Henri VI profitait de tous les moyens et de toutes les forces que la croisade avait remis entre ses mains, pour achever la conquête du royaume de Naples et de Sicile. Ce pays, que les historiens et les poètes de l'ancienne Rome nous représentent comme le séjour du repos et de la paix, comme le rendez-vous des plaisirs, comme la retraite fortunée des muses latines, avait été, dans le moyen âge, le théâtre de toutes les calamités de la guerre et de tous les excès de la

---

» sunt, multa excogitant, quæ nostrates non noverunt,
» nisi fortè ab eis didicerint. Solent enim exeuntes ad
» quælibet negotia secum exportare columbas, quæ domi
» aut ova aut pullos, noviter habent creatos, et si in viâ
» fortè accelerare volunt nuncium, scriptas litteras sub umbilico columbæ, subtiliter ponunt, et eam avolare permittunt. Quæ cum ad suos fœtus properat, celeriter amicis
» desideratum nuncium apportat. » (*Bibl. des Crois.*, t. II.)

(1) Voyez Arnold de Lubeck, *Bibliothèque des Crois.*, tome II.

barbarie. Le dixième et le onzième siècle virent 1197 tour-à-tour ces belles contrées en proie à la domination des Grecs, des Arabes et des Francs. Nous ne parlerons point ici de la conquête et des expéditions romanesques de quelques guerriers normands, attirés sur ces bords lointains par la dévotion des pélerinages et par la fécondité d'une terre favorisée du ciel. Ces farouches guerriers, qu'on pourrait comparer aux compagnons de Romulus, fondèrent d'abord une république militaire où l'on ne reconnaissait d'autre loi que l'épée, d'autre droit que la violence. Du sein même de leurs discordes naquit une royauté qui fit oublier enfin aux peuples désolés de la Sicile et de la Calabre, les maux inséparables de l'invasion et de la conquête. Sous la dynastie des princes normands, ce nouvel empire fit quelquefois trembler Constantinople, et triompha des Sarrasins d'Afrique. Des écoles où l'on enseignait les sciences humaines, s'ouvrirent dans les cités de Naples et de Salerne; les arts et l'industrie de la Grèce enrichirent les villes de Syracuse et de Palerme; le commerce florissant entretint d'utiles relations avec l'Asie, et les chrétiens de la Palestine, dans leurs périls, furent souvent secourus par les flottes victorieuses sorties des ports de Barry et d'Otrente (1).

---

(1) Le royaume de Naples et de Sicile avait déjà subi les dominations successives des Grecs, des Francs et des Sarrasins, lorsque quelques aventuriers normands vinrent s'éta-

1197 Toute cette prospérité s'évanouit tout-à-coup avec la race des princes normands. Le mariage de Cons-

---

blir dans cette partie du territoire de l'Italie; l'histoire de l'établissement des Normands est assez curieuse pour que nous entrions dans quelques détails.

Dans les VIIIe. et IXe. siècles, les pirates de la Scandinavie avaient ravagé toutes les côtes maritimes de l'Océan, et, suivant les chroniques, avaient pénétré jusque dans la Méditerranée. Charles-le-Simple donna, vers le commencement du xe. siècle, à Rollon, leur chef, un établissement dans la Neustrie; les Normands imposèrent quelque chose de leurs mœurs et leur langue à leur patrie nouvelle, et conservèrent cet esprit aventureux qui distinguait leur nation. La coutume des pélerinages, si conforme à leurs habitudes errantes, devint familière parmi les nouveaux habitans de la Neustrie. Dans un de ces pieux voyages au mont *Gar-Gan*, quelques pélerins normands eurent l'occasion de voir un habitant de Barry, ennemi mortel des Grecs et de l'empire de Bizance. L'espoir des richesses réveilla l'ambition des pélerins, qui, retournant dans leur patrie, excitèrent, par leur récit, leurs compagnons à les suivre. Bientôt une troupe choisie de Normands parcourut l'Italie sous l'humble habit de pélerin; ils se mirent à la solde de tous les princes, et assurèrent toujours la victoire au drapeau sous lequel ils combattirent. Le duc de Naples les établit dans la ville d'Aversa qu'il venait de construire, et qui devint ainsi une sorte de colonie gauloise. Alors les Sarrasins possédaient la Sicile. Les Grecs, après de vains efforts, appelèrent les Normands à leur aide. Guillaume de Hauteville, surnommé Fier-à-Bras, se mit à la tête de cinq cents de ses braves compagnons; réunis aux Grecs, ils défirent soixante mille Sarrasins; les historiens de Bizance ne leur attribuent qu'une faible part dans la victoire. Les Normands, ayant éprouvé

tance, dernier rejeton de cette famille, avec l'empe- 1197
reur Henri VI, offrit aux Allemands un prétexte

---

l'ingratitude et la perfidie des Grecs, prirent les armes et
exterminèrent les légions de Constantinople. Bientôt les empereurs ne possédèrent plus que les quatre places de Barry, d'Otrente, de Brinde et de Tarente. Les Normands adoptèrent d'abord une forme de gouvernement presque républicaine ; ils élisaient douze comtes et un chef à ces douze comtes pour le temps de la guerre ; cependant ils reçurent l'investiture de l'empereur d'Allemagne. Les chroniques du temps parlent en gémissant du gouvernement de fer des aventuriers de Normandie et des vexations qu'éprouvèrent les peuples soumis à leur empire. Comme le patrimoine de St.-Pierre avait été entamé par les conquêtes des Normands, le pape, uni à l'empereur d'Allemagne, les attaqua ; mais les troupes invincibles de Guiscard, après avoir offert et même vainement sollicité un traité avantageux même pour le chef de l'Église, mirent en fuite les troupes papales et les Allemands bardés de fer. Cependant l'esprit religieux dominant toujours parmi les peuples de ce siècle, les Normands, quoique vainqueurs, s'engagèrent à payer au pape une redevance de douze deniers par charrue, et c'est depuis cette époque que le royaume de Naples est considéré comme fief du Saint-Siége. A la suite de ses triomphes, Robert Guiscard acquit une certaine autorité sur ses compatriotes, qu'il surpassait par toutes ses qualités militaires qui faisaient alors les grands hommes. Le pape, par reconnaissance, lui conféra, dans un concile de cent évêques, le titre de duc avec la puissance souveraine sur la Pouille, la Calabre, et puis enfin toutes les possessions qui composent aujourd'hui le royaume de Naples. En même temps, Roger fondait un autre royaume dans la Sicile, et il devint, sous le titre de grand comte, légat perpétuel du Saint-Siége dans ce royaume nouveau. Les deux royaumes de Naples et de Sicile furent perpétuelle-

1197 pour porter la guerre dans des contrées objet de leur ambition. Tancrède, fils naturel de Roger, que la noblesse sicilienne avait choisi pour roi, repoussa pendant quatre années les guerriers de la Germanie; mais à sa mort, le royaume, resté sans chef, divisé en mille factions opposées, fut de toutes parts ouvert à l'invasion des conquérans. Tel était le pays sur lequel Henri VI voulait établir sa domination. Pour accomplir son dessein, il n'avait pas besoin d'employer toutes les forces de son empire et toutes les rigueurs de la guerre : la clémence et la modération lui auraient suffi pour assurer sa conquête et soumettre à ses lois un peuple désolé; mais tourmenté par le sentiment d'une implacable vengeance, il ne fut touché ni du malheur des vaincus, ni de la soumission de ses ennemis. Tous ceux qui avaient montré quelque respect, quelque fidélité pour la famille de Tan-

---

ment en guerre contre les Grecs; il n'entre pas dans l'objet de cette note de les rappeler. Au milieu du XIe. siècle, la lignée de Guiscard s'éteignit; celle de Roger de Sicile seule survécut, et ses descendans reçurent le titre de rois. Guillaume-le-Mauvais régna depuis 1154 à 1166. Guillaume, surnommé le Bon, de 1166 à 1189. Son fils, Roger, mourut jeune encore, et ce fut pour disputer la succession à Tancrède, petit-fils illégitime de Roger, qu'Henri VI envahit la Sicile. Henri VI fondait ses prétentions sur les droits de Constance, fille de Roger. (Voyez Muratory, *Annal. d'Italie*, 1080-1190. Dans le 2e. vol. de sa collect. des *Antiquités de l'Italie*, ce savant a réuni un grand nombre de chroniques qui parlent de l'établissement des Normands.)

crède, furent jetés par ses ordres dans des cachots, 1197
ou périrent dans d'horribles supplices que lui-
même avait inventés. L'armée qu'il conduisait avec
lui ne secondait que trop sa politique sombre et
farouche; la paix que les vainqueurs se vantaient
d'avoir rendue aux peuples de Sicile, leur causait
plus de maux, et faisait plus de victimes que la
guerre. Falcandus, qui était mort quelques années
avant cette expédition, avait déploré d'avance,
dans son histoire, les malheurs qui devaient déso-
ler sa patrie; il voyait déjà les cités les plus florissantes et les riches campagnes de la Sicile, ravagées par l'irruption des Barbares (1). « O malheureux

---

(1) La première invasion des Allemands date de 1190.
Après avoir soumis une grande partie de la Pouille, ils
furent obligés de l'évacuer à cause des grandes chaleurs et
de la famine. La seconde est de mai 1191. Beaucoup de
villes se rendirent à l'empereur Henri; mais les maladies
s'étant encore mises parmi les Allemands, il fut obligé
de se retirer à San-Germano. Henri entra de nouveau dans
le royaume de Naples; Salerne, après quelque résistance,
fut prise de vive force; le vainqueur traversa sans obstacles
la Pouille et la Calabre; Palerme lui ouvrit ses portes, et Tancrède étant mort, le jeune roi Guillaume vint déposer la couronne aux pieds de l'empereur qui le fit étroitement enfermer. Henri se livra à tous les excès de la vengeance; aux
uns il fit crever les yeux, il fit pendre les autres, et cent
soixante chevaux furent chargés de l'or arraché aux malheureux Siciliens. L'empereur quitta le territoire conquis,
et revint en Allemagne, laissant Constance dans ce pays
ravagé.

Les choses étaient dans cet état, lorsque l'empereur

1197 » Siciliens, s'écriait-il, il serait moins affreux
» pour vous de supporter encore les tyrans de la

Henri, prétextant une expédition dans la Terre-Sainte en 1196, repassa dans l'Italie avec un grand appareil de guerre : son véritable but, selon le rapport des historiens, était d'exterminer le parti des Normands. Voici ce que disent les historiens de la croisade sur cette expédition.

Arnold de Lubeck rapporte que l'empereur, pour asservir les peuples de Sicile, avait rassemblé une armée de la Souabe, de la Bavière, de la Franconie, et autres pays, au nombre de soixante mille hommes. Lorsqu'il eut triomphé de ses ennemis, il tira d'eux une vengeance terrible. Il fit clouer le diadème avec des clous très pointus sur la tête de celui qu'ils avaient élu roi, fit pendre ou brûler ses fils, et en condamna d'autres à divers supplices. Roger de Hoveden raconte que l'empereur fit priver de la vue et condamna l'amiral Marguerit, auquel il avait donné lui-même le duché de Durazzo et la principauté de Tarente, à une honteuse mutilation. L'impératrice Constance, voyant les maux que Henri avait faits aux Siciliens, forma une conspiration contre son mari avec ceux de sa nation. Richard de Saint-Germain, en parlant de cette conspiration, dit que Henri vint à bout de l'étouffer par sa prudence. Jean de Cellan, dans sa chronique, et la chronique de Fosse-Neuve, racontent qu'Henri étant à Capoue, où il tenait une assemblée générale, fit traîner par les rues le comte d'Accerra, attaché à la queue d'un cheval ; qu'ensuite il le fit suspendre la tête en bas, et qu'au bout de deux jours, le comte vivant encore, un histrion, nommé *Follis*, pour plaire à l'empereur, attacha au cou de ce malheureux une grosse pierre qui le força à rendre l'âme. Henri mit sur toute la Sicile une forte contribution. Roger de Hoveden rapporte que Henri étant tombé malade, après s'é-

LIVRE IX. 47

» vieille Syracuse, que de vivre sous l'empire de 1197
» cette nation féroce qui s'avance pour envahir
» votre territoire, et vous plonger dans tous les
» excès de la misère et de la servitude (1). »

---

tre réconcilié avec sa femme et les grands de Sicile, envoya Swan, évêque de Bath, son parent et son chancelier de Bourgogne, auprès de Richard, roi d'Angleterre, pour lui offrir en indemnité de l'argent qu'il avait reçu de lui pour sa rançon, soit de l'or et de l'argent, soit des terres. Pendant que Swan était en voyage, l'empereur mourut à Messine la veille de la Saint-Michel, excommunié par le pape Célestin, à cause de la captivité et de la rançon du roi d'Angleterre. Le pontife défendit qu'on ensevelît le corps de Henri, malgré les prières de l'archevêque de Messine. (Voyez les annales d'Italie de Muratory, A. D. 1190-1197, et Baronius, avec le commentateur Pagy, aux mêmes années 1190-1197.)

(1) Le tableau de Falcandus est tout-à-fait prophétique ; voici la traduction de quelques morceaux curieux :

« Il me semble déjà voir les armées turbulentes des barbares frapper de terreur les cités qui jusqu'alors avaient joui de la paix, les dévaster par la mort, les affliger par le pillage, les souiller par leur luxure ; ces malheurs de l'avenir m'arrachent des larmes. Les citoyens qui veulent arrêter ce torrent, ou sont massacrés par le glaive, ou sont réduits à la plus cruelle servitude ; les vierges seront souillées en présence de leurs parens ; les matrones subiront le même outrage, après avoir été dépouillées de leurs plus précieux ornemens. Cette antique noblesse de la Sicile, qui, abandonnant Corinthe, sa patrie, vint jadis habiter les bords de la Sicile, sera réduite à servir des barbares ! A quoi nous sert d'avoir été autrefois la source des doctrines de la philosophie et l'antique fontaine

1197 Cependant ces guerriers sans pitié portaient la croix des pèlerins; leur empereur, quoiqu'il n'eût point encore été relevé de son excommunication, se glorifiait d'être le premier des soldats de Jésus-Christ. Henri VI était regardé comme le chef de la croisade (1) et comme l'arbitre suprême des affai-

---

où s'abreuvait la muse des poètes. Hélas! triste Aréthuse, tes eaux ne serviront plus qu'à mitiger l'ivrognerie des Teutons, *Theutonicorum ebrietatem mitiges.* » (*Histor. Siculæ*, Muratory, tom. VII.) L'historien s'adresse ensuite à Constance : « Cette Constance, dit-il, habituée dès son berceau aux plaisirs et à la mollesse, élevée dans les arts et les mœurs de cette île fortunée, qui a porté nos trésors chez les barbares, revient avec ses farouches alliés troubler le bonheur de sa respectable mère. »

(1) « Quoique Henri ne se fût pas croisé publiquement, dit Arnold de Lubeck, il n'était pas moins considéré comme l'âme et le cœur de la sainte expédition. » (Chronic. Slav., *Biblioth. des Crois.*, tome II.)

Dans ce siècle pieux, l'excommunication était retirée par la pénitence publique, et on considérait la prise de la croix comme une satisfaction donnée à l'Église. On peut voir, dans ce volume, le témoignage de Villehardouin sur les effets de la prise de la croix, relativement aux excommuniés : ils jouissaient de la sépulture ecclésiastique, assistaient au service divin ; mais le père d'Outreman ne pense pas qu'ils pussent être admis à la participation de l'Eucharistie. L'empereur Henri ne fut jamais précisément relevé de son excommunication, et l'hésitation qu'on mit à l'ensevelir en Terre-Sainte, fut considérée comme une juste conséquence de sa séparation d'avec l'Église. (Voyez tom. I, *Art de vérifier les dates*, au règne de Henri VI.)

res de l'Orient. Le roi de Chipre lui offrait d'être son vassal ; Livon, prince d'Arménie, lui demandait le titre de roi. L'empereur d'Allemagne n'ayant plus d'ennemis à redouter en Occident, ne s'occupait que de la guerre contre les Sarrasins; une lettre adressée à tous les seigneurs, les magistrats et les évêques de son empire, les exhortait à presser le départ des croisés(1). L'empereur s'engageait à entretenir une armée pendant un an, et promettait de payer trente onces d'or à tous ceux qui resteraient sous les drapeaux jusqu'à la fin de la guerre sainte. Un grand nombre de guerriers, séduits par cette promesse, prirent l'engagement de traverser la mer et d'aller combattre les infidèles. Henri n'avait plus besoin de leurs services pour ses conquêtes ; il s'occupa de les faire partir pour l'Orient. Conrad, évêque de Hidelsheim, et chancelier de l'empire (2), dont les

---

(1) Nous renvoyons aux pièces justificatives la lettre adressée par Henri VI aux archevêques, évêques et prélats de son empire, pour les exhorter à presser le départ des croisés ; cette lettre renferme des détails précieux sur la solde promise aux croisés par l'empereur. « Le nombre des soldats, dit cette lettre, sera de quinze cents, avec un pareil nombre de sergens; ils demeureront pendant un an au service de la sainte expédition, et recevront trente onces d'or et autant de vivres qu'il en faudra pour la croisade. » La lettre de Henri se trouve dans les annales de Godefroi le Moine, ad ann. 1197.

(2) Arnold de Lubeck, qui vivait alors, fixe le départ de Conrad aux calendes de septembre; la flotte de l'empereur, dit-il, mit à la voile de Messine pour l'Orient. Après une

1197 conseils, dans les guerres de Sicile, n'avaient que trop servi l'ambition et la politique barbare de son maître, fut chargé du soin de conduire en Syrie la troisième armée des croisés.

L'arrivée d'un si puissant renfort dans la Palestine, y avait redoublé le zèle et l'enthousiame des chrétiens. Alors les croisés auraient pu signaler leurs armes par quelque grande entreprise. La victoire qu'ils venaient de remporter dans les plaines de Tyr, la prise de Bérithe, de Sidon, de Giblet, avaient frappé de terreur tous les Musulmans. Quelques-uns des chefs de l'armée chrétienne proposèrent de marcher contre Jérusalem. « Cette ville,
» disaient-ils, ne pouvait résister aux armes victo-
» rieuses des croisés; elle avait pour gouverneur
» un neveu de Saladin, qui supportait avec impa-
» tience la domination du sultan de Damas, et
» s'était montré plusieurs fois disposé (1) à écou-

---

heureuse navigation, elle arriva dans la Palestine au port d'Acre, le 22 du même mois, le jour où l'Église célèbre la nativité des saints martyrs, compagnons de Maurice. Le commandant de cette flotte était Conrad, évêque élu d'Hidelsheim, chancelier de l'empereur, et qui pendant son absence avait gouverné la Sicile. Arnold ajoute que durant le voyage, Conrad s'arrêta dans l'île de Chypres pour en couronner le roi au nom de l'empereur, et avec le diadême que lui avait remis le chef de l'empire germanique. « Conrad, dit-il, était immensément riche; il possédait des vases d'or et d'argent dont la valeur s'élevait à plus de mille marcs. » (Voyez d'ailleurs dans les Éclaircissemens, une notice détaillée sur le chancelier Conrad.)

(1) Roger de Hoveden raconte que le commandant mu-

LIVRE IX.

» ter les propositions des chrétiens. » La plupart 1197
des princes et des barons ne partageaient point
cette espérance et ne pouvaient croire aux paroles
des Musulmans. On savait que les infidèles, après
le départ de Richard Cœur-de-Lion, avaient augmenté les fortifications de Jérusalem (1); qu'une
triple muraille et des fossés d'une grande profondeur devaient rendre cette conquête plus périlleuse, et surtout plus difficile qu'au temps de Godefroy de Bouillon. L'hiver s'approchait, l'armée
chrétienne pouvait être surprise par la saison des
pluies, et forcée de lever le siége devant l'armée des
Sarrasins. Ces motifs déterminèrent les croisés à renvoyer à l'année suivante l'attaque de la ville sainte.

Il n'est pas inutile de remarquer ici que, dans
les armées chrétiennes, on parlait souvent de Jérusalem, mais que les chefs dirigeaient toujours

---

sulman de Jérusalem, nommé par Aboulféda le grand *Sanker*, avait offert aux Francs de leur livrer la ville, et
même de se faire chrétien; si le prince musulman eût fait
une pareille proposition, on ne voit pas trop pourquoi les
chrétiens ne l'auraient pas acceptée. Au reste, Roger est le
seul historien qui parle de cette circonstance tout-à-fait incroyable; les historiens orientaux n'en font point mention.

(1) Othon de St.-Blaise rapporte qu'après la troisième
croisade, les Sarrasins avaient fortifié Jérusalem : *Pagani
summâ industriâ civitates et castella quæ obtinuerant,
muniverunt, et præcipuè Hyerusalem, duplici muro antemurali opposito, et fossatis profundissimis cingentes, inexpugnabilem reddiderunt, dato Christianis securissimo conductu visendi sepulcrum dominicum ; quæstûs gratiâ.*
(Voy. Oth. de St.-Blaise, *ap. Urtii collect.*)

1197 leurs efforts et leurs armes vers d'autres conquêtes. La ville sainte, située loin de la mer, ne renfermait dans ses murs d'autres trésors que des monumens religieux. Les villes maritimes de Syrie renfermaient d'autres richesses, et semblaient présenter plus d'avantages aux conquérans ; elles offraient d'ailleurs des communications plus faciles avec l'Europe, et si la conquête de Jérusalem tentait quelquefois la piété et la dévotion des pélerins, celle des cités voisines de la mer devait éveiller sans cesse l'ambition des peuples navigateurs de l'Occident et des seigneurs de la Palestine.

Tous les rivages de la mer, depuis Antioche jusqu'à Ascalon, appartenaient aux chrétiens; les Musulmans ne conservaient plus sur les côtes que la forteresse de Thoron (1). La garnison de cette forteresse renouvelait souvent ses incursions dans les campagnes voisines, et, par ses hostilités continuelles, interceptait les communications entre les villes chrétiennes. Les croisés résolurent d'assiéger le château de Thoron avant de marcher contre Jérusalem. Cette forteresse, bâtie par Hugues de Saint-Omer, sous le règne de Baudouin II, était située non loin de Tyr, sur le sommet d'une montagne, entre la chaîne du Liban et la mer. On ne pouvait y arriver qu'à travers des rochers escarpés et par un chemin étroit et bordé de précipices.

---

(1) Thoron ou Chorut, située à une lieue de Tyr. Elle était dans un lieu escarpé et difficile, dit Arnold de Lubeck. (*Biblioth. des Croisad.*, tom. II.)

L'armée chrétienne n'avait point de machines qui 1197
pussent atteindre la hauteur des murailles. Les
traits, les pierres, lancés du bas de la montagne,
pouvaient à peine arriver jusqu'aux assiégés, tandis
que les poutres, les débris de rochers, précipités
du haut des remparts, causaient le plus grand ravage
parmi les assiégeans. Dans les premières attaques,
les Sarrasins se jouaient des vains efforts de leurs
ennemis, et voyaient, presque sans danger pour
eux, échouer contre leurs murailles tous les prodiges de la valeur et les plus meurtrières inventions
de l'art des siéges. Cependant les difficultés presque
insurmontables qui semblaient devoir arrêter les
croisés, ne firent que redoubler leur ardeur et leur
courage (1). Chaque jour ils renouvelaient leurs
attaques; chaque jour ils faisaient de nouveaux efforts, et leur opiniâtre bravoure était secondée par
de nouvelles machines de guerre. Par des travaux
inouïs, ils creusèrent la terre et s'ouvrirent des
chemins à travers les rochers; des ouvriers saxons,
qui avaient travaillé aux mines de Rammesberg, furent employés à ouvrir le flanc de la montagne (2).

---

(1) Arnold de Lubeck entre dans les plus grands détails
sur le siége de Thoron; cet historien a été presque notre
seul guide dans cette partie de notre récit. Nous avons
trouvé quelques documens utiles dans l'auteur arabe Ibn-
Alatir.

(2) « Il y avait parmi eux, dit Arnold de Lubeck, des
Saxons employés depuis long-temps aux mines d'argent de
Goslar, dans le lieu qu'on nomme Rammesberg. » (*Bibliot.
des Croisad.*, tom. II, extrait d'Arnold de Lubeck.)

1197 Les croisés parvinrent enfin jusqu'au pied des remparts de la forteresse; les murailles, dont on démolissait les fondemens, s'ébranlèrent en plusieurs endroits (1), sans être frappées par le bélier, et leur chute, qui semblait tenir du miracle, jeta l'épouvante parmi les assiégés.

Bientôt les Musulmans perdirent tout espoir (2) de se défendre, et proposèrent de capituler; mais tel était le désordre de l'armée chrétienne, qu'elle avait une multitude de chefs, et qu'aucun d'eux n'osait prendre sur lui d'écouter les propositions des infidèles. Henri, palatin du Rhin, les ducs de Saxe et de Brabant, qui avaient une grande considération parmi les Allemands, ne pouvaient se faire obéir que de leurs propres soldats. Conrad, chancelier de l'empire, qui représentait l'empereur d'Allemagne, aurait pu déployer un grand pouvoir; mais affaibli par les maladies, sans expérience de la guerre, toujours enfermé dans sa tente, il y attendait l'issue des combats, et ne daignait pas même assister au conseil des princes et des barons. Lorsque les assiégés eurent pris la résolution de capituler, ils restèrent plusieurs jours sans savoir à quel prince ils devaient s'adresser (3); et

---

(1) « Lorsque la montagne fut creusée et qu'on eut mis le feu dans la mine, les murs de la forteresse tombèrent. » (Arnold, *Biblioth. des Croisades*, tom. II.)

(2) « Que faire? disaient-ils; comment éviterons-nous la mort qui nous menace? » (*Ibid.*)

(3) « Nous vous prions de nous dire (ce sont les paroles

quand leurs députés vinrent au camp des chrétiens, leurs propositions furent écoutées dans une assemblée générale, où l'esprit de rivalité, le zèle imprévoyant et l'aveugle enthousiasme, devaient avoir plus d'empire que la raison et la prudence.

1197

Les Sarrasins, dans leurs discours, se bornèrent à implorer la clémence de leurs vainqueurs (1); ils promettaient d'abandonner le fort avec toutes leurs richesses, et ne demandaient, pour prix de leur soumission, que la vie et la liberté. L'attitude suppliante des Sarrasins devait toucher l'orgueil des guerriers chrétiens; la religion et la politique se réunissaient pour faire adopter les propositions qu'on venait d'entendre; la plupart des chefs étaient disposés à signer la capitulation; mais quelques-uns des plus ardens ne pouvaient voir sans indignation qu'on voulût obtenir par un traité ce qu'on obtiendrait bientôt par la force des armes. « Il est nécessaire, disaient-ils, que tous nos enne-
» mis soient frappés de terreur; et si la garnison
» de cette forteresse périt sous le glaive, les Sar-
» rasins, effrayés, n'oseront plus nous attendre ni

---

des députés sarrasins) quel est votre maître, à qui sont ces camps que nous voyons devant nous? » (*Ibid.*)

(1) Voyez, dans Arnold de Lubeck, le discours des députés musulmans à l'assemblée des chrétiens : « Nous ne som-
» mes pas sans religion, dirent-ils; nous sommes descendus
» d'Abraham, et nous nous appelons Sarrasins, de son épouse
» Sara. » (*Ibid.*)

» dans Jérusalem, ni dans les autres villes qui sont » encore en leur puissance. »

Comme leur avis n'était point adopté, ces guerriers ardens et fougueux résolurent d'employer tous les moyens pour rompre la négociation, et reconduisant les députés du château, ils leur dirent : « *Défendez-vous; car si vous vous rendez* » *aux chrétiens, vous périrez tous au milieu des* » *supplices* (1). » D'un autre côté, ils s'adressaient aux soldats chrétiens, et leur annonçaient, avec l'accent de la colère et de la douleur, qu'on allait faire une paix honteuse avec les ennemis de Jésus-Christ. En même temps, ceux des chefs qui penchaient pour la paix, se répandaient dans le camp, et représentaient à l'armée qu'il était inutile et dangereux peut-être d'acheter, par de nouveaux combats, ce que la fortune ou plutôt la Providence elle-même venait offrir aux croisés. Parmi les guerriers chrétiens, les uns se rendaient aux conseils de la modération, les autres ne voulaient rien devoir qu'à leur épée. Ceux qui aimaient mieux la victoire que la paix, couraient aux armes; ceux qui acceptaient la capitulation, restaient dans leurs tentes. Le camp des chrétiens, où les uns demeuraient dans l'inaction et le repos, les autres s'excitaient au combat, présentait à-la-fois l'image de la paix et l'image de la guerre; mais dans cette di-

---

(1) Voyez toujours, pour tous ces détails, Arnold de Lubeck, *Biblioth. des Croisades*, tom. II.

versité de sentimens, au milieu du spectacle étrange que donnait l'armée, il était facile de prévoir que bientôt on ne pourrait plus ni traiter avec les ennemis, ni les combattre.

Cependant la capitulation fut ratifiée par les principaux chefs et par le chancelier de l'empire. On attendait, dans le camp des chrétiens, les otages que devaient envoyer les Sarrasins. Les croisés croyaient déjà voir s'ouvrir devant eux les portes du château de Thoron; mais le désespoir avait tout-à-coup changé les résolutions des Sarrasins (1). Quand les députés venus au camp des chrétiens, eurent rapporté à leurs compagnons d'armes ce qu'ils avaient vu, ce qu'ils avaient entendu; lorsqu'ils eurent parlé des menaces qu'on leur avait faites, et des divisions qui venaient d'éclater parmi les ennemis, les assiégés oublièrent que leurs murs tombaient en ruines, qu'ils manquaient d'armes et de vivres, qu'ils avaient à se défendre contre une armée victorieuse; ils jurèrent tous de mourir plutôt que de traiter avec les croisés. Au lieu d'envoyer des otages, ils parurent en armes sur leurs remparts, et provoquèrent les assiégeans à de nouveaux combats. Les chrétiens reprirent les travaux du siége et recommencèrent leurs attaques; mais leur courage s'affaiblissait chaque jour, tandis que chaque jour le désespoir

---

(1) Voyez toujours Arnold de Lubeck, *Biblioth. des Croisades*, tom. II.

ajoutait à la bravoure des Musulmans. Les assiégés travaillèrent sans relâche à réparer leurs machines, à relever leurs murailles. Tantôt les croisés étaient attaqués dans les souterrains qu'ils avaient creusés, et périssaient ensevelis sous des décombres; tantôt une grêle de traits et de pierres pleuvait sur eux du haut des remparts. Souvent les Sarrasins parvinrent à surprendre quelques-uns de leurs ennemis; ils les entraînaient tout vivans dans la place, les massacraient sans pitié; les têtes de ces malheureux prisonniers étaient exposées sur les murailles, et lancées ensuite, à l'aide des machines, dans le camp des chrétiens. Les croisés paraissaient tombés dans une sorte d'abattement; les uns combattaient encore, et se ressouvenaient de leurs sermens; les autres restaient spectateurs indifférens des dangers et de la mort de leurs compagnons et de leurs frères; plusieurs ajoutaient le scandale des mœurs les plus dépravées à leur indifférence pour la cause de Dieu. On vit alors, dit un historien, des hommes qui avaient quitté leurs épouses pour suivre Jésus-Christ, oublier tout-à-coup les plus saints devoirs et s'attacher à de viles prostituées; enfin les vices et les désordres des croisés étaient si honteux, que les auteurs des vieilles chroniques rougissent d'en retracer le tableau. Arnold de Lubeck, après avoir parlé de la corruption qui régnait dans le camp des chrétiens, semble demander pardon à son lecteur; et afin qu'on ne l'accuse pas de faire une satire, il a soin d'ajouter qu'il ne rappelle point de si odieux souvenirs pour confondre l'orgueil des hommes, mais pour avertir les pécheurs, et toucher, s'il se peut, le cœur de ses frères en Jésus-Christ (1).

Bientôt la renommée publia que les royaumes d'Alep et de Damas s'étaient levés en armes ; que l'Égypte avait rassemblé une armée ; que Malek-Adel, suivi d'une innombrable multitude de guerriers, s'avançait à grandes journées, impatient de venger sa dernière défaite (2). A cette nouvelle,

---

(1) Après avoir fait le tableau de la corruption des croisés, Arnold ajoute : *veniam non peto, non enim ut quempiam confundam, hæc scribo, sed dilectos in Christo moneo.* (*Biblioth. des Croisades*, tome II.)

(2) Les historiens orientaux parlent peu du siége de Thoron ; Ibn-Alatir s'exprime ainsi : « Les Francs attaquèrent Tebnin (Thoron), et firent des brèches de divers côtés. Lorsque Malek-Adel sut cela, il écrivit à Malek-Aziz, sultan d'Égypte, pour lui dire de venir en personne, car si vous ne venez, lui manda-t-il, nous ne pourrons garder le pays frontière. Aziz vint donc avec ses troupes. Quant aux Musulmans qui étaient dans le château, quand ils virent les brèches faites aux murailles, et qu'il ne leur restait d'autre espoir que de se défendre à la pointe de l'épée, plusieurs d'entr'eux se rendirent vers les Francs, et leur demandèrent une sauve-garde pour eux et leurs biens, s'offrant de leur livrer le château. Le commandement était confié au prêtre Kandelard (Conrad), allemand ; mais un Franc de la Palestine dit à ces Musulmans : « Si vous livrez la for-
» teresse, cet homme vous fera prisonnier et vous tuera :
» conservez donc vos jours. » Les Musulmans s'en retournèrent comme pour leur livrer la forteresse ; mais lorsqu'ils y furent remontés, ils persistèrent à se défendre, et combattirent en désespérés, si bien qu'ils conservèrent le châ-

1197 les chefs des croisés résolurent de lever le siége de Thoron, et, pour cacher leur retraite à l'ennemi, ils ne rougirent point de tromper leurs propres soldats. Le jour de la Purification de la Vierge, lorsque les chrétiens se livraient aux exercices de la dévotion, les hérauts d'armes, au son des trompettes, annoncèrent à tout le camp que le lendemain on devait livrer un assaut général. Toute l'armée chrétienne passe la nuit à se préparer au combat; mais le lendemain, au lever du jour, on apprend que Conrad et la plupart des chefs ont quitté l'armée et pris le chemin de Tyr. On se rassemble autour de leurs tentes pour reconnaître la vérité, on s'interroge avec inquiétude. Les plus noirs pressentimens s'emparent de l'esprit des croisés : comme s'ils eussent été vaincus dans une grande bataille, ils ne songent plus qu'à fuir (1). Rien n'avait

---

teau jusqu'à l'arrivée de Malek-Aziz à Ascalon. (Voy. *Biblioth. des Croisades*, extraits des auteurs arabes, §. 70.)

(1) Olivier Scholastique, auteur contemporain, raconte que les Allemands étaient occupés au siége de Thoron lorsqu'ils reçurent la nouvelle de la mort de l'empereur, et celle de l'arrivée d'une grande armée d'Égyptiens; qu'alors renonçant aux conditions qui devaient être très avantageuses à la chrétienté, ils abandonnèrent pendant la nuit leur camp et leurs malades en grand nombre, et se retirèrent par une fuite honteuse dans la ville de Tyr, où ils arrivèrent le jour de la Purification. Dans la même nuit les Sarrasins prirent aussi la fuite par un autre chemin. (Olivier Scholastique a été traduit *Biblioth. des Crois.*, t. 11.)

Arnold place avant le siége de Thoron la nouvelle de la mort de Henri, qui se répandit dans le camp des pélerins,

été préparé pour la retraite; aucun ordre n'avait été donné; chacun ne voit que son propre péril et ne prend plus conseil que de la crainte; les uns se chargent de ce qu'ils ont de plus précieux, les autres abandonnent leurs armes. Les malades et les blessés se traînent avec peine sur les pas de leurs compagnons; ceux qui ne peuvent marcher restent abandonnés dans le camp. La confusion était générale; les soldats marchaient pêle-mêle avec les bagages; ils ne savaient point la route qu'ils devaient suivre; plusieurs s'égaraient dans les montagnes; on n'entendait que des cris, que des gémissemens; et comme si le ciel eût voulu marquer sa colère dans ce grand désordre, un violent orage venait d'éclater, d'affreux éclairs sillonnaient la nue, le tonnerre grondait et tombait en éclats, des torrens de pluies inondaient les campagnes (1). Dans leur fuite tumultueuse, aucun des croisés n'osa détourner ses regards vers cette forteresse qui, peu de jours auparavant, offrait de se rendre à leurs armes : leur terreur ne fut dissipée que lorsqu'ils aperçurent les murailles de Tyr.

1198

L'armée étant à la fin réunie dans cette ville, on se demanda les causes du désordre qu'on venait

---

ce qui n'est pas probable, car Henri mourut en 1197, date du siége de Thoron. (*Biblioth. des Crois.*, t. II.)

(1) *Nec inter ista defuit spiritus procellæ, tonitruis, et coruscationibus et pluviarum inundationibus et grandini de cælo fugientes infestando.* (Arnold. Lub., cap. v.)

1198 d'éprouver. Alors un nouveau délire s'empara des chrétiens; les défiances, les haines mutuelles succédèrent à cette terreur panique dont ils venaient d'être les victimes; les soupçons les plus graves s'attachaient aux actions les plus simples, et donnaient une couleur odieuse aux discours les plus innocens. Les croisés se reprochaient les uns aux autres, comme des torts et comme des preuves de trahison, tous les malheurs qu'ils avaient soufferts, tous ceux dont ils étaient menacés. Les mesures qu'avait pu conseiller un zèle imprévoyant, comme celles qu'avaient dictées la nécessité et la prudence elle-même, étaient l'ouvrage d'une perfidie sans exemple. Les saints lieux, que les croisés naguère semblaient voir avec indifférence, occupaient maintenant toutes leurs pensées; les plus fervens reprochaient aux chefs de ne porter que des vues profanes dans une guerre sainte, de sacrifier la cause de Dieu à leur ambition, d'abandonner à la fureur des Sarrasins les soldats de Jésus-Christ (1). Les mêmes croisés disaient hau-

---

(1) Othon de St.-Blaise s'exprime en ces termes sur les divisions des pèlerins après le siége de Thoron : « L'armée des pèlerins revenue à Acre, scandalisée des discours des Templiers, des Hospitaliers et des autres barons de la Terre-Sainte, et détestant le commerce et l'espèce d'intelligence qu'ils avaient avec les infidèles, résolut de se soustraire à leur autorité. Elle remporta divers avantages sur les Musulmans; c'est pourquoi les barons de la Palestine commencèrent à craindre qu'ils ne s'emparassent de l'autorité dans

tement que Dieu s'était déclaré contre les chrétiens, parce que ceux qu'il avait choisis pour conduire les défenseurs de la croix, dédaignaient la conquête de Jérusalem. Les lecteurs se rappellent qu'après le siége de Damas, dans la seconde croisade, on avait accusé l'avarice des Templiers et des Francs de la Palestine, d'avoir trahi le zèle et la bravoure des guerriers chrétiens. Des accusations aussi graves se renouvelèrent en cette occasion avec la même amertume. Si nous en croyons les vieilles chroniques, Malek-Adel avait promis à plusieurs chefs de l'armée chrétienne, une grande quantité de pièces d'or pour les engager à lever le siége de Thoron; les mêmes chroniques ajoutent que lorsque le prince musulman leur fit payer la somme convenue, il ne leur donna que de l'or faux, digne prix de leur cupidité et de leur trahison (1).

---

le pays, car ils les redoutaient plus que les Sarrasins euxmêmes. Le roi Henri se prêta à leur projet (d'après Bernard le Trésorier et Arnold de Lubeck, le roi Henri était déjà mort à cette époque), et ils méditèrent entr'eux la mort ou la captivité des pélerins allemands. Les barons syriens se plaisaient beaucoup à la Terre-Sainte à cause de sa fertilité. Jérusalem et le Saint-Sépulcre les touchaient peu; c'est pour cela que la ville sainte est si souvent foulée aux pieds par les Gentils.» Le chroniqueur considère la mort du roi Henri comme la juste punition de ses projets impies. (Othon de St.-Blaise, chap. 42, *Biblioth. des Crois.*, t. II.)

(1) Othon de St.-Blaise paraît persuadé que les Templiers avaient reçu des sommes d'argent pour faire échouer l'entreprise des croisés. Voici comment il s'exprime : *Nam*

1198 Les historiens arabes n'ont point accrédité, dans leurs récits, ces accusations odieuses; mais tel était l'esprit d'animosité qui régnait alors parmi les guerriers chrétiens, qu'ils furent jugés avec plus de sévérité par leurs frères et leurs compagnons d'armes que par leurs propres ennemis.

Enfin la fureur des discordes fut portée si loin, que les Allemands et les chrétiens de Syrie ne purent rester sous les mêmes drapeaux; les premiers se retirèrent dans la ville de Jaffa, dont ils relevèrent les remparts; les autres retournèrent à Ptolémaïs. Malek-Adel voulut profiter de leurs divisions, et vint provoquer les Allemands au combat. Une grande bataille fut livrée à quelque distance de Jaffa. Le duc de Saxe et le duc d'Autriche périrent dans la mêlée (1). Les croisés perdirent un

---

sicut fertur, quidam de militibus Templi, a paganis corrupti pecuniá, animum Conradi cancellarii, qui in hác ipsá obsidione præcipuè clarebat, cum quibusdam aliis inflexerunt, eisque auri maximo pondere collocato, obsidionem solvere persuaserunt; sicque vendito Christo, tradito paganis per castellum, sicut olim Judæis, recesserunt. Nec tamen de pretio taliter acquisito aliquod emolumentum, sicut nec Judas de triginta argenteis, consecuti sunt. Si quidem pretio corrupti, corruptum à paganis aurum metallo sophistico, auro in superficie colorato receperunt; sicque in opprobrium sempiternum cum notá infamiæ meritò consecuti sunt. (Voy. Othon de St.-Blaise, dans la collection d'Urtius. Il a été traduit *Bibl. des Crois.*, t. II.)

(1) On s'étonne de trouver si peu de notions sur les événemens de cette croisade dans le continuateur de Guillaume

grand nombre de leurs plus braves guerriers ; 1198 mais la victoire se déclara pour eux. Après un triomphe qui n'était dû qu'à leurs armes, l'orgueil des Allemands ne connut plus de bornes ; ils ne gardèrent plus de mesure avec les chrétiens de la Palestine. « Nous avons, disaient-ils, traversé les » mers pour défendre leur pays; et, loin de s'as- » socier à nos travaux, ces guerriers, sans vertu » et sans courage, nous ont abandonnés au mo- » ment du péril. » Les chrétiens de la Palestine reprochaient à leur tour aux Allemands d'être venus en Orient, non pour combattre, mais pour commander; non pour secourir leurs frères, mais pour leur imposer un joug plus insupportable que celui des Sarrasins. « Les croisés, ajoutaient-ils, » n'avaient quitté l'Occident que pour faire une » promenade guerrière en Syrie; ils y trouvaient » la paix, ils y laissaient la guerre, semblables à » ces oiseaux de passage qui annoncent la saison » des tempêtes. »

Au milieu de ces fatales divisions, personne n'avait assez de crédit et de puissance pour contenir les esprits et rallier les opinions. Le sceptre de Jérusalem était dans les mains d'une femme ; le trône de Godefroi, si souvent ébranlé, restait sans appui ; la religion et les lois perdaient chaque

---

de Tyr. Il parle de cette bataille, de la division des chrétiens, mais sans aucune circonstance que nous puissions faire connaître à nos lecteurs.

jour leur empire : la violence avait seule le privilége de se faire respecter. On n'obéissait plus qu'à la nécessité ou à la force ; la corruption et la licence qui régnaient parmi ce peuple, qu'on appelait encore le *peuple de Dieu*, faisaient des progrès si effrayans, qu'on est tenté d'accuser d'exagération les récits des auteurs contemporains et des témoins oculaires.

Dans cet état de décadence, au milieu de ces honteux désordres, les plus sages des prélats et des barons songèrent à donner un chef aux colonies chrétiennes, et conjurèrent Isabelle, veuve de Henri de Champagne, de prendre un nouvel époux qui consentît à être leur souverain. Isabelle, par trois mariages, avait déjà donné trois rois à la Palestine. On lui proposa d'épouser Amaury, qui venait de succéder à Guy de Lusignan dans le royaume de Chypre (1). Un historien arabe dit qu'Amaury était un *homme sage et prudent, qui aimait Dieu et respectait l'humanité*. Il ne craignit point de régner au milieu de la guerre, des troubles et des factions, sur ce qui restait du malheureux royaume de Jérusalem, et vint partager avec Isabelle les vains honneurs de la royauté. Leur mariage fut célébré à Ptolémaïs avec plus de pompe, disent les historiens, que ne le permettait l'état des affaires. Quoique ce mariage ne pût renu-

---

(1) Voyez le continuateur de Guillaume de Tyr. (*Biblioth. des Croisades*, tom. II.)

dier à tous les maux des chrétiens, il leur donnait du moins le consolant espoir que leurs discordes seraient apaisées, et que les colonies des Francs, mieux gouvernées, pourraient retirer quelque fruit des victoires remportées sur les infidèles ; mais une nouvelle, qui venait d'arriver d'Occident, devait bientôt répandre un nouveau deuil dans le royaume, et mettre un terme aux stériles exploits de la guerre sainte. Au milieu des fêtes qui suivirent le mariage et le couronnement d'Amaury, on avait appris la mort de l'empereur Henri VI. L'élection d'un nouveau chef de l'empire allait exciter de violens débats en Allemagne; chacun des princes et des seigneurs allemands qui se trouvaient alors en Palestine, ne songea plus qu'à ce qu'il devait craindre ou espérer dans les événemens qui se préparaient en Europe. Ils prirent la résolution de retourner en Occident.

Le comte de Montfort et plusieurs chevaliers français venaient d'arriver dans la Terre-Sainte ; ils sollicitèrent les princes allemands de différer l'époque de leur retour. Le pape, à la première nouvelle de la mort de Henri VI, avait écrit aux chefs des croisés pour les conjurer d'achever leur ouvrage, et de ne point abandonner la cause de Jésus-Christ ; mais ni les prières du comte de Montfort, ni les exhortations du pape, ne purent retenir les croisés impatiens de quitter la Syrie. De tant de princes partis de l'Occident pour faire triompher la cause de Dieu, la seule reine de Hongrie se montra fidèle à ses sermens, et resta avec

1198 ses chevaliers dans la Palestine (1). En retournant en Europe, les Allemands se contentèrent de laisser une garnison dans Jaffa. Peu de temps après leur départ, cette garnison, qui célébrait la fête de saint Martin, au milieu de tous les excès de l'ivresse et de la débauche, fut surprise et massacrée par les Sarrasins (2). L'hiver approchait; on

---

(1) Le père Maimbourg donne les plus grands éloges à la veuve de Béla. « Cet exemple, dit-il, fait voir ce qu'on a vu assez souvent en d'autres princesses, que la vertu héroïque ne dépend nullement de la qualité du sexe, et qu'on peut suppléer à la faiblesse du tempérament et du corps, par la grandeur de l'âme et par la force de l'esprit. »

(2) Fuller, historien anglais, parle avec détail de ce désastre. Comme son ouvrage est rare, je vais en traduire le passage qui concerne la fin de cette croisade, et dans lequel le lecteur impartial trouvera les injures grossières d'un ennemi passionné des croisés. « Dans cette guerre, dit-il, on voyait une armée épiscopale qui aurait pu servir pour un synode, ou plus véritablement, elle donnait la vue de l'*Évangile militante*. Plusieurs capitaines retournèrent secrètement chez eux, et lorsque les soldats voulaient combattre, les officiers s'en allaient. Ce qui resta de cette armée se fortifia dans Jaffa. La fête de saint Martin, ce grand saint de l'Allemagne, arriva dans ce temps. Ce saint homme, Germain de naissance et évêque de Tours en France, se distingua éminemment par sa charité. Les Allemands changèrent sa charité pour les pauvres en excès pour eux-mêmes, observant le 11 de novembre, de manière qu'on ne devait plus l'appeler un jour saint, mais un jour de festin. La débauche les mit dans un état tel, que les Turcs, tombant sur eux, en égorgèrent près de vingt mille. Ce jour, que les Allemands écrivent en lettres rouges dans leurs ca-

ne pouvait tenir la campagne; la discorde régnait à-la-fois parmi les chrétiens et les Musulmans; de part et d'autre on désirait la paix, parce qu'on ne pouvait plus faire la guerre. Le comte de Montfort conclut avec les Sarrasins une trève de trois ans. Ainsi se termina cette croisade qui ne dura que trois mois, et qui ne fut, pour les guerriers de l'Occident, qu'un véritable pélerinage. Les victoires des croisés avaient rendu les chrétiens maîtres de toutes les côtes de Syrie; mais leur départ précipité fit perdre le fruit de leurs conquêtes. Les villes qu'ils avaient conquises restèrent sans défenseurs et presque sans habitans.

Cette quatrième croisade, dans laquelle toutes les forces de l'Occident vinrent échouer contre une petite forteresse de la Syrie, et qui nous présente l'étrange spectacle d'une guerre sainte dirigée par un monarque excommunié, offre à l'historien moins d'événemens extraordinaires, moins de grands malheurs que les expéditions précédentes. Les armées chrétiennes, qui ne firent qu'un séjour passager en Orient, n'éprouvèrent ni la disette ni les maladies, qui avaient causé tant de ravages parmi les croisés dans les autres expéditions. La prévoyance et les soins de l'empereur d'Allemagne

---

lendriers, se teignit de leur propre sang; et comme leur camp fut leur boucherie, les Turcs furent leurs bouchers. On pourrait les comparer aux bœufs de la Saint-Martin, qui diffèrent peu des troupeaux d'ivrognes. » (Nicol. Fuller, liv. 11, chap. 16, p. 135.)

1195 devenu maître de la Sicile, pourvurent à tous les besoins des croisés, dont les exploits devaient servir ses projets ambitieux, et qu'il regardait comme ses propres soldats.

Les guerriers allemands, qui composaient les armées chrétiennes, n'avaient point les qualités nécessaires pour s'assurer les avantages de la victoire. Toujours prêts à se jeter aveuglément au milieu des périls, ne comprenant point qu'on pût allier la prudence au courage, n'écoutant que la fougue de leurs passions, et ne reconnaissant d'autre loi que leur volonté; soumis aux chefs qui étaient de leur nation, et méprisant tous les autres; pleins d'un indomptable orgueil qui leur faisait dédaigner le secours de leurs alliés et les leçons de l'expérience, de pareils hommes ne pouvaient faire ni la paix ni la guerre (1).

Lorsqu'on compare ces nouveaux croisés aux compagnons de Richard et de Godefroy, on retrouve en eux la même ardeur pour les combats, la même indifférence pour les périls; mais on ne leur trouve plus cet enthousiasme qui animait les premiers soldats de la croix à la vue des saints lieux. Jérusalem, qui n'avait jamais cessé d'être ouverte à la dévotion des chrétiens, ne voyait plus dans ses murs cette foule de pèlerins qui, au commencement des guerres saintes, s'y rendaient de

---

(1) Voyez le portrait des Allemands, que nous avons rapporté d'après la chronique d'Usberg, *Bibliothèque des Croisades*, t. II, et Falcandus, dont la citation est rapportée p. 47.

toutes les parties de l'Occident. Le pape et les chefs de l'armée chrétienne défendaient aux croisés d'entrer dans la ville sainte avant de l'avoir conquise. Les croisés, qui ne se montraient pas toujours si dociles, obéirent sans peine à cette défense. Plus de cent mille guerriers qui avaient quitté l'Europe pour délivrer Jérusalem, revinrent dans leurs foyers sans avoir eu peut-être la pensée de visiter le tombeau de Jésus-Christ, pour lequel ils avaient pris les armes. Les trente onces d'or promises par l'empereur à tous ceux qui passeraient la mer pour combattre les infidèles, augmentèrent beaucoup le nombre des croisés, ce qui ne s'était point vu dans les précédentes expéditions, où la foule des soldats de la croix ne pouvait être entraînée que par des motifs religieux. Dans les autres guerres saintes, il était entré plus de religion que de politique. Dans cette croisade, quoiqu'elle eût été directement provoquée par le chef de l'Église, et qu'elle fût, en grande partie, dirigée par des évêques, on peut dire qu'il entra plus de politique que de religion. L'orgueil, l'ambition, la jalousie, les passions les plus honteuses du cœur humain, n'essayèrent pas même, comme dans les précédentes expéditions, de se couvrir d'un voile religieux. L'archevêque de Mayence, l'évêque de Hildesheim, et la plupart des ecclésiastiques qui avaient pris la croix, ne firent admirer ni leur sagesse ni leur piété, et ne se distinguèrent par aucune qualité personnelle. Le chancelier de l'empire, Conrad, revenu en Allemagne, y fut pour-

1198 suivi par les soupçons qui s'étaient attachés à sa conduite pendant la guerre; et lorsque, longtemps après son retour, il tomba sous les coups de plusieurs gentilshommes de Wurtzbourg, conjurés contre lui, le peuple regarda cette mort tragique comme une punition du ciel (1).

Henri VI, qui avait prêché la croisade, ne vit dans cette expédition lointaine qu'un moyen et une occasion d'accroître sa puissance et d'étendre son empire; tandis que la chrétienté adressait au ciel des prières pour une guerre sainte dont il était l'âme et le mobile, il poursuivait une guerre impie, désolait un pays chrétien pour l'asservir à ses lois, et menaçait les peuples de la Grèce (2). Le fils de Tancrède fut privé de la vue et jeté dans les fers; les filles du roi de Sicile furent emmenées en captivité. Henri

---

(1) Le père Maimbourg donne à Conrad, pendant la croisade, le titre d'évêque de Wurtzbourg : nous avons redressé cette erreur dans une note que nous renvoyons, à cause de son étendue, aux pièces justificatives. Cette note renferme quelques détails sur la vie politique et privée de Conrad.

(2) Les chroniques des Latins et celles des Grecs rapportent les cruautés de Henri VI en Sicile. Nicetas, dans son Histoire, fait une longue énumération des supplices inventés par l'empereur d'Allemagne, et dit que la Grèce était à la veille de voir tomber sur son territoire tous les fléaux qui avaient affligé la Sicile, lorsqu'Henri VI fut enlevé comme par un coup extraordinaire de la Providence. (Voyez la note sur la guerre de la Sicile, p. 42 et suiv. de ce livre.)

poussa si loin les excès de la barbarie, qu'il irrita 1198
ses proches, et qu'il trouva des ennemis dans sa
propre famille. Lorsqu'il mourut, le bruit se répandit en Occident qu'il avait été empoisonné; les peuples, qu'il avait rendus malheureux, ne pouvaient croire que tant de cruautés fussent restées impunies; ils publièrent que la Providence s'était servie de la propre épouse de l'empereur pour lui donner la mort, et pour venger toutes les calamités qu'il avait répandues sur les royaumes de Naples et de Sicile. A l'approche de son trépas, Henri se ressouvint qu'il avait persécuté Richard, qu'il avait retenu un prince croisé dans les fers, malgré les sollicitations du père des fidèles; il se hâta d'envoyer au roi d'Angleterre des ambassadeurs, chargés de lui faire une réparation solennelle d'un si grand outrage. Après sa mort, comme il avait été excommunié, on crut devoir s'adresser au Saint-Siége pour obtenir la permission de l'ensevelir en Terre-Sainte; le pape se contenta de répondre qu'on pouvait l'enterrer parmi les chrétiens, mais qu'auparavant il fallait faire beaucoup de prières pour fléchir la colère de Dieu.

En s'emparant des plus belles contrées de l'Italie par la perfidie et la violence, Henri préparait à ce malheureux pays des révolutions qui devaient se renouveler d'âge en âge (1). La guerre odieuse qu'il avait faite à la famille de Tancrède, devait en-

---

(1) On verra, dans la suite, ce que la Sicile coûta d'embarras et de malheurs à Frédéric II.

1198 fanter d'autres guerres funestes à sa propre famille : en s'éloignant de l'Allemagne avec ses armées, Henri laissa se former des partis puissans qui, à sa mort, se disputèrent avec animosité le sceptre impérial, et firent à la fin éclater une guerre dans laquelle les principaux états de l'Europe furent entraînés. Ainsi cette quatrième croisade, tandis que les autres guerres saintes avaient contribué à maintenir ou à rétablir la paix publique en Europe, divisa les états de la chrétienté sans avoir ébranlé la puissance des Sarrasins, et ne fit que jeter le trouble et la confusion dans plusieurs royaumes de l'Occident.

FIN DU LIVRE IX.

HISTOIRE DES CROISADES.

LIVRE X.

Les *troupes chrétiennes*, dit J.-J. Rousseau, dans son Contrat social, *sont, dit-on, excellentes; je le nie; qu'on m'en montre de telles; quant à moi, je ne connais point les troupes chrétiennes.* Les événemens que nous venons de raconter, et ceux que nous allons faire connaître, suffiront sans doute pour réfuter l'étrange paradoxe de J.-J. Rousseau. L'auteur du *Contrat Social* ne dissimule point, il est vrai, les objections qu'on peut lui faire, d'après l'histoire des croisades; mais, toujours fidèle à son système, ne tenant aucun compte des vérités historiques, il répond que les croisés, *loin d'être chrétiens, étaient des citoyens de l'Église; qu'ils se battaient pour son pays spirituel, qu'elle avait rendu temporel on ne sait comment.* Étrange raisonnement, qui change à-la-fois le sens des mots, la nature des faits, et refuse le titre de soldats chrétiens à ceux qui prenaient les armes au nom de Jésus-Christ. On voit par-là que Rousseau, comme plusieurs autres philosophes du dernier siècle, était persuadé que les papes avaient fait les croisades, et que les guerres saintes n'avaient pour but que de défendre la puissance des pontifes de Rome. L'histoire nous montre cependant que les croisades n'ont dû leur naissance et leurs progrès qu'à l'enthousiasme religieux et guerrier qui animait les peuples de l'Occident au moyen âge, et que sans cet enthousiasme, qui n'était point l'ouvrage des chefs de l'Église, les prédications du Saint-Siége n'auraient pu rassembler une seule armée sous les bannières de la croix. Nous devons ajouter que, pendant les guerres saintes, les souverains pontifes furent souvent chassés de Rome, dépouillés de leurs états, et qu'ils n'appelèrent point les croisés à la défense du pouvoir ou du *pays temporel* de l'Église. Non seulement les croisés n'étaient pas toujours les aveugles instrumens du Saint-Siége, mais ils résistèrent quelquefois aux volontés des papes, et n'offrirent pas moins dans les camps des chrétiens le modèle de la valeur unie à la piété. Sans doute que les chefs furent souvent entraînés par l'ambition, l'amour de la gloire, la passion de la guerre; mais la religion, bien ou mal entendue, entraînait le plus grand nombre; la religion chrétienne, qu'ils défendaient ou qu'ils croyaient défendre, en leur inspirant le désir des récompenses du ciel et le mépris de la vie, les élevait au-dessus de tous les périls, et leur faisait sans cesse braver la mort. Voilà toute la vérité; mais cette vérité est trop simple pour ceux qui dédaignent les routes communes, et ne peuvent porter un jugement sur les choses humaines sans déployer tout l'appareil d'une philosophie orgueilleuse et chagrine. Pour nous, qui sommes persuadés que la véritable philosophie consiste à étudier le cœur humain et l'esprit des sociétés, non dans de vains systèmes, mais dans l'histoire fidèle des siècles passés, nous ne réfuterons point d'éloquens sophismes par de plus longs raisonnemens; et pour montrer dans tout son éclat la valeur des *troupes chrétiennes*, nous nous contenterons de poursuivre notre récit, et de faire connaître avec impartialité les travaux, les revers et les victoires des soldats de la croix.

Le départ des croisés allemands avait plongé les chrétiens d'outre-mer dans le deuil et la consternation; les colonies chrétiennes, livrées à leurs propres forces, n'étaient protégées que par la trêve qui venait d'être conclue entre Malek-Adel et le comte de Montfort. Les infidèles avaient trop de supériorité sur leurs ennemis, pour respecter long-temps un traité qu'ils regardaient comme un obstacle aux progrès de leur puissance. Les chrétiens, menacés de nouveaux périls, portèrent leurs regards vers l'Occident. L'évêque de Ptolémaïs, accompagné de plusieurs chevaliers, s'embarqua pour l'Europe, afin de solliciter le secours des fidèles. Au moment où le vaisseau sur lequel il était monté s'éloignait des côtes de Syrie, il fut englouti dans les flots: l'évêque de Ptolémaïs, et toutes les personnes de sa suite, périrent dans le naufrage; d'autres navires, partis peu de temps après, furent surpris par la tempête et forcés de rentrer dans le port de Tripoli : de sorte que les prières et les plaintes des chrétiens de la Palestine ne purent arriver jusqu'en Occident (1). Cependant la renommée semait partout les nouvelles les plus affligeantes sur la situation du faible royaume de Jérusalem ; quelques pèlerins, échappés aux périls de la mer, racontaient à leur retour les triomphes et les menaces des Sarrasins ; mais, dans l'état où se trouvait l'Europe, rien n'était plus difficile que d'entraîner les peuples dans une nouvelle croisade. La mort de l'empereur Henri VI avait divisé les prélats et les princes de l'Allemagne ; le roi de France, Philippe-Auguste, était toujours en guerre avec Richard, roi d'Angleterre. Un des fils de Béla, roi de Hongrie, qui venait de prendre la croix, n'avait rassemblé une armée que pour troubler le royaume et s'emparer de la couronne. Au milieu des sanglantes discordes qui troublaient l'Occident, les peuples chrétiens semblaient avoir oublié le tombeau de Jésus-Christ : un seul homme fut touché des malheurs des fidèles de l'Orient, et ne perdit point l'espoir de les secourir.

Innocent III (2) venait de réunir, à l'âge de trente-

---

(1) On peut lire, à ce sujet, la lettre du grand-maître des Hospitaliers à ses frères d'Angleterre ; on en trouvera la traduction dans les pièces justificatives.

(2) Muratori et Baluze ont publié la Vie d'Innocent III. (Voyez Murator., *scriptor rer. italicar.*, t. III, paragr. 1, pag. 486-568.) Voici le portrait qu'en trace un manuscrit tiré de la biblioth. d'Avignon :

Innocent était d'un esprit pénétrant, d'une mémoire te-

trois ans, les suffrages du conclave Dans. l'âge 1198
des passions, voué à la plus austère retraite, sans
cesse occupé de l'étude des livres saints, et toujours prêt à confondre, par la seule autorité du raisonnement, les hérésies nouvelles, le successeur de
saint Pierre versa des larmes en apprenant son élévation; mais lorsqu'il fut assis sur le trône pontifical, Innocent déploya tout-à-coup un caractère
nouveau : le même homme qui semblait redouter l'éclat du pouvoir, ne s'occupa plus que des
moyens d'agrandir sa puissance, et montra l'ambition et l'inflexible opiniâtreté de Grégoire VII.
Sa jeunesse, qui lui promettait un long règne; son
ardeur à défendre la cause de la justice et de la
vérité; son éloquence, ses lumières, ses vertus qui
lui attiraient le respect des fidèles, donnaient l'es-

---

nace, versé dans les lettres divines et humaines, discret
dans ses discours et dans ses écrits, exercé au chant et à la
psalmodie, d'une taille médiocre, d'une belle figure, tenant le milieu entre l'avarice et la prodigalité, mais libéral
dans ses aumônes et dans les dépenses nécessaires aux choses
de la vie. Il était plus économe dans tout le reste, à moins
que la nécessité ne le contraignît à se montrer généreux. Il
était sévère pour les rebelles et les contumaces, mais doux
pour les humbles et les gens dévoués; courageux, ferme,
magnanime et fin; défenseur de la foi, ennemi de l'hérésie,
rigide pour la justice, mais pieux dans la miséricorde;
humble dans la prospérité, patient dans l'adversité; d'un
naturel prompt à la colère, mais facile à apaiser. Il fit ses
études à Paris et à Bologne. Il surpassa ses contemporains
dans la philosophie et la théologie, ainsi que le prouvent les
divers ouvrages qu'il fit ou publia en diverses circonstances.

1198 poir qu'il assurerait le triomphe de la religion, et qu'il accomplirait un jour tous les projets de ses prédécesseurs.

Comme la puissance des papes était fondée sur les progrès de la foi et sur le pieux enthousiasme des chrétiens (1), Innocent mit d'abord tous ses soins à réprimer les innovations dangereuses, les doctrines imprudentes qui commençaient à corrompre son siècle et menaçaient le sanctuaire; il s'occupa surtout de ranimer l'ardeur des croisades : et, pour maîtriser l'esprit des rois et des peuples, pour rallier tous les chrétiens et les faire concourir au triomphe de l'Église, il leur parla de la captivité de Jérusalem ; il leur montra le tombeau de Jésus-Christ et les saints lieux profanés par la présence et la domination des infidèles (2).

Dans une lettre adressée aux évêques, au clergé (3), aux seigneurs et aux peuples de France,

---

(1) Voyez, sur l'origine et les progrès de la puissance des papes, l'ouvrage érudit et impartial de Hallam. *On Views of Europe in midle age*, t. III de la traduction française.

(2) Le désir d'entraîner l'Occident et l'empire grec dans une nouvelle croisade, est manifesté par toute la conduite d'Innocent III. (Voy. le Recueil de ses lettres et ses gestes, publié par Muratori, *loco citat.*)

(3) On peut consulter, pour la prédication de cette croisade, les lettres d'Innocent III. Nous ferons connaître les plus essentielles et surtout la bulle de la croisade, dans les pièces justificatives. On trouvera aussi quelques détails sur cette prédication dans Roger de Hoveden, Mathieu Paris, etc.

d'Angleterre, de Hongrie et de Sicile, le souverain pontife annonçait les volontés, les menaces et les promesses du Dieu des chrétiens. « De‑
» puis la perte lamentable de Jérusalem, disait-il,
» le St.-Siége n'a cessé de crier vers le ciel, et
» d'exhorter les fidèles à venger l'injure faite à
» Jésus-Christ, banni de son héritage. Autrefois
» Urie ne voulait point entrer dans sa maison, ni
» voir sa femme, tandis que l'arche du Seigneur
» était dans le camp; et maintenant nos princes,
» en cette calamité publique, s'abandonnent à
» des amours illégitimes, se plongent dans les dé‑
» lices, abusent des biens que le ciel leur a donnés,
» et se poursuivent mutuellement par des haines
» implacables; ne songeant qu'à venger leurs in‑
» jures personnelles, ils ne considèrent pas que
» nos ennemis nous insultent en disant : *Où est*
» *votre Dieu, qui ne se peut délivrer lui-même*
» *de nos mains? Nous avons profané votre sanc‑*
» *tuaire et les lieux où vous prétendez que votre*
» *superstition a pris naissance; nous avons brisé*
» *les armes des Français, des Anglais, des Alle‑*
» *mands, et dompté une seconde fois les fiers Es‑*
» *pagnols; que nous reste-t-il donc à faire, si ce*
» *n'est de chasser ceux que vous avez laissés en*
» *Syrie, et de pénétrer jusque dans l'Occident,*
» *pour effacer à jamais votre nom et votre mé‑*
» *moire?* »

Prenant ensuite un ton plus paternel: « Mon‑
» trez, s'écriait Innocent, que vous n'avez point
» perdu votre courage; prodiguez, pour la cause

» de Dieu, tout ce que vous avez reçu de lui : si,
» dans une occasion si pressante, vous refusiez
» de servir Jésus-Christ, quelle excuse pourriez-
» vous porter à son terrible tribunal ? Si Dieu est
» mort pour l'homme, l'homme craindra-t-il de
» mourir pour son Dieu ? Refusera-t-il de donner
» sa vie passagère et les biens périssables de ce
» monde, à celui qui nous ouvre les trésors de la
» vie éternelle ? »

Des prélats furent envoyés en même temps dans toutes les contrées de l'Europe pour y prêcher la paix entre les princes, et les exhorter à se réunir contre les ennemis de Dieu (1). Ces prélats, revêtus de toute la confiance du Saint-Siége, devaient engager les villes et les seigneurs à faire partir à leurs frais, pour la Terre-Sainte, un certain nombre de chevaliers et de soldats. Ils promettaient la rémission des péchés (2) et la pro-

---

(1) Le pape envoya des légats à Pise, Gênes, Venise ; il invita les comtes de Toulouse et de Forcalquier, qui avaient été excommuniés, à prendre les armes. Ses envoyés parcoururent l'Angleterre, exhortant le peuple à se revêtir de la croix. (Voy. Vie d'Innocent III, ibid.)

(2) Voici comment s'exprime Villehardouin, sur les indulgences du pape : « La croix fut prinse avec les indulgences que je vais voys dire : que tous ceux qui se croiseroient pour servir Dieu un an durant, et l'année qui se dresseroit pour conquérir la Terre-Sainctc, auroient pleine absolution de leur péché, dont ils seroient coufés et repentans ; et pour ce que ces indulgences furent si grandes, s'en

lection spéciale de l'Église (1), à tous ceux qui prendraient la croix et les armes, ou qui fourniraient à l'équipement et à l'entretien des milices de Jésus-Christ. Pour recevoir le pieux tribut des fidèles, on plaça des troncs (2) dans toutes les églises. Au tribunal de la pénitence, les prêtres devaient ordonner à tous les pécheurs de concourir à la sainte entreprise : aucune faute ne pouvait trouver grâce devant Dieu, sans la volonté sincère de participer à la croisade. Le zèle pour la délivrance des saints lieux, semblait être alors la seule

---

esmurent fort les cœurs des personnes, et plusieurs se croisèrent en ceste occasion. » (Villehard., liv. 1.)

Au milieu des exhortations de la croisade, quelques barons élevèrent la question s'ils pouvaient prendre la croix malgré la volonté de leur femme : *præter uxorum assensum?* Le pape répondit qu'ils le pouvaient, *in tantá necessitate christianitatis.* (*Epistol. Innocent.*) Quant au pélerinage de la femme sans le consentement de son mari, la question ne fut point décidée, et le père d'Outreman déclare gravement qu'elle offrirait plus de difficultés. (*Not. in Constantinopol. belgica*, p. 602.)

(1) Gretser a parlé longuement des indulgences accordées aux croisés : *De Cruce*, vol. III, lib. II, c. III.

(2) « On établira, dit le pape, des troncs dans les églises, où les fidèles pourront déposer leurs offrandes. » (Voy. *Epist. Innocent. III, apud Rog. Histor.*, Collect. des historiens anglais, tome II de la *Biblioth. des Croisades.*) Fleury remarque que, jusque-là, on n'avait jamais vu de troncs dans les églises ; il pense que l'usage s'en établit à cette époque.

vertu que le pape exigeât des chrétiens (1) ; la charité elle-même perdait quelque chose de son prix, si elle n'était exercée envers les croisés. Comme on reprochait à l'église de Rome d'imposer aux peuples des *fardeaux auxquels elle ne touchait que du bout du doigt*, le pape exhorta les chefs du clergé et le clergé lui-même à donner l'exemple du dévouement et des sacrifices. Innocent fit fondre sa vaisselle d'or et d'argent pour fournir aux frais de la guerre sainte ; il ne voulut avoir sur sa table que des vases de bois et d'argile, pendant tout le temps que durerait la croisade (2).

Le souverain pontife était si plein de confiance dans le zèle et la piété des chrétiens, qu'il écrivit au patriarche et au roi de Jérusalem pour leur annoncer les secours de l'Occident (3). Il ne négligeait rien de ce qui pouvait augmenter le nombre des soldats de Jésus-Christ. Il s'adressa à l'empereur de Constantinople, et lui reprocha son indif-

---

(1) Le voyage de la Terre-Sainte modifiait les rigueurs de l'excommunication : les excommuniés qui prenaient la croix, avaient la permission d'assister au service de la messe, et jouissaient des honneurs de la sépulture ecclésiastique. (Voyez Rigord et Roger de Hoveden.)

(2) Le pape ordonna qu'on perçût le quarantième des revenus, pour l'employer à la croisade. On devait, à certain jour fixé par le prêtre, chanter une grande messe, et réciter pendant la messe, au son des cloches : *Deus venerunt gentes in hereditatem suam.* (Epistol. Innocent., 260.)

(3) Epistol. Innoc. III, 485.

férence pour la délivrance des saints lieux (1). 1198
L'empereur Alexis s'efforça, dans sa réponse, de
montrer son zèle pour la cause de la religion ;
mais il ajoutait que le temps de la délivrance n'é-
tait point encore venu, et qu'il craignait de s'opposer à la volonté de Dieu, irrité par les péchés des
chrétiens. Le prince grec rappelait avec adresse
les ravages qu'avaient exercés sur les terres de
l'empire les soldats de Frédéric ; et conjurait le
pape de tourner ses réprimandes contre ceux qui,
feignant de travailler pour Jésus-Christ, agissaient
contre la volonté du ciel (2). Dans sa correspondance avec Alexis, Innocent III ne dissimulait
point ses prétentions à l'empire universel, et parlait comme l'arbitre souverain des rois de l'Orient
et de l'Occident. Il s'appliquait ces paroles adressées à Jérémie : « Je t'ai établi sur les nations et

―――――――

(1) Le cardinal Albert et Albertini furent chargés de la négociation auprès de l'empereur Alexis; ils avaient pour objet, de l'engager à travailler à la *destruction du mahométisme*.

(2) « Il n'est pas encore temps, dit Alexis, d'arracher la Terre-Sainte des mains des Sarrasins; je crains qu'en devançant les temps marqués par Dieu, on n'entreprenne un ouvrage inutile. » Dans une réponse curieuse, Innocent s'attache à réfuter l'opinion de l'empereur : « Ceux qui ont été régénérés dans les eaux du baptême, doivent, d'eux-mêmes, s'engager à suivre la croisade, de peur qu'en attendant le temps inconnu de la délivrance du St.-Sépulcre, et en ne faisant rien par soi-même, on ne s'attire la juste punition de Dieu. » (*Epistol. Innoc.*, 202.)

» sur les royaumes pour arracher et dissiper, pour
» édifier et planter. » Il comparait le pouvoir des
papes et celui des princes, l'un au soleil qui éclaire
l'univers pendant le jour, et l'autre à la lune, qui
éclaire la terre pendant la nuit (1).

Les prétentions que montrait Innocent, et la
hauteur avec laquelle il cherchait à les faire valoir,
nuisirent sans doute à l'effet de ses exhortations,
et durent affaiblir le zèle des princes chrétiens
qu'il voulait entraîner à la croisade. Les princes et
les évêques de l'Allemagne étaient divisés entre
Othon de Saxe et Philippe de Souabe; le souverain
pontife se déclara hautement pour Othon, et menaça des foudres de l'Église tous ceux qui suivaient
le parti contraire. Au milieu des troubles qui éclatèrent en cette occasion, les uns ne s'occupèrent
qu'à profiter de la faveur du souverain pontife, les
autres qu'à se garantir de ses menaces. Toute l'Allemagne se trouvait engagée dans cette grande
querelle : personne ne prit la croix (2).

Un des légats du pape, Pierre de Capoue, parvint à rétablir la paix entre Richard Cœur-de-Lion
et Philippe-Auguste. Richard, qui voulait se ménager l'appui du Saint-Siége, promettait sans cesse
d'équiper une flotte et de rassembler une armée

---

(1) *Epistol. Innocent*, ibid.

(2) Sur les querelles entre les maisons de Souabe et de
Brunswick, et les factions mémorables des Guelphes et des
Gibelins, consultez Schmidt, *Histoire des Allemands*,
qui s'est aussi occupé de l'influence des papes.

pour aller faire la guerre aux infidèles. Il convoqua dans sa capitale un tournoi, au milieu duquel il exhorta les chevaliers et les barons à le suivre en Orient; mais toutes ces démonstrations, dont on pouvait soupçonner la sincérité, restèrent sans fruit. La guerre ne tarda pas à éclater de nouveau entre les deux royaumes de France et d'Angleterre; et Richard, qui renouvelait chaque jour le serment de combattre les infidèles, mourut en combattant des chrétiens.

1198

Philippe-Auguste venait de répudier sa femme Ingeburge, fille du roi de Danemarck, pour épouser Agnès de Méranie. Le souverain pontife, dans la lettre adressée aux fidèles, avait vivement censuré les princes qui se livraient à des amours illégitimes; il ordonna à Philippe-Auguste de reprendre Ingeburge; et comme Philippe-Auguste refusa d'obéir, un interdit fut jeté sur le royaume de France. Pendant plusieurs mois toutes les cérémonies de la religion furent interrompues; la chaire de l'évangile cessa de retentir de la parole sainte; on n'entendait plus ni le bruit des cloches, ni les accens de la prière; la sépulture chrétienne était refusée aux morts, le sanctuaire était fermé à tous les fidèles; un long voile de deuil couvrait les villes et les campagnes, dont la religion chrétienne semblait bannie, et qu'on aurait pu croire envahies par les Sarrasins. Quoique les croisés fussent exempts de l'interdit, le spectacle qu'offrait la France décourageait la plupart de ses habitans. Pilippe-Auguste, irrité contre le pape, se montrait fort peu disposé à réchauffer leur zèle. Le clergé, dont l'influence pouvait ranimer les courages, et les tourner vers la guerre sainte, avait moins à déplorer la captivité de Jérusalem que le malheureux état du royaume (1).

Cependant un curé de Neuilly-sur-Marne remplissait la France du bruit de son éloquence et de ses miracles. Foulques avait d'abord mené une vie déréglée; mais à la fin, touché d'un sincère repentir, il ne se contenta pas d'expier ses dérèglemens par la pénitence; il voulut ramener tous les pécheurs à la voie du salut, et parcourut les provinces en exhortant le peuple au mépris des choses de la terre. Dieu, pour l'éprouver, permit que, dans ses premières prédications, Foulques fût exposé à la risée de ses auditeurs; mais bientôt les vérités qu'il annonçait lui attirèrent le respect des fidèles. Les évêques l'invitèrent à venir prêcher dans leurs diocèses; il recevait partout des hon-

___

(1) Tous les historiens ont parlé de l'impression profonde que produisit en France l'excommunication de Philippe-Auguste, et l'interdit jeté sur le royaume tout entier. Voyez principalement la chronique de saint Denis, dernières années de Philippe-Auguste. (*Hist. de France*, t. xiv.) C'est depuis cette époque que les rois de France ont cherché à établir le principe, que les papes n'ont pas le droit de briser les liens qui unissent les sujets aux monarques, et surtout de frapper d'un interdit général tout un royaume; l'excommunication ne peut être lancée que contre les individus, et ne peut avoir que des effets religieux.

neurs extraordinaires; le peuple et le clergé couraient au-devant de lui, comme s'il eût été un envoyé de Dieu. Foulques n'avait, dit la chronique de Saint-Victor, rien de singulier dans ses vêtemens et sa manière de vivre; *il allait à cheval, et mangeait ce qu'on lui donnait.* On le voyait prêcher tantôt dans les églises, tantôt sur les places publiques, tantôt dans les assemblées des barons et des chevaliers. Son éloquence était simple et naturelle. Préservé, par son ignorance même, du mauvais goût de son siècle, il n'étonnait son nombreux auditoire, ni par les vaines subtilités de l'école, ni par le mélange bizarre des passages de l'Écriture et des pensées profanes de l'antiquité; ses paroles, dépouillées de l'érudition qu'on admirait alors, étaient plus persuasives, et trouvaient mieux le chemin des cœurs (1). Les prédicateurs les plus savans se rangeaient eux-mêmes parmi ses disciples, et disaient que le Saint-Esprit parlait par sa bouche. Animé de cette foi qui fait des prodiges, il enchaînait à son gré les passions de la multitude, et faisait retentir, jusque dans le palais des princes (2), *le tonnerre des menaces évangé-*

1199

---

(1) La chronique de Saint-Victor parle ainsi de Foulques de Neuilly : *Et verba ejus quasi sagittæ potentis acutæ, hominum pravâ corda consuetudine obdurata penetrarent et ad lacrymas et pœnitentiam amolirent.*

(2) Si l'on en croit les chroniques contemporaines, Foulques s'adressa à Richard Cœur-de-Lion, et lui dit : « *Vous avez trois filles à marier, l'avarice, l'orgueil et la*

1199 *liques.* Après l'avoir entendu, tous ceux qui s'étaient enrichis par la fraude, le brigandage ou l'usure, s'empressaient de restituer ce qu'ils avaient acquis injustement. Les libertins confessaient leurs péchés, et se vouaient aux austérités de la pénitence; les femmes prostituées déploraient, à l'exemple de Madeleine, le scandale de leur vie (1), se coupaient les cheveux, quittaient leur parure pour le cilice et la haire, promettaient à Dieu de vivre dans la retraite et de mourir sur la cendre. Enfin l'éloquence de Foulques de Neuilly produisait de si grands miracles, que la plupart des auteurs contemporains parlent de lui comme d'un autre Paul, envoyé pour la conversion de son siècle. L'un d'eux va jusqu'à dire qu'il n'ose point raconter tout ce qu'il en sait, se défiant de l'incrédulité des hommes (2).

---

luxure. » — Je donne, répondit Richard, mon orgueil aux Templiers, mon avarice aux moines de Cîteaux, ma luxure aux évêques. » (Voyez la *Biblioth. des Croisades*, tome 1.)

(1) L'histoire latine du diocèse de Paris, désigne ainsi les prostituées : « *Multæ mulierculæ quæ corpore quæstum faciebant.* »

(2) Albéric, Rigord, Othon de Saint-Blaise, Jacques de Vitri, la chronique manuscrite, *Autore Radulfo Coggehalensi*, la chronique de Brompton, et Marin Sanut, nous ont laissé quelques détails sur la vie de Foulques. L'Histoire ecclésiastique de Fleury, tome XVI, a rassemblé tous les matériaux épars dans les vieilles chroniques. L'abbé Lebeuf, dans son Histoire de Paris, cite une vie de Foulques, 1 vol. in-12, Paris, 1620, que nous avons en vain cherché à nous procurer.

Innocent III jeta les yeux sur Foulques de Neuilly, et lui confia la mission qui avait été donnée, cinquante ans auparavant, à saint Bernard (1). Le nouveau prédicateur de la croisade prit lui-même la croix dans un chapitre général de l'ordre de Cîteaux. A sa voix, le zèle pour la guerre sainte, qui semblait éteint, se réveilla de toutes parts; dans toutes les villes qu'il traversait, on accourait pour l'entendre; tous ceux qui se trouvaient en état de prendre les armes, faisaient le serment de combattre les infidèles.

Plusieurs saints orateurs furent associés aux travaux de Foulques de Neuilly; Martin Litz, de l'ordre de Cîteaux, prêcha la croisade dans le diocèse de Bâle et sur les bords du Rhin; Herloin, moine de St.-Denis, parcourut les campagnes encore sauvages de la Bretagne et du Bas-Poitou; Eustache, abbé de Flay, traversa deux fois la mer pour animer l'enthousiasme et la sainte ardeur des peuples d'Angleterre.

---

(1) « Il y eut un saint homme en France, dit Villehardouin, appelé Foulques de Neuilly, prêtre et curé du même lieu, qui est entre Lagny-sur-Marne et Paris. Celui-ci se mit à prêcher la parole de Dieu par la France et les terres circonvoisines, et Notre Seigneur fit tout plein de miracles.

» Tant prêcha, que la renommée de Foulques de Neuilly, en alla jusqu'au Saint Père, lequel envoya vers ce prud'homme, à ce que, sous son nom et autorité, il eût à prêcher la croisade. »

Ces pieux orateurs n'avaient pas tous la même éloquence, mais tous étaient remplis du zèle le plus ardent. La profanation des saints lieux, les maux des chrétiens d'Orient, le souvenir de Jérusalem, animaient leurs discours (1). Tel était encore l'esprit répandu en Europe, qu'il leur suffisait, comme dans les premières croisades, de prononcer le nom de Jésus-Christ et de parler de la cité de Dieu, retenue dans les fers des infidèles, pour que leur auditoire fondît en larmes et se livrât à tous les transports d'un saint enthousiasme. Partout le peuple montrait la même piété et les mêmes sentimens; mais la cause de Jésus-Christ avait surtout besoin de l'exemple et du courage des princes et des seigneurs. Comme on venait de proclamer en Champagne un célèbre tournoi où devaient se réunir les plus valeureux guerriers de France, d'Allemagne et de Flandre, Foulques accourut au château

---

(1) Le moine Gauthier donne quelques détails sur cette prédication dans l'histoire curieuse qu'il nous a laissée de la conquête de Constantinople. Il parle avec les plus grands éloges de Martin-Litz, qui était son abbé, et donne des notions assez intéressantes sur l'esprit de cette époque. Il met dans la bouche du prédicateur de la croisade un discours dans lequel on retrouve les mêmes raisons et presque les mêmes termes que dans tous les discours qui nous restent de ceux qui avaient précédemment prêché les guerres saintes. Il est probable que les peuples étaient alors plus entraînés par l'esprit qui régnait en Europe que par l'éloquence des orateurs. (Voyez Gauthier, dans la Collection de Canisius.)

d'Écry-sur-Aisne (1), qui était le rendez-vous des chevaliers. Son éloquence fit entendre les gémissemens de Sion au milieu des amusemens profanes de la chevalerie. Lorsque Foulques parla de Jérusalem, les chevaliers et les barons oublièrent tout-à-coup les joûtes, les coups de lance, les hauts faits d'armes, et la présence *des dames et des demoiselles* qui donnaient le prix de la valeur, des gais ménestrels qui célébraient la *prouesse achetée et vendue au fer et à l'acier* (2). Tous firent le serment de combattre les infidèles, et l'on dut s'étonner de voir de nombreux défenseurs de la croix sortir de ces fêtes belliqueuses que l'Église avait sévèrement défendues.

A la tête des princes et des seigneurs qui s'enrôlèrent dans la croisade, se faisaient remarquer Thibault IV, comte de Champagne, et Louis, comte de Chartres et de Blois (3), tous deux parens des

---

(1) « L'année en suivant que ce saint prudhomme eut ainsi espandu ses prédications, il y eut joustes et tournois en Champagne à un château nommé Escrits. » (Le château d'Écry était situé sur la rivière de l'Aisne, non loin de *Château-Porcien*. Villehardouin, liv. 1.)

(2) Les tableaux les plus vrais de ces grandes fêtes militaires, que les romanciers ont revêtus de trop brillantes couleurs, se trouvent dans les mémoires du savant Sainte-Palaye, t. 11.

(3) « Là, il advint que Thibault, comte de Champagne et de Brie, prit la croix avec le comte Loys de Blois et de Chartres, à l'entrée droitement des advents; » er, ce comte Thibault était encore un jeune prince n'ayant pas plus de

1200 rois de France et d'Angleterre. Le père de Thibault avait suivi Louis-le-Jeune à la seconde croisade; son frère aîné avait été roi de Jérusalem; deux mille cinq cents chevaliers lui devaient l'hommage et le service militaire; la noblesse de Champagne excellait dans l'exercice des armes (1). Comme Thibault avait épousé l'héritière de Navarre, il pouvait rassembler sous ses drapeaux les habitans les plus belliqueux des Pyrénées. Louis, comte de Chartres et de Blois, comptait, parmi

---

vingt-deux ans, et celui de Blois de vingt-sept, l'un d'eux, neveu du roi de France, et l'autre son cousin-germain, neveu d'autre part du roi d'Angleterre. (Villehardouin, lib. 1.)

(1) Le comte de Champagne était suzerain de dix-huit cents fiefs qui devaient l'hommage lige; leur nombre était enregistré dans l'église de St.-Étienne de Blois, et fut attesté en 1213 par le maréchal de Champagne. (Ducange, *Observat.*, pag. 254.) L'hommage lige était un des liens les plus étroits de la féodalité; il astreignait à des obligations bien plus étroites que le simple fief *de bouche et de main*, c'est-à-dire de simple hommage.

L'auteur d'une *Histoire de Jérusalem*, qui écrivait dans le XIIe. siècle, dit, en parlant des Champenois : *Et quædam pars Franciæ, quæ Campania dicitur, et cum regio tota studiis armorum floreat, hæc quodam militiæ privilegio singularius excellit et præcellit; hinc martia pubes potenter egressa, vires quæ in tyrociniis exercitaverat, in hostem ardentius exerit et imaginaria bellorum prolusione proposita, pugnans animos ad verum martem intendit.* Ann. 1177-1199. (Voyez Ducange, *Observat.*, pag. 249, qui la rapporte.)

LIVRE X.

ses aïeux, un des chefs les plus illustres de la première croisade, et possédait une province féconde en guerriers. A l'exemple de ces deux princes, se croisèrent le comte de St.-Paul, les comtes Gauthier et Jean de Brienne, Manassès de l'Isle, Renard de Dampierre, Mathieu de Montmorency, Hugues et Robert de Boves, comtes d'Amiens, Renaud de Boulogne, Geoffroi de Perche, Renaud de Montmirail, Simon de Montfort, qui venait de signer une trêve avec les Sarrasins, et n'en renouvelait pas moins le serment de les combattre, et Geoffroi de Villehardouin (1), maréchal de Champagne (2), qui nous a laissé une relation de cette croisade (3) dans le langage naïf de son temps.

Parmi les ecclésiastiques qui avaient pris la croix, l'histoire nomme Nivelon de Chérisi, évêque

---

(1) Le nom de Villehardouin a tiré son origine d'un village ou château du diocèse de Troye, entre Bar et Arcy; la branche aînée, à laquelle appartenait l'historien, ne subsista que jusqu'en 1400; la cadette, qui acquit la principauté d'Achaïe, se fondit dans la maison de Savoie. Ducange nous a laissé une notice historique fort étendue sur la généalogie et la famille de Villehardouin.

(2) Cet office était, par rapport aux grands fiefs, ce que la dignité de maréchal de France fut ensuite pour la monarchie. En 1356, l'office du maréchal de Champagne passa dans la maison de Conflans.

(3) Comme Villehardouin s'est ainsi exprimé : *Moi qui cette œuvre dicta*, quelques érudits ont pensé qu'il ne savait pas écrire; quoi qu'il en soit, on doit remarquer que

de Soissons ; Garnier, évêque de Langres; l'abbé de Looz ; l'abbé de Vaux-de-Cernai. L'évêque de Langres, qui avait été l'objet des censures du pape, croyait trouver dans le pélerinage de la Terre-Sainte une occasion de se réconcilier avec le St.-Siége. L'abbé de Looz et l'abbé de Vaux-de-Cernai s'étaient fait remarquer par leur piété et leurs lumières : le premier plein de sagesse et de modération ; le second rempli d'un saint enthousiasme, et d'un zèle ardent qu'il ne signala que trop dans la suite contre les Albigeois et les partisans du comte de Toulouse (1).

Lorsque les chevaliers et les barons revinrent dans leurs foyers, portant une croix rouge sur leurs baudriers et sur leurs cottes de maille (2), ils réveillèrent, par leur présence, l'enthousiasme de leurs vassaux et de leurs frères d'armes. La noblesse de Flandre, à l'exemple de celle de Champagne, voulut montrer son zèle pour la délivrance des saints lieux (3). Baudouin, qui avait pris le

---

les deux premiers historiens français des croisades, Villehardouin et Joinville, étaient originaires de Champagne.

(1) L'abbé de Vaux-de-Cernai nous a même laissé une chronique sur la guerre des Albigeois; elle a été traduite dans la collection nouvelle publiée par M. Guizot.

(2) *Complures tantá pontificii indulgentissimi gratiá illecti, et Fulconis persuasionibus excitati, rubram crucem amiculo, quo dexter humerus tegitur, certatim consuere.* (Rhamnusius, *de Bell. Constant.*, lib. 1.)

(3) Les événemens de la croisade, par rapport aux comtes

parti de Richard contre Philippe-Auguste, cher- 1200
cha, sous l'étendard de la croix, un asile contre
la colère du roi de France, et jura, dans l'église
de St.-Donatien de Bruges, d'aller en Asie combattre les Sarrasins. Marie, comtesse de Flandre,
sœur de Thibault, comte de Champagne, ne voulut
point vivre séparée de son époux; et quoiqu'elle
fût alors dans la fleur de la jeunesse, qu'elle se
trouvât enceinte depuis plusieurs mois, elle fit le
serment de suivre les croisés au-delà des mers, et
de quitter un pays qu'elle ne devait plus revoir.
L'exemple de Baudouin fut suivi par ses deux
frères (1), Eustache et Henri, comte de Sarbruck;
par Conon de Béthune, dont on admirait la piété
et l'éloquence, et par Jacques d'Avesnes, fils de
celui qui, sous le même nom, s'était rendu célèbre
dans la troisième croisade. La plupart des chevaliers et des barons de la Flandre et du Hainaut

---

de Flandre et à la noblesse de ce comté, ont été rassemblés
par le père d'Outreman sous ce titre : *Constantinopol.
Belgica*, Tournai, 1638, in-4º. Ducange en a tiré beaucoup d'indications pour ses notes, et la plupart des historiens l'ont ignoré. Gibbon déclare lui-même qu'il n'a pu
s'en procurer un exemplaire.

(1) Rhamnusius donne une liste fort détaillée des chevaliers et des barons qui prirent la croix; le père d'Outreman
en donne aussi une liste fort étendue. Dans les notes qui
accompagnent l'histoire de Villehardouin, Ducange nous a
laissé beaucoup de détails curieux sur les chevaliers et les
barons de la Flandre et de la Champagne, qui avaient pris
part à la croisade.

1200 firent aussi le serment de partager les travaux et les périls de la guerre sainte.

Les principaux chefs de la croisade se réunirent d'abord à Soissons, ensuite à Compiègne (1). Dans leur assemblée ils donnèrent le commandement de la sainte expédition à Thibault, comte de Champagne. On décida dans la même assemblée, que l'armée des croisés se rendrait par mer en Orient; d'après cette décision, six députés furent envoyés à Venise (2), afin d'obtenir de la république les vaisseaux nécessaires pour le transport des hommes et des chevaux.

Les Vénitiens (3) étaient alors parvenus au plus haut degré de prospérité; au milieu des secousses qui avaient précédé et suivi la chute de la puissance romaine, ce peuple industrieux s'était réfugié dans les îles qui bordent l'extrémité du golfe Adriatique; et, placé sur les flots, il avait porté

---

(1) « Les seigneurs de la sainte ligue assignèrent une diète à Soissons pour résoudre le temps qu'ils devroient partir, et quelle part ils tireroient... et au reste, tout le surplus de cette année ne se passèrent point deux mois qu'ils ne se rassemblassent à Compiègne. » (Villehardouin, lib. 1.)

(2) Villehardouin nous a conservé les noms des six députés qui se rendirent à Venise. Le comte Thibault en nomma deux : Geoffroy de Villehardouin, et Milès de Brabant. Baudouin, comte de Flandre, deux autres : Conon de Béthune, et Alard de Maqueriaux. Le comte de Blois, deux : Jean de Friaise et Gauthier de Goudonville. (Lib. 1.)

(3) Sur les commencemens et les progrès de la république

LIVRE X.

ses vues vers l'empire de la mer (1), auquel les barbares ne songeaient point : il fut d'abord soumis aux empereurs de Constantinople ; mais à mesure que l'empire grec marchait vers sa décadence, la république prenait un accroissement de force et de splendeur qui devait la rendre indépendante (2). Dès le dixième siècle, des palais de marbre avaient remplacé les humbles cabanes de pêcheurs, éparses dans l'île de Rialto. Les villes de l'Istrie et de la Dalmatie obéissaient aux souverains de la mer Adriatique. La république, devenue redoutable aux plus puissans monarques, pouvait armer, au moindre signal, une flotte de cent galères, qu'elle employa successivement contre les Grecs, les Sarrasins et les Normands ; la puissance de Venise était respectée chez tous les peuples de l'Occident ; les républiques de Gênes et de Pise lui avaient en vain disputé la domination des mers. Les Vénitiens rappelaient avec orgueil ces paroles

1200

---

de Venise, lisez l'*Histoire de Venise* de M. le comte Daru, composée sur les plus précieux documens des archives de la république, 2e. édit., 1er. vol.

(1) Le pape Innocent III disait de la république de Venise : *Quæ non agriculturis inservit, sed navigiis potius et mercimoniis est intenta.* (Voyez le livre 1er. du Recueil des lettres d'Innocent.)

(2) Les Vénitiens se vantaient, dans le 1xe. siècle, d'avoir toujours conservé leur indépendance. Pagi, *Critic.*, tom. III, A. D. 810, no. 4 et suiv., discute la fondation et l'indépendance de Venise. (Voyez aussi les dissertations de Beretti, dans *Medii ævi ital. Muratory script.*, tom. x, pag. 153.)

1200 du pape Alexandre III, que la république avait protégé contre l'empereur d'Allemagne, et qui donna au doge un anneau, en lui disant : *Épouse la mer avec cet anneau ; que la postérité sache que les Vénitiens ont acquis l'empire des flots, et que la mer leur a été soumise comme l'épouse l'est à son époux* (1).

Les flottes des Vénitiens visitaient sans cesse les ports de la Grèce et de l'Asie ; elles transportaient les pélerins dans la Palestine, et revenaient chargées des riches marchandises de l'Orient. Les Vénitiens portaient dans les croisades moins d'enthousiasme que les autres peuples chrétiens ; ils surent mieux en profiter pour leurs propres intérêts : tandis que les guerriers de la chrétienté combattaient pour la gloire, pour des royaumes et pour le tombeau de Jésus-Christ, les marchands de Venise se battaient pour des comptoirs, pour des priviléges de commerce, et souvent l'avarice leur faisait entreprendre ce que les autres nations n'auraient pu faire que par l'excès d'un zèle religieux. La république, qui devait toute sa prospérité à ses relations

---

(1) Muratori, 25e. et 30e. dissertations, *Antiquitate ital. medii ævi*. Les monumens historiques relatifs à Venise ne remontent pas au-delà du xe. siècle, à moins qu'on ne considère comme monumens quelques fragmens épars dans les chroniques des nations barbares. L'histoire écrite par le doge Dandolo, 1342, 1354, que Muratori a publiée dans le xiie. volume, offre des notions étendues et satisfaisantes sur les constitutions et les premiers âges de la république.

commerciales, recherchait sans scrupule l'amitié et la protection des puissances musulmanes de la Syrie et de l'Égypte; souvent même, lorsque toute l'Europe s'armait contre les infidèles, les Vénitiens furent accusés de fournir des armes et des vivres aux ennemis des peuples chrétiens (1).

1200

Lorsque les députés des croisés arrivèrent à Venise, la république avait pour doge Dandolo, si célèbre dans ses annales. Dandolo avait long-temps servi sa patrie dans des missions importantes, dans le commandement des flottes et des armées ; à la tête du gouvernement, il veillait sur la liberté et faisait régner les lois. Ses travaux dans la guerre et dans la paix, d'utiles règlemens sur les monnaies, sur l'administration de la justice et la sûreté publique, lui méritaient l'estime et la reconnaissance de ses concitoyens. Il avait appris, au milieu des orages d'une république, à maîtriser par la parole les passions de la multitude. Personne n'était plus habile à saisir une occasion favorable, à profiter des moindres circonstances pour l'exécution de ses desseins. Parvenu à l'âge de quatre-vingt-dix ans (2), le doge de Venise n'avait de la

1201

---

(1) Voyez les plaintes de Jacques de Vitri, de Martin Sanuti, les ordonnances du roi de France, les lettres des papes qui se plaignirent de ces intelligences entre les Vénitiens et les infidèles. Nous avons rapporté quelques passages curieux à ce sujet, dans la *Bibliothèque des Croisades*, tom. II, collection de Struve.

(2) Henri Dandolo avait quatre-vingt-quatre ans lorsqu'il

1201 vieillesse que ce qu'elle donne de vertus et d'expérience (1). Tout ce qui pouvait servir son pays, réveillait son activité, enflammait son courage; à l'esprit de calcul et d'économie qui distinguait ses compatriotes, Dandolo mêlait les passions les plus généreuses, et donnait un air de grandeur à toutes les entreprises d'un peuple marchand. Son patriotisme républicain, toujours soutenu par l'amour de la gloire, semblait avoir quelque chose de ce sentiment d'honneur et de cette noble fierté qui formaient le caractère dominant de la chevalerie.

Dandolo (2) loua avec ardeur une entreprise qui lui parut glorieuse, et dans laquelle les intérêts de sa patrie n'étaient point séparés de ceux de la religion. Les députés des princes et des barons demandaient des vaisseaux de transport pour quatre

---

fut élu doge (1192), et quatre-vingt-dix-sept ans quand il mourut (1205). Voyez les *Observations* de Ducange sur Villehardouin, n°. 4, p. 204.

(1) Nicetas dit, dans son histoire, que Dandolo se faisait appeler le *Prudent des prudens*. Villehardouin dit: « Henri Dandolo étoit alors duc de Venise, homme sage et de grande valeur. » (Lib. 1.)

(2) Plusieurs historiens disent que Dandolo était aveugle, et que l'empereur Manuel Comnène l'avait privé de la vue pendant un séjour qu'il avait fait à Constantinople. Un de ses descendans, André Dandolo, se contente de dire, dans son histoire, que son aïeul avait la vue faible : *visu debilis*. Cette assertion est réfutée par Villehardouin et les anciens écrivains, qui supposent que Dandolo perdit la vue dans une bataille. (N°. 34 et Ducange.)

mille cinq cents chevaliers, pour vingt mille 1201 hommes d'infanterie, et des provisions pour toute l'armée chrétienne pendant neuf mois (1). Dandolo promit, au nom de la république, de fournir les vivres et les vaisseaux nécessaires, à condition que les croisés français s'engageraient à payer aux Vénitiens la somme de quatre-vingt-cinq mille marcs d'argent (2). Comme il ne voulait point que le peuple de Venise restât étranger à l'expédition des croisés français, Dandolo proposa aux députés d'armer, aux frais de la république, cinquante galères, et demanda, pour sa patrie, la moitié des conquêtes qu'on allait faire en Orient (3).

Les députés acceptèrent sans répugnance la proposition plus intéressée que généreuse du doge de Venise. Les conditions du traité (4) avaient été

---

(1) « Les députés présentèrent les lettres qu'ils avoient de leur seigneur; les autres demeurèrent tout esbahis quelle affaire pouvoit les avoir amesnés par-delà. Les lettres estoient de créance, et escrivoient aux contes d'ajouter aux porteurs d'icelles la même foi qu'on voudroit faire en leur personne. » (Lib. 1.)

(2) Poids de Cologne ou de Genève. (Voyez les termes du traité.)

(3) Voyez les formes de délibération du conseil de Venise dans Villehardouin, qui entre à ce sujet dans beaucoup de détails. (Lib. 1.)

(4) Les Vénitiens étaient convenus, dans le traité, de distribuer, pour chaque individu de l'armée des croisés, six setiers, soit de pain, soit de farine, blé ou légumes, et une demi-cruche de vin; pour chaque cheval, trois boisseaux,

d'abord examinées dans le conseil du doge, composé de six patriciens; elles furent ratifiées ensuite dans deux autres conseils (1), et présentées enfin à la sanction du peuple, qui exerçait alors le pouvoir suprême (2).

Une assemblée générale fut convoquée dans l'église de St.-Marc; et lorsqu'on eut célébré la messe du St.-Esprit, le maréchal de Champagne (3), accompagné des autres députés, se leva, et s'adressant au peuple de Venise, prononça un discours dont les expressions simples et naïves peignent

---

mesure de Venise, et de l'eau en quantité suffisante. Nous n'avons pu évaluer les six setiers de farine et la demi-cruche de vin, n'ayant aucune notion des mesures vénitiennes.

(1) On peut voir le traité original dans la chronique d'André Dandolo, pages 325, 328 du douzième volume de Muratori. Nous le donnerons dans les pièces justificatives.

(2) « Il assembla son grand conseil, lequel étoit de quarante hommes des plus sages et advisés, et fit tant, par leur remontrance, qu'il leur persuada l'entreprise. » (Villehardouin, lib. II.)

(3) « Il appela cent du peuple, puis deux cents, puis mille, tant que tous l'approuvèrent; finalement il en appela bien dix mille en la chapelle de St.-Marc, l'une des plus belles et magnifiques petites églises qui se puissent voir, où il leur fit ouïr la messe du St.-Esprit, les exhortant à prier Dieu de les inspirer touchant la requeste des ambassadeurs. La messe dite, le duc les envoya quérir, et les admonesta de vouloir requérir *humblement* le peuple d'être content que

mieux que nous ne pourrions le faire, l'esprit et les sentimens des temps héroïques de notre histoire (1):

« Les seigneurs et les barons de France (2), les
» plus hauts et les plus puissans, nous ont à vous
» envoyés pour vous prier, au nom de Dieu, de
» prendre pitié de Jérusalem, qui est en servage
» des Turcs; ils vous crient merci, et vous sup-
» plient de les accompagner pour venger la honte
» de Jésus-Christ. Ils ont fait choix de vous, parce
» qu'ils savent que nuls gens qui soient sur la
» mer, n'ont un si grand pouvoir que vous et
» votre peuple. Ils nous ont recommandé de nous

---

(1) Plusieurs auteurs ont pensé que Villehardouin ne savait point écrire; ils se fondent sur ce que dit Villehardouin lui-même : *moi, qui cette œuvre dicta*. Quoi qu'il en soit, l'histoire de Villehardouin a été jugée par les savans comme un modèle du langage qui a cessé d'être français. Dans le xvie. siècle, on n'entendait déjà plus la langue du maréchal de Champagne; son histoire fut mise en français par Blaise de Vigenère, vers la fin du xvie. siècle; cette traduction a vieilli elle-même, au point qu'on a quelque peine à l'entendre aujourd'hui. La nouvelle version qu'en a faite Ducange, dans le xviie. siècle, porte encore une empreinte de vétusté qui conserve quelque chose de la naïveté de l'original. Nous aurons souvent occasion de citer Villehardouin; mais nous ne le citerons que d'après les anciennes versions, et quelquefois d'après la traduction que nous avons faite nous-même, cherchant toujours à conserver, autant que nous le pourrons, la simplicité du vieux langage.

(2) Voyez le discours de Villehardouin dans le liv. 1er. de sa chronique.

1201 » jeter à vos pieds, et de ne nous relever que lorsque
» vous aurez octroyé notre demande, et que vous
» aurez pitié de la Terre-Sainte d'outre-mer. »
A ces mots, les députés, émus jusqu'aux larmes,
et ne craignant point de s'abaisser pour la cause
de Jésus-Christ, se jetèrent à genoux (1) et tendirent
leurs mains suppliantes vers l'assemblée du peuple.
La vive émotion des barons et des chevaliers se
communiqua aux Vénitiens; dix mille voix s'écrièrent ensemble: *Nous accordons votre demande.* Le
doge, montant à la tribune, loua la franchise et la
loyauté des barons français, et parla avec enthousiasme de l'honneur que Dieu faisait au peuple de
Venise, en le choisissant, parmi tous les autres
peuples (2), pour lui faire partager la gloire de la

---

(1) « Maintenant li six messagers s'agenoillent à lor pies
» mult plorant. » (Villehardouin, lib. 1.)

En lisant l'histoire de Villehardouin, on ne peut s'empêcher de remarquer que ces bons chevaliers répandaient fréquemment des larmes : « Sachiez que là ot mainte larme
» plorée, n°. 17, mult plorant, *ib.*, mainte larme plorée,
» n°. 34, si orent mult pitié et pleurerent mult durement,
» n°. 60, il y eut mainte larme plorée de pitié, n°. 262. »
Ceux qui ont reproché à Virgile la répétition trop fréquente du *Sic fatur lacrymans*, n'ont peut-être pas tenu assez compte des mœurs et du siècle où le poète place son héros.

(2) *Persuasum omnes habent, solos Venetos mari, Gallos terrá præpotentes esse.* (Ramn., lib. 1.) Les plus braves hommes de la terre ont délaissé tous les autres peuples et potentats pour rechercher votre compagnie, à l'occasion d'une aussi louable et si sainte entreprise, comme de recouvrer l'héritage du Seigneur. » (Villehardouin, lib. 1.)

plus noble des entreprises, pour l'associer aux plus vaillans des guerriers. Il lut ensuite le traité fait avec les croisés, et conjura ses concitoyens rassemblés d'y donner leur consentement dans les formes consacrées par les lois de la république. Alors le peuple se leva et s'écria d'une voix unanime : *Nous y consentons.* Tous les habitans de Venise assistaient à cette assemblée ; une multitude immense couvrait la place de Saint-Marc, remplissait toutes les rues voisines ; l'enthousiasme religieux, l'amour de la patrie, la surprise et la joie se manifestèrent par des acclamations si bruyantes, qu'*on eût dit*, selon l'expression du maréchal de Champagne, *que la terre allait se fondre et s'abîmer.*

Le lendemain de cette journée mémorable, les députés des barons se rendirent dans le palais de St.-Marc, et jurèrent, sur leurs armes et sur l'Évangile, de remplir toutes les promesses qu'ils venaient de faire. Le préambule du traité rappelait les fautes et les malheurs des princes qui, jusqu'alors, avaient entrepris la délivrance de la Terre-Sainte, et louait la sagesse et la prudence des seigneurs et des barons français qui ne négligeaient rien pour assurer le succès d'une expédition remplie de difficultés et de périls. Les députés étaient chargés de faire adopter les conditions qu'on venait de jurer, à leurs frères d'armes les barons et les chevaliers, *à toute leur nation, et, s'ils le pouvaient, à leur seigneur le roi de France.* Le traité fut écrit sur un parchemin, et envoyé

1201

sur-le-champ à Rome (1) pour recevoir l'approbation du pape (2). Pleins de confiance dans l'avenir et dans l'alliance qu'ils avaient contractée, les chevaliers français et les patriciens de Venise se firent mutuellement les plus touchantes protestations d'amitié. Le doge prêta aux barons une somme de dix mille marcs d'argent, et ceux-ci jurèrent de ne jamais oublier les services que la république rendait à la cause de Jésus-Christ. Il y eut alors, dit Villehardouin, *maintes larmes plorées de tendresse et de joie.*

Le gouvernement de Venise était un spectacle nouveau pour les seigneurs français; les délibérations du peuple leur étaient inconnues, et durent les frapper d'étonnement. D'un autre côté, l'ambassade des chevaliers et des barons ne pouvait manquer de flatter l'orgueil des Vénitiens : ceux-ci se félicitaient d'être reconnus comme le premier peuple maritime, et, ne séparant jamais leur gloire des intérêts de leur commerce, ils se réjouissaient d'avoir fait un marché avantageux. Les chevaliers,

---

(1) Vigenère, traducteur de Villehardouin, nous apprend que, de son temps, le traité entre les Vénitiens et les Français, conclu au mois d'avril 1201, se trouvait encore à la chancellerie à Venise. (Note sur le livre 1.)

« Le duc, en délivrant le traité aux chevaliers, se mit à genoux, pleurant fort et ferme, et jura sur saintes reliques que de bonne foi ils entretiendroient de leur part le contenu en icelle. » (Villehardouin, lib. 1.)

(2) Ce que le pape fit volontiers, a soin d'ajouter l'historien.

au contraire, ne songeaient qu'à l'honneur et à Jésus-Christ; et quoique le traité qu'ils venaient de conclure fût ruineux pour les croisés (1), ils en rapportèrent la nouvelle avec joie à leurs compagnons d'armes.

La préférence accordée aux Vénitiens, par les croisés, devait exciter la jalousie des autres peuples maritimes de l'Italie. Aussi les députés français s'étant rendus à Pise et à Gènes, afin de solliciter, au nom de Jésus-Christ, les secours de ces deux républiques, ne trouvèrent que des cœurs indifférens pour la délivrance des saints lieux (2).

---

(1) L'auteur de l'*Histoire des républiques d'Italie*, récapitule ainsi la somme qui était due aux Vénitiens par les croisés. Pour quatre mille cinq cents chevaux, à quatre marcs par cheval........................ 18,000

Pour les chevaliers, à deux marcs par chevalier................................... 9,000

Pour deux écuyers par cheval, neuf mille écuyers................................. 18,000

Pour vingt mille fantassins à deux marcs.. 40,000

Total, marcs...... 85,000

85,000 marcs d'argent répondent à la somme de quatre millions deux cent cinquante mille francs.

(2) Villehardouin dit seulement : « Estant arrivé à Plaisance, une des villes de Lombardie, le maréchal Geoffroy et Alard Margarin prindrent le chemin de France, et les austres tournèrent à Pise et de là à Gesnes pour savoir quel secours ils voudroient donner à cette entreprise. » (Villehardouin, lib. 1.) L'auteur n'ajoute pas si en effet les deux républiques fournirent quelque secours à la sainte expédition.

1201 Cependant le récit de ce qui s'était passé à Venise, et la présence des barons, réveillèrent l'enthousiasme des habitans de la Lombardie et du Piémont. Un grand nombre d'entr'eux prirent la croix et les armes, et promirent de suivre, à la Terre-Sainte, Boniface, marquis de Montferrat.

Le maréchal de Champagne, en traversant le Mont-Cenis, rencontra Gauthier de Brienne, qui avait pris la croix au château d'Écry, et qui se rendait dans la Pouille (1). Il avait épousé une des filles de Tancrède, dernier roi de Sicile. Suivi de soixante chevaliers champenois (2), il allait faire valoir les droits de son épouse, et conquérir le royaume fondé par les chevaliers normands. Le maréchal Villehardouin et Gauthier de Brienne se félicitèrent réciproquement sur les succès futurs de leurs expéditions, et promirent de se retrouver ensemble dans les plaines d'Égypte et de Syrie. Ainsi l'avenir n'offrait aux chevaliers de la croix que des victoires et des trophées, et l'espoir de conquérir

---

(1) « Ainsi que le maréchal passoit le Mont-Cenis, il y rencontra le comte Gauthier de Brienne, lequel s'en alloit dans la Pouille conquérir le pays qui appartenait à sa femme, fille de Tancrède. » (Villehardouin, lib. I.)

(2) On trouve des détails curieux sur cette expédition de Gauthier de Brienne, dans la vie d'Innocent III, *Gesta Innoc.*; le souverain pontife favorisa d'autant plus volontiers les conquêtes d'un simple chevalier français, que le St.-Siége voyait avec peine que la domination des empereurs d'Allemagne s'étendît sur les provinces d'Italie.

des royaumes lointains, redoublait leur enthousiasme pour la guerre sainte.

Lorsque les députés revinrent en Champagne, ils trouvèrent Thibault dangereusement malade; en apprenant le traité conclu avec les Vénitiens, ce jeune prince en eut tant de joie, qu'oubliant le mal qui le retenait dans son lit, il voulut se parer de ses armes et monter à cheval; mais, ajoute Villehardouin, *ce fut un grand malheur et dommage; la maladie s'accrut et se renforça tellement, qu'il fit sa devise et son lays, et plus ne chevaucha*. Thibault, le modèle et l'espoir des chevaliers chrétiens, mourut à la fleur de son âge, vivement regretté de ses vassaux et de ses compagnons d'armes. Il déplora devant les barons le destin rigoureux qui le condamnait à mourir sans gloire, tandis qu'ils allaient cueillir les palmes de la victoire et celles du martyre dans les plaines de l'Orient; il les exhorta à remplir le serment qu'il avait fait à Dieu de délivrer Jérusalem, et leur laissa tous ses trésors pour être employés à la sainte entreprise (1). Une épitaphe en vers latins, qui nous

---

(1) « Parce que son mal rengregea de force, il fit son testament par lequel il départit et légua tout l'avoir qu'il devoit porter en son voyage à ses compagnons d'armes et à ses vassaux, sous condition que chacun, en recevant ce qu'il leur avoit légué, jureroit sur saincte de tenir les convenances comme lui les avoit jurées; mais assez en y eut de ceux qui fort mauvaisement les tindrent, ce qui les torna depuis en un grand blasme et vitupère. » (Villehardouin, lib. 1.)

a été conservée, célèbre les vertus et le zèle pieux du comte Thibault, rappelle les préparatifs de son pèlerinage (1), et se termine en disant que ce jeune prince *trouva la Jérusalem du ciel, lorsqu'il allait chercher la Jérusalem terrestre* (2).

Après la mort du comte de Champagne, les barons et les chevaliers qui avaient pris la croix se réunirent pour choisir un autre chef : leur choix tomba sur le comte de Bar et sur le duc de Bourgogne. Le comte de Bar refusa de prendre le commandement de l'armée chrétienne. Eudes III, duc de Bourgogne, pleurait encore la perte de son père, mort dans la Palestine, après la troisième croisade; il ne put se résoudre à quitter son duché pour aller en Orient (3). Le refus de ces deux princes fut un sujet de scandale pour les soldats de la croix. L'histoire contemporaine nous apprend qu'ils se repentirent dans la suite de l'indifférence qu'ils avaient montrée pour la cause de Jésus-Christ. Le duc de Bourgogne (4), qui mourut

---

(1) Thibault fut enseveli dans l'église de St.-Étienne de Troyes; son épitaphe finissait par ces vers :

Terrenam quærens, cœlestem reperit urbem;
Dum procul hæc potitur, obviat ille domi.

(2) « Il fut enterré près de son père en l'église de Saint-Étienne de Troyes; et la comtesse son épouse, fille du roi de Navarre, une très belle et très sage princesse qui déjà avait eu de lui une fille, demeura grosse d'un fils. » (Lib. 1.)

(3) « Il refusa tout à plat, dit Villehardouin, et peut-être il eût pu mieux faire. » (Ibid.)

(4) L'histoire de Bourgogne, par Courtépée et Béguillet,

quelques années après, voulut prendre la croix à
son lit de mort, et, pour expier sa faute, envoya
plusieurs de ses guerriers dans la Palestine.

1202

Les chevaliers et les barons offrirent le commandement à Boniface, marquis de Montferrat. Boniface (1) appartenait à une famille de héros chrétiens ; son frère Conrad s'était rendu célèbre par la défense de Tyr ; lui-même avait déjà plusieurs fois combattu les infidèles. Il n'hésita point à se rendre aux vœux des croisés. Il vint à Soissons, où il reçut la croix des mains du curé de Neuilly, et fut proclamé le chef de la croisade dans l'église de Notre-Dame, en présence du clergé et du peuple (2).

Deux ans s'étaient écoulés depuis que le souverain pontife avait ordonné aux évêques de faire prêcher la croisade dans leurs diocèses. La situa-

---

présente ici une erreur grave, en faisant partir Eudes III pour la croisade, et en le faisant assister à la prise de Constantinople.

(1) Villehardouin fait ainsi l'éloge de Boniface, marquis de Montferrat : « Le marquis Boniface est, comme chacun sait, un prince fort valeureux et des plus prisés au fait de la guerre et des armes, qui soit pour le jourd'hui vivant. » Le marquis de Montferrat s'était d'ailleurs distingué par une grande victoire sur les habitans d'Asti, A. D. 1191, par une croisade dans la Palestine, et par une ambassade au nom du pape chez les princes Allemands. (Muratori. *Annal. d'Ital.*, tom. x, pag. 163, 201.)

(2) « Le lendemain de bon matin se tint la congrégation au vergier de l'abbaye de Notre-Dame, dans lequel ils prièrent tous le marquis de vouloir bien prendre la croix et la

1202 tion des chrétiens en Orient devenait chaque jour plus déplorable; les rois de Jérusalem et d'Arménie, les patriarches d'Antioche et de la ville sainte, les évêques de Syrie, les grands maîtres des ordres militaires adressaient chaque jour au Saint-Siége leurs plaintes et leurs gémissemens. Innocent, touché de leurs prières, adressa de nouvelles exhortations aux fidèles, et conjura les croisés de presser leur départ. Il censurait vivement l'indifférence de ceux qui, après avoir pris la croix, semblaient oublier leur serment (1). Le père des chrétiens reprochait surtout aux ecclésiastiques le retard qu'ils mettaient à payer le quarantième de leur revenu, destiné aux dépenses de la croisade. « Et vous et nous, disait-il, tout ce qu'il y a de personnes nourries des biens de l'Église, ne devons-nous pas craindre que les habitans de Ninive ne s'élèvent contre nous au jour du jugement dernier, et ne prononcent notre condamnation ? car ils ont fait pénitence à la prédication de Jonas ; et vous, non seulement vous n'avez pas brisé vos cœurs, vous n'avez pas même ouvert vos mains pour secourir Jésus - Christ dans sa pauvreté. » L'époque d'une guerre sainte, comme nous l'avons déjà vu, devoit être pour les chrétiens un temps d'expiation et de pénitence ; le souverain pontife proscrivait dans ses lettres la somptuosité de la

---

conduite de l'armée au lieu du feu comte de Champagne, en recevant pour cet effet son argent et ses gens. » (Lib. 1.)

(1) *Epistol. Innoc. III, apud Baron.*, ad ann. 1202.

table, le luxe des habits, les divertissemens publics. Quoique la nouvelle croisade eût été d'abord prêchée avec succès dans le tournoi d'Écry, les tournois furent au nombre des divertissemens et des spectacles que le pape défendit aux chrétiens pendant l'espace de cinq ans.

Pour ranimer la confiance et le courage de ceux qui avaient pris la croix, Innocent leur parlait des nouvelles divisions qui s'étaient élevées entre les princes musulmans, et des fléaux que Dieu venait de répandre sur l'Égypte. « Dieu, s'écriait le pon-
» tife, a frappé le pays de Babylone de la verge de
» sa puissance; le Nil (1), ce fleuve du paradis,
» qui féconde la terre des Égyptiens, n'a point eu
» son cours accoutumé. Ce châtiment les a livrés

---

(1) En même temps que l'Égypte éprouvait toutes les horreurs de la famine, Rich. de St.-Germain et la chronique de Fossa-Nova (*voyez* Muratori et la *Biblioth. des Crois.*, t. 1) disent qu'une grande disette se fit sentir en Italie et en Espagne; l'un ajoute que cette année, 1202, était connue sous le nom d'*annus famis*. Mézerai parle de cette disette qui se fit sentir en France, et l'attribue à la guerre que se faisaient Philippe et Richard. « Les deux rois, dit-il, pillaient les terres, arrachant les vignes, coupant les arbres, moissonnant les blés verts, et détruisant en un jour les bourgs et les villes que le travail de plusieurs siècles avait bâtis. La famine suivit ces ravages, si horribles, dit un auteur, que beaucoup des plus riches furent réduits à mendier leur pain, et, ne trouvant pas qui leur en donnât, à paître et à fouir les racines. »

La Terre-Sainte éprouva les mêmes ravages en 1202. Voyez l'horrible description que fait St.-Antonin de l'état de la Terre-Sainte. (Baronius, ad ann. 1202.)

» à la mort, et prépare le triomphe de leurs enne-
» mis (1). » Les lettres du pape ranimèrent l'ardeur des croisés. Le marquis de Montferrat était venu en France vers l'automne de l'année 1201 ; tout l'hiver fut employé aux préparatifs de la guerre sainte (2). Ces préparatifs ne furent accompagnés d'aucun désordre ; les princes et les barons ne reçurent sous leurs drapeaux que des guerriers disciplinés et des hommes accoutumés à manier la lance et l'épée. Quelques voix s'élevèrent contre les juifs, auxquels on voulait faire payer les frais de la croisade (3) ; mais le souverain pontife les mit sous la protection du Saint-Siége, et menaça de l'excommunication tous ceux qui attenteraient à leur vie et à leur liberté (4).

Avant de quitter leurs foyers, les croisés eurent à déplorer la perte du saint orateur qui, par ses discours, avait échauffé leur zèle et ranimé leur

---

(1) *Epistol. Innoc.*, Baronius, ad ann. 1202.

(2) « De cette sorte, dans l'hivernage se préparaient les bons pèlerins. » (Villehardouin, lib. 1.)

(3) Le pape se contenta de décharger les croisés des usures qu'ils devaient aux juifs; on entendait alors par usure toute espèce d'intérêt de l'argent prêté. Saint Louis définit dans une ordonnance l'usure, tout ce qu'on exigerait en sus du capital. (*Ordonn. du Louvre*, tom. 1.) Pour le taux de l'intérêt à cette époque, et les discussions auxquelles il donna lieu dans le moyen âge, voyez l'*Histoire des Juifs* de M. Capefigue, tom. 11.

(4) *Epistol. Innoc.*, Baron., ad ann. 1202.

courage. Foulques tomba malade, et mourut dans sa paroisse de Neuilly. Quelque temps auparavant, il s'était élevé quelques murmures sur sa conduite, et ses paroles n'avaient plus le même empire sur l'esprit de ses auditeurs. Foulques avait reçu des sommes considérables, destinées aux frais de la guerre sainte; et comme on l'accusait d'en détourner une partie à son usage, plus il amassait de l'argent, dit Jacques de Vitry (1), plus il perdait de son crédit et de sa considération. Cependant les soupçons qui s'attachaient à sa conduite n'étaient pas généralement accrédités. Le maréchal de Champagne nous apprend, dans son histoire, que la mort du curé de Neuilly affligea vivement les chevaliers et les barons. Foulques fut enseveli dans l'église de sa paroisse avec une grande pompe; son tombeau, monument de la piété de ses contemporains, attirait encore, dans le siècle dernier, le respect et la vénération des fidèles (2).

1202

––––––––––

(1) Jacques de Vitry, en parlant des soupçons et des murmures qui s'élevèrent contre Foulques de Neuilly, s'exprime ainsi : *Et crescente pecuniá, timor et reverentia decrescebat.* (*Biblioth. des Crois.*, extrait de Jacq. de Vitry, dans la collection de Bongars, tom. 1.)

(2) L'abbé Lebeuf, dans son *Histoire du diocèse de Paris*, tom. VI, pag. 20, nous donne la description suivante du tombeau de Foulques de Neuilly, qui subsistait encore au siècle dernier.

« Le tombeau de Foulques, fameux curé de ce lieu, vers

1202 Dès les premiers jours du printemps, les croisés se disposèrent à quitter leurs foyers, et « sachez, » dit Villehardouin, que maintes larmes furent » plorées à leur partement, et au prendre congé » de leurs parents et amis. » Le comte de Flandre, les comtes de Blois et de Saint-Paul, suivis d'un grand nombre de seigneurs flamands avec leurs vassaux; le maréchal de Champagne, accompagné de plusieurs chevaliers champenois, s'avancèrent à travers la Bourgogne, et passèrent les Alpes pour

---

l'an 1200, est dans la nef, devant la porte du chœur, élevé en pierre de la hauteur d'un pied et demi. C'est un ouvrage du temps même auquel mourut ce pieux personnage. Foulques est représenté en relief sur le sépulcre, revêtu en prêtre, ayant la tête nue et la tonsure faite sur le sommet avec des cheveux si courts qu'on lui voit entièrement les oreilles. Il a sur sa poitrine un livre couché, qu'il ne tient pas, puisqu'il a les bras croisés par-dessous, le droit posé sur le gauche. Sa chasuble et son manipule représentent les vêtemens de ce temps-là. Il a sous lui une espèce de marche-pied taillé dans la pierre, et deux anges en relief qui encensent sa tête posée vers l'Occident; car, selon l'ancienne manière, il a les pieds étendus vers l'Orient ou vers l'autel. Il n'est pas vrai qu'on encense ce tombeau, comme quelques-uns l'ont cru, ni qu'il ait des armoiries. On l'appelle dans le pays sir Foulques, et quelquefois saint sire Foulques. On y dit, par tradition, que les chanoines de Saint-Maur ont essayé autrefois de l'emporter chez eux; mais l'immobilité du chariot, dont on orne ce récit, fait voir quelle foi il faut y ajouter. M. l'abbé Chastelain marque sa mort, en son *Martyrologe universel*, au 2 mars 1201, et le qualifie de vénérable. »

LIVRE X.

se rendre à Venise. Le marquis Boniface vint bientôt les rejoindre, conduisant avec lui les croisés venus de la Lombardie, du Piémont, de la Savoie et des pays situés entre les Alpes et le Rhône (1). Venise reçut aussi dans ses murs les croisés partis des bords du Rhin, les uns sous la conduite de l'évêque d'Halberstadt, les autres sous celle de Martin-Litz, qui leur avait fait prendre les armes, et continuait à réchauffer leur zèle par l'exemple de ses vertus et de sa piété (2).

1202

Lorsque les croisés arrivèrent à Venise (3), la flotte qui devait les transporter en Orient, était prête à mettre à la voile : ils furent reçus d'abord avec toutes les démonstrations de la joie ; mais au milieu des fêtes qui suivirent leur arrivée (4), les

---

(1) Voyez le récit curieux de Geoffroy de Villehardouin sur ce qu'il appelle le *desmembrement des pélerins*, lib. 1.

(2) Voyez le pélerinage des Allemands dans l'*Hist. Constantinop.* de Gunther. (Canis., *Antiq. lection.*, tom. IV, page 5-8.) Gunther célèbre le pélerinage de Martin son abbé, un des prédicateurs de la croisade. Son monastère, de l'ordre de Cîteaux, était situé dans le diocèse de Bâle. (Le récit du moine Gunther est traduit dans la *Biblioth. des Crois.*, t. II.)

(3) Geoffroy de Villehardouin a dit, en parlant de l'arrivée des croisés à Venise : « Oncques plus belle gent ne » fut veue, ni mieux en point et disposée à faire quelque » chose de bon pour l'honneur de Dieu et le service de la » chrétienneté ». (Liv. I.)

(4) Sur le séjour des croisés à Venise, on peut consulter, *Gesta Innocentii*, Villehardouin et Ducange, Sanuti, Hérold, d'Outreman, Fleury, *Histoire ecclésiastique*, t. XVIII, l'abbé Laugier, etc., etc.

Vénitiens sommèrent les barons d'acquitter leur parole, et de payer la somme dont on était convenu pour le transport de l'armée chrétienne. Ce fut alors que les seigneurs et les barons s'aperçurent avec douleur de l'absence d'un grand nombre de leurs compagnons d'armes. Jean de Nesle, châtelain de Bruges, et Thierri, fils de Philippe, comte de Flandre, avaient promis à Baudouin de lui amener, à Venise, Marguerite son épouse, et l'élite des guerriers flamands. Ils ne tinrent point leur promesse, et s'étant embarqués sur l'Océan, ils firent voile vers la Palestine (1). Renaud de Dampierre, à qui Thibault, comte de Champagne, avait légué tous ses trésors pour être employés au voyage de la Terre-Sainte, était allé s'embarquer avec un grand nombre de chevaliers champenois, dans le port de Barry. L'évêque d'Autun, Gilles, comte de Forez, et plusieurs autres chefs, après avoir juré, sur les évangiles, de se réunir aux autres croisés, étaient partis, les uns du port de Marseille, les autres du port de Gênes. Ainsi la moitié des guerriers qui avaient pris la croix, ne se rendirent point à Venise, qu'on avait désignée comme le rendez-vous général de l'armée chrétienne : « de quoi, dit Villehardouin, ils reçurent

---

(1) « Mauvaisement tindrent ce qu'ils avoient promis à leur seigneur naturel et aux autres; car ils eurent peur des dangers auxquels ils s'exposoient s'ils avoient pris le chemin par terre jusqu'à Venise. » (Lib. 1.)

» grande honte, et maintes désaventures leur en 1202
» advinrent du depuis (1). »

Leur manque de fidélité pouvait nuire aux succès de l'expédition ; mais ce qui affligeait le plus les princes et les barons rassemblés à Venise, c'était l'impossibilité où ils se trouvaient de remplir, sans le concours de leurs infidèles compagnons, les engagemens contractés avec la république. Ils envoyèrent de tous côtés des messagers pour avertir les croisés qui s'étaient mis en route, et les supplier de venir rejoindre l'armée ; mais soit que la plupart des pélerins fussent mécontens du traité fait avec les Vénitiens, soit qu'il leur parût plus commode et plus sûr de s'embarquer dans les ports de leur voisinage, on ne put déterminer qu'un très petit nombre d'entr'eux à se rendre à Venise (2). Ceux qui se trouvaient alors dans cette ville n'étaient ni assez nombreux ni assez riches pour acquitter les sommes promises et remplir les engagemens contractés en leur nom. Quoique les Vénitiens fussent plus intéressés à la croisade que les chevaliers français, puisqu'ils possédaient une partie des villes de Tyr et de Ptolémaïs qu'on allait défendre, ils ne voulaient faire aucun sacrifice ;

---

(1) Lib. 1.

(2) « Là, leur vint nouvelle que la plus grande part s'en alloient par d'autres adresses et ports de mer, dont ils furent en grand esmoy à cause qu'ils ne pouvoient pas tenir les accords faits avec les Vénitiens, ni leur payer la somme de deniers dont ils avoient convenu avec eux. » (Lib. 1.)

1202 de leur côté, les barons étaient trop fiers pour demander une grâce et solliciter les Vénitiens de changer et d'adoucir les conditions du traité (1). Chacun des croisés fut invité à payer le prix de son passage; les plus riches payèrent pour les pauvres; les soldats, comme les chevaliers, s'empressèrent de donner tout l'argent qu'ils possédaient, persuadés, disaient-ils, que Dieu était assez puissant pour le leur rendre au centuple quand il lui plairait. Le comte de Flandre, les comtes de Blois et de Saint-Paul, le marquis de Montferrat, et plusieurs autres chefs se dépouillèrent de leur argenterie, de leurs diamans, de tout ce qu'ils avaient de plus précieux (2), et ne gardèrent que leurs chevaux et leurs armes. Malgré ce noble sacrifice, les croisés devaient encore à la république une somme de cinquante mille marcs d'argent. Alors le doge assembla le peuple, et lui représenta qu'il ne serait point honorable d'user de rigueur; il proposa de demander aux croisés le secours de leurs armes pour la république, en attendant qu'ils pussent acquitter leurs dettes (3).

---

(1) « Car il vaut mieux que nous employons tout le nôtre ici que de manquer à notre parole. » (Lib. 1.) « Quelques autres barons cependant pensoient qu'ils avoient déjà assez payé. » (Ibid.)

(2) « Lors eussiez pu voir tant de belles et riches vaisselles d'or et d'argent, hotter çà et là, et porter à l'hôtel du duc pour en tirer leur payement.» (Villehardouin, lib. 1.)

(3) C'est ce que Villehardouin appelle *brave* langage du duc de Venise. (Lib. 1.)

La ville de Zara (1), long-temps soumise aux Vénitiens, mais trouvant la domination d'un monarque moins insupportable que celle d'une république, s'était livrée au roi de Hongrie, et bravait, sous la protection d'un nouveau maître, l'autorité et les menaces de Venise. Après avoir obtenu l'approbation du peuple, Dandolo proposa aux croisés d'aider la république à soumettre une ville rebelle, et leur promit d'attendre, pour l'entière exécution du traité, que Dieu, par des conquêtes communes, leur eût donné les moyens de remplir leurs promesses. Cette proposition fut accueillie avec joie par la plupart des croisés, qui ne pouvaient supporter l'idée de manquer à la parole qu'ils avaient donnée. Les barons et les chevaliers croyaient devoir ménager les Vénitiens, dont ils avaient besoin pour leur entreprise, et ne pensaient pas faire beaucoup pour acquitter leurs dettes, dans une affaire où ils n'avaient que leur sang à prodiguer.

Il s'éleva cependant des murmures (2) dans l'ar-

───────────

(1) Jadera, aujourd'hui Zara, était une colonie romaine qui reconnaissait Auguste pour son fondateur; elle a environ deux milles de tour, et l'on porte le nombre de ses habitans à cinq ou six mille. (*Voyage de Dalmatie et de Grèce*, tom. 1, pag. 64-70.) Du temps de ce voyage, on voyait peu d'arbres dans les environs de Zara. « C'est sans doute après cette époque, dit Gibbon, qu'on a planté les cerisiers qui produisent l'excellent marasquin. » (Gibbon, lib. 1, vi.)

(2) « Cette ouverture ayant été faite, fut moult contredite par les barons. » (Villehardouin, lib. 1.)

mée chrétienne; beaucoup de croisés se rappelaient le serment qu'ils avaient fait de combattre les infidèles, et ne pouvaient se résoudre à tourner leurs armes contre des chrétiens. Le pape avait envoyé à Venise le cardinal Pierre de Capoue, pour détourner les pélerins d'une entreprise qu'il appelait sacrilége (1). « Le roi de Hongrie, protecteur de
» Zara, avait pris la croix, et s'était mis par-là
» sous la protection spéciale de l'Église. Attaquer
» une ville qui lui appartenait, c'était se déclarer
» contre l'Église elle-même. » Henri Dandolo brava des menaces et des reproches qu'il croyait injustes.
« Les priviléges des croisés, disait-il, ne pouvaient
» dérober des coupables à la sévérité des lois divines et humaines ; les croisades n'étaient point
» faites pour protéger l'ambition des rois et la rébellion des peuples (2) ; le pape n'avait point le
» pouvoir d'enchaîner l'autorité des souverains et
» de détourner les croisés d'une entreprise légitime, d'une guerre faite à des sujets révoltés, à

---

(1) *Epistol. Innoc. III*, Baron., ad ann. 1203. Gunther développe ses raisons, et ne comprend pas qu'on ait pu s'élever contre le roi de Hongrie, que le pape avait mis sous sa protection. (Canisius, tom. IV, pag. 8.)

(2) Les Vénitiens pouvaient dire, et ils dirent sans doute en cette occasion, que le roi de Hongrie avait pris la croix depuis plusieurs années, et qu'il n'avait rien fait encore pour remplir son serment. André ne partit pour la Palestine que plusieurs années après la prise de Constantinople (Voyez le livre XII de cette Histoire.)

» des pirates dont les brigandages troublaient la
» liberté des mers, et ne faisaient que nuire à la
» croisade en arrêtant les pélerins qui se ren-
» daient dans la Terre-Sainte. »

Pour achever de vaincre tous les scrupules et dissiper toutes les craintes, le doge résolut de s'associer lui-même aux périls et aux travaux de la croisade, et d'engager ses concitoyens à se déclarer les compagnons d'armes des croisés. Le peuple ayant été solennellement convoqué, Dandolo monta dans la chaire de Saint-Marc (1), et demanda aux Vénitiens assemblés la permission de prendre la croix. « Seigneurs, leur dit-il, vous
» avez pris l'engagement de concourir à la plus
» glorieuse des entreprises; les guerriers avec les-
» quels vous avez contracté une sainte alliance,
» surpassent tous les autres hommes par leur piété
» et leur valeur. Pour moi, vous le voyez, je suis
» accablé par les ans (2), j'ai besoin de repos; mais
» la gloire qui nous est promise me rend le cou-
» rage et la force de braver tous les périls, de
» supporter tous les travaux de la guerre; je sens,
» à l'ardeur qui m'entraîne, au zèle qui m'anime,
» que personne ne méritera votre confiance et ne
» vous conduira comme celui que vous avez choisi
» pour chef de la république. Si vous me permet-
» tez de combattre pour Jésus-Christ, et de me

---

(1) « Il monta au pulpitre. » (Villehardouin, lib. 1.)
(2) « Je suis vieil, vous le voyez, faible et débile, estropié en moult endroits de mon corps. » (Villehardouin, lib. 1.)

» faire remplacer par mon fils dans l'emploi que
» vous m'avez confié, j'irai vivre ou mourir avec
» vous et les pélerins (1). »

A ce discours, tout l'auditoire fut attendri, le peuple applaudit à la résolution du doge. Dandolo descendit de la tribune et fut conduit en triomphe au pied de l'autel, où il se fit attacher la croix sur son bonnet ducal (2). Un grand nombre de Vénitiens suivirent son exemple, et jurèrent de mourir pour la délivrance des saints lieux. Par cette habile politique, le doge acheva de gagner l'esprit des croisés, et se mit en quelque sorte à la tête de la croisade; il se trouva bientôt assez puissant pour méconnaître l'autorité du cardinal Pierre de Capoue, qui parlait au nom du pape, et montrait la prétention de diriger la guerre sainte en qualité de légat du Saint-Siége (3). Dandolo dit à l'envoyé d'Innocent, que l'armée chrétienne ne manquait point de chefs pour la conduire, et que les légats du souverain pontife devaient se contenter d'édifier les croisés par leurs exemples et leurs discours.

Ce langage plein de liberté causait une vive surprise aux barons français, accoutumés à respecter

---

(1) « J'irai fort volontiers vivre et morir avec vous et les pélerins. » (Lib. 1.)

(2) « On lui cousit la croix sur un gros bourlet embouty de coton pour être plus éminent, parce qu'il vouloit que tous la vissent. » (Lib. 1.)

(3) *Gesta Innoc. III*, Baronius, ad ann. 1202.

toutes les volontés du Saint-Siége; mais le doge, 1202 en prenant la croix, leur inspirait une confiance que rien ne pouvait ébranler. La croix des pélerins était, pour les Vénitiens et les Français, un signe d'alliance, un lien sacré qui confondait tous leurs intérêts et n'en faisait en quelque sorte qu'une même nation. Dès-lors on n'écouta plus ceux qui parlaient au nom du Saint-Siége (1), et s'obstinaient à faire naître des scrupules dans l'esprit des croisés. Les barons et les chevaliers mirent à l'expédition contre Zara le même zèle et la même ardeur que le peuple de Venise. L'armée des croisés était prête à s'embarquer, lorsqu'on vit arriver, dit Villehardouin, *une grande merveille, une aventure inespérée, et la plus étrange dont on ait ouï parler.*

Isaac, empereur de Constantinople, avait été détrôné par son frère Alexis (2), abandonné de tous ses amis, privé de la vue et chargé de fers, ce malheureux prince gémissait dans une prison.

---

(1) Le moine Gunther n'épargne point les Vénitiens, et leur reproche amèrement d'avoir détourné les croisés de la sainte entreprise. La pieuse résolution des chefs de la croisade, dit-il, fut entravée par la perfidie et la méchanceté de ces maîtres de l'Adriatique, *fraude et nequitiâ Venetorum.* (Canisius, *Monum. ecclesiast.*, tom. IV, pag. 4 à 8.)

(2) Voyez, sur la révolution de Constantinople, l'historien grec Nicetas qui entre dans beaucoup de détails, lib. III, chap. IX du règne d'Alexis. Villehardouin en parle, mais très succinctement. (Lib. I.)

Le fils d'Isaac, appelé aussi Alexis (1), qui partageait la captivité de son père, ayant trompé la vigilance de ses gardes et brisé ses fers, s'était réfugié en Occident, dans l'espoir que les princes et les rois prendraient un jour sa défense, et déclareraient la guerre à l'usurpateur du trône impérial (2). Philippe de Souabe, qui avait épousé Irène, fille d'Isaac (3), accueillit le jeune prince ; mais il ne pouvait rien entreprendre alors pour sa cause, étant obligé de se défendre lui-même contre les armes d'Othon et les menaces du Saint-Siége. Le jeune Alexis alla vainement se jeter aux pieds du pape pour implorer son appui ; le pontife, soit qu'il ne vît, dans le fils d'Isaac, que le beau-frère de Philippe de Souabe, regardé alors comme l'ennemi de la cour de Rome, soit qu'il portât toutes ses pensées vers la Terre-Sainte, n'écouta point les

---

(1) Villehardouin l'appelle quelquefois le *varlet de Constantinople* ; ce terme revient à-peu-près aux dénominations d'*enfans de France, infans d'Espagne* ; les empereurs de Constantinople, depuis Constantin jusqu'à Justinien, nommaient souvent leur fils *nobilissimus puer*. (Ducange, sur Villehardouin, n°. 36.)

(2) Villehardouin donne à l'empereur Isaac le titre de *Sursac* ; peut-être est-ce un diminutif composé de *sire Isaac*, ou l'a-t-il emprunté à Kyp, Κυριος (maître), avec la terminaison du nom propre. (Villehardouin, n°. 35, et les notes de Ducange.)

(3) Irène, fille d'Isaac, avait été fiancée à Guillaume, fils de Tancrède, roi de Sicile ; conduite en Allemagne avec les restes de la famille de Tancrède, elle avait épousé Philippe de Souabe.

LIVRE X.

plaintes d'Alexis, et craignit de favoriser une guerre contre la Grèce (1). Le prince fugitif avait en vain sollicité tous les monarques chrétiens, lorsqu'on lui conseilla de s'adresser aux croisés, l'élite des guerriers de l'Occident. L'arrivée de ses ambassadeurs produisit une vive sensation à Venise : au récit des malheurs d'Isaac, les chevaliers et les barons furent émus d'une généreuse pitié ; ils n'avaient jamais défendu une cause plus glorieuse ; l'innocence à venger, une grande infortune à secourir, touchaient l'âme de Dandolo ; les fiers républicains dont il était le chef déplorèrent aussi le sort d'un empereur fugitif. Ils n'avaient pas oublié que l'usurpateur préférait à leur alliance celle des Génois et des Pisans ; il leur semblait que la cause d'Alexis était leur propre cause, et que leurs vaisseaux devaient rentrer avec lui dans les ports de la Grèce et de Bysance (2).

Cependant, comme tout était prêt pour la conquête de Zara, on renvoya la décision de cette affaire à un temps plus favorable ; la flotte qui

---

(1) Ce qui peut expliquer l'indifférence du pape, c'est une lettre que lui écrivit l'usurpateur du trône, et la réponse d'Innocent III. Le souverain pontife promet d'empêcher toute espèce d'entreprise contre Constantinople. (Baronius, ad ann. 1202.)

(1) Nicetas accuse formellement le doge et les Vénitiens d'avoir provoqué la guerre de Constantinople dans les intérêts purement commerciaux de la république, et en haine de l'empire. (Liv. III, chap. IX.)

1202 portait l'armée des croisés, mit à la voile au bruit des trompettes et des acclamations de tout le peuple de Venise. Jamais le golfe Adriatique n'avait vu une flotte plus nombreuse et plus magnifiquement équipée; la mer était couverte de quatre cent quatre-vingts bâtimens; le nombre des combattans s'élevait à quarante mille hommes, tant cavaliers que fantassins. Après avoir soumis Trieste et quelques autres villes maritimes de l'Istrie qui avaient secoué le joug de Venise, les croisés arrivèrent devant Zara le dixième jour de novembre, veille de la St.-Martin. Zara, située sur la côte orientale du golfe Adriatique, à soixante lieues de Venise, à cinq lieues au nord de l'ancienne Jadera, colonie romaine, était une ville riche, peuplée, environnée de hautes murailles, entourée d'une mer semée d'écueils. Le roi de Hongrie (1) venait d'envoyer des troupes pour la défendre, et les habitans avaient juré de s'ensevelir sous les ruines de leur place plutôt que de se rendre aux Vénitiens (2). A la vue des rem-

---

(1) Villehardouin et Gunther donnent des détails très circonstanciés sur le siége de Zara et les débats qui suivirent. (Voyez aussi, sur ces débats, les lettres d'Innocent.) L'abbé Fleury, dans le volume XVI de son *Histoire ecclésiastique*, fait suffisamment connaître l'esprit qui animait alors les croisés. M. Lebeau, dans le vingtième volume de l'*Histoire du Bas-Empire*, et l'abbé Laugier, dans le tom. II de son *Histoire de Venise*, s'étendent fort longuement sur le siége de Zara.

(2) « La ville estoit close tout autour de murailles et de

parts de la ville, les croisés reconnurent toute la difficulté de l'entreprise, et le parti qui s'opposait à cette guerre commença de nouveau à murmurer. Cependant les chefs donnèrent le signal pour l'attaque. Aussitôt que les chaînes du port eurent été rompues, et que les machines commencèrent à ébranler les murailles, les habitans de Zara oublièrent la résolution qu'ils avaient prise de mourir en défendant leurs remparts, et remplis d'effroi, envoyèrent des députés au doge de Venise, qui promit de leur pardonner en faveur de leur repentir; mais les députés chargés de demander la paix, trouvèrent parmi les assiégeans quelques croisés qui leur dirent: « Pourquoi vous rendez-vous? vous n'avez rien à craindre des Français (1). » Ces mots imprudens firent recommencer la guerre; les députés, rentrés dans la ville, annoncèrent aux habitans que tous les croisés n'étaient pas leurs ennemis, et que Zara conserverait sa liberté, si le peuple et les soldats voulaient la défendre. Le parti des mécontens, qui cherchait à diviser l'armée des croisés, saisit cette occasion pour renouveler ses plaintes; les plus ardens parcouraient les tentes des soldats, et cherchaient à les détourner d'une guerre qu'ils appelaient impie.

---

forteresses moult haultes, si qu'on voudroit rechercher vainement forteresse plus belle. » (Villehardouin, lib. 1.)

(1) « Mais ceux qui vouloient rien, sinon que le camp se rompist, tinrent aux messagers ces paroles: Pourquoi voulez-vous rendre ainsi votre ville? » (Lib. 1.)

1202 Guy, abbé de Vaux-de-Cernay, de l'ordre de Cîteaux, se faisait remarquer à la tête de ceux qui voulaient faire échouer l'entreprise de Zara (1) : tout ce qui pouvait retarder la marche des croisés vers les saints lieux (2) était à ses yeux un attentat contre la religion ; les plus brillans exploits, s'ils ne servaient la cause de Jésus-Christ, ne pouvaient obtenir son estime et son approbation. L'abbé de Cernay ne manquait ni d'adresse ni d'éloquence, et savait employer à propos les prières et les menaces ; il avait sur les pélerins l'ascendant qu'obtient toujours sur la multitude un esprit inflexible, un caractère ardent et opiniâtre. Dans un conseil, il se leva, et défendit aux croisés de tirer leur épée contre des chrétiens. Il allait lire une lettre du pape, lorsqu'il fut interrompu par des cris menaçans (3).

---

(1) Au milieu des grands événemens de la croisade, Gunther a soin de nous dire que plusieurs fois son abbé eut envie de quitter l'armée des pélerins, parce que les croisés avaient été excommuniés. (Canisius, tom. IV, pag. 9.)

(2) Katona, dans son *Histoire critique des rois de Hongrie*, s'exprime avec amertume contre les croisés, et rapporte des faits peu favorables aux Vénitiens et aux Français qui avaient fait le siége de Zara. L'archidiacre Thomas, un des historiens de Hongrie, ne ménage pas non plus les Vénitiens, qu'il accuse de tyrannie, et qui faisaient, dit-il, détester leur puissance maritime par tous les excès de la violence et de l'injustice.

(3) « Adonc se leva sur piads un abbé de l'ordre de Cîteaux qui leur dit : Seigneurs, je vous défends par le pape que vous n'as ailliez cette place, car elle est de chrétiens et

Au milieu du tumulte qui s'éleva dans le conseil et dans l'armée, l'abbé de Cernay courait des dangers pour sa vie, si le comte de Montfort, qui partageait ses sentimens, n'eût tiré l'épée pour le défendre. Cependant les barons et les chevaliers ne pouvaient oublier la promesse qu'ils avaient faite de combattre pour la république de Venise (1); ils ne pouvaient déposer les armes en présence d'un ennemi qui avait promis de se rendre, et qui bravait leurs attaques. Plus le parti du comte de Montfort et de l'abbé de Vaux-de-Cernay redoublait d'efforts pour les détourner de la guerre, plus ils mettaient leur honneur et leur gloire à poursuivre le siége commencé. Tandis que les mécontens faisaient entendre leurs plaintes, les plus braves montaient à l'assaut. Les assiégés, qui mettaient leur espoir dans la division des assiégeans, placèrent des croix sur leurs murailles, persuadés que ce signe révéré les protégerait mieux que leurs machines de guerre; mais ils ne tardèrent pas à voir qu'il n'y avait pour eux de salut que dans la soumission. Au cinquième jour du siége, sans avoir opposé à leurs ennemis une sérieuse résistance, ils ouvrirent leurs portes, et n'obtinrent du vainqueur que la liberté et la vie.

---

vous êtes pélerins croisés pour un autre objet. » (Villehardouin, lib. 11.)

(1) « Si, dit le duc Dandolo aux comtes et barons, Seigneurs, j'avais cette ville à discrétion, et vos gens me l'ont tollue. Vous m'aviez promis de m'aider à conquérir et je vous demande de ce faire. » (Lib. 11.)

1204 La ville fut livrée au pillage, et le butin partagé entre les Vénitiens et les Français.

A la suite de cette conquête, la discorde s'introduisit dans l'armée victorieuse, et fit répandre plus de sang qu'on n'en avait versé dans le siége. La saison étant trop avancée pour que la flotte se remît en mer, le doge de Venise avait proposé aux croisés de passer l'hiver à Zara. Les deux nations se partagèrent les différens quartiers de la ville; mais comme les Vénitiens avaient choisi pour eux les maisons les plus belles et les plus commodes, les Français firent éclater leur mécontentement. Après quelques plaintes et quelques menaces, on en vint aux armes: chaque rue devint le théâtre d'un combat (1). Les habitans de Zara voyaient avec joie les sanglantes disputes de leurs vainqueurs. Les partisans de l'abbé de Cernay applaudissaient en secret aux suites déplorables d'une guerre qu'ils avaient désapprouvée; cependant le doge de Venise et les barons étaient accourus pour séparer les combattans. Leurs prières et leurs menaces ne purent d'abord apaiser cet horrible tumulte, qui se prolongea jusqu'au milieu de la nuit. Le lendemain, toutes les passions qui avaient divisé l'armée étaient sur le point d'éclater de nouveau. En enter-

---

(1) « Le troisième jour il advint une bien grande mésaventure d'une querelle qui, sur l'heure des vespres, s'attaqua entre les François et les Vénitiens. On en vint aux mains à coups d'espée, de lance et d'arbalesте. » (Villehardouin, lib. II.)

rant les morts, les Français et les Vénitiens se me- 1202
naçaient encore. Les chefs, pendant plus d'une
semaine, désespérèrent de pouvoir calmer les esprits (1), et rapprocher les soldats des deux nations. A peine l'ordre fut-il rétabli, qu'on reçut une
lettre du pape qui désapprouvait la prise de Zara;
il ordonnait aux croisés de renoncer au butin qu'ils
avaient fait dans une ville chrétienne, et de s'engager, par une promesse solennelle, à la réparation
de leurs torts. Innocent reprochait avec amertume
aux Vénitiens d'avoir entraîné les soldats de Jésus-
Christ dans cette guerre impie et sacrilége (2);
cette lettre du pape fut reçue avec respect par les
Français, avec dédain par les croisés de Venise.
Ceux-ci refusèrent ouvertement de se soumettre
aux décisions du Saint-Siége, et ne songèrent qu'à
s'assurer les fruits de leur victoire, en démolissant
les remparts de Zara. Les barons français ne pouvaient supporter l'idée d'avoir encouru la disgrâce
du pape; ils envoyèrent à Rome des députés pour
fléchir le souverain pontife et solliciter leur pardon (3), alléguant qu'ils n'avaient fait qu'obéir
aux lois de la nécessité. La plupart d'entr'eux,

---

(1) « Les barons employèrent toute la semaine à calmer cette noise. » (Ibid.)

(2) *Epistol. Innoc. Gest.*, ch. 86, 87, 88.

(3) « Père sainct, les barons de la saincte ligue vous sup-plient très humblement de les vouloir excuser de la prise de Zara, car ils l'ont faite comme par contrainte. » (Ville-hardouin, lib. ii.)

quoiqu'ils fussent déterminés à conserver les dépouilles des vaincus, avaient promis au pape de les rendre; ils avaient promis, par un acte solennel adressé à tous les chrétiens, de réparer leurs torts, et de mériter par leur conduite le pardon des fautes passées. Leur soumission (1), plus encore que leurs promesses, désarma le pape, qui leur répondit avec douceur et chargea les chefs de saluer les chevaliers et les pélerins, leur donnant l'absolution et sa bénédiction comme à ses enfans. Il les exhortait, dans sa lettre, à partir pour la Syrie, sans *regarder à droite et à gauche*, et leur permettait de traverser la mer avec les Vénitiens qu'il venait d'excommunier (2)! mais seulement par *nécessité et avec amertume de cœur*.

---

(1) Nous croyons devoir faire connaître ici le texte de ce serment :

B. Fland. et Hain., L. Blesen et Clar. et H. S. P. comites, Oddo de Chanliet, et W. frater ejus, omnibus ad quos litteræ istæ pervenerint, salutem in Domino. Notum fieri volumus, quod super eo quod apud Jaderam incurrimus excommunicationem apostolicam, vel incurrisse nos timemus, tam nos quam successores nostros sedi apostolicæ obligamus, quod ad mandatum ejus satisfactionem curabimus exibere. Dat. apud Jaderam, anno Domini 1203, *mense aprilis.*

Cet acte se lit dans les lettres d'Innocent, données par Du Theil, lib. vi, epist. 99.

(2) Le pape ajoutait, en parlant des Vénitiens : « Tout excommuniés qu'ils sont, ils demeurent toujours liés par leurs promesses, et vous n'êtes pas moins autorisés à en ex-

LIVRE X.

Si les Vénitiens persistaient dans leur désobéis- 1203
sance, le souverain pontife conseillait aux barons,
lorsqu'ils seraient arrivés dans la Palestine, de se
séparer d'un peuple réprouvé de Dieu, de peur
qu'il n'attirât la malédiction sur les armées chrétiennes, comme autrefois Achan avait attiré la
colère divine sur Israël. Innocent promettait
aux croisés de les protéger dans leur expédition,
et de veiller à leurs besoins dans les périls de la
guerre sainte. « Afin que les vivres ne vous manquent pas, leur disait-il, nous écrivons à l'empereur
de Constantinople qu'il vous en fournisse, comme
il nous l'a promis; si on vous refuse ce qu'on ne
refuse à personne, il ne serait point injuste, qu'à
l'exemple des plus saints personnages, vous prissiez
des vivres où vous en trouverez (1); car on saura
que vous êtes dévoués au service de J.-C., à qui
toute la terre appartient (2). » Ces conseils et ces

---

ger l'accomplissement; c'est au reste une maxime de droit,
que si l'on passe par la terre d'un hérétique, ou de quelque
excommunié que ce soit, on pourra en acheter et en recevoir les choses nécessaires. De plus, l'excommunication portée contre un père de famille, n'empêche pas sa maison de
communiquer avec lui. » (*Epistol. Innoc. III*, lib. VI, ep.
102.)

(1) Cette permission de vivre de pillage, même en pays
ami, est remarquable, d'autant plus que le pape prétend
l'autoriser par des exemples de l'Écriture. (Fleury, *Hist.
ecclés.*, liv. LXXVI.)

(2) Innocent, en donnant aux croisés la permission de
prendre des vivres où ils en trouveraient, ajoutait: « Pourvu
que ce soit avec la crainte de Dieu, sans faire de tort à per-

promesses, qui font connaître à-la-fois l'esprit du treizième siècle et la politique du Saint-Siége, furent reçus, par les barons et les chevaliers, comme un témoignage de la bonté paternelle du souverain pontife (1) ; mais les choses allaient encore changer de face, et la fortune, qui se jouait des décisions du pape comme de celles des pélerins, ne tarda pas à donner une nouvelle direction aux événemens de la croisade.

On vit bientôt arriver à Zara des ambassadeurs de Philippe de Souabe, beau-frère du jeune Alexis. Ils s'adressèrent au conseil des seigneurs et des barons réunis dans le palais du doge de Venise (2) :

« Seigneurs, dirent-ils, le puissant roi des Ro-
» mains nous envoie pour vous recommander le
» jeune prince Alexis, et le remettre entre vos
» mains, sous la sauve-garde de Dieu. Nous ne
» sommes point venus pour vous détourner de
» votre sainte entreprise, mais pour vous offrir un
» moyen sûr et facile d'accomplir vos nobles des-
» seins : nous savons que vous n'avez pris les armes
» que pour l'amour de J.-J. et de la justice ; nous

---

sonne, et dans la résolution de restituer. » (*Epistol. Innoc. III*, lib. vi, ep. 102.)

(1) Villehardouin laisse éclater sa joie de ce que le souverain pontife déclare dans sa lettre qu'il considère les barons et chevaliers comme des fils soumis de l'Église. (Lib. ii.)

(2) Voyez dans Villehardouin, lib. ii, la harangue des ambassadeurs de Philippe, que nous n'avons fait que traduire et développer dans une langue plus moderne.

LIVRE X.

» venons vous proposer de secourir ceux qu'op-
» prime une injuste tyrannie, et de faire triom-
» pher à-la-fois les lois de la religion et de l'hu-
» manité; nous vous proposons de porter vos
» armes triomphantes vers la capitale de la Grèce,
» qui gémit sous un usurpateur, et d'assurer à
» jamais la conquête de Jérusalem par celle de
» Constantinople.

» Vous savez, comme nous, combien de maux
» ont soufferts nos pères, compagnons de Gode-
» froy, de Conrad et de Louis-le-Jeune, pour
» avoir laissé derrière eux un empire puissant,
» dont la conquête et la soumission auraient pu
» devenir, pour leurs armées, une source de vic-
» toires. Que n'avez-vous pas à craindre aujour-
» d'hui de cet Alexis, plus cruel et plus perfide
» que ses prédécesseurs, qui s'est élevé au trône
» par un parricide, qui a trahi à-la-fois les lois de
» la religion et celles de la nature, qui ne peut
» échapper à la punition de son crime qu'en s'al-
» liant aux Sarrasins? Nous ne vous dirons point
» ici combien il est facile d'arracher l'empire aux
» mains d'un tyran méprisé de ses sujets, car
» votre valeur aime les obstacles et se plaît dans
» les dangers; nous n'étalerons point à vos yeux les
» richesses de Bysance et de la Grèce, car vos
» âmes généreuses ne voient, dans cette conquête,
» que la gloire de vos armes et la cause de Jésus-
» Christ.

» Si vous renversez la puissance de l'usurpateur
» pour faire régner le souverain légitime, le fils

» d'Isaac promet, sous la foi des sermens les plus
» inviolables, d'entretenir pendant un an votre
» flotte et votre armée, et de vous payer deux cent
» mille marcs d'argent pour les frais de la guerre.
» Il vous accompagnera en personne dans la con-
» quête de la Syrie ou de l'Égypte; si vous le
» jugez à propos, il vous donnera dix mille hom-
» mes à sa solde, et, pendant toute sa vie, il en-
» tretiendra cinq cents chevaliers dans la Terre-
» Sainte. Enfin, ce qui doit déterminer des guerriers
» et des héros chrétiens, Alexis est prêt à jurer sur
» les Évangiles de faire cesser l'hérésie qui souille
» encore l'empire d'Orient, et de soumettre l'é-
» glise grecque à l'église de Rome.

» Tant d'avantages attachés à l'entreprise qu'on
» vous propose, nous portent à croire que vous ne
» résisterez point à nos prières. Nous voyons,
» dans l'Écriture, que Dieu s'est servi quelquefois
» des hommes les plus simples et les plus obscurs
» pour annoncer sa volonté à son peuple chéri ;
» aujourd'hui, c'est un jeune prince qu'il a choisi
» pour l'instrument de ses desseins; c'est Alexis
» que la Providence a chargé de vous conduire
» dans la voie du Seigneur, et de vous montrer le
» chemin que vous devez suivre pour assurer la
» victoire aux armées de J.-C. »

Ce discours avait fait une vive impression sur un grand nombre de barons et de chevaliers, mais il ne réunissait point tous les suffrages de l'assemblée. Le doge et les seigneurs renvoyèrent les ambassadeurs, en leur disant qu'ils allaient délibérer sur les propositions d'Alexis. De vives contestations s'élevèrent bientôt dans le conseil : ceux qui s'étaient opposés au siége de Zara, parmi lesquels se faisait encore remarquer l'abbé de Vaux-de-Cernay, s'opposaient avec véhémence à l'expédition de Constantinople; ils s'indignaient qu'on mît dans la même balance les intérêts de Dieu et ceux d'Alexis; ils ajoutaient que cet Isaac, dont on voulait défendre la cause, était lui-même un usurpateur jeté par une révolution sur le trône des Comnènes; qu'il avait été dans la troisième croisade le plus cruel ennemi des chrétiens, le plus fidèle allié des Turcs; qu'au reste, les peuples de la Grèce, accoutumés à changer de maîtres, supportaient sans se plaindre l'usurpation d'Alexis, et que les Latins n'avaient point quitté leur pays pour venger les injures d'une nation qui ne réclamait point leur secours (1).

Les mêmes orateurs disaient encore que Philippe de Souabe exhortait les croisés à secourir Alexis, mais que lui-même se bornait à faire des discours, à envoyer des ambassadeurs; ils invitaient les croisés à se défier des promesses d'un jeune prince qui s'engageait à fournir des armées, et n'avait pas un soldat; qui offrait des trésors, et ne possédait rien; qui, d'ailleurs, avait été élevé parmi les Grecs, et tournerait peut-être un jour ses armes contre ses

---

(1) « L'abbé de Vaulx, dit Villehardouin, de l'ordre de Citeaux, et le parti qui désiroit la ronture du camp, déclarèrent qu'ils ne s'y pouvoient accorder, et qu'ils vouloient passer en Syrie. » (Lib. II.)

propres bienfaiteurs. « Si le malheur vous touche,
» ajoutaient-ils, et si vous êtes impatiens de dé-
» fendre la cause de la justice et de l'humanité,
» écoutez les gémissemens de nos frères de la Pa-
» lestine, qui sont menacés par les Sarrasins, et
» qui n'ont plus d'espérance que dans votre cou-
» rage. » Les mêmes orateurs disaient enfin que si
les croisés recherchaient des victoires faciles, des
conquêtes brillantes, ils n'avaient qu'à tourner leurs
regards vers l'Égypte, dont tout le peuple était
alors dévoré par une horrible famine, et que les
sept plaies de l'Écriture livraient presque sans défense aux armes des chrétiens (1).

Les Vénitiens, qui avaient à se plaindre de l'empereur de Constantinople, ne se laissaient point
entraîner par ces discours, et semblaient plus disposés à combattre les Grecs que les infidèles ; ils
brûlaient de détruire les comptoirs des Pisans établis dans la Grèce, et de voir leurs vaisseaux traverser en triomphe le détroit du Bosphore. Leur
doge conservait le ressentiment de quelques outrages personnels ; et, pour enflammer les esprits, il
exagérait tous les maux que les Grecs avaient faits
à sa patrie et aux chrétiens d'Occident.

Si l'on en croit d'anciennes chroniques, Dandolo
était entraîné par un autre motif qu'il n'avouait

---

(1) « Et sachez donc qu'il ne faut pas s'esbahir, dit Villehardouin, si les lais estoient ainsi en esmois, lorsque les
moynes, qui devoient être gens de paix, de concorde et
d'union, leur en montroient le chemin. » (Lib. II.)

point devant les croisés. Le sultan de Damas (1), 1203
averti qu'une armée chrétienne se réunissait à Venise, effrayé de la croisade qui se préparait, avait

---

(1) On trouve dans le continuateur de Guillaume de Tyr, le trait suivant. Malek-Adel, instruit que les croisés se rendaient à Venise, conçut de vives inquiétudes sur leurs desseins ultérieurs. Il fit assembler au Caire les chefs du clergé chrétien, et leur annonça qu'une nouvelle expédition se préparait en Europe; qu'ils devaient se procurer des chevaux, des armes et des vivres. Les évêques auxquels il s'adressa pour obtenir le secours dont il avait besoin, lui répondirent que leur ministère sacré ne leur permettait pas de combattre. « Hé bien, dit Malek-Adel, puisque vous ne pouvez combattre, il me faut des hommes pour combattre à votre place. » Malek-Adel leur demanda un état des terres qu'il possédaient, et ordonna que ces terres fussent vendues; l'argent qui provint de cette confiscation fut envoyé, dit le continuateur de Guillaume de Tyr, à Venise, pour corrompre les chefs de cette république, et les engager à détourner les croisés d'une expédition en Égypte ou en Syrie. Malek-Adel promettait en même temps aux Vénitiens toutes sortes de franchises dans le port d'Alexandrie pour leur commerce. Ce fait singulier, rapporté d'abord, comme nous l'avons dit, par le continuateur de Guillaume de Tyr, se lit aussi dans Bernard *Thesaurarius*, et dans la chronique de St.-Victor. Marin Sanut le passe, il est vrai, sous silence, et se contente de dire que Malek-Adel alla en Égypte, et y ramassa un trésor. Il n'est pas inutile de dire ici que Marin Sanut était Vénitien, et avait ainsi une bonne raison de ne pas rapporter tous les détails d'un fait qui n'était pas à la gloire de sa patrie. Bernard, en le rapportant, ajoute: *Qualiter autem hujus rei effectus fuerit in opinione patenti multorum est, si legantur quæ Veneti cum*

envoyé un trésor considérable à la république, pour l'engager à détourner les croisés d'une expédition en Orient. Soit qu'on ajoute foi à ce récit, soit qu'on le regarde comme une fable inventée par la haine et l'esprit de parti, de semblables assertions, recueillies par des contemporains, prouvent du moins que de violens soupçons s'élevèrent alors contre Venise parmi les croisés mécontens, et surtout parmi les chrétiens de Syrie, justement irrités de n'être point secourus par les soldats de la croix. Au reste, nous croyons devoir ajouter que la plupart des croisés français, pour faire la guerre à l'empire grec, n'avaient pas besoin d'être excités par l'exemple et le discours du doge de Venise. Ceux même qui s'opposaient le plus à l'expédition nouvelle, étaient, comme tous les autres croisés, pleins de haine et de mépris pour les Grecs, et leurs discours n'avaient fait qu'enflammer les esprits contre une nation regardée comme l'ennemie des chrétiens.

Plusieurs ecclésiastiques, ayant à leur tête l'abbé de Looz, personnage recommandable par sa piété et la pureté de ses mœurs, ne parta-

---

baronibus ipsis peregerunt, detrahendo eos ad obsidionem Jaderæ et deindè Constantinopolim. (Voyez Bernard le Trésorier, *apud Muratori*, tome VII, p. 654.)

Nous devons ajouter que, d'après les auteurs arabes eux-mêmes, les chrétiens d'Égypte furent obligés de payer de grands tributs au sultan. (Voyez l'*Histoire des patriarches d'Alexandrie*, par Renaudot, pag. 566.)

LIVRE X.

geaient point l'opinion de l'abbé de Vaux-de-Cernay, et soutenaient contre leurs adversaires qu'il y avait du danger à conduire une armée dans un pays ravagé par la famine; que la Grèce offrait plus d'avantages aux croisés que l'Égypte, et qu'enfin la conquête de Constantinople était le moyen le plus sûr d'assurer aux chrétiens la possession de Jérusalem (1). Ces ecclésiastiques étaient surtout éblouis par l'espoir de voir un jour réunir l'église grecque à l'église de Rome ; ils ne se lassaient point d'annoncer, dans leurs discours, l'époque prochaine de la concorde et de la paix entre tous les peuples chrétiens.

Beaucoup de chevaliers voyaient avec joie la réunion des deux églises, qui devait être l'ouvrage de leurs armes; mais ils cédaient encore à d'autres motifs non moins puissans sur leur esprit : ils avaient juré de défendre l'innocence et les droits du malheur; ils croyaient remplir leur serment en embrassant la cause d'Alexis. Quelques-uns sans doute, qui avaient entendu parler des richesses de

---

(1) « Mais l'abbé de Los, qui estoit un saint personnage et prudhomme, et un autre abbé qui lui adhéroit, alloient par l'ost priant et requérant que pour Dieu ils voulussent s'accorder ensemble et accepter une si grande offre; car c'étoit le plus beau moyen qu'ils pussent avoir pour l'exécution de leur entreprise. » (Villehardouin, lib. II.) On a déjà dû comprendre que le maréchal de Champagne partageait l'opinion de ceux qui voulaient aller à Constantinople.

Bysance, pouvaient croire qu'ils ne reviendraient pas sans fortune d'une si brillante expédition; mais tel était l'esprit des seigneurs et des barons, que le plus grand nombre fut entraîné par la perspective même des périls, et surtout par le merveilleux de l'entreprise. Après une longue délibération, il fut décidé, dans le conseil des croisés, qu'on accepterait les propositions d'Alexis, et que l'armée chrétienne s'embarquerait pour Constantinople dans les premiers jours du printemps.

Avant le siége de Zara, le bruit de l'armement des croisés et d'une expédition dirigée contre la Grèce, était parvenu à la cour de Bysance. L'usurpateur du trône d'Isaac avait songé dès-lors à conjurer l'orage près de fondre sur ses états, et s'était hâté d'envoyer des ambassadeurs auprès du pape, qu'il regardait comme l'arbitre de la guerre et de la paix en Occident (1). Ces ambassadeurs devaient déclarer au souverain pontife, que le prince qui régnait à Constantinople, était le seul empereur légitime; que le fils d'Isaac n'avait aucun droit à l'empire; qu'une expédition contre la Grèce serait une entreprise injuste, périlleuse et contraire aux grands desseins de la croisade. Le pape, dans sa réponse, ne chercha point à calmer les alarmes de l'usurpateur, et dit à ses envoyés que le jeune Alexis avait de nombreux partisans parmi les croi-

---

(1) Nous avons déjà cité cette lettre que Baronius a rapportée, ad ann. 1202, n°. XXXV.

sés, parce qu'il avait fait la promesse de secourir en personne la Terre-Sainte, et de mettre un terme à la rébellion de l'église grecque (1). Le pape n'approuvait point l'expédition de Constantinople; mais, en parlant de la sorte, il espérait que le souverain qui régnait alors sur la Grèce, ferait les mêmes promesses que le prince fugitif, et serait plus capable de les remplir; il conservait l'espoir qu'on pourrait traiter avantageusement sans tirer l'épée, et que les débats élevés pour l'empire d'Orient seraient jugés à son tribunal suprême; mais le vieil Alexis, soit qu'il fût persuadé qu'il avait intéressé le pape à sa cause, soit qu'il crût prudent de ne point montrer ses alarmes, soit qu'enfin la vue d'un péril éloigné ne pût émouvoir son indolence, n'envoya point de nouveaux ambassadeurs, et ne fit plus aucune démarche pour prévenir l'invasion des guerriers de l'Occident.

D'un autre côté, le roi de Jérusalem et les chrétiens de la Palestine ne cessaient de faire entendre leurs plaintes, et d'implorer les secours que le chef de l'Église leur avait promis. Le pape, vivement touché de leurs prières, et toujours plein de zèle pour la croisade qu'il avait prêchée, réunissait tous ses efforts pour diriger les armes des croisés contre les Sarrasins. Il venait d'envoyer en Palestine les

---

(1) Voyez, dans les *Gesta Innoc. III*, la lettre du pape à l'usurpateur. Baronius l'a aussi rapportée, ad ann. 1202, *ibid*. Nicetas ne parle pas de cette correspondance.

cardinaux Pierre de Capoue et Siffred, légats du Saint-Siége, pour relever le courage des chrétiens d'Orient, et leur annoncer le départ prochain de l'armée des croisés (1). Lorsqu'il apprit que les chefs de la croisade avaient pris la résolution d'attaquer l'empire de Constantinople, il leur adressa les plus vives réprimandes, et leur reprocha de *regarder en arrière* comme la femme de Loth. « Que personne de vous, disait-il, ne se flatte » qu'il soit permis d'envahir ou de piller la terre » des Grecs, sous prétexte qu'elle n'est pas assez » soumise, et que l'empereur de Constantinople » a usurpé le trône sur son frère; quelque crime » qu'il ait commis, ce n'est pas à vous d'en juger: » vous n'avez pas pris la croix pour venger l'injure » des princes, mais celle de Dieu (2). »

Innocent terminait sa lettre sans donner sa bénédiction aux croisés; et pour les effrayer sur leur nouvelle entreprise, il les menaçait des malédictions du ciel. Les seigneurs et les barons reçurent avec respect les remontrances du souverain pontife; mais ils ne changèrent rien à la détermination qu'ils venaient de prendre.

Alors ceux qui jusque-là s'étaient opposés à l'expédition de Constantinople, recommencèrent

---

(1) Les deux légats arrivés dans la Palestine, écrivirent une lettre au pape, sur la situation malheureuse des colonies chrétiennes. Le pape leur répondit des paroles de consolation. (Baronius, ad ann. 1203.)

(2) *Epistol. Innocent. III.* (Baronius, ad ann. 1203.)

leurs plaintes, et ne mirent plus de ménagement dans leurs discours. L'abbé de Vaux-de-Cernay, l'abbé Martin-Litz, un des prédicateurs de la croisade, le comte de Montfort, un grand nombre de chevaliers, firent tous leurs efforts pour ébranler l'opinion de l'armée; et, ne pouvant y parvenir, ils ne songèrent plus qu'à s'éloigner, les uns pour retourner dans leurs foyers, les autres pour se rendre dans la Palestine (1). Ceux qui abandonnaient leurs drapeaux, et ceux qui restaient au camp, s'accusaient réciproquement de trahir la cause de Jésus-Christ (2); cinq cents soldats s'étant jetés sur un vaisseau firent naufrage, et furent tous engloutis dans les flots; plusieurs autres, en traversant l'Illyrie, furent massacrés par les peuples sauvages de cette contrée. Ceux-là périssaient en maudissant l'esprit d'ambition et d'égarement qui éloignait l'armée chrétienne du véritable objet de la croisade; les autres, restés fidèles à leurs drapeaux, déploraient la mort tragique de leurs compagnons,

---

(1) Gunther a célébré la résolution de son abbé Martin-Litz, qui partit alors pour la Palestine. (Canisius, *Monum. ecclesiast.*, tome II, page 9.) L'obéissance docile du comte de Montfort envers le Saint-Siège, pourrait expliquer la confiance que les pontifes mirent en lui dans les guerres sanglantes des Albigeois.

(2) Le maréchal de Champagne, qui professe l'opinion de la majorité des barons et des chevaliers, ne laisse échapper aucune occasion de blâmer avec amertume ceux qui abandonnaient l'armée des croisés.

1203 et disaient entr'eux : « *La miséricorde de Dieu est restée parmi nous : malheur à ceux qui s'écartent de la voie du Seigneur !* »

Les chevaliers et les barons s'affligeaient en secret de n'avoir point obtenu l'approbation du pape; mais ils étaient persuadés qu'à force de victoires ils justifieraient leur conduite aux yeux du Saint-Siége, et que le père des fidèles reconnaîtrait dans leurs conquêtes l'expression des volontés du ciel.

Les croisés étaient prêts à s'embarquer pour leur expédition, lorsque le jeune Alexis arriva lui-même à Zara. Sa présence excita un nouvel enthousiasme pour sa cause; il fut reçu au bruit des trompettes et des clairons, et présenté à l'armée par le marquis de Montferrat (1), dont les frères aînés avaient été liés, par un mariage et la dignité de César, à la famille impériale de Constantinople. Les barons saluèrent empereur le jeune Alexis, avec d'autant plus de joie que sa grandeur future devait être leur ouvrage. Alexis avait pris les armes pour briser les fers de son père; on admirait en lui le plus touchant modèle de la piété filiale; il allait combattre l'usurpation, punir l'injustice, étouffer l'hé-

---

(1) Une double alliance et la dignité de César avaient lié les deux frères aînés de Boniface avec la famille impériale. Reinier de Montferrat avait épousé Marie, fille de l'empereur Manuel Comnène; Conrad, qui avait défendu la ville de Tyr, avant la troisième croisade, était marié à Théodore Angela, sœur des empereurs Isaac et Alexis. (Ducange, *Familie Bisant.*, p. 183 à 243.)

LIVRE X.

résie ; on le regardait comme un envoyé de la Providence. Les infortunes des princes destinés à régner touchent plus les cœurs que celles des autres hommes. Dans le camp des croisés, les soldats se racontaient entr'eux les malheurs d'Alexis; ils plaignaient sa jeunesse, déploraient son exil et la captivité d'Isaac. Alexis, accompagné des princes et des barons, parcourait les rangs de l'armée, et répondait par toutes les démonstrations de la reconnaissance au généreux intérêt que lui témoignaient les croisés (1).

Animé des sentimens qu'inspire le malheur, et qui souvent ne durent pas plus que lui, le jeune prince prodigua les sermens, les protestations, et promit plus encore qu'il n'avait fait par ses envoyés, sans songer qu'il se mettait dans la nécessité de manquer à sa parole, et de s'attirer un jour les reproches de ses libérateurs.

Cependant les croisés renouvelaient chaque jour le serment de placer le jeune Alexis sur le trône de Constantinople : l'Italie et tout l'Occident retentissaient du bruit de leurs préparatifs. L'empereur de Bysance semblait seul ignorer la guerre qu'on venait de déclarer à sa puissance usurpée, et s'endormait sur un trône près de s'écrouler.

L'empereur Alexis, ainsi que la plupart de ses prédécesseurs, était un prince sans vertus et sans caractère. Lorsqu'il déposséda son frère, il laissa

---

(1) Villehardouin, lib. II.

commettre le crime à ses courtisans, et quand il fut sur le trône, il leur abandonna le soin de son autorité (1). Il prodigua tous les trésors de l'état, afin de se faire pardonner son usurpation; et, pour réparer ses finances, il vendit la justice, il ruina ses sujets, et fit piller les navires marchands qui se rendaient de Venise à Constantinople. L'usurpateur avait répandu les dignités et les honneurs avec une telle profusion que personne ne s'en croyait honoré, et qu'il ne lui restait plus de véritable récompense pour le mérite (2). Alexis avait associé à l'autorité souveraine sa femme Euphrosine, qui remplissait l'empire de ses intrigues, et scandalisait la cour par ses mœurs. Sous son règne l'empire avait été plusieurs fois menacé par les Bulgares et les Turcs; Alexis se rendit quelquefois à l'armée, mais il ne vit jamais ses ennemis (3).

---

(1) L'historien grec Nicetas gémit sur les cruautés et les faiblesses de l'usurpateur Alexis, et s'écrie : « Puisqu'un frère a trahi son frère, quelle espérance qu'un étranger assiste un étranger ! » (Lib. 1, chap. 1.)

(2) « Il ne refusait rien, quelqu'impertinente, quelque ridicule que fût la demande qu'on lui faisait; il aurait accordé la permission de labourer la mer, de voguer sur la terre, de transporter les montagnes, et de mettre Athos sur Olympe, si on le lui avait demandé. » (Nicetas, lib. III, chap. 1.)

(3) Nicetas décrit la pompe triomphale d'une victoire imaginaire de l'empereur dans la Valachie. « Les courtisans, dit-il, s'abaissèrent jusqu'à lécher les pieds de l'impudique impératrice. » (Lib. 1, chap. 5.)

Tandis que les Barbares ravageaient ses frontières, 1203
il s'occupait d'aplanir des collines, de tracer des
jardins sur les bords de la Propontide. Livré à une
honteuse mollesse, il licencia une partie de ses
troupes; et craignant d'être troublé dans ses plaisirs par le bruit des armes, il vendit les vases sacrés et dépouilla les tombeaux des empereurs
grecs, pour acheter la paix de l'empereur d'Allemagne, devenu maître de la Sicile. L'empire n'avait
plus de marine; les ministres d'Alexis avaient
vendu les agrès et les cordages des vaisseaux; les
forêts qui pouvaient fournir des bois de construction étaient réservées aux plaisirs du prince, et
gardées, dit Nicetas, comme celles qui étaient autrefois consacrées aux dieux (1).

Jamais on ne vit éclater plus de conspirations;
sous un prince qu'on ne voyait jamais, l'état semblait être dans un interrègne, le trône impérial ne
paraissait plus qu'une place vide, et tous les ambitieux prétendaient à l'empire. Le dévouement, la
probité, la bravoure, n'obtenaient plus ni l'estime
de la cour ni celle des citoyens; on ne récompensait avec éclat que ceux qui avaient inventé une
volupté, ou trouvé un nouvel impôt. Au milieu de

---

(1) Le tableau que fait Nicetas de la cour d'Alexis, est
extrêmement remarquable, quoiqu'il se ressente de l'exagération ordinaire de l'historien; il gémit beaucoup de la
fierté et de la luxure de l'impératrice; il ne sait pas si ses
honteuses débauches étaient tolérées par son époux, ou si
celui-ci les ignorait. (Lib. 1, chap. 5.)

1293 cette dépravation générale, les provinces n'entendaient parler de l'empereur que pour payer des tributs (1); l'armée, sans discipline et sans solde, n'avait point de chefs capables de la commander. Tout semblait annoncer une prochaine révolution dans l'empire. Le péril était d'autant plus grand que personne n'osait le prévoir. Aucun des sujets d'Alexis ne songeait à faire parvenir la vérité jusqu'au pied du trône; des oiseaux instruits à répéter des satires, interrompaient seuls le silence du peuple, et publiaient sur les toits des maisons et dans les carrefours, les scandales de la cour et la honte de l'empire.

Les Grecs (2) conservaient encore la mémoire

---

(1) L'armée n'était plus redoutable aux empereurs, comme dans les premiers temps de l'empire; mais elle n'était pas plus redoutable aux ennemis qu'à ses maîtres. Un historien moderne, M. Sismondi, trouve dans le gouvernement de l'empire grec une expérience complète et incontestable des effets naturels et nécessaires du plus mauvais des gouvernemens. Les anciens ne connaissaient guère de milieu entre la liberté et le despotisme. Le gouvernement de Constantinople était resté au milieu du moyen âge, avec tout ce qui caractérisait le despotisme des anciens; il faut dire cependant que ce despotisme fut quelquefois tempéré par la religion et l'influence des patriarches de Bysance.

(2) Lebeau, dans son histoire, décrit longuement la décadence de l'empire grec, et les vices des empereurs. Gibbon, observateur plus éclairé, néglige quelques détails importans de cette époque; et, dans ses derniers volumes, oublie trop souvent les Grecs, pour parler des nations

des événemens glorieux ; mais ces souvenirs ne leur donnaient point d'émulation et ne leur inspiraient qu'une vanité stérile. La gloire et les vertus des temps passés ne servaient qu'à montrer les misères de leur décadence; et plus ils parlaient de l'ancienne Grèce et de la vieille Rome, plus ils paraissaient dégénérés. Ils n'écoutaient plus la voix de la patrie, et ne savaient obéir qu'à des moines qui s'étaient mis à la tête de toutes les affaires, et s'attiraient la confiance du peuple et du prince par des prédictions frivoles ou des visions insensées. Les Grecs se consumaient en de vaines disputes qui énervaient leur caractère, redoublaient leur ignorance, étouffaient leur patriotisme. Lorsque la flotte des croisés allait mettre à la voile, on agitait à Constantinople la question de savoir si le corps de Jésus-Christ, dans l'Eucharistie, est corruptible ou incorruptible : chaque opinion avait ses partisans, dont on proclamait tour-à-tour les défaites ou les triomphes, et l'empire menacé restait sans défenseurs (1).

---

barbares de l'Orient et de l'Occident, qui s'étaient partagé les débris de l'empire romain.

(1) Montesquieu a décrit éloquemment l'état de l'empire et les disputes théologiques qui agitaient les esprits au moment du siége de Constantinople par les Latins. C'est à ce grand écrivain qu'on pourrait appliquer cette pensée que lui-même appliquait à Tacite : *Il abrégeait tout, parce qu'il voyait tout.*

1203. Les Vénitiens et les Français étaient partis de Zara; toute la flotte devait se réunir à l'île de Corfou (1). Comme elle aborda sur les côtes de Macédoine, les habitans de Duras apportèrent au jeune Alexis les clefs de la ville, et le reconnurent pour leur maître. Le peuple de Corfou ne tarda pas à suivre cet exemple, et reçut les croisés comme des libérateurs. Les acclamations du peuple grec sur le passage des Latins étaient d'un heureux augure pour le succès de leur expédition.

L'île de Corfou, pays des anciens Phéaques, si célèbre par le naufrage d'Ulysse et par les jardins d'Alcinoüs, offrait aux croisés des pâturages et des vivres abondans. La fertilité de l'île engagea les chefs à y faire un séjour de plusieurs semaines; un si long repos pouvait avoir des suites funestes pour une armée entraînée par l'enthousiasme, à laquelle il ne fallait pas laisser le temps de réfléchir. Au milieu de l'oisiveté, on vit bientôt renaître les plaintes et les murmures qui avaient éclaté au siége de Zara.

On venait d'apprendre que Gauthier de Brienne

---

(1) On peut consulter, pour cette expédition et le voyage des croisés, le maréchal de Champagne, Gunther, et quelques passages de Nicetas. Ramusius n'a fait qu'une paraphrase pompeuse de Villehardouin. Lebeau et l'abbé Laugier s'étendent beaucoup sur les événemens que nous racontons.

avait conquis la Pouille et le royaume de Naples (1). 1203
Cette conquête, faite dans l'espace de quelques
mois par soixante chevaliers (2), avait enflammé
l'imagination des croisés, et donnait aux mécontens l'occasion de blâmer l'expédition de Constantinople, dont les préparatifs étaient immenses, les
périls évidens, et le succès incertain. « Tandis que
» nous allons, disaient-ils, épuiser toutes les forces
» de l'Occident dans une entreprise inutile, dans
» une guerre lointaine, Gauthier de Brienne s'est
» rendu maître d'un riche royaume, et se dispose
» à remplir les sermens qu'il a faits avec nous de
» délivrer la Terre-Sainte; pourquoi ne lui de-
» manderions-nous pas des vaisseaux? pourquoi
» ne partirions-nous pas avec lui pour la Pales-
» tine ? » Ces discours avaient entraîné un grand
nombre de chevaliers qui étaient prêts à se séparer
de l'armée.

Déjà les principaux des mécontens s'étaient retirés dans un vallon écarté pour y délibérer sur les
moyens d'exécuter leur projet, lorsque les chefs de
l'armée furent avertis du complot, et réunirent
tous leurs efforts afin d'en prévenir les suites. Le
doge de Venise, le comte de Flandre, les comtes
de Blois et de St.-Paul, le marquis de Montferrat,
plusieurs évêques couverts d'habits de deuil, et fai-

---

(1) « Gauthier tenait alors, dit Villehardouin, Naples
et la cité de Brundesic. » (Lib. III.)

(2) Sur la conquête de Naples par Gauthier de Brienne,
consultez Muratori, *Annal. d'Ital.*, ad ann. 1202.

sant porter des croix devant eux, se rendirent dans le vallon où s'étaient rassemblés les dissidens. Aussitôt qu'ils eurent aperçu de loin leurs infidèles compagnons qui délibéraient à cheval, ils mirent pied à terre, et s'avancèrent vers le lieu de l'assemblée dans une attitude suppliante. Les instigateurs de la désertion, voyant venir ainsi les chefs de l'armée et les prélats, suspendent leur délibération et descendent eux-mêmes de cheval. On s'approche de part et d'autre; les princes, les comtes, les évêques, se jettent aux pieds des mécontens, et, fondant en larmes, jurent de rester ainsi prosternés jusqu'à ce que les guerriers qui voulaient les abandonner, aient renouvelé le serment de suivre l'armée des chrétiens, et de rester fidèles aux drapeaux de la guerre sainte. « Quand les autres virent » cela, dit Villehardouin, témoin oculaire; quand » ils virent leurs seigneurs liges, leurs plus pro» ches parens et amis se jeter ainsi à leurs pieds; » et, par manière de parler, leur crier merci, ils » en eurent fort grand pitié (1), et le cœur leur at» tendrit de façon qu'ils ne purent se tenir de » plorer, leur disant qu'ils en aviseroient par en» semble. » Après s'être écartés un moment pour délibérer, ils revinrent auprès de leurs chefs, et promirent de rester à l'armée jusqu'aux premiers jours de l'automne, à condition que les barons et les seigneurs jureraient sur les évangiles de leur

---

(1) Villehardouin, lib. III.

fournir, à cette époque, des vaisseaux pour se rendre en Syrie (1). Les deux partis s'engagèrent par serment à remplir les conditions du traité, et retournèrent ensemble dans le camp, où l'on ne parla plus que de l'expédition de Constantinople (2).

1203

La flotte des croisés quitta l'île de Corfou sous les plus heureux auspices; les historiens qui ont décrit sa marche à travers cet archipel, si rempli des souvenirs de l'antiquité, n'ont pu se défendre d'employer les couleurs de la poésie. Le vent était favorable, le ciel pur et serein; un calme profond régnait sur les flots; trois cents navires de toute grandeur, avec leurs étendards flottans à la poupe, couvraient un espace immense (3); les casques et les cuirasses de trente mille guerriers réfléchissaient au loin les rayons du soleil; tantôt on entendait les hymnes des prêtres qui invoquaient les bénédictions du ciel; tantôt les soldats charmaient les loisirs du voyage par des chansons guerrières; le son

---

(1) Villehardouin nomme les barons qui voulurent se séparer des croisés et des Vénitiens. Le châtelain de Coucy était parmi les plus ardens. (Lib. III.)

(2) « Alors, dit Villehardouin, il y eut force joie dans le camp. » (Lib. III.)

(3) « Et la veille de la Pentecôte, firent voile ensemble et grand nombre de nefs marchandes qui s'étoient associées de conserve, auxquelles aiant lâché les voiles, touste l'étendue de la marine en estoit couverte. Le cœur des hommes se réjouissoit voyant tant d'estendards, de bannières, flammes, flotter et ondoyer, et l'air retentir de toutes parts d'une infinité de clairons et trompettes.» (Lib. III.)

1203 des trompettes, le hennissement des chevaux, mêlés au bruit des rames, retentissaient sur les côtes du Péloponnèse qui s'offraient à la vue des pèlerins. Les croisés doublèrent le cap Matapan, connu autrefois sous le nom de Ténare, et passèrent devant les rochers de Malée, sans redouter les écueils qui faisaient trembler les anciens navigateurs (1). Près du cap Malée, ils rencontrèrent deux vaisseaux qui revenaient de la Palestine, et ramenaient des pèlerins flamands. A l'aspect de la flotte vénitienne, un soldat monté sur l'un des deux navires descendit par une corde (2), et fit ses adieux à ses compagnons, en leur disant : *Je vous abandonne tout ce que j'ai dans l'équipage, car je vais avec des gens qui vont conquérir des royaumes.*

Les croisés abordèrent dans plusieurs îles qui se trouvaient sur leur passage; les habitans d'Andros et de Négrepont accoururent au-devant d'Alexis, et le saluèrent empereur. On faisait alors la moisson; la terre offrait partout le spectacle de

---

(1) Dans ce voyage, presque tous les noms géographiques se trouvent défigurés par les Latins. (Danville, *Géogr. anc.*, liv. 1, page 263.) Il serait bien utile qu'on pût faire un travail géographique sur la relation de Villehardouin.

(2) « Alors un soldat se laissa couler, par une corde, du vaisseau où il était dans l'esquif, et dit aux siens : «Je vous quitte tout ce que vous pouvez avoir du mien là-dedans, car je m'en vais aller avec ceux-ci, qui me semblent bien être gens pour pays conquerre.» On lui en sut fort bon gré, et le reçeut-on au camp de bon œil. » (Villehardouin, lib. III.)

LIVRE X.

l'abondance. L'aspect d'un si beau climat, la joie 1203 et la soumission des Grecs, tant de richesses, tant de merveilles, tant de régions inconnues ajoutaient chaque jour à l'enthousiasme des croisés. Enfin la flotte arriva à l'entrée du Bosphore et vint jeter l'ancre dans le port de St.-Étienne, à trois lieues de la capitale de l'empire grec.

Alors la ville de Constantinople, dont ils allaient faire la conquête, parut aux regards des croisés (1). Baignée au midi par les flots de la Propontide, à l'orient par le Bosphore, au septentrion par le

---

(1) Il serait difficile de donner une idée bien exacte de la ville de Constantinople, telle qu'elle était au temps de cette croisade. Presque tous les chroniqueurs de la première croisade n'ont exprimé que leur vive admiration, et ils n'ont rien décrit en détail. On doit faire la même observation pour les historiens de la croisade de Louis VII. Parmi les voyageurs qui ont décrit cette capitale dans un temps plus voisin que le nôtre du moyen âge, on doit distinguer Pierre Gilles et Grelot, qui ont vu Constantinople, l'un sous le règne de François Ier., et l'autre pendant le règne de Louis XIV. Leur description a fourni beaucoup de documens à ceux qui sont venus après eux; les révolutions, la guerre, les Turcs, les incendies changent chaque jour cette ville, qui était déjà beaucoup changée au temps des voyageurs que nous venons de citer. Ducange, dans sa *Christiana Constantinopolis*, et Banduri, dans son *Imperium orientale*, ont réuni tous les renseignemens des anciens voyageurs et des historiens grecs. Parmi les voyageurs modernes, on peut consulter avec fruit: *Constantinople ancienne et moderne*, par l'anglais Dallaway, et *Voyage de la Propontide*, par M. Lechevalier.

TOM. III.

golfe qui lui sert de port, elle présentait un spectacle à-la-fois magnifique et formidable. Une double enceinte de murailles l'entourait dans une circonférence de plus de sept lieues; un grand nombre de beaux édifices, dont les toits s'élevaient au-dessus des remparts, semblaient annoncer la reine des cités. Les rives du Bosphore, jusqu'à l'Euxin et à l'Hellespont, ressemblaient à un grand faubourg, ou à une suite continuelle de jardins; les villes de Chalcédoine et de Scutari, bâties sur la rive asiatique, et Galata, placée à l'extrémité du golfe, s'offraient dans le lointain, et couronnaient l'immense et pompeux tableau qui se déroulait devant les phalanges belliqueuses des croisés.

Constantinople, située entre l'Europe et l'Asie, entre l'Archipel et la mer Noire, joint ensemble les deux mers et les deux continens. Dans les temps de sa splendeur, elle tenait à son gré les portes du commerce ouvertes ou fermées; son port, qui recevait les vaisseaux de tous les peuples du monde, mérita d'être appelé par les Grecs, *la corne d'or ou la corne d'abondance*. Comme l'ancienne Rome, Constantinople s'étendait sur sept montagnes, et, comme la cité de Romulus, elle porta quelquefois le nom de ville aux sept collines. Au temps des croisades, on comparait encore ses tours et ses murailles à celles de Babylone; ses fossés profonds se convertissaient à volonté en un canal large et rapide, et la ville pouvait, au moindre signal, être environnée par les eaux et séparée du continent.

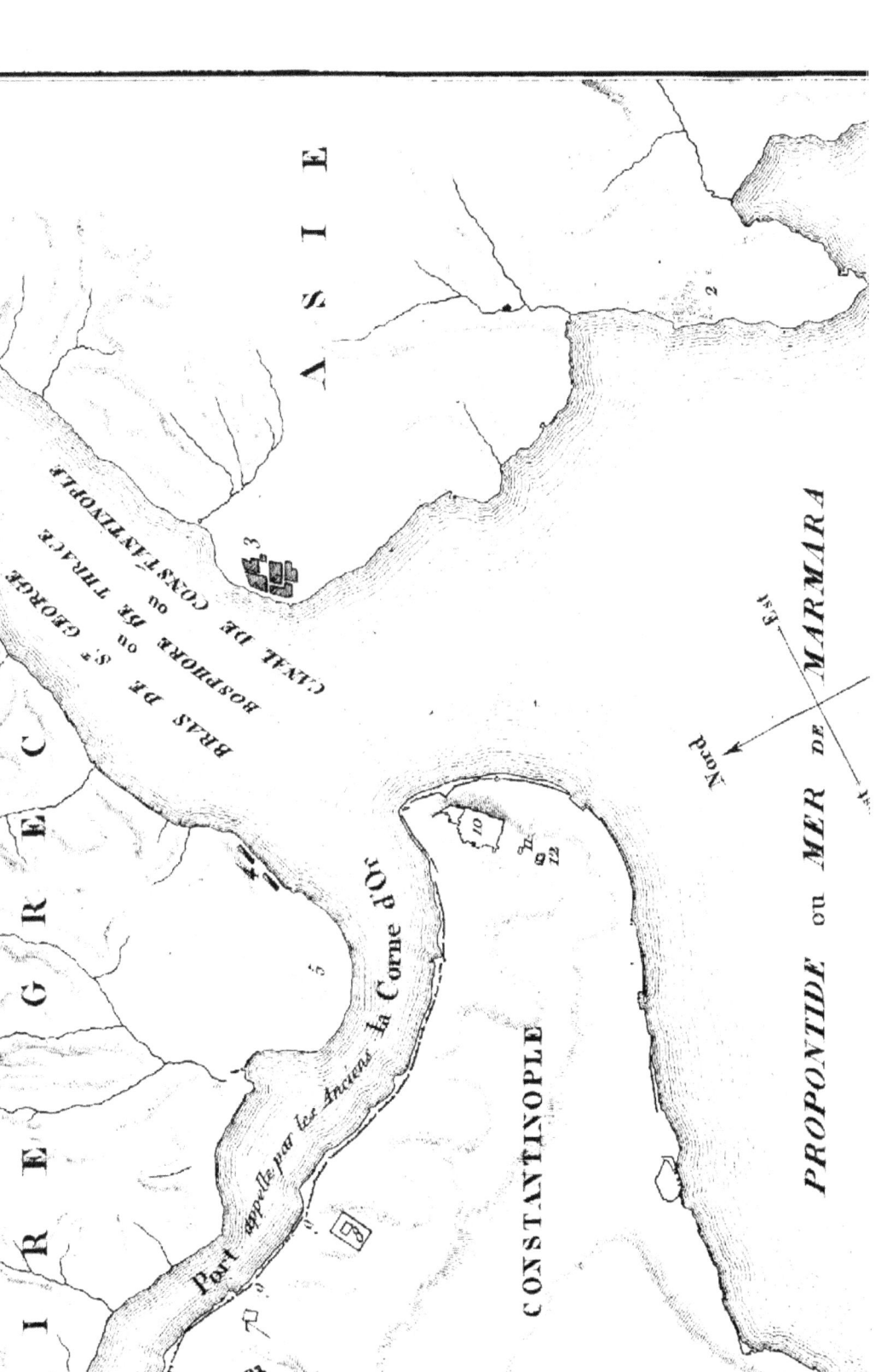

Le monarque qui la fonda régnait sur toutes les nations de l'univers; et, dans l'exécution de ses desseins, il put faire concourir ensemble les arts et les sciences de la Grèce, le génie et la puissance du peuple-roi (1). Non content d'employer les plus beaux marbres des îles de l'Archipel, il avait fait transporter des matériaux du fond de l'Europe et de l'Asie; toutes les villes de l'empire romain, Athènes et Rome elle-même, se dépouillèrent de leurs ornemens pour embellir la nouvelle cité des Césars. Plusieurs successeurs de Constantin avaient réparé les édifices qui tombaient en ruines, avaient élevé de nouveaux monumens au milieu de Constantinople, qui, dans ses temples, sur ses places publiques, autour de ses murailles, rappelait partout le souvenir de vingt règnes glorieux. La ville était

---

(1) Gibbon a décrit, avec toute la pompe de son style et une érudition profonde, l'*Histoire de la fondation de Constantinople*, chap. xiv. Lebeau, plus long, s'étend moins cependant sur ce grand événement, le plus grand peut-être de son histoire. Gibbon a non seulement rappelé les traditions et l'histoire de l'ancienne Bysance, mais encore a suivi les formes du gouvernement et l'esprit de l'administration que Constantin établit. L'élégant historien n'a pas même négligé d'indiquer les chefs-d'œuvre de l'art que les nouveaux maîtres de l'empire firent transporter de l'antique capitale dans la nouvelle; il fait surtout ressortir, et c'était là dans son esprit, la plainte des défenseurs du paganisme contre les empereurs chrétiens qui, renversant les temples des idoles, peuplèrent cependant leur moderne capitale des dieux de l'Olympe. (Chap. xiv.)

divisée en quatorze quartiers; elle avait trente-deux portes; elle renfermait dans son sein des cirques d'une immense étendue, cinq cents églises, parmi lesquelles se faisait remarquer Sainte-Sophie, une des merveilles du monde, et cinq palais qui semblaient eux-mêmes des villes au milieu de la grande cité. Plus heureuse que Rome sa rivale, la ville de Constantin n'avait point vu dans ses murs les Barbares; elle conservait, avec son langage, le dépôt des chefs-d'œuvre de l'antiquité, et les richesses accumulées de l'Orient et de l'Occident.

Il serait difficile de peindre l'enthousiasme, la crainte, la surprise qui s'emparèrent tour-à-tour de l'esprit des croisés (1), à l'aspect de Constantinople. Les chefs descendirent à terre et passèrent une nuit dans l'abbaye de Saint-Étienne. Cette nuit fut employée à délibérer sur ce qu'on allait faire : tantôt ils voulaient aborder dans les îles;

---

(1) « Ayant jeté l'ancre, ceux qui n'y avaient jamais été se prirent à contempler attentivement cette belle cité magnifique dont ils ne pensaient qu'en tout le monde y en deust encore avoir une telle. Quand ils aperçurent ces hautes murailles et gros torrions si près l'un de l'autre, dont elle estoit revestue et munie tout à l'entour, et ces riches et superbes palais et églises qui se rehaussoient beaucoup par-dessus, en si grand nombre, que nul malaisément le pourroit croire s'il ne le voyoit de ses yeux; ensemble la belle assiette de la ville, de son long et en sa largeur, qui de toutes autres estoit la souveraine. » (Villehardouin, liv. III.)

LIVRE X.   165

tantôt ils voulaient descendre sur le continent; 1203
tour-à-tour ils reculaient de terreur (1), et se
livraient à une folle joie; ils ne pouvaient s'arrêter à aucune résolution; ils changèrent mille fois
de projets. Au lever du soleil, Dandolo, Boniface, Baudouin, le comte de Blois, firent déployer
tous les étendards de l'armée; les écus et les armoiries des comtes et des chevaliers furent rangés (2) sur les navires pour étaler l'appareil militaire de l'Occident et rappeler aux guerriers la
valeur de leurs ancêtres. On donna le signal à la
flotte qui entra dans le canal, et, poussée par un
vent favorable, passa près des murs de Constantinople. Une population immense, qui, la veille (3),
ignorait l'arrivée des Latins, bordait les remparts
et couvrait le rivage. Les guerriers de l'Occident,
parés de leurs armes, étaient debout (4) sur les

---

(1) « Et sachiez que il ne ot si hardi cui le cœur ne
fremist; chascun resgardoit ses armes. » (Lib. 2.)

(2) Ducange, dans ses observations sur Villehardouin,
donne une note très savante sur les armes et les écus que
les guerriers du moyen âge faisaient ranger au bord des
vaisseaux, et qui leur servaient comme de créneaux pour
les mettre à l'abri de tous les traits de l'ennemi.

(3) L'historien grec Nicetas dit, dans son histoire, que
la navigation des croisés avait été si heureuse et si rapide,
qu'ils arrivèrent au port de Saint-Étienne sans être
aperçus de personne. (Voyez l'extrait de cet historien,
Biblioth. des Croisades, tome II.)

(4) Nicetas dit, en parlant des chefs des croisés, qu'ils
étaient presque tous aussi hauts que leurs piques. (*Ibid.*)

1203 vaisseaux (1); des pierres et des traits furent lancés du haut des tours et vinrent tomber sur la flotte; *il n'y avait si hardi*, dit Villehardouin, *à qui le cœur ne frémît, car oncques si grande affaire ne fût entreprise*. Chacun des guerriers regardait son épée, pensant que le moment était venu de s'en servir. Dans la foule des spectateurs, les croisés avaient cru voir les défenseurs de Constantinople; mais la capitale de l'empire n'était plus défendue que par le souvenir de sa gloire passée, et par le respect des nations qui ignoraient sa faiblesse. L'armée impériale ne comptait de véritables soldats que deux mille Pisans, qui méprisaient les Grecs, et la troupe des Varanges, guerriers mercenaires qui venaient des contrées septentrionales de l'Europe, et dont la Grèce elle-même connaissait à peine la patrie et l'origine (2).

------

(1) Nicétas dit que, parmi les vaisseaux vénitiens, il y en avait un d'une telle grandeur qu'on l'appelait *le Monde*. (Ibid.)

(2) Les Varanges, qui étaient au service des empereurs grecs, ont donné lieu à plusieurs discussions parmi les savans. Villehardouin dit, dans son histoire, que les Varanges étaient Anglais et Danois. Le comte de St.-Paul, dans une lettre écrite de Constantinople, les appelle des *Anglais*, des *Livoniens*, des *Daces*. D'autres historiens les appellent des *Celtes*, des *Allemands*. Le mot de *Varanges* paraît tiré d'un mot anglais, *waring*, qui veut dire guerrier; ce mot se trouve dans la langue danoise et dans plusieurs langues du nord de l'Europe. Ducange pense que les Varanges venaient de l'Angleterre danoise, petite province du Dane-

Les croisés descendirent sur la rive asiatique du 1203 Bosphore, pillèrent la ville de Chalcédoine, et s'établirent dans le palais et les jardins où l'empereur Alexis avait si long-temps oublié ses propres dangers et ceux de l'empire. A l'approche de la flotte vénitienne, ce prince s'était retiré à Constantinople, où, semblable au dernier roi de Babylone, il continuait de vivre au milieu des plaisirs et des fêtes, sans songer qu'il était jugé et que son heure allait venir (1). Ses courtisans, dans l'ivresse des festins, célébraient sa puissance et le proclamaient invincible; au milieu du faste dont il était entouré, et qui lui semblait un rempart contre l'attaque de ses ennemis, il insultait par ses discours

---

marck, entre le Jutland et le Holstein. M. Malte-Brun, dans les notes qui accompagnent l'histoire de Russie par Lévesque, pense que les Varanges tiraient leurs recrues de la Scandinavie, que les uns venaient de la Suède par Nowogorod et Kiow, les autres de la Norvège et du Danemarck, par la mer Atlantique et la mer Méditerranée. Il nous reste de M. Villoison une dissertation sur les Varanges, dans laquelle on trouve plus d'érudition que de critique. L'opinion la plus vraisemblable est celle de Ducange et de M. de Malte-Brun. Nous n'avons qu'une seule observation à faire, c'est qu'il est probable que les Varanges ne tenaient point à l'église romaine; s'ils suivaient la religion grecque, ne pourrait-on pas croire qu'ils appartenaient aux nations du nord, chez lesquelles cette religion avait été introduite?

(1) « Les Italiens, dit Nicetas, étoient bien informés que l'empereur étoit livré au vin et à la débauche. » (Lib. III, chap. 2.) « La ville étoit abîmée dans la volupté. » (Ibid.)

1203 à la simplicité des Latins, et croyait les avoir vaincus parce qu'il les appelait des barbares (1).

Lorsqu'il vit les croisés maîtres de ses palais et de ses jardins, il commença à concevoir quelque crainte; il leur envoya un Italien, nommé Rossi, chargé de saluer les seigneurs et les barons. « L'em-
» pereur, mon maître, leur dit l'envoyé d'Alexis,
» sait que vous êtes les plus puissans et les plus
» grands princes entre ceux qui ne portent point
» de couronne, mais il s'étonne que vous soyez
» venus porter la guerre dans un empire chrétien.
» La renommée publie que votre dessein est de
» délivrer la Terre-Sainte du joug des Sarrasins;
» l'empereur loue votre zèle, et sollicite l'honneur
» d'être associé à votre entreprise; il est prêt à
» vous aider de tout son pouvoir. Mais si vous ne
» quittez point ses états, il se verra obligé de di-
» riger contre vous les forces qu'il aurait volon-
» tiers employées pour votre cause et pour celle
» de Jésus-Christ. Acceptez donc les propositions
» généreuses qu'il vous fait par ma bouche; mais
» ne croyez pas que ce langage pacifique soit ins-
» piré par la crainte. L'empereur Alexis règne sur
» la Grèce par l'amour des peuples comme par la

---

(1) Ils changèrent bientôt d'opinion, et Nicetas s'écrie : « Comment auraient-ils eu le courage de combattre contre des hommes qu'ils appelaient des anges exterminateurs, des statues de bronze, et dont la seule présence les saisissait d'une mortelle frayeur? » (Lib. III, chap. 11.) Voyez plus loin.

» volonté de Dieu; d'un seul mot il peut rassem- 1203
» bler d'innombrables armées, disperser votre
» flotte, vos bataillons, et vous fermer pour jamais
» les routes de l'Occident (1). »

L'envoyé de l'empereur termina ainsi son discours, et ne parla ni d'Isaac, ni du jeune Alexis. Conon de Béthune (2), qui répondit au nom des chefs de l'armée, s'étonna que le frère d'Isaac osât parler comme le maître de l'empire, et qu'il n'eût point cherché à justifier un parricide qui avait soulevé contre lui tous les peuples chrétiens. « Al-
» lez apprendre à votre maître, dit l'orateur des
» croisés, en s'adressant à l'envoyé de l'empe-
» reur, allez lui apprendre que la terre que nous
» foulons ne lui appartient point, mais qu'elle est
» l'héritage du prince que vous voyez assis au
» milieu de nous. S'il veut savoir le motif qui nous
» a conduits dans ce pays, qu'il interroge sa cons-
» cience et se rappelle les crimes qu'il a commis.
» Un usurpateur est l'ennemi de tous les princes,

---

(1) Nicetas ne parle pas de cette ambassade. « Le jour en suivant, dit Villehardouin, l'empereur Alexis envoya un messager aux princes et barons de l'armée, avec des lettres de créances, lequel s'appeloit Niscolas Roux, et estoit né en Lombardie. » (Lib. III.) C'est d'après Villehardouin que nous avons rapporté ce discours.

(2) Le père d'Outreman parle ainsi de Conon de Béthune : *Vir domi militiæque nobilis et facundus in paucis.* (*Constantin. Belg.*, lib. II.) Villehardouin dit que Conon de Béthune *était un sage chevalier, et bien emparlé.*

» un tyran est l'ennemi du genre humain. Celui
» qui vous envoye n'a qu'un moyen d'échapper à
» la justice du ciel et des hommes, c'est de rendre
» à son frère et à son neveu la couronne qu'il leur a
» ravie, et d'implorer la miséricorde de ces mêmes
» princes, pour lesquels il s'est montré sans pitié.
» Dans ce cas, nous promettons de joindre nos
» prières à ses supplications, et de lui faire obte-
» nir, avec son pardon, les moyens de passer le
» reste de sa vie dans un repos préférable à l'éclat
» d'une souveraineté usurpée; mais s'il ne veut
» point faire justice, s'il est inaccessible au re-
» pentir, dites-lui que nous dédaignons ses me-
» naces comme ses promesses, et que nous n'a-
» vons point le temps d'écouter ses ambassa-
» deurs (1). »

Cette réponse véhémente était une véritable déclaration de guerre, et ne laissait à l'empereur aucun espoir de séduire ou d'intimider les croisés. Cependant les seigneurs et les barons s'étonnaient que les Grecs n'accourussent point au-devant du jeune Alexis, et que dans la ville de Constantinople, la cause qu'ils venaient défendre n'eût point encore trouvé de partisans. Ils résolurent de sonder les dispositions du peuple. Une galère, sur laquelle était monté le fils d'Isaac, s'approcha (2) des murs

---

(1) Villehardouin, lib. III.

(2) « Ainsi s'en allèrent voguant rez à rez des murailles où ils montrèrent Alexis aux Grecs, qui de toutes parts ac-

LIVRE X.

de la capitale; Boniface et Dandolo tenaient le jeune prince entre leurs bras, tandis qu'un hérault d'armes répétait à haute voix ces paroles: *Voici l'héritier du trône; reconnaissez votre souverain; ayez pitié de lui et de vous-mêmes.* Les Grecs, assemblés sur les remparts, demeuraient immobiles et gardaient un morne silence. Mais bientôt les fureurs d'une multitude aveugle prennent la place de la crainte et de la surprise. On s'assemble en tumulte sur les places et dans les rues de Constantinople; le peuple court au quartier des Francs, démolit plusieurs maisons, livre les autres au pillage; plusieurs des Latins établis dans Bysance perdent la vie; d'autres viennent chercher un asile dans l'armée des croisés. Leur présence, leurs discours, leurs plaintes, réveillèrent l'indignation des barons et des chevaliers. Dès-lors les chefs des croisés ne mirent plus leur espérance que dans le sort des armes et dans la protection du ciel, qui avait remis entre leurs mains la cause de l'innocence et du malheur.

Quatre-vingts chevaliers venaient de mettre en fuite un corps nombreux de troupes que l'empereur avait envoyé au-delà du Bosphore. « Les comman-
» dans grecs, dit Nicetas, étaient plus timides que

1203

---

couraient sur le moulle : Sieurs Grecs, voici votre seigneur naturel, en cela il n'y a point doupte, etc. » (Villehardouin, liv. III.) Nicetas ne parle point de cette circonstance.

» des cerfs, et n'osaient combattre des hommes
» qu'ils appelaient des *anges exterminateurs, des*
» *statues de bronze* qui répandaient la terreur et
» la mort (1). » Cependant les croisés pouvaient
craindre que les Grecs, revenus de leur premier
effroi, ne s'aperçussent enfin du petit nombre de
leurs ennemis, et ne parvinssent à les écraser de
leur multitude; ils résolurent de profiter de la terreur qu'ils avaient inspirée, et ne songèrent plus
qu'à précipiter leurs attaques contre un ennemi qui
n'avait rien préparé pour sa défense.

L'armée des croisés s'était réunie à Chrisopolis (2) (Scutari), et voyait devant elle la capitale de
l'empire grec. Après avoir dispersé quelques troupes
qu'on avait envoyées pour suivre leur marche ou
pour les combattre, les chefs de la croisade montèrent à cheval, et délibérèrent en pleine campagne
sur ce qu'ils allaient faire. Ils décidèrent que l'armée passerait le canal du Bosphore, et qu'elle irait
camper sous les murs de Constantinople. « Lors
» firent, dit Villehardouin, les évêques et le clergé
» leurs remontrances à tous ceux du camp, les
» exhortant à se confesser et faire leur testament,

---

(1) Les soldats grecs qui étaient à Damatris pour arrêter les Latins, ne s'acquittèrent pas bien de leur devoir; car n'ayant osé se mesurer avec l'ennemi, les uns furent tués, et les autres s'enfuirent. (Nicetas, lib. III, chap. XI.)

(2) Ce fut à-peu-près à cette époque, que la ville de Chrisopolis commença à s'appeler Scutari. Le nom de Scutari est employé par Villehardouin.

» car ils ne savoient l'heure à laquelle il plairoit à
» Dieu de les rappeler, et faire sa volonté d'eux; ce
» qu'ils firent fort volontiers et d'un très grand zèle
» et dévotion (1). » Quand tout fut prêt, et que les
croisés eurent invoqué par leurs prières la protection du ciel, on donna le signal du départ; les chevaux de bataille, sellés et couverts de leurs longs caparaçons, furent embarqués sur des bâtimens plats; les chevaliers se tenaient debout auprès de leurs chevaux, le casque en tête et la lance à la main; le reste des troupes monta sur de gros navires, dont chacun était accompagné d'une galère. L'armée des Grecs, commandée par l'empereur en personne, était rangée en bataille sur l'autre bord, et semblait disposée à disputer le passage à l'armée des croisés (2). Tout-à-coup la flotte lève ses ancres au bruit des trompettes et des clairons; chaque soldat, les yeux tournés vers Constantinople, jure de vaincre ou de mourir. A l'approche du rivage,

---

(1) C'est ce qui fait dire à Gibbon que les croisés se préparèrent comme soldats et comme catholiques. (Lib. LX.)

(2) Les Grecs ne manquaient pas de navires. On peut prendre une idée de leur marine militaire par ce que dit Gunther du nombre de leurs vaisseaux pêcheurs : *Tandem urbem plus in solis navibus piscatorum abundare quàm illos* (les croisés) *in toto navigio habebat enim mille et dex centas piscatorias naves. Barcas autem sive mercatorias habebant infinitæ multitudinis et portu munitissimum.* (Gunther, *Bell. Constantinop.*, c. 8; dans le recueil de Canisius, *Monument. ecclesiast.*, t. IV, p. 10.)

les chevaliers et les barons se jettent dans la mer tout armés, et se disputent l'honneur d'arriver les premiers sur la rive occupée par les Grecs. Les archers, les fantassins suivent l'exemple des barons et des chevaliers; en moins d'une heure toute l'armée était de l'autre côté du Bosphore, et cherchait en vain des ennemis dans une plaine qu'on venait de voir couverte d'armes et de guerriers. L'armée d'Alexis avait pris la fuite; et, si l'on en croit une lettre du comte de St.-Paul, les flèches rapides des Latins purent à peine atteindre quelques-uns de ceux qui fuyaient. Les croisés, poursuivant leur avantage, trouvèrent le camp des Grecs abandonné, et pillèrent les tentes de l'empereur sans voir aucun de ses soldats.

La nuit les surprit au milieu de leur victoire; le lendemain ils décidèrent d'attaquer la forteresse de Galata (1), qui, élevée sur une colline, dominait le port de Constantinople. Dès le lever du jour, les Grecs accoururent en foule pour prévenir et surprendre les Latins. Au premier choc, Jacques d'Avesnes fut blessé grièvement et mis hors de combat; la vue de sa blessure irrita les guerriers flamands, qui se précipitèrent avec fureur dans

---

(1) Voyez sur Galata les notes de Ducange dans Villeh., lib. IV, et le chap. de la *C. P. Christian.*, du même auteur; il faut remarquer que les habitans de Galata étaient si vains et si ignorans, qu'ils s'appliquaient l'épître de saint Paul aux Galates.

la mêlée : les Grecs ne purent long-temps soutenir l'attaque impétueuse de leurs ennemis, et prirent la fuite en désordre ; les uns, croyant trouver un asile sur les navires du port, périrent dans les flots ; les autres s'enfuirent éperdus dans la citadelle, où les vainqueurs entrèrent avec les vaincus. Pendant que les Français s'emparaient de Galata, la flotte vénitienne, qui s'était rangée en bataille devant Scutari, tourna ses proues vers le port de Constantinople ; l'entrée du golfe était défendue par une énorme chaîne de fer, et par vingt galères qui formaient toute la marine de l'empire. La résistance des Grecs fut opiniâtre ; mais un vaisseau, d'une grandeur extraordinaire, poussé par un vent favorable, vint frapper violemment la chaîne tendue sur son passage (1), et la brisa avec d'énormes ciseaux d'acier qui s'ouvraient et se refermaient à l'aide d'une machine (2). Bientôt les galères des Grecs furent prises ou dispersées en débris, et toute

---

(1) Le vaisseau qui rompit la chaîne du port se nommait *Aquila*. (Dandol., *Chronic.*, p. 322.) Ducange, qui ne connaissait pas ce texte, avait lu *Aquilo* (vent du nord) pour Aquila. (*Observ.* 83.) Nicetas attribue ce succès à la négligence des Grecs, qui n'avaient pas assez assuré la chaîne. (Lib. III, chap. XII.)

(2) La rupture de la chaîne du port, au rapport de Nicetas, répandit la plus grande consternation parmi les Grecs ; le malheur, dit l'historien de Bysance, avait tant de formes différentes, et produisait un nombre si surprenant de tristes images, qu'il n'y a pas d'esprit capable de les concevoir. (Voy. lib. III, chap. XII.)

1203 la flotte vénitienne s'avança en triomphe dans le port : ce fut alors que les Grecs purent voir ce qu'ils avaient à redouter de l'invincible courage de ces barbares, qui avaient été jusque-là l'objet de leur mépris.

Les Français, maîtres de Galata, divisèrent leur armée en six corps de bataille. Baudouin, qui avait sous ses ordres un grand nombre d'archers et d'arbalétriers, conduisit l'avant-garde. L'arrière-garde, composée des Lombards, des Allemands et des Francs, venus des pays voisins des Alpes, eut pour chef le marquis de Montferrat. Les quatre autres corps de bataille, où se trouvaient réunis les croisés de la Champagne et de la Bourgogne, ceux des bords de la Seine et des rives de la Loire, avaient à leur tête Henri, frère de Baudouin, les comtes de Blois et de St.-Paul, Mathieu de Montmorenci. Cette armée s'avança (1) vers l'occident de la ville, sans avoir rencontré l'ennemi sur son passage, et vint camper entre la porte des Blaquernes et la tour de Bohémond.

Les Grecs, dans une seule bataille, avaient déjà perdu l'empire de la mer, et ne pouvaient défendre

---

(1) Pour ce premier siége, on peut consulter avec fruit la *Lettre des croisés au pape*, l'histoire de Villehardouin, n°. 75 à 99; Nicetas, *Règne d'Alexis*, lib. III, c. 10; la *Chronique de Dandolo*, p. 322; la *Guerre de Constantinople*, par d'Outreman; Ramnusius, *de Bell. Constantinop.*, etc., etc.

l'approche de leur capitale. La flotte vénitienne 1203 était venue jeter l'ancre près de l'embouchure du fleuve Barbyssès (1). Les Vénitiens, maîtres du port, étaient à l'abri de toute surprise et ne pouvaient craindre d'être écrasés par le nombre; si toute l'armée des croisés s'était réunie sur la flotte, on doit croire qu'elle aurait plus facilement triomphé des efforts et de la multitude des Grecs: tel était l'avis du doge de Venise; mais les chevaliers et les barons ne pouvaient se résoudre à combattre sur un élément qu'ils ne connaissaient pas; ils répondirent (nous citons Villehardouin) *qu'ils ne sauroient mie si bien aider sur mer, comme ils sauroient sur terre, quand ils avoient leurs chevaux et leurs armes.* Leur armée, qui ne comptait pas vingt mille hommes sous les drapeaux, attaqua sans crainte une ville, qui, au rapport de quelques historiens, renfermait un million d'habitans et plus de deux cent mille hommes en état de porter les armes (2).

Avant d'en venir aux attaques, les croisés crurent

---

(1) Le nom de Barbyssès est aujourd'hui inconnu aux Turcs, qui appellent cette rivière *Kiathana*; les Grecs l'appellent *Kartaricos*; noms qui, dans les deux langues, rappellent les moulins à papier qui se trouvent à son embouchure.

(2) Villehardouin porte à environ 20 mille hommes l'armée combinée des croisés et des Vénitiens; il compte quatre cent mille soldats grecs dans la ville de Constantinople. Cette cité ne contient aujourd'hui que le même nombre d'habitans turcs et grecs.

encore devoir inviter les Grecs à faire la paix, en recevant pour empereur le fils d'Isaac; plusieurs barons s'approchèrent des murailles, et dirent à haute voix qu'il était encore temps d'écouter la justice (1). Le jeune Alexis était entouré des seigneurs latins, et sa présence au milieu d'eux expliquait assez les discours adressés aux habitans de Constantinople. Pour toute réponse on leur lança des pierres et des javelots; on avait persuadé au peuple de Bysance que le jeune Alexis venait pour changer les mœurs, la religion et les lois de la Grèce.

L'histoire doit ajouter ici que les Grecs, depuis que les intrigues de l'ambition et les caprices de la fortune étaient en possession de leur donner des maîtres, voyaient avec indifférence la succession du pouvoir et le changement de leurs princes; les peuples de la Grèce n'oubliaient point qu'une révolution avait porté la famille d'Isaac sur le trône impérial. Les souvenirs que cette famille avait laissés dans leur esprit, les infortunes et les prières du jeune Alexis ne les touchaient point assez pour qu'ils se déclarassent en sa faveur et prissent les armes pour sa cause; puisqu'il leur fallait choisir entre des princes nouveaux, celui qui régnait au milieu d'eux leur paraissait préférable à celui qui implorait leur secours.

---

(1) « Cependant les barons dirent qu'ils feraient voir le lendemain le prince Alexis, fils du légitime empereur, au peuple. » (Lib. III.)

LIVRE X.

Dès-lors les croisés ne songèrent qu'à poursuivre 1203 leur périlleuse entreprise; leur camp, placé entre la porte des Blaquernes et le château de Bohémond, n'occupait qu'un petit espace devant des murs qui avaient plusieurs lieues d'étendue (1). Chaque jour les Grecs faisaient des sorties; les campagnes étaient couvertes de soldats ennemis; l'armée des assiégeans semblait être assiégée elle-même par des troupes qui se renouvelaient sans cesse; le jour et la nuit les croisés étaient sous les armes, et n'avaient le temps ni de prendre leurs repas, ni de se délasser par le sommeil. Ils n'avaient de vivres que pour trois semaines, et ne pouvaient espérer leur salut que d'une prochaine victoire; cependant ils s'occupaient de combler les fossés et de tenter les approches des remparts. Les balistes, les catapultes, les béliers, tout ce qui pouvait porter la destruction et la mort dans la ville vint seconder la bravoure et l'infatigable ardeur des assiégeans; sans cesse des masses énormes s'élevant au niveau des tours retombaient avec fracas, et telle était la force surprenante des machines de guerre alors en usage, que les maisons et les palais de Constantinople

---

(1) « Les barons advisèrent de se loger entre le palais de Blaquernes et le château de Buyaumont; or, estoit-ce une estrange chose à considérer, et par trop superbe, qu'une si petite poignée de gens qui à peine pouvoit suffire pour briser une des portes, entreprist ainsi d'assaillir, voire assiéger une étendue de presque trois lieues de front. » (Villehard., lib. III.)

1203 furent plusieurs fois ébranlés jusque dans leurs fondemens, par des débris de rochers lancés du camp des Latins (1).

Après dix jours de travaux et de combats, les croisés résolurent enfin de livrer un assaut général. Le 17 juillet, les trompettes et les clairons donnèrent le signal; le comte de Flandre, qui commandait l'attaque, parcourt les rangs, et montre à ses chevaliers les remparts de Constantinople comme le chemin *qui doit les conduire à une gloire éternelle.* Aussitôt l'armée s'ébranle, et toutes les machines sont dirigées contre les murailles; une tour, qui tombait en ruines, semblait offrir un passage aux phalanges de Baudouin; des échelles sont dressées, et les plus braves se disputent l'honneur d'entrer les premiers dans la ville; mais cette fois le nombre l'emporta sur la valeur. La multitude des Grecs, encouragés par la présence des Varanges et des Pisans, accoururent sur le

---

(1) « Cependant les superbes palais furent ruinés par les pierres d'une extraordinaire grosseur que les assiégeans lancèrent avec leurs machines, et ils furent eux-mêmes épouvantés par les pesantes masses que les Romains roulèrent sur eux du haut des murailles. » (Nicetas, *Histoire d'Alexis Comnène*, liv. III. Voyez l'extrait dans la *Biblioth. des Croisades*, t. II.) « Et là, dit Villehardouin, vous eussiez vu tirer maints grands coups d'épieux par des mangonaux et engins affustez dessus le tillac des navires, voler maints carreaux d'arbalestres et des arcs pleuvoir comme une grosse nuée de flesches sur la cortine. » (Lib. III.)

rempart, et renversèrent les échelles; quinze guerriers francs, bravant les pierres, les poutres, les torrens de feux grégeois, purent seuls parvenir sur la muraille, et succombèrent après avoir combattu vaillamment. Deux de ces guerriers intrépides furent conduits à l'empereur, qui regardait le combat des fenêtres du palais des Blaquernes. Alexis ne méprisait plus les Latins; et, dans son effroi, il avait une si haute idée de leur courage, que la vue de deux prisonniers lui parut une victoire (1).

Dans le même temps les Vénitiens attaquaient la ville du côté de la mer. Dandolo avait fait ranger sa flotte sur deux lignes : les galères étaient au premier rang montées par des archers et chargées de machines de guerre; derrière les galères s'avançaient de gros vaisseaux sur lesquels on avait construit des tours qui surpassaient les plus hautes murailles de Constantinople. Dès le point du jour, le combat se trouva engagé entre la ville et la flotte; les Grecs, armés du feu grégeois, les Vénitiens, couverts de leurs armes, les remparts et les vaisseaux chargés de mille instrumens destructeurs, s'envoyaient tour-à-tour l'épouvante, l'incendie et

---

(1) « Encore que la muraille fust bien garnie de plusieurs Anglois et Danemarchois, si ne laissèrent pas les nostres de monter au nombre de quinze; mais ceux de dedans les rembarèrent de vive force et en prindrent deux qui furent tous sur-le-champ menés à l'empereur Alexis, lequel en fit fort grand festin. » (Lib. III.)

la mort. Le bruit des vagues battues par les rames, le choc des vaisseaux qui se heurtaient entr'eux, les cris des matelots et des combattans, le sifflement des pierres et des javelots, le feu grégeois sillonnant la mer, s'attachant aux navires et bouillonnant sur les flots, présentaient un spectacle mille fois plus effrayant que celui de la tempête (1). Au milieu de cet horrible tumulte, on entendait Henri Dandolo (2) qui, monté sur une galère, excitait les siens au combat, et, d'une voix terrible, les menaçait *de leur faire couper la tête* s'ils ne le descendaient à terre. Les ordres de l'intrépide doge sont bientôt exécutés. Les hommes de son équipage le prennent entre leurs bras et le descendent sur la rive, portant devant lui l'étendard de Saint-Marc. A cet aspect, toutes les galères s'approchent du rivage; les plus braves soldats volent sur les pas de Dandolo; les vaisseaux, qui jusque-là étaient restés immobiles, s'avancent et viennent se placer entre les galères; toute la flotte se déploie sur une

---

(1) Comparez la description pompeuse de Nicétas, *Biblioth. des Crois.* tom. I (extraits grecs), et le récit naïf de Villehardouin, lib. III.

(2) « A la vérité, c'est une chose presque incroyable de la promesse que ce bon et valeureux duc de Venise desmentra lors, car estant si vieil et si caduc, et en cela ne voyant goutte, ne laissa de se montrer tout armé sur la proue de sa galère, avec l'étendard de Saint-Marc, et criant à ses gens qu'ils le missent à bord, sinon qu'il en feroit justice de leurs corps. » (Lib. III.)

seule ligne devant les murs de Constantinople, et 1203 présente aux Grecs effrayés un rempart formidable élevé sur les eaux. Les tours flottantes des vaisseaux abattent leurs ponts-levis contre les tours de la ville ; et tandis qu'au pied des murs dix mille bras plantent les échelles et font mouvoir les béliers, on se bat sur le sommet des murailles à coup de lances et d'épées.

Tout-à-coup l'étendard de Saint-Marc paraît sur une tour de la ville, placé comme par une main invisible (1) ; à cette vue les Vénitiens jettent un cri de joie, persuadés que le patron de Venise combat à leur tête ; leur courage redouble à mesure que la crainte et le désespoir s'emparent de leurs ennemis ; les plus intrépides se précipitent sur les murailles ; bientôt vingt-cinq tours sont en leur pouvoir (2) : ils poursuivent les Grecs dans la ville ; mais craignant de tomber dans quelque embuscade, ou d'être accablés par le peuple, dont la foule remplissait les rues et couvrait les places publiques, ils mettent le feu aux maisons qu'ils trouvent sur leur passage. L'incendie (3) s'étend

---

(1) « On apperçut la maîtresse bannière de la seigneurie arborée au haut d'une tour, sans qu'on sceut qui l'avoit portée. »

(2) Nicetas donne des éloges aux Pisans dont les piques aigues défendirent avec persévérance les murs de la cité. (Voyez *Biblioth. des Crois.*, tom. II.)

(3) L'historien de Bysance dit, au sujet de cet embrasement, qu'un si lamentable spectacle était capable de faire

1203 avec rapidité, et chasse devant lui une multitude éperdue et tremblante; tandis que les flammes, devançant les vainqueurs, portaient au loin les ravages, et que le plus grand désordre régnait dans Constantinople, Alexis, pressé par les cris du peuple, était monté à cheval, et faisait sortir ses troupes par trois portes différentes pour attaquer les Français, moins heureux dans cette journée que les Vénitiens (1).

L'armée que conduisait l'empereur était composée de soixante bataillons; revêtu de toutes les marques de la dignité impériale, Alexis parcourait les rangs, animait ses soldats, leur promettait la victoire. A son approche, les croisés, abandonnant l'attaque des remparts (2), se rangent en ba-

---

couler des ruisseaux de larmes aussi abondans qu'il l'aurait fallu pour éteindre l'incendie. (Ibid.)

Villehardouin s'exprime en ces termes : « Les Vénitiens, connaissant qu'à la fin ils pourraient bien être délogés, mirent le feu aux prochains édifices d'entr'eux, et les Grecs, qui estoient au-dessoubs du vent, chassant de telle impétuosité vers eux, qu'ils ne pouvoient plus rien voir au-devant. » (Lib. III, *in fine*.)

(1) Nicetas dit à ce sujet : « De même que dans la médecine, il vaut mieux prévenir le mal que de s'en laisser accabler; de même, dans cette guerre, il auroit mieux valu éviter que les tours ne fussent prises que de vouloir les reprendre après la victoire. » (Lib. III.)

(2) Le maréchal de Champagne nous représente l'ordre de bataille des croisés, tel qu'on le suivait d'après la tactique du moyen âge. Les croisés sortirent de leur camp, divisés

taille devant leur camp. Villehardouin avoue, 1203 dans son histoire, que les plus braves des chevaliers furent un moment saisis de crainte. Dandolo, qui vit le péril où les Français se trouvaient engagés, abandonna sa victoire et se hâta de voler à leur secours. Mais tous les croisés réunis n'auraient pu résister à l'armée impériale, si les Grecs, et surtout leurs chefs, avaient montré quelque courage. Les troupes d'Alexis ne s'avancèrent qu'à la portée de l'arc, et se contentèrent de lancer de loin une multitude de flèches (1). Le gendre de l'empereur, Lascaris, dont les Grecs et même les Latins ont vanté la bravoure, demandait à grands cris qu'on attaquât les croisés dans leurs retranchemens (2); il ne put persuader Alexis, entouré de lâches courtisans qui s'efforçaient de lui communiquer leurs alarmes, et lui répétaient qu'il avait fait assez pour sa gloire en se montrant à ses ennemis. L'empereur, sans avoir combattu, fit

---

en six corps; ils se rangèrent devant leurs palissades. Les chevaliers étaient à cheval; leurs sergens et leurs écuyers derrière eux, joignant la croupe de leurs chevaux; ils avaient en avant les arbalétriers et les archers. (Lib. III.)

(1) « Cependant furent assez long-temps les batailles des pèlerins et des Grecs vis-à-vis les uns des autres à se marchander; ceux-ci n'osant venir à la charge, et nous ne voulant nous esloigner de nos barrières et palissades. » (Lib. IV.)

(2) « Il eût peut-être sauvé la ville, dit Nicetas, s'il eût fondu sur eux, ou s'il eût permis que son gendre Lascaris attaquât leurs retranchemens. » (Nicetas, lib. III.)

sonner la retraite, et ses nombreux soldats, qui portaient encore le nom de Romains, qui faisaient porter devant eux les aigles de Rome, rentrèrent avec lui dans Constantinople (1).

Tous les quartiers de la capitale retentissaient de plaintes et de gémissemens ; les Grecs paraissaient encore plus effrayés de la lâcheté de leurs défenseurs que de la bravoure de leurs ennemis; le peuple accusait l'armée, et l'armée accusait Alexis. L'empereur se défiant des Grecs, redoutant les Latins, ne songea plus qu'à sauver sa vie; il abandonna ses proches, ses amis, sa capitale, et s'embarqua secrètement au milieu des ténèbres de la nuit, pour aller chercher une retraite dans quelque coin de son empire (2).

Quand le jour vint apprendre aux Grecs qu'ils

---

(1) « Alexis, dit Villehardouin, rebroussa chemin en arrière. » (Lib. IV.)

(2) « Quand il fut rentré dans son palais, il fit mettre sur un vaisseau dix mille livres d'or et quantité de pierreries; il se rendit à Dibalte à la première veille de la nuit ; sa lâcheté lui fit ainsi mépriser la compagnie de ses proches, et la possession de l'empire pour suivre une espérance incertaine de sauver sa vie.» (Lib. III.) «Cette nuit même l'empereur Alexis prit de son trésor ce qu'il put, et avec ceux qui de leur bon gré voulurent le suivre, s'enfuit, quittant la ville ». (Villehardouin, lib. IV.) Villehardouin, qui ne peut dissimuler les craintes des barons, considère cet événement comme un effet de la punition du ciel. Il faut voir la singulière réflexion que fait l'historien grec à l'occasion de la chute d'Alexis et sur le caractère de ce prince.

n'avaient plus d'empereur, le désordre et l'agitation furent extrêmes dans Constantinople ; on s'assemblait dans les rues, on racontait les fautes des chefs, la honte des favoris, les malheurs du peuple. Depuis qu'Alexis avait abandonné sa puissance, on se rappelait le crime de son usurpation, et mille voix s'élevaient pour invoquer contre lui la colère du ciel. Au milieu de la confusion et du tumulte, les plus sages ne savaient quel parti prendre, lorsque les courtisans volent à la prison où gémissait Isaac ; ils brisent ses fers, et l'entraînent en triomphe dans le palais des Blaquernes. Quoique aveugle, il est placé sur le trône, et lorsqu'il croit encore être entouré de ses bourreaux, il s'étonne d'entendre autour de lui des flatteurs ; en le voyant revêtu de la pourpre impériale, on s'attendrit pour la première fois sur des malheurs qu'il ne souffre plus. De toutes parts on s'excuse d'avoir été partisan d'Alexis, et d'avoir fait des vœux pour sa cause. On va chercher la femme d'Isaac, qu'on avait oubliée, et qui vivait dans une retraite dont personne ne savait le chemin sous le règne précédent (1).

Euphrosine, femme de l'empereur fugitif, était accusée d'avoir voulu profiter des troubles de Constantinople, pour revêtir de la pourpre un de ses favoris. On la précipita dans un cachot, en lui re-

---

(1) Villehardouin, dans son langage naïf, dit seulement que les Grecs reconnurent leur naturel seigneur. C'est dans Nicetas qu'on doit étudier les mœurs et les habitudes de la cour de Bizance. (Lib. 1, *Règne d'Isaac l'Ange.*)

prochant tout les maux de la patrie, et surtout les longues infortunes d'Isaac. Ceux que cette princesse avait comblés de ses bienfaits, se distinguaient parmi ses accusateurs, et s'efforçaient de se faire un mérite de leur ingratitude (1).

Dans les troubles politiques, tout changement est aux yeux du peuple un moyen de salut ; on se félicitait dans Constantinople de la nouvelle révolution ; l'espérance renaissait dans tous les cœurs, et la multitude saluait Isaac par ses cris de joie. Bientôt la renommée va publier dans le camp des croisés ce qui s'est passé dans la capitale de l'empire. A cette nouvelle, le conseil des seigneurs et des barons se rassemble dans la tente du marquis de Montferrat; ils remercient la Providence qui vient de délivrer Constantinople, qui vient de les délivrer eux-mêmes des plus grands dangers. Mais, en se rappelant qu'ils avaient vu la veille l'empereur Alexis entouré d'une armée innombrable, ils ne peuvent croire au miracle de sa fuite.

Cependant le camp des croisés se remplit d'une multitude de Grecs sortis de la ville, qui racontaient les merveilles dont ils venaient d'être les témoins. Plusieurs des courtisans, qui n'avaient pu être remarqués par Isaac, accouraient auprès du jeune Alexis, dans l'espoir d'attirer ses premiers regards ; ils bénissaient le ciel d'avoir exaucé leurs vœux pour son retour, et le conjuraient, au nom

---

(1) Nicetas, lib. 1, *Règne d'Isaac*.

de la patrie et de l'empire, de venir partager les honneurs et la puissance de son père. Tant de témoignages ne purent persuader les Latins, accoutumés à se défier des Grecs. Les seigneurs et les barons rangent leur armée en bataille, et, toujours prêts à combattre, ils envoyent Mathieu de Montmorenci, Geoffroi de Villehardouin, et deux nobles Vénitiens à Constantinople, pour reconnaître la vérité (1).

Les députés des croisés étaient chargés de complimenter Isaac, s'il était remonté sur le trône, et d'exiger de lui la ratification du traité fait avec son fils. En arrivant à Constantinople, ils sont conduits au palais des Blaquernes entre deux rangs de soldats qui, la veille, formaient la garde d'Alexis, et qui venaient de jurer de défendre Isaac (2). L'empereur reçoit les députés sur un trône éclatant d'or et de pierreries, entouré de toute la magnificence des cours d'Orient. « Voilà, dit Villehardouin en
» s'adressant à Isaac, comment les croisés ont rem-
» pli leurs promesses ; c'est à vous, maintenant, à
» remplir celles qui ont été faites en votre nom.

---

(1) « Ils envoyèrent message pour voir à l'œil comment les choses se passaient. » (Lib. IV.)

(2) « Et là furent menés au palais de Blaquernes à l'entrée duquel, comme aussi à celle de la ville et le long des rues, estoient arrangés les Anglois et Danemarchois équipés de leurs hallebardes. » (Lib. III.) Voyez le récit de Nicetas, qui s'indigne des honneurs qu'on rendit aux barbares de l'Occident. (*Bibliothèque des Croisades*, tom. II.)

« Votre fils, qui est resté parmi les seigneurs et les
» barons, vous supplie de ratifier le traité qu'il a
» conclu, et vous charge de vous dire qu'il ne re-
» viendra point dans votre palais avant que vous
» n'ayez juré de faire tout ce qu'il nous a pro-
» mis (1). » Alexis avait promis de payer aux croisés deux cent mille marcs d'argent, de fournir des
vivres à leur armée pendant un an, de prendre une
part active aux travaux et aux périls de la guerre
sainte, et de remettre l'Eglise grecque sous l'obéissance du Saint-Siége (2). Lorsque Isaac entendit
les conditions du traité, il ne put s'empêcher de
témoigner sa surprise, et d'exprimer aux croisés
combien il était difficile d'accomplir de si hautes
promesses; mais il ne pouvait rien refuser à ses libérateurs; il remercia les députés de ne pas exiger
davantage : *Vous nous avez si bien servi*, ajouta-
t-il, *que lors même qu'on vous donnerait tout l'empire, vous l'auriez bien mérité* (3). Les députés
louèrent la franchise et la bonne foi d'Isaac, et

---

(1) Le discours des barons est encore plus impérieux dans Villehardouin. (Lib. IV.)

(2) « En premier lieu de réduire tout l'empire de Grèce à l'obédience du Saint-Siége, et après de nous payer 200 mille marcs d'argent, etc. » (Villehardouin, lib. IV.)

(3) « Certes, voilà une capitulation bien étrange, répon-dit l'empereur, et ne voy pas comme elle se puisse accom-plir, tant elle est grande et excessive. Nompourtant vous avez tant fait pour lui et pour moi, que si l'on vous donne-roit tout cet empire entièrement, si l'avez vous bien desarvi. » (Villehard., lib. IV.)

rapportèrent au camp les patentes impériales revêtues du sceau d'or, qui confirmaient le traité fait avec Alexis (1).

Bientôt les seigneurs et les barons montent à cheval et conduisent le fils d'Isaac à Constantinople. Le jeune Alexis marchait entre le comte de Flandre et le doge de Venise, suivi de tous les chevaliers couverts de leurs armes. Le peuple, qui naguère gardait à sa vue un morne silence, accourait en foule sur son passage, et le saluait par de vives acclamations; le clergé latin accompagnait le fils d'Isaac, et la religion grecque avait envoyé au-devant de lui son magnifique cortége. L'entrée du jeune prince dans la capitale était comme un jour de fête pour les Grecs et pour les Latins; dans toutes les églises on remerciait le ciel : partout retentissaient les hymnes de l'allégresse publique; mais ce fut surtout dans le palais des Blaquernes, naguères le séjour du deuil et de la crainte, qu'éclatèrent les plus grands transports de la joie. Un père aveugle et plongé depuis huit ans dans un cachot, pressant entre ses bras un fils auquel il devait la liberté et la couronne, présentait un spectacle nouveau qui dut pénétrer tous les cœurs des plus vives émotions. La foule des spectateurs se rappelaient les longues infortunes de ces deux princes, et le souvenir de tant de malheurs passés

---

(1) Voyez la triste réflexion de Nicetas, *Biblioth. des Croisades*, tom. II, extrait des historiens grecs.

leur semblait un gage des biens que le ciel réservait à l'empire (1).

L'empereur, réuni avec son fils, remercia de nouveau les croisés des services qu'ils lui avaient rendus, et conjura les chefs de s'établir avec leur armée au-delà du golfe de Chrysocéras. Il craignait que leur séjour dans la ville ne fît naître quelque querelle entre les Grecs et les Latins, trop long-temps divisés; les seigneurs et les barons se rendirent à la prière d'Isaac et d'Alexis, et l'armée des croisés établit ses quartiers au faubourg de Galata, où, dans l'abondance et dans le repos, elle oublia les travaux, les périls et les fatigues de la guerre. Les Pisans, qui avaient défendu Constantinople contre les croisés, firent la paix avec les Vénitiens; toutes les discordes furent apaisées; aucun esprit de jalousie et de rivalité ne divisait les Francs (2). Les Grecs venaient sans cesse au camp des Latins, où ils apportaient des vivres et des marchandises de toute espèce. Les guerriers de l'Occident visitaient souvent la capitale, et ne pouvaient se lasser de contempler les palais des empereurs, les nombreux édifices, chefs-d'œuvre

---

(1) « Ainsi fut démenée grande joie tant en la ville pour le recouvrement de leurs légitimes princes que dehors au camp par les pélerins, pour l'honneur de la belle victoire qu'il avait plu à Dieu de leur octroyer. » (Villehard., lib. IV.)

(2) Nicetas parle néanmoins de quelques dissensions passagères que la sagesse des chefs parvint à calmer. (Lib. I, *Vie d'Isaac.*)

des arts, les monumens consacrés à la religion, et 1203
surtout les reliques des saints qui, au rapport du
maréchal de Champagne, se trouvaient en plus
grand nombre à Constantinople *qu'en aucun lieu
du monde* (1).

Quelques jours après son entrée dans Constantinople, Alexis fut couronné dans l'église de Sainte-Sophie (2), et partagea la puissance souveraine avec son père. Les barons assistèrent à son couronnement, et firent des vœux sincères pour son règne. Alexis s'empressa d'acquitter une partie des sommes promises aux croisés. La plus heureuse harmonie régnait entre le peuple de Bysance et les guerriers de l'Occident. Les Grecs paraissaient avoir oublié leurs défaites, les Latins leurs victoires. Les sujets d'Alexis et d'Isaac voyaient les croisés sans défiance, et la simplicité des Francs n'était plus le sujet de leurs railleries. Les croisés, à leur tour, croyaient à la bonne foi des Grecs. La paix régnait dans la capitale, et semblait être leur ouvrage. Ils respectaient les empereurs qu'ils avaient placés sur le trône, et les deux princes conservaient une affectueuse reconnaissance pour leurs libérateurs.

Les croisés, devenus les alliés des Grecs et les protecteurs d'un grand empire, n'avaient plus

---

(1) Villehardouin, lib. IV.
(2) « Ce qui fut fait avec grande solemnité et magnificence, comme on souloit les empereurs grecs, le jour de Saint-Pierre, à la fin du mois de juin. » (Lib. IV.)

d'autres ennemis à combattre que les Sarrasins. Ils ne songeaient plus qu'à remplir le serment qu'ils avaient fait en prenant la croix; toujours fidèles aux lois de la chevalerie, les seigneurs et les barons voulurent déclarer la guerre avant de la commencer. Des hérauts d'armes furent envoyés au sultan du Caire et de Damas, pour lui annoncer, au nom de Jésus-Christ, au nom de l'empereur de Constantinople, des princes et des seigneurs de l'Occident, qu'il éprouverait bientôt la valeur des peuples chrétiens, s'il s'obstinait à retenir sous ses lois la Terre-Sainte et les lieux consacrés par la présence du Sauveur (1).

Les chefs de la croisade annoncèrent en même temps le succès merveilleux de leur entreprise à tous les princes et à tous les peuples de la chrétienté; en s'adressant à l'empereur d'Allemagne (2), ils le conjuraient de prendre part à la croisade, et de venir se mettre à la tête des chevaliers chrétiens : le récit de leurs exploits excita l'enthousiasme des fidèles; la nouvelle, qui en fut portée en Syrie, répandit l'effroi parmi les Sarrasins, et ranima les espérances du roi de Jérusalem

---

(1) Villehardouin, lib. IV.

(2) Les croisés s'adressaient à Otton, et non à Philippe de Souabe, ce qui est assez étrange, puisque Philippe était le beau-frère d'Alexis; mais il faut remarquer qu'à cette époque le pape se déclarait pour Otton, et menaçait Philippe des foudres de l'Église. (Voyez cette lettre dans Baronius).

et des défenseurs de la Terre-Sainte. Tant de succès glorieux devaient satisfaire l'orgueil et la valeur des croisés; mais tandis que le monde était rempli de leur gloire et tremblait au bruit de leurs armes, les chevaliers et les barons croyaient n'avoir rien fait pour leur renommée et pour la cause de Dieu, s'ils n'obtenaient l'approbation du Saint-Siége. Le marquis de Montferrat, le comte de Flandre, le comte de St.-Paul, et les principaux chefs de l'armée, en écrivant au pontife, lui représentèrent que les succès de leur entreprise n'étaient point l'ouvrage des hommes, mais l'ouvrage de Dieu. Ces guerriers, pleins de fierté, qui venaient de conquérir un empire; qui, selon Nicetas, se vantaient *de ne craindre que la chute du ciel*, abaissant ainsi leur front victorieux devant le tribunal du pape, protestaient aux pieds d'Innocent qu'aucune vue mondaine n'avait dirigé leurs armes, et qu'on ne devait voir en eux que des instrumens dont la Providence s'était servi pour accomplir ses desseins.

Le jeune Alexis, de concert avec les chefs des croisés, écrivit en même temps au pape pour justifier sa conduite et celle de ses libérateurs. « Nous » avouons, disait-il, que la principale cause qui a » porté les pèlerins à nous secourir, c'est que nous » avons promis, avec serment, de reconnaître le » pontife romain pour chef ecclésiastique et pour » le successeur de saint Pierre. » Innocent III, en répondant au nouvel empereur de Constantinople, loua ses intentions et son zèle, et le pressa d'accomplir ses promesses; mais les excuses des croisés n'avaient pu apaiser le ressentiment que le pape conservait de leur désobéissance aux conseils et aux volontés du St.-Siége. Dans sa réponse, il ne les salua point avec la bénédiction ordinaire (1), craignant qu'ils ne fussent retombés dans l'excommunication, en attaquant l'empereur grec contre sa défense. Si l'empereur de Constantinople, leur disait-il, ne se hâte point de faire ce qu'il a promis, il paraîtra que ni son intention ni la vôtre n'ont été sincères, et *que vous avez ajouté ce second péché à celui que vous avez déjà commis.* Le pape donnait aux croisés de nouveaux conseils; mais ni ses conseils ni ses menaces ne devaient avoir un meilleur effet qu'au siége de Zara; la Providence préparait en secret des événemens qu'elle sut dérober à la prévoyance des croisés, comme à celle du St.-Siége, et qui allaient encore une fois changer l'objet et le but de la guerre sacrée.

---

(1) Cette pièce a été traduite dans les Pièces justificatives de ce volume.

FIN DU LIVRE X.

HISTOIRE DES CROISADES.

LIVRE XI.

Lorsque la guerre et les révolutions ont ébranlé un empire jusque dans ses fondemens, il est des maux que la sagesse humaine ne peut réparer. C'est alors que les princes appelés sur le trône sont plus à plaindre que leurs sujets, et que leur puissance doit plus exciter la commisération qu'elle ne doit réveiller l'ambition et la haine des autres hommes. Le peuple, dans l'excès de la misère, ne sait point mettre de bornes à ses espérances, et demande toujours à l'avenir plus que l'avenir ne peut donner. Lorsqu'il continue à souffrir des malheurs irréparables, il s'en prend à ses chefs, dont il attendait toute espèce de prospérité; les murmures d'une haine injuste succèdent bientôt aux acclamations d'un enthousiasme irréfléchi, et souvent la vertu elle-même est accusée d'avoir causé des maux qui sont l'ouvrage de la révolte, de la guerre ou de la mauvaise fortune.

Les peuples mêmes, lorsqu'ils ont succombé, et qu'ils ont perdu pour jamais leur existence politique, ne sont pas jugés avec moins de sévérité et d'injustice que les princes et les monarques; après

1203

la chute d'un empire, le terrible axiome *malheur aux vaincus* reçoit son application jusque dans les jugemens de la postérité. Les générations, comme les contemporains, se laissent éblouir par la victoire, et n'ont que du mépris pour les nations qui succombent. Nous chercherons, en parlant des Grecs et de leurs princes, à nous défendre des préventions que l'histoire nous a transmises, et lorsque nous porterons un jugement sévère sur le caractère et les peuples de la Grèce, notre opinion sera toujours appuyée sur des traditions authentiques et sur le témoignage des historiens de Bysance.

Tant que le jeune Alexis n'eut que des promesses à faire et des espérances à donner, il n'entendit autour de lui que les bénédictions des Grecs et des croisés; mais lorsque le temps fut arrivé de faire tout ce qu'il avait promis, il ne trouva plus que des ennemis et des obstacles. Dans la situation où son retour l'avait placé, il lui était surtout difficile de conserver à-la-fois la confiance de ses libérateurs et l'amour de ses sujets. Si, pour remplir ses engagemens, le nouvel empereur entreprenait de réunir l'église grecque à l'église de Rome; si, pour payer ce qu'il devait aux croisés, il accablait le peuple d'impôts, il devait s'attendre à voir de violens murmures s'élever dans son empire. Si au contraire il respectait la religion de la Grèce, s'il allégeait le fardeau des tributs, les traités restaient sans exécution, et le trône, sur lequel il venait de monter, pouvait être renversé par les armes des Latins.

LIVRE XI.

Craignant chaque jour de voir s'allumer les feux de la révolte ou les feux de la guerre, obligé de choisir entre deux périls, après avoir long-temps délibéré, il n'osa point confier sa destinée à la valeur équivoque des Grecs, et vint conjurer les seigneurs et les barons d'être une seconde fois ses libérateurs. Il se rendit dans la tente du comte de Flandre, et parla ainsi aux chefs de la croisade rassemblés (1). « Vous m'avez rendu la vie, l'hon-
» neur et l'empire; je ne dois plus désirer qu'une
» chose, c'est de pouvoir remplir toutes les pro-
» messes que je vous ai faites. Mais si vous m'a-
» bandonnez maintenant, pour aller en Syrie, il
» m'est impossible de vous fournir l'argent, les
» troupes et les vaisseaux que je vous ai promis. Le
» peuple de Constantinople m'a reçu avec joie;
» mais les révolutions lui ont fait perdre l'habitude
» de la soumission et de l'obéissance (2). Les lois de
» la patrie, la majesté du trône, ne lui inspirent
» plus de respect; un esprit de faction règne dans
» la capitale et dans les provinces trop long-temps
» agitées (3). Je vous conjure donc, au nom de
» votre gloire, au nom de votre propre intérêt,
» d'achever votre ouvrage et d'affermir une puis-

1203

---

(1) Ce discours est rapporté tout entier dans Ville-Hardouin.

(2) « Maints me montrent beau semblant et ne m'aiment pas pour cela. » (Villehard., lib. IV.)

(3) « Ont tous les Grecs eu fort grand despit de me voir ainsi rétabli par vos forces en mon héritage. » (Ibid.)

1203 » sance que vous avez rétablie. Voilà l'hiver qui
» s'approche; la navigation est périlleuse, et les
» pluies ne vous permettront point de commencer
» la guerre en Syrie; attendez jusqu'au printemps,
» où la mer vous offrira moins de dangers, la
» guerre plus de succès et de gloire; vous aurez
» alors, dans vos entreprises, toute la Grèce pour
» auxiliaire je pourrai moi-même remplir tous
» les sermens qui m'enchaînent à votre cause (1),
» et vous accompagner avec une armée digne d'un
» empereur. » En achevant son discours, Alexis
promit de fournir tout ce qui serait nécessaire à
l'armée, et de prendre avec le doge de Venise les
arrangemens convenables pour que la flotte vénitienne restât à la disposition des croisés pendant
leur séjour à Constantinople, et jusqu'à la fin de
leur expédition.

Un conseil fut convoqué pour délibérer sur les
propositions du jeune empereur (2); ceux qui
avaient voulu se séparer de l'armée à Zara et à
Corfou, représentèrent à l'assemblée qu'on avait
combattu jusqu'alors pour la gloire et les intérêts
profanes des princes de la terre, mais que le temps
était enfin venu de combattre pour la religion et
pour Jésus-Christ. Ils s'indignaient qu'on voulût

---

(1) « Autrement il me seroit impossible de remplir toutes mes convenances. » (Ibid.)

(2) « Et le conseil fut assigné pour le lendemain, auquel furent appelés les principaux hommes d'armes, à qui l'on récita mot à mot l'ouverture qu'on leur avait faite ». (Ibid.)

mettre de nouveaux retards à la sainte entreprise. 1203
Cette opinion fut vivement combattue par le doge de Venise et les barons qui, ayant mis leur gloire à l'expédition de Constantinople, ne pouvaient se résoudre à perdre le fruit de leurs travaux. « Souf- » frirons-nous, disaient-ils, qu'un jeune prince, » dont nous avons fait triompher la cause, soit » livré à ses ennemis, qui sont aussi les nôtres, et » qu'une entreprise si glorieusement commencée, » devienne pour nous une source de honte et de » repentir? Souffrirons-nous que l'hérésie, que nos » armes ont étouffée dans la Grèce soumise, re- » lève ses autels impurs, et soit de nouveau un » sujet de scandale pour l'église chrétienne; lais- » serons-nous aux Grecs la dangereuse faculté de » se déclarer contre nous, et de s'allier avec les » Sarrasins pour faire la guerre aux soldats de » Jésus-Christ. » À ces graves motifs, les princes et les seigneurs ne dédaignèrent pas de joindre les supplications et les prières; enfin leur avis triompha d'une opposition opiniâtre; le conseil décida que le départ de l'armée serait différé jusqu'aux fêtes de Pâques de l'année suivante.

Alexis, de concert avec Isaac, remercia les croisés de leur résolution, et ne négligea rien pour leur montrer sa reconnaissance. Afin de payer les sommes qu'il avait promises, il épuisa ses trésors, il augmenta les impôts, et fit fondre les images des saints et les vases sacrés. En voyant dépouiller les églises, le peuple de Constantinople fut frappé de surprise et d'effroi, et n'eut pas le courage de

1203 faire entendre ses plaintes. Nicetas reproche amèrement à ses compatriotes d'être restés spectateurs immobiles d'un si grand sacrilége, et les accuse d'avoir, par leur lâche indifférence, attiré sur l'empire la colère du ciel. Les plus fervens des Grecs déploraient, comme Nicetas, la violation des lieux saints; mais des scènes plus douloureuses devaient bientôt s'offrir à leurs regards (1).

Les chefs de l'armée, conduits par les conseils du clergé latin et par la crainte du pontife de Rome, demandèrent que le patriarche, les prêtres et les moines de Constantinople, abjurassent les erreurs qui les séparaient de l'église romaine; ni le clergé, ni le peuple, ni l'empereur n'entreprirent de résister à cette demande, qui alarmait toutes les consciences et révoltait tous les esprits. Le patriarche, monté dans la chaire de Sainte-Sophie, déclara en son nom, au nom des empereurs et de tout le peuple chrétien d'Orient, qu'il reconnaissait *Innocent, troisième du nom, pour successeur de saint Pierre, premier vicaire de Jésus-Christ*

---

(1) Voyez les lamentations et les invectives de Nicetas, *Biblioth. des Crois.*, tom. II, p. 355. Suivant le moine Gunther, les Grecs se plaignirent *quod totius Greciæ opes transtulisset*. Villehardouin, lib. V, nous indique la manière dont furent payés les Latins; Dandolo se plaint de ce que les Vénitiens furent payés plus lentement que les Francs. (*Chronic.*, p. 322.) Il est bon de remarquer, comme observation générale, que dans Nicetas le règne d'Alexis contient trois livres, et qu'il ne donne que cinq chapitres fort courts à la restauration d'Isaac et de son fils.

sur la terre, pasteur du troupeau fidèle. Les 1203 Grecs, qui assistaient à cette cérémonie, crurent voir l'abomination de la désolation dans le saint lieu (1), et s'ils pardonnèrent dans la suite un si grand scandale au patriarche, c'est dans l'étrange persuasion où ils étaient que le chef de leur église avait trompé les Latins, et que l'imposture de ses paroles rachetait en quelque sorte le crime du blasphême et la honte du parjure.

Les Grecs s'obstinaient à croire (2) que le Saint-Esprit ne procède point du Fils, et citaient, pour appuyer leur croyance, le Symbole de Nicée ; la discipline de leur église différait en quelques points

---

(1) Nicetas parle de la manière la plus outrageante de la religion romaine, p. 348.

(2) Les Grecs et les Latins étaient séparés dans trois points principaux ; 1º. l'addition faite par l'église latine au symbole de Constantinople, pour exprimer que le Saint-Esprit procède du Fils; 2º. le refus de la part des Grecs de reconnaître la primauté du pape ; 3º. la prétention des Grecs qu'on ne peut consacrer dans l'Eucharistie avec du pain azyme. Photius avait commencé le schisme; le patriarche Cerularius le fit prévaloir, 837-886 : ce dernier voulait être reconnu chef de l'Église universelle à la place du pape. Les monumens originaux du schisme et les prétentions de Photius sont déposés dans les lettres de Photius (*Epist. Encyclit.*, pag. 47, 61) et de Michel Cerularius (Canis., *Antiq. sect.*, t. III, p. 281-324, édit. Bernag). Comparez la réponse du cardinal Humbert, ibid. Dans la grande édition de ces conciles, t. XI, p. 1457-1468, on trouve l'excommunication générale contre l'église d'Orient.

de celle de l'église romaine; dans les premiers momens du schisme, il eût été facile d'opérer une réunion, mais les disputes des théologiens avaient aigri les esprits. La haine des Grecs et des Latins semblait devoir séparer à jamais les deux croyances (1). La loi qu'on imposait aux Grecs ne faisait qu'accroître leur résistance invincible. Ceux d'entr'eux qui connaissaient à peine le sujet des longs débats élevés entre Bysance et Rome, ne montraient pas moins de fanatisme et d'opposition que tous les autres; ceux-mêmes qu'on accusait de manquer de foi, adoptaient avec chaleur les sentimens des théologiens, et semblaient tout-à-coup disposés à mourir pour une cause qui jusque-là ne leur avait inspiré que de l'indifférence. Le peuple grec, en un mot, qui se croyait supérieur à tous les autres peuples, repoussait avec mépris les lumières qui lui venaient de l'Occident, et ne pouvait consentir à reconnaître la supériorité des Latins. Les croisés, qui avaient changé les empires, s'étonnaient

---

(1) L'historien anonyme de l'expédition de Frédéric (Canisius, tom. II, pag. 511), cite un sermon d'un patriarche grec, où l'on trouve cette proposition: *in remissionem peccatorum perigrinos occidere et delere de terra*. Tagenon ajoute: *Clerici et monachi dicto et factis persequantur*. De son côté, dans sa Lettre à Innocent III, Baudoin s'exprime en ces termes: *Hæc gens quæ latinos omnes non hominum nomine sed canum dignabatur quorum sanguinem offundere per ut inter merita reputabant*. (*Gest. Innoc. III*, tom. I, pag. 92; Muratori, *script. rer. Ital.*, tom. II, pag. 536.)

de ne pouvoir changer les cœurs; mais, persuadés que tout devait enfin céder à leurs armes, ils mirent à soumettre les esprits et les opinions une rigueur qui ne fit qu'augmenter la haine des vaincus, et préparer la chute des empereurs que la victoire avait replacés sur le trône (1).

Cependant l'usurpateur Alexis, en fuyant de Constantinople, s'était retiré dans la province de Thrace; plusieurs villes lui avaient ouvert leurs portes, et quelques-uns de ses partisans s'étaient réunis sous ses drapeaux. Le fils d'Isaac résolut d'aller combattre les rebelles. Henri de Hainaut, le comte de Saint-Paul, et plusieurs chevaliers, l'accompagnèrent dans cette expédition. A leur approche, l'usurpateur, enfermé dans Andrinople, se hâta d'abandonner la ville et s'enfuit vers le mont Hémus. Tous les rebelles qui osèrent les attendre furent vaincus et dispersés (2). Le jeune Alexis et les croisés qui l'accompagnaient avaient un ennemi plus redoutable à combattre, c'était la nation des Bulgares. Cette nation sauvage et féroce, soumise aux lois de Constantinople au temps de la première croisade, avait profité des troubles de l'empire pour secouer le joug des empereurs. Le

---

(1) Voyez Nicetas, *Biblioth. des Crois.*, tom. II.

(2) « Et sachez que partout où l'empereur donna avec son armée, tous les Grecs d'une part, et de l'autre des bras de Saint-George, retournèrent à obéissance. (Villehardouin, lib. v.)

1203 chef des Bulgares, Joanice (1), implacable ennemi des Grecs, avait embrassé la foi de l'Eglise romaine, et s'était déclaré le vassal du souverain pontife pour en obtenir le titre de roi; il cachait, sous le voile d'une religion nouvelle, les fureurs de la haine et de l'ambition, et se servait de l'appui et du crédit de la cour de Rome pour faire la guerre aux maîtres de Bysance. Joanice faisait sans cesse des incursions dans les contrées voisines de son territoire, et menaçait d'envahir les plus riches provinces de l'empire. Si le jeune Alexis avait été dirigé par de sages conseils, il aurait profité de la présence des croisés pour intimider les Bulgares et les retenir au-delà du mont Hémus; cette expédition lui eût mérité l'estime et la confiance des Grecs, aurait assuré le repos de plusieurs de ses provinces; mais, soit qu'il ne fût point secondé par les croisés, soit qu'il n'aperçût point les avantages de cette entreprise, il se contenta de menacer Joanice (2); et sans avoir fait ni la paix ni la

---

(1) Les Bulgares avaient secoué le joug sous le premier règne d'Isaac. Ils avaient pour chefs deux frères, Pierre et Azan, qui eurent pour successeur un troisième frère, Joanice. Voyez les notes du premier volume sur les Bulgares; il s'était opéré à cette époque quelques progrès dans leur civilisation; voyez d'ailleurs Gibbon, dans le chapitre consacré à ces barbares ennemis de Constantinople.

(2) Voici comment Villehardouin parle de ce chef de Bulgares : « Tous lui firent foi et homage, fors seulement Joanice, roi de Valachie et de Bulgarie. Ce prince-là estoit un Bulgare qui s'estoit rebellé contre son père et son oncle

guerre, après avoir reçu le serment des villes de 1203
la Thrace, il ne songea plus qu'à retourner à Constantinople.

La capitale de l'empire, qui avait déjà souffert tant de maux, venait d'éprouver une nouvelle calamité. Quelques soldats flamands, conduits par des Latins établis à Constantinople, étaient venus provoquer les juifs dans leur synagogue; le peuple prit la défense de ces derniers contre leurs agresseurs; de part et d'autre on courut aux armes, et, dans le tumulte du combat, le hasard ou la malveillance mit le feu à quelques maisons du voisinage; l'embrasement se répandit de tous côtés pendant la nuit et le jour suivant avec une violence que rien ne put arrêter ni contenir; les flammes se rassemblaient de divers endroits, couraient avec la vitesse d'un torrent, consumaient comme de la paille les galeries, les colonnes, les temples, les palais. Du sein de cet épouvantable incendie s'élançaient des gerbes de feu qui allaient tomber sur des maisons fort éloignées, et les réduisaient en cendres. La flamme, poussée d'abord par un vent du septentrion, était repoussée ensuite par le vent du midi, et rejetée sur des lieux qui paraissaient à l'abri du danger. L'incendie commença à la synagogue, près de la mer, du côté de l'Orient; il ne

---

aussi, auxquels il avoit fait par vingt ans la guerre, et avoit tant conquis sur eux, qu'il s'estoit fait establir un fort riche et puissant état. (Lib. v.)

1203 s'arrêta qu'à l'Eglise de Sainte-Sophie, vers l'Occident, parcourut un espace de deux lieues, et s'étendit jusqu'au port où des navires furent brûlés au milieu des eaux (1).

Pendant huit jours l'embrasement prolongea ses ravages; le fracas des tours et des maisons qui s'écroulaient de toutes parts, les mugissemens des vents et des flammes, se mêlaient aux cris d'une multitude éplorée. La foule des habitans se pressait dans les rues, fuyant devant le feu prêt à les atteindre, les uns emportant des meubles et des effets précieux, les autres traînant des malades et des vieillards : ceux qui périssaient dans l'embrasement étaient les moins malheureux; car les autres, pleurant la mort de leurs proches et de leurs amis, la perte de tous leurs biens, plusieurs blessés, quelques-uns à demi-brûlés, erraient au hasard parmi des décombres, étaient entassés sur les places publiques, sans moyen de subsister et sans espoir de trouver un asile.

Les croisés voyaient des hauteurs de Galata cet horrible embrasement, et déploraient les désastres

---

(1) Nicetas consacre un chapitre tout entier à décrire cet incendie ; il en accuse formellement les Flamands. Villehardouin, au livre IV de son histoire, en parle ainsi : « De quoi, dit-il, les pélerins françois furent mult dolens et mult en eurent grande pitié. » Il pourrait être curieux de comparer le récit de Tacite sur l'incendie de Rome, et celui de Nicetas, afin d'apprécier la différence des époques, et surtout du talent des deux historiens.

de Constantinople. Un grand nombre de chevaliers 1203
étaient accourus pour arrêter les progrès des flammes, et gémissaient d'avoir à combattre un ennemi contre lequel la valeur était impuissante. Les princes et les seigneurs envoyèrent une députation à l'empereur Isaac, pour lui annoncer qu'ils partageaient sa douleur; ils promirent de punir avec sévérité les auteurs de l'incendie, si l'on parvenait à les découvrir parmi leurs soldats. Les protestations et les secours qu'ils s'empressèrent d'apporter aux victimes de l'embrasement, ne purent ni consoler ni apaiser les Grecs, qui, à l'aspect des ruines et des malheurs de leur capitale, accusaient les deux empereurs, et vomissaient d'horribles imprécations contre les Latins (1).

Les familles des Francs établis à Constantinople, qui, malgré les persécutions, étaient restées dans la ville, furent de nouveau maltraitées par le peuple, et forcées de chercher un asile hors de la capitale; elles se réfugièrent dans les faubourgs de Galata. Leurs gémissemens et leurs plaintes réveillèrent toute l'animosité des croisés contre les Grecs. Ainsi tout concourait à enflammer la haine de deux nations que de si grands malheurs devaient rapprocher, et rallumait des discordes qui allaient bientôt entraîner avec elles de nouvelles calamités.

Lorsqu'Alexis rentra en triomphe dans Constantinople, le peuple le reçut dans un morne si-

---

(1) Voyez Nicetas dans la *Biblioth. des Croisades*, t. III.

lence; les croisés seuls applaudirent aux victoires qu'il venait de remporter sur les Grecs; son triomphe, qui contrastait avec les malheurs publics, et des lauriers cueillis dans la guerre civile, le rendirent encore plus odieux aux habitans de la capitale. Il fut obligé, plus que jamais, de se jeter dans les bras des Latins; il passait les jours et les nuits dans leur camp; il partageait leurs jeux, et s'associait à leurs orgies grossières; dans l'ivresse des festins, les guerriers francs traitaient Alexis avec une insolente familiarité; plus d'une fois ils lui arrachèrent son diadême, orné de pierreries, pour placer sur sa tête le bonnet de laine des matelots vénitiens (1). Les Grecs, qui mettaient leur orgueil dans la magnificence de leurs souverains, n'avaient plus que du mépris pour un prince qui, après avoir abjuré leur religion, avilissait la dignité impériale, et ne rougissait point d'adopter les usages des peuples qu'on ne connaissait à Constantinople que sous le nom de Barbares.

Nicetas, dont les jugemens ne manquent point de modération, ne parle de ce prince qu'avec une sorte de colère et d'emportement. Selon l'historien de Bysance, « Alexis avait un visage semblable à

---

(1) Τους γαζοπρεπες χε παγελει ςου κατιρρυπαινεν ονοια. Gibbon, chap. LX, après avoir raconté, d'après Nicetas, cette particularité du bonnet de laine, remarque qu'on peut regarder cette familiarité des croisés vénitiens comme l'effet ordinaire de la richesse des marchands et de la liberté des républiques.

» celui de l'ange exterminateur; il était un véritable incendiaire; et loin de s'affliger de l'embrasement de la capitale, il eût souhaité que toute la ville fût réduite en cendres (1). » Isaac lui-même accusait son fils d'avoir de pernicieuses inclinations, et de se corrompre tous les jours par la société des méchans; il s'indignait qu'Alexis fût nommé à haute voix à la cour et dans les cérémonies publiques, tandis qu'on prononçait à peine le nom d'Isaac. Dans son aveugle colère, il chargeait le jeune empereur d'imprécations; mais, conduit par une vaine jalousie, bien plus que par le sentiment de sa dignité, lorsqu'il applaudissait à la haine du peuple pour Alexis, il se dérobait lui-même au fardeau de l'empire, et ne faisait rien pour mériter l'estime des hommes vertueux. Isaac vivait retiré dans son palais, entouré de moines et d'astrologues qui, en baisant ses mains meurtries encore des fers de sa captivité, célébraient sa puissance, lui faisaient croire qu'il délivrerait Jérusalem, qu'il placerait son trône sur le mont Liban, et régnerait sur tout l'univers. Plein de confiance dans une image de la Vierge qu'il portait toujours avec lui, et se vantant de connaître, par l'astrologie, tous les secrets de la politique, il n'imagina pour prévenir les séditions, d'autre moyen que de faire transporter de l'hippodrome dans son palais

---

(1) Voyez la traduction de Nicetas dans la *Bibliothèque des Croisades*, tom. II.

1203 le sanglier de Calydon, qu'on regardait comme le symbole de la révolte et l'image du peuple en furie (1).

Le peuple de Constantinople, non moins superstitieux qu'Isaac, en déplorant les maux de la patrie, s'en prenait au marbre et à l'airain. Une statue de Minerve, qui décorait la place de Constantin, avait les yeux et les bras tournés vers l'Occident ; on crut qu'elle avait appelé les Barbares ; elle fut renversée (2) et mise en pièces par une multitude irritée : « Cruel aveuglement des Grecs, s'écrie un historien bel esprit (3), qui s'armaient contre eux-mêmes, et ne pouvaient souffrir, au milieu de leur ville, l'image d'une déesse qui préside à la prudence et à la valeur ! »

---

(1) Voyez toujours l'extrait de Nicetas, *Biblioth. des Croisades*, tom. II. Gibbon a peu développé cette partie intéressante du récit de la croisade.

(2) Nicetas donne une description assez étendue de cette statue de Pallas. (Voyez *Histoire d'Isaac l'Ange*, chap. 3, *Biblioth. des Croisades*, loc. citat.) Cette statue était de trente pieds de hauteur ; ses yeux, dit l'historien grec, étaient tournés vers le midi ; de sorte que ceux qui ne savaient pas la science des angles, croyaient qu'elle regardait l'Occident, et qu'elle invitait les nations du nord de l'Europe à venir sur les rives du Bosphore.

(3) Nicetas, *loc. citat.* Voici la traduction littérale : « Ce fut par cette fausse opinion qu'ils la brisèrent, et que s'armant contre eux-mêmes et se précipitant de plus en plus dans un abîme de malheurs, ils ne purent souffrir au milieu de leur ville l'image d'une déesse qui préside aux actions de prudence et de courage. » (Ibid.)

Tandis que la capitale de l'empire était ainsi 1204 troublée par des scènes populaires, les ministres d'Alexis et d'Isaac s'occupaient de lever des impôts pour payer les sommes promises aux Latins. Les dilapidations, les abus du pouvoir, les injustices, ajoutaient encore à l'infortune publique; des plaintes se faisaient entendre dans toutes les classes de citoyens. On voulut d'abord faire peser les impôts sur le peuple; mais le peuple, dit Nicetas, se souleva comme une mer agitée par les vents (1). On fut obligé d'imposer des tributs extraordinaires aux citoyens les plus riches, et de continuer à dépouiller les églises de leurs ornemens d'or et d'argent. Les trésors qu'on put amasser ne remplissaient point les désirs insatiables des Latins, qui se mirent à ravager les campagnes autour de la capitale, et pillèrent les maisons et les monastères de la Propontide.

Les hostilités, les violences des croisés excitèrent l'indignation du peuple encore plus que celle des grands et des patriciens. Dans le cours de tant de révolutions, on peut s'étonner que le sentiment de la patrie se retrouve souvent dans la multitude, lorsqu'il est éteint dans les classes les plus élevées. Chez une nation corrompue, tant que les révolutions n'ont point éclaté, et que le jour du péril et de la destruction n'est point venu, la richesse des citoyens est une sûre garantie de leur dévouement et de leur patriotisme; mais cette garantie n'est

---

(1) Nicetas, ibid.

plus la même au plus fort du danger, lorsque la société se trouve aux prises avec tous les ennemis de son existence et de son repos ; la fortune qu'on craint de perdre est souvent la cause de honteuses transactions avec le parti des vainqueurs ; elle énerve plus qu'elle ne fortifie les courages. Au milieu des plus grands périls, la multitude, qui n'a rien à perdre, conserve quelquefois des passions généreuses, qu'une politique habile pourrait diriger avec avantage. Malheureusement cette multitude n'obéit presque jamais qu'à un aveugle instinct ; et dans les momens de crise, elle devient un dangereux instrument entre les mains des ambitieux qui abusent du nom de la liberté et de la patrie. C'est alors qu'une nation n'a pas moins à se plaindre de ceux qui veulent la sauver que de ceux qui n'osent la défendre, et qu'elle périt victime à-la-fois d'une indifférence coupable et d'une ardeur insensée.

Le peuple de Constantinople, irrité contre les ennemis de l'empire, et poussé par un esprit de faction, se plaignit d'abord de ses chefs ; et passant bientôt de la plainte à la révolte, il se précipita en foule au palais des empereurs ; il leur reprocha d'abandonner la cause de Dieu, la cause de la patrie, et demanda à grands cris des vengeurs et des armes.

Parmi ceux qui animaient la multitude, on remarquait un jeune prince de l'illustre famille de Ducas ; il portait le nom d'Alexis, nom qui devait être toujours associé à l'histoire des malheurs de l'empire ; on l'avait surnommé *Murzuffle* , mot grec qui veut dire que ses deux sourcils étaient joints ensemble (1). Murzuffle (2) cachait une âme dissimulée sous cet air sévère et dur que le vulgaire ne manque jamais de prendre pour le signe et le caractère de la franchise. Les mots de patrie, de liberté, qui séduisent toujours le peuple ; les mots de gloire, de religion, qui rappellent de nobles sentimens, étaient sans cesse dans sa bouche, et ne servaient qu'à voiler les complots de son ambition. Au milieu d'une cour timide et pusillanime, entouré de princes qui, selon l'expression, de Nicetas, *craignaient plus de faire la guerre aux croisés que des cerfs ne craindraient d'attaquer un lion* (3), Murzuffle ne manquait point de bravoure, et sa réputation de courage suffisait pour attirer sur lui tous les regards de la capitale. Comme il avait la voix forte, le regard fier, le ton impérieux, on le jugeait propre à commander. Plus il déclamait avec véhémence contre la tyran-

1204

---

(1) « Parce qu'il avait les sourcils joints l'un à l'autre, » dit Vigenère-le-Vieux, traducteur de Villehardouin, pag. 77.

(2) Le continuateur de Guillaume-de-Tyr donne au prince grec le nom de *Marofle*. Villehardouin en fait un simple favori de l'empereur. (Lib. IV.) Ducange, dont les investigations laborieuses ont éclairé beaucoup de points obscurs de cette époque, soupçonne qu'il était fils d'Isaac Ducas Sebastocrator, et cousin issu de germain du jeune empereur Alexis, n°. 118.

(3) Nicetas, chap. 3.

1204 nie, plus la multitude formait des vœux pour qu'il fût revêtu d'un grand pouvoir. La haine qu'il affectait de montrer pour les étrangers, donnait l'espoir qu'il défendrait un jour l'empire, et le faisait regarder comme le libérateur futur de Constantinople.

Habile à saisir toutes les occasions, à suivre tous les partis, après avoir rendu des services criminels à l'usurpateur, Murzuflle en recueillait le prix sous le règne qui avait suivi l'usurpation, et celui qu'on accusait partout d'avoir été le geôlier et le bourreau d'Isaac (1), était devenu le favori du jeune Alexis. Il ne négligeait aucun moyen de plaire à la multitude, pour se rendre nécessaire au prince, et savait braver à propos la haine des courtisans pour augmenter son crédit parmi le peuple. Il ne tarda pas à profiter de cette double influence pour semer de nouveaux troubles et faire triompher son ambition.

Ses discours persuadèrent au jeune Alexis qu'il fallait rompre avec les Latins, et se montrer ingrat envers ses libérateurs pour obtenir la confiance des Grecs (2); il enflamma l'esprit du peuple

---

(1) Lebeau, *Histoire du Bas-Empire*, dit que Murzuflle avait été employé à crever les yeux à Isaac. (Voyez *Hist. du Bas-Empire*, liv. xciv.)

(2) Villehardouin ne peut concevoir comment Alexis put se déterminer à rompre avec ses bienfaiteurs : « Or, dit-il, ce jeune prince mal advisé, estimant avoir de tous points restabli ses affaires et entièrement rassuré pour lui

contre les croisés; et pour décider une rupture, il 1204 prit lui-même les armes; ses amis et quelques hommes du peuple suivirent son exemple. Conduite par Murzuffle, une troupe nombreuse se précipite hors de la ville, et croit surprendre les Latins; mais la multitude, toujours prête à déclamer contre les guerriers de l'Occident, ne put supporter leur aspect. Murzuffle, abandonné sur le champ de bataille, fut sur le point de tomber entre les mains des croisés. Cette action imprudente, qui aurait dû le perdre, ne fit qu'augmenter son pouvoir et son crédit: on pouvait l'accuser d'avoir exposé le salut de l'empire, en provoquant la guerre sans moyen de la soutenir; mais le peuple vanta l'héroïsme d'un jeune prince qui osait braver les phalanges belliqueuses des Francs; ceux-mêmes qui l'avaient abandonné au milieu du combat, célébrèrent sa valeur, et jurèrent comme lui d'exterminer les ennemis de la patrie (1).

La fureur des Grecs était à son comble, de leur côté les Latins faisaient éclater leur mécontentement. Dans le faubourg de Galata qu'habitaient les Français et les Vénitiens, dans les murs de Constantinople, on n'entendait que des cris de guerre, et personne n'osait plus parler pour la paix.

Ce fut alors qu'on vit arriver dans le camp des croisés une députation des chrétiens de la Pales-

---

son estat, se vint tout-à-coup à esnorgueillir et mesconnoître envers ceux de qui il avoit receu tant de biens. » (Lib. IV.)
(1) Villehardouin, ibid.

1204 tinc. Les députés, qui avaient à leur tête l'abbé Martin-Litz, étaient couverts de vêtemens de deuil; la tristesse peinte sur leur visage avertissait assez qu'ils venaient annoncer de grands malheurs. Leurs récits arrachèrent des larmes à tous les pélerins (1).

Dans l'année qui précéda l'expédition de Constantinople, on avait vu débarquer à Ptolémaïs les croisés flamands et champenois, partis des ports de Bruges et de Marseille ; plusieurs guerriers anglais, commandés par les comtes de Northumberland, de Norwick et de Salisbury ; un grand nombre de pélerins de la Basse-Bretagne, qui avaient pris pour chef le moine Héloin, un des prédicateurs de la croisade. Ces croisés, réunis à ceux qui avaient quitté l'armée chrétienne après le siége de Zara, se montrèrent impatiens d'attaquer les Sarrasins ; et comme le roi de Jérusalem hésitait à rompre la trêve faite avec les infidèles, la plupart d'entr'eux quittèrent la Palestine pour aller combattre sous les drapeaux du prince d'Antioche, qui était en guerre avec le roi d'Arménie. Ayant refusé de prendre des guides, ils furent surpris et

---

(1) Le récit du moine Gunther commence à devenir intéressant pour les événemens du siége de Constantinople; ce chroniqueur décrit tous les détails de cette guerre à la prière de Martin-Litz son abbé. (Voyez le Recueil de Canisius, *veter. lection.*, pag. 6, tom. III. La chronique de Gunther, curieuse sous le rapport des mœurs, est traduite *Biblioth. des Croisades*, tom. II.)

dispersés par les Sarrasins envoyés contr'eux par 1204 le prince d'Alep (1) ; le petit nombre de ceux qui échappèrent au carnage, parmi lesquels l'histoire nomme deux seigneurs de Neuilly, Bernard de Montmirail et Renard de Dampierre, restèrent dans les fers des infidèles. Le moine Héloin eut la douleur de voir périr sur le champ de bataille les plus braves des croisés bretons, et revint presque seul à Ptolémaïs, annoncer la sanglante défaite des soldats de la croix. Une horrible famine avait, pendant deux ans, désolé l'Egypte et fait sentir ses ravages jusqu'en Syrie. Des maladies contagieuses succédaient à la famine ; la peste moissonnait les habitans de la Terre-Sainte : plus de deux mille chrétiens avaient en un seul jour reçu la sépulture dans la ville de Ptolémaïs.

Les députés de la Terre-Sainte, en faisant ce lamentable récit, invoquaient, par leurs larmes et leurs sanglots, les prompts secours de l'armée des croisés ; mais les chevaliers et les barons ne pouvaient point abandonner leur entreprise commencée ; ils promirent aux envoyés de la Palestine de porter leurs armes en Syrie dès qu'ils auraient sou-

---

(1) Jacques de Vitri, Albéric, le continuateur de Guillaume-de-Tyr, parlent de cette bataille livrée entre Antioche et Tripoli ; Villehardouin en fait aussi mention, et cite plusieurs des chevaliers qui furent tués ou faits prisonniers. On trouve aussi à ce sujet quelques détails dans les écrivains arabes. (Voyez les extraits que M. Reinaud a donnés de ces auteurs, *Biblioth. des Crois.*, §. 71.)

1204 mis les Grecs; et, leur montrant les murs de Constantinople, ils leur dirent : *Voici le chemin du salut, voici la route de Jérusalem* (1).

Alexis devait payer aux Latins les sommes qu'il avait promises : s'il était fidèle aux traités, il craignait la révolte des Grecs; s'il ne remplissait point ses engagemens, il redoutait les armées des croisés. Effrayés de l'agitation des esprits, et retenus par une double crainte, les deux empereurs restaient immobiles dans leur palais, et n'osaient ni rechercher la paix ni préparer la guerre.

Les croisés, mécontens (2) de la conduite d'Alexis, députèrent auprès de lui plusieurs des barons et des chevaliers, pour lui demander s'il voulait être leur ami ou leur ennemi. Les députés, en entrant dans Constantinople, entendirent partout sur leur passage les injures et les menaces d'un peuple irrité. Reçus dans le palais des Blaquernes, au milieu de la pompe du trône et de la cour (3), ils

---

(1) Villehardouin, lib. iv.

(2) Vigenère, en traduisant Villehardouin, rend ainsi le passage dans lequel le maréchal de Champagne exprime le mécontentement des croisés, et les torts d'Alexis envers eux : « Alexis les menait de délai en délai, de respit en respit, le bec dans l'eau, quant au principal, et pour le regard de certaines menues parties, qu'il leur fournissoit comme à lesche doigt, formoit tant de petites difficultés et chicaneries, que les barons commencèrent à s'en ennuyer. » (Lib. iv.)

(3) Villehardouin, après avoir décrit la cour d'Alexis dans cette cérémonie, ajoute naïvement : « Tout cela se

s'adressèrent à l'empereur Alexis, et lui exprimè- 1204
rent en ces termes les plaintes de leurs compagnons d'armes :

« Nous sommes envoyés par les barons français
» et le doge de Venise, pour vous rappeler le traité
» que vous et votre père avez juré sur l'Evangile,
» et vous sommer de remplir vos promesses comme
» nous avons rempli les nôtres. Si vous nous faites
» justice, il ne nous restera qu'à oublier le passé,
» et qu'à nous louer de votre bonne foi; si vous ne
» tenez point vos sermens, les croisés ne se sou-
» viendront plus qu'ils ont été vos alliés et vos
» amis, et n'auront plus recours à des prières,
» mais à leur épée. Ils ont cru devoir vous expri-
» mer leurs plaintes et vous avertir de leurs des-
» seins; car les guerriers de l'Occident ont en hor-
» reur la trahison, et ne font point la guerre avant
» de l'avoir déclarée. Nous vous offrons notre
» amitié, qui vous a placé sur le trône, ou notre
» haine, qui peut vous en faire descendre; nous
» vous apportons la guerre avec tous ses fléaux, ou
» la paix avec tous ses bienfaits : c'est à vous de
» choisir et de délibérer sur le parti que vous avez
» à prendre (1). »

---

sentoit sa cour d'un si puissant et si riche prince. » (Ibid.)
Le titre de *puissant* ne convenait guère à Alexis, puisqu'on
lui déclarait la guerre dans son propre palais; l'épithète
de *riche* ne lui était guère plus applicable, puisqu'il ne
pouvait payer ce qu'il avait promis, et racheter par-là son
empire dans le plus grand danger.

(1) Ce discours est encore emprunté à Villehardouin,

1204 Ces plaintes des croisés étaient exprimées avec trop peu de ménagement pour ne pas blesser les oreilles des empereurs. Dans ce palais, qui retentissait chaque jour des acclamations d'une cour respectueuse, les souverains de Bysance n'avaient jamais entendu un langage si plein de hauteur et de fierté. L'empereur Alexis, à qui ce ton menaçant semblait révéler son impuissance et le malheureux état de l'empire, ne put retenir son indignation; les courtisans partageaient la colère de leur maître, et voulaient punir sur l'heure l'insolent orateur des Latins (1), lorsque les députés sortirent du palais des Blaquernes et se hâtèrent de regagner le camp des croisés.

Le conseil d'Alexis et d'Isaac ne respirait que la vengeance; au retour des députés, la guerre fut décidée dans le conseil des barons. Les Latins ne songèrent plus qu'à attaquer Constantinople; rien n'égalait la haine et la fureur des Grecs; mais la

---

lib. IV. Vigenère dit de cette harangue: « Harangue bien un peu libre des despotes françois aux empereurs de Constantinople. » (Voyez en marge de la traduction de Villehard., pag. 78.)

(1) « Là-dessus bruit se leva fort grand au palais; et les messagers s'en retournèrent aux portes, où ils montèrent habilement à cheval; n'y ayant celui, quand ils furent hors, qui ne se sentît très heureux et content en son esprit, voire estonné, d'estre reschappé à si bon marché d'un si manifeste danger; car il ne tint presque à rien qu'ils n'y demeurassent tous morts ou pris. » (Villehard., lib. IV.)

fureur et la haine ne leur tenaient point lieu de courage ; n'osant affronter leurs ennemis en pleine campagne, ils résolurent de brûler la flotte des Vénitiens. Les Grecs eurent alors recours à ce feu grégeois qui, plus d'une fois, avait suppléé à leur bravoure et sauvé leur capitale (1). Ce feu terrible, adroitement lancé, dévorait les vaisseaux, les soldats et leurs armes ; semblable à la foudre du ciel, rien ne pouvait arrêter son explosion et ses ravages; les flots de la mer, loin de l'éteindre, ne faisaient que redoubler son activité. Dix-sept navires qu'on avait remplis de feu grégeois et de matières combustibles, furent poussés par un vent favorable vers le rivage du port où reposaient à l'ancre les vaisseaux de Venise; pour assurer le succès de cette tentative, les Grecs avaient profité des ténèbres de la nuit ; le port, le golfe et le faubourg de Galata furent tout-à-coup éclairés par une lueur menaçante et sinistre. A l'aspect du danger, les trompettes sonnent l'alarme dans le camp des Latins; les Français volent aux armes et se préparent au combat, tandis que les Vénitiens se jettent dans des barques et vont au-devant des navires qui portaient dans leurs flancs la destruction et l'incendie (2).

---

(1) « Ils vous prennent, dit Villehardouin, dix-sept grandes nefs, les remplissent toutes de fascines et autre bois sec avec force poix et estoupes enfoncées dedans des tonneaux, attendant qu'un vent s'élevât frais et gaillard. » (Lib. IV.)

(2) On peut prendre une juste idée de l'habileté des ma-

1204 La foule des Grecs assemblés sur le rivage, applaudissait à ce spectacle, et jouissait de l'effroi des croisés. Plusieurs d'entr'eux, embarqués dans des nacelles, s'avançaient sur la mer, lançaient des flèches et s'efforçaient de porter le désordre parmi les Vénitiens. Les croisés s'encourageaient les uns et les autres ; ils se précipitaient en foule au-devant du péril ; quelques-uns poussaient jusqu'au ciel des cris plaintifs et déchirans ; les autres invoquaient contre les Grecs toutes les puissances de l'enfer ; sur les murs de Constantinople, des battemens de main, des cris de joie se faisaient entendre, et redoublaient à l'approche des vaisseaux couverts de flammes. Villehardouin, témoin oculaire, dit qu'au milieu de ce tumulte effroyable, la nature semblait être bouleversée et la mer prête à engloutir la terre. Cependant, à force de bras et de rames, les Vénitiens parvinrent à détourner loin du port les dix-sept brûlots, qui furent bientôt emportés par les courans au-delà du canal. Les croisés, rangés en bataille, debout sur leurs flottes, ou dispersés dans des barques, rendirent grâces à Dieu de les avoir sauvés d'un si grand désastre ; et les Grecs

---

telots vénitiens par la description de Villehardouin : « Ils saillirent tous soudain dedans leurs fustets et gailliotes, et dedans les esquifs de nefs, agraffant avec de longs crocqs celles qui estoient allumées, et à force de rames, à la barbe même des ennemis, les remorquoient et tiroient malgré eux hors du port, de sorte qu'ils en furent délivrés en peu d'heures. » (Lib. IV.)

virent avec terreur leurs vaisseaux enflammés se consumer, sans avoir fait aucun mal, sur les eaux de la Propontide (1).

Les Latins irrités ne pouvaient pardonner à l'empereur Alexis sa perfidie et son ingratitude : « Ce n'était point assez pour lui d'avoir manqué à » tous ses sermens, il voulait brûler la flotte qui » l'avait ramené triomphant au sein de son em- » pire; le temps était venu de réprimer, par le » glaive, les entreprises des traîtres et de punir de » lâches ennemis, qui ne connaissaient d'autres » armes que la fourberie et la ruse; et, sem- » blables aux plus vils brigands, ne savaient por- » ter leurs coups que dans l'ombre et le silence » de la nuit. » Alexis, effrayé de ces menaces, ne songea plus qu'à implorer la clémence des croisés. Il leur fit de nouveaux sermens, de nouvelles promesses, et rejeta les hostilités sur la fureur du peuple qu'il ne pouvait contenir. Il conjura ses amis, ses alliés, ses libérateurs, de venir défendre un trône près de s'écrouler, et proposa de leur livrer son propre palais (2).

Murzuffle fut chargé de porter aux Latins les supplications et les paroles de l'empereur; et profitant de cette occasion pour augmenter les alarmes et le mécontentement de la multitude, il eut soin de faire répandre le bruit qu'Alexis allait livrer

---

(1) Villehardouin, lib. iv.
(2) Nicetas, chap. 4.

Constantinople aux barbares de l'Occident. A cette nouvelle, le peuple se rassemble en tumulte dans les rues et sur les places publiques; de toutes parts on répète que l'ennemi est déjà dans la ville; qu'on n'a pas un moment à perdre pour prévenir de grands malheurs; que l'empire a besoin d'un maître qui sache le défendre et le protéger.

Tandis que le jeune prince, saisi d'effroi, se renfermait dans son palais, la foule des séditieux accourt dans l'église de Sainte-Sophie pour choisir un autre empereur.

Depuis que les dynasties impériales étaient devenues le jouet des caprices de la multitude, et de l'ambition des conspirateurs, les Grecs se faisaient un jeu de changer leurs souverains, sans songer qu'une révolution appelle toujours d'autres révolutions, et que, pour éviter les malheurs présens, ils se précipitaient dans des calamités nouvelles. Les plus sages du clergé et des patriciens se présentent à l'église de Sainte-Sophie, et cherchent à prévenir les maux dont la patrie est menacée. Vainement ils exposent qu'en changeant de maître, on va renverser le trône et perdre l'empire. « Lors-
» qu'on me demanda mon avis, dit l'historien Ni-
» cétas, je n'eus garde de consentir à la déposi-
» tion d'Isaac et d'Alexis, parce que j'étais assuré
» que celui qu'on élirait à leur place ne serait pas
» le plus fort. » Mais le peuple, ajoute le même historien, qui n'agit que par passion; ce peuple qui, vingt ans auparavant, avait tué Andronic et couronné Isaac, ne pouvait plus supporter son ouvrage

et vivre sous des princes qu'il avait choisis lui-même (1). Cette multitude furieuse reproche à ses souverains sa misère, triste fruit de la guerre; la faiblesse du gouvernement, ouvrage de la corruption générale. Les victoires des Latins, l'impuissance des lois, les caprices de la fortune, les volontés du ciel, tout devient un grief contre ceux qui gouvernent l'empire. La foule éperdue attend tout d'une révolution; un changement d'empereur lui paraît le seul remède aux maux dont elle se plaint. On presse, on sollicite les patriciens et les sénateurs; on connaît à peine le nom de ceux qu'on veut choisir pour maîtres; mais tout autre qu'Alexis, tout autre qu'Isaac, doit mériter l'estime et l'amour des Grecs: il suffit de porter une robe de pourpre pour monter sur le trône de Constantin. Les uns s'excusent sur leur âge, les autres sur leur incapacité; on leur propose, l'épée à la main, d'accepter l'autorité souveraine. Enfin, après trois jours d'orageux débats, un jeune imprudent, appelé Canabe, se laissa entraîner aux prières et aux menaces du peuple (2). Un fantôme d'empereur est cou-

---

(1) Voyez, pour tous ces détails, l'historien Nicetas, traduit dans la *Biblioth. des Croisades*, tom. II. Nous avons eu dans les mains un manuscrit de la Bibliothèque du Roi, où toutes les révolutions de Constantinople sont reproduites en miniatures très remarquables pour le temps; ce manuscrit est du XIVe. siècle.

(2) Voyez toujours l'extrait de Nicetas, *Bibliothèque des Croisades*, tom. II. Ce premier usurpateur se nommait

1204 romé dans l'église de Ste.-Sophie, et proclamé dans Constantinople. Murzuffle n'était point étranger à cette révolution populaire. Plusieurs historiens ont pensé qu'il avait fait élire un homme obscur, pour essayer en quelque sorte le péril et connaître la volonté et le pouvoir du peuple, afin d'en profiter un jour pour lui-même.

Alexis, averti de cette révolution, tremble au fond de son palais désert; il n'a plus d'espoir que dans les Latins; il sollicite par ses messagers l'appui des comtes et des barons; il implore la pitié du marquis de Montferrat, qui, touché par ses prières, entre dans Constantinople au milieu de la nuit, et vient, à la tête d'une troupe choisie, pour défendre le trône et la vie des empereurs. Murzuffle, qui redoutait la présence des Latins, court auprès d'Alexis, lui représente les croisés comme ses ennemis les plus dangereux, et lui dit que tout est perdu si les Francs paraissent en armes dans son palais (1).

Lorsque Boniface se présente devant le palais des Blaquernes, il en trouve les portes fermées; Alexis lui fait dire qu'il n'est plus libre de le recevoir, et le conjure de sortir de Constantinople avec ses soldats. La vue des guerriers de l'Occident avait répandu l'effroi parmi le peuple; leur retraite ranime

---

Nicolas Canabas; Nicetas en fait l'éloge, et Murzuffle le sacrifia à son ambition. (Pag. 362.)

(1) Nicetas, chap. v, *Biblioth. des Croisades*, tome II.

le courage et la fureur de la multitude; mille bruits différens se répandent partout à-la-fois; les places publiques retentissent de plaintes et d'imprécations: de moment en moment la foule s'accroît, le tumulte s'augmente. On ferme les portes de la ville; les soldats et les habitans prennent les armes; les uns veulent attaquer les Latins, les autres parlent d'assiéger les empereurs dans leur palais. Au milieu de la confusion et du désordre, Murzuffle ne perd point de vue l'exécution de ses desseins; il gagne par ses caresses les gardes impériales; ses amis parcourent la capitale, excitant par leurs discours la fureur et la rage de la multitude. Bientôt une foule immense s'assemble devant le palais des Blaquernes, et fait entendre des cris séditieux. Alors Murzuffle se présente devant Alexis (1); il redouble les alarmes du jeune prince, et, feignant de le plaindre et de le protéger, il l'entraîne dans un appartement écarté, le fait charger de fers et le jette dans

---

(1) Nicetas dit : «Alexis supplia en tremblant Murzuffle de lui dire ce qu'il fallait faire; alors Murzuffle, l'ayant couvert de sa robe, le mena par une porte dérobée dans sa tente, comme pour le sauver; peu s'en fallait qu'Alexis, pour le remercier, ne lui adressât ces paroles de David : « Il m'a » caché dans sa tente aux jours de mon malheur. » Cependant on lui mit les fers aux pieds, on l'enferma dans une obscure prison.» Villehardouin, dans son langage naïf, s'exprime en ces termes : Une fois, environ vers minuit, que l'empereur dormoit dans sa chambre, entrent dedans et vous le prennent dans son lit, puis le jettent en un cul-de-fosse. » (Lib. IV.)

un cachot. Il vient ensuite lui-même apprendre au peuple ce qu'il a fait pour le salut de l'empire; et le trône, dont il a précipité son maître, son bienfaiteur et son ami, paraît une juste récompense de son dévouement et de ses services; il est porté en triomphe dans l'église de Ste.-Sophie, et couronné empereur aux acclamations de la multitude. A peine Murzuffle est-il revêtu de la pourpre impériale, qu'il veut s'assurer le fruit de son crime; redoutant les caprices du peuple et de la fortune, il se rend dans la prison d'Alexis, lui fait avaler un breuvage empoisonné, et comme le jeune prince tardait à mourir, il l'étrangle de ses propres mains.

Ainsi périt, après un règne de six mois et quelques jours, l'empereur Alexis, qu'une révolution avait porté sur le trône, et qui disparut dans les orages d'une révolution nouvelle, sans avoir goûté les douceurs du rang suprême, et sans qu'on pût savoir s'il était digne d'y monter. Ce jeune prince, placé dans la situation la plus difficile, n'eut point le pouvoir et peut-être la volonté de relever le courage des Grecs pour les opposer aux croisés. D'un autre côté, il ne sut point se ménager l'appui des croisés pour contenir les Grecs dans les bornes de l'obéissance. Dirigé par de perfides conseils, flottant sans cesse entre le patriotisme et la reconnaissance, craignant tour-à-tour d'aliéner des sujets malheureux, d'irriter des alliés formidables, il périt victime de sa faiblesse et de son irrésolution. Isaac l'Ange, en apprenant la fin tragique de son

fils, mourut de frayeur et de désespoir (1); il épar- 1204
gna ainsi un nouveau parricide à Murzuffle, qui
n'en fut pas moins accusé de l'avoir fait périr. L'histoire ne parle plus de Canabe; le désordre était si
grand, que les Grecs ne connurent point le sort de
celui que, peu de temps auparavant, ils avaient élevé
à l'empire. Ainsi quatre empereurs étaient descendus violemment du trône, depuis l'arrivée des Latins, et la fortune réservait le même sort à Murzuffle.

Pour mettre à profit le crime qui avait servi ses
desseins ambitieux, le meurtrier d'Alexis conçut
le projet d'en commettre un autre, et de faire périr, par une trahison, les principaux chefs de l'armée des croisés. Un officier, envoyé au camp des
Latins, était chargé de dire qu'il venait de la part
de l'empereur Alexis, dont on ignorait encore la
mort, engager le doge de Venise et les seigneurs
français, à se rendre au palais des Blaquernes, où
toutes les sommes promises par les traités seraient
remises entre leurs mains. Les seigneurs, les barons promirent d'abord de se rendre à l'invitation
de l'empereur; ils s'y préparaient avec joie, lorsque Dandolo, qui, selon Nicetas, se faisait appeler
le Prudent des Prudens, éveilla leur défiance, et
leur fit craindre une nouvelle perfidie des Grecs.
On ne tarda pas à être informé de la mort d'Isaac,

---

(1) « Le pauvre vieil empereur Isaac, quand il vit son fils
empoisonné de la sorte, et ce traistre et desloyal couronné, eut
tant de peur et fascherie qu'il en prit une maladie dont il
desceda tôt puis sans la faire longue. » (Lib. IV.)

1204 du meurtre d'Alexis et de tous les crimes de Murzufle (1). A cette nouvelle, l'indignation fut générale parmi les croisés; les barons et les chevaliers ne pouvaient croire à un si grand attentat; chaque détail qu'ils apprenaient les faisait frémir d'horreur; ils oublièrent les torts d'Alexis, et déplorant sa fin malheureuse, ils jurèrent de la venger. Dans le conseil, les chefs s'écrièrent qu'il fallait faire une guerre implacable à Murzufle, et punir une nation qui venait de couronner la trahison et le parricide (2). Les prélats et les ecclésiastiques, plus animés que tous les autres, invoquaient à-la-fois les foudres de la religion et de la guerre contre l'usurpateur du trône impérial et contre les Grecs infidèles à leur souverain, infidèles à Dieu lui-même. Ils ne pouvaient surtout pardonner aux sujets de Murzufle, de rester plongés dans les ténèbres de l'hérésie, et d'échapper, par une révolte impie, à la domination du Saint-Siége. Ils promettaient toutes les indulgences du souverain pontife et toutes les richesses de la Grèce, aux guerriers appelés à venger la cause de Dieu et des hommes.

---

(1) « Mais un meurtre, fait observer Villehardouin, ne se peut longuement céler; et s'apperceut-on bien soudain, tant les Français que les Grecs, que le tout s'estoit passé de la sorte que vous venez de l'entendre raconter. » (Villehardouin, lib. IV.)

(2) « Que ceux qui commettoient de tels et si abominables hommicides n'avoient droit de tenir terres ni seigneuries. » (Lib. IV.)

Tandis que les croisés déclaraient ainsi la guerre 1204 à l'empereur et au peuple de Constantinople, Murzuflle se préparait à repousser leurs attaques; il s'efforçait d'enchaîner à sa cause les habitans de la capitale; il reprochait (1) aux grands leur indifférence et leur mollesse, et leur proposait l'exemple de la multitude; pour augmenter sa popularité et pour remplir son trésor, il persécutait les courtisans d'Alexis et d'Isaac, et confisquait les biens de tous ceux qui s'étaient enrichis dans l'administration publique (2). L'usurpateur s'occupait en même temps de rétablir la discipline des troupes, d'augmenter les fortifications de la ville; il ne connaissait plus ni les plaisirs, ni le repos; comme on lui reprochait les plus grands crimes, il n'avait pas seulement à combattre pour l'empire, mais pour l'impunité; le remords doublait son activité, excitait sa bravoure, et ne lui montrait son salut que dans la victoire. On le voyait sans cesse parcourir

---

(1) Murzuflle dépouilla Nicetas de la place de logothète pour la donner à Philocale. Philocale était beau-père du nouvel empereur. L'historien s'élève avec beaucoup de chaleur contre l'usurpateur de sa place et l'usurpateur de l'empire; et parmi les reproches qu'il adresse à Murzuflle, on peut en remarquer un qui suffit pour peindre la cour de Bysance. (*Histoire de l'empereur Alexis Ducas*, chap. 1; *Bibl. des Crois.*, t. II.)

(2) « Pour le nouvel empereur, dit Nicetas avec mépris, comme il ne trouva pas au commencement de son règne les coffres pleins ni demi-pleins, mais vuides, il voulut moissonner là où il n'avoit point semé. » (Nicetas, ibid.)

1204 les rues l'épée au côté, une massue de fer à la main, animant le courage du peuple et des soldats.

Cependant les Grecs se bornaient à déclamer contre les croisés. Après avoir fait une nouvelle tentative pour brûler (1) la flotte des Vénitiens, ils s'étaient enfermés dans leurs murailles, où ils supportaient avec patience les insultes et les menaces des Latins. Les croisés semblaient n'avoir plus à redouter que la disette; comme ils commençaient à manquer de vivres, Henri de Hainaut, frère du comte de Flandre, entreprit, pour approvisionner l'armée, une expédition sur les rives de l'Euxin; et, suivi de plusieurs chevaliers, il alla mettre le siége devant Philée. La ville de Philée était l'ancienne Philopolis, célèbre dans les âges héroïques de l'antiquité par le palais où furent reçus Jason et les Argonautes, qui, comme les chevaliers français, avaient quitté leur pays pour chercher au loin les aventures et les périls. Henri de Hainaut, après une courte résistance des habitans, se rendit maître de la ville, où il fit un butin considérable, et trouva des vivres en abondance, qu'on transporta par mer à l'armée des croisés. Murzufle, informé de cette excursion, sortit pendant la nuit de Constantinople avec une troupe

---

(1) Les deux tentatives pour brûler la flotte des Vénitiens sont rappelées dans une lettre de Baudoin au pape. (Voyez *Gesta Innocentii*, cap. 92, pag. 534-535.) Le maréchal de Champagne ne parle que de la première tentative des Grecs, n°. 113-115.

LIVRE XI.

nombreuse, et vint se placer en embuscade sur le chemin que devaient prendre Henri de Hainaut et ses chevaliers pour retourner à leur camp. Les Grecs attaquèrent les croisés à l'improviste, persuadés qu'ils les mettraient facilement en déroute; mais les guerriers francs, sans s'effrayer, se rangent en ordre de bataille et font une si vive résistance, que les Grecs sont bientôt obligés de fuir. Murzuffle fut sur le point de tomber dans les mains de ses ennemis, et ne dut son salut qu'à la vitesse de son cheval; il laissa sur le champ de bataille son bouclier, ses armes et l'étendard de la Vierge, que les empereurs avaient coutume de faire porter devant eux dans les plus grands périls. La perte de ce drapeau antique et révéré répandit le deuil et l'effroi parmi les Grecs. Les croisés, en voyant flotter dans leurs rangs victorieux l'étendard et l'image de la patrone de Bysance, furent persuadés que la mère de Dieu abandonnait les Grecs et se déclarait pour la cause des Latins (1).

Après cette défaite, les Grecs crurent qu'il n'y

---

(1) Ducange montre une profonde érudition relativement au gonfanon impérial, n°. 119. Les barons en firent présent à l'ordre de Cîteaux; cependant on montrait encore à Venise ce trophée de la valeur des croisés; ce qui fait dire à Gibbon, que si Venise garda le véritable gonfanon, le pieux Dandolo avait trompé la religion de l'ordre. (Chap. 51, *Histoire de la décadence de l'empire romain*.) Nicetas parle de cette image de la mère de Dieu, sous la protection de laquelle les Grecs avaient mis leur empire. (*Bibliothèque des Croisades*, tom. 11.)

avait plus pour eux de salut que dans les fortifications de leur capitale; il leur était plus facile de trouver des ouvriers que des soldats ; cent mille hommes travaillaient jour et nuit à la réparation des murailles; les sujets de Murzufle semblaient persuadés que leurs remparts suffiraient pour les défendre, et maniaient sans répugnance les instrumens de maçonnerie, dans l'espoir qu'ils ne se serviraient point de la lance ni de l'épée (1).

Murzufle avait appris à redouter le courage de ses ennemis; il se défiait de la valeur des Grecs : avant de tenter encore les hasards de la guerre, il rechercha la paix, et fit demander une entrevue aux chefs des croisés. Les seigneurs et les barons refusèrent avec horreur de voir l'usurpateur du trône impérial, le meurtrier, le bourreau d'Alexis; cependant l'amour de la paix et de l'humanité fit consentir le doge de Venise à écouter les propositions de Murzufle. Henri Dandolo se rendit sur sa galère à la pointe du golfe; l'usurpateur, monté sur un cheval, s'approcha du rivage de la mer. La conférence fut longue et animée; le doge exigeait de Murzufle qu'il payât sur-le-champ cinq mille livres pesant d'or ; qu'il aidât les croisés dans leur expédition en Syrie ; qu'il jurât de nouveau obéissance à l'église romaine. Après de longs débats, Murzufle promit de donner aux Latins (2) l'argent et les secours qu'on lui deman-

---

(1) « Il fortifia la place du côté de la mer. » (Nicetas, ibid.)
(2) Dandolo demanda à Murzufle cinquante centenaires

dait; mais il ne pouvait se résoudre à subir le joug 1204
de l'église de Rome. Le doge s'étonnait qu'après
avoir outragé toutes les lois du ciel et de la nature,
on mît encore tant d'importance à des opinions religieuses; jetant un regard de mépris sur Murzufle,
il lui demanda si la religion grecque pardonnait la
trahison et le parricide. L'usurpateur, irrité, dissimulait sa colère, et s'efforçait de justifier sa conduite, lorsque la conférence fut rompue par la présence de quelques cavaliers latins (1).

Murzufle, de retour à Constantinople, ne s'occupa plus qu'à préparer la guerre, résolu de mourir les armes à la main. Par ses ordres, on éleva de
plusieurs pieds les murs et les tours qui défendaient la ville du côté du port. On bâtit sur les murailles des galeries à plusieurs étages, d'où les soldats devaient lancer des flèches et faire mouvoir les
balistes et les autres machines de guerre; au-dessus
de chaque tour était placé un pont-levis qui, en
s'abattant sur les vaisseaux, pouvait offrir aux as-

---

d'or, qui ont été évalués à 5,000 livres pesant d'or, ou
48,000,000 de francs. Nicetas seul parle de cette entrevue,
dont Villehardouin, Gunther et les historiens contemporains
d'Occident ne font aucune mention. Elle eut lieu au monastère de Saint-Cosme. (Nicetas, lib. 1, cap. 2, *Règne de
l'empereur Alexis Ducas.*)

(1) Les expressions de Nicetas feraient croire que ces
cavaliers étaient venus dans l'intention de se saisir de
l'usurpateur; ils s'emparèrent de quelques-uns des hommes
de sa suite. (Lib. 1, cap. 2.)

siégés un moyen de poursuivre les ennemis jusque dans leur flotte.

Les croisés, quoiqu'ils fussent remplis de bravoure, ne voyaient point ces préparatifs avec indifférence (1); les plus intrépides ne pouvaient se défendre de quelque inquiétude, en comparant le petit nombre des Francs avec l'armée impériale et la population de Constantinople; toutes les ressources qu'ils avaient trouvées jusque-là dans l'alliance des empereurs, allaient leur manquer, sans qu'ils eussent l'espoir d'y suppléer autrement que par les prodiges de la victoire; ils n'avaient point de secours à espérer de l'Occident (2). Chaque jour la guerre devenait plus périlleuse, la paix plus difficile; il n'était plus temps de songer à la retraite. Dans cette situation, tels étaient l'esprit et le caractère des héros de cette croisade, qu'ils puisèrent de nouvelles forces dans ce qui devait les abattre et les remplir d'effroi; plus le danger était grand, plus ils montrèrent de résolution et de courage: menacés de tous côtés, craignant de ne plus trou-

---

(1) Les monumens que nous avons consultés pour le second siége de Constantinople, sont l'histoire de Villehardouin, lib. v, n°. 110-132; le règne de Murzufile dans Nicetas, lib. 1, cap. 3-4; la relation de Gunther, chapitres 14-18; la seconde lettre de Baudouin au souverain pontife; *Gesta*, cap. 92, pag. 354-355; et la *Chronique* de Dandolo.

(2) *Eidem civitati de quâ fugere non audebant, obsidionem ponebant.* (Gunther, cap. 15.)

ver d'asile ni sur la mer, ni sur la terre, il ne leur 1204 restait d'autre parti à prendre que d'assiéger une ville dont ils ne pouvaient plus s'éloigner sans se précipiter vers une perte certaine. Aussi rien ne put résister à leur invincible audace (1).

A l'aspect de ces tours qui faisaient la sécurité des Grecs, les chefs, assemblés dans leur camp, se partageaient les dépouilles de l'empire et de la capitale, dont ils se promettaient la conquête. On décida, dans le conseil des princes et des barons, qu'on nommerait un empereur à la place de Murzuffle, et que cet empereur serait choisi dans l'armée victorieuse des Latins. Le chef du nouvel empire devait posséder en domaine le quart de la conquête, avec les deux palais de Bucoléon et des Blaquernes. Les villes et les terres de l'empire, ainsi que le butin qu'on allait faire dans la capitale, devaient être distribués entre les Français et les Vénitiens, avec la condition de rendre foi et hommage à l'empereur. Dans le même conseil, on fit des règlemens pour fixer le sort du clergé latin, celui des barons et des seigneurs. On régla, d'après les lois féodales, les droits et les devoirs des

---

(1) Suivant le même historien, le nombre les étonnait et les effrayait, *de victoriâ tantæ multitudinis obtinendâ, sive expugnatione urbis, nulla eis spes poterat arridere*. (Ibid.) Villehardouin dit « que mult en grant péril; » cependant il voue au mépris ceux qui pensaient à la retraite; Gunther se borne à donner des éloges à ceux qui étaient résolus de mourir les armes à la main.

1204 empereurs et des sujets, des grands et des petits vassaux (1). Ainsi Constantinople, au pouvoir des Grecs, voyait devant ses murailles une assemblée de guerriers, qui, le casque sur la tête et l'épée à la main, abolissaient dans ses murs la législation de la Grèce, et lui imposaient d'avance les lois de l'Occident. Par cette législation, qu'ils apportaient de leur pays, les chevaliers et les barons semblaient prendre possession de l'empire, et lorsqu'ils faisaient la guerre aux habitans de Constantinople, ils pouvaient croire qu'ils combattaient déjà pour le salut et pour la gloire de leur patrie.

Dans le premier siége de Bysance, les Français avaient voulu attaquer la ville par terre; mais l'expérience leur faisait enfin apprécier les sages conseils des Vénitiens. Les chefs résolurent, d'une voix unanime, de diriger toutes leurs attaques du côté de la mer. On transporta dans les vaisseaux, les armes, les vivres, les équipages; toute l'armée s'embarqua le jeudi huitième jour d'avril. Le lendemain, aux premiers rayons du soleil, la flotte, qui portait les cavaliers et leurs chevaux, les pélerins avec tous leurs biens, les tentes, les machines des croisés, et les destinées d'un grand empire,

---

(1) Ce traité, fait sous les murs de Constantinople, nous a été conservé, et se trouve dans Muratori, tom. XII. Nous en donnerons la traduction dans les pièces justificatives, à la fin du volume. Gibbon paraît l'avoir ignoré. Villehardouin en parle assez longuement, lib. v.

LIVRE XI.

leva l'ancre et traversa la largeur du golfe (1). Les vaisseaux et les galères, rangés sur une ligne, couvraient la mer dans un espace d'une demi-lieue. La vue des tours et des remparts, hérissés d'armes et de soldats, couverts de machines meurtrières et de longs tubes d'airain d'où s'élançait le feu grégeois, n'intimidait point les guerriers de l'Occident (2). Les Grecs avaient frémi d'effroi en voyant s'ébranler la flotte des croisés; mais ils ne pouvaient trouver de salut que dans leur résistance, et semblaient disposés à braver tous les périls pour sauver leurs biens et leurs familles (3).

Murzuffle avait placé ses tentes dans la partie de la ville ravagée par l'incendie; son armée campait au milieu des ruines, et ses soldats n'avaient sous leurs yeux que de sinistres tableaux dont la vue devait les exciter à la vengeance. Des hauteurs de l'une des sept collines, l'empereur pouvait voir le combat, envoyer partout des secours, et ranimer à chaque moment le courage de ceux qui défendaient les tours et les murailles.

---

(1) « Chose fort magnifique et belle à voir, car cette ordonnance toute de front durait bien une demi-lieue d'estendue. » (Villehardouin, lib. v.)

(2) Villehardouin paraît entièrement ignorer les merveilleux effets du feu grégeois; il n'en parle jamais que comme du feu naturel. (Lib. v.)

(3) Cette attaque eut lieu, suivant Nicetas, le neuvième jour du mois d'avril, l'année du monde 6712 (1204 de l'ère chrétienne).

Au premier signal du combat, les Grecs font jouer toutes leurs machines, et cherchent à défendre l'approche des remparts ; mais bientôt plusieurs navires ont touché le rivage ; les échelles sont dressées, les murailles s'ébranlent sous les coups redoublés du bélier. On attaque, ou se défend avec une égale fureur. Les Grecs combattaient avec avantage du haut de leurs tours élevées ; les croisés, partout accablés par le nombre, ne peuvent s'ouvrir un passage, et trouvent la mort au pied des remparts qu'ils brûlent de franchir (1). L'ardeur même du combat avait jeté le désordre parmi les assaillans et la confusion dans leur flotte. Les Latins affrontèrent tous les périls, et soutinrent le choc impétueux des Grecs jusqu'à la troisième heure du soir. « *Ce fut alors*, dit le maréchal de Champagne, *que la fortune et nos péchés voulurent que nous fussions repoussés.* » Les chefs, craignant de perdre leur flotte et leur armée, firent sonner la retraite. Quand les Grecs virent les croisés s'éloigner, ils crurent que la capitale était sauvée ; le peuple de Bysance courut dans les églises pour remercier le ciel d'une si grande victoire, et l'excès même de sa joie montra toute la crainte que lui inspiraient les Latins.

Le soir de la même journée, le doge et les

---

(1) « Ainsi se continua ce conflit fier et mortel en plus de cent lieux, jusqu'à heure de none. » (Lib. v.)

barons se rassemblèrent dans une église voisine de la mer, pour délibérer sur le parti qu'ils avaient à prendre; ils parlèrent avec douleur de l'échec qu'ils venaient d'éprouver, et s'étendirent sur la nécessité de réparer promptement leur défaite (1). « Les croisés étaient toujours ces mêmes hommes
» qui avaient déjà franchi les remparts de By-
» sance; les Grecs étaient toujours cette nation
» légère, pusillanime, qui ne savait opposer que
» les armes de la ruse à celles de la valeur. Les
» soldats de Murzuflle avaient pu faire une ré-
» sistance d'un jour; mais ils se rappelèrent
» bientôt que les Latins les avaient vaincus plu-
» sieurs fois; les souvenirs du passé suffisaient
» pour ranimer la confiance des uns, et remplir
» les autres de terreur. On savait d'ailleurs que
» les Grecs combattaient pour le triomphe de
» l'usurpation et du parricide; les croisés, pour
» le triomphe de l'humanité et de la justice. Dieu
» devait reconnaître ses véritables serviteurs et
» protéger sa propre cause (2). »

1204

Ces discours ne rassuraient pas tous les croisés; plusieurs proposèrent de changer le point de l'attaque, et de livrer un nouvel assaut du côté de la Propontide. Les Vénitiens ne partageaient point

---

(1) « Et là, il eut maintes choses alléguées, se trouvant en grand emoy ceux de l'ost, pour leur estre ainsi mal pris ce jour-là. » (Villehard., lib. v.)

(2) Villehard., lib. v.

cet avis, et craignaient que la flotte et l'armée ne fussent entraînées par les courans de la mer. Quelques-uns des chefs désespéraient du succès de l'entreprise; et dans leur désespoir, ils auraient voulu, dit un témoin oculaire, *que la vague et le vent les eussent ravis au-delà de l'Archipel* (1). Cependant l'avis des Vénitiens fut adopté ; on arrêta dans le conseil qu'on renouvellerait l'attaque de Constantinople, du même côté et sur le point même où l'armée venait d'être repoussée. Deux jours furent employés à réparer les vaisseaux et les machines; le troisième jour, 12 avril, la trompette donne le signal d'un nouveau combat. La flotte s'ébranle et s'avance en bon ordre vers les remparts de Constantinople. Les Grecs, qui se réjouissaient encore de leur premier avantage, ne pouvaient croire à l'approche des croisés, et leur surprise était mêlée d'effroi. D'un autre côté, les croisés, qui avaient trouvé une résistance à laquelle ils ne s'attendaient point, s'avançaient avec précaution de ces remparts, au pied desquels ils avaient en vain combattu. Pour enflammer l'ardeur et l'émulation des soldats, les chefs des Latins firent publier par un hérault d'armes, que le premier qui arborerait l'étendard de la

---

(1) « Et sachez qu'il y en avoit qui eussent volontiers désiré que la vague et le vent les eussent ravis jusqu'au-delà de l'Archipel; car à tels ne chailloit sinon que de partir de là, et aller leur voie droit en leurs maisons. » (*Idem.*)

croix sur une tour de la ville, recevrait cent cin- 1204
quante marcs d'argent (1).

Bientôt le combat s'engage et devient général;
la défense n'est pas moins vive que l'attaque; les
poutres, les pierres, les javelots lancés de part
et d'autre se croisent et tombent avec fracas sur
les vaisseaux et sur les remparts; tout le rivage
retentit des cris des combattans, du choc des
lances et des épées. Dans la flotte, les vaisseaux
étaient joints ensemble et marchaient deux à deux,
afin que, sur chaque point de l'attaque, le nombre des assaillans pût répondre à celui des assiégés. Bientôt les ponts-levis s'abattent et sont
couverts d'intrépides guerriers qui menacent d'envahir les tours les plus élevées. Les soldats montent à la file et gagnent les créneaux; on se cherche, on s'attaque, on se repousse dans mille
endroits différens. Les uns, au moment de saisir
la victoire, sont renversés par le choc des pierres;
les autres consumés par le feu grégeois. Ceux qui
ont été repoussés reviennent à la charge; les chefs
donnent partout l'exemple et montent à l'assaut
comme les soldats (2).

---

(1) Nicetas s'écrie en racontant cet assaut : « Mais parce
que la reine des villes devoit tomber sous le poids de la
servitude, et que Dieu vouloit nous imposer un frein, les
Latins nous attaquèrent. » (Lib. 1, cap. 11.)

(2) Vigenère dit, à l'occasion de cet assaut, dans ses
notes marginales sur Villehardouin : « *nouvel assault où les
nostres ont du meilleur.* » (Lib. v, p. 86.)

1204   Le soleil était à la moitié de son cours, et les prodiges de la valeur ne pouvaient triompher de la résistance des assiégés, lorsqu'un vent du nord s'élève et pousse sous les murs deux navires qui combattaient ensemble. L'évêque de Troie et l'évêque de Soissons montaient ces deux vaisseaux, appelés le *Pélerin* et le *Paradis* (1). A peine les ponts-levis sont appliqués contre les murailles, qu'on voit deux guerriers francs sur une tour de la ville. Ces deux guerriers, dont l'un était un français, nommé d'Urboise, et l'autre un vénitien, Pierre Alberti, entraînent sur leurs pas une foule de leurs compagnons; les Grecs sont massacrés ou prennent la fuite. Au milieu de la mêlée, le brave Alberti est tué par un français qui le prend pour un grec, et qui, s'apercevant de son erreur, veut se tuer lui-même de désespoir (2). Les croisés, animés au combat, s'aperçoivent à peine de cette scène douloureuse et tragique, et poursuivent l'ennemi fuyant en désordre (3).

    Les drapeaux des évêques de Troyes et de Soissons sont plantés sur le haut de la tour, et frappent les regards de toute l'armée. Cette vue en-

---

(1) Villehardouin, lib. v. Baudouin, en parlant de ces deux galères, s'écrie qu'elles s'avancèrent, *felici auspicio*. (*Gesta Innoc.*, pag. 357.)

(2) Villehardouin, lib. v.

(3) « Les aultres voyant cela, saultent à qui mieux mieux en pleine terre, plantent les échelles au pied du mur, etc. » (Lib. v.)

flamme ceux qui étaient encore sur leurs vaisseaux ; de toutes parts on se presse, on s'élance, on vole à l'escalade. On s'empare de quatre tours ; l'effroi se répand parmi les assiégés ; les plus courageux des Grecs sont égorgés dans tous les postes qu'ils osent défendre ; trois portes de la ville s'écroulent sous les coups du bélier ; les cavaliers sortent des navires avec leurs chevaux ; toute l'armée des croisés se précipite à-la-fois dans la ville (1). Un cavalier (Pierre Bacheux), qui devançait l'armée, pénétra presque seul jusque sur la colline où Murzuflle était campé ; les Grecs, dans leur frayeur, le prirent pour un géant (2). Nicetas dit lui-même que son casque paraissait grand comme une tour ; les soldats de l'empereur ne purent supporter la vue d'un seul cavalier français. Murzuflle, abandonné des siens, prend la fuite ; les croisés s'emparent des tentes impériales,

---

(1) Selon Gunther, la conquête de Constantinople surpasse tout ce qu'Homère et les poètes de l'antiquité ont pu raconter de merveilleux. Dans la chronique de Dandolo on trouve rapporté un oracle de la sibylle Erythée, qui annonce un grand armement sur la mer Adriatique, sous la conduite d'un général aveugle qui devait s'emparer de Bysance. La Chronique de Dandolo est du XIIIe. siècle, ce qui pourrait expliquer la prédiction.

(2) Nicetas, faisant sans doute allusion à l'Ajax d'Homère, lui donne la taille ἀνὰ ὀργυιὰς (*Gorgiœ*) d'environ cinquante pieds. (Lib. 1, chap. 2.) Baudouin, de son côté, imite le psalmiste. *Persequitur unus ex nobis autem alienos.* (*Gest. Innoc.*, pag. 358.)

s'avancent dans la ville, passent au fil de l'épée tous les Grecs qu'ils rencontrent sur leur passage. *C'était un spectacle horrible*, dit Villehardouin, *que de voir femmes et jeunes enfans courir çà et là éperdus, transis et morts à demi de frayeur, se lamentant piteusement et demandant miséricorde.*

Les croisés mirent le feu (1) au quartier qu'ils avaient envahi, et les flammes, poussées par le vent, annoncèrent aux extrémités de la ville la présence d'un vainqueur irrité. La terreur et le désespoir régnaient dans toutes les rues de Constantinople. Quelques soldats se retranchent dans les palais, les autres quittent leurs vêtemens et jettent leurs armes. Le peuple et le clergé se réfugient dans les églises; les plus riches habitans s'occupent de cacher dans la terre ce qu'ils ont de plus précieux. Plusieurs se précipitaient hors de la ville (2), sans savoir où ils dirigeaient leurs

---

(1) Gunther dit que ce fut un comte allemand qui mit le feu à la ville, *quidam comes teutonicus ;* il le fit pour empêcher les Grecs de se rallier : *Comes teutonicus jussit urbem in quâdam parte succendi, ut Graeci duplici laborantes incommodo, belli scilicet atque incendii, facilius vincerentur, quod et factum est, et hoc illi consilio victi penitus in fugam conversi sunt.* (Canisius, pag. 17.)

(2) La foule des Grecs sortit principalement par la porte dorée. M. Lechevalier, dans son *Voyage de la Propontide*, nous apprend qu'on voit encore des vestiges de la porte dorée dans l'enceinte des sept tours. Cette porte était un

pas. Tandis que tout fuyait devant eux, les croi- 1204
sés s'étonnaient de leur victoire. A l'approche de
la nuit, ils craignirent quelque embuscade et n'o-
sèrent poursuivre les vaincus; les Vénitiens revinrent camper à la vue de leurs vaisseaux; le
comte de Flandre, par un heureux augure, occupa les tentes impériales (1); le marquis de
Montferrat s'avança vers le palais des Blaquernes.
Les Latins s'attendaient à de nouveaux combats,
et veillaient sous les remparts qu'ils venaient d'envahir.

---

arc de triomphe élevé par Théodose, après sa victoire sur
Maxime; elle était surmontée d'une statue de la Victoire en
bronze, et ornée d'or avec profusion.

Sur les débris de cette porte on lit encore aujourd'hui
ces vers latins :

Theodosi jussis, gemino nec mense peracto
Constantinus ovans hæc mœnia firma locavit;
Tam citò tam stabilem Pallas vix conderet arcem.

Raoul de Dicet, cité par Ducange, rapporte qu'on avait
vu sur la porte dorée ces mots : *Quando veniet rex flavus*
occidentalis ego per meipsam aperiar. Raoul de Dicet
écrivait treize ans avant la prise de Constantinople. Sa prédiction est plus extraordinaire que celle de la chronique
italienne de Dandolo.

(1) « Le comte Bauldouin de Flandres alla loger dans les
tentes vermeilles de l'empereur Murzuffle, qu'il avoit là
toutes tendues. » Le traducteur Vigenère fait en marge
l'observation suivante : « Encore pour cejourd'huy, les Turcs
observent qu'il n'y a que le prince, les bassats et les be-
glick-beys qui aient leurs tentes de cette couleur, comme
marque du magistrat. » (Pag. 87.)

1204   Murzufile parcourait plusieurs quartiers de la ville, cherchant à rallier les soldats: il leur parlait de la gloire; il invoquait le nom de la patrie; il promettait de récompenser leur valeur; mais la voix de la patrie n'était plus entendue; l'amour de la gloire, l'espoir des récompenses ne pouvaient toucher ceux qui ne songeaient plus qu'à sauver leur vie (1). Murzufile n'inspirait plus ni respect ni confiance au peuple, qui commençait à lui reprocher son parricide et tous les malheurs de la guerre. Lorsqu'il se vit sans espoir, il ne songea plus qu'à se dérober à la poursuite des vainqueurs, au ressentiment des vaincus. Embarqué secrètement sur la Propontide, il alla chercher une armée ou plutôt un asile dans les montagnes de la Thrace. Lorsque le bruit de sa fuite se répandit dans Constantinople, on chargea son nom de malédictions, et comme s'il eût fallu un empereur pour assister à la chute de l'empire, une foule éperdue courut dans l'église de Ste.-Sophie pour choisir un nouveau maître.

Théodore Ducas et Théodore Lascaris se présentèrent aux suffrages de l'assemblée, et se disputèrent un trône qui n'était plus (2). Lascaris

---

(1) Nicétas dit que le peuple était emporté par le tourbillon du désespoir. (Lib. 1, cap. 11.)

(2) « Ils disputoient ensemble, dit Nicétas, de la possession de l'empire, comme ils eussent disputé d'un vaisseau battu par la tempête. » (Lib. 1, cap. 3.)

fut nommé empereur, mais il n'osa placer sur sa tête la couronne impériale. Ce prince avait de la fermeté et de la bravoure. Les Grecs vantaient son habileté dans l'art de la guerre (1); il entreprit de ranimer leur courage et leur patriotisme. « Les Latins, disaient-ils, étaient en petit nom-
» bre, et s'avançaient en tremblant dans une
» ville qui avait encore d'innombrables défen-
» seurs; les croisés n'osaient s'éloigner de leurs
» vaisseaux, leur seul refuge après une défaite;
» pressés par l'approche du péril, ils venaient
» d'appeler à leur secours l'incendie comme leur
» fidèle auxiliaire, et cachaient leur effroi der-
» rière un rempart de flammes, un amas de
» ruines. Les guerriers de l'Occident ne com-
» battaient ni pour la religion, ni pour la patrie,
» ni pour leurs biens, ni pour l'honneur de leurs
» familles; les Grecs, au contraire, défendaient
» tout ce qu'ils avaient de plus cher, et devaient
» porter au combat tous les sentimens qui peu-
» vent redoubler le courage, enflammer la va-
» leur des citoyens. Si vous êtes encore Romains,
» ajoutait Lascaris, la victoire est facile; vingt
» mille Barbares sont venus s'enfermer dans vos
» murs : la fortune les livre à nos armes. » Le nouvel empereur s'adressait ensuite aux soldats,

1204

---

(1) Il dut la préférence sur son compétiteur, à la protection du clergé; car, dit Nicetas, comme on n'essaya pas leur mérite, on ne peut juger de leur mérite. (Lib. II, cap. 3.)

aux gardes impériales ; il leur représentait que leur salut était lié à celui de Constantinople ; que l'ennemi ne leur pardonnerait point de l'avoir repoussé plusieurs fois loin des remparts de la capitale ; que dans la victoire ils trouveraient tous les avantages de la fortune, tous les agrémens de la vie; que dans la fuite, la terre et la mer ne leur offriraient point d'asile, et que la honte, la misère, la mort même, suivraient partout leurs pas. Lascaris ne négligea point de flatter l'orgueil, de réveiller le zèle des patriciens. Il leur rappelait les héros de l'ancienne Rome, et proposait à leur valeur les grands exemples de l'histoire. « C'était à leurs armes que la Providence » avait confié le salut de la ville impériale ; si, » contre toute espérance, la patrie venait à suc- » comber, ils auraient peu de regrets à aban- » donner la vie, et trouveraient peut-être quel- » que gloire à mourir le jour même où devait » tomber le vieil empire des Césars. »

Les soldats ne répondirent à ce discours qu'en demandant leur solde ; le peuple écoutait Lascaris avec plus de surprise que de confiance (1); les patriciens restaient dans un morne silence, et n'éprouvaient d'autre sentiment qu'un profond désespoir. Bientôt les trompettes des croisés se

---

(1) « Le peuple n'étant point touché de ces remontrances, et les gardes ne promettant de servir qu'autant qu'ils en seroient payés. » (Lib. 1, cap. 11.)

font entendre : à ce signal, la terreur s'empare 1204
des plus braves ; on ne songe plus à disputer la
victoire aux Latins. Lascaris, resté seul, est obligé d'abandonner lui-même une ville que personne
ne veut défendre. Ainsi Constantinople, qui avait
vu deux empereurs dans une nuit, se trouvait
encore une fois sans maître, et ne présentait plus
que l'image d'un vaisseau sans gouvernail, battu
par les vents, et près de périr sous les coups de
la tempête. L'incendie, allumé par les Latins,
embrasa plusieurs quartiers, et consuma, de l'aveu des barons, plus de maisons que n'en contenaient les trois plus grandes villes de France et
d'Allemagne (1). L'embrasement dura toute la
nuit. Quand le jour fut sur le point de paraître,
les croisés, à la lueur des flammes, se disposaient
à poursuivre leur victoire. Rangés en bataille, ils
s'avançaient avec précaution et défiance, lorsqu'ils entendirent des voix suppliantes qui faisaient
retentir l'air de prières et de gémissemens. Des
femmes, des enfans, des vieillards, précédés du
clergé, portant des croix et les images des saints,
venaient en procession se jeter aux pieds des vainqueurs ; les chefs se laissèrent toucher par les cris
et les larmes de cette foule éplorée. Un hérault
d'armes parcourut les rangs, en proclamant les

---

(1) Villehardouin paraît ignorer ou affecte d'ignorer
quels furent les auteurs de cet incendie. (Lib. v., pag. 130.)
« Il y eut plus de maisons brûlées que ne contiennent trois
des bonnes villes de France. » (Ibid.)

1204 lois de la clémence; les soldats reçurent l'ordre d'épargner la vie des habitans, de respecter l'honneur des femmes et des filles. Le clergé latin réunit ses exhortations à celles des chefs de l'armée, et menaça des foudres de l'Eglise tous ceux qui abuseraient de la victoire pour outrager l'humanité.

Cependant les croisés s'avançaient au bruit des clairons et des trompettes; bientôt leurs drapeaux furent arborés dans les principaux quartiers de la ville. Lorsque Boniface entra dans le palais de Bucoléon, qu'on croyait occupé par des gardes impériales, il fut surpris d'y trouver un grand nombre de femmes des premières maisons de l'empire, qui n'avaient pour défense que leurs gémissemens et leurs larmes. Marguerite, fille du roi de Hongrie, et femme d'Isaac; Agnès, fille d'un roi de France (1), épouse de deux empereurs, se jetèrent aux genoux des barons et des chevaliers, en implorant leur miséricorde. Le marquis de Monferrat respecta leur infortune, et leur donna des gardes. Pendant que Boniface s'emparait du palais de Bucoléon, Henri de Hainaut prenait possession du

---

(1) Agnès, fille de Louis VII, avait été, à l'âge de huit ans, accordée en mariage à Alexis Comnène, fils de Manuel, en 1179. Après la mort d'Alexis, son meurtrier, Andronic, usurpa l'empire, épousa Agnès, et n'en eut point d'enfans; Agnès demeura veuve à Constantinople jusqu'à l'époque de la prise, où elle épousa Branas, qui resta attaché au parti des Latins.

palais des Blaquernes; ces deux palais, remplis d'immenses richesses, furent préservés du pillage, et n'offrirent point les scènes lamentables qui désolèrent, pendant plusieurs jours, la ville de Constantinople (1).

1204

Les croisés, impatiens de recueillir les trésors qu'ils s'étaient partagés d'avance, se répandaient dans tous les quartiers de la capitale, et enlevaient sans pitié tout ce qui s'offrait à leur avidité (2). Les maisons des plus pauvres citoyens n'étaient pas plus respectées que celles des riches. Les Grecs, dépouillés de leurs biens, maltraités par les vain-

---

(1) Nicetas (lib. 1, cap. 3) parle du carnage qui suivit la prise de Constantinople; nous avons cité les paroles mêmes de Villehardouin, qui ne contredit pas tout-à-fait Nicetas. Le pape, dans ses lettres, faisait à ce sujet de vifs reproches aux croisés. Gunther ne porte qu'à deux mille le nombre des personnes tuées à l'entrée des croisés dans Constantinople : *ceciderunt in die civium quasi duo millia* (chap. 18); il attribue ce carnage aux Latins établis à Constantinople, et qui avaient beaucoup à se plaindre des Grecs. Le même historien nous apprend que les ecclésiastiques qui suivaient l'armée, contribuèrent, par leurs discours, à faire cesser le massacre. Il ne manque point cette occasion de louer la piété et l'humanité de Martin-Litz, qui parcourait les rangs de l'armée victorieuse, prêchant la modération aux vainqueurs.

(2) Villehardouin dit que les soldats gagnèrent infiniment en or, argent, pierreries, drap de soie et fourrures exquises de marthe, zibeline, loups-cerviers, hermines, et d'or de gris... « Si oncques ne fut vu nulle part un si riche saccagement. » (Lib. v.)

1204 queurs, imploraient l'humanité des comtes et des barons, se pressaient autour du marquis de Montferrat, en criant : *Saint roi marquis, ayez pitié de nous* (1). Boniface était touché de leurs plaintes, et s'efforçait de rappeler les croisés à des sentimens de modération ; mais la licence des soldats croissait à la vue du butin ; les plus dissolus, les plus indisciplinés donnaient le signal, marchaient à la tête, et leur exemple entraînait tous les autres : l'ivresse de la victoire n'avait plus de frein, ne connaissait ni la crainte ni la pitié.

Les croisés, qui avaient cessé le carnage, employaient partout l'outrage et la violence pour dépouiller les vaincus ; Constantinople n'avait point de lieu qui ne fût exposé à leur recherche brutale (2). Malgré les défenses plusieurs fois renouvelées de leurs chefs et de leurs prêtres, ils ne respectèrent

---

(1) Voyez le texte, *Bibliothèque des Croisades*, tom. II, chap. 18, extrait de Nicetas. Voyez aussi la *Bibliothèque des Croisades*, où nous avons donné un extrait de la Chronique de Gunther : « *Quidam*, dit Innocent III (*Gesta*, chap. 94, pag. 531), *nec religioni, nec œtati, nec sexui pepercerunt : sed fornicationes adulteria et incestus in oculis omnium exercentes non solum maritatas et viduas sed matronas, virgines deoque dicatas exposuerunt spurcitiis gartionum.* »

(2) « Il n'y avoit rien de si difficile, dit Nicetas, que d'adoucir l'humeur farouche de ces barbares, que d'apaiser leur colère, que de gagner leur affection. Leur bile étoit si échauffée qu'il ne falloit qu'un mot pour la mettre en feu : c'étoit une entreprise ridicule que de vouloir les rendre

ni la pudeur des femmes, ni la sainteté des églises. 1204 Des soldats et des valets de l'armée dépouillèrent les cercueils des empereurs; le corps de Justinien, que des siècles avaient épargné, et qui s'offrit tout entier à leurs regards, ne put retenir leurs mains sacriléges et leur faire respecter la paix des tombeaux; on les voyait dans les temples porter leurs mains avides partout où éclatait la soie, où brillait un peu d'or. L'autel de la Vierge, qui décorait l'église de Sainte-Sophie, et qu'on admirait comme un chef-d'œuvre de l'art, fut mis en pièces, et le voile du sanctuaire déchiré en lambeaux. Les vainqueurs jouaient aux dés sur des tables de marbre qui représentaient les apôtres, et s'enivraient dans des coupes réservées pour le service divin (1). Des chevaux, des mulets, amenés jusque dans le sanctuaire, succombaient sous le poids des dépouilles, et, percés de coups d'épée, souillaient de leur sang et de leurs ordures le parvis de Sainte-Sophie. Une fille prostituée, que Nicetas appelle la suivante des démons, la prêtresse des furies, monta dans la chaire patriarcale, entonna une chanson impudique et dansa dans l'église, au milieu de la foule des soldats, comme pour insulter aux cérémonies de la religion (2).

---

traitables, une folie que de leur parler raison. » (Lib. II, cap. III.)

(1) Voyez la description un peu emphatique de Nicetas, traduite dans la *Biblioth. des Croisades*, tom. II.

(2) Voici la traduction curieuse que fait le président

1204 Les Grecs ne pouvaient voir, sans frémir d'horreur, ces scènes impies. Nicetas, en déplorant les malheurs de l'empire et de l'église grecque, déclame avec véhémence contre la race barbare des Francs. « Voilà donc, s'écrie-t-il, ce que nous
» promettaient ce hausse-col doré, cette humeur
» fière, ces sourcils élevés, cette barbe rase, cette
» main prête à répandre le sang, ces narines qui
» ne respirent que la colère, cet œil superbe, cet
» esprit cruel, cette prononciation prompte et
» précipitée (1). » L'historien de Bysance reproche aux croisés d'avoir surpassé les Sarrasins en barbarie, et leur rappelle l'exemple des soldats de Saladin, qui, maîtres de Jérusalem, ne violèrent point la pudeur des matrones et des vierges; ne remplirent point de cadavres sanglans le sépulcre du Sauveur, ne firent ressentir aux chrétiens ni le fer, ni le feu, ni la faim, ni la nudité.

Les campagnes voisines du Bosphore n'offraient pas un spectacle moins déplorable que la capitale. Les villages, les églises, les maisons de plaisance avaient été dévastés et livrés au pillage. Une foule éperdue couvrait les chemins et marchait au hasard, poursuivie par la crainte, succombant à la

---

Cousin de ce passage de Nicetas : « Une femme chargée de péchés, une servante du démon, une prêtresse des Furies, une boutique d'enchantemens, s'assit dans la chaire patriarcale pour insulter insolemment à J.-C. Elle y entonna une chanson impudique et dansa dans l'église. » (T. v, p. 591.)

(1) *Biblioth. des Crois.*, tome II, extrait de Nicetas.

fatigue, jetant des cris de désespoir. On voyait des sénateurs, des patriciens, issus d'une famille d'empereurs, cherchant un misérable asile, errer couverts de lambeaux autour de la ville impériale. Tandis qu'on pillait l'église de Sainte-Sophie, le patriarche fuyait en implorant la charité des passans; tous les riches étaient tombés dans l'indigence, et n'inspiraient que le mépris; la noblesse la plus illustre, les plus grandes dignités, l'éclat des talens et des vertus n'avaient plus rien qui attirât le respect. La misère, semblable à l'inévitable mort, avait effacé toutes les distinctions, confondu tous les rangs; les hommes de la lie du peuple achevaient de dépouiller les fugitifs en insultant à leur malheur. On entendait une multitude insensée se réjouir de l'infortune publique, applaudir à l'abaissement des grands et des patriciens, nommer ces jours désastreux, les jours de la justice et de l'égalité (1).

Nicetas raconte lui-même son infortune et ses déplorables aventures; la maison qu'il habitait sous le règne des empereurs, avait été consumée par les flammes dans le second incendie de Constantinople; s'étant retiré avec sa famille dans une autre maison bâtie près de l'église de Sainte-So-

---

(1) Voyez les deux derniers chapitres du livre 1er. de Nicetas, et surtout celui qu'il a intitulé : *des Motifs qui déterminent Nicetas à continuer l'histoire de Constantinople*. Nous en avons donné une traduction littérale dans le deuxième volume de la *Biblioth. des Croisades*.

phie, il se vit bientôt menacé dans ce dernier asile, et ne dut son salut qu'au dévouement de l'amitié et de la reconnaissance. Un marchand vénitien, qu'il avait sauvé de la fureur des Grecs, avant la fuite d'Alexis, voulut à son tour sauver son bienfaiteur; il s'arma d'une épée et d'une lance, prit l'habit d'un soldat de la croix; et comme il parlait les langues de l'Occident, il défendit l'entrée de la maison de Nicetas, en disant qu'elle était à lui, qu'elle était le prix de son sang versé dans les combats. Cette sentinelle vigilante repoussa d'abord tous les agresseurs, et brava mille dangers, modèle de la fidélité et de la vertu, au milieu des désordres sanglans qui désolaient Constantinople.

La multitude turbulente des soldats remplissait toutes les rues, pénétrait partout, et s'indignait qu'une seule maison pût ainsi se dérober à ses brutales recherches. Le Vénitien, désespéré, vint à la fin avertir Nicetas qu'il était dans l'impuissance de le défendre plus long-temps. « Si vous restez ici, lui dit-il, demain peut-être vous serez chargé de chaînes, et votre famille sera en proie à toutes les violences du vainqueur. Suivez-moi, et je vous conduirai hors des portes de Constantinople. » Nicetas, avec sa femme et ses enfans, suivit le fidèle Vénitien; leur libérateur, couvert de ses armes, marchait à leur tête, et les conduisait comme s'ils eussent été ses prisonniers (1).

---

(1) Nicetas, lib. 11, cap. 11.

Cette malheureuse famille s'avançait remplie de crainte, et rencontrait à chaque pas des soldats, avides de pillage, qui maltraitaient les Grecs qu'ils dépouillaient, et menaçaient toutes les femmes de leurs outrages. Nicetas, et quelques-uns de ses amis et de ses parens, qui étaient venus se joindre à lui, portaient dans leurs bras leur enfans, seul bien qu'ils eussent conservé, et n'avaient pour défense que la pitié que devaient inspirer leur désespoir et leur misère. Ils marchèrent ensemble, et placèrent au milieu d'eux leurs femmes et leurs filles, après avoir conseillé aux plus jeunes de se noircir le visage avec de la terre (1). Malgré cette précaution, une jeune fille attira, par sa beauté, les regards d'un soldat, et fut enlevée des bras de son père, accablé de vieillesse et d'infirmités. Nicetas, touché des larmes d'un vieillard, vole sur les pas du ravisseur, et s'adressant à tous les guerriers qu'il rencontre, il implore leur pitié, il les conjure au nom du ciel, protecteur de la vertu, au nom de leurs propres familles, d'arracher une fille au déshonneur, un père au désespoir. Les guerriers francs sont attendris par ses prières ; bientôt le père infortuné voit revenir sa fille, le seul espoir de son exil (2) et la dernière consolation de ses cheveux blancs. Nicetas et ses compagnons d'infortune coururent

1204

---

(1) Nicetas, lib. II, cap. II.

(2) Nicetas épousa ensuite cette jeune fille qu'un soldat, dit-il, επι μαρτυσι πολλοις ονηδον επιβρωμωμενος avait presque violée, sans égard pour εντολαι ενταλ κατα εν γεγονοτων.

1204 encore d'autres dangers, et sortirent enfin de Constantinople par la porte dorée, heureux de pouvoir quitter une patrie naguère l'objet de toutes leurs affections. Le généreux Vénitien reçut leurs adieux, et pria le ciel de les protéger dans leur exil.

Nicétas embrasse en pleurant son libérateur, qu'il ne devait plus revoir; puis, jetant un regard sur Constantinople, sur sa malheureuse patrie, il lui adresse ces plaintes touchantes qui expriment les chagrins de l'exil, et que lui-même nous a conservées. « O reine des villes (1), qui a pu nous
» séparer de toi? Quelle consolation trouverons-
» nous en sortant de tes murs, aussi nus que nous
» sommes sortis du sein de nos mères ? Devenus la
» fable des étrangers, les compagnons des ani-
» maux qui habitent les forêts, nous ne pourrons
» plus visiter ton auguste enceinte, et nous ne
» volerons qu'avec crainte autour de toi, comme
» des passereaux dont le nid est dissipé. »

Nicétas arriva avec sa famille à Cylindrie, et se retira dans la suite à Nicée, où il s'occupa de retracer l'histoire des malheurs de sa patrie.

Constantinople n'avait point cessé d'être le théâtre des violences que la guerre entraîne après elle.

---

(1) Les lamentations de Nicétas ne sont pas toujours naturelles; en déplorant le sort de Bysance, il nous dit : « Je me plaignis aux murailles de ce qu'elles demeuraient seules insensibles aux calamités, et de ce qu'elles se tenaient debout, au lieu de fondre en larmes. » (Lib. II, cap. II.)

Au milieu des jeux sanglans de la victoire, les La- 1204
tins, pour insulter aux mœurs efféminées des
Grecs, se couvraient de longues robes flottantes,
peintes de diverses couleurs; ils attachaient sur la
tête de leurs chevaux les coiffes de toile et les cor-
dons de soie dont les Orientaux faisaient leur parure; quelques-uns parcouraient les rues, en portant à la main, au lieu de leur épée, du papier et
une écritoire, et raillaient ainsi les vaincus, qu'ils
appelaient des scribes et des copistes (1).

Les Grecs avaient plusieurs fois insulté à l'ignorance des Latins (2); les chevaliers croisés, sans
chercher à repousser les outrages de leurs ennemis,
n'estimaient que les trophées de la valeur, les
travaux de la guerre, et méprisaient les arts et les
douces occupations de la paix. Avec ces dispositions, ils ne devaient point épargner les monumens
qui décoraient les places, les palais et les édifices
publics de Bysance. Constantinople, qui jusqu'alors
était restée debout au milieu des ruines de plusieurs
empires, avait recueilli le naufrage des arts, et

---

(1) Nicetas, *Biblioth. des Croisades*, tom. 11.

(2) Nicetas prodigue les mots de *barbares*, *d'ignorans*,
de grossiers, aux princes Latins; ses reproches se fondent
principalement sur leur ignorance de la langue grecque et
des sublimes ouvrages d'Homère; il leur reproche jusqu'à
leurs mets favoris, qui, selon lui, consistaient en du bœuf
bouilli, du porc salé avec des pois, de la soupe avec de
l'ail et des herbes fortes. *Fragm. apud Fabric. (Biblioth.
grecq.*, tom. vi, pag. 414.)

1204 montrait encore les chefs-d'œuvre échappés au temps et à la barbarie. Le bronze, où respirait le génie de l'antiquité, fut livré au fourneau et converti en monnaie, pour satisfaire l'avidité des soldats. Les héros et les dieux du Nil, ceux de l'ancienne Grèce, de la vieille Rome, les chefs-d'œuvre des Praxitèles, des Phidias et des artistes les plus célèbres, tombèrent sous les coups du vainqueur.

Nicetas, qui déplore la perte de ces monumens, nous en a laissé une description dont l'histoire de l'art s'est enrichie (1). L'historien de Bysance nous apprend que sur la place de Constantin, on voyait, avant le siége, la statue en bronze de Junon, et celle de Pâris offrant à Vénus le prix de la beauté ou la pomme de discorde; la statue de

---

(1) Cette description des monumens détruits à Constantinople ne se trouve que dans un seul manuscrit de Nicetas, celui de la *Bibliothèque Bodléiene*. Il a été publié par Fabricius, *Biblioth. grecque*, tom. VI, pag. 405-416. Les tomes XI et XII des *Mémoires de la Société royale de Goettingue*, contiennent un beau travail de l'illustre Heyne, sur ces monumens de l'art qui ont existé à Constantinople. Dans le premier mémoire, il offre la nomenclature des anciens monumens : *Priscæ artis opera*. Dans le second, ceux qui furent élevés sous les empereurs de Bysance. Dans deux autres mémoires, le même savant décrit la perte de ces mêmes monumens, sous le titre : *De interitu operum cum antiquæ tum serioris ætatis*. Le travail de M. Harris est aussi remarquable. (*Recherches philologiques*, pag. 111, ch. p. v; pag. 311-312.)

Junon, qui avait orné le temple de la déesse à Samos, était d'une forme tellement colossale, que lorsqu'elle fut renversée par les croisés, huit bœufs attelés transportèrent avec peine sa tête gigantesque jusque dans le palais de Bucoléon. Sur la même place s'élevait un obélisque de forme carrée, qui étonnait les spectateurs par la multitude et la variété des objets qu'il offrait à leurs regards. Sur les côtés de cet obélisque, l'artiste avait représenté, en bas-relief, toutes sortes d'oiseaux, saluant le retour du soleil; des villageois occupés de leurs travaux rustiques; des bergers jouant de la flûte; des moutons bêlant, des agneaux bondissant sur l'herbe; plus loin, une mer tranquille et des poissons de mille espèces, les uns pris vivans, les autres rompant les filets et regagnant leurs retraites profondes; au fond d'un paysage, des amours nus, folâtrant et se jetant des pommes; au-dessus de l'obélisque, qui se terminait en pyramide, on voyait une figure de femme qui tournait au moindre souffle, et qu'on appelait la suivante du vent.

1204

Une statue équestre (1) décorait la place du

---

(1) Le Bellérophon : cette statue est celle de Théodose montrant un trophée posé sur une colonne voisine ; c'est ainsi qu'on représentait le Pacificateur : *fuit adeò pacificatoris habitus*. Nicetas dit que de la main gauche il soutenait un globe. Les statues des autres empereurs de Constantinople offrent un semblable signe, auquel une croix est fixée. Le peuple croyait que sous la corne du pied gauche de devant, était l'image d'un Vénète ou d'un Bulgare, ou

1204 mont Taurus; le cheval semblait frapper la poussière de ses pieds et devancer les vents dans sa course. Comme le cavalier avait le bras étendu vers le soleil, les uns pensaient y voir Josué, commandant à l'astre du jour de s'arrêter sur les plaines de Gabaon; les autres croyaient que l'artiste avait représenté Bellérophon monté sur Pégase (1). Une statue colossale d'Hercule (2), attribuée à Lysippe,

---

d'un homme de quelqu'autre nation qui n'avait point de traité avec les Romains. La statue ayant été renversée par les Latins, on trouva, dit-on, l'image d'un Bulgare cachée dans la corne, traversée d'un clou, et incrustée de plomb. Cette statue venait d'Antioche de Syrie. A la base quadrilatérale était un bas-relief, dans lequel la populace, toujours superstitieuse, voulait voir la prédiction de la chute de l'empire. On disait même que les Russes, représentés dans le bas-relief, devaient accomplir la prédiction.

(1) Un des traducteurs de Gibbon, d'une seule statue en fait deux; il parle d'une statue de Josué et d'une statue de Bellérophon. Il est vrai que cette erreur grossière ne se trouve que dans une traduction française; l'original anglais dit que dans l'opinion vulgaire cette statue passait pour représenter Josué; mais qu'une tradition plus classique y reconnaissait Bellérophon et Pégase, l'attitude fière et libre du coursier paraissant indiquer qu'il planait ou marchait dans l'air plutôt que sur la terre. (Tom. vi, in-4°., p. 171.)

(2) Heyne l'attribue à Lysippe; il pense que c'est le même que l'Hercule colossal de Tarente, qui fut apporté à Rome et placé dans le Capitole. De cette ville il passa à Constantinople, avec dix autres statues, sous le consulat de Julien et le règne de Constantin, c'est-à-dire vers 322; mais ce ne fut qu'après avoir été exposé dans la basilique

était un des ornemens de l'Hippodrome; le demi-dieu n'avait ni son arc ni sa massue ; il était assis sur un lit d'osier; son genou gauche plié soutenait son coude; il tenait sa tête appuyée sur sa main gauche; ses regards et son air pensif laissaient voir le dépit et la tristesse que lui causait la jalousie d'Euristée. Hercule avait les épaules et la poitrine larges, les cheveux crépus, les membres nerveux; sa jambe seule surpassait en hauteur la stature d'un homme ordinaire. La peau du lion de Némée montrait, derrière les épaules du fils d'Alcmène, sa crinière hérissée, et la tête de l'animal, qu'on croyait entendre rugir, effrayait les passans qui s'arrêtaient pour contempler la statue.

Non loin du terrible Hercule, on voyait un âne et son conducteur, qu'Auguste plaça dans sa colonie de Nicopolis pour rappeler une circonstance singulière qui lui avait présagé la victoire d'Actium; l'hyène ou la louve (1) qui allaita Romulus et Rémus, monument des vieilles nations de l'Occident; le sphinx au visage de femme, traînant

---

qu'il vint orner l'Hippodrome. (Pag. 11.) Voyez aussi, sur l'origine de cette statue d'Hercule, l'ouvrage déjà cité de Harris, pag. 301-312.

(1) Le savant Harris (Ibid.) pense que le monument qui représentait la louve allaitant Romulus, était le même que celui auquel Virgile fait allusion, en décrivant le bouclier d'Énée :

Illam tereti cervice reflexam
Mulcere alternos et corpora fingere linguá.
(ÉNÉID., lib. VIII.)

derrière lui d'affreux animaux; le crocodile, habitant du Nil, avec sa queue couverte d'horribles écailles; un homme combattant un lion; l'éléphant avec sa trompe agile, et l'antique Sylla, montrant pardevant les traits d'une femme aux larges mamelles, à la figure difforme; et par derrière des monstres semblables à ceux qui avaient poursuivi Ulysse et ses compagnons. Dans la même enceinte, un aigle déchirait un serpent entre ses serres, et l'emportait vers la voûte azurée; on voyait sur le bronze la douleur du reptile, la fierté de l'oiseau de Jupiter; lorsque le soleil brillait sur l'horizon, les ailes étendues du roi des airs marquaient, par des lignes adroitement tracées, les douze heures du jour.

Tous ceux qui, dans ce siècle grossier, conservaient quelque goût pour les arts, admiraient sur une colonne du cirque l'image d'une jeune femme, les cheveux tressés sur le front et noués par derrière; cette jeune femme, comme par enchantement, portait à la main droite un cavalier dont elle tenait le cheval par un pied; le cavalier couvert d'une cuirasse, le cheval hennissant, semblaient écouter la trompette guerrière et ne respirer que les combats. Près de la borne orientale du cirque, étaient représentés sur le bronze les conducteurs des chars qui avaient remporté le prix, et dont les triomphes, dans des temps reculés, avaient souvent partagé l'empire en deux factions; ils paraissaient debout sur leurs chars, courant dans la lice, retenant ou lâchant tour-à-tour les rênes de leurs

coursiers, les encourageant du geste et de la voix. 1204
Non loin de là, sur une base de pierre, plusieurs
animaux de l'Égypte, l'aspic, le basilic et le crocodile se livraient un combat mortel, image de la
guerre que se font les méchans; les formes hideuses
de ces animaux, la rage et la douleur exprimées
dans tout leur corps, le poison livide qui s'exhalait
de leurs morsures, inspiraient un sentiment d'horreur et d'effroi. Un autre chef-d'œuvre fait pour
charmer la vue, aurait dû toucher et désarmer les
vainqueurs: parmi les statues dont parle Nicetas,
on admirait une Hélène avec son sourire rempli de
charme et son attitude voluptueuse; Hélène avec
la parfaite régularité de ses traits, sa chevelure flottant au gré des vents, ses yeux pleins de langueur,
ses lèvres qui paraissaient de rose sur l'airain, ses
bras, dont le bronze même montrait la blancheur;
Hélène enfin avec toute sa beauté, et telle qu'elle
parut devant les vieillards d'Ilion, ravis d'admiration à sa présence (1).

Constantinople renfermait plusieurs autres chefs-
d'œuvre qu'avaient admirés les siècles précédens;
presque tous ceux qui étaient de bronze furent
condamnés à périr; les croisés ne virent, dans ces
monumens des arts que le métal dont ils étaient
composés; « ce que l'antiquité avait jugé d'un
» grand prix, dit Nicetas, devint tout-à-coup une

---

(1) Nous avons cherché à traduire le plus littéralement
qu'il nous a été possible le passage entier de Nicetas dans la
Biblioth. des Croisades, tom. II, extrait de Nicetas.

« matière commune; ce qui avait coûté d'immenses » trésors, fut changé, par les Latins, en pièces de » monnaie de peu de valeur. » Les statues de marbre tentèrent moins la cupidité des vainqueurs, et ne reçurent d'autres outrages que ceux qui étaient inséparables du tumulte et du désordre de la guerre.

Les Grecs, qui paraissaient si fiers de leur savoir, négligeaient eux-mêmes l'étude des beaux-arts. Les sciences de la Grèce, les lumières profanes de l'académie et du lycée, avaient fait place parmi eux aux débats de la scolastique; ils passaient avec indifférence devant l'Hippodrome, et n'avaient de vénération que pour les reliques et les images des saints. Ces trésors religieux, conservés avec soin dans les églises et les palais de Bysance, attiraient, depuis plusieurs siècles, les regards du monde chrétien; dans les jours qui suivirent la conquête, ils tentèrent la pieuse cupidité des croisés. Tandis que la plupart des guerriers enlevaient l'or, les pierreries, les tapis et les riches étoffes de l'Orient, les plus dévots des pélerins, et surtout les ecclésiastiques, recueillaient un butin plus innocent et plus fait pour des soldats de Jésus-Christ. Plusieurs bravèrent les défenses de leurs chefs et de leurs supérieurs, et ne dédaignèrent point d'employer tour-à-tour les supplications et les menaces, la ruse et la violence, pour se procurer quelques reliques, objet de leur respect et de leur vénération. L'histoire contemporaine en rapporte plusieurs exemples, qui serviront à faire connaître l'esprit des pèlerins vainqueurs de Bysance. Martin-Litz, 1204 abbé de Paris au diocèse de Bâle, entra dans une église qui venait d'être livrée au pillage, et pénétra, sans être aperçu, jusque dans un lieu retiré où de nombreuses reliques se trouvaient déposées sous la garde d'un moine grec (1). Ce moine grec était alors en prières, et levait des mains suppliantes vers le ciel; sa vieillesse et ses cheveux blancs, sa piété fervente, la douleur empreinte sur son front, devaient inspirer à-la-fois le respect et la pitié. Martin s'approche, avec un air de colère (2), du vénérable gardien du trésor sacré, et prenant un ton menaçant, il lui dit : « Malheureux vieillard, si tu ne me conduis au lieu où tu caches tes reliques, prépare-toi à mourir sur l'heure (3). » Le moine, effrayé de cette menace, se

---

(1) *Cum ergo victores victam, quam jure belli suam fecerant, alacriter spoliarent, cœpit Martinus abbas de sua etiam prædâ cogitare, et ne ipse vacuus remaneret, proposuit et ipse sacratas manus suas ad rapinam extendere.* Le même Gunther raconte comment Martin fit violence à un prêtre grec pour en obtenir des reliques. En parlant de Martin-Litz, Gunther se sert de ces expressions singulières : *Prædo sanctus*. On peut voir la traduction de ce récit, qui peint si bien les mœurs du temps, dans la *Biblioth. des Crois.*, tom. II.

(2) *Voce quidem terribili vehementer increpitans.* Gunther, t. XVI.

(3) *Age, inquit, perfide senex, ostende mihi quas potiores servas reliquias vel scias te statim mortis supplicio puniendum.* P. 16.

leva en tremblant, et montra un grand coffre de fer, où le pieux abbé enfonça avec empressement ses deux mains (1), s'emparant de tout ce qu'il put trouver de plus précieux. Ravi de cette conquête, il courut cacher son trésor sur un vaisseau, et sut, par une sainte fraude, le dérober pendant plusieurs jours à la connaissance de tous les chefs et de tous les prélats de l'armée, qui avaient sévèrement ordonné aux pélerins d'apporter dans un lieu désigné, les reliques tombées en leur pouvoir.

Martin-Litz retourna d'abord auprès des chrétiens de la Palestine, qui l'avaient envoyé à Constantinople, et peu de temps après revint en Occident, chargé des dépouilles conquises sur le clergé de Bysance. Parmi les reliques qu'il rapportait avec lui, on remarquait un morceau de la vraie croix, les ossemens de saint Jean-Baptiste, un bras de saint Jacques; la translation miraculeuse de ce trésor est célébrée avec pompe par le moine Gunther, auquel elle causait plus de surprise et de joie que la conquête d'un grand empire (2). Si l'on en croit la relation du moine allemand, les anges descendaient du ciel pour veiller sur les reliques de Martin-Litz; sur la route du saint abbé, les tempêtes de la mer se taisaient, les pirates restaient immobiles; les brigands, fléaux des voya-

---

(1) *Festinanter et rapidè utrasque manus immersit.* P. 16 et 17.

(2) Voyez l'extrait de Gunther dans la *Bibliothèque des Croisades*, tom. II.

geurs s'arrêtaient, saisis de respect et de crainte. Enfin Martin-Litz fut reçu à Bâle en triomphe, et les trésors qu'il avait sauvés de tant de périls furent distribués aux principales églises du diocèse.

Un autre prêtre, nommé Galon de Dampierre, du diocèse de Langres, moins adroit ou moins heureux que Martin-Litz, n'avait point eu de part aux dépouilles des églises ; il alla se jeter aux pieds du légat du pape, et lui demanda, les larmes aux yeux, la permission d'emporter dans son pays le chef de saint Mamas ; un troisième ecclésiastique, qui était de la Picardie, ayant trouvé le chef de saint Georges et le chef de saint Jean-Baptiste, cachés parmi des ruines, se hâta de quitter Constantinople ; et, chargé d'un si précieux butin, vint offrir à la cathédrale d'Amiens, sa patrie, les reliques dont la Providence l'avait rendu possesseur (1).

Les princes et les barons ne dédaignèrent point ces saintes dépouilles. Dandolo ayant eu en partage un morceau de la vraie croix, que l'empereur Constantin faisait porter devant lui à la guerre, en fit présent à la république de Venise. Baudouin garda pour lui la couronne d'épines de Jésus-Christ, et plusieurs autres reliques trouvées dans le palais de Bucoléon. Il envoya à Philippe-Auguste, roi de France, un morceau de la vraie croix (2),

---

(1) Voyez *Hist. Ecclés.* de Fleury, tom. xvi, p. 143.
(2) Plusieurs historiens contemporains, entr'autres Guillaume-le-Breton, parlent des reliques que Philippe-Au-

1204 qui avait un pied de long, les cheveux de Jésus-Christ enfant, et le linge dont l'Homme-Dieu fut enveloppé dans l'étable où il naquit.

Les prêtres et les moines grecs, dépouillés ainsi par les vainqueurs, abandonnèrent en pleurant les restes des saints qu'on avait confiés à leur garde, et qui chaque jour guérissaient les malades, faisaient marcher les boiteux, rendaient la lumière aux aveugles, la force aux paralytiques (2). Ces saintes dépouilles, que la dévotion des fidèles avait rassemblées de toutes les contrées de l'Orient, allèrent orner les églises de France et d'Italie, et furent reçues par les chrétiens d'Occident comme le trophée le plus glorieux des victoires que Dieu avait fait remporter aux croisés.

---

guste reçut de Constantinople. (Voyez tom. XIV de dom Bouquet.) Le morceau de la vraie croix dont il est ici question, avait été conservé dans le trésor de la Sainte-Chapelle jusqu'en 1791. A cette époque, il fut déposé au trésor de l'église de St.-Denis, où il fut enlevé en 1793 et transporté dans un comité de la Convention. M. l'abbé Villars, aujourd'hui membre de l'Académie française, obtint d'en être le dépositaire; celui-ci le confia ensuite à M. l'abbé Sicard. Après la mort de ce dernier, le morceau de la vraie croix trouvé parmi ses effets, tomba entre les mains de ses créanciers. Au moment où nous publions cette nouvelle édition, 1826, ce pieux monument se trouve de nouveau dans le trésor de l'église de St.-Denis.

(2) Nicétas ne manque pas de parler des reliques de Constantinople, et on doit se souvenir que les empereurs, lorsqu'ils provoquaient le secours des Latins, célébraient toujours les reliques que possédait la *reine des villes*. (Chap. 3.)

LIVRE XI.

Constantinople était tombée au pouvoir des Latins le dixième jour d'avril; on approchait de la fin du carême. Le maréchal de Champagne, après avoir raconté quelques-unes des scènes que nous venons de décrire, dit avec naïveté : *Ainsi se passèrent les fêtes de Pâques fleuries* (1). Le clergé appelait les croisés à la pénitence; la voix de la religion se fit entendre dans les cœurs endurcis par la victoire; les soldats accoururent dans les églises qu'ils avaient dévastées, et célébrèrent les souffrances et la mort du Christ sur les débris de ses propres autels.

Cette époque solennelle inspira sans doute quelques sentimens généreux; tous les Latins ne se montrèrent pas sourds au langage de la charité évangélique; nous devons dire ici, à la gloire des chevaliers et des ecclésiastiques, que la plupart d'entr'eux protégèrent la liberté et la vie des citoyens, l'honneur des matrones et des vierges; mais tel était l'esprit qui animait alors les guerriers, que tous les croisés se laissèrent entraîner à la soif du butin, et que les chefs comme les soldats, exercèrent, sans ménagement et sans scrupule, le droit que leur donnait la victoire de dépouiller les vaincus.

On avait désigné trois églises dans lesquelles toutes les dépouilles de Constantinople devaient être déposées. Les chefs ordonnèrent aux croisés d'apporter en commun le produit du butin, et

---

(1) Villehardouin, lib. v.

menacèrent de la peine de mort et de l'excommunication tous ceux qui déroberaient le prix de la valeur et la récompense réservée aux travaux de toute l'armée. Plusieurs soldats, et même quelques chevaliers, se laissèrent entraîner à l'avarice, et retinrent des objets précieux tombés entre leurs mains. *Ce qui fit*, dit le maréchal de Champagne, *que le Seigneur commença à les aimer moins* (1). La justice des comtes et des barons se montra inflexible pour les coupables; le comte de Saint-Paul fit pendre, l'écu au cou (2), un de ses chevaliers qui avait détourné quelque chose du butin. Ainsi les Grecs, dépouillés par la violence, purent assister au supplice de quelques-uns des ravisseurs de leurs biens, et virent avec surprise les réglemens d'une sévère équité mêlés aux désordres de la victoire et du pillage. Après les fêtes de Pâques, les croisés se partagèrent les richesses conquises; la quatrième partie du butin fut mise en réserve pour celui des chefs qui serait nommé empereur, et le reste divisé entre les Français et

---

(1) « Car bien souvent, dit Villehardouin, les bons pâtissent pour les mauvais. » (Lib. v.)

(2) Villehardouin, en parlant de la justice rigoureuse qu'on exerça contre ceux qui cherchèrent à détourner quelque chose du pillage, dit : *Et en y eut tout plein de pendus*. « Le comte Messire de Saint-Paul en fist astacher un des siens, l'escu au col, convaincu d'en avoir restenu; il y en eust cependant d'austres petits et grands qui en recélèrent auxquels n'appartenaient pas de droit. » (Lib. v.)

les Vénitiens. Les croisés français, qui avaient 1204 conquis Zara au profit de Venise, ne payèrent pas moins les cinquante mille marcs d'argent qu'ils devaient à la république; on préleva cette somme sur la portion du butin qui leur appartenait. Dans le partage qui se fit entre les guerriers de la Lombardie, de l'Allemagne et de la France, chaque chevalier eut une part égale à celle de deux cavaliers, et chaque cavalier une part égale à celle de deux fantassins. Toutes les dépouilles des Grecs n'avaient produit (1) qu'environ onze cent mille marcs d'argent; quoique cette somme surpassât

---

(1) Une édition de Villehardouin porte le produit du butin, pour la part qui revenait aux Français, à cinq cent mille marcs d'argent, ce qui équivaut à vingt-sept millions; si on ajoute à cette somme les cinquante mille marcs dus aux Vénitiens, et prélevés avant le partage, ainsi que la part qui était réservée à ceux-ci, on trouvera que le produit total du butin s'élevait à près de soixante millions. Autant, peut-être, fut détourné au profit des particuliers. Les trois incendies qui avaient dévoré plus de la moitié de la ville, avaient détruit autant de richesses encore; et dans la profusion qui suivit le pillage, les effets les plus précieux avaient tellement perdu de leur valeur, que le profit des Latins n'équivalait probablement pas au quart de ce qu'il en coûtait aux Grecs. Ainsi l'on peut croire que Constantinople, avant d'être attaquée, possédait pour environ six cent millions de richesses. Vigenère, dans ses notes sur Villehardouin, fait l'observation suivante à l'occasion du passage de l'historien où il est question du pillage de Constantinople : « Le butin de Constantinople est peu de chose pour une telle ville. » (Pag. 91.)

de beaucoup les revenus de tous les royaumes de l'Occident, elle était loin de représenter la valeur des richesses accumulées dans Bysance. Si les barons et les seigneurs, en se rendant maîtres de la ville, s'étaient contentés d'imposer un tribut aux habitans, ils auraient pu recueillir une somme plus considérable; mais cette manière pacifique d'envahir des trésors ne convenait ni à leur caractère ni à leur humeur. L'histoire rapporte que les Vénitiens, plus éclairés, donnèrent dans cette circonstance de sages conseils, et firent des propositions qui furent rejetées avec dédain (1). Les guerriers français ne savaient point soumettre aux calculs les avantages de la victoire; le produit du pillage était toujours à leurs yeux le plus digne fruit de la conquête et la plus noble récompense de la valeur.

Lorsqu'ils se partageaient ainsi les riches dépouilles de l'empire d'Orient, les croisés se livraient à la joie, et ne voyaient point la faute qu'ils avaient faite en ruinant un pays qui allait devenir leur patrie; ils ne réfléchirent pas que la ruine des vaincus pouvait entraîner un jour celle des vainqueurs, et qu'ils deviendraient aussi pauvres que les Grecs qu'ils venaient de dépouiller. Sans regrets et sans prévoyance, espérant tout de leur épée,

---

(1) Ils offraient de prendre la masse des dépouilles et de donner quatre cents marcs à chaque chevalier, deux cents à chaque prêtre ou cavalier, et cent à chaque soldat. Lebeau, *Hist. du Bas Empire*, tom. xx, pag. 506.)

ils s'occupèrent de nommer un chef qui régnât sur 1204 un peuple en deuil et sur une ville désolée. La pourpre impériale avait toujours le même éclat à leurs yeux, et le trône, ébranlé par leurs armes, était encore l'objet de leur ambition. Six électeurs furent choisis parmi les nobles Vénitiens, et six autres parmi les ecclésiastiques français (1), pour donner un maître à Constantinople; les douze électeurs s'assemblèrent dans la chapelle du palais de Bucoléon, et jurèrent, sur l'Évangile, de ne couronner que le mérite et la vertu (2).

Trois des principaux chefs de la croisade méritaient également les suffrages des électeurs. Si la pourpre était le prix de l'expérience, de l'habileté dans les conseils, des services rendus à la cause des Latins, on devait en décorer Henri Dando-

---

(1) Les six ecclésiastiques nommés par les Français pour élire un empereur, furent les évêques de Soissons, d'Halberstadt, de Troyes, de Bethléem, de Ptolémaïs, et l'abbé de Lucelane. Les noms des commissaires vénitiens se trouvent dans Ramnusius; nous les faisons connaître ici d'après lui : *Vitale Dandolo, Othon Querini, Bertuccio, Contarini, Pantaleone Barbo, Giovanni Baseggio*; le même historien nous apprend que ce fut Pantaleone Barbo qui s'opposa à l'élection de Dandolo. L'original du traité est dans la chronique d'André Dandolo, pag. 324-330; et l'élection dans Villehardouin, lib. v, nos. 136-140. Ducange a fait quelques observations curieuses. (Ibid.)

(2) Villehardouin dit qu'il n'est pas étonnant « qu'il y eut tant d'aboyans après une telle dignité et honneur que celle de l'empire. »

1204 lo (1), qui avait été le mobile et l'âme de l'entreprise. Le marquis de Montferrat réunissait également les titres les plus recommandables (2). Les croisés l'avaient choisi pour leur chef, et les Grecs le reconnaissaient déjà pour leur maître. Sa bravoure, éprouvée dans mille combats, promettait un ferme et généreux soutien au trône, qui se relevait du sein des ruines. Sa prudence, sa modération, pouvaient faire espérer aux Latins et aux peuples de la Grèce, qu'une fois élevé à l'empire, il réparerait les malheurs de la guerre. Baudouin n'avait pas moins de droits à la couronne impériale que ses deux concurrens; le comte de Flandre était parent des plus puissans monarques de l'Occident, et descendait, par les femmes, de Charlemagne. Il se faisait chérir des soldats, dont il partageait tous les dangers; il avait mérité l'estime des Grecs, qui, au milieu même des désordres de la conquête, le célébraient comme le champion de la chasteté et de l'honneur. Baudouin était le protecteur des faibles, l'ami des pauvres; il aimait la justice et ne redoutait point la vérité. Sa jeunesse, qu'il avait honorée par de brillans exploits et de solides vertus,

---

(1) Villehardouin se borne à faire remarquer que Dandolo était logé dans l'un des plus beaux palais du monde. (Lib. v.)

(2) Nicetas présente toujours ce marquis de Montferrat comme le chef d'une puissance maritime. (Pag. 384.) L'historien de Byzance ignore presque toutes les origines des guerriers francs.

donnait aux sujets du nouvel empire l'espérance 1204 d'un règne long et fortuné; le rang qu'il tenait parmi les guerriers et les princes, sa piété, ses lumières, son amour pour l'étude et pour les savans, le rendaient digne de s'asseoir sur le trône d'Auguste et de Constantin.

Les électeurs arrêtèrent d'abord leurs regards sur le vénérable Dandolo; mais les républicains de Venise tremblèrent de voir un empereur parmi leurs concitoyens(1). « Que n'aurons-nous pas à craindre,
» disaient-ils, d'un Vénitien, devenu le maître de la
» Grèce et d'une partie de l'Orient? Serons-nous
» soumis à ses lois, ou bien demeurera-t-il soumis
» aux lois de notre pays? Sous son règne et sous
» celui de ses successeurs, qui nous assurera que
» Venise, la reine des mers, ne deviendra pas une
» des villes de cet empire? » Les Vénitiens, en parlant ainsi, donnaient de justes éloges au caractère et aux vertus de Dandolo; ils ajoutaient que leur doge, parvenu au terme d'une vie remplie de grandes actions, n'avait plus qu'à finir ses jours avec gloire, et que lui-même trouverait plus glorieux d'être le chef d'une république victorieuse, que le souverain d'un peuple vaincu. « Quel Ro-
» main, s'écriaient-ils, aurait voulu quitter le

---

(1) L'historien André Dandolo, après avoir rapporté les noms de ceux qui donnèrent leur voix au doge, vante la noble fidélité d'un Vénitien, qui se refusa d'élire le doge à l'empire de Constantinople. Il l'appelle *quidam Venetorum fidelis et nobilis senex.*

« titre de citoyen de Rome, pour devenir le roi de
» Carthage ? »

En terminant leurs discours, les Vénitiens conjurèrent l'assemblée de choisir un empereur parmi les autres chefs de l'armée. Dès-lors le choix des électeurs ne pouvait plus se porter que sur le comte de Flandre et le marquis de Montferrat ; les plus sages craignaient que celui des deux concurrens qui n'obtiendrait pas l'empire ne fît éclater son mécontentement, et ne désirât la chute du trône occupé par son rival. On se ressouvenait encore des violens débats qui, dans la première croisade, avaient suivi l'élection de Godefroi de Bouillon, et des troubles suscités dans le royaume naissant de Jérusalem par l'ambition jalouse de Raymond de Saint-Gilles. Pour prévenir les effets d'une funeste discorde, on crut devoir arrêter d'avance que celui des princes qui obtiendrait les suffrages pour la couronne impériale, céderait à l'autre, sous la condition de foi et hommage, la propriété de l'île de Candie et de toutes les terres de l'empire situées au-delà du Bosphore (1). Après cette décision, les électeurs ne s'occupèrent plus que de l'élection d'un empereur : leur choix fut long-temps balancé. Le marquis de Montferrat parut

---

(1) « Pourquoi faisons que celui qui aura l'empire donne à l'autre toutes les terres au-delà le canal de vers la Turquie, avecque l'île de Crète. » (Lib. v.) Voyez dans Nicetas, chap. iv, le partage des villes de l'empire. (*Bibliothèque des Crois.*, tom. ii.)

d'abord réunir les suffrages; mais les Vénitiens craignaient de voir sur le trône de Constantinople un prince qui avait quelques possessions dans le voisinage de leur territoire; ils représentèrent à l'assemblée que l'élection de Baudouin conviendrait mieux aux croisés, et qu'elle aurait surtout le grand avantage d'intéresser à la gloire et au maintien du nouvel empire, la nation belliqueuse des Flamands et des Français. Les intérêts et les jalousies de la politique, et sans doute aussi la sagesse et l'équité, firent enfin tomber tous les suffrages sur le comte de Flandre.

Les croisés, assemblés devant le palais de Bucoléon, attendaient avec impatience la décision des électeurs. A l'heure de minuit, l'évêque de Soissons s'avança sous le vestibule, et prononça à haute voix ces paroles : « Cette heure de la nuit qui vit naître le » Sauveur du monde, donne naissance à un nouvel » empire, sous la protection du Tout-Puissant. » Vous avez pour empereur Baudouin, comte de » Flandre et de Hainaut (1). » Il s'éleva des cris de joie parmi les Vénitiens et les Français. Le peuple de Constantinople, qui avait si souvent changé de maître, reçut sans répugnance celui qu'on venait de lui donner, et mêla ses acclamations à celles des Latins. Baudouin fut élevé sur un

---

(1) « Nous vous le nommerons doncque à l'heure que J.-C. fut nay. C'est le comte Baudouin de Flandre et de Haynault; là dessus s'éleva un grand cri. » (Lib. IV.) Nicetas raconte les cérémonies de l'élection de l'empereur; on peut en voir la curieuse description chap. IV.

bouclier et porté en triomphe dans l'église de Sainte-Sophie. Le marquis de Montferrat suivait le cortége de son rival (1); la généreuse soumission dont il donna l'exemple fut louée par ses compagnons d'armes, et sa présence n'attira pas moins les regards que la pompe guerrière qui entourait le nouvel empereur.

La cérémonie du couronnement fut renvoyée au quatrième dimanche après Pâques. Dans l'intervalle, on célébra avec beaucoup d'éclat le mariage du marquis de Montferrat avec Marguerite de Hongrie, veuve d'Isaac (2). Constantinople vit dans ses murs les fêtes et les spectacles de l'Occident, et, pour la première fois, les Grecs entendirent, dans leurs églises, les prières et les hymnes des Latins. Au jour fixé pour le couronnement de l'empereur, Baudouin se rendit à Sainte-Sophie, accompagné des barons et du clergé. Là, pendant qu'on célébrait le service divin, l'empereur fut élevé sur un trône d'or, et reçut la pourpre des mains du légat du pape, qui remplissait les fonctions de patriarche. Deux chevaliers portaient devant lui le laticlave des consuls romains, et l'épée impériale, qu'on revoyait enfin

---

(1) Ce qui fait dire à Villehardouin : « Le marquis de Montferrat, sans mauvaise humeur, lui fit l'honneur tant qu'il put. » (Lib. v.)

(2) « Sur ces entrefaites le marquis Boniface épousa l'impératrice, qui fut femme à l'empereur Isaac et dame du roi de Hongrie. » (Lib. v.)

dans la main des guerriers et des héros. Le chef du clergé, debout devant l'autel, prononça dans la langue grecque ces paroles : *Il est digne de régner;* et tous les assistans répétèrent en chœur : *Il en est digne, il en est digne.* Les croisés faisant entendre leurs bruyantes acclamations, les chevaliers couverts de leurs armes, la foule misérable des Grecs, le sanctuaire dépouillé de ses antiques ornemens et rempli d'une pompe étrangère, présentaient à-la-fois un spectacle solennel et lugubre, et montraient tous les malheurs de la guerre au milieu des trophées de la victoire. Entourés des ruines d'un empire, les spectateurs les plus éclairés durent remarquer parmi les cérémonies de cette journée celle dans laquelle, selon l'usage des Grecs, on offrit à Baudouin un petit vase rempli de poussière et d'ossemens, et un flocon d'étoupes enflammées (1), symbole de la brièveté de la vie et du néant des grandeurs humaines.

Avant la cérémonie de son couronnement, le nouvel empereur avait distribué à ses compagnons

---

(1) La cérémonie des étoupes allumées a lieu encore à l'exaltation des papes; on leur répète ces paroles : *Sit transit gloria mundi!* Villehardouin se borne à dire : « Le jour du couronnement arrivé, l'empereur Baudouin fust couronné à grande joie et magnificence, l'an de l'incarnation de Notre-Sauveur MCCV. De là fut mené à grande pompe au palais de Bucalyon; puis quand ces festes furent passées on commença à vaquer aux affaires. » (Lib. v.)

d'armes les principales dignités de l'empire. Le maréchal de Champagne, Villehardouin, obtint le titre de maréchal de Romanie; le comte de Saint-Paul, la dignité de connétable; la charge de provestiaire (grand-maître de la garde-robe), celles de grand échanson et de bouteillier, furent données à Conon de Béthune, à Macaire de Sainte-Ménéhould, à Miles de Brabant. Le doge de Venise, créé despote ou prince de Romanie, eut le droit de porter des brodequins de pourpre, privilége réservé, chez les Grecs, aux princes de la famille impériale. Henri Dandolo représentait à Constantinople la république vénitienne; la moitié de la ville était son domaine et reconnaissait ses lois; il s'élevait par sa dignité, autant que par ses exploits, au-dessus de tous les princes, de tous les grands de la cour de Baudouin; lui seul était exempt de rendre foi et hommage à l'empereur pour les terres qu'il devait posséder (1).

Cependant les seigneurs et les barons se montraient impatiens de partager les villes et les provinces de l'empire. Dans un conseil composé de douze patriciens de Venise et de douze chevaliers

---

(1) Pour le gouvernement des Latins, voyez Ducange, *Histoire de Const.*, pag. 37, du lignage d'outre-mer, et ses notes savantes sur Villehardouin. Dans les épîtres d'Innocent III on trouve l'institution civile et ecclésiastique de l'empire latin de Contantinople. (Muratori, *Rer. Ital. scriptor.*, tom. III, art. 1, cap. 94 à 105 des *Gestes d'Innocent.*)

français, toutes les terres conquises furent divisées entre les deux nations. La Bithynie, la Romanie ou la Thrace, Thessalonique, toute la Grèce, depuis les Thermopyles jusqu'au cap Sunium, les plus grandes îles de l'Archipel, tombèrent dans le partage et sous la domination des Français. Les Vénitiens obtinrent les Cyclades et les Sporades dans l'Archipel, les îles et la côte orientale du golfe Adriatique, les côtes de la Propontide et celles du Pont-Euxin, les rives de l'Hèbre et du Vardas, les villes de Cypsèdes, de Didymotique, d'Andrinople, les contrées maritimes de la Thessalie, etc.; telle fut d'abord la distribution des terres de l'empire. Mais des circonstances qu'on n'avait point prévues, la diversité des intérêts, les rivalités de l'ambition, toutes les chances de la fortune et de la guerre, apportèrent bientôt des changemens à cette division du territoire. L'histoire entreprendrait en vain de suivre les conquérans dans les provinces tombées en leur pouvoir; il serait plus facile de marquer le cours d'un torrent débordé, et de retracer le chemin des tempêtes, que de fixer l'état des possessions incertaines et passagères des vainqueurs de Bysance (1).

---

(1) Dans le traité de partage, l'ignorance des copistes a défiguré presque tous les noms. Une carte de l'empire de Constantinople, serait un travail extrêmement utile. Nous avons cherché à réunir toutes les notions connues sur les états fondés par les Latins dans l'empire de Bysance, dans

1204. Les terres situées au-delà du Bosphore avaient été érigées en royaume, et données avec l'île de Candie au marquis de Montferrat. Boniface les échangea contre la province de Thessalonique, et vendit l'île de Candie à la république de Venise pour trente livres pesant d'or (1). Les provinces d'Asie furent abandonnées au comte de Blois, qui prit le titre de duc de Nicée et de Bithynie. Dans la distribution des villes et des terres de l'empire, chacun des seigneurs et des barons avait obtenu des domaines dont l'étendue et la richesse étaient proportionnées au rang et aux services du nouveau possesseur. Lorsqu'ils entendaient parler de tant de pays dont ils ne connaissaient qu'à peine les noms, les guerriers de l'Occident s'étonnaient de leurs conquêtes, et croyaient que la plus grande partie de l'univers était promise à leur ambition. Dans l'ivresse de leur joie, ils se déclaraient les maîtres de toutes les provinces qui avaient formé l'empire de Constantin. On tira au sort les pays des Mèdes et des Parthes, les royaumes qui étaient sous la domination des Turcs et des Sarrasins (2); plusieurs

---

un Éclaicissement spécial à la fin du volume. Ce traité de partage est en entier dans Muratori, *loc. cital.* Nicetas est entré dans beaucoup de détails sur le traité de partage. (*Biblioth. des Croisades*, tom. II.)

(1) Cette vente est du mois d'août 1204. Sanuti la rapporte en entier, pag. 533.

(2) Nicetas gémit sur ce déplorable orgueil des Francs et

barons voulaient régner à Alexandrie; d'autres se disputaient le palais des sultans d'Iconium; quelques chevaliers échangeaient ce que le sort leur avait donné contre des possessions nouvelles; d'autres se plaignaient de leur partage, et demandaient une augmentation de territoire. Avec les trésors qui provenaient du pillage de la capitale, les vainqueurs achetaient les provinces de l'empire; on vendait, on jouait aux dés les cités et leurs habitans. Constantinople fut pendant quelques jours un marché où l'on trafiquait de la mer et de ses îles, des peuples et de leurs richesses; où l'univers romain était mis à l'enchère, et trouvait des acheteurs dans la foule obscure des croisés.

Tandis que les barons et les chevaliers se distribuaient ainsi les villes et les royaumes, l'ambition du clergé latin ne demeurait point oisive, et s'occupait d'envahir les dépouilles de l'église grecque. Toutes les églises de Constantinople furent partagées entre les Français et les Vénitiens; on nomma des prêtres des deux nations pour desservir les temples enlevés aux vaincus, et Constantinople ne vit plus dans ses murs que les cérémonies religieuses de l'Occident. Les chefs de la croisade avaient décidé entr'eux, que si l'empereur de Constantinople était choisi parmi les Fran-

---

sur les malheurs de sa patrie, partagée par des hommes barbares qui ne comprenaient pas Homère. (Chap. 4.)

1204 çais, on prendrait le patriarche parmi les Vénitiens. D'après cette convention, qui avait précédé la conquête, Thomas Morosini (1) fut élevé sur la chaire de Sainte-Sophie; des prêtres et des évêques latins furent envoyés en même temps dans les autres villes conquises, et prirent possession des biens et des dignités du clergé grec. Ainsi le culte de Rome s'associait aux victoires des croisés, et faisait reconnaître son empire partout où flottaient les étendards des vainqueurs (2).

Rien ne résistait plus aux armes des croisés; tout tremblait devant eux; la renommée publiait partout leurs exploits et leur puissance; mais, en jetant leurs regards dans l'avenir, les chefs de-

---

(1) Le pape ne voulut pas d'abord reconnaître cette élection, qui lui semblait une usurpation des droits du Saint-Siège; mais comme Morosini était un ecclésiastique d'un grand mérite, Innocent craignit d'en choisir un autre. Morosini fut envoyé à Constantinople, non pas comme l'élu des croisés, mais comme l'élu du pape. Les Vénitiens exigèrent que le nouveau patriarche fît serment de ne choisir pour chanoines électeurs de l'église Sainte-Sophie que des Vénitiens qui auraient habité Venise au moins pendant dix ans; le clergé s'opposa à cette prétention, et on ne compte de patriarches vénitiens que le premier et le dernier de ceux dont l'histoire nous a conservé le nom.

(2) Villehardouin ne parle que très légèrement des institutions fondées par les croisés dans l'empire. Les chroniqueurs de ce temps s'occupaient peu des institutions publiques, et ces choses se faisaient sans qu'ils s'en aperçussent. Nicetas entre dans des détails plus satisfaisans, chap. 4 et suiv. (*Biblioth. des Crois.*, tom. II.)

LIVRE XI.

vaient craindre que la retraite ou la mort de leurs 1204 guerriers ne laissât sans défenseurs l'empire qu'ils venaient de fonder. Déjà la capitale et les provinces manquaient d'habitans. La population, affaiblie et dispersée, ne pouvait suffire ni à la culture des terres, ni aux travaux des villes. Dans cette conjoncture, les comtes et les barons, qui attendaient toujours avec crainte les jugemens du chef de l'Eglise, redoublèrent de soumission pour le souverain pontife, et recherchèrent son appui, dans l'espoir que le Saint-Siége ferait déclarer l'Occident pour leur cause, et qu'à la voix du père des fidèles un grand nombre de Français, d'Italiens et d'Allemands viendraient peupler et défendre le nouvel empire (1).

Après son couronnement, Baudouin écrivit au pape pour lui annoncer les victoires extraordinaires par lesquelles il avait plu à Dieu de couronner le zèle des soldats de la croix (2). Le nou-

---

(1) Il existe, sous la date de 1205, une lettre du pape Innocent à l'archevêque de Reims pour l'inviter à envoyer des prêtres et des élèves pour enseigner les bonnes doctrines à Constantinople. (Baronius, ad ann. 1205.)

(2) La lettre de Baudouin, curieuse par les détails que le nouveau souverain donne au Saint-Père sur la prise de Constantinople, est rapportée dans Baronius, ad ann. 1204. En voici la suscription : *Au très Saint-Père, au très cher seigneur Innocent, souverain pontife par la grâce de Dieu Baudouin, empereur de Constantinople, et toujours auguste comte de Flandre et de Hainaut, son chevalier toujours fidèle.*

vel empereur, qui prenait le titre de chevalier du Saint-Siége, rappelait au souverain pontife les perfidies et la longue révolte des Grecs. « Nous » avons soumis à vos lois, disait-il, cette ville, » qui, en haine du Saint-Siége, pouvait à peine » entendre le nom du prince des apôtres, et » n'accordait pas une seule église à celui qui a » reçu du Seigneur la suprématie sur toutes les » églises. » Baudouin invitait dans sa lettre le vicaire de Jésus-Christ à imiter l'exemple de ses prédécesseurs, Jean, Agapet et Léon, qui avaient visité en personne l'église de Bysance. Pour achever la justification des pèlerins devenus maîtres de l'empire grec, l'empereur latin invoquait le témoignage de tous les chrétiens d'Orient. « Lors» que nous sommes entrés dans cette capitale, » ajoutait-il, plusieurs habitans de la Terre-Sainte, » qui se trouvaient au milieu de nous, faisaient » éclater leur joie au-dessus de tous les autres, et » répétaient hautement qu'on avait rendu à Dieu » un service plus agréable que si l'on avait repris » Jérusalem. »

Le marquis de Montferrat adressait en même temps au souverain pontife une lettre, dans laquelle il protestait de son humble obéissance à toutes les décisions du Saint-Siége (1). « Pour moi, » disait le roi de Thessalonique, qui n'ai pris la » croix que pour l'expiation de mes péchés, et

---

(1) *Gesta Innocent.*, lib. 8, cp. 59.

» non pour pécher avec plus de licence, sous pré-
» texte de religion, je me soumets aveuglément à
» votre volonté. Jugez-vous que ma présence soit
» utile en Romanie, j'y mourrai en combattant
» vos ennemis et ceux de Jésus-Christ; pensez-vous
» au contraire que je doive abandonner ces riches
» contrées, n'ayez égard ni aux biens ni aux di-
» gnités que j'y possède, je suis prêt à retourner
» en Occident; car je ne veux rien faire de ce
» qui peut attirer sur moi la colère du souverain
» juge. »

1204

Le doge de Venise, qui jusqu'alors avait bravé avec tant de fierté les menaces et les foudres de l'église, reconnut la souveraine autorité du pape, et joignit ses protestations et ses prières à celles de Boniface et de Baudouin. Pour désarmer la colère d'Innocent, il lui représentait que la conquête de Constantinople avait préparé la délivrance de Jérusalem, et vantait les richesses d'un pays que les croisés venaient enfin de soumettre aux lois du Saint-Siége (1). Dans toutes leurs lettres au sou-

---

(1) Baronius, ad ann. 1205, a rapporté une lettre assez curieuse d'Innocent à Dandolo sur les articles du traité de partage qui concernent les biens du clergé. Le pape est plus sévère envers les croisés que Nicétas lui-même ; l'indignation que lui avait donnée la désobéissance des croisés, le portait à exagérer leurs torts. Les expressions de la lettre prouvent qu'il y avait plus d'amertume que de vérité dans les réponses d'Innocent. (*Gest. Innocent.*, Muratori, *Scriptor. rer. Ital.*, tom. III, præf. 1, cap. 94, 105.)

1204 verain pontife et aux fidèles de l'Occident, les conquérans de Bysance parlaient de l'empire grec comme d'une nouvelle Terre-Promise qui attendait les serviteurs de Dieu et les soldats de Jésus-Christ.

Innocent avait été long-temps irrité de la désobéissance des croisés; dans sa réponse, il reprochait avec amertume à l'armée victorieuse des Latins, d'avoir préféré les richesses de la terre à celles du ciel; il réprimandait les chefs d'avoir exposé aux insultes des soldats et des valets de l'armée l'honneur des femmes et des filles, celui des vierges consacrées au Seigneur; d'avoir ruiné Constantinople, pillé *les grands* et *les petits*, violé le sanctuaire, et porté une main sacrilége sur les trésors des églises. Cependant le père des fidèles n'osait sonder la profondeur des jugemens de Dieu; il se plaisait à croire que les Grecs avaient été justement punis de leurs fautes, et que les croisés étaient récompensés comme les instrumens de la Providence, comme les vengeurs de la justice divine. « Redoutez, disait-il aux Latins, la colère
» du Seigneur; espérez avec crainte qu'il vous
» pardonnera le passé, si vous gouvernez les peu-
» ples avec équité, si vous êtes fidèles au Saint-
» Siége, et, sur toute chose, si vous avez une
» ferme résolution d'accomplir votre vœu pour la
» délivrance de la Terre-Sainte. »

Cependant le souverain pontife était touché au fond du cœur des prières et de l'humble soumission des héros et des princes dont les exploits faisaient trembler l'Orient. Le cardinal Pierre de Capoue avait donné l'absolution aux Vénitiens excommuniés depuis le siége de Zara. Innocent blâma d'abord l'indulgence de son légat, et finit par confirmer le pardon accordé à Dandolo et à ses compatriotes. Le pape approuva l'élection de Baudouin, qui prenait le titre de chevalier du Saint-Siége (1), et consentit à reconnaître un empire auquel il devait donner des lois. Plus les croisés se montraient soumis à son autorité, plus il lui semblait que leurs conquêtes devaient intéresser la gloire de Dieu et celle du vicaire de Jésus-Christ sur la terre. Il écrivit aux évêques de France, et leur dit que le Seigneur avait voulu consoler l'église par la conversion des hérétiques ; que la Providence avait humilié les Grecs, peuple impie, superbe et rebelle, et remis l'empire entre les mains des Latins, nation pieuse, humble et soumise. Le souverain pontife invitait, au nom de l'empereur Baudouin, les Français de tout sexe et de toute condition, à se rendre dans la Grèce (2) pour y recevoir des terres et des richesses selon leur mérite et leur qualité. Il promettait les indulgences de la croisade à tous les fidèles qui, partageant la gloire des croisés, iraient défendre et faire fleurir le nouvel empire d'Orient (3).

---

(1) Voyez les notes de la page 291.
(2) Baronius, ad ann. 1205.
(3) Voyez d'ailleurs les lettres du cardinal Benoît de

Cependant le pape ne perdait point de vue l'expédition de Syrie, et paraissait persuadé que les secours envoyés à Constantinople devaient contribuer à la délivrance des saints lieux. Le roi de Jérusalem implorait plus que jamais, par ses lettres et ses ambassadeurs, la protection efficace du Saint-Siége et celle des princes de l'Orient.

Le nouvel empereur de Bysance ne renonçait point à l'espoir de secourir les colonies chrétiennes de Syrie, et pour relever le courage de ses frères de la Terre-Sainte, il envoya à Ptolémaïs la chaîne du port et les portes de Constantinople (1). Lorsque ces trophées de la victoire arrivèrent dans la Palestine, la disette, la famine, tous les fléaux d'une guerre malheureuse ravageaient les villes et les campagnes. A la nouvelle d'un prochain secours, le peuple de Ptolémaïs passa bientôt de l'excès de la douleur à tous les transports de la joie. La renommée, en publiant les conquêtes miraculeuses des compagnons de Baudouin et de Boniface, porta l'espérance et la sécurité dans toutes les villes chrétiennes de Syrie, et répandit la terreur parmi les Musulmans. Le sultan Malek-Adel venait de conclure une trêve avec les chrétiens, et tremblait qu'elle ne fût rompue (2), lorsque

---

Sainte-Suzane au marquis de Namur, aux archevêques de Reims, de Lyon et de Bourges. (Baronius, ad ann. 1204.)

(1) Nicétas, ch. p. 4.

(2) Innocent, qui avait si violemment censuré l'entre

tout-à-coup il dut son salut à l'événement même 1204 qui avait causé ses alarmes.

La plupart des défenseurs de la Terre-Sainte, qui n'avaient connu que les maux de la guerre, voulurent partager la gloire et la fortune des Français et des Vénitiens. Ceux-mêmes qui avaient quitté l'armée victorieuse à Zara, qui avaient blâmé l'expédition de Constantinople, crurent que la volonté du ciel les appelait sur les rives du Bosphore; ils abandonnèrent la Terre-Sainte : le légat du pape, Pierre de Capoue, fut entraîné par l'exemple des autres croisés, et vint animer par sa présence le zèle du clergé latin qui travaillait à la conversion des Grecs (1); les chevaliers de Saint-Jean et du Temple accoururent aussi dans la Grèce, où la gloire et de riches domaines étaient promis à leur valeur; le roi de Jérusalem était resté à Ptolémaïs presque seul, et sans aucun moyen de faire respecter la trève qu'il venait de conclure avec les infidèles.

Baudouin s'empressa d'accueillir les défenseurs de la Terre-Sainte; mais la joie que lui causa leur arrivée fut troublée par la nouvelle qu'il reçut de

---

prise des croisés sur Constantinople, dans ses lettres d'exhortation aux évêques de France pour la croisade d'outre-mer, déclare que la prise de Constantinople a plus affligé le sultan d'Égypte que la prise de Jérusalem même. (Ad ann. 1206.)

(1) Le pape écrit à ce sujet une lettre à son légat, où il l'accuse de s'être rendu à Constantinople par capidité, et d'avoir abandonné l'église de Jérusalem. (Baronius, ibid.)

1204 la mort de sa femme Marguerite de Flandre; cette princesse, embarquée sur la flotte de Jean de Nesle, croyait trouver son mari dans la Palestine; succombant à la fatigue, et peut-être au chagrin d'une longue absence, elle tomba malade à Ptolémaïs, et mourut en apprenant que Baudouin venait d'être nommé empereur de Constantinople. Le vaisseau destiné à ramener sur les rives du Bosphore la nouvelle impératrice, ne rapporta que sa dépouille mortelle. Baudouin, au milieu de ses chevaliers, pleura la mort d'une princesse qu'il aimait tendrement, et qui, par ses vertus et les grâces de sa jeunesse, devait être l'ornement et l'exemple de la cour de Bysance. Il la fit ensevelir avec une grande pompe dans l'église de Sainte-Sophie, où, peu de jours auparavant, il avait reçu la couronne impériale (1). Ainsi le peuple de Constantinople vit presque en même temps le couronnement d'un empereur et les funérailles d'une impératrice; les jours de triomphe et de joie furent mêlés à des jours de deuil. Ce contraste des fêtes de la mort et des pompes de la victoire et du trône, semblait offrir une fidèle image de la gloire des conquérans et des destinées futures du nouvel empire.

L'empereur et ses barons, avec les secours qu'ils

---

(1) Pour la mort de l'épouse de Baudouin, on peut lire le lib. IV, §. 2, de l'ouvrage du P. d'Outreman, *Constantinop. Belgic*. L'historien s'est particulièrement occupé de la famille des Baudouin.

venaient de recevoir, avaient à peine vingt mille 1204
hommes pour défendre leurs conquêtes et contenir
le peuple de la capitale et des provinces. Le sultan
d'Iconium et le roi des Bulgares (1) menaçaient
depuis long-temps d'envahir les terres voisines de
leurs états; l'ébranlement et la chute de l'empire
grec offraient à leur ambition et à leur jalousie une
occasion favorable d'éclater. Les peuples de la
Grèce étaient vaincus sans être soumis. Comme
dans le désordre qui accompagna la conquête de
Bysance, on ne reconnaissait plus d'autre droit que
la force et l'épée, tous les Grecs qui avaient encore
les armes à la main, voulurent se faire une principauté ou un royaume. Partout des états et des empires nouveaux s'élevaient du sein des ruines et
menaçaient déjà celui que les croisés venaient d'é-
tablir.

Un petit-fils d'Andronic fondait dans une province grecque de l'Asie mineure la principauté de
Trébisonde (2); Léon Sgurre, maître de la petite

---

(1) Voyez la lettre d'Innocent au roi des Bulgares, vassal
immédiat du Saint-Siége. (*Gest. Innoc.*, Muratori, *Script.
rer. italic.*, tom. III, pag. 1, cap. 94.-105.)

(2) Le nom de Trébisonde se trouve presque dans tous
les romanciers des XIVe. et XVe. siècles; nous indiquerons
dans l'Éclaircissement sur la fondation et le partage des
principautés franques de Constantinople, la cause présu-
mable de cet engouement de nos romanciers pour le nom
sonore de Trébisonde. (Voyez l'Éclaircissement à la fin de ce
volume.)

ville de Napoli, avait étendu ses domaines par l'injustice et la violence; et pour nous servir d'une comparaison de Nicetas, il s'était agrandi comme le torrent qui s'enfle dans l'orage et se grossit des eaux de la tempête. Conquérant barbare, tyran farouche et cruel, il régnait, ou plutôt il répandait la terreur dans l'Argolide et l'isthme de Corinthe. Michel-Lange Comnène, employant les armes de la trahison, relevait le royaume d'Epire et retenait sous ses lois un peuple sauvage et belliqueux. Théodore Lascaris qui, comme Énée, avait fui sa patrie livrée aux flammes, rassemblait des troupes dans la Bithynie, et se faisait proclamer empereur à Nicée, d'où sa famille devait un jour revenir en triomphe dans Constantinople (1).

Si le désespoir avait donné quelque courage aux deux empereurs fugitifs, ils auraient pu entrer en partage de leurs propres dépouilles et conserver

---

(1) M. Buchon vient de publier tout récemment la traduction d'une chronique en vers grecs, qui, après avoir rapporté avec rapidité toutes les autres croisades, s'occupe principalement du partage et de la conquête des Francs dans l'empire de Constantinople. Nous en avions donné un extrait dans les pièces justificatives d'une précédente édition. M. Buchon, en la publiant tout entière, a rendu un service véritable à l'histoire des saintes expéditions. Les chroniques de la famille des Villehardouin, qu'il y a ajoutées, sont abondantes en faits, et nous en ferons un ample usage dans notre Éclaircissement sur les royaumes francs de Constantinople. La collection de M. Buchon porte ce titre: *Collection des Chroniques nationales françaises du* XIII*. et* XIV*. siècle.* (Voy. le t. IV.

un reste de puissance; mais ils n'avaient point pro- 1204
fité des leçons du malheur. Murzufile, qui avait
achevé tous les crimes commencés par Alexis, ne
craignit point de se livrer à son malheureux rival,
dont il avait épousé la fille : les méchans se chargent quelquefois du soin de se punir entr'eux.
Alexis, après avoir accablé Murzuflle de caresses,
l'attira dans sa maison, et lui fit arracher les yeux.
En cet état, Murzuflle, abandonné des siens, pour
lesquels il n'était plus qu'un objet d'horreur, allait
cacher en Asie sa vie et sa misère, lorsqu'il tomba
au pouvoir des Latins. Conduit à Constantinople,
et condamné à expier ses crimes par une mort igno-
minieuse, il fut précipité du haut d'une colonne
élevée par l'empereur Théodose sur la place du
Taurus. La multitude des Grecs, qui avait offert
la pourpre à Murzuflle, assista à sa fin tragique,
et parut effrayée d'un supplice plus nouveau pour
elle que le crime que l'on voulait punir (1). Après
l'exécution, la foule contempla avec surprise, sur
la colonne de Théodose (2), un bas-relief qui re-

―――――――

(1) Voyez la mort de Murzuflle dans Nicetas, pag. 393.
Villehardouin, 141-145, dit : « Il y avoit une colonne des
plus haultes qu'on eût vues, et les barons pensèrent qu'il
falloit lui faire faire le sault de haut en bas. » Gunther,
cap. 20 et 21, rapporte aussi la mort de l'usurpateur.

(2) Quelques écrivains modernes ont dit qu'on voyait
encore de nos jours, à Constantinople, la colonne du sommet de laquelle Murzuflle fut précipité; il existait dans
cette ville deux colonnes, l'une de Théodose, l'autre

1204 présentait un roi tombant d'un lieu élevé, et une ville escaladée du côté de la mer. Dans ces temps de troubles et de calamités, on voyait partout des présages. Tout, jusqu'au marbre et à la pierre, semblait avoir parlé des malheurs de Constantinople. Nicetas s'étonnait que de si grandes infortunes n'eussent pas été annoncées par une pluie de sang et quelques prodiges sinistres ; les Grecs les plus éclairés expliquaient la chute de l'empire de Constantin par les vers des poètes et des sibylles, ou par les prophéties de l'Ecriture ; le peuple lisait la mort de ses tyrans et ses propres misères dans les regards des statues et sur les colonnes restées debout au milieu de la capitale (1).

La perfidie et la cruauté d'Alexis ne demeurèrent pas impunies ; l'usurpateur fut obligé d'errer de ville en ville, et de cacher quelquefois la

---

d'Arcadius. La première a été détruite par Bajazet ; il ne reste de l'autre que le piédestal, qui se trouve dans l'*Avret-Baras* (le marché aux femmes). Voyez le *Voyage de la Propontide*, par M. Lechevalier, qui a éclairci ce fait sur les lieux. On trouve des renseignemens curieux dans les ouvrages de Gyllius, topog. 11-17. (Banduri, *Antiq. Constantinop.*, pag. 507.)

(1) Gunther raconte des prédictions à l'occasion du supplice de Murzufile ; mais ce qu'il y a de curieux, c'est que cinquante ans avant la conquête des Latins le poète Tzetzer, *Chiliod*, IX-27, ait raconté le songe d'une matrone qui avait aperçu une multitude armée dans la place publique, et un homme jetant des cris perçans au haut de la colonne de Théodose.

pourpre impériale sous l'habit d'un mendiant. Il dut pendant quelque temps son salut au mépris qu'il inspirait aux vainqueurs. Après avoir erré long-temps, il fut livré au marquis de Montferrat et conduit en Italie ; échappé de sa prison, il repassa en Asie, et trouva un asile chez le sultan d'Iconium. Alexis ne put se résoudre à vivre en paix dans sa retraite, et se réunit aux Turcs pour attaquer son gendre Lascaris, auquel il ne pouvait pardonner d'avoir sauvé quelques débris de l'empire, et de régner sur la Bithynie. Comme les Turcs furent battus, le prince fugitif tomba enfin dans les mains de l'empereur de Nicée, qui le fit jeter dans un monastère, où il mourut oublié des Grecs et des Latins.

1204

Ainsi quatre empereurs de Constantinople (1) furent immolés à l'ambition et à la vengeance, spectacle déplorable et bien digne de pitié ! Au milieu des débris d'un empire, on vit des princes de la même famille se disputer un fantôme d'autorité, s'arracher tour-à-tour le sceptre et la vie, surpasser le peuple en ses fureurs, et ne lui laisser aucun crime, aucun parricide à commettre.

Si l'on pouvait en croire Nicetas, Alexis était rempli de douceur et de modération ; il ne fit porter à aucune femme le deuil de son époux ; il ne fit

---

(1) Ducange, dans ses *Familia Bisantin.*, a suivi l'histoire de toutes les dynasties grecques ; on y trouvera des renseignemens précis autant sur les princes latins que sur les empereurs grecs.

1204 pleurer à aucun citoyen la perte de sa fortune. Cet éloge de Nicétas est plus propre à faire connaître la nature du gouvernement absolu que les qualités du monarque. S'il est vrai qu'on doive remercier le despotisme du mal qu'il n'a point fait, il ne faut pas oublier qu'Alexis n'était monté sur le trône que par un attentat; qu'il ne racheta son parricide par aucune vertu politique, et que le crime de son usurpation, enfantant mille autres crimes, fit éclater une horrible révolution et causa la ruine de tout un peuple. Nicétas traite Murzufle avec beaucoup plus de sévérité; mais quelques historiens modernes, éblouis par des actions de bravoure, ont entrepris de justifier un prince qui sacrifia tout à l'envie de régner. Ils n'ont pas craint de nous montrer dans un tyran cruel et farouche le modèle et le martyr des vertus patriotiques, comme si l'amour de la patrie était la même chose que l'amour effréné de la puissance, et pouvait s'allier avec la trahison et le parricide (1).

Tandis que les princes grecs se faisaient ainsi la guerre et se disputaient les débris du pouvoir, les comtes et les barons français quittaient la capitale pour aller prendre possession des villes et des provinces qu'ils avaient reçues en partage. Plusieurs d'entr'eux furent obligés de conquérir, les armes

---

(1) Au reste, il ne faut pas oublier que Murzufle fut ambitieux pour pouvoir se défendre. Dans les révolutions, l'on désire quelquefois la puissance pour s'assurer l'impunité.

à la main, les terres qu'on leur avait données. Le marquis de Montferrat se mit en marche pour visiter le royaume de Thessalonique, et recevoir l'hommage de ses nouveaux sujets. L'empereur Baudouin, suivi de son frère Henri de Hainaut et d'un grand nombre de chevaliers, parcourut la Thrace et la Romanie, et partout, sur son passage, entendit les bruyantes acclamations d'un peuple, toujours plus habile à flatter ses vainqueurs qu'à combattre ses ennemis. Arrivé à Andrinople, où il fut reçu en triomphe, le nouvel empereur annonça le projet de poursuivre sa marche jusqu'à Thessalonique. Cette résolution inattendue surprit le marquis de Montferrat, qui témoigna le désir d'aller seul dans son royaume (1). Boniface promettait d'être soumis à l'empereur, d'employer toutes ses forces contre les ennemis de l'empire; mais il craignait la présence de l'armée de Baudouin dans ses villes déjà épuisées par la guerre. Une vive querelle s'éleva entre les deux princes. Le marquis de Montferrat accusait l'empereur de vouloir s'emparer de ses états; Baudouin croyait apercevoir dans la résistance de Boniface le secret dessein de méconnaître la souveraineté du chef de l'empire (2). Tous les deux ils aimaient la justice,

---

(1) Villehardouin, lib. vi.

(2) Villehardouin, lib. vi, a longuement raconté les dissensions de l'empereur de Constantinople et de son vassal; le traducteur Vigenère intitule ce chapitre: *Commence-*

et ne manquaient point de modération; mais depuis qu'ils étaient devenus, l'un roi de Thessalonique, l'autre empereur de Constantinople, ils avaient des courtisans qui s'efforçaient d'aigrir leur querelle et d'enflammer leur animosité (1). Les uns disaient à Boniface que Baudouin avait tous les torts, et qu'il abusait d'une puissance qui aurait dû être le prix d'une autre vertu que la sienne. Les autres reprochaient à l'empereur d'être trop généreux avec ses ennemis; et dans l'excès de leur flatterie, ils ne lui trouvaient qu'un seul tort, celui d'avoir épargné trop long-temps un vassal infidèle. Malgré toutes les représentations du marquis de Montferrat, Baudouin conduisit son armée dans le royaume de Thessalonique. Boniface regarda cette obstination de l'empereur comme un sanglant outrage, et jura d'en tirer vengeance le glaive à la main. Poussé par la colère, il s'éloigna brusquement avec quelques chevaliers qui s'étaient déclarés pour sa cause, et courut s'emparer de Didymotique, ville de l'empereur (2).

---

ment des piques entre l'empereur Bauldouin et le marquis de Montferrat. » (Pag. 100.)

(1) « Ainsi, dit Villehardouin, se despartirent en mauvais mesnage l'empereur Bauldouin et le marquis de Boniface, le tout à la suscitation de certains flagorneurs. » (Lib. vi.)

(2) « Or le premier lieu où il s'adressa fut Didymotique, une bonne ville et forte d'assiette, laquelle lui fut rendue par un Grec y habitué. » (Lib. vi.)

Le marquis de Montferrat emmenait avec lui sa 1204 femme, Marie de Hongrie, veuve d'Isaac; la présence de cette princesse, et l'espoir d'entretenir la division parmi les Latins, attiraient les Grecs sous les drapeaux de Boniface. Il leur déclara qu'il combattait pour leur cause, et fit revêtir de la pourpre impériale un jeune prince, fils d'Isaac et de Marie de Hongrie. Traînant à sa suite ce fantôme d'empereur, auquel venaient de toutes parts se rallier les principaux habitans de la Romanie, il reprit le chemin d'Andrinople, et fit des préparatifs pour assiéger cette ville (1). Boniface, toujours plus irrité, n'écoutait ni les conseils, ni les prières de ses compagnons d'armes; la discorde allait faire couler le sang des Latins, si le doge de Venise, le comte de Blois, et les barons restés à Constantinople, n'avaient employé leur autorité et leur crédit pour prévenir les malheurs dont le nouvel empire était menacé. Vivement affligés de tout ce qu'ils avaient appris, ils envoyèrent des députés à l'empereur et au marquis de Montferrat. Le maréchal de Champagne, envoyé auprès de Boniface, lui reprocha sans ménagement d'avoir oublié la gloire et l'honneur des croisés, dont il avait été le chef (2); de

---

(1) Voyez toujours Villehardouin sur cette expédition du marquis de Montferrat ; il est impossible de suivre la géographie de Villehardouin, et son vieux traducteur avoue *qu'on n'y peut asseoir jugement*, pag. 101.

(2) « Si fut de la part du duc (Dandolo) et du comte de Blois, prié Geoffroy de Villehardouin d'aller au siége

1204 compromettre, par un vain orgueil, la cause de Jésus-Christ et le salut de l'empire ; de préparer des jours de triomphe et de joie pour les Grecs, les Bulgares et les Sarrasins. Le marquis de Montferrat fut touché des reproches de Villehardouin, qui était son ami, et qui parlait au nom de tous les croisés. Il promit de faire cesser la guerre, et de soumettre sa querelle avec Baudouin au jugement des comtes et des barons (1).

Cependant Baudouin avait pris possession de Thessalonique. Aussitôt qu'il apprit les hostilités du marquis de Montferrat, il se hâta de revenir avec son armée vers Andrinople ; il roulait dans son âme des projets de vengeance, et menaçait de repousser la force par la force, d'opposer la guerre à la guerre, lorsqu'il rencontra plusieurs députés qui venaient, au nom des chefs de la croisade, lui parler de la paix, et rappeler, dans son cœur, des sentimens de justice et d'humanité. Un chevalier du comte de Blois adressa à l'empereur un discours que Villehardouin nous a conservé (2), et dans lequel nos lecteurs aimeront sans doute à retrouver la noble franchise des vainqueurs de Bysance.

« Sire, lui dit-il, le doge de Venise, le comte
» Louis de Blois, mon très honoré seigneur, et

---

d'Andrinople pour apaiser ce divorce. Geoffroi le maréchal tança assurément le marquis. »

(1) Villehardouin fut spécialement choisi, parce qu'il « *savoit bien tout ce qui touchoit leurs conventions.* »

(2) Lib. vi.

» tous les barons qui sont à Constantinople, vous
» saluent comme leur souverain, et se plaignent à
» Dieu et à vous de ceux qui, par leurs mauvais
» conseils, ont excité de funestes discordes. Vous
» fîtes, certes, très mal de prêter l'oreille à ces
» conseillers perfides, car ils sont nos ennemis et
» les vôtres. Vous saurez que le marquis Boniface
» a soumis sa querelle au jugement des barons ; les
» seigneurs et les princes espèrent que vous ferez
» comme lui, et que vous ne résisterez point à la
» justice. Ils ont juré, et nous sommes chargés de
» vous le déclarer en leur nom, de ne point souf-
» frir plus long-temps le scandale d'une guerre al-
» lumée entre des croisés. »

Baudouin ne répondit point d'abord à ce discours, et parut surpris d'un tel langage; mais on lui parlait ainsi au nom du doge de Venise, dont il respectait la vieillesse et qu'il aimait tendrement; au nom des comtes et des barons, sans le secours desquels il ne pouvait conserver l'empire : il écouta enfin la voix de la raison et celle de l'amitié. Il promit de déposer les armes, et de se rendre à Constantinople pour terminer la querelle élevée entre lui et le marquis de Montferrat (1). A son arrivée,

---

(1) « Or, l'empereur cogneut spécialement qu'on lui avoit donné un mauvais conseil d'entrer en querelle avec le marquis. » (Lib. vi.) Nicétas parle très légèrement de ces querelles; il ne s'agit plus des empereurs grecs, et l'historien de Bysance dédaigne sans doute de s'occuper des querelles de quelques *barbares*.

1204 les comtes et les barons ne lui épargnèrent ni les plaintes, ni les prières, et le trouvèrent docile à tous leurs conseils. Le marquis de Montferrat, qui ne tarda pas à le suivre, revenait avec crainte dans la capitale; il était accompagné de cent chevaliers avec leurs hommes d'armes; l'accueil qu'il reçut de Baudouin et des autres chefs, acheva d'apaiser tous ses ressentimens et de dissiper toutes ses défiances. Dès-lors on ne parla plus que de rétablir la paix et l'harmonie parmi les croisés. Le doge de Venise, les comtes et les barons, les plus sages des chevaliers, qui rappelaient aux maîtres du nouvel empire l'institution redoutable des pairs de l'Occident, jugèrent la querelle qui leur était soumise, et prononcèrent sans appel entre le roi de Thessalonique et l'empereur de Constantinople (1). Les deux princes jurèrent de ne plus écouter les perfides conseils, et s'embrassèrent en présence de l'armée, qui se réjouit du retour de la concorde comme d'une grande victoire remportée sur les ennemis de l'empire. « Grand mal pouvoient faire,
» dit Villehardouin, ceux qui ce discords avoient
» suscité; car si Dieu n'eût pris pitié des croisés,
» ils étoient en danger de perdre leurs conquêtes,
» et la chrétienté en aventure de périr. »

---

(1) Baudouin et ces chevaliers avaient adopté la coutume judiciaire du royaume de Jérusalem. (Voyez les *Éclaircissemens sur les états fondés par les Francs dans l'empire grec*, à la fin du volume.)

Aussitôt que la paix fut rétablie, les chevaliers 1204 et les barons quittèrent de nouveau la capitale pour parcourir et soumettre les provinces. Le comte de Blois, qui avait obtenu la Bithynie, envoya ses chevaliers au-delà du Bosphore; les croisés remportèrent plusieurs avantages sur les troupes de Lascaris (1). Pénamène, Lopade, Nicomédie, et plusieurs autres villes ouvrirent leurs portes aux vainqueurs après une faible résistance. Les Latins soumirent à leurs armes toutes les côtes de la Propontide et du Bosphore, jusqu'à l'ancienne Eolide. Henri de Hainaut ne demeura point oisif dans cette nouvelle guerre, et tandis que les guerriers du comte de Blois poussaient leurs conquêtes vers Nicée, il conduisit ses hommes d'armes dans la Phrygie, montra ses étendards triomphans dans les champs où fut Troie, combattit à-la-fois les Grecs et les Turcs dans les plaines qui avaient vu les armées de Xercès et celles d'Alexandre, et s'empara de tout le pays qui s'étend depuis l'Hellespont jusqu'au mont Ida (2).

―――――

(1) C'est à l'occasion de Lascaris que le traducteur Vigenère s'écrie : « C'est ce Théodore Lascaris qui depuis tailla tant de besogne à l'empereur Henri. » (Pag. 109.)

(2) Sur cette expédition des chevaliers chrétiens, voyez Villehardouin, nos. 159-177. Nicetas, pag. 387-394. Il pourrait être curieux de comparer, pour les faits et la géographie, l'histoire de la guerre actuelle de la Grèce et l'expédition des Francs.

Claudien a fait, dans ses panégyriques de Stilicon, un

1204 Dans le même temps, le marquis de Montferrat, paisible possesseur de Thessalonique, entreprit de faire la conquête de la Grèce; il s'avança dans la Thessalie, dépassa la chaîne des montagnes d'Olimpe et d'Ossa, et s'empara de Larisse. Boniface et ses chevaliers traversèrent sans crainte et sans danger le détroit des Thermopyles, et pénétrèrent dans la Béotie et dans l'Attique; ils mirent en fuite Léon Sgurre, fléau d'une vaste province, et leurs exploits purent rappeler aux Grecs ces héros des premiers âges qui parcouraient le monde en combattant les monstres et les tyrans. Comme tous les Grecs, long-temps opprimés, soupiraient après un changement, les héros de la croisade furent partout reçus comme des libérateurs. Pendant que Boniface prenait possession des plus belles contrées de la Grèce, Geoffroi de Villehardouin, neveu du maréchal de Champagne, faisait reconnaître l'autorité des Latins dans le Péloponnèse (1). Après avoir repoussé jusque dans les montagnes d'Épire les troupes de Michel Comnène, il s'empara sans

---

tableau remarquable de l'invasion des Goths dans les provinces de la Grèce. Ces belles contrées n'avaient pas été envahies depuis le iiie. siècle. Les Francs ne surent guère mieux garder leurs conquêtes que les Barbares qui les avaient précédés. (Voyez l'Éclaircissement à la fin du volume.)

(1) Voyez la chronique de Villehardouin, dans la collection déjà citée de M. Buchon, en la comparant avec la chronique grecque de la Morée. (Tom. iv de la Collection.)

combat de Coron, de Patras, et ne trouva de résis- 1204
tance que dans le canton de Lacédémone. Les terres et les villes conquises furent données aux barons, qui rendirent foi et hommage au roi de Thessalonique et à l'empereur de Constantinople. La Grèce vit alors des seigneurs d'Argos, de Corinthe, des grands sires de Thèbes, des ducs d'Athènes, des princes d'Achaïe. Des chevaliers français dictèrent des lois dans la ville d'Agamemnon, dans la cité de Minerve(1), dans la patrie de Lycurgue, dans celle d'Epaminondas. Étrange destinée des guerriers de cette croisade, qui avaient quitté l'Occident pour conquérir la ville et la terre de Jésus-Christ, et que la fortune conduisait dans des lieux remplis du souvenir des dieux d'Homère et de la gloire profane de l'antiquité !

Les croisés n'eurent pas long-temps à se féliciter 1205
de leurs conquêtes ; possesseurs d'un empire plus difficile à conserver qu'à envahir, ils ne surent point maîtriser la fortune, qui leur ôta bientôt ce que la victoire leur avait donné. Ils exercèrent leur pouvoir avec violence, et ne ménagèrent ni leurs sujets ni leurs voisins. Le roi des Bulgares, Joanice, avait envoyé à Baudouin une ambassade

---

(1) Les lettres d'Innocent parlent de la ville d'Athènes, dédiée à la sainte Vierge. (Voyez lib. xv, epist. 6, *Idem.*) Pour tous ces détails, nous nous sommes servi des huit livres que Ducange a donnés comme supplément à l'histoire de Villehardouin, sous ce titre : *Hist. Constantin. sub dominat. Francor.*

pour lui offrir son amitié; Baudouin répondit avec hauteur, et menaça de faire descendre Joanice de son trône usurpé (1). En dépouillant les Grecs de leurs biens, les croisés se fermèrent toute source de prospérité, et réduisirent au désespoir des hommes auxquels ils n'avaient laissé que la vie. Pour comble d'imprudence, ils refusèrent de recevoir, dans leurs armées, les Grecs qu'ils accablaient de leur mépris, et qui devinrent pour eux des ennemis implacables (2). Non contens de régner dans les villes, ils voulurent asservir les cœurs, et réveillèrent le fanatisme. D'injustes persécutions aigrirent l'esprit des prêtres grecs, qui déclamèrent avec fureur contre la tyrannie, et qui, réduits à la misère, furent écoutés comme des oracles et révérés comme des martyrs.

Le nouvel empire des Latins, dans lequel on avait introduit les lois féodales, se trouvait partagé en mille principautés ou seigneuries, et n'était plus qu'une espèce de république, difficile à gouverner (3). Les Vénitiens avaient leur juridiction

---

(1) Il existe deux lettres, l'une du pape Innocent à Joanice, l'autre la réponse de Joanice au pape Innocent. (*Gesta*, pag. 108-109.) Gibbon fait observer qu'on chérissait à la cour de Rome le roi des Bulgares comme un enfant prodigue.

(2) Voyez à cet égard les plaintes de Nicetas, extraites de cet historien, dans la *Biblioth. des Crois.*, t. II.

(3) Voyez l'Éclaircissement déjà indiqué à la fin du volume.

particulière, et la plupart des villes étaient régies tour-à-tour par la législation de Venise et le code de la féodalité. Les seigneurs et les barons avaient entr'eux des intérêts opposés et des rivalités qui, chaque jour, pouvaient faire éclater la discorde et la guerre civile. Les ecclésiastiques latins, qui avaient partagé les dépouilles de l'église grecque, n'invitaient point à la paix par leur exemple, et portaient le scandale de leurs dissensions jusque dans le sanctuaire. Ils voulaient sans cesse faire prévaloir les lois et l'autorité de la cour de Rome sur celles des empereurs. Plusieurs d'entr'eux avaient usurpé les fiefs sur les barons, et comme les fiefs qu'ils possédaient étaient exempts du service militaire, l'empire se trouvait ainsi privé de ses défenseurs naturels (1).

Le climat et les richesses de la Grèce, le séjour de Bysance, avaient énervé le courage des vainqueurs et porté la corruption parmi les soldats de la croix. Les peuples méprisèrent enfin la puissance et les lois de ceux dont ils méprisaient les mœurs. Comme les Latins s'étaient séparés, pour se rendre les uns dans la Grèce, les autres dans l'Asie-Mi-

---

(1) Dans un gouvernement tout-à-fait militaire, tel que le royaume de Jérusalem, *les fiefs d'Église* ne furent point toujours dispensés du service militaire; le possesseur clerc n'était point tenu à des services personnels, mais il devait des remplacemens; on peut voir, à cet égard, la liste des fiefs à la suite de l'Éclaircissement sur les assises, tom. 1 de cette histoire.

neure, les Grecs, qui ne voyaient plus de grandes armées, et qui avaient quelquefois résisté à leurs ennemis avec avantage, commencèrent à croire que les guerriers de l'Occident n'étaient point invincibles.

Dans leur désespoir, les vaincus résolurent de courir aux armes; et, cherchant partout des ennemis aux croisés, ils implorèrent l'alliance et la protection des Bulgares; il se forma une vaste conjuration, dans laquelle entrèrent tous ceux qui ne pouvaient plus supporter la servitude. Tout-à-coup l'orage éclata par le massacre des Latins; un cri de guerre se fit entendre depuis le mont Hémus jusqu'à l'Hellespont; les croisés, dispersés dans les villes et dans les campagnes, furent surpris par un ennemi furieux et sans pitié. Les Vénitiens et les Français, qui gardaient Andrinople et Didymotique, ne purent résister à la multitude des Grecs; les uns furent égorgés dans les rues; les autres se retirèrent en désordre; et, dans leur fuite, ils virent avec douleur leurs drapeaux arrachés du sommet des tours, et remplacés par les étendards des Bulgares. Les chemins étaient couverts de guerriers fugitifs, qui ne trouvaient point d'asile dans un pays qui naguère tremblait au bruit de leurs armes (1).

---

(1) Voyez le récit de Nicetas, chap. v, nos. 6 et 7. L'historien grec confond dans sa haine et les Bulgares et les Francs; il décrit, avec toutes les impressions de la crainte,

Chaque ville, assiégée par les Grecs, ignorait le 1205 sort des autres villes confiées à la garde des Latins; les communications étaient interrompues; de sinistres rumeurs se répandaient dans les provinces, et représentaient la capitale en feu, toutes les cités livrées au pillage, toutes les armées des Francs dispersées et anéanties. Les vieilles chroniques, en parlant de la barbarie des Grecs, parlent aussi de l'effroi qui s'était emparé de quelques-uns des chevaliers et des barons; la vue du danger semblait avoir étouffé dans leurs cœurs tous les sentimens; on voyait des croisés abandonner leurs compagnons, des frères abandonner leurs frères au moment du péril. Un vieux chevalier, Robert de Trit, qui, malgré ses cheveux blancs, avait suivi ses fils à la croisade, se trouvait assiégé par les Grecs dans Philippopolis : la ville était entourée d'ennemis; Robert n'avait presque plus d'espoir de salut. Dans un si pressant danger, ses larmes et ses prières ne purent retenir auprès de lui ni son gendre ni son fils. Villehardouin nous apprend que ces lâches guerriers furent égorgés dans leur fuite, et que Dieu ne voulut point sauver ceux qui avaient refusé de secourir leur père (1).

---

cette révolte subite des Grecs, et paraît redouter les vengeances des Francs. (*Biblioth. des Croisades*, tom. II.)

Vigenère intitule ce chapitre de l'histoire de Villehardouin : *Grand trouble et rébellion des Grecs contre les Français.* « Ainsi, dit-il, qu'ordinairement il advient en toutes nouvelles conquestes. »

(1) « Ce roi de Bulgares leur fit couper la teste, dont ils

1205   Lorsque le bruit de ces désastres parvint à Constantinople, Baudouin assembla les comtes et les barons; on résolut de porter un prompt remède à tant de maux, et de déployer toutes les forces de l'empire pour arrêter les progrès de la révolte. Les croisés qui faisaient la guerre au-delà du Bosphore, reçurent l'ordre d'abandonner leurs conquêtes et de revenir sous les drapeaux de l'armée. Baudouin les attendit pendant plusieurs jours; mais comme il était impatient de commencer la guerre, et qu'il voulait étonner l'ennemi par la promptitude de sa marche, il partit à la tête des chevaliers qui se trouvaient dans la capitale; et, cinq jours après son départ, parut devant les murs d'Andrinople (1).

Les chefs des croisés, accoutumés à braver tous les obstacles, n'étaient jamais retenus ni par le petit nombre de leurs soldats, ni par la multitude de leurs ennemis. La capitale de la Thrace, environnée d'inexpugnables remparts, était défendue par cent mille Grecs, à qui l'ardeur de la vengeance tenait lieu de courage; Baudouin comptait à peine huit mille hommes sous ses drapeaux. Le doge de Venise arriva bientôt avec sept à huit mille Vénitiens. Les Latins fugitifs vinrent de

---

ne furent guère plaints ni regrettés pour s'estre ainsi déloyalement portés envers celui qu'ils ne devoient pas délaisser. » (Lib. VII.)

(1) Nicetas est toujours tout plein de crainte de la vengeance des Francs. (Chap. VI.)

toutes parts se réunir à cette petite armée. Les croi- 1205
sés dressèrent leurs tentes, et se préparèrent à faire
le siége de la ville. Leurs préparatifs se poursuivaient lentement, et les vivres commençaient à
leur manquer, lorsque la renommée annonça la
marche du roi des Bulgares (1). Joanice, chef
d'un peuple barbare, et plus barbare lui-même
que ses sujets, s'avançait avec une armée formidable; il cachait les projets de son ambition et de
sa vengeance sous les apparences du zèle religieux,
et faisait porter devant lui un étendard de saint
Pierre, qu'il avait reçu du pape. Le nouvel allié
des Grecs se vantait d'être le chef d'une sainte entreprise, et menaçait d'exterminer les Francs,
qu'il accusait d'avoir pris la croix pour ravager les
provinces et piller les villes des chrétiens.

Le roi des Bulgares était précédé, dans sa
marche, d'une troupe nombreuse de Tartares ou
Comans (2), que l'espoir du pillage avait fait sortir

---

(1) Voyez Villehardouin, lib. vii.
(2) Les Comans étaient une horde de Tartares qui cam-
paient, dans les xiie et xiiie. siècles, sur les frontières de la
Moldavie; ils furent convertis au christianisme par le roi
de Hongrie en 1270. Vigenère, dans une note sur Villehardouin, en parle en ces termes : « Par les Cumains, il entend sans doute les Scythes ou Tartares, comme l'exprime
Nicetas Choniate, auteur grec, lequel estoit du temps de
celui-ci, et a escrit fort exactement ceste histoire; et quant
à l'occasion de ce mot, Pline, lib. vi, cap. 2, appelle Cu-
manie un chasteau qui est au-dessus des portes Caucasiennes
ou portes de fer, édifié par Alexandre-le-Grand, mainte-

1205 des montagnes et des forêts voisines du Danube et du Borysthène. Les Comans, plus féroces que les peuples du mont Hémus, buvaient, dit-on, le sang de leurs captifs, et sacrifiaient les chrétiens sur les autels de leurs idoles. Accoutumés, comme les guerriers de la Scythie, à combattre en fuyant, les cavaliers tartares avaient reçu de Joanice l'ordre de provoquer l'ennemi jusque dans son camp, et d'attirer dans une embuscade la pesante cavalerie des Francs. Les comtes et les barons avaient prévu le danger; ils défendirent aux croisés de quitter leurs tentes, et de sortir de leurs retranchemens. Mais tel était le caractère des guerriers français, qu'à leurs yeux la prudence ôtait à la bravoure tout son éclat, et qu'il leur paraissait honteux de supporter sans combat les menaces et la présence de l'ennemi.

A peine les Tartares ont-ils paru à l'approche du camp, que leur vue fait oublier aux chefs mêmes des croisés l'ordre qu'ils ont donné la veille. Le comte de Blois, le comte de Flandre volent à la rencontre de l'ennemi, le mettent en fuite, et le poursuivent pendant l'espace de deux lieues. Mais tout-à-coup les Tartares se rallient et

---

nant Desbent sur la mer Caspie, ainsi que le tesmoigne frère Hayton, arménien, au 32e. chapitre de son histoire; mais plus particulièrement Josapha Barbaro en la relation de son voyage. Delatour montre que ces Cumains sont les Tartares de Precops, anciennement la Taurique Chersonèse. » (Vigenère, pag. 129.)

fondent à leur tour sur les croisés. Ceux-ci, qui 1205 croyaient avoir remporté une victoire, se trouvent obligés de se défendre au milieu d'un pays inconnu ; leurs escadrons, accablés de fatigue, sont surpris, entourés par l'armée de Joanice : enfoncés de toutes parts, ils font de vains efforts pour reprendre leur ordre de bataille, et ne peuvent ni fuir, ni résister aux Barbares (1).

Le comte de Blois s'efforce de réparer sa funeste imprudence par des prodiges de valeur; couvert de blessures, il est renversé de son cheval au milieu des rangs ennemis; un de ses chevaliers le relève et veut le retirer de la mêlée : « Non (2), » s'écrie ce brave prince, laissez-moi combattre et » mourir. A Dieu ne plaise qu'il me soit jamais » reproché d'avoir fui du combat. » En achevant ces paroles, le comte de Blois tombe percé de coups, et son chevalier fidèle expire à ses côtés.

L'empereur Baudouin disputait encore la victoire; les plus braves des chevaliers et des barons le suivaient dans la mêlée; un carnage horrible marquait partout leur passage à travers les rangs des Barbares. Pierre, évêque de Bethléem, Étienne, comte du Perche, Renaud de Montmirail, Mathieu de Valincourt, Robert de Ronçai, une foule de seigneurs et de vaillans guerriers, perdent la vie en

---

(1) Villehardouin, lib. vii. « Témérité des Français, dit le vieux traducteur, procédant d'une trop chaulde hardiesse. » (Pag. 130.)

(2) Voyez Lebeau, *Histoire du Bas-Empire*, lib. xiv.

défendant leur prince. Baudouin restait presque seul sur le champ de bataille et combattait encore; mais il est enfin accablé par le nombre, et tombe entre les mains des Bulgares, qui le chargent de fers. Les débris de l'armée se retirent dans le plus grand désordre, et ne doivent leur salut qu'à la sage bravoure du doge de Venise et du maréchal de Champagne et de Romanie, restés à la garde du camp (1).

Dans la nuit même qui suivit le combat, les croisés lèvent le siége d'Andrinople, et reprennent, à travers mille dangers, le chemin de la capitale. Les Bulgares et les Comans, fiers de leur victoire, poursuivaient sans relâche l'armée qu'ils avaient vaincue; cette armée, qui avait perdu la moitié de ses soldats, manquait de vivres, et traînait avec peine ses bagages et ses blessés. Les croisés étaient plongés dans un morne silence; leur désespoir se montrait dans leur contenance et sur leurs visages; ils rencontrèrent, à Rœdoste, Henri de Hainaut et plusieurs chevaliers qui revenaient des provinces d'Asie pour rejoindre l'armée d'Andrinople; ils racontent en gémissant leur défaite et la captivité de Baudouin. Tous ces guerriers, qui n'avaient jamais été vaincus, expriment ensemble leur sur-

---

(1) Nicetas commence ici à exprimer ses véritables sentimens, et accable d'injures Dandolo, *le principal auteur de tous les maux; le plus subtil des ennemis de l'empire.* (Voir *Biblioth. des Crois.*, tom. II.)

prise et leur douleur, confondent leurs sanglots et leurs larmes, élèvent les yeux et les mains vers le ciel pour implorer la miséricorde divine. Les croisés, qui revenaient des rives du Bosphore, s'adressent au maréchal de Romanie, et lui disent en pleurant : « Envoyez-nous au plus fort du péril, » car nous n'avons plus besoin de la vie : ne som- » mes-nous pas assez malheureux de n'être pas » venus assez tôt pour secourir notre empereur ? » Ainsi les chevaliers de la croix, poursuivis par un ennemi victorieux, ne connaissaient point la crainte; et la douleur que leur donnait le souvenir de leur défaite, leur permettait à peine de voir les périls dont ils étaient menacés.

1205

Cependant tous les croisés ne montraient pas ce noble courage; plusieurs chevaliers, que Villehardouin (1) ne veut point nommer, pour ne pas déshonorer leur mémoire, avaient abandonné les drapeaux de l'armée, et s'étaient enfuis jusqu'à Constantinople; ils racontèrent les désastres des

---

(1) Villehardouin, lib. vii. On nous reprochera peut-être d'avoir cité trop souvent l'histoire du maréchal de Champagne, et d'avoir donné ainsi de la monotonie à notre récit. Nous répondrons, que la relation et les paroles naïves d'un pareil historien, qui raconte ce qu'il a vu et ce qu'il a éprouvé, nous ont paru au-dessus de tout ce que le talent et l'art d'écrire pourraient mettre à la place : nous aimons à croire que si notre récit a pu intéresser nos lecteurs, nous devons une grande partie de cet intérêt aux citations multipliées de Villehardouin et des autres historiens contemporains.

croisés, et pour excuser leur désertion, ils firent un tableau lamentable des maux qui menaçaient l'empire. Tous les Francs furent saisis de douleur et d'effroi en apprenant qu'ils n'avaient plus d'empereur. Les Grecs, qui habitaient la capitale, applaudissaient en secret au triomphe des Bulgares; et leur joie, qu'ils savaient mal dissimuler, augmentait encore les alarmes des Latins. Un grand nombre de chevaliers, accablés de tant de revers, ne virent plus leur salut que dans la fuite, et s'embarquèrent à la hâte sur des vaisseaux vénitiens. En vain le légat du pape et plusieurs chefs de l'armée cherchèrent à les retenir, en les menaçant de la colère de Dieu et du mépris des hommes : ils renoncèrent à leur propre gloire ; ils abandonnèrent un empire fondé par leurs armes, et vinrent annoncer la captivité de Baudouin dans les villes de l'Occident, où l'on faisait encore des réjouissances publiques pour les premières victoires des croisés (1).

Cependant Joanice était à la poursuite de l'armée vaincue. Les Grecs, réunis aux Bulgares, s'emparaient de toutes les provinces et ne laissaient point de repos aux Latins. Parmi les désastres dont l'histoire contemporaine nous a transmis le déplorable récit, nous ne devons pas oublier le massacre de vingt mille Arméniens. Cette peu-

---

(1) « Ils partirent, dit Villehardouin, nonobstant toutes les remontrances qui leur furent faites à chaudes larmes, battant des mains. » (Lib. VIII.)

LIVRE XI. 325

plade nombreuse avait quitté les bords de l'Eu- 1205
phrate, et s'était établie dans la province de Natolie. Après la conquête de Constantinople, elle se déclara pour les croisés ; et lorsque les Latins éprouvèrent des revers, se voyant menacée et poursuivie par les Grecs, elle traversa le Bosphore, et suivit Henri de Hainaut qui marchait vers Andrinople. Ces Arméniens conduisaient avec eux leurs troupeaux et leurs familles ; ils traînaient sur des chariots tout ce qu'ils avaient pu emporter de plus précieux, et dans leur marche à travers les montagnes de la Thrace, ne suivaient qu'avec peine l'armée des croisés. Ce malheureux peuple fut surpris par les Tartares, et périt tout entier sous le glaive d'un impitoyable vainqueur (1). Les Francs pleurèrent la défaite et la destruction des Arméniens, sans pouvoir les venger ; ils n'avaient plus que des ennemis dans les vastes provinces de l'empire ; ils ne conservaient au-delà du Bosphore que le château de Péges ; du côté de l'Europe, que Rœdoste (2)

---

(1) Nicetas parle de ces paysans arméniens, chap. x. Villehardouin s'exprime en ces termes : « Sur ces entrefaites, il advint un désastre à ces pauvres Arméniens qui venoient après lui, car les gens du pays s'étant assemblés et jetés dessus, en taillèrent en pièces la plus grande partie. » (Lib. viii.)

(2) Villehardouin place ce château de Rœdoste à trois journées d'Andrinople. Son traducteur Vigenère substitue trois heures. Ducange n'a point corrigé cette erreur géographique, que d'autres après lui ont copiée.

et Sélimbrie. Leurs conquêtes dans l'ancienne Grèce n'étaient pas encore menacées par les Bulgares, mais ces conquêtes éloignées ne servaient qu'à diviser leurs forces. Henri de Hainaut, qui prit le titre de régent, fit des prodiges de valeur pour reprendre quelques-unes des villes de la Thrace, et perdit dans des combats sans gloire un grand nombre des guerriers qui restaient sous ses drapeaux.

L'évêque de Soissons, et plusieurs croisés, tristes messagers d'un empire en deuil, furent envoyés en Italie, en France et dans le comté de Flandre, pour solliciter les secours des chevaliers et des barons; mais les secours que l'on espérait ne pouvaient arriver que lentement, et l'ennemi faisait de rapides progrès. L'armée des Bulgares, comme un violent orage, s'avançait de tous côtés; elle désolait les campagnes de la Romanie, étendait ses ravages dans le royaume de Thessalonique, repassait le mont Hémus, et revenait plus nombreuse et plus formidable jusque sur les bords de l'Hèbre, menaçant les rives de l'Hellespont. L'empire latin n'avait plus de défenseurs qu'un petit nombre de guerriers répandus dans les villes et les forteresses; chaque jour la guerre et la désertion diminuaient le nombre et les forces des malheureux vainqueurs de Bysance. Cinq cents chevaliers, l'élite de l'armée des croisés, furent attaqués devant les murs de Rusium, et taillés en pièces par la multitude innombrable des Comans et des Bulgares (1). Cette défaite ne fut

---

(1) Villehardouin, lib. VIII. On peut lire dans Nicetas,

pas moins funeste que la bataille d'Andrinople ; les 1206
hordes du mont Hémus et du Boristhène n'eurent
plus d'ennemis à combattre. Sur leur passage les campagnes étaient en flammes, les villes n'avaient point
de refuge, point de moyens de défense. La terre
était couverte de soldats qui égorgeaient tout ce
qui s'offrait à leurs coups; la mer couverte de pirates qui menaçaient toutes les côtes de leurs brigandages. Constantinople s'attendait chaque jour à
voir sous ses remparts les étendards victorieux de
Joanice, et ne dut son salut qu'à l'excès des maux
qui désolaient toutes les provinces de l'empire.

Le roi des Bulgares n'épargnait pas plus ses alliés que ses ennemis; toutes les villes tombées en son
pouvoir ne présentaient qu'un amas de ruines; il dépouillait les habitans, les traînait à sa suite comme
des captifs, et leur faisait éprouver, avec toutes les
calamités de la guerre, tous les excès d'une tyrannie
jalouse et barbare (1). Les Grecs qui avaient sollicité
son secours, furent enfin réduits à implorer l'appui

---

chap. VI du règne de Baudouin, le tableau de l'invasion des
Barbares.

(1) « Ce ne furent pas seulement les villes voisines de la
mer qui furent ainsi maltraitées par ces cruelles nations,
les plus éloignées des côtes souffrirent la même disgrâce.
Ces impitoyables vainqueurs ne savoient pas que c'est faire
injure à la nature que de sacrifier à la vengeance après qu'on
a remporté la victoire ; ils moissonnèrent les jeunes créatures comme des fleurs qui n'étoient point encore épanouies. »
(Nicetas, chap. IX.)

1206 des Latins contre leurs féroces alliés. Les croisés acceptèrent avec joie l'alliance des Grecs, qu'ils n'auraient jamais dû repousser, et rentrèrent dans Andrinople. Didymotique, et la plupart des villes de la Romanie, secouèrent le joug insupportable des Bulgares et se soumirent aux Latins. Les Grecs que Joanice avait poussés au désespoir, montrèrent quelque bravoure, et devinrent pour les croisés d'utiles auxiliaires; mais que pouvait la valeur dans des villes désertes, dans des provinces ravagées, dans un empire détruit! Les hordes de la Bulgarie, victorieuses ou vaincues, poursuivaient leurs ravages; leur chef renouvelait chaque jour ses invasions, et ne laissait point de repos aux Francs. Abandonné par les Grecs de la Romanie, il invoqua les armes des Grecs de Nicée, et fit une alliance avec Lascaris, implacable ennemi des Latins (1).

Le pape avait en vain exhorté les peuples de France et d'Italie à s'armer pour secourir les vainqueurs de Bysance; il ne put réveiller leur enthousiasme pour une cause qui n'offrait plus à ses défenseurs que des malheurs certains et des dangers sans gloire.

---

(1) La chronique de la Morée dit que Baudouin mourut à la bataille d'Andrinople. Nicetas, pag. 98, dit que Baudouin fut fait prisonnier et conduit à Terenove, capitale de la Mysie ou Valachie; qu'on lui fit couper les pieds et les mains, et qu'on l'exposa ensuite dans une vallée pour devenir la proie des loups. (Nicetas, chap. x.)

LIVRE XI.

Au milieu des périls qui se multipliaient chaque jour, les croisés ignoraient encore le sort de Baudouin; tantôt on racontait qu'il avait brisé ses fers, et qu'on l'avait vu errant dans les forêts de la Servie (1); tantôt qu'il était mort de douleur dans sa prison; tantôt enfin qu'il avait été massacré, au milieu d'un festin, par le roi des Bulgares; que ses membres mutilés avaient été jetés sur des rochers sauvages, et que son crâne, enchâssé dans de l'or, servait de coupe à son barbare vainqueur (2). Plusieurs messagers, envoyés par Henri de Hainaut, parcoururent les villes de la Bulgarie pour connaître le sort de Baudouin, et revinrent à Constan-

---

(1) Parmi les bruits romanesques qui se répandirent sur Baudouin, on doit remarquer celui-ci, rapporté par Albéric des Trois-Fontaines. « L'empereur latin était renfermé dans une étroite prison à Terenove; la femme de Joanice en devint éperdument amoureuse, et lui proposa de s'enfuir avec elle. Baudouin rejeta cette proposition, et la femme de Joanice, indignée de son dédain et de son refus, l'accusa auprès de son mari d'avoir brûlé pour elle d'un amour adultère. Le barbare Joanice fit massacrer, au milieu d'un festin, son malheureux prisonnier, dont le corps fut exposé, sur des rochers, aux vautours et aux bêtes sauvages. » Vigenère annote ainsi Villehardouin : « Les Barbares, après avoir longuement détenu Baudouin, lui firent enfin couper bras et jambes et jeter le tronc en une vallée, où il demeura trois jours à combattre la mort. Les bestes et oiseaux le mangeant tout en vie; puis de son teste fit faire un gobelet où il buvoit. » (Pag. 158.)

(2) C'est le témoignage de Georges Acropolite, chap. xII.

tinople sans avoir rien appris. Un an après la bataille d'Andrinople, le pape, sollicité par les croisés, avait conjuré Joanice de rendre aux Latins de Bysance le chef de leur nouvel empire. Le roi des Bulgares se contenta de répondre que Baudouin avait payé le tribut à la nature, et que sa délivrance n'était plus au pouvoir des mortels (1). Cette réponse fit perdre toute espérance de revoir le monarque prisonnier, et les Latins ne doutèrent plus de la mort de leur empereur (2). Henri de Hainaut recueillit le déplorable héritage de son frère, et lui succéda à l'empire au milieu de la douleur publique. Pour comble de malheurs, les

---

(1) *Quia debitum carnis exsolverat cum carcere teneretur.* (*Gest. Innocent. III*, cap. 109.)

(2) On ne pouvait croire à la mort de Baudouin; un ermite s'était retiré dans la forêt de Glançon, du côté de Hainaut. Le peuple du voisinage se persuada que cet ermite était le comte Baudouin; le solitaire répondit d'abord avec franchise, et se refusa aux hommages qu'on voulait lui rendre; on insista; enfin il fut tenté de jouer un rôle, et se donna pour Baudouin : il eut d'abord un grand nombre de partisans; mais le roi de France, Louis VIII, l'ayant invité à se rendre auprès de sa personne, il fut confondu par les questions qui lui furent faites; il prit la fuite, et fut arrêté en Bourgogne par Erard de Chastenai, gentilhomme bourguignon, dont la famille existe encore de nos jours. Jeanne, comtesse de Flandre, fit pendre cet imposteur sur la place de Lille. (Voy. aussi Ducange, *Histoire de Constantinople*, liv. III et IX, et les récits de Mathieu Paris, *Hist. maj.*, pag. 271 et 272.)

Latins eurent à pleurer la perte de Dandolo (1), 1206
qui venait de terminer à Constantinople sa glorieuse carrière, et dont les derniers regards virent
la rapide décadence d'un empire qu'il avait fondé.
La plupart des chefs de la croisade avaient péri
dans les combats, ou s'étaient retirés en Occident.
Boniface, dans une expédition contre les Bulgares
du Rhodope, reçut une blessure mortelle, et sa
tête fut portée en triomphe au farouche Joanice,
qui avait déjà immolé un monarque à son ambition
et à sa vengeance. La succession de Boniface fit
naître de vives dissensions parmi les croisés, et
le royaume de Thessalonique, qui avait jeté
quelque éclat pendant sa courte durée, disparut
dans le bruit et les orages d'une guerre civile et
d'une guerre étrangère. Le frère et le successeur
de Baudouin réunissait les vertus civiles aux vertus
militaires; mais il ne pouvait relever une puissance
de toutes parts ébranlée (2).

---

(1) Dandolo fut magnifiquement inhumé dans Sainte-
Sophie, et son mausolée subsista jusqu'à la destruction de
l'empire. Mahomet II le fit démolir lorsqu'il changea l'é-
glise de Ste.-Sophie en mosquée ; un peintre vénitien, qui
avait travaillé plusieurs années à la cour de Mahomet, retournant dans sa patrie, obtint de ce sultan la cuirasse, le
casque, les éperons et la toge de Dandolo, dont il fit présent à la famille de ce grand homme.

(2) Voyez dans la *Biblioth. des Croisades*, l'extrait des
chroniques grecques qui continuent l'*Histoire de l'Empire
des Latins à Constantinople*, tom. II, et l'Éclaircissement à

1206 Je n'ai pas le courage de poursuivre cette histoire, et de montrer les Latins dans l'excès de leur abaissement et de leur misère. En commençant mon récit, je disais : *Malheur aux vaincus!* en le terminant, je ne puis m'empêcher de dire : *Malheur aux vainqueurs!*

Un vieil empire qui s'écroule, un empire nouveau tout près de tomber en ruines, tels sont les tableaux que nous présente cette croisade; jamais aucune époque n'offrit de plus grands exploits à l'admiration, et de plus grands malheurs à déplorer. Au milieu de ces scènes glorieuses et tragiques, l'imagination est vivement émue et marche sans cesse de surprise en surprise. On s'étonne d'abord de voir une armée de trente mille hommes s'embarquer pour conquérir un pays qui pouvait compter plusieurs millions de défenseurs; une tempête, une maladie épidémique, le manque de vivres, la division parmi les chefs, une bataille indécise, tout pouvait perdre l'armée des croisés et faire échouer leur entreprise. Par un bonheur inouï, rien de ce qu'ils avaient à craindre ne leur arrive. Ils triomphent de tous les dangers; ils surmontent tous les obstacles; sans avoir aucun parti parmi les Grecs, ils s'emparent de la capitale et

---

la fin de ce volume. Nous y avons suppléé à tout ce qui manque à notre récit; nous ne devons pas oublier que la fondation de l'empire latin de Constantinople n'est qu'un épisode aux expéditions saintes.

des provinces; et lorsqu'on voit partout leurs étendards triomphans, c'est alors que la fortune les abandonne et que leur ruine commence. Grande leçon donnée aux peuples par la Providence, qui se sert quelquefois des conquérans pour châtier les nations et les princes, et se plaît à briser ensuite les instrumens de sa justice! Sans doute que cette Providence, qui protége les empires, ne permet point que de grands états soient impunément renversés; et, pour effrayer ceux qui veulent tout soumettre à leurs armes, elle a voulu que la victoire ne portât que des fruits amers.

Les Grecs, nation dégénérée, n'honorèrent leurs malheurs par aucune vertu; ils n'eurent ni assez de courage pour prévenir les revers de la guerre, ni assez de résignation pour les supporter. Quand ils furent réduits au désespoir, ils montrèrent quelque valeur; mais cette valeur fut imprudente et aveugle; elle les précipita dans de nouvelles calamités, et leur donna des maîtres plus barbares que ceux dont ils voulaient secouer le joug. Ils n'avaient point de chef qui pût les conduire (1), point de sentiment patriotique qui pût les rallier :

---

(1) Il ne faut pas se laisser séduire par les éloges exagérés que donnent les historiens de Bysance à quelques généraux grecs; le correctif est dans les actions qu'ils racontent; elles sont si au-dessous des éloges, que les éloges ne sont plus que ridicules. Théodore Lascaris est le seul qui pourrait un peu ressortir dans le tableau.

déplorable exemple d'une nation abandonnée à elle-même, qui a perdu ses mœurs, et n'a point de confiance ni dans ses lois ni dans son gouvernement.

Les Francs avaient sur leurs ennemis tous les avantages que les barbares du nord avaient eus sur les Romains du Bas-Empire. Dans cette lutte terrible, la simplicité des mœurs, l'énergie d'un peuple nouveau pour la civilisation, l'ardeur du pillage et l'orgueil de la victoire, durent l'emporter sur l'amour du luxe, sur les habitudes formées au milieu de la corruption, sur la vanité qui met du prix aux choses frivoles, et ne conserve qu'un vain souvenir de la véritable grandeur.

Les événemens que nous venons de raconter suffisent sans doute pour faire connaître les mœurs et l'esprit des Grecs et des Latins. Deux historiens qui nous ont servi de guides dans cette histoire, peuvent ajouter, par le style même et le caractère de leurs ouvrages, à l'idée que nous avons du génie des deux peuples.

Le grec Nicetas fait de longues lamentations sur l'infortune des vaincus ; il déplore avec amertume la perte des monumens, des statues, des richesses qui entretenaient le luxe de ses compatriotes. Ses récits, remplis d'exagération et d'hyperboles, semés partout de passages tirés de l'Écriture et des auteurs profanes, s'éloignent presque toujours de la noble simplicité de l'histoire, et ne montrent qu'une vaine affectation de savoir. Nicetas, dans l'excès de sa vanité, hésite à prononcer le nom des Francs (1), et croit les punir en gardant le silence sur leurs exploits; lorsqu'il décrit les malheurs de l'empire, il ne sait que pleurer et gémir; mais en gémissant, il veut encore plaire, et paraît plus occupé de son livre que de sa patrie.

Le maréchal de Champagne ne se pique point d'érudition, et paraît fier de son ignorance. On a dit qu'il ne savait point écrire; il avoue lui-même qu'il a dicté son histoire : sa narration, dépouillée de tout esprit de recherche, mais vive et animée, rappelle partout le langage et la noble franchise d'un preux chevalier. Villehardouin excelle surtout à faire parler les héros, et se plaît à louer la bravoure de ses compagnons : s'il ne nomme jamais les guerriers de la Grèce, c'est parce qu'il ne les connaît point et qu'il ne veut point les connaître. Le maréchal de Champagne ne s'attendrit point sur les maux de la guerre, et ne trouve des phrases que pour peindre des traits d'héroïsme; l'enthousiasme de la victoire peut seul lui arracher des larmes. Quand les Latins ont éprouvé de grands revers, il

---

(1) Nicetas ne savait s'il devait donner place en son histoire aux Latins, qui n'étaient, pour lui, que des barbares; mais il se décide à poursuivre : « Lorsque Dieu, qui confond la sagesse des politiques, et qui abaisse l'orgueil des superbes, a chargé de confusion ceux qui avoient outragé les Grecs, et les a livrés à d'autres peuples encore plus méchans qu'eux. » (Voyez l'*Hist. de ce qui arriva depuis la prise de Constantinople*, chap. 1.)

336 HISTOIRE DES CROISADES.

1206 ne sait point pleurer; il se tait, et l'on voit qu'il a quitté son livre pour aller combattre (1).

Il est un autre historien contemporain dont le caractère peut aussi nous faire juger le siècle où il a vécu et les événemens qu'il raconte. Gunther, moine de l'ordre de Cîteaux, qui écrivait sous la dictée de Martin-Litz, s'étend beaucoup sur la prédication de la croisade et sur les vertus de son abbé, qui se mit à la tête des croisés du diocèse de Bâle. Lorsque la république de Venise entraîne les pélerins au siége de Zara, il se rappelle les ordres du pape, et garde le silence. Les prières et les infortunes du fils d'Isaac, la conquête de l'empire d'Orient, ne le touchent point. Toujours préoccupé de la Terre-Sainte, il ne sait point comment des chevaliers chrétiens peuvent avoir d'autre pensée et faire d'autre promesse que celle de délivrer le tombeau de Jésus-Christ. Mettant peu de prix à des victoires profanes, il ne s'arrête pas long-temps à décrire le siége de Constanti-

---

(1) Ducange a plutôt étudié Villehardouin en érudit qu'en observateur; Gibbon a fait assez bien ressortir son caractère. La naïveté du traducteur Vigenère est bien propre à nous rapprocher du temps, des pensées et de l'esprit du chroniqueur. On a quelque temps disputé sur l'époque de la mort de Villehardouin; ce qu'il y a de positif, c'est que l'historien vivait encore en 1212, et qu'il ne retourna plus en France. Il s'établit dans son fief de Messinople (l'ancienne Maximianopolis), qu'il tenait du marquis de Montferrat. Ses petits neveux nous ont laissé des chroniques qui ont été publiées par M. Buchon, tom. IV de sa Collection.

nople ; et lorsque la ville est prise, il ne voit plus dans la foule des conquérans d'un grand empire que l'abbé de son monastère, chargé des pieuses dépouilles de la Grèce (1).

En lisant les trois histoires contemporaines de l'expédition de Constantinople, on voit que la première appartient à un Grec élevé à la cour de Bysance, la seconde à un chevalier français, la troisième à un moine. Si les deux premiers historiens, par leur manière d'écrire et les sentimens qu'ils expriment, nous donnent une idée juste de la nation grecque et des héros de l'Occident, le dernier peut aussi nous expliquer les opinions et le caractère de la plupart de ces croisés, qui parlaient sans cesse de quitter l'armée partie de Venise; que les menaces de la cour de Rome remplissaient de crainte, et qu'une ardente dévotion, bien plus que l'amour des conquêtes, conduisait en Orient.

Au reste, ces pèlerins qui n'avaient pour mobile que la piété, n'étaient qu'en très petit nombre dans l'armée chrétienne, et furent entraînés par l'esprit général qui animait les chevaliers et les barons; les autres guerres saintes avaient été prêchées dans les

---

(1) Le texte de Gunther a été publié avec beaucoup de soins par Canisius, tom. iv. Basnage, qui l'a aussi publié avec des notes, a étalé tout le scepticisme de la réforme. Gibbon se moque perpétuellement du pauvre abbé Martin et de son historien. Nous avons préféré faire ressortir l'esprit du temps et du chroniqueur.

1206 conciles; cette croisade fut proclamée dans les tournois; aussi la plupart des croisés se montrèrent-ils plus fidèles aux vertus et aux lois de la chevalerie qu'aux volontés du Saint-Siége. Ces guerriers, si fiers et si braves, étaient pleins de respect pour l'autorité et les jugemens du pape; mais, entraînés par l'honneur, placés entre leurs premiers sermens et leur parole donnée aux Vénitiens, ils jurèrent souvent de délivrer Jérusalem, et furent conduits, sans y songer, sous les murs de Constantinople; armés pour venger la cause de Jésus-Christ, ils servirent l'ambition de Venise, à laquelle ils se croyaient liés par la reconnaissance, et renversèrent le trône de Constantinople pour payer cinquante mille marcs d'argent qu'ils devaient à la république.

L'esprit chevaleresque, un des caractères particuliers de cette guerre et du siècle où elle fut entreprise, entretenait dans le cœur des croisés l'ambition et l'amour de la gloire. Dans les premiers temps de la chevalerie, les chevaliers s'étaient déclarés les champions de la beauté et de l'innocence; d'abord on leur demandait justice contre les injures et les brigandages; bientôt des princes et des princesses, dépouillés par la violence, vinrent leur demander des provinces et des royaumes. Les champions du malheur et de la beauté devinrent alors d'illustres libérateurs et de véritables conquérans (1).

---

(1) Les romans de chevalerie peignent mieux les mœurs

En même temps qu'un jeune prince venait im- 1206
plorer le secours des croisés pour faire remonter
son père sur le trône de Constantinople, une jeune
princesse, fille d'Isaac, roi de Chypre, dépouillée par
Richard Cœur-de-Lion, se rendait à Marseille pour
solliciter l'appui des guerriers qui s'embarquaient
pour la Palestine. Elle épousa un chevalier flamand,
et le chargea de reconquérir le royaume de son père.
Ce chevalier flamand, que l'histoire ne nomme point,
et qui appartenait à la famille du comte Baudouin,
lorsqu'il arriva en Orient, s'adressa au roi de Jérusalem, et lui demanda le royaume de Chypre ;
il fut appuyé, dans sa demande, par le châtelain
de Bruges, et la plupart de ses compatriotes qui
avaient pris la croix. Amaury, qui avait reçu du
pape et de l'empereur d'Allemagne, le titre de roi
de Chypre, loin de céder à de pareilles prétentions,
ordonna au chevalier flamand, à Jean de Nesles et
à leurs compagnons, de quitter ses états. Les che-

---

de cette chevalerie qui conquérait des royaumes et vengeait
les injures des princesses dépouillées, que de cette chevalerie des grands chemins encore informe et qui offre peu de
couleurs poétiques : c'est ainsi que les romans de la Table-
Ronde, de Lancelot du Lac, de la conquête de Trébisonde,
parlent sans cesse d'usurpateurs renversés, *de cheva-*
liers qui font estat ou royaume, et qui épousent à la
fin les filles des rois dont ils ont vengé la cause. Le spirituel Cervantes ne fait pas tenir d'autre langage à Don
Quichotte, et on sait qu'il avait bien étudié les romans de
chevalerie.

valiers, qui avaient embrassé la cause de la fille d'Isaac, ne songèrent plus à reprendre le royaume de Chypre, et, sans s'arrêter dans la Terre-Sainte, qu'ils avaient juré de défendre, ils allèrent sur les bords de l'Euphrate et de l'Oronte, chercher d'autres pays à conquérir.

Avant qu'il ne fût question d'attaquer Constantinople, nous avons vu une fille de Tancrède, dernier roi de Sicile, épouser un chevalier français, et lui remettre le soin de venger sa famille, de faire valoir ses droits sur le royaume fondé par les chevaliers normands. Gauthier de Brienne, après son mariage, était parti pour l'Italie avec mille livres tournois et soixante chevaliers. Ayant reçu à Rome la bénédiction du pape, il avait déclaré la guerre aux Allemands, maîtres de la Pouille et de la Sicile, s'était emparé des principales forteresses (1), et pouvait jouir en paix du fruit de ses victoires, lorsqu'il fut surpris dans sa tente, et tomba, couvert de blessures, entre les mains de ses ennemis. On lui promit de briser ses fers s'il renonçait à la couronne de Sicile;

---

(1) Innocent, pour se débarrasser du voisinage de l'empereur, avait imaginé de demander à Philippe-Auguste un chevalier qui épousât une fille de Tancrède et pût reconquérir la Sicile. Les aventures et les guerres de Gauthier de Brienne sont racontées par Conrad, abbé d'Usperg, Robert, moine, Albéric, et, comme nous l'avons déjà dit précédemment, par l'auteur des actes d'Innocent. (*Gest. Innocent*, Muratori, tom. III.)

mais il préféra le titre de roi à la liberté, et se laissa mourir de faim plutôt que d'abandonner ses droits sur un royaume que lui avait donné la victoire.

1205

Cet esprit de conquête, qui semblait général parmi les chevaliers, put favoriser l'expédition de Constantinople, mais il nuisit à la guerre sainte, en détournant les croisés de l'objet essentiel de la croisade. Les héros de cette guerre ne firent rien pour la délivrance de Jérusalem, dont ils parlaient sans cesse dans leurs lettres adressées au pape. La conquête de Bysance, bien loin d'être, comme le croyaient les chevaliers, le chemin de la terre de Jésus-Christ, ne fut qu'un nouvel obstacle à la conquête de la Sainte-Cité; leurs imprudens exploits mirent les colonies chrétiennes dans le plus grand péril, et n'aboutirent qu'à renverser de fond en comble, sans la remplacer, une puissance qui pouvait opposer une barrière aux Sarrasins.

Les Vénitiens profitèrent habilement de cette disposition des chevaliers français; Venise parvint à étouffer la voix du souverain pontife, qui souvent donnait aux croisés des conseils dictés par l'esprit de l'Évangile (1). La république eut la plus grande

---

(1) Il serait curieux de suivre l'histoire du pouvoir des papes dans le moyen âge, et celle de son influence sur les sociétés chrétiennes. On ne peut se fier ni aux historiens romains, tels que Baronius, Pagi, etc., ni aux historiens de notre époque, qui presque tous ont été entraînés par des

1206 influence sur les événemens de cette guerre, et sur l'esprit des barons et des chevaliers, qui se laissèrent tour-à-tour entraîner par le sentiment de l'honneur, par le besoin d'acquérir de riches domaines, et montrèrent ainsi dans toute leur conduite, un bizarre mélange de générosité et d'avarice.

L'envie de s'enrichir par la victoire n'eut surtout plus de bornes, lorsque les croisés eurent vu Constantinople; l'ambition remplaça dans leurs cœurs tous les sentimens généreux, et ne laissa plus rien à cet enthousiasme, premier mobile des croisades. Aucun prodige, aucune apparition miraculeuse ne vinrent seconder la valeur des chevaliers, auxquels il suffisait de montrer les richesses de la Grèce. Dans les croisades précédentes, les évêques et les ecclésiastiques promettaient les indulgences de l'Église et la vie éternelle aux combattans; mais dans cette guerre, comme les croisés avaient encouru la disgrâce du chef des fidèles, ils ne pouvaient être soutenus dans les périls par l'espoir du martyre; et les chefs, qui connaissaient l'esprit des guerriers, se contentèrent de promettre une somme d'argent à celui des soldats qui monterait le premier sur les remparts de Constantinople. Lorsqu'on eut pillé la ville, les chevaliers et les barons s'écrièrent dans l'ivresse de leur joie : *Qu'on n'avait ja-*

---

opinions et des préjugés peu favorables à la vérité historique. Nous consacrerons un Éclaircissement à ce sujet dans le dernier volume de cette histoire.

mais vu un si riche butin depuis la création du monde (1).

Nous avons remarqué que, dans la conquête des provinces, chaque chevalier voulut obtenir une principauté; chaque comte, chaque seigneur voulut avoir un royaume; le clergé lui-même ne fut point exempt d'ambition, et se plaignit plusieurs fois au pape de n'avoir pas été favorisé dans le partage des dépouilles de l'empire grec.

Pour résumer en peu de mots notre opinion sur les événemens et les suites de cette croisade, nous devons dire que l'esprit de chevalerie, que l'esprit de conquête, enfantèrent d'abord des merveilles, mais qu'ils ne purent suffire à maintenir les croisés dans leurs possessions. Cet esprit conquérant, porté jusqu'aux plus aveugles excès, ne leur permit pas de penser qu'au milieu des plus grands triomphes, il est un terme où la victoire et la force elle-même sont impuissantes, si la prudence et la sagesse ne viennent au secours de la valeur.

Les Francs, leurs ancêtres, qui étaient partis du Nord pour envahir les plus riches provinces de l'empire romain, avaient été mieux secondés par la fortune et surtout par leur propre génie. Respectant les usages des pays soumis à leurs armes, ils ne virent dans les vaincus que des concitoyens et des

---

(1) Villehardouin a décrit ce butin avec enthousiasme. Vigenère, son traducteur, ajoute: « Mais peu de chose pour Constantinople. »

soutiens de leur propre puissance; ils ne formèrent point une nation étrangère au milieu des nations qu'ils avaient désolées par leurs victoires. Les croisés, au contraire, lorsqu'ils furent maîtres de Constantinople, montrèrent un profond mépris pour les Grecs, dont ils auraient dû rechercher l'alliance et l'appui; ils voulurent reformer les mœurs et les opinions, entreprise plus difficile que la conquête d'un empire, et ne trouvèrent que des ennemis dans un pays qui pouvait leur donner d'utiles auxiliaires (1).

Nous devons ajouter que la politique du Saint-Siége, qui d'abord entreprit de détourner les guerriers latins de l'expédition de Constantinople, devint par la suite un des plus grands obstacles à la conservation de leurs conquêtes. Les comtes et les barons, qui se reprochaient d'avoir manqué d'obéissance au souverain pontife, suivirent enfin avec scrupule les instructions du père des fidèles, qui demandait à leurs armes la soumission de l'église grecque, et ne leur pardonnait, qu'à ce prix, une guerre faite contre sa volonté. Pour obtenir leur pardon et l'approbation du Saint-Siége, ils employèrent la violence contre le schisme et l'hérésie, et perdirent leur conquête à force de

---

(1) Ce qui blesse le plus Nicetas, ce n'est pas la soumission et la conquête de Constantinople, mais la brutale ignorance des barbares qui voulaient soumettre les mœurs polies de la Grèce à leurs coutumes grossières. (Voy. ch. VIII, *Règne d'Alexis.*)

vouloir la justifier aux yeux du souverain pontife. 1206
Le pape lui-même n'obtint point ce qu'il désirait
ardemment. La réunion de l'église grecque à l'église romaine ne pouvait s'opérer au milieu des
menaces de la victoire et des malheurs de la guerre;
les armes des vainqueurs n'eurent pas plus de pouvoir que les anathêmes de l'Église pour ramener
les Grecs au culte des Latins. La violence ne fit
qu'irriter les esprits, et consomma la rupture au
lieu de la faire cesser. Le souvenir des persécutions
et des outrages, un mépris réciproque, une haine
implacable, vinrent se placer entre les deux
croyances et les séparèrent pour jamais.

L'histoire ne peut affirmer que cette croisade
ait fait faire de grands progrès à la civilisation de
l'Europe. Les Grecs avaient conservé la jurisprudence de Justinien; l'empire avait de sages règlemens sur la levée des impôts et de l'administration
des deniers publics; mais les Latins dédaignèrent
ces monumens de la sagesse humaine et de l'expérience de plusieurs siècles; ils n'envièrent aux
vaincus que leur territoire et leurs trésors. La plupart des chevaliers s'applaudissaient de leur ignorance, et parmi les richesses de Constantinople,
ils ne recherchèrent point les ingénieuses productions de la Grèce. Au milieu des incendies qui
embrasaient les maisons et les palais de la capitale,
ils virent avec indifférence les bibliothèques livrées
aux flammes. Il faut avouer cependant que, dans
ces grands désastres, les muses n'eurent à pleurer
la perte d'aucun des chefs-d'œuvre qu'elles avaient

1206 inspirés. Si les vainqueurs ne surent point apprécier les trésors du génie, ce riche dépôt ne devait pas être perdu pour leurs descendans. Presque tous les livres de l'antiquité, qui étaient connus au temps d'Eustathe, et dont ce savant philologue avait fait la nomenclature quelques années avant la cinquième croisade, enrichirent la France et l'Italie à la renaissance des lettres.

Nous devons ajouter que la nécessité, pour les vaincus et les vainqueurs, de communiquer entre eux, dut contribuer à répandre la langue latine parmi les Grecs, et la langue grecque parmi les Latins (1). Les peuples de la Grèce furent obligés

---

(1) Nous croyons devoir citer ici un passage curieux d'un mémoire de M. Jourdain, intitulé : *Recherches sur les anciennes versions latines d'Aristote, employées par les scolastiques du XIIIe. siècle.*

« Deux circonstances contribuèrent singulièrement à répandre en Occident, au XIIIe. siècle, la connaissance de la langue grecque. Baudouin, placé sur le trône de Constantinople, écrivit au pape Innocent III, pour le prier de lui envoyer des hommes distingués par leur piété et par leurs lumières, choisis dans les ordres religieux et l'Université de Paris, afin d'instruire son nouveau peuple dans la religion catholique et les lettres latines. Le pape écrivit à divers ordres monastiques et à l'Université de Paris. Vers le même temps, Philippe-Auguste fonda, à Paris, près la montagne Sainte-Geneviève, un collège constantinopolitain, destiné à recevoir les jeunes Grecs des familles les plus distinguées de Constantinople. L'intention de ce prince était d'éteindre dans le cœur de ces jeunes gens la haine qu'on leur avait inspirée contre les Latins, en leur faisant éprouver toutes

d'apprendre l'idiome du clergé de Rome, pour faire entendre leurs réclamations et leurs plaintes; les ecclésiastiques chargés par le pape de convertir les Grecs, ne purent se dispenser d'étudier la langue de Platon et de Démosthènes, pour enseigner aux disciples de Photius les vérités de la religion catholique et romaine.

1206

Nous avons parlé de la destruction des chefs-d'œuvre de la sculpture; nous devons dire néanmoins que plusieurs de ces chefs-d'œuvre échappèrent à la barbarie des vainqueurs. Les Vénitiens, plus éclairés que les autres croisés, et nés dans une ville construite et embellie par les arts, firent transporter en Italie quelques-uns des monumens de Bysance. Quatre chevaux de bronze (1) qui, au

---

sortes de bons traitemens, et peut-être aussi de s'assurer d'otages contre la légèreté et la mauvaise foi des Grecs. On peut croire que cette circonstance contribua puissamment à répandre la connaissance du grec, non seulement en France, mais dans tout l'Occident; car Paris était alors l'école la plus célèbre, et presque tous les hommes auxquels on attribue des traductions latines faites du grec, avaient étudié dans cette ville : il faut aussi attribuer à la même cause les versions latines d'Aristote faites du grec et publiées avant saint Thomas. Cependant si les Arabes n'eussent point répandu précédemment en Occident le goût de la philosophie péripatéticienne, il est douteux qu'on eût songé à tirer parti des relations établies entre l'Occident et Constantinople, par l'inauguration de Baudouin, pour la puiser dans les sources les plus pures. »

(1) Depuis leur retour à Venise, l'histoire de ces chevaux

milieu des révolutions des empires, avaient passé de la Grèce à Rome, et de Rome à Constantinople, vinrent décorer la place de Saint-Marc : plusieurs siècles après cette croisade, ils devaient être enlevés à Venise, envahie à son tour par des armées victorieuses, et retourner de nouveau sur les bords de l'Adriatique, comme les éternels trophées de la guerre et les fidèles compagnons de la victoire.

Les croisés profitèrent encore de quelques inventions utiles, et les transmirent à leurs compatriotes; les champs et les jardins de l'Italie et de la France s'enrichirent de quelques plantes inconnues dans l'Occident. Boniface envoya, dans son marquisat, la semence du maïs qu'on n'y connaissait point; un procès-verbal, parvenu jusqu'à nous, atteste la reconnaissance du peuple de Mont-

---

célèbres a fait naître trois dissertations. Dans l'une, *Narrazione storica dei quatro cavalli di bronzo*, etc. M. le comte Cicognara, président de l'académie royale des beaux-arts de Venise, prétend que ce monument fut fondu à Rome sous le règne de Néron, en mémoire de la victoire sur Tiridate. M. Schlegel (*Lettera ai signori compilatori della biblioteca italiana*) rejette l'opinion de M. le comte de Cicognara, et pense que les quatre chevaux de bronze ont pour auteur un statuaire grec, de l'âge d'Alexandre (*Dei quatro cavalli della basilica di S. Marco*). M. André Mustoxidi, jeune grec très savant, fait venir ce superbe quadrige de Chio, ville féconde en sculpteurs habiles, et croit qu'ils ont pu être transportés à Rome au temps de Verrès, à Constantinople sous Théodose-le-Grand.

ferrat (1). Les magistrats reçurent avec solennité 1206
les dons innocens de la victoire, et firent bénir sur
les autels une production de la Grèce qui devait
faire un jour la richesse des campagnes de l'Italie.

La Flandre, la Champagne, et la plupart des
provinces de France qui avaient envoyé leurs plus
braves guerriers à la croisade, prodiguèrent, sans
fruit, leur population et leurs trésors dans la conquête de Bysance. On peut dire que nos intrépides
aïeux ne gagnèrent à cette guerre merveilleuse, que
la gloire d'avoir donné, pour un moment, des
maîtres à Constantinople et des seigneurs à la
Grèce. Cependant ces conquêtes lointaines, et cet
empire nouveau, qui retenaient loin de la France
des princes ambitieux et turbulens, durent être
favorables à la monarchie française. Philippe-Au-

---

(1) On trouve, dans le tome I d'un ouvrage italien intitulé : *Storia d'Incisa e del già celebre suo Marchesato*,
publié à Asti, 1810, un monument précieux ; c'est une
charte qui constate l'envoi de la semence de maïs à une
ville du Montferrat. Elle est dans les pièces justificatives.
On nous a fait observer que le maïs était indigène en Amérique, et qu'il ne venait point d'Orient. Nous ne nions point
que cette plante ne soit indigène dans le Nouveau-Monde ;
mais elle l'était aussi dans plusieurs provinces de l'empire
grec. Mirkhond, historien persan qui écrivait quelques années avant la découverte de l'Amérique, fait mention
du maïs comme étant cultivé dans les environs de la mer
Caspienne. Voyez *la Bibliothèque orientale de d'Herbelh*,
au mot *Rous*. Ce qu'il y a de certain, c'est que le maïs a
été d'abord cultivé dans le Piémont et la Lombardie, ainsi
que dans toutes les provinces voisines du Rhône, où il
est encore appelé *blé de Turquie*.

guste eut à s'applaudir de l'absence des grands vassaux de la couronne, et dut apprendre avec joie que le comte de Flandre, voisin incommode et vassal peu soumis, possédait un empire en Orient. Notre monarchie trouva donc quelque avantage à cette croisade, mais elle en profita beaucoup moins que la république de Venise.

Cette république, qui ne comptait pas deux cent mille citoyens, et ne pouvait faire respecter son autorité sur le continent, se servit d'abord des armes des croisés pour soumettre des villes qu'elle ne serait point parvenue, sans leur secours, à faire rentrer sous sa domination. Dans la conquête de Constantinople, elle étendit son crédit et son commerce en Orient, et vit sous ses lois les plus riches possessions des empereurs grecs. Elle augmenta la réputation de sa marine, et s'éleva au-dessus de tous les peuples maritimes de l'Europe. Les croisés vénitiens, sous les étendards de la croix, ne cessaient jamais de combattre pour les intérêts et la gloire de leur patrie, tandis que les chevaliers français ne combattaient guère que pour leur gloire personnelle et leur propre ambition. La république de Venise, accoutumée à calculer les avantages et les dépenses de la guerre, se hâta de renoncer à toutes les conquêtes dont la conservation pouvait lui devenir onéreuse, et ne garda de ses nouvelles possessions en Orient que celles qu'elle jugea nécessaire à la prospérité de son commerce, à l'entretien de sa marine. Trois ans après la prise de Constantinople,

le sénat de Venise publia un édit, par lequel il 1206
permettait à tous les citoyens de conquérir les
îles de l'Archipel, et leur cédait la propriété des
pays conquis. On vit bientôt des princes de Naxos,
des ducs de Paros, des sires de Mycone, comme
on avait vu des ducs d'Athènes, des sires de
Thèbes, des princes d'Achaïe; mais les ducs et les
princes de l'Archipel n'étaient que des vassaux de
la république. Ainsi Venise, plus heureuse que la
France, faisait servir à ses intérêts la valeur et
l'ambition de ses citoyens et de ses guerriers.

FIN DU LIVRE XI.

HISTOIRE
DES CROISADES.

LIVRE XII.

1200 Dans les livres précédens, nous avons eu sous les yeux l'imposant spectacle d'un vieil empire qui tombe, d'un nouvel empire qui s'élève et s'écroule à son tour. L'imagination de l'homme aime à s'arrêter sur des ruines, et les plus sanglantes catastrophes lui présentent toujours des tableaux attachans. Nous devons nous attendre que notre récit inspirera moins d'intérêt, éveillera moins la curiosité, lorsqu'après les grandes révolutions que nous venons de raconter, nous reporterons nos regards sur les petits états que les chrétiens avaient fondés en Syrie, et pour le salut desquels l'Occident ne cessait point de prendre les armes.

On a quelque peine à comprendre aujourd'hui cet enthousiasme qui animait tous les peuples pour la délivrance des saints lieux, et ce puissant intérêt qui dirigeait toutes les pensées vers des contrées presque oubliées de l'Europe moderne. Dans la ferveur des croisades, la prise d'une ville ou d'un bourg de la Judée, causait plus de joie que la conquête de Bysance, et Jérusalem était plus chère aux chrétiens de l'Occident que leur propre patrie. Cet enthousiasme, dont notre indifférence peut à peine se faire une idée, rend difficile la tâche de l'historien, et le fait souvent hésiter dans le choix des événemens que l'histoire doit rappeler : lorsque les opinions ont changé, tout a changé avec elles; la gloire elle-même a perdu de son éclat; ce qui paraissait grand aux yeux des hommes, ne leur semble plus que bizarre et vulgaire; les époques héroïques de nos annales sont devenues l'objet de nos superbes mépris; et lorsque, sans nous reporter aux siècles des guerres saintes, nous voulons soumettre aux calculs de la raison ces entreprises extraordinaires, nous ressemblons à ces modernes voyageurs qui n'ont trouvé qu'un faible ruisseau à la place de ce fameux Scamandre, dont l'imagination des anciens, et surtout la muse d'Homère, avaient fait un fleuve majestueux.

Au reste, si nous n'avons plus à raconter les révolutions et la chute des empires, l'époque dont nous retraçons le tableau ne nous offrira que trop encore de ces grandes calamités qui donnent la vie à l'histoire; tandis que la Grèce était en proie à tous les ravages de la guerre, des fléaux plus cruels désolaient l'Égypte et la Syrie.

Le Nil, suspendant son cours accoutumé, cessa d'inonder ses rivages et de fertiliser les moissons. La dernière année de ce siècle s'annonça, dit un auteur arabe, comme un monstre dont la fureur allait tout dévorer. Quand la famine eut commencé à se faire sentir, le peuple fut condamné à se nourrir de l'herbe des champs et de la fiente des animaux (1). On voyait les pauvres fouiller les cimetières et disputer aux vers les dépouilles des cercueils. Quand le fléau devint plus général, la population des villes et des campagnes, comme si elle eût été poursuivie par un ennemi impitoyable, fuyait en désordre, errait au hasard de cité en cité, de village en village, et trouvait partout le mal qu'elle voulait éviter. Dans tous les lieux habités, on ne pouvait faire un pas sans être frappé de la vue d'un cadavre, ou de quelque malheureux sur le point d'expirer.

Ce qu'il y avait de plus affreux dans cette calamité universelle, c'est que le besoin de vivre faisait commettre les plus grands crimes, et rendait tous les hommes ennemis les uns des autres. Dans les premiers temps, on voyait avec horreur ceux qui se nourrissaient de chair humaine; mais les exemples d'un si grand scandale se multiplièrent tellement qu'on n'en parla plus qu'avec indifférence. Les hommes, aux prises avec la faim, qui n'épargnait pas plus les riches que les pauvres, ne connurent plus ni la pitié, ni la honte, ni le remords, et ne

---

(1) La relation de cette famine et des désastres dont elle fut suivie, se trouve avec de grands détails dans les *Relations de l'Égypte*, par Abdallatif, ouvrage traduit en français par M. Silvestre de Sacy. Cet auteur arabe était un médecin habile, un homme éclairé, et son récit, qui renferme beaucoup de faits extraordinaires, porte tous les caractères de la vérité. (Voy. surtout aux pag. 360 et suiv.)

LIVRE XII.

furent retenus ni par le respect des lois, ni par la crainte des supplices. Ils en vinrent enfin à se dévorer entr'eux comme des bêtes féroces. Au Caire, trente femmes, en un seul jour, périrent sur un bûcher, convaincues d'avoir tué et mangé des enfans. L'historien Abdallatif raconte une foule de traits barbares et monstrueux, dont le récit fait frémir d'horreur, et que nous ne rapporterons point dans cette histoire, de peur d'être accusés de calomnier la nature humaine (1).

Bientôt la peste vint ajouter ses ravages à ceux de la famine. Dieu seul, dit l'histoire contemporaine, connaît le nombre de ceux qui moururent de faim et de maladie. La capitale de l'Égypte, dans l'espace de quelques mois, compta cent onze mille funérailles (2). A la fin, on ne pouvait suffire à enterrer les morts; on se contentait de les jeter hors des remparts. La même mortalité se fit sentir dans les villes de Damiette, de Kous, d'Alexandrie. Ce fut à l'époque des semailles que la peste redoubla ses ravages; ceux qui ensemencèrent ne furent pas les mêmes que ceux qui avaient labouré, et ceux qui avaient ensemencé, moururent avant d'avoir fait la moisson. Les villages étaient déserts, et rappelaient aux voyageurs ces expressions de l'alco-

1200

1201

---

(1) Traduction de M. de Sacy, pag. 361 et suiv.
(2) Dans la seule ville d'Acre, au rapport du chroniqueur Gunther, contemporain, la peste enleva plus de deux mille personnes dans un jour. (Voyez le recueil de Canisius, tom. IV, page 9, et Abdallatif, pag. 370.)

1201 ran: *Nous les avons tous moissonnés et exterminés; un cri s'est fait entendre, et ils ont tous péri.* Des cadavres flottaient sur le Nil, aussi nombreux que les plantes bulbeuses qui, dans un certain temps, couvrent les eaux du fleuve. Un pêcheur en vit passer sous ses yeux plus de quatre cents dans une seule journée; on n'apercevait de toutes parts que des amas d'ossemens humains; les chemins, pour nous servir de l'expression des auteurs arabes, étaient comme *un champ ensemencé de corps morts*, et les provinces les plus peuplées *comme une salle de festin pour les oiseaux de proie.*

L'Egypte perdit plus d'un million de ses habitans; la famine et la peste se firent sentir jusqu'en Syrie, et n'épargnèrent pas plus les villes chrétiennes que les cités musulmanes. Depuis les bords de la Mer-Rouge, jusqu'aux rives de l'Oronte et de l'Euphrate, toutes les contrées n'offraient que des scènes de deuil et de désolation. Comme si la colère du ciel n'eût pas été satisfaite, elle ne tarda pas à se manifester par un troisième fléau, non moins terrible que tous les autres.

1202 Un violent tremblement de terre dévasta les villes et les provinces que la famine (1) et la peste

---

(1) Les circonstances de ce tremblement de terre sont rapportées par Abdallatif (voyez aux pag. 414 et suiv.); les historiens latins indiquent à peine un si grand désastre. Cependant saint Antonin rapporte que le 30 mai, avant l'Ascension, on entendit en Syrie un bruit terrible; une partie de la ville d'Acre et le palais du roi s'écroulèrent;

avaient épargnées; les secousses ressemblaient au 1202
mouvement d'un crible, ou à celui que fait un oiseau lorsqu'il relève et abaisse ses ailes. Le soulèvement de la mer et l'agitation des flots présentaient un aspect horrible : les navires se trouvèrent tout-à-coup portés sur la terre; une grande quantité de poissons furent jetés sur le rivage; les hauteurs du Liban s'entr'ouvrirent et s'abaissèrent en plusieurs endroits. Les peuples de la Syrie et de l'Egypte crurent voir le tremblement de terre qui doit précéder le jugement dernier. Beaucoup de lieux habités disparurent totalement; une multitude d'hommes périrent; les forteresses de Hamah, de Barin, de Balbec, furent renversées : il ne resta debout, dans la ville de Naplouse, que la rue des Samaritains; Damas vit s'écrouler ses plus superbes édifices; la ville de Tyr ne conserva que quelques maisons; les remparts de Ptolémaïs et de Tripoli n'étaient plus qu'un amas de ruines. Les secousses se firent sentir avec moins de violence sur le territoire de Jérusalem; et dans la calamité générale, les chrétiens et les Musulmans se réunirent pour

---

Tyr fut couvert de ruines. La forteresse que les chroniques nomment *Acra*, fut renversée, et les habitans ensevelis sous ses ruines; l'île d'Anterados, où, suivant la chronique, saint Pierre avait dédié la première église à la Sainte-Vierge, resta intacte. Saint Antonin ajoute que ces calamités furent suivies de maladies épidémiques. Le récit de saint Antonin est rapporté dans Baronius, *Annales ecclés.*, ad ann. 1202.

1202 remercier le ciel d'avoir épargné dans sa colère la ville des prophètes et des miracles (1).

De si grands désastres auraient dû faire respecter les traités conclus entre les barons de la Palestine et les infidèles. Dans la cinquième croisade, le souverain pontife engageait les guerriers chrétiens à profiter de ces jours désastreux pour envahir les provinces musulmanes de la Syrie et de l'Égypte (2); mais si l'avis du pape eût été suivi; si l'armée chrétienne, sortie de Venise, eût dirigé sa marche vers des contrées ravagées par la peste et la famine, il est probable que, vainqueurs et vaincus, tout aurait péri. La mort, comme une sentinelle formidable, veillait alors sur toutes les frontières des chrétiens et des Musulmans. Tous les fléaux de la nature étaient devenus les terribles gardiens des provinces, et défendaient l'approche et l'entrée des villes, mieux que n'auraient pu le faire de grandes armées.

1203 Cependant les colonies chrétiennes commençaient, non pas à réparer leurs pertes, mais à oublier les maux qu'elles avaient soufferts. Le roi de Jérusalem, Amaury, donnait à ses barons l'exemple de la sagesse et de la résignation évangéliques. Les trois ordres militaires, qui avaient épuisé leurs trésors pour nourrir leurs soldats et leurs chevaliers dans le temps de la famine, invoquaient, par leurs

---

(1) Voyez, sur tous ces désastres, Abdallatif, pag. 415 et suiv.

(2) *Gesta Innocent III*, apud Muratori, tome III, p. 1.

lettres et leurs envoyés, la charité des fidèles de 1203
l'Occident. On s'occupa de rebâtir les villes chrétiennes qui avaient été ébranlées par le tremblement de terre; les sommes amassées par Foulque de Neuilly, prédicateur de la dernière croisade, furent employées à relever les murailles de Ptolémaïs. Comme les chrétiens manquaient d'ouvriers, ils firent travailler les prisonniers musulmans. Parmi les prisonniers condamnés à ces sortes de travaux, l'histoire n'oubliera pas le célèbre poète persan, Saadi, tombé entre les mains des Francs, lorsqu'il se rendait en pélerinage à Jérusalem (1). L'auteur du *Jardin des roses*, et de plusieurs autres ouvrages qui devaient faire un jour l'admiration de l'Orient et de l'Occident, fut chargé de fers, conduit à Tripoli, et confondu avec la foule des captifs qui travaillaient aux fortifications de cette ville.

La trêve qu'on avait conclue avec les infi- 1204
dèles, subsistait encore; mais il s'élevait chaque jour des prétentions et des querelles suivies le plus souvent de quelques hostilités. Les chrétiens étaient toujours sous les armes, et la paix offrait

---

(1) Saadi a raconté lui-même son aventure dans son *Gulistan*, chap. 2, n°. 31; il ajoute qu'un marchand d'Alep le racheta de sa captivité en payant aux chrétiens une somme de dix écus d'or, et lui en donna cent autres pour la dot de sa fille qu'il lui fit épouser; mais cette femme fut pour lui une source de contrariétés, et il se vit à la fin obligé de chercher sa liberté dans la fuite.

1204 quelquefois plus de troubles et de périls qu'une guerre ouverte et déclarée. Il régnait d'ailleurs à cette époque, une grande confusion parmi les colonies chrétiennes, et même parmi les puissances musulmanes. Le prince d'Alep était en paix avec le roi de Jérusalem, tandis que le comte de Tripoli, le prince d'Antioche, les Templiers, les Hospitaliers, faisaient la guerre aux princes de Hamah, d'Emesse (1), ou à quelques émirs de la Syrie. Chacun à son gré prenait ou quittait les armes, sans qu'aucune puissance pût faire respecter les traités.

1205 On ne livrait point de grandes batailles, mais on tentait des incursions sur le territoire ennemi; on surprenait des villes, on pillait les campagnes, on revenait chargé de butin. Au milieu de ces désordres, qu'on appelait les *Jours de la trêve*, les chrétiens de la Palestine eurent à pleurer la mort de leur roi. Amaury, suivant l'usage des fidèles,

---

(1) L'histoire ne peut qu'à peine suivre les événemens de cette époque à travers l'espèce d'anarchie qui régnait partout. Ce qui ajoute à la difficulté, c'est que les auteurs de nos vieilles chroniques, ne connaissaient guère que le royaume de Jérusalem, et ne savaient rien de ce qui se passait dans l'intérieur des terres. Les historiens arabes, au contraire, s'occupaient plus des expéditions de l'intérieur des terres que des événemens de Ptolémaïs, située sur le bord de la mer, et isolée en quelque sorte du reste de la Syrie. Nous renvoyons à cet égard aux extraits que M. Reinaud a donnés de leurs écrits. (*Bibliothèque des Croisades*, §. 71.)

s'était rendu à Caïfa, pendant la semaine sainte, 1205
pour y cueillir des palmes. Ce prince tomba
malade dans son pélerinage, et revint mourir à
Ptolémaïs. Ainsi le sceptre du royaume de Jérusalem resta de nouveau entre les mains d'Isabelle,
qui n'avait ni le pouvoir, ni l'habileté nécessaires
pour gouverner les états chrétiens (1). Dans le
même temps, un des fils de Bohémond, prince
d'Antioche, expira dans les accès d'une violente frénésie. Bohémond III, dans un âge très avancé,
vit, avant de mourir, la guerre allumée entre
son second fils Raymond, comte de Tripoli,
et Livon, prince d'Arménie (2). L'ordre des
Templiers et celui des Hospitaliers avaient pris
parti dans cette guerre, et s'étaient armés l'un
contre l'autre. Le prince d'Alep, les Turcs
venus de l'Asie Mineure (3), se mêlaient aux querelles des chrétiens, et profitaient de leurs divisions pour ravager le territoire d'Antioche. Les
états chrétiens de Syrie ne recevaient plus aucun

---

(1) Sanuti, liv. x, chap. 3, ann. 1205. Amaury laissait
un enfant qui ne lui survécut que de quelques jours.

(2) Raynaldi, dans les *Annales ecclésiast.*, a parlé assez
longuement des démêlés qui s'élevèrent entre le roi d'Arménie et le prince d'Antioche; le pape les termina de son
autorité. (Baronius, ad ann. 1198 et 1201.) Nous avons
consacré un Éclaircissement aux princes d'Arménie à la fin
du cinquième volume.

(3) On trouve le peu de détails qui nous restent sur cette
époque, dans le continuateur de Guillaume de Tyr. Cet
historien a été extrait dans la *Biblioth. des Crois.*, tom. 1.

secours de l'Occident. Le souvenir des fléaux qui avaient ravagé les contrées d'outre-mer, devait refroidir le zèle et l'ardeur des pélerins; les guerriers de l'Europe, accoutumés à voir de sang-froid tous les périls de la guerre, ne se sentaient point assez de courage pour braver la peste et la famine. Un grand nombre de barons et de chevaliers de la Palestine avaient eux-mêmes abandonné une terre trop long-temps désolée, pour se rendre, les uns à Constantinople, et les autres dans les provinces de l'Occident.

Innocent, qui avait fait jusque-là de vains efforts pour la délivrance des saints lieux, et qui ne se consolait pas d'avoir vu se dissiper sans fruit de grandes armées chrétiennes dans la conquête de la Grèce, ne renonçait point à l'exécution de ses vastes desseins; depuis le commencement de son règne, le souverain pontife montrait aux peuples chrétiens la Terre-Sainte comme le chemin et la voie du salut (1). A l'exemple de ses prédécesseurs, il n'appelait pas seulement à la défense des colonies chrétiennes, la piété et la vertu, mais le remords et le repentir. Tous ceux qui venaient lui confesser de grands péchés, ne pouvaient expier leurs crimes qu'en traversant la mer pour combattre les infidèles.

---

(1) Dans les *Gesta Innocent.*, publiés par Muratori, tome III, page 1, l'on entrevoit à chaque page l'intention du souverain pontife de délivrer les saints lieux. (Voy. aussi les lettres de ce pontife.)

Parmi les pécheurs condamnés à ce genre de pénitence, l'histoire cite les meurtriers de Conrad (1), évêque de Wurtzbourg et chancelier de l'empire. Les coupables s'étant présentés devant le pape, nu-pieds, en caleçons, la corde au cou, jurèrent en présence des cardinaux, de passer leur vie dans les plus austères mortifications, et de porter les armes pendant quatre ans contre les Sarrasins. Un chevalier, nommé Robert, avait scandalisé toute la cour de Rome en confessant à haute voix, qu'étant captif en Egypte pendant la famine, il avait tué sa femme et sa fille pour se nourrir de leur chair. Le pape imposa à Robert les pénitences les plus rigoureuses, et lui ordonna, pour achever l'expiation d'un si grand forfait, de passer trois années à visiter les lieux saints.

1206

---

(1) Cette pénitence et celle qui suit sont rapportées par Fleury : les coupables furent en outre condamnés à ne porter ni vair, ni petit-gris, ni hermine, ni étoffe de couleur ; à n'assister jamais aux jeux publics, à ne point se remarier étant veufs, à marcher nu-pieds et vêtus de laine, à jeûner au pain et à l'eau les mercredis et vendredis, les Quatre-Temps et les Vigiles, à faire trois carêmes dans l'année, à réciter cent fois le *Pater*, à faire cent génuflexions par jour. Lorsqu'ils seraient dans une ville, ils devaient aller à la grande église, pieds nus, en caleçons, la hart au cou, des verges à la main, et recevoir des chanoines la discipline, etc., etc. Le même historien a consacré un discours aux pénitences ecclésiastiques; on peut y puiser de curieux renseignemens sur les peines infligées aux coupables.

1207 Innocent cherchait ainsi à entretenir dans les cœurs la dévotion des pélerinages qui avaient donné naissance aux croisades, et pouvaient encore ranimer le zèle et l'ardeur des guerres sacrées. D'après l'opinion que le souverain pontife cherchait à répandre parmi les fidèles, et dont il semblait pénétré lui-même, ce monde corrompu n'avait point de crimes pour lesquels Dieu n'ouvrît les trésors de sa miséricorde, lorsqu'on courait les dangers du voyage d'outre-mer. Cependant les peuples restaient persuadés que les péchés et les erreurs d'un siècle perverti avaient irrité le Dieu des chrétiens, et que la gloire de conquérir la Terre-Sainte était réservée à un siècle meilleur, à une génération plus digne d'attirer les regards et les bénédictions du ciel.

Cette opinion des peuples de l'Occident était peu favorable aux états chrétiens de la Syrie, qui marchaient chaque jour vers leur décadence. Isabelle, qui ne régnait plus que sur des villes dépeuplées, mourut peu de mois après son époux. Un fils, qu'elle avait eu d'Amaury, l'avait précédée au tombeau (1). Le royaume de Jérusalem devenait l'héritage d'une jeune princesse, fille d'Isabelle et de Conrad, marquis de Tyr. Les barons et les seigneurs restés en Syrie, sentirent plus que jamais la nécessité d'avoir à leur tête un prince qui pût les gouverner, et s'occupèrent de choisir un époux pour la jeune reine de Jérusalem.

---

(1) Continuateur de Guillaume de Tyr, lib. vi.

Leur choix aurait pu tomber sur l'un d'entr'eux; 1208
mais ils craignirent que la jalousie ne fît naître de
nouvelles discordes, et que l'esprit de rivalité et de
faction n'affaiblît l'autorité de celui qui serait appelé à gouverner le royaume. L'assemblée des barons résolut de demander un roi à l'Occident, et
de s'adresser à la patrie des Godefroi et des Baudouin, à cette nation qui avait fourni tant de héros
aux croisades, tant d'illustres défenseurs à la Terre-Sainte.

Cette résolution des seigneurs et des barons de
la Palestine, avait non seulement l'avantage de conserver la paix dans le royaume de Jésus-Christ,
mais aussi celui de réveiller en Europe l'esprit de
la chevalerie, et de l'intéresser à la cause des chrétiens en Orient. Aimar, seigneur de Césarée, et
l'évêque de Ptolémaïs, traversèrent la mer, et
vinrent solliciter Philippe-Auguste, au nom des
chrétiens de la Terre-Sainte, de leur donner un
chevalier ou un baron qui pût sauver ce qui restait
du malheureux royaume de Jérusalem (1). La main
d'une jeune reine, une couronne et les bénédictions
du ciel, devaient récompenser la bravoure et le
dévouement de celui qui viendrait combattre pour
l'héritage du fils de Dieu. Les députés furent reçus
avec de grands honneurs à la cour du roi de France:
quoique la couronne qu'ils venaient offrir, ne fût

---

(1) Sanuti, *Secret. fidel.*, tome III, partie XI, chap. 4,
pag. 205. Math. Pàris, pag. 159.

plus qu'un vain titre, elle n'en éblouit pas moins les chevaliers français; leur valeureuse ambition était séduite par l'espoir d'acquérir une grande renommée, et de relever le trône qu'avait fondé la bravoure de Godefroy de Bouillon.

Parmi les seigneurs de sa cour, Philippe distingua Jean de Brienne (1), frère de Gauthier, qui était mort (2) dans la Pouille avec la réputation d'un héros et le titre de roi. Dans sa jeunesse, Jean de Brienne avait été destiné à l'état ecclésiastique; mais élevé dans une famille de guerriers, et moins sensible aux charmes de la piété qu'ébloui par ceux de la gloire, il refusa d'obéir à la volonté de ses parens; comme son père voulut employer la force pour l'y contraindre, il alla chercher dans le monastère de Cîteaux un asile contre la colère paternelle. Dans cette retraite, Jean de Brienne fut confondu avec la foule des cénobites, et se livra comme eux au jeûne et à la mortification. Cependant les austérités du cloître ne pouvaient s'allier avec son ardeur, avec sa passion naissante pour le métier des

---

(1) Fils d'Erard II, comte de Brienne en Champagne, et d'Agnès de Montbéliard. *Rex igitur Franciæ*, dit Sanuti, *deliberatione habita respondit nunciis se daturum hominem Syriæ partibus aptum, in armis probum, in bellis securum, in agendis providum Johanem Comitem Brennensem.* (Lib. III, pag. 11.)

(2) Le continuateur de Guillaume de Tyr rapporte que les barons de la Palestine avaient eux-mêmes demandé Jean de Brienne au roi de France. Nous ne trouvons ce fait dans aucun autre historien.

armes; souvent, au milieu de la prière et des cérémonies religieuses, les images des tournois et des combats venaient distraire sa pensée et troubler son esprit. Un de ses oncles l'ayant trouvé à la porte du monastère, dans un état peu convenable à un gentilhomme, prit pitié de ses pleurs, l'emmena chez lui, encouragea ses dispositions naturelles; dès-lors Jean de Brienne ne fut plus occupé que de la gloire des combats, et celui qu'on destinait au service de Dieu, à la paix des autels, ne tarda pas à se faire une grande renommée par sa bravoure et ses exploits.

A l'époque de la dernière croisade, Jean de Brienne suivit son frère dans la conquête du royaume de Naples (1), et le vit périr en combattant pour un trône qui devait être le prix de la victoire. Il avait la même fortune à espérer et les mêmes dangers à courir, lorsqu'il épousait l'héritière du royaume de Jérusalem. Il accepta avec joie la main d'une jeune reine, avec un état qu'il fallait disputer aux Sarrasins; il chargea les ambassadeurs de la Palestine d'aller annoncer sa prochaine arrivée, et, plein de confiance dans la cause qu'il allait défendre, leur promit de les suivre à la tête d'une armée.

Lorsqu'Aymar de Césarée et l'évêque de Ptolémaïs furent de retour dans la Terre-Sainte, les

---

(1) Il existe une Vie de Jean de Brienne. Paris, un volume in-12. Gibbon a tracé son portrait avec assez d'exactitude, *Décadence de l'Empire rom.*, chap. 61. Voyez aussi Gianone, *Hist. civil.*, tom. II, liv. XVI.

1209 promesses de Jean de Brienne relevèrent le courage abattu des chrétiens, et, comme il arrive souvent dans des temps malheureux, on passa du désespoir à de folles espérances.

On publia dans la Palestine qu'une croisade se préparait, commandée par les plus puissans monarques de l'Occident. Le bruit d'un armement extraordinaire en Europe, jeta un moment l'effroi parmi les infidèles. Malek-Adel, qui, depuis la mort de Malek-Aziz, régnait sur la Syrie et sur l'Egypte, craignit les entreprises des chrétiens (1), et comme la trève faite avec les Francs était sur le point d'expirer, il proposa de la renouveler, offrant de livrer dix châteaux ou forteresses pour gage de sa foi et de son amour de la paix (2). Cette proposition aurait dû être accueillie par les chrétiens de la Palestine; mais l'espoir des secours de l'Occident avait banni du conseil des barons et des chevaliers tout esprit de modération et de prévoyance. Les plus sages des guerriers chrétiens,

---

(1) Richard de Saint-Germain a donné deux lettres qui furent apportées au pape, et qui peignent tout l'effroi des Sarrasins; ceux-ci offraient même une redevance au patriarche de Jérusalem à titre de cens. Richard de Saint-Germain a été traduit, *Bibliot. des Croisad.*, tom. 1. Ces lettres ont été copiées dans les Annales de Baronius, ad ann. 1214.

(2) Pour l'état de l'Orient, comparez les extraits des historiens arabes, tom. II, *Biblioth. des Crois.*, ann. 1199, §. 71; et le continuateur de Guillaume de Tyr.

parmi lesquels on remarquait le grand-maître de l'ordre de St.-Jean, étaient d'avis qu'on prolongeât la trêve. Ils se rappelaient que plusieurs fois l'Occident avait promis des secours à la Terre-Sainte, et que ces secours n'étaient point arrivés; que dans la dernière croisade, une grande armée, attendue en Palestine, avait dirigé sa marche vers Constantinople. Ils ajoutaient qu'il était prudent de ne point tenter la fortune des combats sur la foi d'une vaine promesse, et qu'on devait attendre les événemens avant de prendre une détermination dont pouvait dépendre le salut ou la ruine des chrétiens en Orient. Ces discours étaient pleins de sagesse et de raison; mais comme les Hospitaliers parlaient en faveur de la trêve, les Templiers se déclarèrent avec chaleur pour la guerre : tel était d'ailleurs l'esprit des guerriers chrétiens, que la prudence, la modération, et toutes les vertus de la paix, leur inspiraient une sorte de dédain; que pour eux la raison était toujours du côté des périls, et qu'il suffisait de leur parler de courir aux armes pour réunir tous les suffrages. L'assemblée des chevaliers et des barons refusa de prolonger la trêve faite avec les Sarrasins (1).

Cette détermination devait être d'autant plus funeste, que la situation de la France et de l'Europe ne permettait guère à Jean de Brienne de remplir

---

(1) Continuateur de Guillaume de Tyr, *Biblioth. des Crois.*, tom. I.

ses promesses et de lever une armée pour la Terre-Sainte.

L'Allemagne était toujours troublée par les prétentions d'Othon et de Philippe de Souabe; le roi Jean était sous le poids d'une excommunication, et le royaume d'Angleterre en interdit. Philippe-Auguste cherchait à profiter des troubles élevés de toutes parts autour de lui, soit pour étendre son influence en Allemagne, soit pour affaiblir la puissance des Anglais, maîtres de plusieurs provinces du royaume. Jean de Brienne arriva à Ptolémaïs avec le cortége d'un roi; mais il n'amenait que trois cents chevaliers pour défendre son royaume (1); ses nouveaux sujets, toujours remplis d'espérance, ne le reçurent pas moins comme un libérateur. Son mariage fut célébré avec une grande pompe, en présence des barons, des princes et des évêques de la Palestine. Comme la trêve allait expirer, les Sarrasins prirent les armes et vinrent troubler les fêtes du couronnement. Malek-Adel entra dans la Palestine à la tête d'une armée; les infidèles assiégèrent Tripoli et menacèrent Ptolémaïs (2).

---

(1) Jean de Brienne n'emporta pour toute ressource pécuniaire que quarante mille livres que le roi de France lui avait données. Les Romains, à la sollicitation du pape, lui en prêtèrent quarante mille autres, affectées sur le comté de Brienne. (Sanuti, lib. III.)

(2) Malek-Adel fit élever à cette époque une forteresse sur le Mont-Thabor; c'est de là que des partis de Sarrasins se répandaient jusqu'aux portes de Ptolémais. Quelques

Le nouveau roi, à la tête d'un petit nombre de fidèles, fit admirer sa valeur sur le champ de bataille; mais il ne put délivrer les provinces chrétiennes de la présence d'un ennemi formidable. Les guerriers de la Palestine, en comparant leur petit nombre à la multitude de leurs ennemis, tombèrent tout-à-coup dans le découragement; ceux qui naguère ne voulaient point de paix avec les infidèles, ne se sentaient ni la force ni le courage de braver leurs attaques. La plupart des chevaliers français qui avaient accompagné le nouveau roi, quittèrent un royaume qu'ils étaient venus secourir, et retournèrent en Europe. Jean de Brienne n'avait plus que la ville de Ptolémaïs, et point d'armée pour la défendre; il s'aperçut alors qu'il avait entrepris une tâche difficile et périlleuse, et qu'il ne pouvait long-temps résister aux forces réunies des Sarrasins. Des ambassadeurs furent envoyés à Rome pour faire connaître au pape les dangers des états chrétiens en Asie, et pour implorer de nouveau l'appui des princes de l'Europe, et surtout des chevaliers français (1).

Ces nouveaux cris d'alarme furent à peine entendus des peuples de l'Occident. Les troubles qui agitaient l'Europe au départ de Jean de Brienne

---

années plus tard, le roi de Hongrie assiégea cette forteresse du Thabor. (Sanuti, ibid.)

(1) Baronius, ad ann. 1212, donne quelques détails sur cette ambassade.

1209 pour la Palestine, étaient loin d'être calmé, et ne permettaient point à la France surtout de secourir les colonies chrétiennes de l'Orient. Le Languedoc et la plupart des provinces méridionales du royaume étaient alors désolées par des guerres religieuses qui occupaient la bravoure des barons et des chevaliers.

Un esprit de raisonnement et d'indocilité, qui s'était élevé au milieu des fidèles, et que saint Bernard avait reproché à son siècle, faisait chaque jour des progrès funestes. Les plus saints des docteurs avaient déjà plusieurs fois exprimé leur douleur sur l'avilissement de la parole divine, dont chacun s'établissait le juge et l'arbitre, et qui était traitée, disait Etienne de Tournay dans ses lettres au pape, avec aussi peu de discernement que *les choses saintes données aux chiens, et les perles foulées aux pieds des pourceaux*. Cet esprit d'indépendance et d'orgueil, joint à l'amour du paradoxe et de la nouveauté, à la décadence des bonnes études, au relâchement de la discipline ecclésiastique, avaient enfanté les hérésies qui déchiraient alors le sein de l'église.

La plus dangereuse de toutes les sectes nouvelles était celle des Albigeois, qui tiraient leur nom de la ville d'Alli (1), dans laquelle ils avaient tenu

---

(1) L'hérésie des Albigeois avait son origine primitive dans les opinions des Gnostiques, agrandies et plus profondément corrompues par Manichée. Il serait à désirer qu'un érudit, dans une histoire rapide, présentât la

leurs premières assemblées. Ces nouveaux sectaires, 1209 ne pouvant s'expliquer l'existence du mal sous un Dieu juste et bon, adoptèrent deux principes comme les Manichéens. Selon leur croyance, Dieu avait d'abord créé Lucifer et ses anges; Lucifer s'étant révolté contre Dieu, fut banni du ciel, et produisit le monde visible sur lequel il régnait. Dieu, pour rétablir l'ordre, créa un second fils, Jésus-Christ, qui devait être le génie du bien, comme Lucifer était le génie du mal (1).

Plusieurs écrivains contemporains nous représentent les Albigeois sous les couleurs les plus odieuses, et nous les montrent livrés à tous les genres de scandale. Cette opinion ne saurait être adoptée dans toute sa rigueur par l'histoire impartiale. Nous devons dire ici, à l'honneur de l'espèce humaine, que jamais une secte religieuse n'osa se présenter au monde en donnant l'exemple des mauvaises mœurs; et que dans aucun siècle, chez aucun peuple, une fausse doctrine ne put jamais séduire et entraîner un grand nombre d'hommes,

---

succession des doctrines religieuses, depuis les hérésies de l'église primitive, jusqu'à celles des Bulgares et des Albigeois.

(1) On sent qu'avec de telles opinions, les sectaires ne pouvaient recevoir le vieux testament et la création d'après le système de Moïse; aussi les rejetaient-ils. Beaufobre, historien du Manichéisme, tom. 1, a donné un catalogue des livres particuliers aux sectes manichéennes.

1209 sans être recommandée au moins par les apparences de la vertu (1).

Les plus sages des chrétiens désiraient alors une réforme dans le clergé. « Mais il y avait, dit Bos-
» suet, des esprits superbes (2), pleins d'aigreur,
» qui, frappés des désordres qui régnaient dans
» l'église, et principalement parmi ses ministres,
» ne croyaient pas que les promesses de son éter-
» nelle durée pussent subsister parmi ces abus.
» Ceux-ci, devenus superbes, et par-là devenus
» faibles, succombèrent à la tentation qui porte à
» haïr la chaire en haine de ceux qui y président;
» et comme si la malice de l'homme pouvait
» anéantir l'œuvre de Dieu, l'aversion qu'ils avaient
» conçue pour les docteurs leur faisait haïr tout
» ensemble, et la doctrine qu'ils enseignaient, et
» l'autorité qu'ils avaient reçue de Dieu. »

---

(1) Une lecture attentive de saint Épiphane et de saint Augustin de *Manicheis* peut cependant nous faire connaître toute la perversité morale des sectes qui eurent leur origine dans les opinions des Gnostiques. Saint Épiphane avait été initié dans les mystères des Gnostiques en Égypte, et saint Augustin avait long-temps professé le manichéisme. Sur les sectes des Prissillianites et des Pauliciens, consultez Simon de Vrig, *Dissert. critic. de Prissillianit.*; Utrecht, 1745, *Gerves. fran. histor. Prissilianit. chronologic.*; Rome, 1750, et l'Éclaircissement à la fin du volume.

(2) Bossuet, *Histoire des Variat.*, vol. II. L'abbé Pluquet, dans son *Dictionnaire des hérésies*, et Fleury, dans son *Histoire ecclésiastique*, livre 76e., expriment la même opinion.

Cette disposition des esprits donna aux apôtres 1209
de l'erreur le plus déplorable ascendant, et multiplia le nombre de leurs disciples. On distinguait dans la foule des nouveaux sectaires, les *Vaudois* ou *pauvres de Lyon*, qui se vouaient à une pauvreté oisive et méprisaient le clergé, qu'ils accusaient de vivre dans le luxe et dans la mollesse; les *Apostoliques*, qui se vantaient d'être le seul corps mystique de Jésus-Christ; les *Popelicains*, qui détestaient l'Eucharistie, le mariage et les autres sacremens; les *Aymeristes*, dont les chefs annonçaient au monde l'établissement futur d'un culte purement spirituel, et niaient l'existence de l'enfer et du paradis, persuadés que le péché trouvait en soi sa punition, et la vertu sa récompense (1).

Comme la plupart de ces hérétiques montraient un grand mépris pour l'autorité de l'église, qui était alors la première de toutes les autorités, tous ceux qui voulaient secouer le joug des lois divines, ceux-mêmes à qui leurs passions rendaient insupportable le frein des lois humaines, vinrent à la fin se ranger sous les bannières des novateurs, et furent accueillis par une secte avide de s'agrandir, de se fortifier, et toujours disposée à regarder, comme ses partisans et ses défenseurs, les hommes que la société rejetait de son sein, qui redoutaient

---

(1) Pluquet, *Dictionn. des hérésies*, aux mots indiqués. Pour plus grand éclaircissement, consultez Ducange, *Gloss.*, v°. *Albigens et Bulgares;* Bolgus, Patarini Gazari, Cathari, Muratori, tom. v, pag. 82.

1209 la justice et ne pouvaient supporter l'ordre établi. Ainsi les prétendus réformateurs du XIII°. siècle, en affectant eux-mêmes des mœurs austères, en proclamant le triomphe de la vérité et de la vertu, admettaient dans leur sein la corruption et la licence, détruisaient toute espèce de règle et d'autorité, abandonnaient tout au caprice des passions, ne laissaient aucun lien à la société, aucune force à la morale, aucun frein à la multitude.

1210 Les hérésies nouvelles avaient été condamnées dans plusieurs conciles; mais comme on employa quelquefois la violence pour faire exécuter les décisions de l'église, la persécution ne fit qu'aigrir les esprits au lieu de les ramener à la vérité. Des missionnaires, des légats du pape furent envoyés en Languedoc pour convertir les hommes égarés; leurs prédications restèrent sans fruit, et la voix du mensonge prévalut sur la parole de Dieu. Les prédicateurs de la foi, à qui les hérétiques reprochaient leur ignorance, leur luxe, le relâchement des mœurs, n'eurent ni assez de résignation, ni assez d'humilité pour supporter de pareils outrages, et les offrir à Jésus-Christ dont ils étaient les apôtres (1). En butte aux railleries des sectaires,

---

(1) Les chroniques les plus curieuses sur les guerres des Albigeois, viennent d'être publiées dans la grande collection des chroniques de M. Guizot. A l'aide de ces chroniques, il sera désormais possible d'écrire l'histoire des Albigeois, qu'on n'a jusqu'ici qu'essayée; ce qu'il y a de plus essentiel, c'est que non seulement on pourra con-

ne recueillant des travaux de leur mission que 1210
des humiliations et des mépris, ils s'accoutumèrent
à voir des ennemis personnels dans ceux qu'ils
étaient chargés de convertir; un esprit de vengeance et d'orgueil, qui ne venait point du ciel,
leur fit croire qu'on devait ramener, par la force
des armes, ceux qui avaient méconnu leur pouvoir
et résisté à leur éloquence. Le souverain pontife,
qui s'occupait sans cesse de la guerre d'outre-mer,
hésitait à faire prêcher une croisade contre les Albigeois; mais il fut entraîné par l'opinion du
clergé, peut-être aussi par celle de son siècle, et
promit enfin à tous les chrétiens qui prendraient
les armes contre les Albigeois, les priviléges réservés aux croisades contre les Sarrasins. Simon de
Montfort, le duc de Bourgogne, le duc de Nevers,
obéirent aux ordres du Saint-Siége; la haine qu'inspirait la secte nouvelle, et surtout la facilité de
gagner les indulgences du souverain pontife sans
quitter l'Europe, firent accourir un grand nombre
de guerriers sous les drapeaux de cette croisade,
dans laquelle naquit l'inquisition, qui fut à-la-fois
funeste à l'humanité, à la religion et à la patrie (1).

---

sulter les historiens orthodoxes, mais encore une chronique
favorable aux Albigeois, qui aidera les critiques; le père
Vaissette, dans sa grande *Histoire du Languedoc*, a écrit
avec candeur et impartialité l'histoire de la guerre des Albigeois, tom. 1.

(1) L'armée des croisés se rassembla à Lyon vers la Saint-Jean-Baptiste. Toute cette armée fut employée à l'expédition. Simon, comte de Leicestre et de Montfort, obtint du

1210 De toutes parts s'élevèrent des bûchers; des villes furent prises d'assaut, leurs habitans passés au fil de l'épée. Les violences et les cruautés qui accompagnèrent cette guerre malheureuse, ont été racontées par ceux-mêmes qui y prirent la part la plus active (1); leurs récits, qu'on a peine à croire, ressemblent quelquefois au langage du mensonge et de l'exagération. Dans les temps de vertige et de fureur, lorsque les passions violentes viennent égarer l'opinion et la conscience des peuples, il n'est pas rare de rencontrer des hommes qui exagèrent les excès auxquels ils se sont livrés, et se vantent du mal qu'ils n'ont pas fait.

---

pape la seigneurie de toutes les conquêtes, ce qui porta Raymond VI, comte de Toulouse, à protéger les hérétiques. Une multitude de prêtres, d'évêques, de prélats, étaient dans l'armée des croisés. Les conquêtes furent rapides. Simon de Montfort obtint ces seigneuries suivant la promesse du pape, comme on le voit dans les lettres du pontife. (*Epistol.* 123-136, liv. XII.) Voyez aussi les autorités déjà citées.

(1) L'abbé de Vaux-de-Cernai, qui s'était signalé dans la croisade des Albigeois, nous a laissé une histoire de cette époque, dans laquelle il raconte, avec un air de triomphe, des faits qui se sont passés sous ses yeux, et dont la religion comme l'humanité doit rougir. Quand on a lu son récit, on est persuadé de deux choses : la première qu'il était de bonne foi dans l'excès de son zèle fanatique; la seconde, que son siècle pensait comme lui, et ne réprouvait point les violences, les persécutions dont on lui exposait si naïvement l'histoire.

Le père Langlois, jésuite, a fait en français une histoire des croisades contre les Albigeois.

Au reste, la guerre désastreuse des Albigeois 1212 n'entre point dans le plan de cette histoire, et si nous en parlons ici, c'est pour faire connaître la situation de la France à cette époque, et les obstacles qui s'opposaient alors aux entreprises d'outremer. Au milieu de ces obstacles sans cesse renaissans, Innocent III s'affligeait de ne pouvoir envoyer des secours aux chrétiens de la Palestine. Son affliction fut d'autant plus vive, que, dans le temps même où l'on combattait les Albigeois et le comte de Toulouse, les Sarrasins devenaient plus formidables en Espagne; le roi de Castille, menacé par une armée innombrable, venait d'appeler à son secours tous les Français en état de porter les armes. Le pape lui-même avait écrit à tous les évêques de France, leur recommandant d'exhorter les fidèles de leurs diocèses à se trouver à une grande bataille qui devait se livrer entre les Espagnols et les Maures, vers l'octave de la Pentecôte. Innocent promettait aux guerriers qui se rendraient en Espagne, les indulgences des guerres saintes (1); on fit à Rome une procession solennelle pour demander à Dieu la destruction des Maures et des Sarrasins. Les archevêques de Narbonne et de Bordeaux, l'évêque de Nantes, un grand nombre de seigneurs français, traversèrent les Pyrénées suivis de deux mille chevaliers avec leurs écuyers et leurs

---

(1) *Regest.* d'Innocent, liv. xv, epist. 180, et liv. xiv, epist. 154.

1212 sergens d'armes. L'armée chrétienne rencontra les Maures dans les plaines de Las-Navas de Tolosa, et leur livra un combat dans lequel plus de deux cent mille infidèles perdirent la vie ou la liberté. Les vainqueurs, chargés de dépouilles, entourés de morts, chantèrent le *Te Deum* sur le champ de bataille; l'étendard du chef des Almoades fut envoyé à Rome comme un trophée de la victoire accordée aux prières de l'église chrétienne (1).

En apprenant la bataille de Tolosa, le souverain pontife, au milieu de tout le peuple romain, remercia Dieu d'avoir dispersé les ennemis de son peuple, et fit des prières pour que le ciel, dans sa miséricorde, délivrât enfin les chrétiens de Syrie, comme il venait de délivrer les chrétiens de l'Espagne.

Le chef de l'église renouvela ses exhortations aux fidèles, pour la défense du royaume de Jésus-Christ. Mais, au milieu des troubles et des guerres civiles qu'il avait lui-même allumées, il ne put faire entendre les plaintes de Jérusalem, et versa des larmes de désespoir sur l'indifférence des peuples de l'Occident. On vit alors ce qu'on n'avait point encore vu dans ces temps si féconds en prodiges et en événemens extraordinaires. Cinquante mille enfans, en France et en Allemagne, bravant l'autorité paternelle, s'attroupèrent et parcoururent les villes et les campagnes, en chantant ces paroles:

---

(1) Voyez l'Éclaircissement sur les croisades en Espagne, en Portugal et chez les Prussiens, à la fin de ce volume.

Seigneur Jésus, rendez-nous votre sainte croix (1). 1212
Lorsqu'on leur demandait où ils allaient et ce qu'ils voulaient faire, ils répondaient : *Nous allons à Jérusalem pour délivrer le sépulcre du Sauveur.* Quelques ecclésiastiques, aveuglés par un faux zèle, avaient prêché cette singulière croisade; la plupart des fidèles n'y voyaient qu'une inspiration du ciel, et pensaient que Jésus-Christ, pour faire éclater sa puissance divine, pour confondre l'orgueil des plus grands capitaines, des puissans et des sages de la terre, avait remis sa cause aux mains de la simple et timide enfance (2).

Des femmes de mauvaise vie et quelques hommes pervers se mêlèrent dans la foule des nouveaux soldats de la croix, pour les séduire; une grande partie de cette jeune milice traversa les Alpes pour s'embarquer dans les ports de l'Italie. Ceux qui venaient des provinces de France, se rendirent à Marseille. Sur la foi d'une révélation miraculeuse, on leur avait fait croire que, cette année, la sécheresse serait si grande, que le soleil dissiperait les eaux de la mer, et qu'un chemin facile conduirait les pélerins, à travers le lit de la

---

(1) *Vidimus, anno ab incarnatione* 1212, *infinitatem puerorum multitudinem spiritus deceptionis correptos cum signaculo crucis iter Ierosolimitanum agressam fuisse.* Thomas de Champré, *de Apibus*, lib. 2, ch. 3. L'époque de cette croisade est de 1212 à 1213.

(2) Albert de Trois-Fontaines, *Chronic.*, pag. 459, et Mathieu Pâris, entrent dans beaucoup de détails sur cette croisade. (Voyez aussi *Bibl. des Crois.*, t. II.)

Méditerranée, jusque sur les côtes de Syrie (1). Plusieurs de ces jeunes croisés s'égarèrent dans les forêts, périrent de chaleur, de faim, de soif et de fatigue; d'autres revinrent dans leurs foyers, honteux de leur imprudence, et disant qu'ils ne *savaient pas pourquoi ils étaient partis*. Parmi ceux qui s'embarquèrent, quelques-uns firent naufrage, ou furent livrés aux Sarrasins qu'ils allaient combattre (2); plusieurs, disent les vieilles chroniques, recueillirent les palmes du martyre, et donnèrent aux infidèles le spectacle édifiant de la fermeté et du courage que la religion chrétienne peut inspirer à l'âge le plus tendre comme à l'âge mûr.

Ceux de ces enfans qui parvinrent jusqu'à Ptolémaïs, durent y porter l'effroi, et faire croire aux chrétiens d'Orient que l'Europe n'avait plus de gouvernement, plus de lois, plus d'hommes sages, ni dans les conseils des princes, ni dans ceux de l'église. Rien ne caractérise mieux l'esprit de ces temps-là, que l'indifférence avec laquelle on vit de pareils désordres. Aucune autorité n'entreprit de les prévenir ou de les arrêter; et lorsqu'on vint annoncer au pape que la mort avait moissonné la fleur de la jeunesse de France et d'Allemagne, il se contenta de dire : *Ces enfans nous font un repro-*

---

(1) Jacob de Vorag, *Chronic. Genue.*, apud Muratori, tom. ix, pag. 46.

(2) *Periisse in diversis locis et maximam ex eis multitudinem per malificos quosdam Sarrasinios in mari venditos extitisse.* (Thomas de Champré, lib. 2, ch. 3, *de Apibus*.)

che de nous endormir, lorsqu'ils volent au secours 1213 de la Terre-Sainte (1).

Le souverain pontife, pour accomplir ses desseins et réchauffer l'enthousiasme des fidèles, avait besoin de frapper vivement l'imagination des peuples, et d'offrir un grand spectacle au monde chrétien. Innocent résolut d'assembler à Rome un concile général, pour y délibérer sur l'état de l'église et sur le sort des chrétiens en Orient (2). « La » nécessité de secourir la Terre-Sainte, disait-il » dans ses lettres de convocation, l'espérance de

---

(1) Cette croisade d'enfans est rapportée par un si grand nombre d'historiens contemporains, qu'on ne peut la révoquer en doute. M. Jourdain a donné, à la fin de ce volume, une lettre en forme d'éclaircissement sur cette croisade extraordinaire; nous avons découvert quelques textes nouveaux depuis sa mort; on les trouvera *Biblioth. des Croisades*, tom. 1, dans les extraits d'Albert de Stade, de Mathieu Pâris et du moine Godefroy.

(2) Au commencement de 1213, Innocent indiqua un synode général pour une nouvelle croisade; il adressa à tous les princes chrétiens des lettres encycliques, et ordonna des prières et des aumônes pour cet objet. Il envoya des légats en France et à Venise; il adressa des lettres en Allemagne; il exhorta aussi le roi de Hongrie à accomplir le vœu qu'il avait fait depuis trois ans d'aller à la Terre-Sainte; et pour que rien ne retardât cette expédition, il manda au patriarche de Jérusalem de presser le soudan de Damas et du Caire de rendre la Terre-Sainte; il lui disait que lui-même envoyait à ce prince des légats et des lettres pour le solliciter de le faire. Raynaldi copie ces lettres, que Richard de Saint-Germain a données sous la date de 1214. Voyez aussi les *Regist. d'Innoc.*, ep. 20, 23, 30.

1213 » vaincre les Sarrasins est plus grande que jamais;
» nous renouvelons nos cris et nos prières pour
» vous exciter à cette noble entreprise. Sans
» doute, ajoutait Innocent, que Dieu n'a pas be-
» soin de vos armes pour délivrer Jérusalem;
» mais il vous offre une occasion de faire pénitence
» et de montrer votre amour pour lui. O mes
» frères, combien d'avantages l'église chrétienne
» n'a-t-elle pas déjà retirés de tous les fléaux qui
» l'ont désolée et qui la désolent encore! Que de
» crimes expiés par le repentir! Que de vertus se
» raniment au feu de la charité! Que de conver-
» sions faites parmi les pécheurs, à la voix gémis-
» sante de Jérusalem! Bénissez donc l'ingénieuse
» miséricorde (1), le généreux artifice de Jésus-
» Christ, qui cherche à toucher vos cœurs, à sé-
» duire votre piété, et veut devoir à ses disciples
» égarés une victoire qu'il tient dans sa main toute
» puissante. »

Le pape compare ensuite Jésus-Christ banni de son héritage, à l'un des rois de la terre qui serait chassé de ses états : « Quels sont les vas-
» saux, ajoutait-il, qui n'exposeront pas leur for-
» tune et leur vie pour faire rentrer leur souve-
» rain dans son royaume? Ceux des sujets et des
» serviteurs du monarque qui n'auront rien fait

---

(1) *Vetus est hoc artificium Jesus-Christi, quod ad suorum salutem fidelium diebus istis dignatus est innovare.* (*Epistol. Innocent.*, p. 28-29-30.)

« pour sa cause, ne doivent-ils pas être rangés
» parmi les rebelles, et subir la peine réservée
» à la révolte et à la trahison ? C'est ainsi que
» Jésus-Christ traitera ceux qui resteront indif-
» férens à ses outrages, et ne prendront point les
» armes pour combattre ses ennemis. »

Pour relever les espérances et le courage des chrétiens, le Saint-Père terminait son exhortation aux fidèles, en disant que « *la puissance de* » *Mahomet touchait à sa fin; car cette puis-* » *sance n'était autre chose que la bête de l'Apo-* » *calypse, qui ne devait pas passer le nombre* » *de six cent soixante-six années, et déjà six* » *siècles étaient accomplis* (1). » Ces dernières paroles du pape étaient appuyées sur des prédictions populaires qui se répandaient dans l'Occident, et faisaient croire à la destruction prochaine des Sarrasins.

Comme on l'avait vu dans les autres croisades, le souverain pontife promettait à tous ceux qui prendraient les armes contre les infidèles, la rémission des péchés et la protection spéciale de l'église. Dans une occasion si importante le

---

(1) On pourra voir cette circulaire du pape dans les pièces justificatives. C'était alors une opinion généralement répandue, tant chez les chrétiens orientaux que chez les occidentaux, que Mahomet n'est autre chose que la bête de l'Apocalypse. On en voit la preuve dans ces paroles du pape; on trouve un passage analogue dans une circulaire arabe qui est attribuée, mais à tort, à un évêque égyptien. (Voyez

chef des chrétiens ouvrait le trésor des miséricordes divines à tous les fidèles, en proportion de leur zèle et de leurs libéralités. Tous les prélats et les ecclésiastiques, les habitans des villes et des campagnes, étaient invités à fournir un certain nombre de guerriers, et à les entretenir pendant trois ans selon leurs facultés. Le pape exhortait les princes et les seigneurs qui ne prendraient pas la croix, à seconder le zèle des croisés par tous les moyens en leur pouvoir; le chef de l'église demandait à tous les fidèles leurs prières, aux riches des aumônes et des tributs, aux chevaliers l'exemple du courage, aux villes maritimes des vaisseaux; il s'engageait lui-même à faire les plus grands sacrifices. Des processions devaient être faites chaque mois dans toutes les paroisses afin d'obtenir les bénédictions du ciel; tous les efforts, tous les vœux, toutes les pensées des chrétiens devaient se porter vers l'objet de la guerre sainte. Pour que rien ne pût détourner les fidèles de l'expédition contre les Sarrasins, le Saint-Siége révoquait les indulgences accordées à ceux qui abandonnaient leurs foyers pour aller combattre les Albigeois en Languedoc, et les Maures au-delà des Pyrénées.

On voit que le souverain pontife ne négligeait rien pour assurer le succès de la sainte entreprise.

---

les *Mémoires* de M. Quatremère *sur l'Égypte*, tom. 1, pag. 344.)

Un historien moderne remarque avec raison qu'il employa tous les moyens, *même ceux qui ne devaient pas réussir;* car il écrivit au sultan de Damas et du Caire (1), pour l'inviter à remettre la ville sainte entre les mains des serviteurs du vrai Dieu. Innocent disait dans sa lettre, que Dieu avait choisi les infidèles pour les instrumens de sa vengeance; qu'il avait permis à Saladin de s'emparer de Jérusalem, afin de châtier les péchés des chrétiens; mais que le jour de la délivrance était venu, et que le Seigneur, désarmé par les prières de son peuple, allait lui rendre l'héritage de Jésus-Christ. Le souverain pontife conseillait au sultan d'éviter l'effusion du sang et de prévenir la désolation de son empire.

Ce n'était pas la première fois que le chef de l'église adressait des prières et des avertissemens aux puissances musulmanes. Deux ans auparavant il avait écrit au prince d'Alep, dans l'espoir qu'il le ramènerait à la vérité évangélique, et qu'il en ferait un fidèle auxiliaire des chrétiens (2). Toutes

---

(1) Il s'agit ici du fameux Malek-Adel. La lettre que lui écrivit le pape se trouve dans les pièces justificatives à la fin de ce volume; les expressions du pape et ses exhortations pieuses, données à ce prince infidèle, peignent bien les mœurs du temps. Le père Mainbourg dit que le prince ne fut pas fort touché des lettres du pape, pour lequel il n'avait pas de grands égards. (Lib. IX.)

(2) On peut lire dans les pièces justificatives la lettre du

1213 ces tentatives qui n'aboutirent à rien, prouvent assez que le pape ne connaissait point l'esprit et le caractère des Musulmans. Le souverain pontife ne fut pas plus heureux, lorsque, dans ses lettres, il engagea le patriarche de Jérusalem à faire tous ses efforts pour arrêter les progrès de la licence et de la corruption parmi les chrétiens de la Palestine (1). Les chrétiens de la Syrie ne changèrent point leurs mœurs, et toutes les passions continuèrent à régner au milieu d'eux. Les Musulmans fortifièrent Jérusalem, qu'on leur demandait, et ne songèrent qu'à prendre les armes pour résister aux ennemis de l'islamisme.

Rien n'égalait l'ardeur et l'activité du souverain pontife. L'histoire peut à peine le suivre, cherchant partout des ennemis aux Musulmans, et s'adressant tour-à-tour au patriarche d'Alexandrie, à celui d'Antioche, à tous les princes de l'Arménie et de la Syrie. Ses regards embrassaient à-la-fois l'Orient et l'Occident. Ses lettres et ses ambassadeurs allaient sans cesse remuer l'Europe et l'Asie. Innocent envoya la convocation pour le concile et la bulle de la croisade dans toutes les provinces de la chrétienté, et ses exhortations apostoliques retentirent depuis les bords du Danube et de la

---

pape au prince d'Alep. Ce prince se nommait Malek-Daher-Gaiat-eddin-gazi, et il était fils de Saladin. (Voyez à ce sujet les extraits des auteurs arabes, §. 71.)

(1) *Epistol. Innocent.*, lib. xiv, ép. 146 et 147.

Vistule jusqu'aux rives du Tage et de la Tamise (1).

Des commissaires furent choisis pour faire connaître à tous les chrétiens les décisions du St.-Siége ; ils avaient la mission de prêcher la guerre sainte et la réforme des mœurs, d'invoquer à-la-fois les lumières des docteurs et le courage des guerriers. Dans plusieurs provinces, la mission de prêcher la croisade fut confiée à des évêques; le cardinal Pierre Robert de Courçon, qui se trouvait alors en France comme légat du pape, reçut de grands pouvoirs du St.-Siége, et parcourut le royaume en exhortant les chrétiens à prendre la croix et les armes.

1214

Le cardinal de Courçon (2) avait été dans sa jeunesse le disciple de Foulque de Neuilly, et s'était fait une grande renommée par son éloquence. Partout la multitude accourait pour entendre un orateur célèbre dans l'art de la parole, et revêtu de tout l'éclat de la puissance romaine. « Le légat,

---

(1) Une histoire du pontificat d'Innocent III, serait un ouvrage curieux; il a été essayé dans les *Gesta Innocent. III*, publiés dans un volume des *Script. rer. Ital.* de Muratori.

(2) Le cardinal de Courçon était anglais d'origine. Il avait étudié à l'université de Paris, et s'était lié dès-lors avec Lothaire, qui devint pape sous le nom d'Innocent III. C'est à cette liaison que Pierre Robert de Courçon dut son élévation. On peut lire, sur ce personnage, une fort longue notice de feu M. Du Theil, dans les *Notices des Manuscrits*, tom. VI.

dit Fleury, avait le pouvoir de régler tout ce qui
» concernait les tournois, et, ce qui paraîtra plus
» singulier, la faculté d'accorder une certaine in-
» dulgence à ceux qui assistaient aux sermons dans
» lesquels il prêchait la croisade (1). » Fidèle à
l'esprit de la religion de Jésus-Christ, le cardinal
de Courçon donna la croix à tous les chrétiens qui
la demandaient, sans songer que les femmes, les
enfans, les vieillards, les sourds, les aveugles, les
boiteux, ne pouvaient faire la guerre aux Sarrasins,
et qu'on ne formait point une armée comme l'Évangile compose le festin du père de famille. Aussi
cette liberté d'entrer dans la sainte milice, accordée sans distinction et sans choix, ne fit que
scandaliser les chevaliers et les barons et refroidir
le zèle des guerriers (2).

Parmi les orateurs que le pape avait associés au
cardinal de Courçon, on remarquait Jacques de
Vitri, que l'église plaçait déjà au rang de ses plus
célèbres docteurs. Tandis qu'il prêchait la croisade
dans les différentes provinces de France, la renommée (3) de ses talens et de ses vertus s'était ré-

---

(1) *Histoire ecclésiast.*
(2) M. Du Theil, *Notices des Manusc.*, t. VI.
(3) Le continuateur de Guillaume de Tyr s'exprime ainsi : « Il ot en France un clerc qui prescha de la croix, qui avoit nom maistre Jacques de Vitri; cil en croisa mult, là où il étoit en la prédication; l'eslurent les chanoines d'Acre, et mandèrent à l'Apostolle (le pape), qu'il lor envoyast pour estre évesque d'Acre; et sachiez s'il n'en

pendue jusqu'en Orient. Les chanoines de Ptolé- 1214
maïs l'avaient demandé au pape pour leur pasteur
et leur évêque. Les vœux des chrétiens de la Palestine ne tardèrent pas à être remplis; Jacques de Vitri, après avoir excité les guerriers de l'Occident
à prendre les armes, fut dans la suite témoin de
leurs travaux, et les raconta dans une histoire qui
est parvenue jusqu'à nous.

Les prédications de la guerre sainte réveillèrent
la charité des fidèles. Philippe-Auguste abandonna
le quarantième de ses revenus domaniaux (1) pour
les dépenses de la croisade; un grand nombre de
seigneurs et de prélats suivirent l'exemple du roi de
France. Comme des troncs avaient été placés dans

---

eust le commandement l'apostolle, il ne l'eust mie reçu,
mais toutes voies passa-t-il outre-mer, et fust évesque
grand pièce, et fist mult de biens en terre; mais puis résigna-t-il, et retorna en France, et puis fut-il cardinal de
Rome. » (Voyez l'extrait du continuateur dans la *Biblioth.
des Crois.*, tom. 1, et celui de Jacques de Vitri, ainsi que la
Notice sur ce chroniqueur, en tête de l'extrait. (Ibid.)

(1) Philippe accorda ce quarantième sans tirer conséquence pour l'avenir, *absque consuetudine*, et à condition
que ce don volontaire serait employé là où le roi d'Angleterre et les barons des deux royaumes le jugeraient convenable. (Voyez le *Rec. des Ord.*, tom. 1, pag. 31.) Il faut
remarquer que ces mots *absque consuetudine*, et postérieurement *sans tirer à coutume*, furent une formule en usage
soit dans les ordonnances émanées de la libre volonté des
rois de France, soit de celles qui furent rendues sur les
délibérations des états-généraux.

toutes les églises pour recevoir les aumônes des fidèles, ces aumônes mirent des sommes immenses entre les mains du cardinal de Courçon, qui fut accusé d'avoir détourné les dons offerts à Jésus-Christ. Ces accusations furent d'autant mieux accueillies que le légat du pape exerçait, au nom du Saint-Siége, une autorité qui déplaisait au monarque et aux peuples du royaume. Le cardinal, sans l'approbation du roi, levait des tributs, enrôlait des guerriers, abolissait les dettes, prodiguait les peines et les récompenses, usurpait, en un mot, toutes les prérogatives de la souveraineté. L'exercice d'un si grand pouvoir portait le trouble dans les provinces (1). Pour prévenir les désordres,

---

(1) Dans le règlement royal de Philippe-Auguste, on trouve une disposition relative aux dettes que les croisés avaient contractées comme membres d'une commune. Nos lecteurs ne seront pas fâchés de connaître cette disposition :

« Quant aux croisés, membres de quelques communes,
» nous ordonnons, dit le roi, que si la commune elle-
» même est chargée de quelque redevance, soit pour *lest
» et la chevauchée*, soit pour la clôture de la ville, soit
» pour sa défense en cas de siége, soit pour quelque dette
» à terme contractée avant qu'ils aient pris la croix, ils
» seront tenus, comme les autres habitans non croisés, de
» payer leur contingent ; mais pour les dettes contractées
» postérieurement à l'époque où ils auraient pris la croix,
» les croisés en demeurent exempts jusqu'à leur prochain
» départ et jusqu'à leur retour. » (Voyez le *Recueil des Ordonnances*, Dachery, et le vi^e. volume des *Notices des Manuscrits*, *Dissertation* de M. Du Theil, sur *Robert de*

LIVRE XII.

Philippe-Auguste crut devoir faire un règlement 1214 qui statuait, jusqu'au concile œcuménique, sur le sort personnel des croisés, et sur les exemptions et les priviléges dont ils devaient jouir.

Tandis que le cardinal de Courçon continuait à prêcher la croisade dans les différentes provinces de France, l'archevêque de Cantorbéry exhortait aussi les peuples d'Angleterre à prendre les armes contre les infidèles. Depuis long-temps le royaume d'Angleterre était troublé par l'opposition violente des communes, des barons et même du clergé, qui avaient profité des excommunications (1) lancées par le pape contre le roi Jean, pour obtenir la confirmation de leurs libertés. Le monarque anglais, en souscrivant aux conditions qui lui étaient faites, avait cédé à la nécessité et à la force, bien plus qu'à sa propre inclination; il voulut revenir sur ce qu'il avait accordé; et pour mettre sa couronne sous la protection de l'église, il prit la croix

---

Courçon.) On retrouve encore cette disposition dans l'ordonnance de saint Louis sur le même objet; nous avons réuni dans nos notes du 1er. volume tous les priviléges des croisés.

(1) Dans la charte accordée par le roi Jean, ce monarque dit expressément qu'il accorde cette charte par le conseil de l'archevêque de Cantorbéry, de sept évêques et du nonce du pape. (Voyez les actes de Rymer.) Les progrès de la constitution et des libertés communales et parlementaires de l'Angleterre, ont été indiqués et suivis avec une érudition profonde et impartiale dans le chapitre d'*Hallam*. *View of Europe in the middle age*.

et fit serment d'aller combattre les Sarrasins. Le souverain pontife crut à la soumission et aux promesses du roi d'Angleterre. Après avoir prêché une croisade contre ce prince, qu'il accusait d'être l'ennemi de l'église, il employa pour le défendre toute l'autorité du Saint-Siége et toutes les foudres de la religion (1).

Le roi Jean, en prenant la croix, n'avait d'autre intention que de tromper le pape et d'obtenir la protection de l'église ; le signe des croisés n'était, pour lui, qu'un moyen de conserver sa puissance : politique fausse et mensongère qui n'accrut point son autorité, et contribua sans doute à affaiblir dans l'esprit des peuples, l'enthousiasme de la guerre sainte. Les barons d'Angleterre, excommuniés à leur tour par le Saint-Siége, s'occupèrent de défendre leurs libertés, et n'écoutèrent point les saints orateurs qui les appelaient à combattre en Asie (2).

―――――――

(1) *Gest. Innocent.*, ad ann. (Voyez sur toutes ces contestations entre le pape et l'Angleterre, les pièces publiées par Rymer, vol. III, pag. 139-143-197; Mathieu Paris, pag. 155-165.)

(2) C'est au règne du roi Jean que l'on rapporte la première charte des libertés de l'Angleterre, *magna carta;* elle fut signée par le roi Jean, le 15 juin 1212, entre Vindsor et Staines : la liberté des élections fut assurée au clergé, ainsi que les appels à la cour de Rome; les barons étendirent leurs priviléges féodaux ; la justice des schérifs, des comtes, ainsi que les immunités des villes, y trouvèrent une large

L'empire d'Allemagne n'était pas moins troublé 1214
que le royaume d'Angleterre. Othon de Saxe,
après avoir été, pendant dix ans, l'objet de toutes
les prédilections du St.-Siége, s'attira tout-à-coup la
haine implacable d'Innocent, pour avoir porté une
vue ambitieuse sur quelques domaines de l'église et
sur le royaume de Naples et de Sicile. Non-seule-
ment il fut excommunié, mais les villes mêmes qui
lui restaient fidèles furent frappées de l'excommunication et de l'interdit. Le souverain pontife opposa
Frédéric II, fils de Henri VI, à Othon, comme il
avait opposé Othon à Philippe de Souabe (1).
L'Allemagne et l'Italie furent remplies d'agitation
et de troubles. Frédéric, qui fut alors couronné
roi des Romains à Aix-la-Chapelle, prit la croix,
conduit par un sentiment de reconnaissance, et
dans l'espoir de conserver l'appui du Saint-Siége
pour parvenir au trône impérial (2).

---

consécration. Rymer rapporte la charte, vol. 1, pag. 201;
la Chronique de Dunstad, vol. 1, pag. 73, et Mathieu
Paris, sont curieux pour les événemens.

(1) C'est dans ces querelles que prirent naissance les factions des Guelfes et des Gibelins. Henri IV, de la maison de
Souabe, était le chef naturel de la première de ces factions
qui avaient encore quelque force même à l'époque de
l'invasion de Charles VIII en Italie. Consultez la 51e. dissertation de Muratori, tom. III, pag. 145.

(2) Les écrivains de la cour de Rome ont tour-à-tour
vanté et censuré la conduite de Frédéric. Edraboschi,
tom. IV, pag. 7, a fait l'éloge de ce prince; Muratori n'ose
se prononcer. (*Annal.*, 17e. vol. in-8º.)

1214 Cependant Othon ne négligeait rien pour conserver l'empire et pour résister aux entreprises et aux poursuites de la cour de Rome. Il fit la guerre au pape, et s'allia à tous les ennemis de Philippe-Auguste, qui s'était déclaré pour Frédéric. Une ligue formidable, dans laquelle étaient entrés le roi d'Angleterre, les comtes de Flandre, de Hollande, de Boulogne, menaçait la France d'une invasion. La capitale et les provinces du royaume étaient déjà partagées entre les chefs de la ligue, lorsque Philippe remporta la victoire de Bouvines. Cette victoire mémorable sauva l'indépendance et l'honneur de la monarchie française, et rendit la paix à l'Europe. Othon, vaincu, perdit ses alliés, et succomba sous les foudres de l'église (1).

1215 Le moment était venu où le concile convoqué par le pape, devait se réunir. De toutes les parties de l'Europe, les ecclésiastiques, les seigneurs, les princes et leurs ambassadeurs se rendirent dans la capitale du monde chrétien. On vit alors arriver à Rome les députés d'Antioche et d'Alexandrie (2),

---

(1) Nous n'avons pas besoin d'indiquer, sur la bataille de Bouvines, le témoignage de la plupart des historiens du règne de Philippe-Auguste, et Guillaume-le-Breton particulièrement, qui l'a célébrée en vers latins.

(2) L'évêque d'Antioche ne put venir en personne au concile pour cause de maladie; il y envoya l'évêque d'Autdou; l'excuse de l'évêque d'Alexandrie, fut que la cité était au pouvoir des Sarrasins. (Raynald., *Annales ecclésiast.*, ad. ann. 1215.)

les patriarches de Constantinople et de Jérusalem, qui venaient implorer l'appui des peuples de la chrétienté; les ambassadeurs de Frédéric, de Philippe-Auguste, des rois d'Angleterre et de Hongrie, venaient, au nom de leurs souverains, prendre place dans le concile. Cette assemblée, qui représentait l'église universelle, et dans laquelle on comptait près de cinq cents évêques et archevêques, plus de cent abbés et prélats venus de toutes les provinces de l'Orient et de l'Occident, se réunit dans l'église de Latran (1), et fut présidée par le souverain pontife. Innocent fit l'ouverture du concile par un sermon, dans lequel il déplora les erreurs de son siècle et les malheurs de l'église. Après avoir exhorté le clergé et les fidèles à sanctifier par leurs mœurs les mesures qu'on allait prendre contre les hérétiques et les Sarrasins, il représenta Jérusalem couverte de deuil, montrant les fers de sa captivité, et faisant parler tous ses prophètes pour toucher le cœur des chrétiens.

« O vous, qui passez dans les chemins, disait
» Jérusalem par la bouche du pontife, regardez
» et voyez si jamais il y eut une douleur semblable
» à la mienne! Accourez donc tous, ô vous qui

___

(1) On peut consulter, sur la tenue de ce concile, sous la date de 1215, la chronique d'Usperg, le moine Godefroi, Mathieu Pâris, Albert de Stade, la chronique de Fosse-Neuve, et surtout la collection des conciles. Fleury entre dans beaucoup de détails.

» me chérissez, pour me délivrer de l'excès de
» mes misères ! Moi, qui étais la reine de toutes
» les nations, je suis maintenant asservie au tribut ;
» moi, qui étais remplie de peuple, je suis restée
» presque seule. Les chemins de Sion sont en
» deuil, parce que personne ne vient à mes solen-
» nités. Mes ennemis ont écrasé ma tête ; tous les
» lieux saints sont profanés ; le saint sépulcre, na-
» guère si rempli d'éclat, est maintenant couvert
» d'opprobre ; on adore le fils de la perdition et de
» l'enfer là où les fidèles adoraient le fils de Dieu.
» Les enfans de l'étranger m'accablent d'outrages,
» et montrant la croix de Jésus, ils me disent :
» *Tu as mis toute ta confiance dans un bois vil ;*
» *nous verrons si ce bois te sauvera au jour du*
» *danger* (1). »

Innocent, après avoir fait parler ainsi Jérusalem, conjurait les fidèles de prendre pitié de ses maux et de s'armer pour sa délivrance. Il terminait son exhortation par ces paroles, où respiraient sa douleur et son zèle ardent : « Mes chers frères, je me
» livre tout entier à vous ; si vous le jugez à propos,
» je promets d'aller en personne chez les rois, les
» princes et les peuples ; vous verrez si, par la
» force de mes cris et de mes prières, je pourrai
» les exciter à combattre pour le Seigneur, à

---

(1) Le discours du pape est tout entier dans le grand recueil des conciles. Baronius l'a aussi rapporté en entier, *Annales ecclésiast.*, ad. ann. 1215.

LIVRE XII.

» venger l'injure du crucifié, que nos péchés ont
» banni de cette terre arrosée de son sang, et sanc-
» tifiée par le mystère de notre rédemption. »

1215

Le discours du pontife fut écouté dans un silence religieux ; mais comme Innocent y parlait de plusieurs objets à-la-fois, et que ses paroles étaient remplies d'allégories, il n'enflamma point l'enthousiasme de l'assemblée. Les pères du concile ne paraissaient pas moins frappés des abus qui s'introduisaient dans l'église que des revers des chrétiens en Orient ; mais l'assemblée s'occupa d'abord des moyens de réformer la discipline ecclésiastique et d'arrêter les progrès de l'hérésie.

Dans une déclaration de foi, le concile exposa la doctrine des chrétiens, et leur rappela le symbole de la croyance évangélique. Il opposa la vérité à l'erreur, la persuasion à la violence, les vertus de l'Évangile aux passions des sectaires et des novateurs ; heureuse alors l'église chrétienne, si le pape eût suivi cet exemple de modération, et si, en défendant les droits de la religion, il n'eût méconnu les droits des souverains. Par une décision apostolique, proclamée au milieu du concile, Innocent déposa le comte de Toulouse, qu'on regardait comme le protecteur de l'hérésie, et donna ses états à Simon de Montfort, qui avait combattu les Albigeois (1).

---

(1) *Decret. concil. lateran.*; dans la grande collection des conciles.

1215 Innocent ne pouvait pardonner au comte de Toulouse d'avoir excité une guerre qui avait troublé la chrétienté, et suspendu l'exécution de ses desseins pour la croisade d'outre-mer. La politique violente du souverain pontife avait pour but d'effrayer les hérétiques, et d'encourager tous les chrétiens à prendre les armes pour la cause de Jésus-Christ et celle de son vicaire sur la terre.

Après avoir condamné les erreurs nouvelles et prononcé les anathèmes de l'église contre tous ceux qui s'écartaient de la foi, le souverain pontife et les pères du concile s'occupèrent du sort des chrétiens en Orient, et des moyens de secourir promptement la Terre-Sainte. Toutes les dispositions exprimées dans la bulle de convocation, furent confirmées; on arrêta que les ecclésiastiques paieraient, pour les dépenses de la croisade, le vingtième de leurs revenus, le pape et les cardinaux le dixième, et qu'il y aurait une trêve de quatre ans entre tous les princes chrétiens. Le concile lança les foudres de l'excommunication contre les pirates qui troublaient la marche des pèlerins, et contre tous ceux qui fourniraient des vivres et des armes aux infidèles; le souverain pontife promit de diriger les préparatifs de la guerre, de fournir trois mille marcs d'argent, et d'armer à ses frais plusieurs vaisseaux pour le transport des croisés (1).

Les décisions du concile et les discours du

---

(1) Ibid.

LIVRE XII.

pape firent une profonde impression sur l'esprit 1215 des chrétiens. Tous les prédicateurs de la guerre sainte étaient formellement invités à rappeler les fidèles à la pénitence, à interdire les danses, les tournois, les jeux publics; à réformer les mœurs, à faire revivre dans tous les cœurs l'amour de la religion et de la vertu. Ils devaient, à l'exemple du souverain pontife, faire retentir les plaintes de Jérusalem dans les palais des princes, et solliciter les monarques et les grands de prendre la croix, afin que le peuple fût entraîné par leur exemple.

Les décrets sur la guerre sainte furent proclamés dans toutes les églises de l'Occident; dans plusieurs provinces, et surtout dans le nord de l'Europe, on revit les prodiges, les apparitions miraculeuses qui avaient excité l'enthousiasme des chrétiens à l'époque des premières croisades; des croix lumineuses parurent dans le ciel, et firent croire aux habitans de Cologne et des villes voisines du Rhin, que Dieu favorisait la sainte entreprise, et que la puissance divine promettait aux armes des croisés la défaite et la ruine des infidèles (1).

Les saints orateurs redoublèrent d'ardeur et de zèle pour engager les fidèles à prendre part à la guerre sainte. Partout la chaire évangélique retentissait d'imprécations contre les Sarrasins; partout on répétait ces paroles de Jésus-Christ: *Je suis venu pour*

---

(1) Chronic. d'Usperg, *Biblioth. des Crois.*, tom. I. Le moine Godefroi, ibid., t. II. *Albert de Stade*, ibid., t. II.

établir la guerre. Les prélats, les évêques, tous les pasteurs n'avaient plus d'éloquence que pour appeler aux armes les guerriers chrétiens. La voix des orateurs ne fut point la seule qui se fit entendre; la poésie elle-même, qui venait de renaître dans nos provinces méridionales, choisit les saintes expéditions pour le sujet de ses chants, et la muse profane des troubadours mêla ses accens à ceux de l'éloquence sacrée. Les Pierre d'Auvergne, les Ponce de Capdeuil, les Folquet de Romans, cessèrent de chanter l'amour des dames et la courtoisie des chevaliers, pour célébrer dans leurs vers les souffrances de Jésus-Christ et la captivité de Jérusalem (1). « Il est venu le temps, disaient-ils, » où l'on verra quels sont les hommes dignes de » servir l'Éternel. Dieu appelle aujourd'hui les » vaillans et les preux; ceux-là seront à jamais les » siens, qui, sachant souffrir pour leur foi, se » dévouer et combattre pour leur Dieu, se montreront pleins de franchise et de générosité, » de loyauté et de bravoure; qu'ils restent ici

---

(1) M. Raynouard, qui a fait les plus savantes recherches sur la langue et les poésies des troubadours, nous a communiqué cette pièce de Pierre d'Auvergne; nous réunirons, dans un Éclaircissement à la fin du volume suivant, les poésies des troubadours relatives à la croisade; nous y joindrons quelques sirventes ou trouvères, poètes du nord de la France. L'enthousiasme des guerres saintes avait inspiré également les poètes de la Languedoil et de la Languedoc.

« ceux qui aiment la vie, ceux qui aiment l'or.
» Dieu ne veut que les bons et les braves; il veut
» aujourd'hui que ses fidèles serviteurs fassent leur
» salut par de hauts faits d'armes, et que la gloire
» des combats leur ouvre les portes du ciel. »
L'un des chantres de la guerre sainte célébrait
dans ses vers le zèle, la prudence, le courage du
chef de l'Église; et pour déterminer les fidèles à
prendre la croix, il leur disait : *Nous avons un guide
sûr et valeureux, le souverain pontife Innocent.*

1215

On espérait alors voir le père des chrétiens conduire lui-même les croisés, et sanctifier par sa présence l'expédition d'outre-mer. Le pape, dans le concile de Latran, avait exprimé le désir de prendre la croix, et d'aller en personne se mettre en possession de l'héritage de Jésus-Christ; mais l'état où se trouvait l'Europe, les progrès de l'hérésie, et sans doute aussi les conseils des évêques et des cardinaux, l'empêchèrent d'accomplir son dessein (1).

Comme des germes de division subsistaient entre plusieurs états de l'Europe, ces discordes pouvaient nuire aux succès de la guerre sainte; le pape envoya partout des députés conciliateurs et des anges de paix; il se transporta lui-même en Toscane pour apaiser les discordes élevées entre les Pisans et les Génois : ses exhortations avaient réuni tous les cœurs; à sa voix, les ennemis les plus impla-

---

(1) *Gesta Innocent.* (Muratori, t. III, p. 40-50 et suiv.)

cables juraient d'oublier leurs querelles pour combattre les Sarrasins; ses vœux les plus ardens allaient être remplis, et tout l'Occident, docile à ses volontés souveraines, était prêt à s'ébranler pour se précipiter sur l'Asie, lorsqu'il tomba malade et mourut, laissant à ses successeurs le soin et l'honneur d'achever une si grande entreprise (1).

Comme tous les hommes qui ont exercé une grande puissance au milieu des orages politiques, Innocent, après sa mort, fut blâmé et loué tour-à-tour avec l'exagération de l'amour et de la haine. Les uns disaient qu'il avait été rappelé par la Jérusalem céleste, et que Dieu voulait récompenser son zèle pour la délivrance des saints lieux; les autres eurent recours à de miraculeuses apparitions, et firent parler les saints pour condamner sa mémoire; tantôt on l'avait vu poursuivi par un dragon qui demandait justice contre lui; tantôt il s'était montré environné des flammes du purgatoire. L'Europe fut sans cesse troublée sous son pontificat; il n'était point de royaume sur lequel la colère du pontife n'eût éclaté; tant d'excès, tant de malheurs avaient aigri l'esprit des peuples, et l'on dut prendre quelque plaisir à croire que le vicaire de Jésus-Christ sur la terre allait être puni

---

(1) Innocent mourut, en 1216, au mois de juillet, dans la ville de Perouse, lorsqu'il allait travailler à la paix entre les Pisans, les Génois et les Lombards. Raynaldi a discuté le temps et les circonstances de sa mort. (*Annales*; Baronius, ad. ann. 1216.)

dans une autre vie. Innocent était cependant irré- 1216
prochable dans ses mœurs ; il avait d'abord montré
quelque modération ; il aimait la vérité et la justice ; mais l'état malheureux où se trouvait l'église,
les obstacles de toute espèce qu'il rencontra dans
son gouvernement spirituel (1), irritèrent son
caractère et le jetèrent dans tous les excès d'une
politique violente ; à la fin, ne gardant plus
aucun ménagement, il en vint jusqu'à prononcer
ces paroles terribles : *glaive, glaive, sors du
fourreau, et aiguise-toi pour tuer* (2). Comme
il avait voulu trop entreprendre, il laissa de grands
embarras à ceux qui devaient lui succéder : telle
était la situation où sa politique avait placé le
Saint-Siége, que ses successeurs furent obligés
de suivre ses maximes et d'achever le bien et le
mal qu'il avait commencé. Désormais l'histoire des
croisades sera sans cesse interrompue par les querelles des papes et des princes, et nous ne suivrons

---

(1) Dans sa dissertation sur le cardinal de Courçon,
M. Du Theil a entrepris l'apologie d'Innocent III. Nous
avons le plus grand respect pour l'opinion de ce savant,
mais il montre trop l'envie de justifier Innocent sur tous les
points.

(2) Innocent prononçait ces paroles contre Louis, fils de
Philippe-Auguste, qu'il avait d'abord exhorté à faire la
guerre au roi d'Angleterre, et qu'il voulut ensuite excommunier, parce que ce prince persistait à poursuivre une
guerre commencée d'après les ordres et les conseils du
Saint-Siége.

1216 plus les pélerins dans la Terre-Sainte qu'au bruit des foudres lancées par les chefs de l'église.

Censius Savelli, cardinal de Ste.-Luce, fut choisi par le conclave pour succéder à Innocent, et gouverna l'église sous le nom d'Honoré III. Le lendemain de son couronnement, le nouveau pape écrivit au roi de Jérusalem pour lui annoncer son élévation et ranimer l'espérance des chrétiens de Syrie (1). « Que la mort d'Innocent, disait-il, ne » vous abatte point le courage; quoique je sois » loin d'égaler son mérite, je montrerai le même » zèle pour délivrer la Terre-Sainte, et je ferai » tous mes efforts pour vous secourir quand le » temps sera venu. » Une lettre du pontife, adressée à tous les évêques, les exhorta à poursuivre la prédication de la croisade.

Pour assurer les succès de l'expédition d'Orient, Innocent avait d'abord cherché à rétablir la paix en Europe; la nécessité où se trouvaient alors les papes, de rappeler les peuples à la concorde, était sans doute un des plus grands bienfaits des guerres saintes. Honoré suivit l'exemple de son prédécesseur et voulut calmer toutes les discordes, même

---

(1) Raynaldi a rapporté les lettres d'Honoré III pendant les premières années de son pontificat; elles ont été publiées dans le recueil des lettres du souverain pontife, liv. 1. Les principales, par rapport à la croisade, sont celles qu'il adressa à l'archevêque de Palerme, aux rois de France et d'Angleterre, à l'empereur de Constantinople et aux villes libres d'Italie.

celles qui devaient leur origine aux prétentions de 1217
la cour de Rome. Louis VIII, fils de Philippe-Auguste, à la sollicitation du St.-Siége, avait pris les armes contre l'Angleterre, et ne renonçait point au projet d'envahir un royaume long-temps accablé par les foudres de l'église. Le souverain pontife s'abaissa jusqu'aux supplications, pour désarmer le redoutable ennemi du monarque anglais. Il espérait que l'Angleterre et la France, après avoir suspendu les hostilités, réuniraient leurs efforts pour la délivrance des saints lieux : ses espérances ne furent point remplies. Henri III, monté sur le trône d'Angleterre après la mort du roi Jean, prit la croix pour s'attirer la faveur du souverain pontife; mais il ne songea point à quitter son royaume. Le roi de France, toujours occupé de la guerre des Albigeois, et peut-être aussi des secrets desseins de son ambition, se contenta de montrer un grand respect pour l'autorité du St.-Siége, et ne prit aucune part à la croisade (1).

La plupart des évêques et des prélats du royaume, à qui le souverain pontife avait recommandé de donner l'exemple du dévouement, montrèrent, en cette occasion, plus d'empressement et de zèle que les barons et les chevaliers : un grand nombre d'entre eux prirent la croix et se disposèrent à partir pour l'Orient. Frédéric, qui devait

---

(1) Comparez, sur ces événemens, les lettres d'Honoré III et de Louis VIII, Recueil des *Historiens de France*, t. XVIII.

la couronne impériale à la protection de l'église, renouvela, dans deux assemblées solennelles, le serment de faire la guerre aux Sarrasins. L'exemple et les promesses de l'empereur, quoiqu'on pût douter de leur sincérité, entraînèrent les princes et les peuples de l'Allemagne; les habitans des bords du Rhin (1), ceux de la Frise, de la Bavière, de la Saxe, de la Norvège; les ducs d'Autriche, de Moravie, de Brabant, de Limbourg; les comtes de Juliers, de Hollande, de Wit, de Loos; l'archevêque de Maïence, les évêques de Bamberg, de Passau, de Strasbourg, de Munster, d'Utrecht, se rangèrent à l'envi sous les bannières de la croix, et se préparèrent à quitter l'Occident pour se rendre en Asie (2).

Parmi les princes qui jurèrent de traverser la mer pour combattre les Musulmans, on remarquait André II, roi de Hongrie. Bela, père du monarque hongrois, avait fait le vœu d'aller dans la

---

(1) Il existe une lettre du pape, dans laquelle il félicite les habitans de Cologne de leur zèle pour la guerre sainte; de concert avec les habitans de la Frise, ils avaient armé trois cents navires et fait de nombreux préparatifs : ils y avaient été excités par des apparitions dans le ciel, qui sont rapportées par Mathieu Pâris, le moine Godefroi et Richard de Saint-Germain, analysés dans la *Bibliothèque des Croisades*, t. I et II.

(2) Raynaldi expose avec beaucoup d'érudition et assez d'impartialité les causes qui excitèrent et arrêtèrent tour-à-tour l'enthousiasme des pèlerins. (Voyez *Annales ecclésiast.*, ad. ann. 1217.)

Terre-Sainte, et n'ayant pu entreprendre le saint 1216 pélerinage, il avait, au lit de mort, fait jurer à son fils de remplir son serment. André, après avoir pris la croix fut long-temps retenu dans ses états par des troubles que son ambition avait fait naître et qu'il ne sut point apaiser. Gertrude, qu'il avait épousée avant la cinquième croisade, arma contre elle la cour et la noblesse par son orgueil et ses intrigues. Cette princesse impérieuse (1) fit aux grands du royaume de si sanglans outrages, elle leur inspira une haine si violente, qu'on forma des complots contre sa vie, et qu'elle trouva des meurtriers jusque dans sa propre cour. Des désordres, des malheurs sans nombre, suivirent cet attentat, et le plus grand de tous fut sans doute l'impunité des coupables.

En de pareilles circonstances, la politique faisait peut-être un devoir au roi de Hongrie de rester dans ses états; mais le spectacle de tant de crimes impunis, effraya sans doute sa faiblesse, et lui inspira le désir de s'éloigner d'une cour remplie de

---

(1) L'historien de Hongrie, Bonfinius, rapporte que Gertrude livra à la passion de son frère la femme de Banc, chancelier du royaume. Il ajoute que Banc tua la reine pour venger son outrage : cette assertion est contredite par tous les historiens. Le même auteur dit encore que la femme d'André fut assassinée pendant le voyage du roi de Hongrie dans la Terre-Sainte : cette assertion est aussi fausse que la première. Gertrude périt assassinée le 18 septembre 1213. (Voy. Palma, *Notitia rer. Hung.*, tom. 1.)

ses ennemis. Comme sa mère, la veuve de Bela (1), il croyait trouver aux lieux consacrés par les souffrances de Jésus-Christ, un asile contre les chagrins qui poursuivaient sa vie; le monarque hongrois pouvait penser aussi que le saint pèlerinage le ferait respecter de ses sujets; et que l'église, toujours armée en faveur des princes croisés, défendrait mieux que lui-même les droits de sa couronne (2). Il résolut enfin de remplir le vœu qu'il avait fait devant son père mourant, et s'occupa des préparatifs de son départ pour la Syrie.

André régnait alors sur un vaste royaume; la Hongrie, la Dalmatie, la Croatie, la Bosnie, la Galicie et la province du Lodomire, obéissaient à ses lois et lui payaient des tributs (3); dans toutes ces provinces, naguère ennemies des chrétiens,

---

(1) Marguerite, reine de Hongrie, était partie pour la Palestine après la mort de Bela, son époux. (Voyez le IXe. livre de cette histoire.)

(2) On a dû voir plusieurs fois que telle était la coutume du Saint-Siége, de prendre sous sa protection les royaumes des princes qui s'armaient pour le tombeau de J.-C. Dans cette croisade, Honoré mit aussi sous la protection du Saint-Siége le royaume de Norwège, dont le souverain avait envoyé des soldats contre les infidèles. (*Epistol. Honor.*, pages 200, 201 et 206.

(3) Gibbon a décrit les mœurs des Hongrois et le pays qu'ils habitaient. Nous avons fait le même travail, mais plus rapidement, dans le livre 1 de cette histoire; la religion chrétienne avait depuis cette époque bien adouci les mœurs.

on prêcha la croisade. Des peuplades errantes dans 1216
les forêts entendirent les plaintes de Sion, et jurèrent de combattre les infidèles. Parmi les peuples de Hongrie qui, un siècle auparavant, avaient été la terreur des pélerins, compagnons de Pierre l'Hermite, une foule de guerriers s'empressèrent de prendre la croix, et promirent de suivre leur monarque à la Terre-Sainte.

Dans tous les ports de la Baltique, de l'Océan et de la Méditerranée, on équipait des vaisseaux et des flottes pour le transport des croisés. Cependant une autre croisade était prêchée dans le même temps contre les habitans de la Prusse, restés dans les ténèbres de l'idolâtrie. La Pologne, la Saxe, la Norwège, la Livonie, armaient leurs guerriers pour renverser, sur les rives de l'Oder et de la Vistule, les idoles du paganisme ; tandis que les autres nations de l'Occident se préparaient à faire la guerre aux Sarrasins dans les plaines de la Judée et de la Syrie.

Les peuples encore sauvages de la Prusse, séparés par leur croyance et leurs usages des autres peuples de l'Europe, offraient alors au milieu de la chrétienté une image vivante de l'antiquité païenne et de la superstition des vieilles nations du Nord (1). Leur caractère et leurs mœurs méritent

---

(1) Il pourrait être curieux de faire un rapprochement entre la religion, les mœurs et les institutions des Scandinaves, adorateurs d'Odin, et de la mythologie des Prus-

1216 de fixer l'attention de l'historien et celle des lecteurs, fatigués peut-être de voir toujours sous leurs yeux le tableau des prédications de la guerre sainte et des expéditions lointaines des croisés.

On a beaucoup discuté sur l'origine des anciens peuples de la Prusse ; nous n'avons sur ce point que des conjectures et des systèmes; les Prussiens avaient l'extérieur semblable à celui des Germains (1) : les yeux bleus, le regard vif, les joues vermeilles, une taille élevée, le corps robuste, la chevelure blonde : cette ressemblance, avec les

---

siens ; l'histoire des mœurs des peuples scandinaves a fait l'objet de la première partie de l'ouvrage de M. Capefigue sur les invasions des Normands en France. Paris, 1824.

(1) On peut lire, sur les mœurs et la religion des anciens Prussiens, la chronique de Pierre Durburg, prêtre de l'ordre teutonique ; cette chronique, dont le but est de raconter les conquêtes des chevaliers teutoniques, renferme plusieurs dissertations historiques qui nous ont paru d'un grand intérêt; les plus curieuses sont : *Dissertatio de diis veterum Prussorum ; Dissertatio de sacerdotibus veterum Prussorum; Dissertatio de cultu deorum, de nuptiis, de funeris, de locis divino cultui dicatis*, etc., etc. On peut consulter une dissertation latine, *De moribus Tartarorum, Lithuanorum et Moschorum*. Cet ouvrage renferme des détails curieux sur le culte et les mœurs de la Lithuanie et de la Samogitie, qui avaient de la ressemblance avec le culte et les mœurs des Prussiens. M. Kotzbue, dans son *Histoire des chevaliers teutoniques*, a jeté beaucoup de lumière sur l'origine de la législation, les usages, la religion des anciens peuples de la Prusse.

autres Allemands, était produite par le climat et non par le mélange des nations (1); les habitans de la Prusse avaient plus de rapport avec les Lithuaniens, dont ils parlaient la langue et qu'ils imitaient dans leurs vêtemens. Ils se nourrissaient de la chasse, de la pêche, de la chair des troupeaux; l'agriculture ne leur était point inconnue; les cavalles leur fournissaient du lait, les brebis de la laine, les abeilles du miel; dans les relations du commerce, ils faisaient peu de cas de l'argent: apprêter du lin et du cuir, fendre des pierres, aiguiser des armes, façonner l'ambre jaune (2); c'était là toute leur industrie. Ils marquaient le temps par des nœuds sur des courroies, et les heures par les mots de *crépuscule*, de *lueur*, d'*aurore*, de *lever du soleil*, *du soir*, de *premier*

---

(1) Comparez les conjectures de Tacite, *De moribus German.*, nº. IV. César n'avait point pénétré aussi avant dans la Germanie; mais ses observations sont pleines de sagacité, et peuvent fournir beaucoup de lumières. (*De bello Gallic.*, lib. IV, §. 1.)

(2) *Sed et mare scrutantur ac soli omnium succinum quod ipsi* glesum *vocant.* (Tacite, *Germania*, 45.) Les barbares s'étonnaient, ajoute le grand historien, du prix que notre luxe avait mis à une production de si peu d'utilité. Pline, *Hist. nat.* 28-11, remarque ironiquement que la mode n'avait pu encore apprendre l'utilité de l'ambre. Néron envoya un chevalier romain pour acheter de l'ambre afin de le *prodiguer* aux dames romaines, suivant l'expression de Tacite.

sommeil, etc. L'apparition des piéiades les dirigeait dans leurs travaux.

Les mois de l'année portaient les noms des productions de la terre et des objets qui s'offraient à leurs yeux dans chaque saison; ils avaient le mois des corneilles, le mois des pigeons, celui des coucous, des bouleaux verts, des tilleuls, du blé, du départ des oiseaux, de la chute des feuilles (1), etc. Les guerres, l'incendie des grandes forêts, les ouragans, les inondations, formaient les principales époques de leur histoire.

Le peuple habitait des huttes bâties de terre; les riches, des maisons construites en bois de chêne; la Prusse n'avait point de villes, quelques châteaux forts s'élevaient sur les collines. Cette nation, encore sauvage, reconnaissait des princes et des nobles; celui qui avait vaincu les ennemis, celui qui excellait à dompter les chevaux, parvenait à la noblesse. Les seigneurs avaient droit de vie et de mort sur leurs vassaux (2); les Prussiens ne faisaient point la guerre pour conquérir un pays ennemi, mais pour défendre leurs foyers et leurs dieux. Leurs armes étaient la lance et le javelot, qu'ils maniaient avec beaucoup d'adresse. Les guerriers nommaient

---

(1) Cette coutume n'a pas été sans exemple dans les temps modernes et philosophiques.

(2) En ceci, comme on le voit, le vasselage des Prussiens différait essentiellement du vasselage plus généreux et tout-à-fait libre des Germains. (Voyez Tacite, *German*. XIII-XVI.)

leur chef (1), qui était béni par le grand-prêtre; 1216 avant d'aller au combat, les Prussiens choisissaient un de leurs prisonniers de guerre, l'attachaient à un arbre et le perçaient de flèches (2). Ils croyaient aux présages; l'aigle, le pigeon blanc, le corbeau, la grue, l'outarde, promettaient la victoire; le cerf, le loup, le linx, la souris, la vue d'un malade ou bien d'une vieille femme, annonçaient des revers (3); en présentant leur main, ils offraient la paix; pour jurer les traités, ils posaient une main sur leur poitrine, et l'autre sur le chêne sacré. Victorieux, ils jugeaient les prisonniers de guerre; le plus distingué d'entre les captifs, immolé aux dieux du pays, expirait sur un bûcher.

Au milieu de leurs usages barbares, les sauvages habitans de la Prusse avaient la réputation de respecter les lois de l'hospitalité. Les étrangers, les naufragés étaient sûrs de trouver chez eux un

―――――――――

(1) *Rex ex nobilitate ; duces ex virtute sumunt*, dit Tacite, *Germania*, §. VI.

(2) Une lettre du pape Honoré à l'archevêque de Mayence, dit qu'il y a en Prusse un peuple de barbares, dont on rapporte qu'ils tuent toutes les filles qui naissent, hors une seule de chaque mère; qu'ils prostituent leurs filles et leurs femmes, immolent les captifs à leurs dieux, trempent dans le sang de ces victimes leurs épées et leurs lances pour leur porter bonheur dans les combats. (Voyez Raynaldi, 1218.) Nous renvoyons aux pièces justificatives quelques détails sur les mœurs des Prussiens.

(3) On pourrait trouver dans l'ouvrage de César quelqu'analogie avec ces préjugés et ces présages.

asile et des secours; intrépides à la guerre, simples et doux au milieu de la paix, reconnaissans et vindicatifs, respectant le malheur, ils avaient plus de vertus que de vices, et n'étaient corrompus que par l'excès de leur superstition.

Les Prussiens croyaient à une autre vie; ils appelaient l'enfer *Pekla;* des chaînes, d'épaisses ténèbres, des eaux fétides, faisaient le supplice des méchans. Dans les Champs-Élysées, qu'on appelait *Rogus,* de belles femmes, des festins, une boisson choisie, des danses, des couches molles, de beaux vêtemens étaient la récompense de la vertu (1).

Dans un lieu appelé *Romové,* s'élevait un chêne verdoyant qui avait vu cent générations, et dont le tronc colossal renfermait trois images des dieux principaux; le feuillage dégouttait du sang des victimes immolées chaque jour; c'est là que le grand-prêtre avait établi sa demeure et rendait la justice. Les prêtres seuls osaient approcher de ce lieu sacré; le coupable s'en éloignait en tremblant. *Perkunas,* dieu du tonnerre et du feu, était le premier parmi les dieux des Prussiens; il avait le visage d'un homme courroucé, la barbe crépue et la tête environnée de flammes. Le peuple appelait les éclats de la foudre, *la marche et les pas de*

---

(1) Comparez ces traditions avec les chants d'Odin et des guerriers du Nord, recueillis dans l'Edda, ou mythologie scandinave; il y a des analogies frappantes. Mallet, dans son *Histoire du Danemarck,* a rendu populaires les traditions historiques des peuples du Nord.

Perkunas. Près du bosquet de Romové, aux bords d'une source sulfureuse, un feu éternel brûlait en l'honneur du dieu du tonnerre.

Auprès de Perkunas, *Potrimpus* paraissait sous la forme d'un adolescent, portant une couronne d'épis; on l'adorait comme le dieu des eaux et des fleuves; il préservait les hommes du fléau de la guerre et présidait aux plaisirs de la paix. Par un étrange contraste, on offrait à cette divinité pacifique le sang des animaux et des captifs égorgés au pied du chêne; quelquefois on lui sacrifiait des enfans; les prêtres lui avaient consacré un serpent, symbole de la fortune.

Sous l'ombrage de l'arbre sacré on voyait encore *Pycollos*, dieu des morts; il avait la forme d'un vieillard, les cheveux gris, les yeux gris, le visage pâle et la tête enveloppée d'un drap mortuaire; ses autels étaient des amas d'ossemens; les divinités infernales obéissaient à ses lois; il inspirait la tristesse et la terreur (1).

Une quatrième divinité, *Curko*, dont l'image ornait les branches du chêne de Romové, procurait aux hommes les choses nécessaires à la vie. Chaque année, on renouvelait aux semailles d'automne son image, qui consistait en une peau de chèvre élevée sur une perche de huit pieds, et couronnée de gerbes de blé; pendant que la jeu-

---

(1) Tous ces dieux, sous les dénominations différentes d'Odin, de Thor, de Frigga, etc., etc., se trouvent dans l'Edda des Scandinaves.

nesse entourait l'idole, le prêtre sacrifiait, sur une pierre, du miel, du lait et les fruits des champs.

Les Prussiens célébraient, en l'honneur du même dieu, plusieurs autres fêtes dans le printemps et dans l'été ; à la fête du printemps, qui avait lieu le 22 mars, on adressait à Curko ces paroles : « C'est toi qui as chassé l'hiver et qui ramènes les » beaux jours ; par toi les jardins et les champs re- » fleurissent ; par toi les forêts et les bois reprennent » leur verdure. » Les habitans de la Prusse avaient une foule d'autres dieux qu'ils invoquaient pour les troupeaux, pour les abeilles, pour les forêts, pour les eaux, les moissons, le commerce, la paix des familles et le bonheur conjugal ; une divinité aux cent yeux veillait sur le seuil des maisons ; un dieu gardait la basse-cour, un autre l'étable ; le chasseur entendait bruire l'esprit de la forêt sur le sommet des arbres ; le marin se recommandait au dieu de la mer (1). *Laimelé* était invoquée par la femme en couche, *et filait la vie des hommes.* Des divinités tutélaires arrêtaient les incendies, faisaient découler le bouleau, gardaient les chemins, éveillaient avant l'aube les ouvriers et les laboureurs. L'air, la terre et les eaux étaient peuplés de gnomes ou petits dieux, de spectres, de lutins

---

(1) Comparez tous ces rites et toutes ces pompes religieuses avec les fêtes presque semblables des Danois et des Norwégiens. (Torfeus, *Histor. Norweg.* ; Wormius, *Antiq. Dan.*)

qu'on nommait *Arvans*. Partout on croyait que le chêne était un arbre cher aux dieux ; son ombrage offrait un asile contre la violence des hommes et les coups du sort. Outre le chêne de Romové, les Prussiens avaient plusieurs chênes qu'ils regardaient comme le sanctuaire de leurs divinités. On consacrait aussi des tilleuls, des sapins, des érables, des forêts entières ; on consacrait des fontaines, des lacs, des montagnes ; on adorait des serpens, des hiboux, des cigognes et d'autres animaux ; enfin, dans les contrées habitées par les Prussiens, toute la nature était remplie de divinités, et jusque dans le quatorzième siècle de l'ère chrétienne, on pouvait dire d'un peuple de l'Europe ce que Bossuet disait de l'ancien paganisme : *Tout y était Dieu, excepté Dieu lui-même.*

Long-temps avant les croisades, saint Adalbert avait quitté la Bohême sa patrie pour parcourir les forêts de la Prusse, et convertir les Prussiens au christianisme ; son éloquence, sa modération, sa charité, ne purent désarmer la fureur des prêtres de Perkunas. Adalbert mourut percé de flèches, et reçut la palme du martyre (1) ; d'autres mission-

---

(1) Voyez, sur ce pieux missionnaire, les *Annales* de Baronius, ad ann. 1216. Dans le IXe. siècle, saint Anschaire avait parcouru, par l'ordre de Louis-le-Débonnaire, toutes les provinces païennes de la Saxe, de la Prusse, du Danemarck et de la Norwège, afin de les retirer de l'idolâtrie et de les éclairer sur le christianisme. Saint Anschaire remplit sa pieuse mission avec plus de zèle que de

1216 naires eurent le même sort; leur sang s'éleva contre leurs meurtriers, et le bruit de leur mort, le récit des cruautés d'un peuple barbare, allèrent partout solliciter la vengeance des chrétiens du Nord. Chez tous les peuples voisins, on parlait sans cesse de prendre les armes contre les idolâtres de la Prusse. Un abbé du monastère d'Oliva, plus habile et surtout plus heureux que ses prédécesseurs, entreprit la conversion des païens de l'Oder et de la Vistule, et parvint, avec le secours du Saint-Siége, à former une croisade contre les adorateurs des faux dieux (1); un grand nombre de chrétiens prirent la croix, à la voix de Christian, qui leur promit la vie éternelle s'ils succombaient dans les combats; des terres et des trésors, s'ils triomphaient des ennemis de Jésus-Christ. Bientôt les chevaliers du Christ et les chevaliers de l'épée, institués pour combattre les païens de la Livonie; les chevaliers teutoniques, qui, dans la Palestine, rivalisaient de puissance et de gloire avec les deux ordres des Templiers et des Hospitaliers, vinrent grossir les armées rassemblées pour envahir la Prusse et convertir ses habitans : cette guerre dura près de deux

---

bonheur. La relation curieuse de son voyage existe encore sous ce titre : *Vita S. Anscharii*; elle a été rédigée par un de ses diacres et compagnons; on la trouve dans le recueil de Langebeck, t. 1.

(1) Voyez les exhortations du Saint-Père, à l'occasion de cette guerre, dans les Épîtres d'Honoré. (*Epistol.* 47, 48, 49, 50, 51, 54; et dans Baronius, ad. ann. 1220.)

siècles. Dans cette lutte sanglante, si la religion 1216
chrétienne inspira quelquefois ses vertus aux combattans, le plus souvent les chefs de cette longue
croisade furent conduits par la vengeance, l'ambition et l'avarice. Les chevaliers de l'ordre teutonique, qui portèrent presque toujours la bravoure
jusqu'à l'héroïsme, restèrent les maîtres du pays
conquis par leurs armes; ces moines conquérans
n'édifièrent jamais les vaincus ni par leur modération, ni par leur charité, et furent souvent accusés
au tribunal du chef de l'église, d'avoir converti les
Prussiens, non pour en faire des serviteurs de Jésus-Christ, mais pour augmenter le nombre de
leurs sujets et de leurs esclaves (1).

Nous n'avons parlé des peuples de la Prusse et
de la guerre suscitée contr'eux, que pour faire
connaître une nation et des usages presque ignorés
des savans modernes, et pour montrer combien
l'ambition et la soif des conquêtes pouvaient abuser
de l'esprit des croisades; nous nous hâtons de
revenir à l'expédition qui se préparait contre les
Sarrasins.

L'Allemagne regardait Frédéric II comme le 1217
chef de la guerre qu'on allait faire en Asie; mais
le nouvel empereur, assis sur un trône long-
temps ébranlé par les guerres civiles, redoutant les
entreprises des républiques d'Italie (2), et peut-

---

(1) Voyez sur l'ordre teutonique, l'Éclaircissement sur
les ordres de chevalerie à la fin du 1er. volume.

(2) Gianone, *Révolut. d'Italie*, a longuement parlé de

être celles des papes ses protecteurs, crut devoir différer son départ pour la Palestine.

Cependant le zèle des croisés n'était point ralenti, et, dans leur impatience, ils jetèrent les yeux sur le roi de Hongrie pour les conduire dans la guerre sainte. André, accompagné du duc de Bavière, du duc d'Autriche et des seigneurs allemands qui avaient pris la croix, partit pour l'Orient à la tête d'une nombreuse armée, et se rendit d'abord à Spolatro, où des vaisseaux de Venise, de Zara, d'Ancône et des autres villes de l'Adriatique, attendaient les croisés pour les transporter dans la Palestine.

Dans tous les pays qu'il traversa, le roi de Hongrie fut accompagné des bénédictions du peuple. Lorsqu'il s'approcha de la ville de Spalatro, les habitans et le clergé vinrent en procession au-devant de lui, et le conduisirent dans leur principale église, où tous les fidèles rassemblés invoquèrent la miséricorde du ciel pour les guerriers chrétiens. Peu de jours après, la flotte des croisés sortit du port (1) et fit voile pour l'île de Chypre, où s'é-

---

ces guerres de Frédéric contre les républiques d'Italie. (Lib. XVI.)

(1) Le P. Maimbourg, et la plupart des historiens font embarquer le roi de Hongrie à Venise; ils ne connaissaient pas la chronique de Thomas, diacre de Spalatro, qui donne les plus grands détails sur le passage d'André II, sur son voyage à la Terre-Sainte et son retour dans ses états. Cette chronique renferme, il est vrai, beaucoup de choses hasar-

taient rendus les députés du roi et du patriarche 1217
de Jérusalem, des ordres du Temple, de Saint-
Jean et des chevaliers teutoniques.

Une foule de croisés, embarqués à Brindes, à
Gênes et à Marseilles, avaient précédé le roi de
Hongrie et son armée. Le roi de Chypre, Lusignan,
et la plupart de ses barons, entraînés par l'exemple
de tant d'illustres princes, prirent la croix et promirent de les accompagner dans la Terre-Sainte.
Bientôt tous les croisés partirent ensemble du port
de Limisso, et débarquèrent en triomphe à Ptolémaïs.

Un historien arabe dit que, depuis le temps de
Saladin, les chrétiens n'avaient point eu d'armée
aussi nombreuse dans la Syrie (1). Dans toutes les
églises on remercia le ciel du puissant secours qu'il
envoyait à la Terre-Sainte; mais la joie des chrétiens de la Palestine ne tarda pas à être troublée par

---

dées sur la croisade et sur le royaume de Hongrie au retour
d'André; mais elle doit inspirer toute confiance pour ce qui
se passait à Spalatro. Cette chronique a été publiée par
Muratori.

(1) « En cette année 614 de l'hégire, dit Ibn-Alatir, auteur arabe contemporain, les Francs reçurent par mer des
secours de Rome la grande, et autres lieux du pays des
Francs, au couchant et au nord. C'était le chef de Rome,
prélat très révéré parmi les chrétiens, qui les dirigeait;
il envoya, de son propre pays, des troupes sous la conduite
de plusieurs commandans, et il ordonna aux autres rois
francs, ou de marcher en personne, ou d'envoyer leurs
troupes. » (Voyez aux Extraits des auteurs arabes, §. 73.)

la difficulté de trouver des vivres pour une aussi grande multitude de pélerins.

Cette année avait été stérile dans les plus riches contrées de la Syrie (1) ; les vaisseaux qui arrivaient d'Occident n'avaient apporté en Palestine que des machines de guerre, des armes et des bagages. Bientôt la disette se fit sentir parmi les croisés, et porta les soldats à la licence et au brigandage; les Bavarois commirent les plus grands désordres, pillèrent les maisons et les monastères, dévastèrent les campagnes; les chefs ne purent rétablir l'ordre et la paix dans l'armée qu'en donnant le signal de la guerre contre les Sarrasins; et pour sauver les terres et les maisons des chrétiens, ils proposèrent à leurs soldats de ravager les campagnes et les villes des infidèles (2).

Toute l'armée, commandée par les rois de Jérusalem, de Chypre et de Hongrie, alla camper sur les bords du torrent de Cison. Le patriarche de la

---

(1) Une lettre du maître de la milice du Temple, adressée à Honoré III, entre dans quelques détails sur la situation de la Terre-Sainte à cette époque. Cette lettre parle de la disette qui se faisait sentir en Syrie; le maître de la milice du Temple ajoute qu'on ne pouvait plus trouver de chevaux. « C'est pourquoi, disait-il au pape, exhortez ceux qui ont pris ou doivent prendre la croix à se munir des objets qu'ils ne pourraient se procurer ici. » Cette lettre a été publiée par Baronius, ad. ann. 1217.

(2) Voyez sur ces désordres, et en général pour les événemens de cette croisade, les articles de Richard Saint-Germain et de Mathieu Paris. (Tom. 1, *Biblioth. des Crois.*)

ville sainte, pour frapper l'imagination des croisés 1217
et leur rappeler l'objet de leur entreprise, se rendit
au camp des chrétiens, portant une partie du bois
de la vraie croix, qu'on prétendait avoir été sauvée
à la bataille de Tibériade. Les rois et les princes
vinrent au-devant de lui les pieds nus, et reçurent avec respect le signe de la rédemption.
Cette cérémonie enflamma le zèle et l'enthousiasme
des croisés, qui ne songèrent plus qu'à combattre
pour Jésus-Christ. L'armée traversa le torrent,
s'avança vers la vallée de Jesraël, entre le mont
Hermon et le mont Gelboé, sans rencontrer un ennemi. Les chefs et les soldats se baignèrent dans les
eaux du Jourdain, parcoururent la plaine de Jéricho
et les rives du grand lac de Génézareth. L'armée
chrétienne marchait en chantant des cantiques :
la religion et ses souvenirs avaient ramené la discipline et la paix parmi les soldats. Tout ce qu'ils
voyaient autour d'eux les remplissait d'une pieuse
vénération pour la Terre-Sainte (1). Dans cette
campagne, qui fut un véritable pèlerinage, ils
firent un grand nombre de prisonniers sans livrer
de combats, et revinrent à Ptolémaïs chargés de
butin (2).

---

(1) Raynaldi a réuni sur cette époque le témoignage de
tous les auteurs. Jacques de Vitri, le moine Godefroi,
Mathieu Pâris, Sanuti, Baronius, *Annal. ecclésiast.*, ad
ann. 1217.

(2) Ce fut par la crainte qu'inspirait le voisinage de Corradin que les croisés se retirèrent aussi promptement à

1217 A l'époque de cette croisade, Malek-Adel ne régnait plus ni sur la Syrie, ni sur l'Égypte. Après avoir monté sur le trône de Saladin par l'injustice et la violence, il en était descendu volontairement. Vainqueur de tous les obstacles, et n'ayant plus de vœux à former, il sentit le vide des grandeurs humaines, et quitta les rênes d'un empire que personne ne pouvait lui disputer. Malek-Kamel, l'aîné de ses fils, était sultan du Caire; Corradin (1), son second fils, souverain de Damas. Ses autres fils avaient reçu en partage les principautés de Bosra, de Baalbec, de la Mésopotamie, etc. Malek-Adel, libre des soins de l'empire, visitait tour-à-tour ses enfans, et maintenait la paix au milieu d'eux. Il n'avait conservé de son pouvoir passé que l'ascendant d'une grande renommée et d'une gloire acquise par de nombreux exploits; mais cet ascendant subjuguait les princes, le peuple et l'armée. Dans les momens de péril, ses conseils étaient des lois; les soldats le regardaient comme leur chef, ses fils comme leur arbitre souverain, tous les Musulmans comme leur défenseur et leur appui.

La nouvelle croisade avait jeté l'épouvante parmi les infidèles. Malek-Adel calma leurs alarmes, en disant que les chrétiens seraient bientôt divisés, et que leur formidable expédition ressemblait aux

---

Ptolémaïs, et ce fut par la crainte du voisinage des chrétiens que le sultan n'osa s'avancer. (Ibid.)

(1) Ce prince se nommait Cherf-eddin-Malek-Moadham-Issa. (Voyez les Extraits des auteurs arabes, §. 72.)

orages qui grondent sur le Liban et qui se dissipent d'eux-mêmes : ni les armées de Syrie, ni les armées d'Égypte ne parurent dans la Judée; et les croisés, rassemblés à Ptolémaïs, s'étonnaient de n'avoir point d'ennemis à combattre. Les chefs de l'armée chrétienne avaient résolu de porter leurs armes sur les bords du Nil; mais l'hiver, qui venait de commencer, ne permettait pas d'entreprendre une expédition lointaine. Pour occuper les soldats, que l'oisiveté portait toujours à la licence, on forma le projet d'attaquer la montagne du Thabor, où s'étaient fortifiés les Musulmans.

Le mont Thabor, si célèbre dans l'Ancien et le Nouveau-Testament, s'élève comme un dôme superbe au milieu de la vaste plaine de la Galilée. Le penchant de la montagne est couvert en été de fleurs, de verdure et d'arbres odoriférans; de la cime du Thabor, qui forme un plateau d'une lieue d'étendue, on aperçoit, disent les voyageurs, toutes les rives du Jourdain, le lac de Tibériade, la mer de Syrie, et la plupart des lieux où Jésus-Christ opéra ses miracles.

Une église, qu'on devait à la piété de sainte Hélène, élevée au lieu même où le Sauveur s'était transfiguré en présence de ses disciples, avait long-temps attiré la foule des pélerins (1); deux monas-

---

(1) Voyez le premier volume de cette histoire. Le mont Thabor est célèbre dans l'église chrétienne, et saint Chrisostôme en a donné une curieuse description dans ses Homélies.

1217 tères, bâtis au sommet du Thabor, rappelèrent pendant plusieurs siècles la mémoire d'Élie et de Moïse, dont ils portaient le nom; mais depuis le règne de Saladin, l'étendard de Mahomet flottait sur cette montagne sainte. L'église de Sainte-Hélène, les monastères d'Élie et de Moïse avaient été démolis, et sur leurs ruines s'élevait une forteresse d'où les Musulmans menaçaient le territoire de Ptolémaïs (1).

On ne pouvait arriver sur le Thabor sans affronter mille dangers. Rien n'intimida les guerriers chrétiens; le patriarche de Jérusalem, qui marchait à la tête des croisés, leur montrait le signe de la rédemption et les animait par son exemple et ses discours. D'énormes pierres roulaient des hauteurs occupées par les infidèles. L'ennemi faisait pleuvoir une grêle de javelots sur tous les chemins qui conduisaient à la cime de la montagne. La valeur des soldats de la croix brava tous les efforts des Sarrasins; le roi de Jérusalem se signala par des prodiges de bravoure, et tua de sa main deux émirs. Parvenus au sommet du Thabor, les croisés dispersèrent les Musulmans, les poursuivirent jusqu'aux portes de la forteresse: rien ne pouvait résister à leurs armes. Mais tout-à-coup quelques-uns des chefs redouté-

---

(1) Cette forteresse avait été bâtie, comme nous l'avons vu, par les soins de Malek-Adel; elle était entourée de dix-sept tours, et les Musulmans y entretenaient une forte garnison. Voyez l'extrait du moine Godefroi, *Bibliothèque des Croisades*, tom. I.)

rent les entreprises du prince de Damas, et la 1217 crainte d'une surprise agit d'autant plus vivement sur les esprits, que personne n'avait rien prévu. Tandis que les Musulmans se retiraient pleins d'effroi derrière leurs remparts, une terreur subite s'empara des vainqueurs; les croisés renoncèrent à l'attaque de la forteresse, et l'armée chrétienne se retira sans rien entreprendre, comme si elle ne fût venue sur le mont Thabor que pour y contempler le lieu consacré par la transfiguration du Sauveur.

On ne pourrait croire à cette fuite précipitée sans le témoignage des historiens contemporains (1); les anciennes chroniques, selon leur usage, ne manquent pas d'expliquer par la trahison un événement qu'elles ne peuvent comprendre; il nous paraît cependant plus naturel d'attribuer la retraite des croisés à l'esprit de discorde et d'im-

---

(1) Nous croyons devoir citer ici ce qu'on trouve dans l'auteur arabe Ibn-Alatir : « Les chrétiens entreprirent d'assiéger le château de Thour (Thabor) et parvinrent jusqu'au haut de la montagne, au pied des murailles. Peu s'en fallut qu'ils ne s'en rendissent maîtres; mais un de leurs princes étant mort, ils se retirèrent après avoir resté dix-sept jours devant le fort. » Ce récit est tout-à-fait contraire à celui des historiens occidentaux, et ne porte d'ailleurs avec lui aucune marque de vraisemblance. Il est vrai que le roi de Chypre mourut dans cette campagne des croisés; mais il mourut à Tripoli, et plus d'un mois après l'expédition du Thabor. Nous renvoyons du reste aux extraits des auteurs arabes, §. 72, en le comparant avec les extraits de Jacques de Vitri. (*Bibliothèque des Croisades*, t. 1.)

prévoyance qu'ils portaient dans toutes leurs expéditions (1).

Cette retraite eut les suites les plus funestes; tandis que les chefs se reprochaient entr'eux la honte de l'armée et la faute qu'ils avaient faite, les chevaliers et les soldats étaient tombés dans le découragement. Le patriarche de Jérusalem refusa de porter désormais devant les croisés la croix de Jésus-Christ, dont la vue ne pouvait ranimer ni leur piété ni leur courage; les princes et les rois qui dirigeaient la croisade, voulant réparer un revers si honteux avant de rentrer dans Ptolémaïs, conduisirent l'armée vers la Phénicie. Dans cette nouvelle campagne aucun exploit ne signala leurs armes; comme on était en hiver, un grand nombre de soldats, surpris par le froid, restèrent abandonnés sur les chemins; d'autres tombèrent entre les mains des Arabes bédouins; la veille de Noël, les croisés qui campaient entre Tyr et Sarepta, furent surpris par une violente tempête; les vents, la pluie, la grêle, les tourbillons, les coups redoublés du tonnerre, tuèrent leurs chevaux, enlevèrent leurs tentes, dispersèrent leurs bagages. Ce désastre acheva de les décourager, et leur fit croire que le ciel leur refusait son appui.

---

(1) D'après les chroniques du temps, et le rapport des voyageurs, on ne trouve point d'eau sur le mont Thabor. Il est probable que le manque d'eau empêcha les croisés d'entreprendre le siége de la forteresse.

Comme ils manquaient de vivres, et que toute 1218
l'armée ne pouvait subsister dans le même lieu, ils
résolurent de se séparer en quatre corps différens
jusqu'à la fin de l'hiver. Cette séparation, qui se fit
au milieu des plaintes mutuelles, parut être l'ouvrage de la discorde, bien plus que celui de la
nécessité. Le roi de Jérusalem, le duc d'Autriche,
le grand-maître de Saint-Jean, allèrent camper
dans les plaines de Césarée; le roi de Hongrie, le
roi de Chypre, Raymond, fils du prince d'Antioche, se retirèrent à Tripoli (1). Le grand-maître
du Temple, celui des chevaliers teutoniques, André d'Avesnes, avec les croisés Flamands, allèrent
fortifier un château bâti au pied du mont Carmel;
les autres croisés se retirèrent à Ptolémaïs avec le
dessein de retourner en Europe.

Le roi de Chypre tomba malade, et mourut
lorsqu'il était sur le point de retourner dans son
royaume. Le roi de Hongrie était découragé, et
commençait à désespérer du succès d'une guerre si
malheureusement commencée. Ce prince, après un
séjour de trois mois dans la Palestine, crut que son
vœu était accompli, et résolut tout-à-coup de retourner dans ses états (2).

---

(1) Les détails peu importans de cette époque se trouvent
dans le continuateur de Guillaume de Tyr et dans Jacques
de Vitri, qui était alors évêque de Ptolémaïs. Ils ont été
traduits dans la *Biblioth. des Croisades*, tom. 1.

(2) Voyez, sur le retour du roi de Hongrie et la situation
de son royaume, Bonfini, décade 2, et la lettre du roi
André à Honoré, *apud* Spond.

1218 L'Occident avait été surpris sans doute de voir André abandonner son royaume, déchiré par les factions, pour se rendre dans la Syrie; on ne s'étonna pas moins, en Orient, de voir ce prince abandonner la Palestine, sans avoir rien fait pour la délivrance des saints lieux. Le patriarche de Jérusalem accusa son inconstance, et s'efforça de le retenir sous les drapeaux de la croisade; comme André ne se rendait point aux prières du patriarche, celui-ci recourut aux menaces, et déploya le formidable appareil des foudres de l'église. Rien ne put ébranler la résolution du roi de Hongrie, qui se contenta, pour ne pas paraître déserter la cause de Jésus-Christ, de laisser la moitié de ses troupes au roi de Jérusalem (1).

Après avoir quitté la Palestine, André s'arrêta long-temps en Arménie, et parut oublier ses propres ennemis comme il oubliait ceux de J.-C. Il revint en Occident par l'Asie mineure, et vit, en passant à Constantinople, les tristes débris de l'empire latin, qui auraient dû émouvoir son indolente légèreté, et lui rappeler la ruine qui menaçait son propre royaume. Le monarque hongrois, qui avait laissé son armée en Syrie, rapportait avec lui plusieurs reliques, telles que la tête de saint Pierre, la main droite de l'apôtre Thomas, un des sept vases dans lesquels Jésus-Christ changea l'eau en vin aux noces de

---

(1) Raynaldi dans les *Annales ecclésiastiques* de Baronius, ad ann. 1218.

Cana: sa confiance dans ces objets révérés, lui fit 1218 négliger les moyens de la prudence humaine. Si l'on en croit une chronique contemporaine (1), lorsqu'il fut de retour en Hongrie, les reliques qu'il rapportait de la Terre-Sainte suffirent pour apaiser les troubles de ses états, et faire fleurir dans toutes les provinces, la paix, les lois et la justice. La plupart des historiens hongrois tiennent un autre langage (2), et reprochent à leur monarque d'avoir dissipé ses trésors et ses armées dans une expédition imprudente et malheureuse; la noblesse et le peuple profitèrent de sa longue absence pour lui imposer des lois, et pour obtenir des libertés et des priviléges qui affaiblirent la puissance royale, et jetèrent dans le royaume de Hongrie les germes d'une rapide décadence.

Après le départ du roi de Hongrie, on vit arriver à Ptolémaïs un grand nombre de croisés, partis des ports de la Hollande, de la France, de l'Italie.

---

(1) L'archidiacre Thomas rapporte naïvement les miracles opérés par les reliques du roi de Hongrie.

(2) Un de ces historiens, Palma, s'exprime ainsi : « *Hæc eadem expeditio Hierosolymitana adeo nervos omnes monarchiæ Hungaricæ absumpsit, ut unius propemodum seculi spatio ad pristinam opulentiam viresque redire nequiverit.* » Un autre historien ajoute que la longue absence d'André, et l'imbécillité de son fils, lui avaient tellement aliéné les esprits, que son retour ne fut l'objet d'aucune joie, et qu'on obtint avec peine de quelques prélats qu'ils allassent à sa rencontre. Les historiens hongrois, sur les croisades, ont trouvé place dans le tom. 11 de la *Biblioth. des Crois.*

1218 Les croisés de la Frise, ceux de Cologne et des bords du Rhin, s'étaient arrêtés sur les côtes de Portugal; ils avaient vaincu les Maures dans plusieurs grandes batailles, tué deux princes sarrasins, et fait flotter les drapeaux de la croix sur les murs d'Alcaçar; ils racontaient les miracles par lesquels le ciel avait secondé leur valeur, et l'apparition des anges revêtus d'armes étincelantes, qui avaient combattu sur les rives du Tage avec les soldats de Jésus-Christ (1). L'arrivée de ces guerriers, le récit de leurs victoires, ranimèrent le courage des croisés restés en Palestine sous les ordres de Léopold, duc d'Autriche; avec un si puissant renfort, on ne parla plus que de recommencer la guerre contre les Musulmans.

Le projet de conquérir les bords du Nil avait souvent occupé les chrétiens. Depuis que l'idée d'une guerre en Égypte avait été exprimée par le

---

(1) On peut voir, sur cette campagne contre les Maures, le registre d'Honorius dans Raynaldi, ad ann. 1217, et surtout la lettre écrite au pape par Guillaume de Hollande, traduite dans la *Biblioth. des Croisades*, tom. 1. Guillaume demandait au souverain pontife la permission de rester une année en Portugal; mais cette permission lui fut refusée par le Saint-Siége, qui ne s'occupait alors que de la croisade d'outre-mer. (*Epistol. honor.*, Raynaldi, ad. ann. 1217.) On trouve quelques détails sur l'expédition des croisés en Portugal, dans Jacques de Vitri et dans le moine Godefroi. Consultez aussi l'Éclaircissement sur les croisades dans le nord de l'Europe, le Portugal et l'Espagne, à la fin de ce volume.

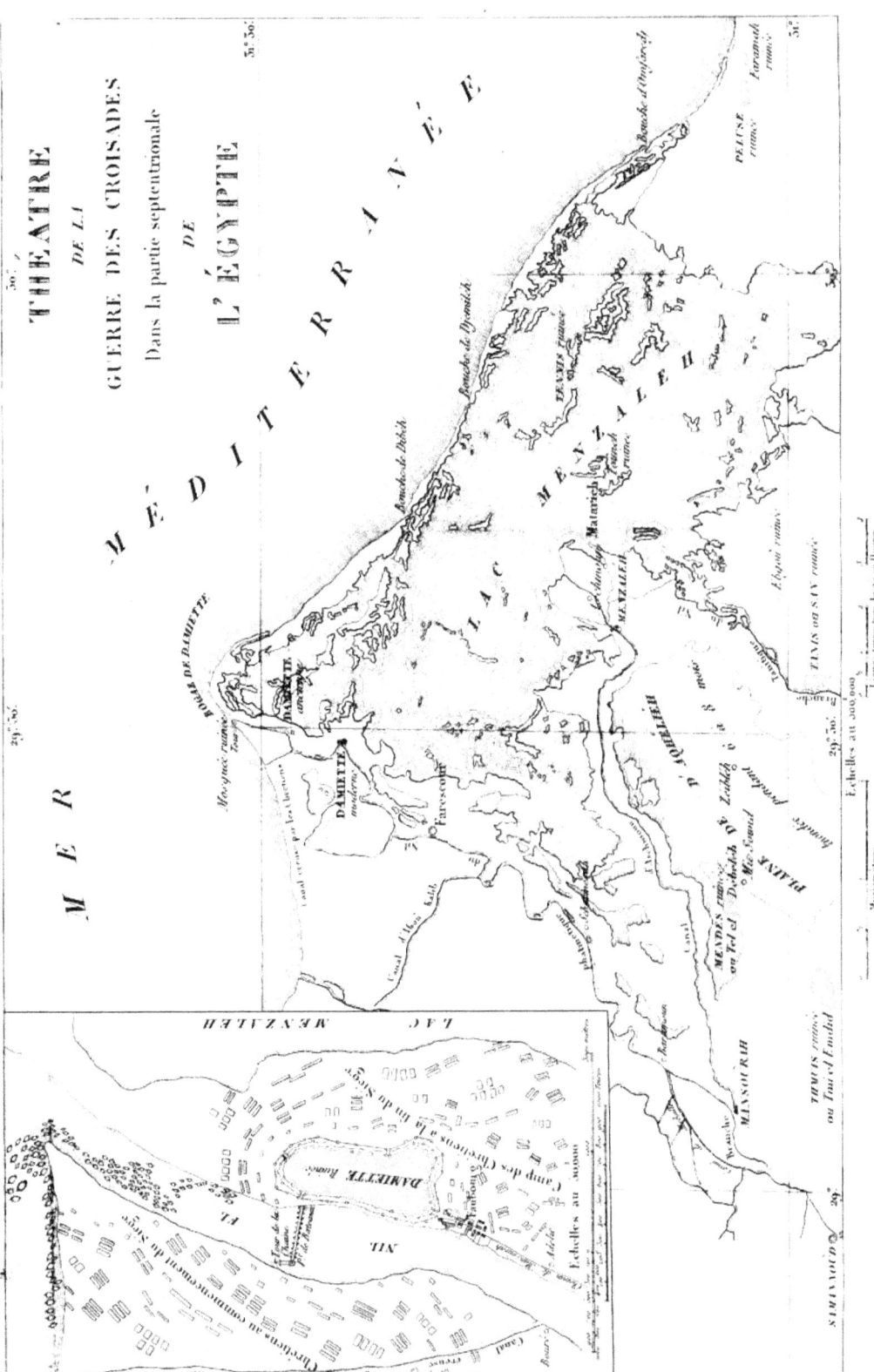

LIVRE XII. 435

pape lui-même au milieu du concile de Latran, on la regardait comme une inspiration du ciel; on ne songeait plus qu'aux avantages d'une riche conquête, et les périls d'une entreprise si difficile ne se présentaient plus à la pensée des soldats de la croix.

L'Armée chrétienne, commandée par le roi de Jérusalem, le duc d'Autriche et Guillaume, comte de Hollande, partit du port de Ptolémaïs et vint débarquer à la vue de Damiette, sur la rive occidentale de la seconde embouchure du Nil (1). La

1218

---

(1) On peut consulter, sur le siége de Damiette, le continuateur de Guillaume de Tyr, Marin Sanut; quelques passages de Mathieu Pâris, de la correspondance d'Honorius dans Raynaldi, de Godefroi, d'Albéric, ainsi que la Relation de Jacques de Vitri ou plutôt d'Olivier Scholastique, laquelle se retrouve presqu'en entier dans la chronique d'Auxerre, insérée dans le XVIIIe. volume du *Recueil des Historiens de France*, et celle du Mémorial des podestats de Reggio. La Relation du *Mémorial* et celle d'Olivier sont les plus détaillées et nous ont été fort utiles. Nous leur avons accordé d'autant plus de confiance qu'elles ont été écrites par des témoins oculaires. On en trouvera un extrait fort étendu dans notre *Bibliot. des Crois.* Nous avons aussi trouvé dans les auteurs arabes des faits très importans et qui n'existent pas ailleurs; les principaux de ces auteurs sont Ibn-Alatir, écrivain musulman contemporain, et l'auteur chrétien de l'*Histoire des patriarches d'Alexandrie*, qui se trouvait au Caire pendant le siége de Damiette et durant toute l'expédition. On peut encore citer Makrizi; quoique venu beaucoup plus tard, il fait connaître quelques faits que les autres avaient négligés. Pour cette partie, nous avons profité du travail de M. Reinaud. (Voyez les

28..

1218 ville de Damiette (1), située à un mille de la mer, avait un double rempart du côté du fleuve, une

---

extraits des auteurs arabes, *Bibliothèque des Croisades*, §§. 72 et suiv.) Enfin, nous avons consulté avec fruit une savante dissertation publiée par M. Hamaker, professeur de langues orientales à l'université de Leyde, sous le titre de *Commentatio de expeditionibus a græcis Francisque adversus Dimyatham susceptis*. Amsterdam, 1824. Cet ouvrage contient quelques fragmens de Makrizi, avec une version latine, deux cartes et des notes remplies d'érudition. On regrette néanmoins que M. Hamaker n'ait connu ni le *Mémorial* de Reggio, ni l'*Histoire* des patriarches d'Alexandrie, ni même l'*Histoire d'Égypte* de Makrizi. Les morceaux de Makrizi qu'il cite, se bornent à ce qui est dit dans la *Description d'Égypte* du même auteur, à l'article de Damiette.

(1) Savari a rectifié une erreur commise par plusieurs savans modernes, qui ont confondu la ville de Damiette, qui existait au temps des croisades, avec la ville de ce nom qui existe encore aujourd'hui. Aboulféda nous apprend que l'ancienne Damiette fut embrasée et démolie après la croisade de saint Louis, et qu'une autre ville, sous le même nom, fut construite à deux lieues de la mer. L'assertion d'Aboulféda est d'accord sur ce point avec la description de Makrizi. On peut voir la carte qui accompagne cette histoire, et les extraits des historiens arabes, §. 88, l'an de l'hégire 659. Il faudrait cependant se garder de mettre un trop grand intervalle entre l'ancienne Damiette et la nouvelle. Depuis les croisades, le Nil a charrié un limon considérable, et le sol de l'Égypte s'est avancé dans la mer. On peut conclure de-là qu'il existe maintenant beaucoup plus d'un mille entre l'emplacement de l'ancienne Damiette et l'embouchure du Nil. Voyez à ce sujet les *Observations* de M. Lepère, dans l'ouvrage de la commission d'Égypte, et la *Dissertation* de M. Hamaker, déjà citée, pages 78 et 127.

triple muraille du côté de la terre; une tour s'élevait au milieu du Nil(1); une chaîne de fer, qui s'étendait de la ville à la tour, défendait le passage aux vaisseaux; la ville renfermait une nombreuse garnison, des vivres et des munitions de guerre pour un long siége. Elle avait déjà résisté plusieurs fois aux formidables attaques des chrétiens. Roger, roi de Sicile, dans le siècle précédent, s'en était rendu maître, mais il n'avait pu la conserver et la défendre contre les forces réunies des Musulmans(2).

1218

―――――

(1) D'après le récit des auteurs chrétiens et musulmans du temps, cette tour était placée dans le lit même du fleuve, mais un peu plus près de la rive occidentale. La chaîne s'étendait depuis la tour jusqu'à la rive orientale, au pied des murs de Damiette. L'espace qui régnait entre la tour et la rive occidentale, n'offrait pas assez d'eau pour que les gros navires pussent y passer, et l'on avait jugé inutile d'y élever aucun obstacle. (Voyez les extraits des auteurs arabes, §. 72.) Cependant Makrisi parle d'une seconde tour, mais cette tour était sur la rive orientale et touchait à Damiette; c'était là qu'aboutissait la chaîne. M. Hamaker en a supposé une troisième, qu'il place sur la rive occidentale; mais aucun auteur n'en a fait mention, et les événemens s'expliquent suffisamment, sans recourir à cette hypothèse invraisemblable.

(2) Il paraît que Saladin, peu de temps avant sa mort, prévit que les chrétiens, emportés par leur zèle, entreprendraient de nouvelles expéditions contre l'Égypte. L'exemple du passé lui fit même deviner que l'invasion commencerait par Damiette. En conséquence, au rapport de Makrizi, il ordonna de couper les arbres et les bosquets qui entouraient cette ville; il en fit réparer les fortifica-

1218 Les croisés arrivèrent devant Damiette dans les derniers jours du mois de mai; ayant dressé leurs tentes dans une vaste plaine, ils avaient derrière eux des lacs et des étangs abondans en poissons de toute espèce (1); devant eux, le Nil couvert de leurs vaisseaux; mille canaux couronnés de papyrus et de roseaux toujours verts, traversaient les terres et portaient partout la fraîcheur et la fertilité. Dans les campagnes qui naguère avaient été le théâtre de sanglans combats, on ne voyait plus les traces de la guerre; des moissons de riz couvraient les plaines où des armées chrétiennes avaient péri par la famine; des bosquets d'orangers et de citronniers chargés de fleurs et de fruits, des bois de palmiers et de sycomores, des buissons de jasmins et d'arbustes odoriférans, une foule de plantes et de merveilles inconnues aux pélerins, leur rappelaient les images du paradis terrestre, et leur faisaient croire que le territoire de Damiette avait été la première demeure de l'homme dans l'état d'innocence. L'aspect d'un beau ciel, d'un riche climat,

---

tions, et, par ses ordres, on tendit sur les eaux du Nil une chaîne de fer qui fermait le passage aux flottes de l'Occident. (Voyez la *Dissertation* de M. Hamaker, p. 63.)

(1) Jacques de Vitri donne une description assez détaillée de l'Égypte et de ses productions; cette partie de son histoire n'est pas indigne d'être lue par les savans, et peut donner une juste idée des connaissances qu'on avait au XIIIe. siècle, en géographie et en histoire naturelle. (Voyez l'extrait de Jacques de Vitri, *Biblioth. des Crois.*, t. 1.)

les enivrait de joie, entretenait l'espérance dans 1218
leurs cœurs, et leur montrait l'accomplissement de
toutes les promesses divines. Dans leur enthousiasme
religieux et guerrier, *ils croyaient voir la Providence prodiguer ses miracles pour le succès de
leurs armes*; à peine venaient-ils d'établir leur
camp sur la rive du Nil, qu'une éclipse de lune
couvrit tout-à-coup l'horizon d'épaisses ténèbres :
ce phénomène enflamma leur courage, et leur
parut être le présage des plus grandes victoires (1).

Les premières attaques furent dirigées contre
la tour bâtie au milieu du Nil; des navires sur lesquels on avait placé des tours, des échelles, des
ponts-levis, s'approchèrent des murailles. Les soldats qui les montaient, bravant les traits et les machines meurtrières des Musulmans, livrèrent plusieurs assauts; les prodiges de la force, de la bravoure et de l'adresse, furent inutiles. Les plus intrépides des croisés, victimes de leur audace et de
leur dévouement, périrent engloutis dans les flots
sans pouvoir être secourus ni vengés par leurs compagnons (2). Dans toutes les attaques, rien n'égalait

---

(1) Nous suivons ici le récit d'Olivier Scholastique; mais
les observations des astronomes reculent cette éclipse
jusqu'au mois de juillet, plus d'un mois après la descente
des chrétiens en Égypte.

(2) Olivier Scholastique, qui entre dans de grands détails sur le siége de Damiette, et dont on peut lire l'extrait
au tom. II de la *Bibliothèque des Croisades*, dit que les
Sarrasins, à la vue de ce désastre des croisés, poussèrent de

l'impétueuse valeur des guerriers de l'Occident; mais cette valeur n'était secondée ni par la prudence des chefs, ni par la discipline des soldats : chaque nation avait son chef, ses machines de guerre, ses jours de combat; aucun ordre ne présidait jamais ni à l'attaque ni à la retraite; les soldats montés sur les vaisseaux voulaient diriger la manœuvre; les matelots voulaient combattre.

Cependant les échecs qu'ils venaient d'éprouver rendirent les chrétiens plus prudens : les plus légers de leurs navires remontèrent le Nil, et vinrent jeter l'ancre au-dessus de la tour bâtie au milieu du fleuve; on attaqua, on renversa le pont de bateaux qui communiquait de la tour à la ville : l'industrie vint bientôt seconder la bravoure des croisés; on inventa des machines dont la guerre n'avait point encore offert de modèle : un énorme château de bois, construit sur deux navires liés ensemble par des poutres et des solives, fut admiré comme une invention miraculeuse, et regardé comme un gage assuré de la victoire; sur le château flottant on avait placé un pont-levis qui pouvait s'abattre sur la tour des Sarrasins, et des galeries destinées à recevoir les soldats qui devaient attaquer les murailles. Un pauvre prêtre de l'église de Cologne, qui avait prêché la croisade sur les bords du Rhin

---

grands cris de joie, battirent leurs tambours, sonnèrent leurs trompettes, et que la consternation se répandit dans le camp des chrétiens. (*Oliveri historia Damiatina*, ch. 7 et 8.)

LIVRE XII. 441

et suivi l'armée chrétienne en Égypte, s'était chargé 1218
de diriger la construction de cet édifice redoutable (1). Comme les papes, dans leurs lettres,
recommandaient toujours aux croisés de se faire (2)
accompagner en Orient par des hommes exercés
aux arts mécaniques, l'armée chrétienne ne manqua
point d'ouvriers pour faire les travaux les plus dif-
ficiles; les aumônes des chefs et des soldats fournirent aux dépenses nécessaires.

Tous les croisés attendaient avec impatience le
moment où l'énorme forteresse pourrait s'approcher
de la tour du Nil (3); dans le camp des chrétiens,
on fit des prières pour obtenir la protection du ciel;
le patriarche et le roi de Jérusalem, le clergé et
les soldats, se livrèrent pendant quelques jours aux
austérités de la pénitence; toute l'armée, les pieds

---

(1) Il s'agit ici d'Olivier Scholastique; cependant son
récit le laisse à peine deviner, et montre partout le sentiment de l'humilité chrétienne. (Voyez, *Bibliothèque des
Croisades*, tom. II, la traduction de ce passage.)

(2) Gretzer, dans son traité *De cruce*, dit formellement
que les papes engageaient les chefs des pélerins à mener
avec eux des agriculteurs et des ouvriers.

(3) Olivier Scholastique donne les plus grands détails sur
cette attaque de la tour du Nil; la Chronique des podestats
de Reggio s'étend aussi sur cet événement. (Voyez l'Extrait
du Mémorial des podestats de Reggio, tom. I, et l'*Histoire
du siége de Damiette*, par Olivier, tom. II, *Biblioth. des
Croisades*.) On pourra comparer à ces deux relations celle
de l'historien des patriarches d'Alexandrie, qui présente
quelques circonstances curieuses. (Voyez aux extraits des
auteurs arabes, §. 72.)

nus, alla en procession jusqu'au bord de la mer. Les chefs avaient choisi, pour donner l'assaut, la fête de l'apôtre saint Barthélemi; tous les croisés étaient remplis d'espérance et d'ardeur; tous enviaient la gloire de combattre; on prit l'élite des soldats de chaque nation; et Léopold, duc d'Autriche, le modèle des chevaliers chrétiens, obtint l'honneur de commander une expédition à laquelle se trouvaient attachés les premiers succès de la croisade.

Au jour indiqué, les deux navires, surmontés du château de bois, reçurent le signal du départ. Ils portaient trois cents guerriers couverts de leurs armes; une multitude innombrable de Musulmans assemblés sur les remparts de la ville contemplaient ce spectacle avec une surprise mêlée d'effroi : les deux navires liés ensemble s'avançaient en silence au milieu du fleuve; tous les croisés, rangés en bataille sur la rive gauche du Nil, ou dispersés sur les collines du voisinage, saluèrent par de nombreuses acclamations la forteresse mobile qui portait la fortune et l'espoir de l'armée chrétienne. A l'approche des murailles, les deux vaisseaux jettent leurs ancres, les soldats se préparent à l'assaut; tandis que les chrétiens lancent leurs javelots et se disposent à se servir de la lance et de l'épée, les Sarrasins font pleuvoir des torrens de feu grégeois, et réunissent tous leurs efforts pour livrer aux flammes le château de bois où combattaient leurs ennemis; les uns étaient animés par les applaudissemens de l'armée chrétienne, les autres encouragés

par les acclamations mille fois répétées des habitans de Damiette. Au milieu du combat, tout-à-
coup la machine des croisés paraît en feu; le pont-
levis appliqué sur les murailles de la tour, chancelle; le porte-enseigne du duc d'Autriche tombe
dans le Nil; le drapeau des chrétiens reste au pouvoir des Musulmans. A cette vue, les Sarrasins
poussent des cris de joie, et de longs gémissemens
se font entendre sur le rivage où campaient les
croisés; le patriarche de Jérusalem, le clergé,
l'armée tout entière était tombée à genoux et levait
des mains suppliantes vers le ciel.

Bientôt, comme si Dieu eût voulu exaucer leurs
prières, la flamme s'éteint, la machine est réparée,
le pont-levis rétabli; les compagnons de Léopold
renouvellent leur attaque avec plus d'ardeur; du
haut de leur forteresse ils dominent sur les murailles de la tour, et combattent à grands coups de
sabres, de piques, de haches d'armes et de massues
de fer; deux soldats s'élancent sur la plate-forme
où se défendaient les Sarrasins; ils portent l'épouvante parmi les assiégés, qui descendent en tumulte
dans le premier étage de la tour (1); ceux-ci mettent le feu au plancher et cherchent à opposer un

___

(1) Olivier Scholastique, en racontant cette victoire subite, dit que les larmes des fidèles éteignirent le feu, *ex-
tinxerunt ignem fidelium lacrymæ*; il ajoute qu'un jeune
homme de Liége monta le premier dans la tour; qu'un
jeune Frison, tenant un fléau avec quoi on bat le blé,
en frappait à droite et à gauche, et renversant celui qui

1218 rempart de flammes à leurs ennemis qui se précipitent à leur poursuite; ces derniers efforts de la bravoure et du désespoir n'offrent aux soldats chrétiens qu'une vaine résistance; les Musulmans sont attaqués de toutes parts; partout leurs murailles, ébranlées par les machines de guerre, s'écroulent autour d'eux et menacent de les ensevelir sous leurs ruines; bientôt ils mettent bas les armes et demandent la vie à leurs vainqueurs.

Les croisés restèrent ainsi maîtres de la tour du Nil, et la ville commença à être menacée (1). L'armée chrétienne, qui avait été témoin du combat, vit avec joie les prisonniers sarrasins promenés en triomphe dans le camp; conduits devant les princes et les chefs assemblés, les captifs racontèrent les prodiges de la bravoure chrétienne, et demandèrent à voir les *hommes vêtus de blanc et couverts d'armes blanches* qu'ils avaient eus à combattre. On leur présenta les guerriers qui les avaient vaincus; mais ils ne reconnurent point dans ceux-ci cet aspect terrible et cette vertu céleste dont le souvenir les remplissait encore de terreur.

---

portait l'étendard jaune du sultan, le lui enleva. (Oliv., ibid.)

(1) Il est curieux de comparer, pour les combats qui eurent lieu devant Damiette, les historiens orientaux avec les historiens latins. L'historien des patriarches d'Alexandrie, qui s'étend beaucoup sur ces combats, rapporte un grand nombre de faits qui méritent l'attention du lecteur éclairé. (Voyez les extraits des auteurs arabes, §. 73, *Bibliothèque des Croisades*, t. II.)

LIVRE XII.

Alors, dit un témoin oculaire, les *pélerins* (1) 1218 comprirent que *Notre Seigneur Jésus-Christ avait envoyé ses anges pour attaquer la tour.*

Vers le même temps, Malek-Adel, qui s'était rendu si redoutable aux chrétiens, mourut en Syrie; avant sa mort, il avait appris la victoire que les croisés venaient de remporter devant Damiette; les chrétiens ne manquèrent pas de dire qu'il avait succombé au désespoir, et qu'il emportait avec lui au tombeau la puissance et la gloire des Musulmans (2).

Les chrétiens, dans leurs histoires, ont représenté Malek-Adel comme un prince ambitieux, cruel et farouche; les auteurs orientaux célèbrent sa piété et sa douceur; un historien arabe vante son amour pour la justice et la vérité (3), et peint d'un seul trait la modération des monarques absolus de l'Asie, en disant que le *frère de Saladin écoutait sans colère ce qui lui déplaisait.*

Tous les historiens se réunissent pour louer la bravoure du prince musulman et l'habileté qu'il

---

(1) Voyez l'extrait de la Chronique des podestats de Reggio, *Biblioth. des Croisades*, tom. 1.

(2) Les auteurs musulmans font le même aveu. Makrizi dit que Malek-Adel, en apprenant la prise de la tour de la chaîne, se frappa la poitrine, et qu'il désespéra du salut de l'Égypte. (Voy. les extraits des auteurs arabes, §. 73.)

(3) Les auteurs arabes parlent avec étendue de la mort de Malek-Adel, de son caractère et de l'ascendant qu'il avait conservé après avoir abdiqué l'empire. (Voyez dans la *Biblioth. des Crois.*, tom. II, §. 73.)

1218 mit dans l'exécution de tous ses desseins. Aucun prince ne sut mieux que lui se faire obéir, et donner au pouvoir suprême cet éclat extérieur qui frappe l'imagination des peuples et les dispose à la soumission. Dans sa cour, il paraissait toujours entouré du faste de l'Orient; son palais était comme un sanctuaire dont personne n'osait approcher; il paraissait rarement en public, et ne se montrait jamais que dans un appareil qui inspirait la crainte (1); comme il fut heureux dans toutes ses entreprises, les Musulmans n'eurent pas de peine à croire que le favori de la fortune était le favori du ciel : le calife de Bagdad lui avait envoyé des ambassadeurs pour le saluer *roi des rois*. Malek-Adel se plaisait à porter dans les camps le nom de *Seïf-eddin* (2), l'*Épée de la religion;* et ce nom glorieux, qu'il avait mérité en combattant les chrétiens, lui attirait la confiance et l'amour des soldats de l'islamisme. Par son abdication, il étonna l'Orient, comme il l'avait étonné par ses victoires; la surprise qu'il causa ne fit qu'ajouter à sa gloire comme à sa puissance; et pour que sa destinée fût en tout point extraordinaire, la fortune voulut qu'en descendant du trône il restât toujours le maître. Ses quinze fils, dont plusieurs étaient souverains, trem-

---

(1) Voy. le continuateur de Guillaume de Tyr, qui, au reste, traite Malek-Adel avec beaucoup de sévérité.

(2) C'est sous le nom de *Seïf-eddin*, et par corruption *Saphadin*, que Malek-Adel est connu dans nos histoires des croisades.

LIVRE XII.

blaient encore devant lui; les peuples se prosternaient sur son passage; jusqu'à l'heure où il ferma les yeux, sa présence, son nom seul maintint la paix dans sa famille et dans les provinces, l'ordre et la discipline dans les armées (1).

A sa mort, tout commença à changer de face : l'empire des aïoubites, qu'il avait relevé par ses exploits, et dont il était le plus ferme appui, pencha vers sa décadence; l'ambition des émirs, long-temps contenue, éclata par des complots formés contre l'autorité suprême; un esprit de licence se répandit dans les armées musulmanes, et surtout parmi les troupes qui défendaient l'Égypte.

Les croisés auraient dû profiter de la mort de Malek-Adel et des suites qu'elle devait entraîner, en attaquant sans relâche les Musulmans découragés. Mais au lieu de poursuivre leurs succès, soit qu'ils manquassent de navires pour traverser le Nil, soit que la rive où était bâtie Damiette, fût défendue par des fortifications redoutables, ils res-

---

(1) On vit cependant à sa mort où aboutit ordinairement cette souveraine puissance des monarques de l'Orient. Au rapport d'un historien arabe, comme on avait à craindre quelque révolution, l'on crut devoir cacher sa mort, et il fut enterré secrètement dans le château de Damas. Les funérailles se firent avec une telle précipitation, que les officiers du sultan, manquant de linceul pour l'ensevelir, firent usage du bonnet et de la robe d'un homme de loi, et que, faute d'instrument pour creuser la fosse, ils dérobèrent la pioche d'un paysan. (Voyez la Dissertation de M. Hamaker, page 81.)

tèrent dans leur camp et s'abandonnèrent à un funeste repos, oubliant tout-à-coup les travaux, les périls, et l'objet de la guerre commencée. Un grand nombre d'entr'eux, persuadés qu'ils avaient assez fait pour la cause de Jésus-Christ, ne songeaient plus qu'à s'embarquer pour retourner en Europe. Chaque vaisseau qui sortait du port rappelait aux pélerins les souvenirs de la patrie; et le beau ciel de Damiette, qui avait enflammé leur enthousiasme au commencement du siége, ne suffisait plus pour les retenir dans un pays qu'ils commençaient à regarder comme une terre d'exil.

Cependant le clergé censurait vivement la retraite ou la désertion des croisés, et conjurait le ciel de punir les lâches soldats qui abandonnaient ainsi les drapeaux de la croix (1). Six mille pélerins de la Bretagne, qui retournaient en Europe, firent naufrage et périrent presque tous sur les côtes d'Italie; les ecclésiastiques et les plus ardens des croisés ne manquèrent pas de voir, dans un si grand désastre, la manifestation de la colère divine (2).

---

(1) En parlant du départ des pélerins, Olivier dit qu'ils *s'aimaient plus eux-mêmes qu'ils n'avaient de compassion pour leurs frères.* (Voyez l'extrait d'Oliv., *Biblioth. des Crois.*, tom. II.)

(2) Ces déserteurs, sous la conduite d'Honoré de Léon, gentilhomme bas-breton, que la mort de son beau-frère faisait retourner en Bretagne pour s'emparer de ses terres, après avoir été long-temps battus par une furieuse tempête vers les côtes de la Pouille, périrent à la vue de Brindes. Une partie des Frisons, qui abandonnèrent aussi leurs com-

LIVRE XII.

Lorsque les croisés de la Frise, après avoir déserté 1218 les drapeaux de la Terre-Sainte, furent de retour en Occident, l'Océan rompit tout-à-coup ses digues et franchit ses rivages; les plus riches provinces de la Hollande furent submergées; cent mille habitans et des villes entières disparurent sous les eaux. Un grand nombre de chrétiens attribuèrent cette calamité à la retraite coupable des croisés frisons et hollandais.

Le pape voyait avec douleur le retour des pèlerins déserteurs de la cause de Jésus-Christ. Honoré ne négligeait rien pour assurer le succès d'une guerre qu'il avait prêchée; chaque jour ses prières et ses menaces pressaient le départ de ceux qui, après avoir pris la croix, différaient d'accomplir leur serment.

D'après l'ancien usage des navigateurs, deux époques de l'année étaient fixées pour traverser la mer. Les pèlerins s'embarquaient presque toujours au mois de mars et au mois de septembre, soit pour se rendre en Orient, soit pour retourner en Europe: ce qui les faisait comparer à ces oiseaux voyageurs qui changent de climat à l'approche de la saison nouvelle et vers la fin de l'été (1). A

---

pagnons, ne furent pas plutôt de retour en Frise qu'ils furent misérablement engloutis par les flots de la mer, qui rompit ses digues et se répandit dans le pays, où plus de cent mille personnes furent abîmées. (Albéric de Trois Fontaines, ibid.)

(1) On peut lire à ce sujet une dissertation latine de Buc-

chaque passage, la Méditerranée était couverte de vaisseaux qui transportaient des croisés, les uns revenant dans leurs foyers, les autres allant combattre les infidèles. Lorsque l'armée chrétienne déplorait encore la retraite des guerriers frisons et hollandais, on vit arriver au camp de Damiette des guerriers venus d'Allemagne, de Pise, de Gênes, de Venise, et de plusieurs provinces de France.

Parmi les guerriers français, l'histoire cite Hervé, comte de Nevers; Hugue, comte de la Marche; Milés de Bar-sur-Seine, les seigneurs Jean d'Artois et Ponce de Crancey, Ithier de Thacy, Savary de Mauléon; ils étaient accompagnés de l'archevêque de Bordeaux, des évêques d'Angers, d'Autun, de Beauvais, de Paris, de Meaux, de Noyon, etc. L'Angleterre envoyait aussi en Égypte les plus braves de ses chevaliers. Henri III avait pris la croix après le concile de Latran; mais comme il ne pouvait quitter ses états, épuisés par la guerre, troublés par la discorde, les comtes d'Harcourt, de Chester, d'Arundel, et le prince Olivier, furent chargés d'acquitter, en son nom, le vœu qu'il avait fait d'aller combattre en Orient pour la cause de Jésus-Christ.

A la tête des pèlerins qui arrivèrent successivement en Égypte, se trouvaient deux cardinaux, que le pape envoyait auprès de l'armée chrétienne. Ro-

---

cler, intitulée : *De Passagiis*. L'auteur est entré dans de curieux détails sur les temps, les lieux d'embarquement, et sur le prix des pâturages.

bert de Courçon, l'un des prédicateurs de la croisade, avait la mission de prêcher la morale de Jésus-Christ dans le camp des croisés, et de réchauffer, par son éloquence, le zèle et la dévotion des soldats de la croix. Le cardinal Pélage (1), évêque d'Albano, était revêtu de toute la confiance du Saint-Siége; il apportait avec lui des trésors destinés aux dépenses de la guerre; les croisés de Rome et de plusieurs autres villes d'Italie, marchaient sous ses ordres et le reconnaissaient comme leur chef militaire.

1218

Le cardinal Pélage était appelé à exercer une grande autorité parmi les soldats de la croix, et son caractère naturellement impérieux devait encore ajouter à la puissance qu'il avait reçue du Saint-Siége. En quelque mission qu'il fût employé, il ne reconnaissait point d'égal et ne pouvait souffrir de supérieur. On l'avait vu résister au souverain pontife dans le sein du conclave; il aurait résisté aux plus puissans monarques dans leur conseil. Le cardinal Pélage, persuadé que la Providence devait se servir de lui pour accomplir de grands desseins, se croyait propre à tous les travaux, appelé à tous les genres de gloire; lorsqu'il avait pris une détermination, il la soutenait avec une opi-

---

(1) Nous n'avons pu savoir avec précision l'époque où le légat Pélage arriva devant Damiette. Il est bien certain qu'il n'était pas à l'armée chrétienne pendant que les croisés attaquaient la tour du Nil, et qu'il arriva peu de temps après la reddition de cette tour.

1218 niâtreté invincible, et n'était arrêté ni par les obstacles, ni par les périls, ni par les leçons de l'expérience. Si dans un conseil Pélage ouvrait un avis, il l'appuyait de toutes les menaces de la cour de Rome, et souvent on aurait pu croire que les foudres de l'église n'avaient été remises entre ses mains que pour faire triompher ses propres opinions.

A peine arrivé en Égypte, le légat du pape voulut prendre part à la guerre; dans un combat, qui se livra le jour de St.-Denis, il marcha à la tête de l'armée, tenant à la main une croix, adressant au ciel d'ardentes prières pour le triomphe des armes chrétiennes (1). La victoire se déclara pour les croisés; dès-lors Pélage voulut être le chef de la croisade, et disputa le commandement de l'armée au roi de Jérusalem. Pour appuyer ses prétentions, il disait que les croisés avaient pris les armes à la voix du souverain pontife, et qu'ils étaient les soldats de l'Église. La multitude des pèlerins se soumit à ses lois, persuadée que Dieu le voulait ainsi; mais cette prétention de diriger la guerre révolta les princes et les barons (2); dès-lors il fut aisé de

---

(1) Le Mémorial de Reggio rapporte les prières que le légat faisait à la tête des bataillons chrétiens. Le même chroniqueur peint avec beaucoup de vérité les transports de dévotion que faisaient éclater les croisés sur le champ de bataille. (Voy. l'extrait de cette chronique, *Biblioth. des Croisades*, tom. 1.)

(2) Dans la lettre par laquelle Honoré annonçait aux

prévoir que la discorde viendrait par celui dont la mission était de rétablir la paix, et que l'envoyé du pape, chargé de prêcher l'humilité parmi les chrétiens, allait tout perdre par sa folle présomption. Le cardinal de Courçon mourut peu de temps après son arrivée. Le continuateur de Guillaume de Tyr, en déplorant la mort de ce légat, qui s'était fait remarquer par sa modération, caractérise d'un seul mot la conduite de Pélage, et les suites qu'elle devait avoir, en disant : *Alors mourut le cardinal Pierre* (1), *et Pélage vécut, dont ce fut grand dommage.*

Cependant l'approche du danger avait réuni les princes musulmans; le calife de Bagdad, que Jacques de Vitri (2) appelle le *pape des infidèles,*

---

chefs de l'armée chrétienne les pouvoirs qu'il avait donnés au cardinal Pélage, sa sainteté s'exprimait ainsi : *Ut exercitum domini cum humilitate præcedens, concordes in concordiâ foveat, et ad pacem revocet impacatos.*

(1) Le chroniqueur ajoute « que mult i fit de mal, si comme vous oires dire en aucun tant. »

(2) *Califas papa ipsorum.* Le continuateur de Guillaume de Tyr appelle le calife l'*apostoille des mécréans.* Le même historien ajoute : « Après manda (*le soudan du Caire*) au calife de Baudac, qui apostoille étoit des Sarrasins, et par Mahomet qu'il le secourût, et s'il ne le secorroit, il perdroit la terre; car l'apostoille de Rome y envoyoit tant de gent, que ce n'étoit mie conte ne mesure, et qu'il fait preschier par payennisme ainsi comme faisoient par chrétienté, et envoyât au soudan grant secors de gent par son proschement. »

1218 exhorta les peuples à prendre les armes contre les chrétiens. Malek-Kamel envoya des ambassadeurs à tous les princes musulmans de la Syrie et de la Mésopotamie, pour les avertir du danger qui menaçait l'Égypte.

Le sultan du Caire campait toujours avec son armée dans le voisinage de Damiette, où il attendait les princes de sa famille. La garnison de la ville recevait chaque jour des vivres et des renforts, et pouvait résister long-temps à l'armée chrétienne. Les préparatifs et l'approche des Musulmans firent enfin sortir les croisés de leur inaction. Animés par leurs chefs, surtout par la vue du danger, par la présence d'un ennemi formidable, les soldats chrétiens reprirent les travaux du siége, et livrèrent plusieurs assauts à la ville du côté du Nil.

Le fleuve fut le théâtre de plusieurs combats, où les croisés ne purent triompher de leurs ennemis(1);

---

(1) Nous aurions pu citer ici les nombreux détails donnés sur ces combats par les auteurs du temps; mais nous aimons mieux renvoyer à ce qui a déjà été dit dans notre *Bibliothèque des Crois*. On fera bien de consulter surtout les auteurs arabes, beaucoup plus précis et plus circonstanciés que les Latins. M. Reinaud, dans l'*Examen critique* qu'il a fait de ces auteurs, nous semble avoir levé toutes les incertitudes qui régnaient sur ce sujet. (Voyez au §. 73 déjà cité.) Ici nous nous contenterons de dire que de part et d'autre on mit en usage tout ce que le courage et l'enthousiasme religieux peuvent enfanter. Le sultan ne se sentant pas en état de défendre la rive orientale du Nil, fit construire un pont sur le fleuve pour fer-

dans un de ces combats, un vaisseau des Templiers se trouva entraîné par le vent sous les murs de la ville; les ennemis accourant sur une foule de barques, s'en emparent; mais les Templiers, préférant la mort à l'esclavage, percèrent le fond du navire, et, tout-à-coup, les habitans de Damiette qui applaudissaient au triomphe des Sarrasins (1), ne virent plus sur les flots que la pointe d'un mât et l'étendard où brillait la croix de Jésus-Christ. Cependant les croisés commençaient à murmurer contre le légat du pape. « Pourquoi, s'écriaient-» ils, nous a-t-on amenés sur ce sable désert ? » Notre pays manquait-il de sépulcres ? » Pélage mêla ses larmes à celles des pélerins; il les exhorta à la patience, et pour obtenir l'appui et les conseils de la sagesse divine, il ordonna des prières, des processions, des jeûnes. Les croisés, remplis d'ardeur, allaient recevoir le signal d'un nouveau combat; mais tout-à-coup une violente tempête s'élève, des torrens de pluie tombent du ciel, le

---

mer le passage. Le pont étant rompu, il embarrassa le lit du Nil par de grands bateaux coulés à fond. Ce fut alors que les croisés, creusant le lit d'un ancien canal qui aboutissait à la mer, évitèrent l'embouchure du fleuve, et entrèrent avec leurs grands navires au milieu du Nil. La carte qui accompagne ce volume facilitera l'intelligence de ces événemens.

(1) La chronique de Reggio et celle d'Olivier comparent les Templiers qui périrent avec les Sarrasins, à Samson, qui ébranla le temple où s'étaient assemblés les Philistins, pour les faire périr, et périt lui-même avec eux.

1218 fleuve et la mer sortent de leur lit; la plaine où campaient les chrétiens est inondée; en un moment l'armée a perdu ses tentes (1), ses bagages, ses vivres; les pélerins consternés tremblent que Dieu veuille punir une seconde fois les péchés des hommes par un déluge. Cet orage épouvantable se prolongea pendant trois jours. Le légat et le clergé étaient en prières; les croisés invoquaient à genoux la miséricorde divine, lorsque le soleil reparut sur l'horizon, le ciel reprit sa sérénité, les eaux se retirèrent; les chrétiens crurent alors que Dieu les avait sauvés par un miracle, et cette persuasion ranima leur courage, leur donna la force de supporter leurs maux. Rien n'égale la constance héroïque avec laquelle ils bravèrent pendant tout l'hiver, le froid, la pluie, la faim, les maladies, toutes les fatigues de la guerre.

1219 Toujours campés sur la rive occidentale du Nil, ils ne pouvaient assiéger la ville du côté de la terre qu'en traversant le fleuve : le passage était difficile et périlleux; le sultan du Caire avait placé son camp sur le rivage opposé; la plaine où les chrétiens voulaient établir leurs tentes, était couverte de soldats musulmans; un événement inattendu vint tout-à-coup aplanir tous les obstacles.

Nous avons parlé de l'esprit séditieux des émirs,

---

(1) Olivier et la chronique de Reggio parlent de l'orage qui faillit submerger l'armée chrétienne. Le récit d'Olivier est plus étendu. (Voy. les extraits de ces deux chroniques, *Biblioth. des Croisades*, tom. I et II.)

LIVRE XII.

qui, depuis la mort de Malek-Adel, faisaient éclater ouvertement leur ambition et cherchaient à jeter le trouble dans les armées musulmanes. On remarquait parmi ces émirs le chef d'une troupe de Curdes, nommé Emad-eddin (1), qui était fils du Machtoub devenu si fameux sous Saladin par la défense de Ptolémaïs contre toutes les forces de l'Occident. Associé aux destinées des fils d'Aïoub, cet émir avait vu tomber et s'élever plusieurs dynasties musulmanes, et méprisait des puissances dont il connaissait la source et l'origine. Soldat intrépide, sujet peu fidèle, toujours prêt à servir ses souverains dans un combat, à les trahir dans un complot, Emad-eddin ne pouvait supporter un prince qui régnait par les lois de la paix, et reconnaître un pouvoir qui n'était point le fruit de ses intrigues ou d'une révolution. Comme la fortune avait toujours favorisé son audace, et qu'il avait reçu le prix de toutes ses trahisons, chaque révolte augmentait son crédit et sa renommée; ennemi de toute autorité reconnue, l'appui de tous les mécontens, l'espoir de tous ceux qui aspiraient à l'empire, il était presque aussi redoutable que le

1219

___

(1) La chronique d'Ibn-Férat, où nous avons puisé le fait que nous racontons, dit que Emad-eddin descendait d'un guerrier surnommé *Al Maschtoub* (le Sillonné), à cause d'une blessure qui lui sillonnait le visage. La même chronique ajoute que l'émir, fils du Sillonné, méprisait les *choses futiles des rois*, et qu'on rapportait de lui *des choses extraordinaires touchant ses révoltes contre les souverains.*

vieux de la Montagne, dont les menaces faisaient trembler les monarques les plus puissans. Emad-eddin résolut de changer le gouvernement de l'Égypte, et conçut le projet de détrôner le sultan du Caire pour mettre à sa place un autre fils de Malek-Adel.

Plusieurs émirs avaient été entraînés dans cette conspiration. Au jour indiqué, on devait entrer dans la tente de Malek-Kamel, et le contraindre, par la violence, à renoncer à l'autorité suprême. Le sultan fut averti de la conjuration tramée contre sa personne, et la veille du jour où le complot devait éclater, il sortit de son camp au milieu de la nuit (1). Cette fuite déconcerta les plus audacieux des conjurés, et leur ôta tout espoir d'achever le crime commencé, qui ne leur offrait plus que des périls. Le lendemain, au lever du jour, des bruits sinistres se répandent, on s'interroge avec inquiétude; tandis que les chefs du complot restent immobiles,

---

(1) Nous renvoyons, pour les détails, aux auteurs arabes, §. 73. Bernard le Trésorier est le seul des auteurs latins qui ait parlé de cette circonstance; il en donne même une raison assez naturelle. Il rapporte que le sultan ayant commencé à craindre pour Damiette, résolut d'y nommer un gouverneur, et qu'il fit choix d'Emad-eddin. Mais l'émir, qui se souvenait de ce qui était arrivé sous le règne de Saladin à son père, lequel, après avoir défendu Ptolémaïs avec le plus grand courage, avait été laissé prisonnier entre les mains des chrétiens, craignit d'éprouver le même sort, et refusa de s'enfermer dans la place. Les auteurs arabes n'ont rien dit de ce fait.

une foule agitée s'assemble devant la tente des principaux émirs; aucun d'eux n'ose prendre le commandement et donner des ordres : les chefs se défiaient des soldats, les soldats de leurs chefs. Le plus grand tumulte régnait dans le camp; on craignait d'être attaqué et surpris par les chrétiens; enfin une terreur générale s'empare de l'armée, qui abandonne ses tentes, ses bagages, et se précipite en désordre sur les traces du sultan fugitif.

1219

Tel est le récit des auteurs arabes; d'après celui des auteurs latins, la retraite des Musulmans fut l'effet d'un miracle (1). Saint George et des guerriers célestes, couverts d'armes et de robes blanches, apparurent dans le camp des Sarrasins; ceux-ci avaient entendu pendant trois jours une voix terrible qui courait dans toute l'armée et leur criait : « *Fuyez, sinon vous mourrez.* » Après ces prodiges (c'était le jour de sainte Agathe), une autre voix se fit entendre le long du fleuve, et s'adressant aux chrétiens, leur dit: « *Que faites-vous ? voilà tous les Sarrasins qui*

---

(1) Olivier Scholastique, ainsi que l'auteur de la chronique de Reggio, qui ne savaient rien de la conspiration de l'émir, ne peuvent s'empêcher de crier au miracle en annonçant la retraite inattendue de l'armée musulmane; selon le premier, ce fut un apostat qui en apprit la nouvelle aux chrétiens; selon l'auteur italien, ce fut un personnage céleste. Le récit de la chronique de Reggio nous a paru ici très animé et très poétique. (Voy. la *Biblioth. des Croisades*, aux extraits d'Olivier et de la chronique de Reggio.)

s'enfuient. » Alors l'armée chrétienne se hâta de traverser le Nil, s'empara du camp des Musulmans, fit un immense butin, et s'approcha des murailles de Damiette.

Cependant le sultan s'était enfui du côté du Caire sur les bords du canal d'Aschmoun. Quelques jours après, son frère le prince de Damas arriva avec toutes les forces de la Syrie. L'armée égyptienne, naguère dispersée, se rallia bientôt sous les drapeaux de Malek-Kamel. Emad-eddin et les autres chefs de la révolte furent arrêtés et conduits au-delà du désert. L'ordre et la discipline se rétablirent parmi les Sarrasins; l'armée chrétienne eut alors à combattre toutes les forces réunies des infidèles, impatiens de réparer leur échec et de reprendre les avantages qu'ils avaient perdus.

Le souverain de Damas, avant de prendre le chemin de l'Égypte, avait fait plusieurs incursions sur le territoire de Ptolémaïs; ensuite, craignant que les chrétiens ne profitassent de son absence pour s'emparer de Jérusalem et s'y fortifier, il fit démolir les remparts de la ville sainte. Les tours et les murailles que Saladin avait réparées furent abattues; il ne resta debout que la tour de David. On détruisit aussi la forteresse de Thabor, et toutes celles que les Musulmans conservaient sur les côtes de la Palestine, mesure pleine de vigueur qui affligea les infidèles (1), et

---

(1) Voyez, à ce sujet, les lamentations des auteurs arabes, tome II de la *Biblioth. des Crois.*, §. 73.

dut encore plus affliger les chrétiens, en leur 1219
montrant qu'ils avaient à combattre des ennemis
animés par le désespoir et disposés à tout sacrifier
pour leur défense.

Dans le même temps, le sultan du Caire écrivit
de nouveau aux princes musulmans de Syrie et de
Mésopotamie qui ne s'étaient pas encore mis en
marche, pour les conjurer de presser leur départ.
S'adressant à son frère le prince de Khelat, dans la
grande Arménie : « O ma bonne étoile, lui écri-
vait-il, si tu veux me secourir, lève-toi sans retard ;
si tu arrives bientôt, tu me trouveras au milieu de
mes guerriers, armé de l'épée et de la lance ; si tu
tardes à venir, nous ne nous verrons plus qu'au
jour de la résurrection, dans la plaine du dernier
jugement. » Ce qu'il y a de plus remarquable
dans ce message, c'est qu'il était écrit en vers, et
que le langage de la poésie avait paru nécessaire au
monarque égyptien pour exprimer les alarmes de
son peuple et les périls de l'islamisme (1).

Les chrétiens avaient conservé leur camp sur la
rive occidentale du Nil, et communiquaient entr'eux par un pont de bateaux. Ils avaient à combattre la garnison de la ville, et l'armée musulmane qui les menaçait à-la-fois sur les deux rivages
du fleuve. Leur bravoure repoussait toutes les attaques, et dans les périls ils s'encourageaient les

---

(1) Cette lettre nous a été conservée par Makrizi :
M. Reinaud l'a traduite en entier. (Voyez aux extraits des
auteurs arabes, §. 73.)

uns les autres, en disant : « *Si Dieu est pour nous, qui peut triompher de nous ?* » Les Sarrasins, pour combattre les croisés, choisissaient souvent les jours où ceux-ci s'occupaient de leurs solennités religieuses. Le dernier dimanche de carême, lorsque l'armée chrétienne se disposait à célébrer l'entrée de Jésus-Christ dans Jérusalem, les Musulmans se rangèrent en bataille dans la plaine, et leur flotte s'avança sur le Nil. Le fleuve et le rivage furent tout-à-coup couverts de bataillons et de vaisseaux ennemis qui en même temps attaquèrent les ponts, les galères et le camp des croisés : le combat dura depuis l'aurore jusqu'à la nuit; les Sarrasins perdirent cinq mille de leurs guerriers et trente de leurs navires. Les chroniques contemporaines, pour célébrer ce triomphe des chrétiens, disent qu'ils *célébrèrent ainsi le dimanche des rameaux, et que leurs épées nues, leurs lances ensanglantées furent les seules palmes qu'ils portèrent dans cette sainte journée.*

Cependant le siége n'avançait point, et les croisés continuaient à souffrir toutes sortes de privations et de misères; ils les avaient supportées pendant tout l'hiver avec une résignation évangélique ; mais la vue du printemps, l'aspect des vaisseaux qui arrivaient d'Europe, semblaient amollir leur courage. Pendant l'octave de Pâque, le duc d'Autriche, qui les avait si souvent conduits à la victoire, résolut de retourner en Occident : cette résolution plongea tous les pèlerins dans le deuil; pour les retenir sous les drapeaux de la croix, le légat du pape fut obligé de renouveler et de multiplier les indulgences de l'église, qu'il étendit au père (1), à la mère, à l'épouse, aux frères et sœurs, aux enfans de chacun des croisés qui resteraient au camp. La promesse de ces trésors spirituels, l'arrivée de nouveaux pélerins, quelques avantages remportés sur l'ennemi, soutinrent le courage de l'armée et la patience des soldats de Jésus-Christ.

1219

Comme rien n'était plus difficile que d'établir la discipline dans l'armée chrétienne, et de rallier dans la mêlée tant de guerriers qui parlaient des langues diverses, on construisit un *carrocio* à la manière des Lombards, sur lequel on plaça l'étendard de la croisade. La vue de ce char, au rapport des chroniqueurs contemporains, effraya les Musulmans, et donna une confiance nouvelle aux soldats chrétiens. Les croisés ne passaient pas une semaine sans livrer un assaut à la ville, ou sans combattre l'armée musulmane ; les Sarrasins marchaient au combat en invoquant Mahomet; les chrétiens, en invoquant le nom de Jésus-Christ et saint George; plusieurs fois les Musulmans pénétrèrent dans les retranchemens des croisés, sans pouvoir y arborer leur étendard; plusieurs fois les assiégeans parvinrent jusque sur les remparts de Damiette, et leurs bataillons, disent les chroniques, seraient entrés dans la ville si la seule dévo-

---

(1) Voyez l'extrait du Mémorial de Reggio, *Biblioth. des Crois.*, tome I.

tion et non l'amour d'une vaine gloire avait dirigé leur bravoure.

Pendant qu'on se battait sur le Nil et sur les remparts, les chevaliers et tous ceux qui avaient coutume de combattre à cheval, restaient oisifs sous leurs tentes : la multitude des croisés qui combattaient à pied, et qui se mesuraient chaque jour avec un ennemi redoutable, firent entendre des murmures, et se plaignirent d'être abandonnés par ceux-là même qui les avaient conduits à la croisade. Aussitôt que ces plaintes commencent à se faire entendre, les barons, les chefs et les soldats, tout s'émeut dans le camp; on donne le signal du combat. Dès le lever du jour, les cavaliers et les fantassins sortent des retranchemens pour aller chercher l'ennemi. Bientôt l'armée chrétienne arrive en présence des Musulmans, qui se hâtent de ployer leurs tentes et de prendre la fuite. Comme cette retraite subite paraît être une ruse de guerre, les chefs des croisés s'assemblent pour délibérer sur le parti qu'ils ont à prendre; les uns veulent qu'on poursuive l'ennemi, les autres qu'on reste sur la défensive. Pendant que les chefs délibèrent, l'armée s'impatiente, la confusion s'introduit dans les rangs, et lorsque le plus grand désordre règne parmi les croisés, l'ennemi revient sur ses pas et se dispose au combat. Les premiers bataillons qui se présentent devant lui sont saisis de surprise et d'effroi; les soldats de Chypre, ceux d'Italie, se retirent avec précipitation; en vain le légat et le patriarche cherchent à ranimer leur courage; l'épouvante gagne toute l'armée. Le roi Jean avec ses soldats, les comtes de Hollande, de Witte, de Chester, secondés par les chevaliers de l'Hôpital et du Temple, font des prodiges de valeur pour arrêter l'impétuosité des Musulmans, et pour sauver la multitude dispersée des chrétiens.

1219

Un grand nombre de croisés perdirent la vie dans cette journée; le lendemain le clergé déplora dans ses chants lugubres ce jour de colère et de calamité, et remercia le ciel de n'avoir pas épuisé toutes les flèches de son courroux contre une armée qui avait cédé au démon de la jalousie et de l'orgueil. On était d'ailleurs persuadé dans tout le camp que les anges avaient consolé ceux qui venaient de tomber sous le glaive des Sarrasins. Comme ce désastre arriva le jour de la décolation de saint Jean-Baptiste (1), une chronique contemporaine remarque à ce sujet que St. Jean *voulut avoir ce jour-là des compagnons de son martyre*. Pour proclamer son triomphe, le sultan du Caire envoya les têtes des martyrs de la croix dans toutes ses provinces, et des hérauts d'armes annoncèrent dans les cités musulmanes que ceux qui *voulaient avoir des esclaves, n'avaient qu'à venir au camp de Damiette*.

---

(1) Les deux relations que nous avons du siége de Damiette, parlent de ce combat qui eut lieu le jour de la décolation de saint Jean-Baptiste. (Voyez les extraits que nous en avons donnés dans la *Bibl. des Crois.*; voyez aussi l'historien des patriarches d'Alexandrie, extraits des auteurs arabes, §. 74.)

1219. Dans ce temps-là on vit arriver à l'armée chrétienne un saint personnage, appelé François d'Assise; sa réputation de piété s'était répandue dans le monde chrétien, et l'avait précédé en Orient. Dès sa plus tendre jeunesse, François avait quitté la maison paternelle pour mener une vie d'édification. Un jour qu'il assistait à la célébration de la messe dans une église d'Italie, il fut frappé du passage de l'Évangile, où Notre Seigneur dit à ses disciples : *Ne portez ni or, ni argent, ni autre monnaie, ni sacs pour le voyage, ni sandales, ni bâtons.* Dès-lors François avait vu en pitié toutes les richesses de ce monde, et s'était voué à la pauvreté des apôtres; il parcourait les villes en invitant les peuples à la pénitence. Les disciples qui le suivaient, bravaient le mépris de la multitude, et s'en faisaient une gloire devant Dieu; lorsqu'on leur demandait d'où ils venaient, ils avaient coutume de répondre : *Nous sommes de pauvres pénitens venus d'Assise.*

François fut attiré en Égypte par le bruit de la croisade et par l'espoir d'y faire quelque grande conversion. Le jour qui précéda la dernière bataille, il avait eu un pressentiment miraculeux de la défaite des chrétiens; François fit part de sa prédiction aux chefs de l'armée, qui l'écoutèrent avec indifférence. Mécontent des croisés, et dévoré du zèle de la maison de Dieu, il conçut alors le projet de faire triompher la foi par son éloquence et par les seules armes de l'Évangile; il s'avança vers le camp ennemi, et se fit prendre par les soldats

sarrasins, qui le conduisirent devant le sultan. Alors 1219
François d'Assise s'adressa à Malek-Kamel (1),
et lui dit : « C'est Dieu qui m'envoie vers vous
» pour vous montrer la voie du salut. » Après ces
paroles, le missionnaire exhorta le soudan (2) à
embrasser l'Évangile; il défia en sa présence tous
les docteurs de la loi, et proposa de se jeter dans
un bûcher allumé, pour confondre l'imposture, et
prouver la vérité de la religion chrétienne. Le
sultan, étonné, congédia le zélé prédicateur, qui
n'obtint rien de ce qu'il souhaitait ardemment; car
il ne convertit pas le chef des infidèles, et ne cueillit point la palme du martyre.

---

(1) Le continuateur de Guillaume de Tyr parle longuement de l'entrevue de saint François d'Assise et de son compagnon avec le sultan du Caire. Saint François proposa d'abord au sultan de renoncer à Mahomet, sous peine de damnation éternelle.

(2) « Li soudan, nous transcrivons notre vieil historien, dist qu'il avoit archevesques et évesques de sa loi, et sans eux ne pouvoit-il ouir ce qu'ils diroient. Les clercs (saint François et son compagnon) lui répondirent : Mandez les querre, et ils vinrent à lui en sa tente.... Si leur conta ce que li clercs lui avoient dist. Ils répondirent : Sire, tu es épée de la loi.... Nous te commandons, de par Mahomet, que tu lor fasse la teste couper. A tant prirent congé, si s'en allèrent. Li soudan demora et li dist clercs, dont vint li soudan, si lors dist : Seignors, ils m'ont commandé, de par Mahomet, et de par la loi, que je vous fasse les testes couper; mais j'irai en contre le commandement, etc. » L'historien ajoute que le sultan leur fit donner des présens qu'ils refusèrent; qu'il leur fit servir à manger, et les renvoya *à lost des chrestiens.*

30..

1219 — Après cette aventure, saint François d'Assise revint en Europe, où il fonda l'ordre religieux des Frères Mineurs, qui ne possédaient d'abord ni églises, ni monastères, ni terres, ni troupeaux, et qui, répandus dans les provinces de l'Occident, travaillaient à la conversion des pécheurs. Les disciples de saint François portèrent quelquefois la parole de Dieu jusque chez les peuples sauvages; quelques-uns allèrent en Afrique et en Asie, cherchant, comme leur maître, des erreurs à combattre et des maux à souffrir; ils plantèrent souvent la croix de Jésus-Christ sur les terres des infidèles; dans leur innocente croisade, ils répétaient ces paroles évangéliques : *que la paix soit avec vous;* ils n'étaient armés que de leurs prières et n'aspiraient qu'à la gloire de mourir pour la foi.

Le printemps et l'été s'étaient passés dans des combats continuels, et les croisés, quoiqu'ils eussent essuyé une défaite, conservaient encore une attitude formidable. Les Musulmans avaient perdu l'espoir de triompher d'un ennemi qui résistait à tous les fléaux de la guerre et du climat. Un grand nombre de pèlerins profitèrent du passage de septembre pour retourner en Europe, mais chaque jour il en venait d'autres; on annonçait l'arrivée prochaine de l'empereur d'Allemagne qui avait pris la croix; cette nouvelle soutenait le courage des chrétiens; les Musulmans tremblaient d'avoir à combattre le plus puissant des monarques de l'Occident. Le sultan du Caire, au nom de tous les princes de sa famille, envoya des ambassadeurs

au camp des croisés pour leur demander la paix ; il 1219
proposait d'abandonner aux Francs le royaume et
la ville de Jérusalem, et ne se réservait que les
places de Karak et de Montréal, pour lesquelles il
offrait de payer un tribut. Comme on venait de
démolir les remparts et les tours de la ville sainte,
les Musulmans s'engageaient à payer deux cent
mille dinars pour les rebâtir ; ils promettaient encore de rendre tous les prisonniers faits sur les
chrétiens depuis la mort de Saladin (1).

Les principaux chefs de l'armée chrétienne furent
rassemblés pour délibérer sur les propositions des
Musulmans ; le roi de Jérusalem, les barons français, anglais et hollandais, allemands, furent
d'avis d'accepter la paix ; le roi de Jérusalem rentrait par-là dans son royaume ; les barons de l'Occident voyaient finir une guerre qui les retenait
depuis trop long-temps loin de leur patrie.

« En acceptant la paix, on atteignait le but de la
» croisade, la délivrance des saints lieux.... Les
» guerriers chrétiens assiégeaient Damiette depuis
» dix-sept mois ; le siége pouvait se prolonger en-
» core..... Beaucoup de croisés retournaient cha-
» que jour en Europe ; chaque jour une foule de

---

(1) Sur la proposition de paix faite par le sultan du
Caire, et sur les événemens qui la précédèrent et la suivirent, sur la terreur du peuple Égyptien et la persécution
des chrétiens, voyez les extraits des auteurs arabes, §. 74,
Biblioth. des Croisades, tome II, et le Mémorial *Dei Potestati* de Reggio.

» guerriers musulmans accouraient sous les dra-
» peaux des sultans du Caire et de Damas.....
» Lorsqu'on aurait pris Damiette, on serait trop
» heureux de l'échanger contre le royaume de Jé-
» rusalem.... Les Musulmans offraient de donner,
» avant la victoire, tout ce qu'on pouvait obtenir
» et désirer après la conquête..... Il n'était pas sage
» de refuser ce que la fortune venait offrir sans
» combats et sans périls.... On devait éviter l'effu-
» sion du sang, et penser que les victoires achetées
» par la mort des soldats de la croix, n'étaient
» point celles qui plaisaient le plus au Dieu des
» chrétiens.... »

Le roi de Jérusalem et la plupart des barons parlaient ainsi, et cherchaient à ramener à leur opinion les seigneurs italiens, et la plupart des prélats que le cardinal Pélage entraînait dans un sentiment contraire; le légat du pape se regardait comme le chef de cette guerre; il voulait la continuer pour prolonger sa puissance et se faire une grande renommée. « Il ne voyait dans les propo-
» sitions de l'ennemi qu'un nouvel artifice pour
» retarder la prise de Damiette et gagner du
» temps.... Les Sarrasins n'offraient que des cam-
» pagnes désertes et des villes démolies, qui re-
» tomberaient en leur pouvoir... Ils ne songeaient
» qu'à désarmer les chrétiens, à leur fournir un
» prétexte pour retourner en Occident... Les choses
» étaient poussées trop loin pour qu'on pût s'ar-
» rêter sans déshonneur.... Il était honteux pour
» les chrétiens de renoncer à la conquête d'une

» ville qu'ils assiégeaient depuis dix-sept mois et
» qui ne pouvait plus se défendre.... Il fallait d'a-
» bord s'en emparer, on saurait ensuite ce qu'on
» aurait à faire : maîtres de Damiette, les croisés
» pouvaient conclure une paix glorieuse et re-
» cueillir tous les avantages de la victoire.... »

1219

Les motifs allégués par le cardinal Pélage n'é-
taient point dépourvus de raison; mais l'esprit de
parti et de faction régnait dans le conseil des
chefs de la croisade. Comme il arrive toujours en de
semblables circonstances, chacun formait son opinion non sur ce qu'il croyait utile et juste, mais sur
ce qui lui paraissait plus favorable au parti qu'il
avait embrassé; les uns voulaient qu'on poursuivît
le siége, parce que le roi de Jérusalem avait soutenu un avis contraire; les autres voulaient accepter la capitulation proposée, parce que cette
capitulation était rejetée par le légat du pape.
L'armée chrétienne présentait alors un étrange
spectacle. D'un côté on voyait Jean de Brienne et
les guerriers les plus renommés se déclarer pour la
paix; de l'autre, le légat et la plupart des ecclésiastiques demander avec chaleur la continuation de
la guerre : on délibéra pendant plusieurs jours,
sans que les deux partis pussent se rapprocher; et
tandis que la discussion s'échauffait dans le conseil, les hostilités recommencèrent : alors tous les
croisés se réunirent pour poursuivre le siége de
Damiette.

Le sultan du Caire, abandonné par plusieurs
de ses alliés, fit tous ses efforts pour ranimer le

courage de son armée. Quelques soldats musulmans (1), profitant des ténèbres de la nuit, tentèrent de se jeter dans la place. Quelques-uns purent atteindre et franchir les portes; le plus grand nombre fut surpris et massacré par les croisés, qui veillaient sans cesse autour des murailles.

Les nouvelles que le sultan Malek-Kamel recevait de Damiette, devenaient chaque jour plus alarmantes. Les Musulmans eurent recours à toutes sortes de stratagêmes pour faire arriver quelques vivres à la garnison : tantôt on remplissait de provisions quelques sacs de peau, qu'on abandonnait au cours du Nil, et qui venaient flotter sous les remparts de la ville; tantôt on cachait des pains dans des linceuls qui enveloppaient des cadavres, et qui, portés par les eaux, étaient arrêtés au passage par les assiégés. Ces stratagêmes ne tardèrent pas à être découverts par les chrétiens; alors la famine fit d'horribles ravages : les soldats, accablés par la fatigue, poursuivis par la faim, n'avaient plus la force de combattre et de garder les tours et les remparts. Les habitans, livrés au désespoir, abandon-

---

(1) Le continuateur de Guillaume de Tyr parle d'une tentative que firent les Musulmans pour jeter des secours dans Damiette. Ils profitèrent du moment où les chrétiens étaient endormis; le côté par lequel ils pénétrèrent dans la ville était confié à la garde du duc de Nevers, lequel *ot grand blasme et banni en fut hors de l'ost.*

naient leurs maisons et fuyaient une cité remplie 1219
de funèbres images. Plusieurs vinrent implorer la
compassion des croisés. Le commandant de Damiette adressa au sultan du Caire un message dans
lequel il déplorait la profonde détresse du peuple
et des soldats; il faisait parler Damiette elle-
même, qui exprimait en vers plaintifs ses chagrins et ses alarmes : « O souverain de l'Égypte,
» s'écriait la cité en deuil, si tu tardes à me
» secourir, c'en est fait de ma puissance, c'en est
» fait de ma gloire; bientôt la croix va se déployer sur mes édifices en ruines, et la cloche
» des infidèles proclamera dans mes remparts
» désolés le triomphe de l'Évangile (1). » Damiette
et son commandant ne reçurent aucune réponse à
leur message lamentable; en vain des plongeurs
musulmans, s'avançant sous les eaux du Nil,
s'efforçaient de pénétrer jusqu'à la ville, ils se
trouvaient pris dans des filets tendus sur leur chemin; et ceux qui les surprenaient de la sorte,
étaient appelés, dans l'armée chrétienne, des
pêcheurs d'hommes. Enfin toute communication
fut interrompue; ni le sultan du Caire ni les
croisés ne purent plus savoir ce qui se passait dans
la place assiégée, où régnait le silence de la mort,
et qui, selon l'expression d'un auteur arabe,
n'était plus qu'*un sépulcre fermé*.

---

(1) Le message en question était en vers : Makrizi nous
l'a conservé, et M. Reinaud l'a traduit tout entier. (Voyez
les extraits des auteurs arabes, §. 74.)

Le cardinal Pélage, qui avait prêché la guerre dans le conseil des princes, la poursuivait avec toute l'énergie de son caractère; sans cesse il ranimait les croisés par ses discours; le camp retentissait chaque jour de ses prières adressées au Dieu des armées. L'histoire nous a conservé plusieurs des belliqueuses oraisons que le prélat récitait sur le champ de bataille pour enflammer le zèle et l'ardeur des guerriers chrétiens. Il prodiguait tour-à-tour les promesses et les menaces de l'église; il avait des indulgences pour les périls, il en avait pour les misères que souffraient les croisés, pour tous les travaux qu'il leur commandait.

Quelques pélerins infidèles se retirèrent alors parmi les Musulmans, oubliant leur religion et leur patrie. D'autres, plus pervers, entreprirent de livrer aux Sarrasins les postes qui leur étaient confiés; mais le Dieu qui voit tout, disent les chroniques, découvrit leurs complots, et confondit les déserteurs et les traîtres. Le légat et les chefs de l'armée, pour maintenir l'ordre et la discipline, invoquèrent tour-à-tour la sévérité des lois humaines et celle des lois divines (1). Un chevalier qui s'éloignait du lieu du péril, perdait ses chevaux et ses armes, était chassé honteusement de l'armée; un fantassin qui abandonnait son poste, un marchand ou une femme qui se mêlait dans les rangs sans combattre, était condamné à perdre la main

---

(1) Voyez, sur les ordonnances militaires, le *Mémorial* de Reggio, *Biblioth. des Crois.*, tome 1.

droite et tout ce qu'il possédait. L'excommuni- 1219
cation fut prononcée contre tout homme, ou
femme, préposé à la garde des pavillons, qui serait
trouvé sans armes. Toutes ces mesures répandirent
une crainte salutaire parmi les pélerins, et l'histoire ne parle pas d'une seule infraction aux lois
qui furent alors promulguées; aussi tous les strata-
gèmes des ennemis, toutes les tentatives du désespoir vinrent-elles échouer contre la surveillance
active des chefs et la bravoure docile des soldats.

Dans les premiers jours de novembre, tout était
prêt pour un dernier assaut, des héraults-d'armes
parcoururent le camp et répétèrent ces paroles :
*Au nom du Seigneur et de la Vierge, nous allons
attaquer Damiette; avec le secours de Dieu, nous
la prendrons.* Tous les croisés répondirent : *Que
la volonté de Dieu soit faite.* Le légat traversa les
rangs en promettant la victoire aux pélerins; on
préparait les échelles; chaque soldat apprêtait ses
armes. Pélage avait résolu de profiter des ténèbres
de la nuit pour une entreprise décisive. Quand la
nuit fut avancée, on donna le signal; un violent
orage grondait, on n'entendait aucun bruit sur les
remparts ni dans la ville; les croisés montèrent en
silence sur les murailles, et tuèrent quelques Sarrasins qu'ils y trouvèrent : maîtres d'une tour, ils
appelèrent à leur aide les guerriers qui les suivaient,
et, ne trouvant plus d'ennemis à combattre, ils
chantèrent à haute voix : *Kyrie eleison.* L'armée
rangée en bataille au pied des remparts, répondit
par ces mots : *Gloria in excelsis.* Le légat qui

1219 commandait l'attaque, se mit aussitôt à entonner le cantique de la victoire, *te Deum laudamus*. Les chevaliers, les Templiers, tous les croisés accoururent. Deux portes de la ville, brisées à coups de hache et consumées par le feu, laissèrent un libre passage à la multitude des assiégeans. *Ainsi*, s'écrie le vieil historien dont nous suivons le récit, *Damiette fut prise par la grâce de Dieu* (1).

Au lever du jour, les soldats de la croix, l'épée nue à la main, se disposait à poursuivre les infidèles dans leurs derniers retranchemens; mais lorsqu'ils pénètrent dans les rues, une odeur infecte empoisonne l'air qu'ils respirent; un affreux spectacle les fait reculer d'horreur. Les places publiques, les maisons, les mosquées, toute la ville était remplie de cadavres (2); la vieillesse, l'enfance, l'âge mûr,

---

(1) La prise de Damiette est racontée plus en détail par le Mémorial de Reggio que par Olivier. Le dernier fixe cette prise au 9 novembre; le Mémorial au 5 du même mois. Tous deux s'accordent à peindre de la même manière les calamités des habitans. Le récit d'Olivier est ici plus détaillé. (Voyez les deux extraits, *Biblioth. des Crois.*)

Olivier porte le nombre des morts à quatre-vingt mille; les auteurs arabes à vingt mille. Il est vrai que ceux-ci semblent ne parler que des Musulmans qui périrent les armes à la main.

(2) *Ingredientibus nobis fœtor intolerabilis, aspectus miserabilis; mortui vivos occiderunt; vir et uxor, dominus et servus, pater et filius, se mutuis fœtoribus interemerunt. Non solum platæ erant mortuis plenæ, sed in domibus et cubiculis et lectis jacebant defuncti; extincto viro mulier*

tout avait péri dans les calamités du siége. Damiette 1219
comptait, à l'arrivée des croisés, soixante et dix
mille habitans; il n'en restait que trois mille des
plus robustes, qui étaient près d'expirer et se traînaient, comme de pâles ombres, au milieu des
tombeaux et des ruines.

Cet horrible tableau toucha le cœur des croisés,
et mêla un sentiment de tristesse à la joie que leur
donnait la victoire. Les vainqueurs trouvèrent dans
Damiette d'immenses richesses en épiceries, en
diamans, en étoffes précieuses. Quand ils eurent
pillé la ville, on aurait pu croire, dit un historien,
que les guerriers de l'Occident venaient de conquérir la Perse, l'Arabie et les Indes. Les ecclésiastiques lancèrent les foudres de l'excommunication
contre tous ceux qui détourneraient quelque chose
du butin; mais ces menaces n'effrayèrent point la
cupidité des soldats; toutes les richesses trouvées
dans la ville ne produisirent que deux cent

---

*impotens surgere, sublevandi carens subsidio vel solatione,
putritudinem non ferens expiravit. Filius juxtà patrem,
vel e converso; ancilla juxtà dominam, vel vice versâ,
languore deficiens jacebat extincta, parvuli petierunt,
panem, et non erat qui frangeret eis. Infantes ad ubera
matrum pendentes, inter amplexus morientium vocitabant;
delicati divites, inter acervos tritici interierunt fame; deficientibus cibis, in quibus erant nutriti, pepones et allia,
cepas et altilia, pisces et volatilia, et fructus arborum, et
olera frustra desiderantes. Multitudo vulgi contracta vel
molestiis diutius fatigata deficiens aruit.* (J. Vitr., *Hist.
Or.*, lib. III.)

mille écus, qui furent distribués à l'armée victorieuse.

Damiette avait une célèbre mosquée, ornée de six vastes galeries et de cent cinquante colonnes de marbre, surmontée d'un dôme superbe qui s'élevait au-dessus de tous les édifices de la ville; cette mosquée, où la veille les Musulmans éplorés invoquaient encore Mahomet, fut consacrée à la vierge, mère de Jésus-Christ. Toute l'armée chrétienne vint y remercier le ciel du triomphe accordé aux armes des croisés. Le lendemain, les barons et les prélats s'y rendirent encore pour délibérer sur leur conquête, et, par une résolution unanime, donnèrent la ville de Damiette au roi de Jérusalem. On s'occupa ensuite du sort des malheureux habitans qui avait échappé à la peste et à la famine. Jacques de Vitry, en décrivant les désastres de Damiette, en montrant l'horrible faim moissonnant toutes les familles pendant le siége, donne surtout des larmes aux petits enfans qui demandaient du pain à leurs parens décédés; le sort de ces petits enfans, qu'on trouva encore en vie, toucha le vertueux évêque de Ptolémaïs, qui en fit acheter plusieurs pour leur donner le baptême et les faire élever dans la religion chrétienne. La pieuse charité du prélat ne put leur procurer que la vie éternelle, car ils moururent presque tous après avoir été baptisés. Tous les Musulmans qui avaient assez de force pour travailler, reçurent la liberté et du pain, et furent employés à nettoyer la ville. Tandis que les chefs veillaient sur une cité en deuil et s'oc-

cupaient de prévenir des calamités nouvelles, le 1219
spectacle que présentait Damiette, et l'air empoisonné qu'on y respirait, obligèrent l'armée chrétienne de retourner dans son camp, et d'attendre le moment où la ville conquise pourrait être habitée sans danger.

Lorsque la nouvelle de la prise de Damiette se répandit en Syrie et dans la Haute-Egypte, tous les Musulmans saisis d'effroi coururent dans leurs mosquées, implorer leur prophète contre les ennemis de l'islamisme. Le sultan du Caire et le prince de Damas envoyèrent des ambassadeurs au calife de Bagdad, et le conjurèrent d'exhorter tous les vrais croyans à prendre les armes pour défendre la religion de Mahomet. Le calife vit avec douleur les calamités qui allaient tomber sur les princes de la famille de Saladin, mais d'autres dangers le menaçaient lui-même. Les hordes des Tartares étaient sorties de leurs montagnes, et après avoir envahi plusieurs provinces de la Perse, s'avançaient vers les rives de l'Euphrate. Le calife, loin de pouvoir secourir, par ses exhortations et ses prières, les Musulmans de la Syrie et de l'Égypte, invoquait leur secours pour défendre sa capitale et pour arrêter l'orage prêt à fondre sur tout l'Orient. Quand les ambassadeurs musulmans revinrent à Damas et au Caire, leurs récits ajoutèrent de nouvelles alarmes à celles qu'inspiraient déjà les conquêtes des chrétiens.

Cependant les princes aïoubites n'hésitèrent point à réunir tous leurs efforts contre les croisés,

1219 et résolurent entr'eux d'attendre un moment plus favorable pour défendre le chef de l'islamisme. Les nations musulmanes redoutaient plus l'invasion des chrétiens que celle des hordes de la Tartarie (1). Les conquérans que les peuples craignent le plus, sont ceux qui veulent changer les lois et la religion du pays conquis. Les Tartares, qui n'avaient point de mœurs et d'habitudes formées, prenaient celles des peuples vaincus; les chrétiens ne faisaient la guerre que pour tout détruire et tout asservir. Déjà de riches cités, de grandes provinces étaient en leur pouvoir : tout avait changé de forme sous leur domination. Ainsi les princes et les peuples musulmans, depuis l'Euphrate jusqu'à la Mer-Rouge, oublièrent l'orage qui grondait sur la Perse, qui s'avançait lentement vers la Syrie, et résolurent de prendre les armes contre les croisés maîtres des rives du Nil.

Après la prise de Damiette, les soldats musulmans qui défendaient l'Égypte avaient d'abord été frappés d'une si grande terreur, que pendant plusieurs jours aucun d'eux n'osa paraître devant les soldats chrétiens. Les guerriers égyptiens qui gardaient la forteresse de Tannis (2), bâtie au milieu du

---

(1) Ces réflexions se trouvent dans un auteur arabe. (Voy. les extraits, *Biblioth. des Crois.*, tom. II, §. 75.)

(2) C'est à la prise de Tannis que finit la relation d'Olivier, telle que Bongars l'a publiée. Georges Eccard l'a donnée tout entière, c'est-à-dire jusqu'à la reddition de Damiette aux Musulmans. Nous avons analysé la première

lac Menzaleh, abandonnèrent leurs remparts à l'approche de quelques croisés, et l'un des plus fermes boulevards de l'empire musulman tomba sans défense au pouvoir des Francs. Dès-lors les chrétiens purent croire qu'ils n'avaient plus d'ennemis sur les bords du Nil; au milieu des rigueurs de l'hiver, plusieurs des pélerins étaient retournés en Europe. Ceux qui restaient sous les drapeaux de la croisade, oublièrent les travaux et les périls de la guerre, et se livrèrent à la mollesse, à la volupté, à tous les plaisirs que leur inspiraient l'approche du printemps, le climat et le beau ciel de Damiette.

1219

Dans les loisirs de la paix, on vit bientôt renaître les divisions qui avaient éclaté pendant la guerre; la prise de Damiette avait enflé l'orgueil du cardinal Pélage, qui dans l'armée chrétienne parlait en vainqueur et commandait en maître. *Le roi de Jérusalem*, dit à cette occasion le continuateur de Guillaume de Tyr, *fut mult ennuyé, parce que le légat avoit seigneurie sur lui, et avoit deffendu qu'on ne fist rien pour lui en l'ost.* Ce prince, mécontent, abandonna l'armée dont il n'était plus

1220

---

et la seconde partie de cette relation dans la *Bibliothèque des Croisades*, tom. II. Pour les événemens ultérieurs, on peut consulter avec fruit un fragment de la chronique de Tours, qui a été publié pour la première fois dans le 18e. volume des *Historiens de France*. Nous avons donné la traduction de ce fragment dans les Pièces justificatives de notre 2e. vol.

1220 le chef, et une ville qu'on lui avait donnée, mais qu'il ne gouvernait point (1). Dès-lors Pelage ne trouva plus pour ses prétentions ni de résistance ni de rivalité, et resta, selon l'expression des chroniques du temps, *le sire de l'ost*. On ne pouvait venir à l'armée chrétienne, ni s'en éloigner, sans une permission revêtue de son sceau. Ce qui acheva de soulever tous les esprits, ce fut l'ordre qu'il donna de retenir au profit de l'Église les dépouilles de tous ceux qui étaient morts dans la croisade. Il appelait sans cesse les censures ecclésiastiques au secours de son autorité, et la moindre désobéissance était punie par l'excommunication. Cependant on voyait arriver chaque jour de nouveaux croisés, impatiens de signaler leur bravoure contre les Musulmans. Le duc de Bavière, et quatre cents barons et chevaliers allemands, envoyés par Frédéric II, débarquèrent sur les bords du Nil. Peu de temps après, l'armée chrétienne reçut dans ses rangs des croisés de Milan, de Pise, de Gênes; des prélats et des

---

(1) Le roi Jean avait des droits au royaume d'Arménie par sa fille; quand il arriva à Acre, dit le continuateur de Guillaume de Tyr, « si li firent aucunes gens accroire que sa fame voloit empoisonner sa fille, dont il tenoit le royaume; le roi fut mult dolent; si bati sa fame de ses éperons, si que l'on dit quelle fut morte de cette bateure. » Ce trait prouve que Jean de Brienne était plus vif et plus emporté que sa conduite avec le légat ne semble le faire croire.

La chronique que nous venons de citer ajoute qu'il était accablé de dettes, et qu'il ne pouvait rester en *l'ost* à cause de ses créanciers.

archevêques conduisaient la foule des défenseurs de la croix qui arrivaient de toutes les provinces de l'Allemagne, de la France et de l'Italie. Le souverain pontife n'avait rien négligé pour le succès de la guerre sainte; il envoyait au cardinal Pelage des vivres pour l'armée, et des sommes considérables, les unes tirées de son propre trésor (1), les autres offertes par la charité des fidèles de l'Occident. Le légat voulut profiter de tous les secours qu'il venait de recevoir; il proposa de poursuivre la guerre et de marcher contre la capitale de l'Égypte: le clergé adopta l'avis de Pelage; mais les chevaliers et les barons, qui ne pouvaient supporter son autorité, ne voulurent point l'accompagner dans sa nouvelle expédition; c'est en vain qu'il invoqua la puissance et la volonté du Saint-Siége; le plus grand nombre des croisés, même les Italiens, refusèrent de lui obéir; et comme on alléguait l'absence du roi de Jérusalem, il fut obligé d'envoyer des députés à Jean de Brienne, pour le conjurer de revenir au camp, et de reprendre le commandement de l'armée chrétienne.

Tandis que les croisés restaient ainsi dans l'inaction, les Musulmans volaient aux armes; les souverains d'Émesse, de Damas et de l'Armé-

---

(1) Il nous reste deux lettres qu'écrivit Honoré au légat Pelage, en lui envoyant les sommes dont nous venons de parler; elles nous ont paru très curieuses, et mériter une place dans les pièces justificatives qui accompagnent ce volume.

nie, les princes de Hamah, de Balbec, de l'Arabie, rassemblaient de nouvelles armées. Après la prise de Damiette, le sultan du Caire s'était retiré, avec ses troupes, dans le lieu où se séparent les deux branches orientales du Nil : c'est là qu'il voyait arriver chaque jour, sous ses drapeaux, les princes et les guerriers musulmans; il avait fait construire un palais au milieu de son camp, entouré de murs. Les Musulmans y avaient bâti des maisons, des bains, des bazars; le camp du sultan devint bientôt une ville, qu'on appela *Mansoura* (la Victorieuse), et qui devait être célèbre dans l'histoire par la défaite et la ruine des armées chrétiennes.

Dès que le roi de Jérusalem fut revenu à Damiette, les chefs des croisés se réunirent en conseil pour délibérer sur ce qu'ils avaient à faire; le légat du pape ouvrit le premier son avis, et proposa de marcher contre la capitale de l'Égypte. « Il fallait attaquer le mal dans sa source, et, pour
» vaincre les Sarrasins, détruire le fondement de
» leur puissance......... L'Égypte leur fournissait
» des soldats, des vivres et des armes. En s'emparant
» de l'Égypte, on les privait de toutes leurs
» ressources........ Jamais les soldats de la croix
» n'avaient eu plus de zèle; les infidèles plus de
» découragement...... C'était trahir la cause commune
» que de perdre une si belle occasion........
» Lorsqu'on attaquait un puissant empire, la prudence
» ordonnait de ne mettre bas les armes
» qu'après l'avoir renversé......; en s'arrêtant après

» la première victoire, on montrait plus de fai-
» blesse que de modération...... Le monde chré-
» tien avait les yeux sur l'armée des croisés; il n'at-
» tendait pas seulement de leur valeur la déli-
» vrance des saints lieux, mais la mort de tous les
» ennemis de Jésus-Christ, la destruction de tous
» les peuples qui avaient imposé un joug sacrilége
» à la cité de Dieu..... (1). »

Les évêques, les prélats, la plupart des ecclésiastiques applaudirent au discours du légat. Jean
de Brienne, qui ne partageait point leur opinion,
se leva, et protestant de son dévouement à la cause
de Jésus-Christ, il déclara d'abord à l'assemblée
que personne n'était plus intéressé aux conquêtes
des chrétiens en Orient que celui qui avait l'honneur d'être roi de Jérusalem. On était alors au mois

---

(1) Olivier Scholastique dit que Jean de Brienne revint à
l'armée la veille du jour où les croisés devaient se mettre en
marche pour le Caire. Il n'est pas probable cependant qu'on
eût pris sans lui une résolution aussi importante, et qu'on ne
pouvait exécuter sans son concours. Ni Olivier, ni la chronique de Reggio, ne parlent de la délibération qui eut lieu
dans le conseil; l'auteur arabe de l'*Histoire des Patriarches
d'Alexandrie*, et l'auteur de la Chronique de Tours, déjà
citée, sont les seuls historiens qui nous fournissent quelques détails sur cette discussion; l'auteur arabe cite même
les paroles du légat et du roi de Jérusalem. En donnant
quelque étendue aux discours prononcés en pareille circonstance, j'ai moins eu pour but de répéter des paroles qui
auraient été dites, que de peindre au vrai l'état des esprits,
et de présenter les avantages et les périls de l'expédition
proposée. (Voy. au reste le récit des auteurs arabes, §. 76.)

de juillet, temps où les pluies du tropique commencent à inonder tous les pays qui sont au midi de l'Égypte. Jean de Brienne montra combien il était imprudent de remonter le Nil dans un moment où ce fleuve commençait à croître, et pouvait inonder les chemins qui conduisaient au Caire : « Connaissez, ajoutait-il,
» tous les périls de l'expédition qu'on nous propose.
» Nous allons marcher sur une terre inconnue, au
» milieu d'une nation ennemie : vaincus, il ne nous
» restera plus d'asile; vainqueurs, nos victoires ne
» feront qu'affaiblir notre armée. S'il nous est fa-
» cile de conquérir des provinces, il nous sera
» peut-être impossible de les défendre. Les croi-
» sés, toujours prêts à retourner en Europe, va-
» lent mieux pour gagner des batailles que pour
» assurer la possession du pays conquis....... Sans
» doute qu'avec les soldats chrétiens nous ne crai-
» gnons point les armées musulmanes qui se ras-
» semblent de toutes parts; mais pour assurer notre
» salut, il ne nous suffira pas de vaincre nos enne-
» mis, il faudra les détruire....; nous n'aurons pas
» affaire à une armée, mais à tout un peuple ani-
» mé par le désespoir. Tous les Musulmans vont
» devenir autant d'intrépides soldats, impatiens
» de verser leur sang sur le champ de bataille;
» mais que dis-je ? nous aurons moins à redouter
» leur courage que leur timide prudence. Ils ne
» manqueront pas d'éviter le combat, et d'atten-
» dre que les maladies, la disette, la fatigue, la
» discorde, l'inconstance des esprits, le déborde-

» ment du Nil, la chaleur du climat, viennent
» triompher de nos efforts et faire échouer toutes
» nos entreprises. »

1221

Jean de Brienne fondait son opinion sur beaucoup d'autres motifs que lui fournissaient ses connaissances dans l'art de la guerre; il termina son discours en disant : « que Damiette et Tanis suffi-
» saient pour contenir les peuples de l'Egypte;
» qu'il fallait reprendre les villes qu'on avait per-
» dues avant de songer à conquérir les pays qu'on
» n'avait jamais possédés; qu'enfin on ne s'était
» point réuni sous les drapeaux de la croix pour
» assiéger Thèbes, Babylone et Memphis, mais
» pour délivrer Jérusalem, qui ouvrait ses portes
» aux chrétiens, et dans laquelle on pouvait se
» fortifier contre toutes les attaques des infidèles.»

La plupart des barons français, anglais et allemands, se réunirent au roi de Jérusalem, et virent comme lui plus de périls que d'avantages pour les chrétiens dans l'entreprise proposée. Pelage n'écouta leurs discours qu'avec une vive impatience. Il répondit que la faiblesse et la timidité se couvraient souvent du voile de la prudence et de la modération; que Jésus-Christ n'appelait point à sa défense des guerriers si sages et si prévoyans, mais des soldats qui cherchaient les combats plutôt que des raisons, et voyaient la gloire et non les périls d'une entreprise. Le légat ajouta plusieurs motifs à ceux qu'il avait déjà donnés, et les exprima avec une grande amertume; enfin, entraîné par la chaleur de la discussion, il menaça de l'anathème tous

1221 ceux qui ne partageraient pas son avis. La plupart des chefs, et le roi de Jérusalem lui-même, craignant d'être excommuniés, redoutant plus encore de voir leur bravoure exposée au moindre soupçon, cédèrent à la volonté opiniâtre de Pelage; le conseil des barons et des évêques décida que l'armée chrétienne partirait de Damiette pour marcher contre la capitale de l'Egypte.

Cette armée, composée de plus de soixante et dix mille hommes, s'avança sur les rives du Nil. Elle s'étendait sur un espace de seize stades en longueur et de huit stades de large. Une flotte nombreuse remontait en même temps le fleuve, chargée de vivres, d'armes, de machines de guerre (1). L'armée chrétienne traversa Farescour et plusieurs villages abandonnés par leurs habitans; tout fuyait à l'aspect des croisés, qui croyaient ne trouver aucun obstacle à leurs victoires, et célébraient d'avance la conquête de Memphis et du Caire. Le légat du pape s'applaudissait de la résolution qu'il avait dictée aux chefs de l'armée; plein de confiance dans une prédiction accréditée parmi les pé-

---

(1) Le continuateur de Guillaume de Tyr donne quelques détails sur la marche des chrétiens vers le Caire, et sur les malheurs qu'ils eurent à essuyer; il nous apprend que les prisonniers chrétiens qui se trouvaient au Caire, essayèrent alors de briser leurs fers, et furent sur le point de s'emparer de la ville. Les détails qu'il donne sur les désastres de l'armée chrétienne, sont assez d'accord avec le récit d'Olivier Scholastique et celui des auteurs arabes.

lerins, le présomptueux cardinal se flattait déjà qu'il 1221 allait abattre le culte de Mahomet et faire triompher dans tout l'Orient la religion de la croix (1).

Sans livrer un seul combat, l'armée chrétienne arriva à l'extrémité du Delta, jusqu'à l'angle formé par le bras du fleuve qui descend vers Damiette et le canal d'Aschmoun, dont les eaux s'écoulent dans la mer du côté de l'Orient. Les Sarrasins campaient sur la rive opposée du canal, dans la plaine de Mansoura ; les croisés s'arrêtèrent en deçà du canal, et leur flotte jeta l'ancre dans le voisinage.

Le souverain de Damas, les princes d'Alep, d'Emesse, de Bosra, conduisant de nombreuses troupes, s'étaient mis en marche pour venir au secours de l'Egypte (2). Dans toutes les cités, des hérauts d'armes parcouraient les rues en répétant à haute voix ces paroles : *Ordre à tout Musulman de prendre les armes sous peine de perdre la vie*, et tous ceux qui ne couraient pas

---

(1) Les historiens latins parlent d'un livre qui fut trouvé dans Damiette, lequel prédisait la destruction de la loi de Mahomet par un homme venu d'Espagne. Le légat, qui était né dans ce pays, se flattait de remplir cette prédiction. (Voy. la chronique de Tours, recueil des *Hist. de France*, tom. XVIII.)

(2) Les auteurs arabes donnent des détails curieux sur les préparatifs des Musulmans et sur les mesures que prit alors le sultan d'Égypte pour arrêter les progrès de l'invasion des croisés. (Voyez au tome II de la *Biblioth. des Croisades*, §. 75.)

1221 au-devant du glaive des chrétiens, tombaient sous le fer des bourreaux. Pour satisfaire aux besoins de la guerre, d'énormes tributs étaient imposés aux habitans, et la prison ou la mort punissait la résistance des pauvres comme des riches. Tout ce que l'Égypte renfermait de vivres, d'armes, de munitions de guerre, tout ce qu'elle avait d'hommes capables de combattre prenait la route de Mansoura. Cependant Malek-Kamel n'osait se mesurer avec les croisés, et redoutait leur audace accoutumée à se jouer de tous les périls. Le bruit de l'arrivée de Frédéric et de l'approche des Tartares, la multitude même de leurs défenseurs, donnaient aux princes musulmans de continuelles alarmes, et leur faisaient désirer de terminer une guerre qui épuisait leurs ressources, consumait leurs forces, et ne leur offrait pas même dans la victoire le dédommagement de tant d'efforts et de sacrifices.

Des ambassadeurs vinrent proposer la paix aux chefs de l'armée chrétienne : les Musulmans offraient à leurs ennemis, s'ils consentaient à déposer les armes, de leur rendre tout le royaume de Jérusalem (1). Jean de Brienne et la plupart des barons,

---

(1) Au sujet de la proposition que fit le sultan du Caire de rendre le royaume de Jérusalem pour Damiette, le continuateur de Guillaume de Tyr rapporte l'opinion de Philippe-Auguste, auquel on racontait le refus des croisés. « Quant li roi Felippe oi dire qu'ils povoient avoir un royaume pour une cité, si les tint à fous et à muzars, quant ils ne le faisoient. »

LIVRE XII.

qui voyaient les difficultés et les périls de l'expédition commencée, écoutèrent avec autant de surprise que de joie les propositions des infidèles, et n'hésitèrent point à les accepter; mais ils n'avaient plus aucun pouvoir dans l'armée. Le légat, qui exerçait une autorité absolue, et qui rêvait sans cesse des conquêtes, prit des dispositions pacifiques pour un effet de la crainte, et ne songea qu'à combattre un ennemi qui demandait grâce.

1221

Les ambassadeurs revinrent au camp des Musulmans annoncer que les chrétiens refusaient la paix: leur récit excita l'indignation, et l'indignation releva les courages. Le sultan du Caire ne songea plus qu'à se défendre; son camp prenait chaque jour un aspect plus formidable (1); bientôt un terrible auxiliaire, auquel Pelage ne songeait point, devait protéger les infidèles contre leurs ennemis, et les faire triompher sans combats et sans périls.

Tout le pays retentissait du bruit des clairons et des trompettes; en-deçà comme au-delà du canal, on ne voyait au loin que des casques, des boucliers et des lances. La chronique de Tours fait ici une description curieuse de l'armée chrétienne. « Les Romains, dit-elle, au milieu des» quels se trouvait le légat, ne cessaient d'étaler » leur orgueil; les Espagnols et les Gascons, de

---

(1) Ibn-Giouzi et Ibn-Férat donnent des détails curieux sur la marche des princes de Syrie qui venaient au secours de l'Égypte. (Voy. les auteurs arabes, *Biblioth. des Crois.*, tom. II, §. 75.)

» faire entendre leur babil facétieux; les Allemands,
» de montrer l'entêtement de leur caractère; la
» milice des Français, qu'on reconnaissait à leur
» modestie, à la simplicité de leurs mœurs et
» à l'éclat de leurs armes, s'était réunie autour
» du roi de Jérusalem avec les Templiers et les
» Hospitaliers, et se tenait loin du bruit et des
» clameurs, toujours prête à repousser les atta-
» ques des Sarrasins; les Génois, les Pisans, les
» Vénitiens, les croisés de la Pouille et de la Si-
» cile, campaient sur le rivage, chargés de la
» garde des vaisseaux. » Dans l'état d'inaction où
restait l'armée, plusieurs se lassèrent d'une guerre
où l'on ne livrait point de batailles; d'autres crurent qu'on n'avait plus besoin de leurs secours;
quelques-uns, plus prévoyans, craignirent de prochains revers; plus de dix mille croisés abandonnèrent le camp et retournèrent à Damiette (1).

L'armée chrétienne était depuis plus d'un mois
en présence de l'ennemi, attendant toujours le
signal des victoires qu'on lui avait promises. Enfin l'accroissement des eaux du Nil vint troubler l'imprudente sécurité des soldats de la
croix, et fournit à leurs ennemis les moyens de
les attaquer avec succès. La flotte musulmane,
qui n'avait pu remonter le Nil par Damiette,

---

(1) Nous n'avons pour guides, dans cette partie de notre
récit, que le continuateur de Guillaume de Tyr, Olivier
Scholastique et la chronique de Tours. Les auteurs arabes
nous fournissent quelques détails intéressans et véridiques.

LIVRE XII.

tantôt transportée par terre, tantôt s'avançant 1221
dans des canaux, entra dans le fleuve en face
de Baramoun (1). Dès-lors toute communication se trouva interrompue entre Damiette et le
camp des croisés. La plupart des vaisseaux des
chrétiens furent pris par les infidèles. L'armée
chrétienne manquait de vivres et n'avait plus de
moyen de s'en procurer. Elle ne pouvait plus marcher vers le Caire; les chefs, s'étant assemblés en
conseil, délibérèrent sur le parti qu'ils avaient à
prendre. Après une longue délibération, on donna le signal de la retraite ; mais tandis que l'armée, à l'entrée de la nuit, se préparait à partir, la

---

(1) Pour tous les détails de localités, nous renvoyons à la carte qui accompagne cette histoire, et surtout au récit des auteurs arabes, §. 76. M. Reinaud, par une étude suivie des écrivains du temps, est parvenu à lever les nombreuses difficultés qui hérissaient cette partie des croisades. On ne peut mieux se faire une idée de l'obscurité qui régnait à cet égard, qu'en considérant les erreurs de personnes qui, telles que M. Hamaker, ont le plus étudié la matière. Au sujet des canaux dont il est ici question, M. Hamaker, au lieu de les faire couler à l'occident du Nil, les a placés à l'orient. Que l'on songe aux changemens qui se sont opérés en Egypte depuis les croisades, aux côtes qui ont été englouties par les eaux de la mer, à celles qui se sont nouvellement formées par les alluvions du Nil, aux canaux qui se sont comblés, à ceux qui ont été de nouveau ouverts par la main des hommes; que l'on songe surtout à l'imperfection de nos cartes géographiques, et l'on sera plus porté à apprécier l'utilité de ces auteurs arabes qu'on lisait si peu, et qui sont si exacts quand ils parlent de leur pays.

multitude imprudente mit le feu aux pavillons, et les Sarrasins furent avertis par la lueur des flammes. Un grand nombre de pélerins qui avaient bu le vin qu'on ne pouvait emporter, accablés par l'ivresse, se traînaient avec peine ou restaient endormis sur les chemins. La plupart des croisés, marchant au milieu des ténèbres, prenaient des routes différentes et s'égaraient dans des campagnes inconnues. Trois cents prêtres, après en avoir obtenu la permission du légat, se précipitèrent dans des navires, mais ils périrent presque tous; ils reçurent, dit la chronique de Tours, la palme du martyre, et *Dieu commença ainsi par son sanctuaire.*

Au lever du jour, l'armée chrétienne vit accourir la cavalerie musulmane, qui la pressait sur l'aile droite et cherchait à la pousser dans le Nil. Sur les derrières de l'armée se précipitait une multitude d'Éthiopiens, à la couleur noire, et dont l'affreuse nudité était un sujet d'effroi. La bravoure du roi Jean, des chevaliers du Temple et de l'Hôpital, arrêta l'impétuosité des Musulmans, et les soldats d'Éthiopie, pressés par le glaive, se jetèrent dans le fleuve, semblables, dit Olivier, à une troupe de grenouilles qui sautent dans les marécages. Mais la nuit suivante, tandis que l'armée chrétienne prenait un peu de repos, le sultan du Caire fit lever toutes les écluses, et l'eau du Nil *coula sur la tête de ceux qui dormaient.* Bientôt on vit reparaître les Éthiopiens, avides du sang des croisés. Le désordre se met dans l'armée, qui ne peut se ranger en bataille ; la multitude des Sarrasins occupait les lieux élevés ; les soldats chrétiens erraient au hasard dans la plaine, poursuivis par les flots débordés, et par un ennemi auquel on venait de refuser la paix.

Dans cette extrémité, le roi de Jérusalem et les principaux chefs des croisés envoyèrent plusieurs de leurs chevaliers aux Sarrasins pour leur proposer le combat; mais ceux-ci ne furent ni assez imprudens ni assez généreux pour accepter une proposition inspirée par le désespoir. Les chrétiens étaient épuisés de faim et de fatigues; la cavalerie, enfoncée dans la vase, ne pouvait avancer ni reculer. Les fantassins avaient jeté leurs armes; les bagages de l'armée flottaient sur les eaux; on n'entendait plus que des gémissemens et des plaintes. « Lorsque les guerriers francs, dit un historien » arabe, ne virent plus devant eux que la mort, » leurs âmes tombèrent dans l'avilissement, et » leurs dos se courbèrent sous la verge du Dieu à » qui toute louange appartient. »

Pelage dut sentir alors toute l'étendue de sa faute; on pouvait approuver son projet de marcher sur le Caire; mais ce projet, pour être exécuté, avait besoin d'un chef habile qui méritât l'amour et la confiance des croisés. Le légat présomptueux dédaigna tous les conseils et ne prévit aucun des obstacles; il conduisait une armée pleine de mécontens; il avait révolté tous les chefs par son orgueil, et ceux à qui il avait confié tous ses secrets le trahirent (1).

---

(1) Imbert, maréchal du Temple, confident du légat,

1221 Au milieu des cris et des plaintes de l'armée à laquelle il avait promis la victoire, Pélage fut obligé de négocier la paix, et sa fierté s'abaissa jusqu'à implorer la clémence des Sarrasins. Des ambassadeurs chrétiens, parmi lesquels on remarquait l'évêque de Ptolémaïs, allèrent proposer aux vainqueurs une capitulation; ils offraient de rendre la ville de Damiette, et demandaient, pour l'armée chrétienne, la liberté de retourner en Palestine. Les princes musulmans s'assemblèrent en conseil pour délibérer sur la proposition des croisés. Les uns étaient d'avis d'accepter la capitulation; les autres voulaient que tous les chrétiens fussent faits prisonniers de guerre. Parmi ceux qui proposaient les mesures les plus rigoureuses, se faisait remarquer le prince de Damas, implacable ennemi des Francs. « On ne pouvait faire un traité, disait-il,
» avec des guerriers sans humanité et sans foi. On
» devait se rappeler leur barbarie dans la guerre,
» leurs trahisons dans la paix.... Ils étaient armés
» pour ravager les provinces, pour détruire les ci-
» tés, pour renverser le culte de Mahomet....
» Puisque la fortune mettait entre les mains des
» *vrais croyans* les plus cruels ennemis de l'isla-
» misme et les dévastateurs de l'Orient, on devait
» les immoler au salut des nations musulmanes, et
» profiter de la victoire pour effrayer à jamais tous
» les peuples de *la croyance d'Issa.* »

---

passa chez les Sarrasins avec tous ceux qu'il put entraîner dans sa désertion. (Voy. Oliv., *Biblioth. des Crois.*, t. II.)

LIVRE XII.

La plupart des princes et des émirs, animés par le fanatisme et la vengeance, applaudissaient à ces discours violens. Le sultan du Caire, plus modéré, et sans doute aussi plus prévoyant que les autres chefs, redoutant toujours l'arrivée de Frédéric, l'invasion des Tartares, et peut-être aussi l'abandon de ses alliés, celui de ses propres soldats, combattit l'opinion du prince de Damas, et proposa d'accepter la capitulation des chrétiens. « Tous les
» Francs n'étaient point dans cette armée qu'on
» pouvait retenir prisonnière; d'autres croisés
» gardaient Damiette et pouvaient la défendre.
» Les Musulmans avaient soutenu un siége de dix-
» huit mois; les chrétiens pouvaient résister aussi
» long-temps.... Il était plus avantageux, pour les
» princes de la famille de Saladin, de rentrer dans
» leurs cités, que de retenir quelques-uns de leurs
» ennemis dans les fers.... Si l'on détruisait une
» armée chrétienne, l'Occident, pour venger la
» honte et la défaite de ses guerriers, allait envoyer
» en Orient d'innombrables légions.... On ne de-
» vait pas oublier que les provinces musulmanes
» étaient épuisées; qu'on avait employé toutes
» sortes de violences pour se procurer de l'argent,
» pour lever des troupes.... D'autres ennemis que
» les chrétiens maintenant désarmés, d'autres pé-
» rils que ceux auxquels on venait d'échapper,
» pouvaient bientôt menacer la Syrie et l'É-
» gypte.... Il était sage (1) de faire la paix dans le

---

(1) La chronique d'Ibn-Férat donne quelques détails sur

» moment même, pour se préparer à des combats
» nouveaux, à des guerres plus cruelles peut-
» être que celle qu'on venait de faire, et qui
» avait un terme si glorieux pour les Musul-
» mans. »

Le discours de Malek-Kamel ramena les princes de sa famille à des sentimens de modération. La capitulation fut acceptée; le sultan du Caire envoya son propre fils au camp des chrétiens, pour gage de sa parole. Le roi de Jérusalem, le duc de Bavière, le légat du pape et les principaux chefs de l'armée chrétienne, se rendirent au camp des Sarrasins et restèrent en otage jusqu'à l'accomplissement du traité (1).

Lorsque les députés de l'armée prisonnière vinrent à Damiette, et qu'ils annoncèrent le désastre et la captivité des chrétiens, leur récit arracha des larmes à la foule des croisés qui arrivaient

---

ce conseil des princes musulmans. (Voy. les extraits des auteurs arabes, §. 76.) Les historiens occidentaux n'en parlent point. Il est fâcheux que Jacques de Vitri, qui fut envoyé au camp des Musulmans pour proposer la capitulation, ait gardé le plus profond silence sur une circonstance si importante. Nous avons remarqué plusieurs fois que les historiens arabes, lorsque les Musulmans éprouvaient des revers, se contentaient de dire : *Dieu est grand, que Dieu maudisse les chrétiens.* On retrouve le même inconvénient dans les historiens occidentaux, qui se taisent presque toujours lorsque les chrétiens sont vaincus.

(1) Ces détails se trouvent dans la chronique de Tours citée plus haut, et dans le récit des auteurs arabes.

alors de l'Occident. Lorsque ces mêmes députés 1221 annoncèrent que la ville devait être rendue aux infidèles, la plupart des Francs ne purent retenir leur indignation, et refusèrent de reconnaître un traité si honteux pour les soldats de la croix. Les uns voulaient retourner en Europe, et se préparaient à déserter les drapeaux de la croisade; les autres couraient vers les remparts, s'emparaient des tours et juraient de les défendre (1).

Peu de jours après, de nouveaux députés vinrent annoncer que le roi de Jérusalem et les autres chefs de l'armée allaient livrer Ptolémaïs aux Musulmans, si l'on refusait de rendre Damiette. Pour achever de vaincre l'opiniâtre résistance de ceux qui voulaient défendre la ville, et qui reprochaient à l'armée prisonnière la honte des chrétiens, ils ajoutèrent que cette armée, dans sa défaite, avait obtenu un prix digne de ses premiers exploits, et que les Sarrasins s'étaient engagés à restituer la véritable croix du Sauveur, tombée au pouvoir de Saladin à la bataille de Tibériade (2). Les plus ardens des pélerins cédèrent enfin aux prières des députés; alors le peuple et les

---

(1) La chronique de Tours décrit avec beaucoup de détails la confusion qui régnait alors dans Damiette. Les Italiens et les Allemands ne voulaient pas rendre la ville; les Grecs, les Syriens, les Français étaient d'un avis contraire. (Voy. l'extrait de cette chronique dans les pièces justificatives de ce volume.)

(2) On a vu dans le livre précédent que les chrétiens,

1221 soldats se répandirent dans la ville, pour y enlever tout ce qu'elle renfermait de richesses, tandis que le clergé, poussé par le désespoir, brisait dans les églises les autels et les images des saints, qui allaient être exposés aux outrages des infidèles. C'est au milieu de la douleur générale et des plus violens désordres que Damiette fut rendue aux Sarrasins.

Cependant l'armée chrétienne avait perdu ses tentes et ses bagages ; elle avait passé plusieurs jours et plusieurs nuits dans une plaine couverte des eaux du Nil. La faim, les maladies, l'inondation, allaient la faire périr tout entière. Le roi de Jérusalem, qui se trouvait alors au camp des Sarrasins, informé de l'horrible détresse des chrétiens, alla conjurer Malek-Kamel de prendre pitié de ses ennemis désarmés. Le continuateur de Guillaume de Tyr, qui nous sert ici de guide dans notre récit, rapporte, dans son vieux langage, l'entrevue touchante de Jean de Brienne et du sultan d'Égypte. « Le roi s'assit devant le soudan et se mist à » plorer ; le soudan regarda le roi qui ploroit, et » lui dist : Sire, pourquoi plorez-vous ? — Sire (1),

---

en prenant Constantinople, crurent y trouver cette même croix enlevée par les Musulmans à Tibériade. On a peine à suivre dans les chroniques du temps tout ce qui est dit sur la vraie croix : peut-être en existait-il divers morceaux de divers côtés. C'est ce que disent certains chroniqueurs, et ce qui expliquerait la variété des opinions à cet égard.

(1) Nous n'avons changé, dans ce passage, que les ex-

» j'ai raison, répondit le roi, car je vois le peuple
» dont Dieu m'a chargé, périr au milieu de l'eau
» et mourir de faim. Le soudan eut pitié de ce
» qu'il vit le roi plorer; si plora aussi; lors envoya
» trente mille pains as pauvres et as riches; ainsi
» leur envoya quatre jours de suite. »

Malek-Kamel fit fermer les écluses, et la plaine cessa bientôt d'être inondée. Lorsque Damiette eut été rendue aux Musulmans, l'armée chrétienne commença à faire sa retraite (1). Les croisés, qui devaient la liberté et la vie aux Sarrasins, traversèrent la ville qui leur avait coûté tant de combats

---

pressions qui ont vieilli et sont devenues inintelligibles, comme le mot de *Dex* au lieu de *Dieu*, le mot de l'*eve* au lieu de l'*eau*.

(1) Il nous reste une lettre qu'Olivier avait écrite au sultan, pour le convertir et l'engager à rendre aux chrétiens le royaume de Jérusalem. Dans cette lettre, Olivier remercie le sultan de l'humanité qu'il a montrée envers les croisés, enveloppés par les Sarrasins et par l'inondation du Nil. « Vous avez, lui dit-il, comblé nos otages de tous les
» biens dont l'Égypte abonde ; vous nous avez envoyé
» chaque jour vingt ou trente mille pains, avec des four-
» rages; vous avez préparé un pont, et fait sécher les che-
» mins que l'eau avait rendus impraticables; vous nous
» avez fait garder comme la *prunelle de vos yeux ;* lors-
» qu'une bête de somme était égarée, vous donniez des
» ordres pour qu'elle fût reconduite à son maître; vous
» avez fait transporter à vos dépens les malades et les in-
» firmes; et, ce qui est plus généreux encore, vous avez
» défendu, sous des peines terribles, qu'on insultât les
» chrétiens par des paroles et même par des signes. »

et de travaux, et quittèrent les rivages du Nil, où, quelques jours auparavant, ils juraient de faire triompher la cause de Jésus-Christ. Ils emportaient tristement la vraie croix, dont ils auraient dû suspecter l'authenticité et la découverte, puisqu'elle n'opérait plus de prodiges et qu'elle n'était plus pour eux le signal de la victoire. Le sultan d'Égypte les avait fait accompagner par un de ses frères, chargé de pourvoir à tous leurs besoins sur la route. Les chefs des Sarrasins étaient impatiens de voir partir une armée qui avait menacé leur empire; ils pouvaient à peine croire à leur triomphe, et quelques alarmes se mêlaient sans doute à la pitié que leur inspiraient des ennemis vaincus.

On avait fait à Ptolémaïs des réjouissances pour les victoires des chrétiens sur les bords du Nil; on croyait déjà voir les saints lieux délivrés et l'empire des Sarrasins détruit. Le retour de l'armée fit succéder le deuil et la consternation à la sécurité et à la joie. Dans toutes les villes musulmanes, on célébra la délivrance de l'Égypte par des fêtes publiques; les chants des poètes comparaient le sultan du Caire au prophète Mahomet, dont la religion triomphante dominait sur de vastes contrées soumises autrefois aux lois de Moïse et de Jésus-Christ. Son frère le prince de Khelat, appelé *Moussa* ou *Moïse*, était comparé au législateur des Hébreux, dont la verge miraculeuse avait appelé les vengeances du Ciel sur les ennemis d'Israël, et suscité enfin contr'eux la colère des flots (1). L'Égypte cependant, au milieu de ces 1221 hymnes de triomphe, était encore plongée dans la désolation. Les Arabes bedouins, par ordre du sultan, avaient ravagé toutes les provinces voisines du théâtre de la guerre. Tous ceux qui se livraient à l'industrie, et qu'on soupçonnait d'avoir de l'or, avaient été persécutés et dépouillés; les terres les plus fécondes étaient devenues stériles; les riches étaient devenus pauvres; dans cette calamité générale, les chrétiens ne devaient point être épargnés; on leur enleva leurs biens, on les précipita dans les cachots, plusieurs perdirent la vie, et ce qui fut pour eux le plus grand sujet d'affliction, on ferma leurs oratoires, on démolit leurs églises.

Tels furent les premiers résultats d'une croisade décidée dans un concile, prêchée au nom du Saint-Siége dans le monde chrétien, et dont les préparatifs avaient occupé l'Europe pendant plusieurs années.

Chacune des croisades précédentes avait un ob-

---

(1) Ces particularités, et beaucoup d'autres que nous sommes obligés d'omettre ici, se trouvent dans le récit des auteurs arabes. On y cite les chants des favorites des princes musulmans, et les vers des poètes. Le sultan du Caire se piquait de faire des vers; il écrivait lui-même ses lettres en vers; ceux qui lui écrivaient croyaient devoir faire de même. Pour tous ces détails, nous renvoyons aux traductions de M. Reinaud. (Voyez les auteurs arabes, *Bibliothèque des Croisades*, tom. II, §. 77.)

jet distinct, une marche facile à suivre, et n'était remarquable que par de grands exploits ou de grands revers. Celle dont nous parlons maintenant, et qui doit embrasser encore un espace de vingt années, se mêle à tant d'événemens divers, à tant d'intérêts opposés, à tant de passions étrangères aux guerres saintes, qu'elle ne présente d'abord qu'un tableau confus, et que l'historien, sans cesse occupé de faire connaître les révolutions de l'Orient et de l'Occident, peut avec raison être accusé d'avoir, comme l'Europe chrétienne, oublié Jérusalem et la cause de Jésus-Christ.

En lisant le douzième livre de cette histoire, on s'aperçoit qu'on est déjà loin du siècle qui vit naître les croisades et qui fut témoin de leurs progrès éclatans. Si on rapproche cette guerre de celles qui l'ont précédée, il est facile de voir qu'elle a un caractère différent non seulement dans la manière dont elle fut conduite, mais dans les moyens qu'on employa pour enflammer le zèle des chrétiens et leur faire prendre les armes.

Lorsqu'on a vu les incroyables efforts des papes pour armer les peuples de l'Occident, on s'étonne d'abord du peu de succès qu'obtinrent leurs exhortations, leurs menaces et leurs prières. On n'a qu'à comparer le concile de Clermont, tenu par Urbain, avec le concile de Latran, présidé par Innocent. Dans le premier, les plaintes de Jérusalem excitent les sanglots de tout l'auditoire; dans le second, mille objets différens viennent occuper l'attention des pères de l'Eglise, qui s'expriment sans émotion et sans douleur sur les malheurs de la Terre-Sainte. A la voix d'Urbain, les chevaliers, les barons, les ecclésiastiques jurèrent tous ensemble d'aller combattre les infidèles; le concile devint tout-à-coup une assemblée d'intrépides guerriers : il n'en fut pas de même du concile de Latran, où personne ne prit la croix et ne fit éclater ce vif enthousiasme que le pape voulait réveiller dans tous les cœurs.

Nous avons fait remarquer, dans notre récit, que les prédicateurs de la guerre sainte permettaient aux pèlerins de se racheter de leur vœu en payant une somme d'argent; cette manière d'expier ses péchés parut une innovation scandaleuse; et l'indulgence des missionnaires de la croisade, qui dispensaient ainsi du pèlerinage ceux qui avaient pris la croix, leur fit perdre quelque chose de leur ascendant. Ils n'étaient plus, comme auparavant, les envoyés du ciel; la multitude ne leur prêtait plus le don des miracles; quelquefois ils se trouvèrent obligés d'employer les menaces et les promesses de l'Eglise pour attirer des auditeurs à leurs sermons; souvent même le peuple cessa de les regarder comme les interprètes de l'Evangile, et ne vit, en eux, que les percepteurs des deniers du Saint-Siége. Ce trafic des priviléges de la croisade, achetés au poids de l'or, dut arrêter l'essor des passions généreuses, et confondre, dans l'esprit des chrétiens, les choses de la terre avec les pensées qui viennent du ciel.

On trouve une autre différence remarquable dans la prédication de cette croisade : le refus d'admettre les grands coupables sous la bannière de la croix, l'étonnement que causait aux chevaliers chrétiens l'enrôlement de la foule obscure du peuple dans la sainte milice, suffisent pour marquer un changement dans les mœurs et dans les opinions des croisés. Le sentiment de l'honneur, qui tient à l'amour de la gloire, et tend à établir des distinctions parmi les hommes, semblait avoir prévalu sur le sentiment purement religieux qui inspire l'humilité, reconnaît à tous les chrétiens des droits égaux, et confond le repentir avec la vertu. La croisade, où l'on n'admettait que les hommes dont on estimait la bravoure et la conduite, cessait, en quelque sorte, d'être une guerre véritablement religieuse, et commençait à ressembler aux guerres ordinaires, dans lesquelles les chefs sont les maîtres de choisir leurs soldats.

L'enthousiasme des guerres saintes ne se réveillait plus que par intervalles, comme un feu près de s'éteindre; les peuples avaient besoin d'un grand événement, d'une circonstance extraordinaire, de l'exemple des princes pour s'armer contre les infidèles; les subtilités des théologiens, qui voulurent tout soumettre à leurs discussions, contribuèrent à refroidir ce qui restait de cette ardeur pieuse et guerrière que, jusqu'alors, il avait fallu modérer et contenir dans de justes bornes. On disputa, dans les écoles, sur la question de savoir dans quel cas un chrétien était exempt d'accomplir son vœu; quelle somme il fallait payer pour se racheter d'une promesse faite à Jésus-Christ; si certains exercices

de piété suffisaient pour remplacer le pélerinage; si 1221
un héritier devait remplir le serment d'un testateur;
si le pélerin qui mourait en allant à la croisade,
avait plus de mérite, aux yeux de Dieu, que celui
qui mourait à son retour; si la femme pouvait se
croiser sans le consentement de son mari, et le
mari sans le consentement de sa femme, etc. (1) Du
moment que toutes ces questions furent solennellement discutées, que sur plusieurs points les avis
furent partagés parmi les théologiens, l'enthousiasme, qui ne raisonne point, s'affaiblit devant la
froide raison des docteurs, et les pélerins parurent
moins céder aux transports d'un sentiment généreux qu'à la nécessité de remplir un devoir et de
suivre une règle établie.

Au milieu des prédications et des préparatifs
de cette croisade, l'Europe offre un spectacle
nouveau qui a dû vivement frapper l'attention des
observateurs éclairés, c'est une croisade d'enfans.
Ceux qui cherchent à expliquer le cœur humain
par les événemens historiques, ne trouvent aucun
phénomène semblable dans l'histoire ancienne et
moderne. On ne pouvait plus ranimer l'enthousiasme des croisades, et tout-à-coup la timide
enfance est appelée à donner l'exemple. On a pu
remarquer que lorsque les passions et les opinions
qui dominent les sociétés tendent à s'affaiblir, il

---

(1) La plupart de ces questions se trouvent rapportées
dans le chapitre de l'ouvrage du jésuite Gretzer, qui a
pour titre : *De cruce.*

s'y mêle souvent quelque chose de singulier et de bizarre, qui atteste leur discrédit ou leur décadence, et montre les vains efforts tentés pour leur rendre la force et la vie.

Dans cette sixième croisade, les chrétiens ne réunirent jamais tous leurs efforts contre les infidèles ; aucun esprit d'ordre ne présida à leurs entreprises ; les croisés, qui ne tenaient leur mission que de leur zèle, ne partaient qu'au gré de leur volonté et de leur fantaisie; les uns revenaient en Europe sans avoir combattu les Sarrasins; les autres abandonnaient les drapeaux de la croisade après une victoire ou une défaite, et de nouveaux croisés étaient sans cesse appelés pour défendre les conquêtes ou réparer les fautes de ceux qui les avaient précédés. Quoique dans cette croisade l'Occident eût compté plus de cinq cent mille guerriers partant pour la Palestine ou pour l'Égypte, les bords du Jourdain et du Nil virent rarement de grandes armées. Comme les croisés ne furent jamais réunis en grand nombre, ils n'eurent à éprouver ni la famine, ni les fléaux qui avaient moissonné les armées des premiers défenseurs de la croix; mais s'ils éprouvèrent moins de revers, s'ils furent plus disciplinés, on peut dire aussi qu'ils ne montrèrent point cette ardeur et ces vives passions que les hommes se communiquent entr'eux, et qui prennent un nouveau degré de force et d'activité au milieu d'une multitude assemblée pour la même cause et sous les mêmes drapeaux.

En plaçant le théâtre de la guerre en Égypte,

les chrétiens n'eurent plus sous les yeux, comme 1221
dans la Palestine, les monumens et les lieux révérés
qui pouvaient leur rappeler la religion et le Dieu
pour lequel ils allaient combattre; ils n'avaient plus
devant eux et autour d'eux le fleuve du Jourdain,
le Liban, le Thabor, la montagne de Sion, dont
l'aspect frappait si vivement l'imagination des premiers croisés.

Dans les autres croisades, les papes s'étaient contentés d'exciter l'enthousiasme des pélerins et
d'adresser au ciel des prières pour les conquêtes des
croisés; dans cette guerre, les chefs de l'église voulurent diriger toutes les expéditions, et conduire,
par leurs légats, les opérations militaires des armées
chrétiennes. L'invasion de l'Égypte avait été décidée dans le concile de Latran, sans qu'on eût
écouté les avis des plus habiles guerriers. Lorsque
les hostilités eurent commencé, on vit les envoyés
du pape présider à tous les événemens de la guerre;
par leurs ambitieuses prétentions, autant que par
leur ignorance, ils affaiblirent la confiance et l'ardeur des soldats de la croix; ils perdirent tous les
fruits de la victoire, et firent naître une fâcheuse
rivalité entre le pouvoir spirituel et le pouvoir temporel.

Si dans la croisade précédente l'expédition des
soldats chrétiens contre la Grèce, n'avait pas
procuré à l'Occident de grands avantages, elle
illustra du moins les armes des Vénitiens et des
Français. Dans la guerre que nous venons de raconter, les chevaliers et les barons qui prirent la

1221 croix, n'ajoutèrent rien à leur gloire et à leur renommée. Les croisés, qui purent revoir leur patrie, n'y rapportèrent que le souvenir des plus honteux désordres. Un grand nombre d'entr'eux, revenus en Europe, ne montrèrent à leurs compatriotes que les fers de leur captivité et les maladies contagieuses de l'Orient.

Les historiens que nous avons suivis ne parlent point des ravages de la lèpre parmi les peuples de l'Occident; mais le testament de Louis VIII (1), monument historique de cette époque, atteste l'existence de deux mille léproseries dans le seul royaume de France; ce spectacle douloureux dut être un sujet d'effroi pour les plus fervens des chrétiens, et désenchanter à leurs yeux ces régions de l'Orient où, jusque-là, leur imagination n'avait vu que des prodiges et des merveilles.

Le siége de Damiette ne fut point cependant sans gloire, et peut être comparé, pour sa durée et pour la résistance qu'éprouvèrent les croisés, au siége si célèbre de Ptolémaïs. Toutefois l'Orient ne vit alors ni de grands princes ni de grands capitaines; et comme le légat et les ecclésiastiques dirigeaient presque seuls la croisade, les combattans montrèrent plus de dévotion que d'enthousiasme belliqueux. En célébrant l'entreprise hardie, mais malheureuse, de quelques guerriers chrétiens qui attaquèrent Damiette du

---

(1) Louis VIII mourut en 1226, peu d'années après l'expédition des chrétiens en Égypte.

côté du fleuve, un chroniqueur, témoin oculaire, ajoute que ces guerriers n'étaient pas de ceux dont le ciel devait protéger les armes, *car le seul amour de la gloire les portait à combattre*. Cette réflexion de l'historien nous fait voir quels sentimens animaient la plupart des croisés (1).

1221

Les miracles, les visions célestes se mêlent sans cesse dans les chroniques contemporaines, au récit des événemens du siége. Les historiens n'oublient ni les jeûnes ni les processions ordonnés par le clergé, ni les prières prononcées à haute voix sur le champ de bataille ; leur relation est sans cesse interrompue par des maximes pieuses ou des citations de l'Écriture ; et lorsqu'arrivés au dernier assaut livré à la ville, ils nous montrent l'armée chrétienne précédée de ses prêtres et chantant sur les remparts et au pied des remparts les cantiques de l'Église, leur récit semble bien moins nous offrir la description d'un combat que le spectacle d'une cérémonie religieuse.

Parmi les peuples qui combattaient alors sous les drapeaux de la croix, l'histoire doit distinguer les pèlerins de Cologne et ceux de la Frise et de la Hollande. En mémoire des glorieux travaux de cette guerre, Frédéric II reçut chevalier Guillaume, comte de Hollande, et permit aux habitans de Harlem d'ajouter une épée d'argent aux quatre étoiles peintes sur leur étendard. Dans la capitale de la

---

(1) Cette réflexion est d'Olivier Scholastique, qui la répète souvent.

1221 Frise, l'usage s'était conservé jusqu'aux temps modernes, de porter en procession l'image du vaisseau qui avait rompu la chaîne du Nil. Deux cloches, provenant du butin fait dans la croisade, et suspendues au haut d'une tour, retentissaient chaque soir pour rappeler les exploits des Frisons et des Hollandais, pendant le siége de Damiette (1).

Un des traits caractéristiques du temps dont nous parlons, c'est l'esprit de prosélitisme poussé jusqu'à l'excès, et l'extrême confiance des fidèles dans le don de persuasion accordé à l'Église. Nous avons vu le pape Innocent envoyer des ambassadeurs et des messages aux princes musulmans de la Syrie, persuadé que les infidèles eux-mêmes ne résisteraient point à ses exhortations apostoliques. Nos lecteurs ont remarqué avec quelle pieuse audace saint François d'Assises avait bravé la présence et le glaive des Sarrasins, n'ayant pour sauvegarde et pour appui que le bâton des pélerins et les paroles de l'Évangile. Il nous reste

---

(1) Jean de Leyde, qui rapporte ce fait, dit que les petits vaisseaux portés en procession étaient terminés en scie, pour rappeler que la chaîne du Nil fut brisée par une scie attachée à un navire du comte de Hollande. M. Hamaker nous apprend, dans son mémoire sur le siége de Damiette, que les cloches dont nous parlons ici, ou d'autres qui les ont remplacées, sonnent tous les soirs, et que les navires avec une scie ornent encore aujourd'hui les voûtes du principal temple de Harlem. Voyez pour plus de détails la dissertation de M. Hamaker, page 82 et suivantes.

une lettre (1) fort curieuse, adressée au sultan du 1221 Caire, par Olivier Scholastique, après la reddition de Damiette et la défaite des chrétiens. Cet ecclésiastique, qui réunissait les lumières de son temps à une grande simplicité de cœur, avait plus de foi dans la puissance de ses raisonnemens que dans les prodiges de la bravoure. Cette ardeur de convertir les Musulmans, tenait sans doute à une conviction profonde des vérités de l'Évangile; mais on peut dire qu'elle tenait aussi à cet orgueil né dans les controverses de l'école, pour qui les disputes théologiques étaient de véritables combats, et qui se persuadait chaque jour davantage que Dieu avait promis de soumettre le monde aux argumentations et aux subtilités des docteurs.

Une dernière réflexion achèvera de faire connaître l'époque que nous venons de décrire: parmi les abus qu'on fit alors de l'esprit des croisades, et les malheurs qu'elles entraînèrent après elles, on ne peut oublier les guerres civiles et religieuses dont la France et plusieurs contrées de l'Europe furent le théâtre. Le désir violent de réunir tous les hommes par les liens de la foi orthodoxe, dut souvent leur mettre les armes à la main. Dans leurs expéditions en Orient, les chrétiens s'étaient familiarisés avec l'idée d'employer la force et la violence pour changer les cœurs et les opinions.

---

(1) On peut lire cette lettre d'Olivier à la suite de son *Histoire du siége de Damiette*, dans la Collection de George Ekkard.

1221 Comme on avait fait long-temps la guerre aux infidèles, on voulut aussi la faire aux hérétiques; on s'arma d'abord contre les Albigeois, ensuite contre les païens de la Prusse, par la même raison et de la même manière qu'on s'était armé contre les Musulmans.

Les écrivains modernes ont déclamé avec une véhémence éloquente contre ces guerres désastreuses; mais long-temps avant le siècle où nous sommes, l'église avait condamné les excès d'un aveugle fanatisme. Saint Augustin, saint Ambroise, les pères des conciles avaient enseigné dès long-temps au monde chrétien qu'on ne détruit point l'erreur par le glaive, et qu'on ne doit point prêcher aux hommes les vérités de l'Évangile au milieu des menaces et des violences de la guerre.

La croisade contre les Prussiens nous montre tout ce que l'ambition, l'avarice, la tyrannie ont de plus cruel et de plus barbare; le tribunal de l'histoire ne saurait juger avec trop de sévérité les chefs de cette guerre, dont les ravages et les fureurs se prolongèrent pendant plus d'un siècle; mais, tout en condamnant les excès des conquérans de la Prusse, il faut convenir des avantages que l'Europe put retirer de leurs exploits et de leurs victoires. Une nation séparée de tous les autres peuples, par ses mœurs et ses usages, cessa d'être étrangère à la république chrétienne. L'industrie, les lois, la religion, qui marchaient à la suite des vainqueurs pour adoucir les maux de la guerre, répandirent leurs bienfaits parmi des hordes sauvages. Plusieurs villes florissantes s'élevèrent du sein 1221 des forêts, et le chêne de Romové (1), à l'ombre duquel on immolait des victimes humaines, fut remplacé par des églises où l'on prêcha la charité et les vertus de l'Évangile. Les conquêtes des Romains furent quelquefois plus injustes, leurs guerres plus barbares; elles offraient moins d'avantages au monde civilisé, et cependant elles n'ont point cessé d'être l'objet de l'admiration et des éloges de la postérité.

La guerre des Albigeois fut plus cruelle et plus malheureuse que la croisade dirigée contre les peuples de la Prusse; les missionnaires et les guerriers outragèrent, par leur conduite, toutes les lois de la justice et de la religion qu'ils voulaient faire triompher. Les hérétiques usèrent souvent de représailles envers leurs ennemis; de part et d'autre on s'arma du fer des meurtriers et des bourreaux; de part et d'autre l'humanité eut à déplorer les plus coupables excès.

En parcourant les sanglantes annales du moyen âge, on s'afflige surtout de voir des guerres entreprises et poursuivies au nom d'une religion de paix, tandis qu'on trouve à peine un exemple de guerres religieuses chez les anciens et sous les lois du paganisme (2). On doit croire que les peuples

---

(1) La ville de Thorn fut bâtie à la place d'un chêne consacré par les Prussiens.

(2) On pourrait citer, parmi les Grecs, la guerre sacrée, entreprise pour les terres qui appartenaient au temple de Delphes; mais, en relisant l'histoire de cette guerre, il sera

modernes et ceux de l'antiquité ont eu les mêmes passions; mais, chez les anciens, la religion entrait moins avant dans le cœur de l'homme et dans l'esprit des institutions sociales. Le culte des faux dieux n'avait aucun dogme positif; il n'ajoutait rien à la morale, il ne prescrivait point de devoirs aux citoyens; il n'était point lié aux maximes de la législation, et se trouvait en quelque sorte en dehors de la société. Lorsqu'on attaquait le paganisme, ou qu'on changeait quelque chose au culte des faux dieux, on ne blessait point profondément les affections, les mœurs, les intérêts des sociétés païennes. Il n'en était pas de même du christianisme, qui, surtout au moyen âge, se mêlait à toutes les lois civiles, rappelait à l'homme tous ses devoirs envers la patrie, s'unissait à tous les principes de l'ordre social. Au milieu de la civilisation naissante de l'Europe, la religion chrétienne se trouvait confondue avec tous les intérêts des peuples; elle était en quelque sorte le fondement de toute société; elle était la société elle-même : on ne doit donc pas s'étonner que les hommes fussent disposés à se passionner pour sa défense. Alors tous ceux qui se séparaient de la religion chrétienne, se séparaient de la société; et tous ceux qui rejetaient

---

facile de voir qu'on ne se battait point pour un dogme ou pour une opinion religieuse, comme dans les guerres qui, chez les modernes, ont eu la religion pour motif ou pour prétexte.

les lois de l'église, cessaient par-là de reconnaître 1221
les lois de la patrie. C'est sous ce point de vue qu'il
faut considérer les croisades des Albigeois et des
Prussiens, qui étaient moins des guerres religieuses
que des guerres sociales.

FIN DU LIVRE XII.

ÉCLAIRCISSEMENS.

N°. Ier.

Le rôle important qu'a joué le chancelier Conrad dans cette croisade, nous impose l'obligation d'entrer dans quelques détails sur sa personne.

Conrad était d'origine noble, quoique les historiens ne s'accordent point touchant la famille à laquelle il appartenait ; mais toujours paraît-il certain qu'il sortait d'une des trois maisons de Rabensburgk, de Reinstein ou de Querfurt, et que sa naissance favorisa son ambition. L'étendue de son savoir et ses qualités personnelles le firent distinguer à la cour de Frédéric Ier., et ce prince le fit son chapelain et son chancelier. Dans cette place éminente, qui le mettait à la tête des affaires publiques, il déploya les talens les plus rares. Ce fut pour récompenser ses services que Frédéric l'éleva, en 1183, à l'évêché de Lubeck. Il était difficile que la vie d'un prélat pût convenir à un homme qui avait vécu à la cour et parcouru la carrière politique avec éclat, et dont les succès avaient accru l'ambition. Aussi, profitant de quelques démêlés qu'il eut avec le comte Adolphe, il abdiqua son évêché, revint à la cour, et y reprit la dignité de chancelier.

On a prétendu qu'il avait accompagné Frédéric dans sa croisade : bien plus, qu'après sa mort, c'était lui qui avait pris le commandement de l'armée, et en avait ramené les restes en Allemagne. Mais on a confondu l'expédition de 1189 avec celle de 1196. Tageno, à qui on doit le récit détaillé de la croisade de Frédéric, ne nomme point Conrad, quoiqu'il fasse connaître tous les personnages de marque dont ce prince fut accompagné. Godefroi-le-Moine met à la tête de l'armée, Henri et Gérard, qui la commandèrent pendant dix semaines. Enfin, **Arnault de Lubeck** nomme Godefroi de Wurtzbourg comme le grand moteur de cette croisade.

Conrad occupa la même dignité de chancelier sous Henri VI, et jouit des faveurs de ce prince ; il fut employé par lui dans les affaires d'Italie, et on trouve, dans Arnault de Lubeck, une lettre du prévôt de l'église d'Hildesheim, dans laquelle il rend compte de son voyage en Italie et en Sicile. Dans le même temps où il dirigea la croisade de 1196, il fut fait évêque de Hildesheim. Nous avons parlé de ses faits pendant la croisade. A son retour de Syrie, dans les guerres que se firent Philippe de Souabe et Othon duc de Saxe, il se déclara pour le premier. A la même époque, le siége de Wurtzbourg étant devenu vacant, il le postula, parce que le titre de *dux Franciæ orientalis*, qui y était attaché, flattait son ambition, et il s'y installa sans demander l'approbation du pape Innocent III. Le pontife, irrité du mépris de sa suprématie, prononça des anathêmes et lança des sentences d'excommunication contre Conrad, l'obligea de renoncer à l'évêché de Hildesheim comme au siége de Wurtzbourg, le trouvant indigne de diriger ceux qu'il avait délaissés par orgueil ou qu'il avait recherchés par avarice. Conrad employa en vain, pour l'appaiser, les présens et l'intercession des premières personnes de l'empire, il fallut s'humilier. Après avoir protesté de sa soumission absolue envers le pape, en présence de l'archevêque de Magdebourg et de Mayence, il se rendit à Rome, malgré l'intempérie de la saison. Conrad parut devant le pape, les pieds nus, le pallium et la corde au cou, se prosterna le visage contre terre; et, étendant les bras en croix, versant des torrens de larmes, il confessa ses fautes et se désista des deux évêchés. Nous possédons une bulle d'Innocent, sous la date de 1200, dans laquelle il rend compte de cette pénitence solennelle. Conrad obtint, par cette démarche, les faveurs du Saint-Siége, et fut promu canoniquement à l'évêché de Wurtzbourg. Livré dès-lors aux soins de l'épiscopat, il s'appliqua à établir l'ordre dans son église, forma les clercs à l'honnêteté, à la chasteté, enfin à toutes les vertus religieuses qui les pouvaient rendre agréables à Dieu et aux hommes. La pureté de sa doctrine, la fermeté de sa conduite, le firent craindre et respecter des laïques : cette même sévérité fut la cause de sa mort. Car une contention s'étant élevée entre des séculiers et le clergé, pour des affaires d'intérêt, Conrad soutint les droits de l'Église avec toute la fermeté de son caractère, et périt, assassiné par ses adversaires, dans la ville de Wurtzbourg, au mois de décembre 1202.

Plusieurs historiens lui ont reproché une trop grande ambition dirigée vers les grandeurs humaines et les richesses : nous n'entreprendrons point de le justifier de ces accusations, que ses apologistes mêmes avouent, en convenant qu'*il était un peu cupide* (*etenim aliquantulùm cupidus erat*). C'était cette même cupidité qui avait établi la division entre lui et le comte Adolphe ; mais on doit également adopter l'éloge qu'en font les écrivains du temps, et Arnault de Lubeck en particulier, qui l'appelle : *Vir litteratus valdè, et in causis tractandis acerrimus orator.*

No. II.

Éclaircissement sur l'établissement des Princes francs dans l'empire de Constantinople.

La marche rapide de notre récit ne nous a pas permis de nous arrêter sur quelques détails curieux qui tiennent à l'établissement des Francs dans l'empire de Constantinople; nous allons donc revenir dans cet éclaircissement sur ce sujet. Les souvenirs de l'ancienne Grèce, les hauts faits de la chevalerie française, la situation actuelle de ces contrées, tout semble se réunir pour jeter un puissant intérêt sur l'établissement des croisés dans la ville fondée par Constantin.

Avant la prise de Constantinople, nous avons vu que les croisés étaient convenus entr'eux de partager les provinces du nouvel empire qu'allaient fonder leurs armes; l'auteur des *Gestes d'Innocent III* nous a conservé ce traité de partage; les pélerins y conviennent que les Vénitiens seraient conservés dans les priviléges et prérogatives qui leur avaient été accordés par les empereurs de Constantinople; que l'empereur élu aurait la quatrième partie du territoire, avec les palais de Blaquerne et de Bucoléon, et que les trois autres parties seraient divisées également entre les Français et les Vénitiens. Que les ecclésiastiques auraient droit d'élire un patriarche, et se partageraient entr'eux les bénéfices; douze personnes devaient faire la division et la distribution des fiefs et des honneurs, et régler les services dus par les chevaliers et les barons de l'empire. On convint en outre que les fiefs seraient héréditaires, sous les mêmes charges de service et de redevance militaire que les fiefs de Jérusalem et d'Occident; le duc de Venise ne devait faire aucun hommage à l'empereur; sa souveraineté serait indépendante, et la république ne devait reconnaître aucun suzerain. Ce traité fut envoyé au pape par des députés, et approuvé par le souverain pontife (1).

Après la prise de Constantinople et le couronnement de Baudouin, le premier soin des croisés fut de mettre à exécution le traité antérieur. Avant tout partage, le nouveau souverain investit le marquis de Montferrat des terres d'outre le canal, vers la Natolie et l'île de Candie; et comme le marquis s'était allié au roi de Hongrie, il témoigna le désir de posséder le royaume de Thessalonique, qui avoisinait le territoire hongrois; après quelque contestation, il en reçut l'investiture (2).

Par une charte du 12 août 1204, le roi de Thessalonique vendit à Marc Sanudo, noble vénitien, et à Ravinio Carcerio, gentilhomme véronais, député à cet effet par le duc Henri Dandolo, l'île de Candie, moyennant cent mille pepres d'or, monnaie de l'empire (3).

Vers le mois de septembre on procéda au partage général du territoire. La portion attribuée aux Vénitiens se trouva presque plus considérable que celle du monarque élu; Baudouin n'eut que le quart de tout l'empire, comme on l'avait stipulé; Venise obtint la moitié du reste, et l'autre fut distribuée entre les pélerins, et dut dépendre comme fief de Constantinople; l'empereur donna le duché de Nicée ou Bithinie à Louis, comte de Blois, et à Renier de Trit, gentilhomme du comté de Hainaut, celui de Philippoli en Thrace.

Lorsque les deux légats du pape arrivèrent à Constantinople, suivis de l'élite de la chevalerie d'Occident, Bau-

---

(1) *Gest. Innocent.*, ad ann. 1204.
(2) *Innocent III*, lib. VIII, epist. 59.
(3) *Rhamnus*, lib. 4. Voyez plus loin la valeur de cette monnaie.

douin, pour les retenir, leur conféra plusieurs fiefs; Étienne du Perche reçut le duché de Philadelphie, et Thierri de Thenemonde une portion de terres en Romanie. Les églises, les terres, les hôpitaux, furent distribués entre les chevaliers du Temple et ceux de Jérusalem; ils s'obligèrent à tous les devoirs de la vassalité, et promirent le service militaire.

Pour mettre plus d'ordre dans cet éclaircissement, nous consacrerons un paragraphe particulier à chacun des grands états fondés par la conquête.

§. I*er*. *De l'empire de Constantinople.*

Nous avons raconté, avec quelques détails, dans notre histoire, les progrès successifs de l'empire latin de Constantinople et sa décadence rapide jusqu'à la malheureuse bataille d'Andrinople. C'est à cette époque que nous allons reprendre le récit des événemens.

Après la victoire des Bulgares, dit l'historien Nicétas, il ne resta plus aux Français, de toutes leurs conquêtes, que les cités de Constantinople, Rodosto et Selivri dans la Thrace; toutes les villes grecques subirent la domination des Bulgares et de Théodore Lascaris. Dans ces tristes conjonctures, les Francs résolurent de solliciter la piété et de réveiller le courage de leurs frères d'Occident; l'évêque de Soissons, Nicolas de Mailly et Jean de Bliaut, se dirigèrent vers l'Italie. L'empire se trouvait alors gouverné par deux bails ou régens; Henri, pour Baudouin, captif chez les Bulgares; et Marin Zeno, que les Vénitiens avaient élu après la mort de Dandolo. Les deux bails firent défenses expresses aux barons et aux chevaliers qui avaient des fiefs dans l'empire, de les aliéner, l'État se trouvant dans un moment de péril. Henri partit tout aussitôt de Constantinople à la tête de ce qui lui restait de troupes ; il s'empara successivement de Chiorli, Arcadiople, Bysie, Apres ; à Bysie, il établit pour gouverneur Anseau de Cahieu, et rendit Apres à Théodore Branas, le seul des seigneurs grecs qui eût conservé la fidélité féodale aux empereurs latins ; il avait épousé l'impératrice Agnès, sœur de Philippe-Auguste ; et telle était leur affection réciproque, que, suivant le moine Albéric, on disait publiquement qu'il y avait eu avant mariage *doux parler* et *jeux d'amour* ; mais les Bulgares arrêtèrent bientôt les conquêtes des Latins ; ils les dispersèrent, selon Nicétas, comme le cheval disperse la poussière du sol qu'il frappe de ses pieds. Cet événement arriva la veille de Noël ; partout où passèrent les Bulgares, les villes et les campagnes furent détruites ; si bien que les Grecs se virent contraints à s'unir avec les Latins pour se sauver des ravages de leurs féroces alliés ; ils députèrent vers le grec Branas, qui servit d'intermédiaire dans cette négociation ; on convint que ce seigneur recevrait à titre de fief de l'empire, Andrinople et Dydométique, et que les Grecs révoltés se soumettraient à cette condition à l'obéissance de l'empereur latin.

En ce moment éclatait une violente querelle entre le clergé franc de Constantinople et le patriarche Morisini. Les chanoines de Sainte-Sophie et les Vénitiens l'avaient reçu avec toute espèce d'honneur, mais les clercs francs ne voulaient pas reconnaître son autorité ; enfin le cardinal de Sainte-Susanne calma l'irritation des esprits ; il fut convenu que la quinzième partie des biens de l'empire appartiendrait à l'Église, non compris dans iceux, dit Villehardouin, les cloîtres et les maisons qui leur appartenaient. On apprit alors à Constantinople que le bail avait forcé les Bulgares à lever le siége d'Andrinople, et que le souverain pontife avait écrit pour appeler les peuples chrétiens au secours de *la nouvelle France ;* car c'est ainsi qu'on commençait à appeler l'empire naissant de Constantinople.

Lorsqu'on eut appris avec quelque certitude la mort de Baudouin, Henri ceignit la couronne impériale, le dimanche d'après la Notre-Dame de la mi-août; il se mit immédiatement en campagne, atteignit et dispersa les Bulgares, s'empara de Dydomitique et d'Aquilée. Au milieu des réjouissances publiques, l'empereur épousa la jeune Agnès, fille du marquis de Montferrat, qu'Othon, seigneur d'Athènes et de Thèbes, lui avait amenée.

Quelques seigneurs grecs se disputaient alors les derniers débris de l'empire de Constantin; Théodore Lascaris, qui s'était fait proclamer empereur à Nicée, d'abord attaqué par David Comnène, qui se qualifiait pareillement d'empereur, et avait placé le siége de son empire à Trébisonde, capitale de la Colchide, et par Manuel Maurozomes, qui s'était emparé, à l'aide du sultan d'Iconium, son gendre, de toute la contrée qui environne le Méandre; les avait vaincus, et, fier de ses succès, résolut de chasser du territoire impérial les Francs, hôtes importuns et conquérans ambitieux; il rompit tout-à-coup la trève anciennement conclue, et parut dans la lice à la tête d'une puissante armée. L'empereur fit passer le bras de Saint-Georges à ses troupes, et les mit en sentinelle avancée dans le château de Piga, de l'autre côté du détroit; mais aussitôt les Bulgares envahissent l'empire par la Thrace, viennent devant Andrinople, défendue seulement par dix chevaliers latins, l'assiégent et la pressent de toutes parts. Lascaris, de son côté, attaque les frontières maritimes. Henri, par des prodiges de courage, les force à se retirer; une trève est conclue entre Lascaris et l'empereur, qui revient à Constantinople; ce retour fut marqué par l'hommage que fit le marquis de Monferrat au nouveau souverain, des terres qu'il tenait de l'empire, et par la concession faite à titre de fief au sire de Villehardouin, de la ville de Messinople, à la charge d'hommage et de service militaire. Cette année 1207, le roi des Bulgares mourut, et l'empire fut ainsi délivré d'un de ses plus cruels ennemis. Tandis qu'il assiégeait Thessalonique, et que ses tentes se déployaient sur tout le pays, on entendit une nuit le roi des Bulgares s'écrier: « Je suis blessé à mort. » Il avait vu en songe un cavalier revêtu d'armes blanches qui l'avait percé d'outre en outre avec le fer d'une lance; s'éveillant en sursaut, il accusa Manastras, un des chefs qui avait sa tente tout à côté de la sienne, de l'avoir frappé du glaive; Manastras, qui entend ces paroles, ne perd pas un moment, fait emporter et ensevelir le corps du prince, et lève le siége de Thessalonique. Cantacuzème attribue la mort du Bulgare à une vengeance particulière de saint Démétrius, dont il avait menacé de détruire les églises.

Après la retraite des Barbares, pour la première fois les empereurs latins prirent le nom de Constantin; on voit ce titre sur leur monnaie. Pour honorer ce grand titre, dit l'historien Acropolite, Henri marcha contre les Bulgares, les défit et les força pour long-temps à demeurer dans leur pays. La guerre éclata entre l'empereur et le bail du royaume de Thessalonique, qui par sa désobéissance avait mérité la colère d'Henri. « Les Lombards n'ont-ils pas conquis le pays comme les Francs? disait le bail de Thessalonique. Pourquoi seraient-ils soumis au respect et à l'obéissance? » La guerre se prolongea par la perfidie du bail, qui promit de se soumettre, et chaque fois qu'on le sommait de sa parole il prenait les armes. La haine des Lombards et des Francs était d'ailleurs la cause réelle de ces différends; elle était tellement violente, qu'un italien, nommé Carcerio, s'était chargé de poignarder ou d'empoisonner l'empereur; enfin la paix fut conclue aux conditions que le bail quitterait la Grèce et se retirerait en Italie; le despote d'Étolie et de l'Épire se fit comprendre dans le traité; il fit hommage, donna sa fille à Eustache, frère de l'empereur, et en dot le tiers de ses états.

Les princes francs cherchaient à s'allier avec les familles qui pouvaient favoriser leurs conquêtes; Henri épousa la fille de Vorillas, roi des Bulgares, et le roi des Bulgares épousa la nièce de l'empereur; mais le prince d'Epire rompit le traité qu'il venait de conclure; il s'empara du connétable de Romanie et de cent chevaliers. Le connétable et son chapelain sont suspendus à une colonne élevée; les chevaliers sont livrés au fouet des eunuques; en même temps Michel conclut un traité avec Lascaris, et tous deux cherchent à attirer à leur service les soldats latins mécontens de la paie de l'empereur; ils y réussissent; sur deux mille chevaliers, Lascaris en avaient plus de huit cents italiens ou français. Après avoir vaincu le sultan d'Iconium, et arraché à David Comnène, empereur de Trébisonde, Héraclée et plusieurs autres places, le prince grec marcha contre l'empereur Henri, alors occupé à calmer les dissensions qui s'étaient élevées, comme dans tous les pays conquis par les armes chrétiennes, entre les possédant fief ecclésiastique, et le prince, à l'occasion du service militaire. Tandis qu'on disputait sur les priviléges des églises, sur la place que devait avoir l'empereur dans Sainte-Sophie, sur le *solium*, ou siége d'or du patriarche, sur les prérogatives du légat, sur les interdits, Lascaris s'avança dans la Cappadoce, renversant tous les obstacles, et chassant devant lui les soldats latins, si bien que l'empereur fut obligé de marcher contre lui avec toutes ses forces; on allait en venir aux mains lorsque les évêques rapprochèrent les deux princes, et le traité suivant fut conclu : Toutes les contrées qui s'étendaient depuis le mont Camine jusqu'à Achirao, demeuraient à l'empereur; Lascaris eut pour lui Niocastre, Celbian, Chliare, Pergame et leur territoire, les villes de Pruse et de Nicée. L'empereur lui donna sa nièce en mariage; elle se nommait Yolande, elle était fille de la comtesse d'Auxerre.

On disputait toujours à Constantinople sur les affaires de l'église; il s'agissait alors d'élire un patriarche; l'empereur favorisait l'archevêque d'Héraclée, le duc de Venise le curé de Saint-Paul; le légat du pape n'osa se décider, et renvoya l'affaire au Saint-Siége, qui désigna un troisième patriarche, Gervais, natif de Toscane; il assista au concile de Latran, avec les archevêques latins d'Héraclée, de Thèbes, de Thessalonique, de Serre, de Larisse, de Patras, de Candie, de Neopatras, de Vérisie, de Philippi, et leurs suffragans, ce qui prouve que toutes ces provinces étaient alors soumises aux rites latins. Sur ces entrefaites, Henri mourut; la plupart des auteurs prétendent qu'il fut empoisonné: les uns disent que le poison lui fut donné par sa femme, princesse barbare et fille du roi des Bulgares; les autres par les Grecs, qui ne pouvant supporter le joug de l'église latine, que l'empereur leur avait imposé, se vengèrent par sa mort. Cependant les historiens grecs ne l'accusent pas d'une intolérance trop sévère; plusieurs le louent de sa condescendance politique pour les Hellènes, et de la douceur de son gouvernement.

Henri ne laissait d'autre descendance qu'une fille naturelle, jolie, dit Acropolite, mais bâtarde, mariée à un parent d'Azen, roi de Bulgarie et despote de Melenie. Les barons, privés d'un chef, s'assemblèrent pour nommer un bail ou régent de l'empire; les uns voulaient choisir Pierre, comte d'Auxerre, beau-frère de l'empereur Henri; les autres portèrent leur choix sur André, roi de Hongrie. Le roi de Hongrie avait un plus grand nombre de voix, parce qu'il avait plus de moyen de défendre l'empire; mais on le consulta avant de l'élire : comme il avait promis d'aller en Terre-Sainte, il ne voulut pas de la couronne qu'on lui offrait. On députa donc vers le comte d'Auxerre; les barons de Constantinople arrivèrent à son château, où on les accueillit magnifiquement. Philippe Monske dit *que les dames désarmèrent les chevaliers, et les damoiselles les écuyers jeunes d'âge.* Pierre fit annoncer une levée de gens de guerre, et, prêt à partir pour son nouvel empire, il engagea à Henri, comte de Nevers, son gendre, le comté de Tonnerre et la seigneurie de Cruzi; il traversa l'Italie, suivi de cent soixante chevaliers portant bannière, et cinq mille cinq cents cavaliers ou fantassins, pris parmi les hommes du comté d'Auxerre et de Flandre; dans la route il y eut *maintes joûtes essayées*, et en passant par Bologne, le comte conféra solennellement l'ordre de chevalerie à Guy Lambertini, Louis Rampon et Testa Petro. A Rome, l'empereur et l'impératrice, après quelques difficultés, reçurent la couronne de Constantin dans l'église de Saint-Laurent, le dimanche qu'on chante *Misericordia*; les deux époux se mirent en marche, suivis de leurs quatre *damoiselles*, du légat du pape, de Jean Collone, cardinal du titre de Sainte-Praxède; ils s'embarquèrent sur des vaisseaux Vénitiens, dans l'intention d'assiéger Durazzo, alors au pouvoir d'un prince grec, le plus grand ennemi des Latins, Théodore Comnène. Tandis que sa femme et ses filles se rendaient à Constantinople, Pierre assiégeait vainement la capitale de Théodore, et forcé de lever le siége, il se mit en marche à travers les montagnes de l'Albanie; son ennemi vigilant se saisit de toutes les hauteurs, de sorte qu'il fut impossible au comte d'Auxerre d'échapper au danger qui le menaçait; ses barons et ses chevaliers furent dispersés; lui-même, prince crédule, se fiant aux paroles trompeuses de Théodore, fut chargé de chaînes au milieu des plaisirs d'un festin, ainsi que le légat, qui faisait bonne chère, et plusieurs barons et chevaliers *portant bannière et montant dextriers.*

Le pape, instruit de l'arrestation de l'empereur et du légat, se plaignit à Théodore par l'organe de messire André, son diacre et son propre chapelain. « Prenez garde que les croisés ne tirent de vous une cruelle vengeance, lui dit le pieux chapelain. » En même temps le pape écrivait aux évêques de France pour presser le départ des croisés, sous la conduite de Robert de Courtenay, seigneur de Conches, grand bouteiller de France. L'empereur mourut en prison, ou fut tué par Théodore, qui peu de temps après conclut une convention avec le pape, par laquelle il consentit à délivrer le cardinal légat.

Cependant il fallait pourvoir à la sûreté de l'empire; les barons s'assemblèrent; Conon de Béthune, sénéchal de Romanie, fut élevé au rang de bail de Constantinople; les églises et les barons disputaient toujours sur les immunités ecclésiastiques; on régla que les églises cathédrales jouiraient des mêmes droits que sous l'empereur Alexis Comnène.

Pendant ce temps, Robert de Courtenay s'avançait à travers l'Allemagne au secours de l'empire; en passant sur le territoire des Bulgares, Robert donna sa fille Yolande pour épouse à Azen, roi des Barbares; la jeune demoiselle pleura chaudement, mais elle se consola parce qu'Azen *était fort et de bonne mine.* Enfin, arrivé à Constantinople, ce nouvel empereur fut couronné dans l'église de Sainte-Sophie; il ratifia tout ce qu'avait fait le régent, et rassemblant les barons et les Vénitiens, il prit conseil d'eux pour savoir ce que demandait la situation du pays; les plus puissans ennemis étaient toujours le brave Lascaris et le despote d'Épire. Or, on résolut de conclure un traité d'alliance avec le premier de ces princes; Gérard de la Truie, et Thierri de Valincourt, clercs lettrés, furent chargés de la négociation; on convint d'un échange des barons chrétiens faits prisonniers, contre les plus braves des Grecs tombés au pouvoir des Francs; et l'impératrice étant morte sur ces entrefaites, on proposa une des filles de Lascaris pour épouse au nouveau maître de Bysance; mais la mort frappa Lascaris au milieu de ces négociations; elles furent rompues par l'opposition du patriarche; car, dit Acropolite, il était inouï qu'une même personne fût père et beau-frère tout-à-la-fois, ce qui serait arrivé par le fait de cette alliance, Lascaris ayant épousé la sœur de Robert de Courtenay.

Vatace succéda à Lascaris; il descendait de l'illustre famille des Ducas, mais par les femmes. Les parens de Lascaris privés du trône, se retirèrent auprès de l'empereur Robert et demandèrent vengeance. Le prince, les yeux toujours fixés sur l'Europe, sollicitait des secours; le despote de l'Épire venait de s'emparer de Thessalonique, et ses armées s'étaient répandues sur le territoire de jour en jour plus resserré des Latins. L'empire se trouvait alors ainsi divisé : Robert régnait à Constantinople, Vatace à Nicée, un Comnène à Trébisonde, et Théodore à Thessalonique.

La Grèce ainsi morcelée fut bientôt en feu; les premières querelles éclatèrent entre l'empereur et Vatace; dans les plaines de Romanie l'armée des Francs éprouva encore une défaite; toutes les possessions des barons et des chevaliers, dans l'Asie, tombèrent au pouvoir du prince grec, qui s'empara même des îles de Lesbos et de Metelin; la consternation fut à son comble dans la Nouvelle-France; Messinople, Xante, Andrinople, répondent à l'appel d'indépendance que leur fait Vatace; le drapeau des Ducas, surmonté du dragon de l'empire, est arboré sur la plupart des villes de la Grèce; le pape sollicitait toute la chrétienté de secourir les établissemens des Latins menacés; il recommandait l'union aux princes, réchauffait le zèle attiédi des fidèles.

A cette époque, le bruit courut dans le Hainaut que Baudouin, empereur de Constantinople, vivait caché sous les habits d'un ermite dans les bois de Glanson; voilà que plusieurs nobles hommes et le commun du peuple, qui ne croyaient pas à la mort de Baudouin, l'entourent et lui demandent qui il était, ainsi déguisé en l'ermitage! « Je suis un pauvre homme, et je ne puis dire mon nom, répond-il. » Alors la comtesse de Flandre et sa fille l'appellent en secret dans leur palais, et lui persuadent de se faire passer pour le véritable empereur de Constantinople, ce qui pourrait lui être utile. A peine a-t-il dit ce qu'on exigeait de lui, que le peuple enthousiaste l'enlève de l'ermitage; et après l'avoir baigné, car il était tout sale, on le revêt des habits impériaux, et on le conduit de cités en cités; vous eussiez vu les communes, les nobles hommes accourir pour le fêter et célébrer son retour; lui, précédé de la croix, racontait comment il était tombé au pouvoir des Bulgares; sept fois il s'était sauvé de sa captivité, sept fois il avait été repris et conduit devant le roi barbare; enfin, échappé aux dangers de toute espèce, il avait fait vœu de demeurer comme un pauvre ermite, dans le jeûne et la solitude. Louis VIII, roi de France, voulut voir et interroger lui-même ce nouvel empereur; il envoya auprès du prince l'évêque de Senlis, Mathieu de Montmorenci; l'imposteur ne put éviter cette entrevue; il vint donc à Péronne sous sauf-conduit et accompagné du duc de Brabant et de Valeran de Luxembourg, donnant des fiefs, conférant l'ordre de chevalerie à la manière des princes. Lorsqu'il parut devant le roi, le monarque lui dit : « Beau sire, quand donc vous êtes-vous marié? quand avez-vous reçu l'accolade de chevalerie? quand m'avez-vous fait hommage du fief de Flandre? » L'imposteur ne put répondre que par des paroles évasives et prit la fuite pendant la nuit; ne se trouvant pas assez en sûreté dans la Flandre, il s'achemina vers Rome avec la harpe de ménestrel et le bourdon de pélerin. Arrêté dans la Bourgogne, on apprit en effet qu'il était ménestrel et jongleur de son métier; qu'il se nommait Bertrand de Reitz ou de Rens.

Pendant ce temps le véritable empereur de Constantinople, au lieu d'appliquer ses soins, dit la chronique de Baudouin d'Avesnes, à s'appuyer de quelque illustre alliance, se prenait inconsidérément des charmes d'une jeune demoiselle française, fille de Baudouin de Neuville, promise à *un chevalier maître au fait des armes*; l'empereur *lâchant bride aux violens mouvemens de sa passion*, enleva la *jolie damoiselle*, et Ducange n'ose prononcer *s'il l'entretint en qualité d'amie, ou bien s'il la prit comme une femme légitime*. Quoi qu'il en soit, le chevalier à qui elle était promise conçut un violent dépit, et soulevant les barons de Constantinople, pénétra dans le palais et enleva la mère et la fille; on les mit toutes deux dans un bateau; la mère fut noyée et la fille eut le nez et les lèvres coupés. L'empereur se retira de Constantinople, et vint à Rome pour se plaindre à Grégoire IX de la violence qu'il avait éprouvée; le pape lui donna satisfaction; mais en retournant dans sa capitale, dit un chroniqueur, *le mal d'amour* qui le dévorait causa sa mort, l'an 1228.

Robert ne laissait qu'un fils âgé de neuf ans, le jeune Baudouin; les barons hésitèrent à lui confier l'empire dans un temps où tant d'ennemis *aboyaient* après l'empire (ce sont les expressions de Ducange); ils s'allièrent d'abord avec le roi des Bulgares, résolurent même de demander la

ÉCLAIRCISSEMENS. 535

fille d'Azen pour le jeune Baudouin ; mais réfléchissant avec plus de maturité sur le besoin qu'ils avaient d'un chef, ils jetèrent les yeux sur Jean de Brienne, qui avait porté la couronne de Jérusalem, et commandait alors les armées du Saint-Siége contre Frédéric. Le pape approuva le choix des barons, et l'on convint que Jean de Brienne conserverait la pourpre pendant toute sa vie et le titre d'empereur, qui retournerait à sa mort au jeune Baudouin.

Lorsque Jean de Brienne arriva dans le palais de Constantinople, on apprit la nouvelle de la captivité de Théodore, despote d'Epire, un des plus cruels et des plus ambitieux ennemis des Francs ; il avait été vaincu par Azen, roi des Bulgares. Jean de Brienne profita de cette circonstance pour passer en Asie. Vatace, le successeur de Lascaris, était alors occupé à réprimer la sédition du césar Léon Gabala (on conservait encore dans les petites souverainetés grecques les formes et les dignités de la cour de Bisance). Andronic, grand domestique du palais de Vatace, et général de ses troupes, était à leur tête dans l'île de Rhodes révoltée ; Jean de Brienne trouva donc peu de résistance. Vatace, pris au dépourvu, manifesta par ruse l'intention de s'unir à l'église romaine. Plusieurs conférences eurent lieu à Nicée ; on ne put réussir à concilier les intérêts et les croyances. Jean de Brienne s'empara de Piga ; Vatace alors fait alliance avec Azen, dont il épouse la fille, et bientôt l'empire des Francs fut menacé jusque dans sa capitale. Le danger était pressant ; le pape écrivit aux Vénitiens, aux seigneurs féodaux de la Morée ; il les pressait, au nom du ciel, de venir au secours de la Nouvelle-France. Azen s'avançait à travers la Thrace ; Vatace envahissait la Propontide, la Chersonèse ; et les deux armées, après avoir réuni un butin immense, se présentèrent devant Constantinople. Selon Philippe Mouske, elles s'élevaient à plus de cent mille hommes. Jean de Brienne avait alors cent soixante chevaliers et quelques sergens; ajoutons à cela le menu peuple. Le brave prince n'hésita pas cependant dans ses résolutions : à la tête de ses chevaliers portant bannière, il dispersa les Barbares, tandis que la flotte vénitienne s'emparait de leurs vaisseaux.

L'historien Acropolite assistait, à côté de Vatace, à cette miraculeuse bataille, dont il a dissimulé la honte pour les armées grecques et bulgares. Une seconde fois les Barbares se présentent devant Constantinople; une seconde fois ils sont défaits; mais c'était déjà beaucoup que la capitale eût été assiégée : cette circonstance annonçait que les projets des ennemis s'agrandissaient; qu'il ne s'agissait plus d'une ville, d'une province, mais de l'empire. Les colonies latines étaient dans le plus triste état, sans armées, sans argent, au milieu des populations ennemies. Baudouin partit alors pour Rome, et le pape publia une croisade pour l'empire des Latins menacé. Tandis que Pierre de Dreux, comte de Bretagne, Hugues IV, duc de Bourgogne, Henri II, comte de Bar-le-Duc, Raoul de Nesle, comte de Soissons, Jean, comte de Mâcon, et plusieurs autres barons et gentilshommes, prenaient la croix, on apprit la mort de Jean de Brienne; le messager qui arriva à la cour du roi de France, raconta que l'empereur ayant souvent demandé à Dieu, dans la ferveur de ses oraisons, de lui révéler le jour de sa mort, les nuits qui la précédèrent il avait vu un vieillard vénérable qui, lui montrant la corde et les sandales de la pénitence, lui déclara que la volonté de Dieu était qu'il mourût en habit de frère mineur; la nuit suivante il vit une légion d'anges vêtus de blanc; alors il consulta son chapelain. « *Beau sire*, lui dit le prêtre, *l'heure approche*; » il fut surpris par une fièvre tierce, durant laquelle il prit l'habit de saint François,

et expira en répétant ces paroles : « Mon doux Jésus ! plût
» à Dieu, qu'après avoir vécu délicieusement revêtu des ha-
» bits somptueux dans la pompe des siècles, je pusse, comme
» je le souhaite passionnément, couvert de cet habit et du
» sac de pénitent, suivre votre sainte pauvreté et humilité. »
Il faut remarquer, comme une chose singulière, que Jean de
Brienne, destiné par son oncle à la vie monastique, s'était
enfui de Clairvaux, tant alors il répugnait à la solitude et au
repos de la vie religieuse. Anseau de Cahieu, gentilhomme
de Picardie, en l'absence de Baudouin, fut établi bail de
Constantinople. L'empire latin était dans une situation désespérée ; mais les Bulgares, qui décidaient pour ainsi dire
alors de la puissance, abandonnant le grec Vatace et le
schisme, s'unirent aux Français et reconnurent l'église de Rome ; secourus par ce puissant allié, les Français se présentèrent devant Chiorli, une des places les plus importantes de la
Thrace ; mais le Bulgare ayant appris la nouvelle de la mort
de sa femme et de son fils, leva précipitamment son camp
pour retourner dans ses états ; et les Francs, n'étant pas
assez forts pour résister à Vatace, furent obligés de se retirer. Dans ce temps le Bulgare quitta encore une fois l'alliance des Latins, s'unit à Vatace, et replaça sur le trône de
Thessalonique Théodore Comnène ; le jeune Baudouin parcourait alors la France et l'Angleterre, provoquant des
secours et des auxiliaires, tandis que de son côté le souverain pontife, prenant toujours sous sa protection les
colonies des Francs, persuadait au roi de Hongrie de faire
la guerre au barbare Azen. Jean de Béthune s'avançait en
même temps dans l'Italie avec les forces que Baudouin avait
pu lever ; mais l'empereur Frédéric lui fit défense de traverser la Lombardie ; et, après de longs pourparlers, leur
permit enfin de s'embarquer à Venise. Jean de Béthune
fut seul arrêté, seul retenu par l'ordre de Frédéric.

Tel était le besoin d'argent qui pressait les barons français, qu'ils furent obligés d'aliéner les plus précieux trésors de l'empire, la couronne d'épines du Seigneur, les reliques, et, comme le dit un historien de ce temps, *les choses qui sont hors du commerce.* Une charte constate qu'elles furent données en gage à Albertini Morsini, bail de la république de Venise, à l'abbesse de Notre-Dame, surnommée Perinlepte, à deux autres Vénitiens, pour la somme totale de vingt mille *pepres* (monnaie de l'empire), *avec faculté de retirer ces gages en payant et remboursant toutes ces sommes, en dedans le terme qui serait convenu.* On prolongea de plus en plus ce terme, jusqu'à ce qu'enfin Saint Louis dégagea la sainte couronne en payant à Nicolas Quirini, qui était dépositaire des reliques, les sommes dues, avec intérêt à 20 p. o/o. On trouve l'acte de dégagement dans le trésor des chartes. Philippe Monske a célébré en vers les pompes qui accompagnèrent la translation de la relique dans la Sainte-Chapelle, à Paris, et le cartulaire de l'église de Notre-Dame du Puy a conservé la prière qui fut dite à l'occasion de l'envoi fait par Saint Louis, à l'église du Puy, d'une épine détachée de la sainte couronne.

Baudouin pressait le départ des troupes qu'il avait levées pour défendre l'empire des Latins; il engagea le comté de Namur pour 50 mille livres parisis à Saint Louis, et fit des donations pieuses, assura le douaire de Marie de Brienne, sa femme, traversa l'Allemagne, la Hongrie, la Bulgarie, arriva enfin à Constantinople, tandis que Thibaut de Navarre allait *chantant et balladant*, comme le dit Philippe Monske, à la Terre-Sainte. Baudouin fut couronné dans Sainte-Sophie de la main du patriarche. Il se mit en campagne le printemps suivant, et se fortifia de l'alliance des Cumans par un traité solennel. Acropolite ne manque pas de faire observer que les Francs et les Cumans, à la manière des barbares, mêlèrent leur sang, pour figurer leur étroite alliance. Albéric des Trois-Fontaines dit seulement que les Cumans et les princes latins firent passer un chien entre les deux armées et le découpèrent ensuite en petits morceaux, pour montrer qu'ils traiteraient de la même manière celui qui méconnaîtrait le traité qu'on venait de conclure.

Les nouveaux alliés assiégèrent Chiorli, alors défendu par un grec, dont la famille, originaire de Provence, suivant Ducange, serait alliée aux Blacas, et aurait possédé le fief d'Aulps (de Alpibus). Baudouin, pendant le siège, donna l'investiture du fief de Nègrepont à Guillaume de Vérone, et au prince d'Achaïe, de la terre de Courtenay, donation qui ne fut point ratifiée par Saint Louis. Toutes ces investitures furent données pour de l'argent, tant les besoins de l'empereur étaient pressans. Il envoya aussi le bois de la vraie croix à Saint Louis.

Il ne paraît jamais de comète, dit le docte Ducange, sans être suivie de quelqu'événement sinistre; aussi cette année fut-elle marquée par la mort de grands personnages, tels qu'Azen, roi de Bulgarie, Nariot de Torcy, *qui savait le turc*, Jonas, roi des Cumans, son gendre; enfin, pour derniers effets de la comète, l'impératrice Irène, femme de Vatace, Manuel Comnène, fils de Théodore, despote de Thessalonique, perdirent aussi la vie en cette année.

Vatace agrandissait toujours sa puissance; il fit la guerre à Jean, empereur de Thessalonique, s'empara de ses états, convint avec lui qu'il ne porterait plus le chapeau piramidal, les brodequins de pourpre, marques de la dignité impériale; qu'il ne prendrait plus que le titre de despote, faisant hommage de son territoire à Vatace.

Baudouin, qui voyait s'amonceler l'orage, conclut un traité d'alliance avec le sultan de Choni; les émirs et les barons chrétiens unirent leurs bannières, ce qui ne contribua pas peu, selon Pachimère, à précipiter la chute de l'usurpation des Francs. Baudouin vint encore une fois en Occident, assista à l'élection du pape Innocent IV, au concile de Lyon, et obtint différens subsides pour soutenir l'empire des Latins à Constantinople.

Cet empire était toujours menacé par Vatace; ses flottes s'emparaient des îles de Metelin, Lesbos, Chio, Samos, Candie; ces terres étaient alors possédées à titre de *chevalerie* et de fief de *haubert* (ou grand fief), par une multitude de petits seigneurs grecs, sous la protection des républiques de Gênes et de Venise; on cherchait toujours à unir les églises grecque et latine; c'était là une des préoccupations du Saint-Siége. La mort de Vatace favorisa ces négociations. Alexandre IV envoya des légats vers l'empereur Théodore, mais l'issue des négociations ne fut point décisive, l'irritation était trop grande. L'empire de Constantinople se réduisait à sa seule capitale; Théodore Lascaris, âgé de vingt-trois ans lorsqu'il succéda à Vatace, allait suivre le noble dessein de son père lorsqu'il mourut dans l'Asie-Mineure, au mois d'août 1258; Michel Paléologue, de l'illustre famille de ce nom, fut élu en sa place. Il suivit le projet de son prédécesseur, qui était alors l'unique pensée des princes grecs; il chercha d'abord à s'emparer de Constantinople par les intelligences qu'il sut se pratiquer parmi les habitans. Telle était la triste situation des Francs, qu'ils avaient été obligés d'ôter le plomb qui couvrait les églises pour en faire de la monnaie, et de démolir les palais pour se procurer du bois; Baudouin mit même son jeune fils Philippe comme otage dans les mains des Vénitiens, qui lui avaient prêté quelques sommes d'argent;

tous les châteaux qui environnaient Constantinople étaient au pouvoir de Michel, qui s'était uni aux Génois, alliés naturels des Grecs, parce que les Vénitiens l'étaient des Latins. Vainement les Latins, sur le conseil du bail de Venise, tentèrent-ils de détourner l'attention de Strategopule, général de Michel, en attaquant Daphmosie du côté de la Thrace; vainement firent-ils des prodiges de valeur, Constantinople fut escaladée par les hardis aventuriers, appelés *volontaires*, qui, n'appartenant à aucun pays, se mettaient indifféremment au service de tous; bientôt on entendit retentir les cris de *vivent les empereurs Jean et Michel! vivent les Grecs!* La ville est envahie par les soldats furieux. Pendant ce vacarme, dit Ducange, Baudouin était dans le palais des Blaquernes; n'osant plus se hasarder dans les rues, pleines de soldats et de Grecs, il s'embarqua du palais des Blaquernes même. Un historien dit que le nombre des fugitifs qui s'embarquèrent sur la flotte vénitienne fut si considérable que la plupart moururent de faim avant d'arriver à l'île de Nègrepont. Les Grecs célébrèrent leur victoire dans la ville, et effacèrent des fastes publics le règne éphémère des usurpateurs latins. Baudouin, de l'île de Nègrepont vint au royaume de Naples. Après sa mort, les droits à l'empire, car les Latins considéraient leur conquête comme un droit, passèrent successivement à Philippe, son fils, à Catherine, comtesse de Valois, et vinrent s'éteindre dans la maison des princes de Tarente.

Voici maintenant la liste généalogique des empereurs de Constantinople.

ÉCLAIRCISSEMENS.

EMPEREURS DE CONSTANTINOPLE.

De la maison des comtes de Flandre.

Baudouin IX, comte de Flandre et de Hainaut, règne depuis 1204 jusqu'en 1206;

Henri, son frère, depuis 1206—1216.

De la maison de Courtenay.

Pierre, comte d'Auxerre, règne de 1216—1219;
Robert, son fils, de 1219—1228;
Baudouin Ier., de 1237—1263.

De la maison de Brienne.

Jean de Brienne, de 1228—1237. Il ne possédait qu'à viager la dignité impériale.

Outre ces empereurs, qui régnèrent effectivement sur les Latins, il faut ajouter les noms des empereurs titulaires de Constantinople, c'est-à-dire ceux qui n'occupant ni la capitale ni les provinces du vieil empire des Grecs, prirent cependant aussi le titre d'*empereur*; en voici la liste :

Philippe de Courtenay;
Charles, comte de Valois;
Philippe II, prince de Tarente;
Robert II, prince de Tarente;
Philippe III, prince de Tarente;
Jacques du Beaux.

La puissance des patriarches fut souvent l'égale de celle des empereurs; c'est pourquoi, avec le catalogue des empereurs de Constantinople, nous nous proposons de faire connaître la liste des patriarches :

ÉCLAIRCISSEMENS.

Thomas Morisini, élu en 1205, confirmé par le pape Innocent en décembre même année, occupe le siége de Constantinople jusqu'en 1215;

Gervais, élu en 1215 jusqu'en 1220;

Mathieu, élu en 1220, censuré, ou, selon quelques-uns, déposé par le pape;

Jean d'Abbeville, fait patriarche en 1226, refuse;

Simon, de 1226—1231;

Nicolas, de 1231—1251;

Pantaléon Zustignani, de 1251—1257;

Hugolin,
Pierre,
Léonard,
Gotio,
Robert,
Henri,
Guillaume,
Pierre Thomas,
Paul,
Jacques de Viss,
Bessarion.
} Ces patriarches occupèrent le siége de Constantinople après la prise de cette capitale par les Grecs.

Voici quelles étaient les dépendances ecclésiastiques du patriarchat de Constantinople, et par conséquent la situation de l'église grecque. Ce patriarchat contenait trente-deux provinces (*provincia*).

1°. *Athènes*. Elle avait quinze suffragans, qui étaient les évêques de Nègrepont, des Thermopyles, de Mégare, de Daulis, d'Arlona, de Zorcon, de Caryste, de Corone en Béotie, d'Andros, de Scyros, de Céos, d'Égine, de Cithnos, de Salona et de Réos;

2°. *Césarée*. Pas de suffragant;

3°. *Corfou.* Idem ;

4°. *Corinthe.* Dix suffragans ; les évêques de Céphalonie, Zante, Malvoisie, Damalas, Gilas, Gimenès, Argos, Lacédémone, Mana et Christianapolis ;

5°. *Crète* ou *Candie.* Dix suffragans, les évêques de Chironis, Sitia, Arcadia (Crète), Calamona, Agria, Cysanos, Cantanum, Ariensis, Milopotamon, Hierapetra ;

6°. *Cysite.* Quatre évêques suffragans, les évêques d'Adrymitta, Libari, Puconnesus, Perium ;

7°. *Dirrachium.* Cinq évêques, Kerniciensis, Prisca, Lyssiensis et Candaria.

8°. *Éphèse.* Trois suffragans, les évêques de Pergame, Dimitri et Aureliopolis ;

9°. *Andrinople.* Trois suffragans, les évêques de Sozopolis, Scopeli et Agatopolis ;

10°. *Héraclée.* Huit suffragans, les évêques de Panis, Salymbria, Mizinum, Callipolis, Chersonèse, Rodosto, Peristanim et Bizia ;

11°. *Hierapolis.* Un évêque suffragant, celui d'Ancyre ;

12°. *Larisse.* Huit suffragans, les évêques de Cardiki, Dymicus, Démétrias, Sidonia, Nazora, Calodonie, Lidori, Thèbes ou Zeituni ;

13°. *Macra.* Pas de suffragans ;

14°. *Mytilène.* Idem. ;

15°. *Naupacte.* Quatre suffragans, les évêques de Bathrote, Nicopolis, Cronon, Acton ;

16°. *Naxos.* Trois suffragans, les évêques de Santorin, Thera et Céos ;

17°. *Neopacensis.* Pas de suffragans ;

18°. *Neopatras.* Un suffragant, l'évêque de Lavata ;

19°. *Nicomédie.* Deux suffragans, les évêques de Chalcédoine et de Césarée ;

ÉCLAIRCISSEMENS. 545

20°. *Le Vieux-Patras.* Cinq suffragans, les évêques d'Amyclée, de Methon, Coron, Aline et Andrevida;

21°. *Philippe.* Deux suffragans, les évêques de Valachie et de Christopolis;

22°. *Rhodes.* Cinq suffragans, les évêques de Nizerias, Milos, Carpatur, Tine, Micone et Chios;

23°. *Sardes.* Un suffragant, Tripoli;

24°. *Sebaste.* Deux suffragans, les évêques de Sebastopolis et Berythe;

25°. *Scherres.* Un suffragant, l'évêque de Zichna;

26°. *Smyrne.* Un suffragant, l'évêque de Phocée;

27°. *Thèbes.* Deux suffragans, les évêques de Castoria et de Zarratori;

28°. *Thessalonique.* Un évêque suffragant, celui de Cythron;

29°. *Trajanopolis.* Un évêque suffragant, celui de Rhasium;

30°. *Trébisonde.* Pas de suffragant;

31°. *Nerisi.* Quatre suffragans, les évêques de Rusoli, Apt, Ptolène et Médène;

32°. *Zichia*, en Scythie. Onze suffragans, les évêques de Caffa, Soldaia, Sarra, Camachus, Sybala, Thanos, Chersonèse, Bospore, Matriga, Syba et Lucco.

On sait que, dans la hiérarchie ecclésiastique, le suffragant dépend, pour sa juridiction spirituelle, du métropolitain.

§. II. — *Royaume de Thessalonique.*

L'existence de cette principauté latine fut moins longue et bien moins brillante que celle de l'empire fondé sur les ruines de Bisance; le royaume de Thessalonique ne comprit d'abord que la portion de territoire qui environne la ville de ce nom. Mais les conquêtes successives des chevaliers et des barons ajoutèrent à ce premier territoire les villes de Serre et de Bentrée, le détroit de Thessalie et les rives du beau fleuve Pénée, célèbre dans l'antiquité païenne, de sorte que le royaume franc de Thessalonique devint encore un des beaux lots de la conquête.

D'après les clauses de la convention de partage, le royaume de Thessalonique, sans relever précisément de l'empire, avait été astreint à quelques devoirs de féauté; ils furent l'objet des premières discussions, et l'on vit alors le marquis de Montferrat combattre contre ses frères d'armes venus de l'Occident, et se réunir au prince grec du pays, leur ennemi commun. Mais la paix s'étant faite et consolidée par l'instinct de l'intérêt mutuel, le marquis continua ses conquêtes à travers l'Olympe et l'Ossa. Il avait parmi ses plus redoutables adversaires, l'empereur grec Alexis, qui s'était joint à Léon Sgure, guerrier vaillant, seigneur de Napoli et de Corinthe; Léon et Alexis s'étaient retranchés dans les défilés inexpugnables de l'Olympe; mais l'habile marquis de Montferrat, guidé par des gens qui connaissaient les localités, sut échapper à la nécessité de franchir les Thermopyles; *de sorte*, dit le savant Ducange, *qu'il arriva sans coup férir au détroit fameux de ce nom, où Léonidas, capitaine lacédémonien, arrêta, avec trois cents hommes, une puissante armée de Xerxès, roi de Perse.* Le marquis pénétra sans résistance dans la Béotie et l'Attique, s'empara de Thèbes, d'Athènes et d'Argos, qui furent confiées, à titre de fief, à Othon de Laroche.

Ce fut sur ces entrefaites que se donna la malheureuse bataille d'Andrinople, où l'armée des Francs fut dispersée par les Bulgares. Bientôt le royaume de Thessalonique vit les Barbares s'approcher de ses frontières; la ville de Serre fut emportée, et la capitale elle-même menacée par le roi Jean. Le danger s'éloigna bientôt; la paix succéda à la guerre. Alors arriva dans la ville de Constantinople Othon de Laroche, seigneur d'Athènes; il venait de la part du marquis proposer à Henri, qui venait de succéder à Baudouin, Agnès, fille du nouveau roi. L'empereur accepta l'alliance; ce mariage fut célébré dans l'église de Sainte-Sophie. Une entrevue eut lieu entre les deux princes quelques mois après; il s'agissait de concerter une guerre contre les Bulgares; le marquis fit hommage de ses terres à Henri, donna le fief de Messinople à messire de Villehardouin, et marcha immédiatement après la cérémonie d'hommage, contre les Bulgares à travers les montagnes de Rhodopé; mais le roi Jean et les siens, connaissant le petit nombre de chevaliers et de barons qui l'accompagnaient, parvinrent bientôt à l'envelopper. Le malheureux prince, après des prodiges de valeur, succomba; sa tête fut portée dans les villes et les campagnes de la Bulgarie, comme un trophée de la victoire. Les barbares assiégèrent Thessalonique; mais, comme nous l'avons vu plus haut, leur roi y perdit la vie de la main d'un de ses guerriers.

Le marquis de Montferrat laissait un fils de son mariage avec l'impératrice Marie de Hongrie; il le désigna pour son successeur dans son testament. Ce jeune prince n'avait encore que dix ans. On créa donc un bail; il est appelé le comte Gras par Villehardouin; ce comte voulut s'assurer pour lui-même la souveraineté au préjudice des droits légitimes de Démétrius. L'empereur Henri prit la défense du royal enfant; il marche, et après quelque résistance les portes de Thessalonique s'ouvrent devant lui, et l'étendard légitime est replacé sur les murailles; l'empereur reçut Démétrius chevalier de ses propres mains et l'investit du royaume de Thessalonique, qui devint depuis cette époque un fief plus immédiat de l'empire.

La révolte qui venait d'éclater dans ce royaume avait des racines plus profondes, des causes plus générales que celle que nous venons de signaler : les cités n'avaient pas pris les armes pour des personnes, mais pour des opinions et des intérêts nationaux. Les barons qui s'étaient partagé le territoire de Thessalonique, appartenaient presque tous à l'Italie; le fief de la conquête était en quelque sorte l'image du fief de Montferrat; en choisissant un bail, ils avaient donc placé à leur tête un protecteur naturel, une espèce de roi, assez fort pour les défendre, mais pas assez puissant pour les dominer. Le jeune Démétrius, sous la protection de l'empereur Henri, allait les placer sous le sceptre de la branche flamande des conquérans de l'empire; aussi les seigneurs se gardèrent-ils bien de ratifier l'hommage sans restriction juré par Démétrius, et tous prirent les armes pour résister. Après une guerre sanglante et des divisions intestines, les barons lombards consentirent à déposer le comte de Blandras, à recevoir la comtesse de Monferrat pour régente, et le jeune Démétrius pour roi.

Mais Dieu ne permet pas, comme le fait observer Philippe Monske, que les meilleures choses aient une grande durée; Théodore, prince d'Épire, à la tête de ses Grecs, envahit le territoire de Thessalonique. L'impératrice et son jeune fils, au milieu de la décadence générale des affaires des Latins, se virent forcés de quitter leur capitale, qu'ils ne devaient plus revoir. Démétrius écrivit au pape une lettre où les caractères étaient à peine tracés, tant sa main était faible; des indulgences furent accordées, et le père commun des fidèles ne dédaigna pas de désigner par le nom de croisade une expédition militaire contre les Grecs usurpateurs de Thessalonique ; il y appela les évêques, les barons et les chevaliers; tout fut inutile, Thessalonique ne revint plus au pouvoir de la race du marquis de Montferrat.

Ainsi, ce royaume dura vingt ans, 1204—1224. Il ne vit que deux monarques ; après eux, plusieurs princes prirent le titre de roi de Thessalonique :

Jean de Brienne et ses enfans ;
Guillaume de Vérone, seigneur de Nègrepont ;
Hugues, duc de Bourgogne ;
Charles Ier., roi de Sicile ;
Philippe Ier., empereur de Constantinople ;
Louis de Bourgogne, prince d'Achaïe.

§. III. *Du territoire des Vénitiens dans l'empire.*

Nous avons vu que les Vénitiens s'assurèrent une portion considérable des terres conquises; ils y établirent deux espèces de petites souverainetés, les unes dépendant immédiatement de la république, les autres confiées à des seigneurs italiens ou grecs, imitant dans les concessions les hiérarchies et les dépendances féodales, telles que les barons français les avaient adoptées ; Constantinople et les grandes villes maritimes formèrent des exceptions, et les portions qui avaient été attribuées aux Vénitiens, changées en véritables factoreries, furent soumises à des bails qui géraient les affaires de la république.

Outre la portion de territoire tombée de plein droit entre les mains de la république, la première acquisition que firent les Vénitiens fut celle de l'île de Candie, qu'ils achetèrent du marquis de Monferrat; les Vénitiens la mirent dans les mains de Marc Sanudo et de Ravain Carcerio. On proclama dans Venise, à Constantinople, que tous les citoyens qui voudraient armer à leurs frais et s'emparer de quelques-unes des îles de l'Archipel, la république les y autorisait, et qu'ils posséderaient ces petites souverainetés nouvelles comme des fiefs et des dépendances de la république; en conséquence de ces permissions de *courre* sur l'ennemi, la mer de la Grèce fut couverte de navires; Marc Dandolo et Jacques Viaro se saisirent de Galipoli, dans le détroit des Dardanelles; Marc Sanudo des îles de Naxos, de Paros et de Milo, que ses successeurs possédèrent long-temps sous le titre de ducs de Naxos. Marc Dandolo prit l'île d'Andros; André et Jérôme Ghili celles de Théonon, Sciros et Micone; Pierre Zustiani celle de Céa; Philreole Navagies celle de Lemnos.

En même temps, le nouveau duc de Venise, Pierre Zano, envoya une armée navale contre l'île de Corfou, alors habitée par des pirates pisans et génois; l'île fut soumise. Le duc des Vénitiens la peupla d'une colonie de citoyens, et elle devint ainsi un des boulevards de la république. La flotte s'empara encore des îles de Céphalonie et de Zante, qui furent confiées à un seigneur français, vassal de la république.

La situation particulière des terres qui appartenaient à la république, les mettait à l'abri des vicissitudes de la fortune; comme elles consistaient presque toutes en des îles ou des territoires maritimes, il s'ensuivait que les Grecs ayant peu de vaisseaux, ne pouvaient lutter avec la maîtresse des mers. Pendant la durée de l'empire de Bisance, les Vénitiens ne perdirent que Durazzo et une portion des terres de l'Esclavonie, que leur arracha Théodore Comnène, un des vaillans princes grecs qui défendaient l'indépendance de leurs ancêtres.

Lors de la prise de Constantinople par les Grecs, la puissance des Vénitiens commença à décliner; ils per-

dirent leurs priviléges et leurs comptoirs dans cette cité.
Les Pisans, et surtout les Génois, leurs rivaux, qui déjà
s'étaient emparés de l'île de Rhodes, remplacèrent les factoreries vénitiennes dans la capitale et ses dépendances ;
des guerres éclatèrent sur tous les points maritimes, et
particulièrement dans l'île de Nègrepont. Les Génois, fa-
vorisés par les Grecs, s'emparèrent successivement des îles
de Chio, Nègrepont, et de quelques autres petites villes
de l'Archipel ; mais les Vénitiens ne perdirent leurs importantes possessions dans les iles de la Grèce, que par suite
des ravages des Turcs, qui emportèrent, dans des temps
plus ou moins modernes, la plupart de ces positions maritimes.

Pour revenir maintenant à la forme de gouvernement
de ces comptoirs, il est facile de s'en faire une idée par les
statuts municipaux que les républiques de Pise, Venise et
Florence, envoyaient à leurs colonies, et dont la plupart
ont été imprimés vers le milieu du xve. siècle (1468-1475).
Ces statuts confiaient presque tous les pouvoirs à l'élection,
sauf le bail, désigné par le doge, et qui représentait la
république; l'administration de la justice était confiée à
des magistrats dont les attributions ont servi de modèle aux
juridictions plus perfectionnées des consuls dans l'étranger;
les peines criminelles y sont en général d'une extrême
sévérité ; les transactions commerciales excitent principalement l'attention du législateur ; c'est un code complet qui, comme le *consulat de la mer* des Catalans, n'a
pas toujours été dédaigné par les rédacteurs de nos lois
nouvelles sur les transactions maritimes et les opérations
du commerce.

Les Vénitiens eurent quatre bails ou podestats à Constantinople, ce furent : Marin Zeno, Nicolas Tripolo, Marin Michiel, Marc Granidigo ; il eut aussi six générations de

ducs de Naxo : Marc Sanudo, Guillaume Sanudo, Jean della Carceri, Jacques Crespo, François Crespo; cinq comtes de Céphalonie : Léonard de Tocco, Charles de Tocco, Charles de Tocco II°., Charles de Tocco III°., Léonard de Tocco II°.; un seigneur de Nègrepont : Ravain della Careci; un seigneur de Corinthe : Reignier Acciaroli; enfin, cinq citoyens de la même famille succédèrent aux Othon de Laroche dans le gouvernement d'Athènes.

Souveraineté d'Achaïe et de Morée.

Tandis que l'empire des Francs à Constantinople s'agrandissait par la conquête, une expédition partie de l'Occident venait augmenter les possessions des Latins dans la Grèce. Les comtes de Champlitte et de Dijon, de la maison des comtes de Champagne, ayant appris que les croisés s'étaient établis dans la Romanie, fondant partout des seigneuries, résolurent d'agrandir leur patrimoine par l'acquisition de quelque terre. L'aîné, Hugues de Champlitte, resta à la tête de la famille; Guillaume, le plus jeune des frères, rassembla ses hommes d'armes et un petit nombre de guerriers qui offrirent de l'accompagner en qualité de bannerets, et à la condition que chacun d'eux pourrait se créer un fief de famille. On se réunit en un banquet; et l'aîné des comtes de Champagne s'adressant à Guillaume, lui dit : « Cher frère, puisque je reste ici, prends tout l'argent qui est dans notre trésor et tout ce que nous avons en commun, et pars avec mes vœux et ceux de toute notre famille; j'espère en la bonté de Dieu qu'il te fera réussir. »

Avant son départ, Guillaume de Champlitte avait signé de son scel la charte suivante : « Moi, Guillaume de Champlitte, vicomte de Dijon, je fais savoir à tous présens et à venir, que, prêt à entreprendre le voyage d'outre-mer, je donne à Dieu et aux solitaires d'Hauterive, pour le repos de mon âme et de celle de mes ancêtres, les vingt-trois sous et demi de Dijon qu'ils me doivent pour le cens des vignes qu'ils possèdent dans le territoire de Mirande; je donne en même temps aux mêmes solitaires le plein usage de toutes mes forêts. Les témoins de cette charte sont le frère Pons Cellier, de l'ordre de Cîteaux; Robert de l'arsde, mon chapelain, et mes hommes d'armes. Fait l'an de l'incarnation du Sauveur MCCII. »

Le Champenois et ses compagnons partirent donc; et après s'être pourvus à Venise des objets nécessaires à leur voyage, arrivèrent dans la Morée, à quinze lieues environ de Patras, où ils établirent immédiatement un château fort bâti en brique.

De toutes les provinces de l'empire de Constantinople, la Morée avait le mieux conservé les mœurs antiques de la Grèce glorieuse; les Moraïtes, et en général les habitans du Péloponèse, avaient gardé quelque chose de l'indépendance de leurs ancêtres; et gouvernés par un système municipal, sorte de république morcelée, ils opposèrent une plus longue résistance aux guerriers francs. La Morée comptait alors douze places fortes ou villes considérables: Patras, Corinthe, Argos, Naplion, Ponticos, Arcadia, Coron, Calamata, Modon, Nicli, Lacedemonia et Monobaria.

Les Francs dirigèrent d'abord leurs armes contre Patras. Après une longue résistance la ville leur ouvrit ses portes. Les guerriers du Champenois apprirent alors des Grecs qui connaissaient le pays, que la plus belle contrée de la Morée était du côté d'Andravida (l'emplacement de l'ancienne Cylcène (1). La ville d'Andriva était ouverte de toutes parts, sans être défendue ni par des tours ni par des murailles. Or, quand les habitans virent s'approcher les Francs s'avançant bannières déployées, ils sortirent grands et petits, tenant dans les mains des croix et des saintes images, et ils se soumirent au chef champenois.

Maîtres d'Andravida, les Francs résolurent de marcher sur Corinthe. Tandis que les vaisseaux vénitiens côtoyaient le rivage, le Champenois (2) traversait Vostitza (3). Corinthe obéissait alors à Léon Sgure, né à Napoli de Romanie, et qui, suivant Nicétas-Choniates, dans sa Vie de Baudouin, avait succédé à son père dans la tyrannie de cette cité. Léon Sgure, maître d'Argos, de Corinthe et de Clube, avait épousé Eudoxie, fille de l'empereur Alexis et veuve de Murzuphe. Sgure résolut de se défendre contre les Francs. Ceux-ci dressèrent des trébuchets, lancèrent des flèches, et bientôt ils furent maîtres de la ville. Le tyran se retira dans la citadelle. Après la prise de la ville, aussitôt la trompette retentit dans les camps; les héraults d'armes proclamèrent que tous les Grecs qui voudraient reconnaître le Champenois, obtiendraient des honneurs et des bienfaits; que ceux qui résisteraient seraient traités comme des vaincus. Les communautés, les riches Grecs accoururent en toute hâte pour profiter de ces promesses ou éviter

---

(1) Le père Lequin, dans son *Oriens christianus*, nomme cette cité indifféremment Andravitza ou Andravilla. M. Pouqueville a vu à Andravilla, des halles comme dans plusieurs villes des provinces en France.

(2) Dans la chronique grecque de Guillaume de Champlitte, on lit toujours ὁ Καμπανεσης.

(3) L'antique Ægium (suivant M. Pouqueville, tom. III, pag. 551. et suiv.), où se réunirent les chefs grecs pour l'expédition de Troyes. Elle devint ensuite la cité où se rassemblait la diète des Achéens.

l'effet de ces menaces; ils jurèrent donc fidélité au Champenois, et celui-ci leur fit l'accueil le plus gracieux.

Pendant que ce vaillant prince poursuivait ses conquêtes, Geoffroi de Villehardouin, neveu du sénéchal historien, était jeté par la tempête au port de Modon, et s'emparait de plusieurs places de la Morée, d'accord avec un Grec du pays; mais après la mort de son nouvel allié, Geoffroy de Villehardouin, en mésintelligence avec son successeur, vint trouver le marquis de Montferrat à Napoli de Romanie. Ce prince lui offrit des fiefs moyennant l'hommage; mais Geoffroy préféra s'associer aux conquêtes de Guillaume de Champlitte. Ils marchèrent ensemble sur Argos. Cette cité considérable, qui, suivant le chroniqueur de la Morée (1), s'étend dans la plaine comme une tente déployée, ne résista que peu de jours; les Francs attaquèrent la ville, et les bannières des chevaliers champenois flottèrent bientôt sur les remparts. On y apprit une triste nouvelle : Léon Sgure, renfermé dans la citadelle de Corinthe, s'était précipité sur la ville après le départ des chevaliers chrétiens; il avait égorgé les malades et les blessés; l'étendard des Grecs avait remplacé le gonfanon des comtes de Champlitte. Les Francs retournèrent à Corinthe, où ils trouvèrent le marquis de Montferrat. Le comte de Champlitte se déclara son vassal, et reçut en fief la manse d'Athènes (2), c'est-à-dire les terres et la cité. Celui qui commandait alors dans Athènes avait le titre de *grand sire* (megaskir). Boniface concéda encore au Champenois trois manses dans l'Epire. Le seigneur d'Athènes était de Bourgogne, comme nous l'avons dit; il s'ap-

---

(1) Pag. 117.
(2) La manse, dans la signification féodale, équivaut au manoir. (Voy. Ducange, V°. *Mansa*.)

pelait Othon de la Roche; plus tard il prit le titre de duc; les trois seigneurs des manses de l'Epire étaient de Vérone en Lombardie; on présume qu'ils étaient des familles Rabani et Millioni. Après ce pacte féodal, le marquis de Montferrat prit congé de ses nobles vassaux; Geoffroy de Villehardouin demeura près du Champenois. Geoffroy dit alors aux chevaliers : « Vous pressez en vain les citadelles de Corinthe et d'Argos, mieux vaudrait s'emparer du pays plat et sans défense situé entre Patras et Coron. » Les guerriers francs applaudirent à son avis et se mirent en marche dans les terres. Ils arrivèrent à Andravida, et le maréchal de Villehardouin fit aussitôt assembler les chefs de la cité et leur dit : « Archontes, mes amis, voyez ces troupes, voyez l'éclat extérieur dont leur chef est environné; vous, mes amis, vous n'avez aucun soldat, aucun chef qui puisse vous secourir; venez, faisons donc un traité qui puisse sauver vos campagnes du pillage, vous qui êtes des hommes sensés et ne pouvez manquer d'avoir de l'influence sur les autres Grecs qui sont tous vos parens, vos amis ou vos compagnons, préparez leurs esprits, et engagez-les à se soumettre de bonne volonté. » Les Grecs saluèrent le sénéchal et l'envoyèrent dans les campagnes avec une charte de Guillaume de Champlitte, scellée de son sceau, et annonçant que tous ceux qui se soumettraient à lui, conserveraient leur patrimoine. De toutes parts on vint donc reconnaître le Champenois aux conditions suivantes : les fils de famille conserveront leurs droits héréditaires; les hommages et les avantages militaires devaient être répartis dans la même proportion; le surplus appartenait de droit aux Francs; quant aux habitans des campagnes, ils conservaient leurs propriétés; six des principaux Grecs et six des barons francs s'occupèrent du partage des terres, suivant les conventions. Au même temps on résolut de diriger les soldats et les flottes du côté de Ponticos (1), Arcadia (2), Coron et Calamata (3). Toutes ces cités se rendirent aux guerriers francs ; on conserva aux habitans leurs priviléges et leurs propriétés. Sur ces entrefaites, arrivèrent des messagers de la Champagne ; le comte demanda tout aussitôt des nouvelles de sa famille. Ceux-ci tout consternés lui dirent les larmes aux yeux : « Apprends, Seigneur, que le comte de Champagne, ton frère aîné, est mort ; tous les bannerets ainsi que toutes les communautés de cette contrée, qui est ton héritage, désirent vivement que tu retournes en toute hâte. » Le comte demanda avis, et tous les seigneurs lui conseillèrent de retourner en France. Alors le Champenois s'adressa au sire Geoffroy de Villehardouin et lui dit : « Ce serait une ingratitude à moi, et je m'attirerais le blâme des hommes si je ne cherchais pas à vous récompenser de vos bons services; je vous donne donc en toute propriété Calamata et Arcadia, et voilà l'anneau d'or de vassalité. Je vous prie en outre de tenir le pays que j'ai conquis dans la Morée, à titre de bail, sous cette condition que s'il me plaisait dans un an, à partir de ce jour, d'envoyer quelqu'un pour me remplacer dans la Morée, vous remettrez dans ses mains le pays et la souveraineté, et vous ne conserverez que vos propres terres. Passé l'année, je veux que vous restiez souverain de la Morée, avec le droit de transmettre la

---

(1) M. Pouqueville nomme ce lieu Pundico-Castron, château des rats. Les traditions du pays reportent l'origine d'un vieux château qui existe encore, à Geoffroy de Villehardouin.

(2) Elle occupe l'emplacement de Cyparisseis ou Cyperassia, et commande les chemins qui conduisent de l'Elide dans la Messénie.

(3) Elle est située à dix minutes de la mer, sur l'emplacement de l'ancien bourg de Calami.

souveraineté en héritage à vos descendans. » Geoffroy remercia respectueysement son suzerain; les chartes furent dressées et scellées; après les cérémonies d'hommage, le comte se mit en route pour l'Italie.

Le premier soin de Villehardouin fut de faire vérifier le livre de partages des terres qu'on avait dressé du temps du Champenois (1). En voici quelques fragmens.

Le premier porté sur ce livre était messire Gaultier de Rouman; il avait vingt-quatre fiefs de chevaliers. Dans la suite il fit bâtir le château d'Acoba dans la Messénie, sur le Xérillo Potamo.

Le second était Hugues de Brienne; il avait dans le défilé de Scorta vingt-deux fiefs de cavaliers.

Messire Guillaume Alaman eut Patras dans son apanage.

On avait ensuite donné à messire Rémond le château de Véligosti avec un fief de quatre cavaliers; il devait porter bannière.

Messire Gui de Nesle avait six fiefs dans la Laconie et un château à l'embouchure de l'Eurotas.

On donna à messire Raoul de Tournay la petite ville de Calarita, située dans le bassin du Cérynite, avec douze fiefs.

A messire Hugues de Lille, 8 fiefs de cavaliers; il changea son nom contre celui de Charbonnier.

A messire Jean de Neuilly, quatre fiefs et le droit de porter bannière; il reçut aussi le titre transmissible de maréchal de Romanie.

---

(1) Le système féodal se produisait partout avec les mêmes Francs; on ne doit pas oublier qu'après la conquête de l'Angleterre par les Normands, Guillaume fit dresser le Doomsday book, ou livre des partages des terres des vaincus.

ÉCLAIRCISSEMENS.

A messire Robert de la Trémouille, quatre fiefs et Chalatrisa, l'ancienne Trytée (1).

Quatre autres fiefs furent donnés au Temple, quatre autres aux chevaliers teutoniques, sous condition de lever bannière; le métropolitain de Patras et son chapitre obtinrent huit fiefs de cavaliers; l'évêque d'Oléon son suffragant, quatre fiefs de chevaliers que reçurent aussi les évêques de Modon et de Coron, de Lacédémonie et d'Amiclée.

Plusieurs chevaliers et sergens furent aussi gratifiés d'un fief par le Champenois avant son départ.

On régla ensuite l'ordre du service militaire; tous les seigneurs qui avaient plus de quatre fiefs devaient lever bannière et conduire à la défense du territoire, deux sergens à cheval, et un chevalier par chaque fief; ceux qui en avaient moins, devaient avoir sous leur bannière un chevalier et douze sergens; ceux qui n'avaient qu'un fief, devaient servir en personne, ce qui leur fit donner le nom de sergent de la conquête.

Pour ce qui tient à la police du pays, voici ce qu'on régla : pendant quatre mois le feudataire devait être sous les armes pour le service du prince du pays et dans l'endroit qu'il lui plairait de désigner. Quatre autres mois on devait être à la disposition de son seigneur particulier dans la hiérarchie féodale; pendant les quatre autres mois, le feudataire était libre; les fiefs de l'église étaient dispensés de toute garnison, sauf les cas d'invasion de l'ennemi ou de conquête; les jugemens par cour furent confiés aux bannerets, chacun dans son fief particulier; les évêques eurent aussi la juridiction féodale dans toute son éten-

---

(1) M. Pouqueville l'a retrouvée dans le nom de Chalantista.

due; on régla par convenance, qu'ils ne pourraient pas assister aux jugemens où la peine de mort serait prononcée.

Dans le règlement de ces fiefs, on avait compris un grand nombre de châteaux et de terres qui n'étaient pas encore au pouvoir des Francs, de sorte que Geoffroy de Villehardouin, nouveau *bail* de Morée, convoqua les chevaliers et les barons pour marcher à la conquête de ces territoires grecs. On s'empara d'abord de Véligosti et de Nidi ; les Francs marchèrent ensuite sur Lacédémonia.

Lacédémonia est une ville bien garnie de tours et de murailles fabriquées de chaux. Les habitans étaient résolus à ne pas se rendre. Cependant, après un long carnage, ils se soumirent aux mêmes conditions que les autres habitans de la Morée. Geoffroy de Villehardouin fit rassembler les principaux Grecs, et leur demanda quelle place restait encore à soumettre. « Corinthe n'est plus à vous. — Argos, Anaplion, Monobaria, ne sont point encore entièrement soumises, répondirent-ils ; promettez-nous, si vous voulez que nous vous aidions, que jamais aucun Franc ne forcera les Grecs à changer de religion, à devenir Latins. »

On le leur accorda et des chartes furent dressées ; alors on admira la sagesse de messire Godefroy, et on se dit : « Qui sait si le Champenois ne nous enverra pas de France quelque jeune étourdi qui viendra troubler nos affaires ; nous avons un bon souverain, pourquoi ne le garderions-nous pas ? » Alors les barons vinrent trouver Geoffroy et lui dirent : « Gardez la souveraineté. » Geoffroy refusa d'abord ; mais, prié de toutes parts, il accepta. On songea aux moyens d'accomplir cette résolution. Des messagers se dirigèrent vers Venise avec des présens ; on sollicita le doge pour qu'il retînt dans sa marche celui que le Champenois désignerait pour la souveraineté de la Morée.

Pendant ce temps, le Champenois, de retour dans ses domaines de France, choisissait parmi les siens un cousin nommé Robert, à qui il confiait la souveraineté de la Morée. Robert partit donc pour la Morée, et traversant l'Italie, vint à Venise pour solliciter un vaisseau de passage; sous différens prétextes, le doge de Venise retint Robert pendant deux mois au milieu des plaisirs et de la bonne chère. Enfin, lors du départ, le doge recommanda au capitaine de la galère de débarquer Robert à Corfou, et de l'y retenir le plus long-temps qu'il pourrait. Lorsque le capitaine arriva devant cette île, s'adressant à son passager, il lui dit : « Ma galère vient d'être percée dans la cale, et j'ai besoin de la calfater; mon bon frère, faites donc retirer vos effets et débarquez un moment afin que je puisse tenir la mer. » Robert débarqua, et tandis qu'il dormait dans une hôtellerie, le coq de la galère donna le coup de sifflet de départ.

Quand Robert se fut aperçu de la perfidie du Vénitien, il loua un navire pour la Morée, et après une heureuse et courte navigation, il vint débarquer à Saint-Zacharias. Il demanda tout de suite où était Geoffroy, le *bail* de la Morée; on lui indiqua Andravida. Mais Geoffroy, qui savait son arrivée et se souvenait de la condition de son bail, se retira, et Robert courut vainement après lui dans toutes les cités, où il ne put le rencontrer qu'après l'année expirée, c'est-à-dire, qu'au moment où la souveraineté appartenait de plein droit à Geoffroy de Villehardouin. Robert appela devant la cour des barons; on lut les chartes de conventions scellées du sceau du comte de Champlitte, et la cour décida unanimement que, s'étant écoulé quinze jours après ce terme d'une année fixé pour le bail, Geoffroy de Villehardouin était devenu le prince légitime de la Morée. Alors Robert de Champagne s'adressant au prince, lui dit : « Je vois bien que je ne puis obtenir la souveraineté de ce pays; fais-moi donc donner des chevaux et des compagnons, afin que je me mette en route. » Geoffroy l'accabla de présens, et l'engagea à demander tout ce qui pouvait lui être utile. Robert s'embarqua à bord d'une galère et retourna en France. Après son départ, messire Geoffroy prit le titre de souverain de la Morée ; il mourut presque aussitôt, laissant deux fils, le premier du nom de Geoffroy; le second du nom de Guillaume, qui était seigneur de Calamata.

Geoffroi II était plein de sagesse. Or, voilà qu'il lui survint une affaire qui l'embarrassa.

Pierre de Courtenay (1) régnait sur Constantinople ; il avait fait une convention de mariage pour sa fille avec le roi d'Aragon et de Catalogne ; la fille de l'empereur s'était embarquée sur dix galères avec une suite brillante; elles s'arrêtèrent au château de Pontrin dans la Morée ; messire Geoffroy de Villehardouin était alors à Ulisiri; on vint lui annoncer l'arrivée des dix galères. Il se rendit immédiatement sur le rivage, et lorsque les grands eurent vu la belle princesse, ils dirent à leur suzerain : « A quoi vous serviraient toutes vos prouesses, si vous ne laissiez pas d'héritiers pour vous succéder ? Puisque Dieu vous a amené cette belle fille, prenez-la pour votre épouse. Si l'empereur son père venait d'abord à s'en fâcher, il finira par se raccommoder avec vous. Geoffroy ne fit pas grande difficulté. L'évêque d'Oléon fut chargé de porter la parole à la princesse, qui accepta. (On raconte une semblable aventure arrivée à une autre princesse grecque, Eudoxie, sœur de l'empereur Alexis II, fiancée à un roi d'Aragon,

---

(1) La chronique de Morée le nomme Robert.

ÉCLAIRCISSEMENS. 563

et qui épousa en route le jeune seigneur de Montpellier, Guillaume, fils de la duchesse Mathilde.)

Après la célébration du mariage et toutes les fêtes données à cette occasion, les galères retournèrent à Constantinople. L'empereur fut courroucé, car le roi d'Aragon lui avait promis des hommes d'armes pour soumettre les Grecs. Villehardouin s'excusa; il fit connaître le besoin qu'il avait d'une épouse choisie parmi les Francs; il offrit de se faire l'homme-lige de l'empire, et d'en dépendre pour la souveraineté de la Morée; enfin, de se réunir au prince pour soumettre les Grecs rebelles. L'empereur agréa ces offres. Après avoir pris l'avis de son conseil, il se rendit à Larisse, où il eut une entrevue avec messire Geoffroy. Voici quelles furent les conventions arrêtées : l'empereur donna à Geoffroy toute la Dodicanèse, c'est-à-dire les douze Cyclades (1) : il l'honora du titre de πρίγκηπα (Prince); il le nomma Domestique (2) de toute la Romanie; il lui conféra le droit de guerre, de battre des deniers et des sous d'argent à sa propre effigie, sous la condition de relever de lui pour toutes ses terres; enfin le nouveau prince de la Morée adopta les usages et assises de Jérusalem.

De retour à Modon, Geoffroy de Villehardouin résolut d'achever ses conquêtes. Les premiers de son conseil lui dirent : « Vous savez, Monseigneur, que les églises possèdent environ le tiers de la Morée; il faut donc les sommer de nous prêter des secours dans l'attaque des places

---

(1) Les douze Cyclades étaient Cythnos, Paros, Amorgos, Délos, Ténos, Jos, Scriphos, Myconos, Cyros, Cyphnos, Andros et Naxos. Il y eut ensuite un duc vénitien de la famille de Sanuto.

(2) L'*Histoire de l'empire de Bysance* nous montre par plusieurs exemples quel était le caractère de cette dignité.

ennemies. » Villehardouin les approuva, et comme le clergé fit quelques difficultés, il saisit tous les bénéfices ecclésiastiques, et leurs revenus servirent à bâtir Chcoumonzit (1). Les prélats excommunièrent le prince et les sujets. On appela à Rome, et le pape envoya un pardon général à Geoffroy, qui fit appeler les évêques et les prêtres, leur disant : « Par Jésus-Christ, ce n'est pas moi qui ai tort ; car si les Grecs s'emparaient de la Morée, que deviendraient vos bénéfices ? Je ne demande pas que vous fassiez garnison, aidez-moi seulement dans mes projets contre l'ennemi. » La réconciliation fut complète entre les évêques et le prince de Morée ; mais celui-ci ne vécut pas long-temps ; il mourut ne laissant point d'enfans.

Guillaume son frère lui succéda ; au moment où il prit les rênes du gouvernement, les Grecs occupaient encore les places de Monosia, de Corinthe et d'Anaplion tout près d'Argos. Le prince crut qu'il ne mériterait pas le titre de souverain de la Morée, tant que ces villes seraient au pouvoir des Grecs. Il convint avec la république qu'elle lui fournirait deux galères pour la garde du pays, et quatre galères bien armées pour assiéger Monabaria et Anaplion ; en récompense, la communauté de Venise devait désormais posséder en toute propriété Modon et Coron, avec leurs villages et dépendances. On résolut avant tout d'assiéger Corinthe ; le seigneur d'Athènes, Marc Sanuto, duc de Naxos, Robert di Carcéri, seigneur de l'île d'Euripe, André et Jérôme Ghisi, duc de Schiras et de Micon, Pierre Giustiani et Dominico Michieli, duc de Céos, Philippe Navarro, seigneur de Lemnos, Marin Dandolo, duc d'Andros, se rendirent au siége de Corinthe. La ville fut serrée de près, et l'on éleva une forteresse tout auprès,

---

(1) Aujourd'hui Castel-Tornezi.

à laquelle on donna le nom de Montesquiou (1). Les Grecs capitulèrent enfin, sous la condition qu'on leur conserverait leurs priviléges municipaux. Anaplion et Monosia se rendirent aux mêmes conditions; elles furent données au seigneur franc d'Athènes, qui fixa alors sa résidence à Thèbes. Les Mélinges et les Escrites firent aussi leurs soumissions (2); mais ils y mirent les conditions expresses de n'obéir qu'à leur propre chef, de ne se réunir que pour le service militaire et les besoins du territoire.

Lorsque la Morée fut entièrement arrachée à la domination des Grecs, comme il arrive toujours, les chevaliers se disputèrent entr'eux leur possession particulière. La chronique de la Morée dit que la première querelle qui s'éleva, naquit à l'occasion du refus d'hommage que fit le duc d'Athènes au prince Guillaume de Villehardouin. On fit délibérer le conseil; la guerre fut résolue; mais le duc de Caristéna, neveu de Villehardouin, et plusieurs seigneurs bannerets s'unissant au seigneur d'Athènes, la guerre devint difficile. Cependant les armées d'Athènes et de Modon se rencontrèrent dans le défilé de Mégare; le duc fut défait. On allait l'assiéger dans Thèbes, lorsque, sur l'intervention du patriarche, il promet la foi et hommage; et en effet, au milieu d'une cour brillante, le prince le baisa sur la bouche, et le duc d'Athènes mit sa main dans celle de Guillaume, en signe de vassalité. De nouvelles discussions s'étant élevées, on en confia la décision au roi de France; le duc d'Athènes se présenta nue tête devant la cour plénière. La question était : si le duc avait perdu ses fiefs par félonie? On décida que l'hommage n'ayant pas été fait avant la guerre, il ne pouvait y avoir

---

(1) Μουντε σκούδα.
(2) Ils habitaient la contrée des Slaves.

felouke. On le remit donc en possession légitime de son fief.

Pendant ce temps, Guillaume marchait du côté de la Pélagonie (1). Le despote Koutroulis, qui s'était révolté contre l'empereur, l'avait appelé, et joignait ses troupes aux siennes; les deux armées se portèrent sur l'ancienne Patras (Sparte). A Patras, les princes alliés célébrèrent des pompes et des fêtes; on s'accorda sur les conquêtes à faire. Les nouveaux alliés se dirigèrent à travers la Valachie, offrant à tous ceux qui voudraient les suivre une forte solde. De leur côté, les Grecs approvisionnèrent les places de guerre, et les mirent en état de défense. Le sébastocrator ordonna aux habitans de rentrer dans les villes; tous ceux qui ne purent s'approvisionner s'enfuirent dans les montagnes. La jonction des troupes se fit à Arta; les Francs prirent le chemin de Janina, la capitale de l'Epire; les seigneurs de Thèbes et d'Athènes se réunirent aux alliés dans la plaine de Thessalina.

Théodore Ducas gouvernait alors la Valachie; il lève immédiatement une armée et s'avance contre les Francs. On voyait dans cette multitude d'ennemis, deux mille Cumans, cavaliers agiles et prompts au combat, trois cents Allemands bardés de fer, des Hongrois, des Serviens, des Bulgares et des Turcs; les Grecs étaient le plus petit nombre. Les habitans des villes et des villages avaient reçu l'ordre d'allumer des torches sur les montagnes, de pousser des cris, afin de faire croire que les armées étaient innombrables. Le général de l'empereur grec s'adressa aux Francs pour les effrayer, et en effet il y réussit. Ils résolurent de quitter le camp pendant la nuit, de se retirer dans les montagnes.

---

(1) Cette province est située sur les confins de la Macédoine et de l'Albanie.

Le brave seigneur de Caristéna, seul, fut profondément troublé de la honte de fuir; dans son agitation, il s'arrêta près de sa tente, et comme il avait juré de ne parler du projet à âme qui vive, avec un bâton qu'il tenait à la main, il frappa fortement une des colonnes en s'écriant : « Colonne, soutiens bien la tente qui me couvre; je t'aime trop pour la laisser exposée au danger; il a été décidé entre les princes que nous abandonnerions le petit peuple : ô ma chère tente, prends tes mesures pour ton salut, et tâche d'échapper au danger. »

Ces paroles furent entendues et comprises de tous; on murmura, et les chefs, pour calmer les craintes, annoncèrent qu'on livrerait bataille; les Grecs, alliés des Francs, les abandonnèrent dans la nuit. « Qui donc pourra, s'écrie le chroniqueur de la Morée, se fier à la parole d'un Grec? »

Les Francs, malgré le petit nombre auquel ils étaient réduits, attendirent l'armée impériale. Elle parut bientôt, les Allemands en tête. Le seigneur de Caristéna se précipite la lance en arrêt sur cette avant-garde; elle chancelle, se disperse; alors s'avancent les Hongrois avec leurs flèches; l'air en fut obscurci; l'intrépide seigneur de Caristéna est renversé de son cheval; il baise son étendard en signe de soumission; on s'empare de lui; l'armée des Francs se disperse, le prince Guillaume et les principaux chefs sont faits prisonniers; on les mène devant l'empereur. Tout aussitôt ils se jettent à genoux pour le saluer; mais celui-ci, en homme sage et noble, les prit par la main et les releva : « Que le prince et ses compagnons soient les bien-venus ici, s'écria-t-il; il les fit asseoir et leur assigna une honorable prison; mais le lendemain il les manda devant lui et sollicita, de la part des Francs, une renonciation à leur souveraineté dans la Morée : « C'est mon héritage que vous retenez, leur dit-il. — Despote et seigneur, répondit le prince de la Morée, vous exigez de moi ce qu'il m'est impossible de vous accorder ; nos conquêtes sont un patrimoine commun, et je ne pourrai rien céder sans le consentement de tous mes compagnons : retenez-moi tant qu'il vous plaira, vous en êtes le maître; tout ce que je puis faire, c'est de vous promettre une rançon telle que vous la fixerez. »

Ce discours, où se révèle tout l'esprit du système féodal, mécontenta l'empereur. « Prince, vous prouvez bien que vous êtes un franc, vous en avez tout l'orgueil; mais prenez garde, vous vous êtes perdu une fois, craignez de vous perdre une seconde. » Le prince ne fut pas touché de ce discours, il resta avec les siens trois ans dans les fers; il n'en sortit qu'en consentant à la cession des trois forteresses de Monobosia, Magna et Misithra, qui dépendaient de son domaine particulier. Quand ils retournèrent chez eux, ils trouvèrent leurs femmes qui avaient gouverné pendant leur absence. On exécuta le traité en livrant les places; mais tout aussitôt les Francs envahirent la Lacédémonie, violant ainsi le serment qu'ils avaient fait. L'empereur prit à sa solde cinq mille Turcs, donna ordre de rassembler les troupes asiatiques, et le grand domestique s'avança sur la Morée. Les vassaux grecs des défilés furent provoqués à prendre les armes, par une bulle scellée du sceau d'or; des troupes innombrables se répandirent le long des rives de l'Alphée. « Parlerai-je, s'écrie la chronique de la Morée, parlerai-je de cette grande bataille où trois cents Français défirent toutes les troupes de l'empereur? » En effet, le bailli de la Morée s'avança avec ce petit nombre de chevaliers; de sorte que lorsque le grand domestique vit s'approcher cette faible troupe, il s'écria : « Voilà un petit déjeuner qu'on nous sert.» Au premier choc des Turcs, cent chevaliers francs furent démontés; mais ils prirent les chevaux de leurs écuyers, s'élancèrent dans les rangs ennemis qu'ils dispersèrent en un moment. Le grand domestique voit s'approcher la bannière des Francs : « Donne-moi mon coursier, dit-il à son Turcoman, » et il prit la fuite, poursuivi par les Latins, dont les épées flamboyantes s'étaient déjà teintes du sang des Grecs. Quand on annonça au prince de la Morée la victoire de ses chevaliers, il pleura de n'avoir pu y assister.

Cette époque de combats et de victoires pour les Francs fut marquée par la défection des Turcs, qui, n'ayant pas reçu de solde des Grecs, s'unirent aux Latins : « Votre empereur ne doit avoir qu'une parole, dit Mélik, leur chef; vous nous avez renvoyés en refusant de nous payer notre solde, eh bien ! nous allons trouver les Francs et vivre avec eux. » Aussitôt il fait sonner les trompettes et les clairons, se rend auprès du prince Guillaume, et par l'organe d'Anceau de Toucy qui savait le turc, il dit au prince Guillaume : « Voulez-vous de nous pour archers, nous vous offrons
» nos services pendant un an ; autrement, laissez-nous
» retourner en Asie. » Guillaume répondit : « Soyez les
» bien-venus, frères et amis; depuis long-temps je dé-
» sirais vous voir réunis avec nous. » Alors tous frappèrent dans leurs mains en répétant : *Malik Salik !* c'était le nom de leur chef. Le prince s'approcha d'eux, leur tendit la main, et aussitôt tous les Turcs descendirent de cheval, mais les chefs demeurèrent sur leurs étriers, brandissant leurs arcs et leurs flèches ; ils demandèrent à marcher contre le grand domestique qui s'avançait à la tête des troupes impériales. On délibéra dans le camp, et les Francs craignant que les Turcs ne prissent la fuite et n'ébranlassent leurs colonnes, résolurent, sur l'avis de messire Anceau, de les placer au centre ; et craignant cependant de blesser l'orgueil des nouveaux alliés en paraissant

se méfier d'eux, on leur dit que leur poste serait autour de la bannière du prince, et que là où était l'image de la Vierge était le poste d'honneur. *Malik! Salik!* s'écrièrent-ils encore une fois, et les trompettes retentissantes annoncèrent la présence de l'ennemi. Les premiers corps de Francs succombent sous leur multitude innombrable: « Que faites-vous, seigneurs chevaliers? s'écrie messire » Anceau tout rouge de colère; pensez-vous que ce soient là » des jeux d'enfans? Jouons-nous aux barres ou combat- » tons-nous réellement (1)? Compagnons, chargeons » l'ennemi comme de loyaux bannerets. » Les Grecs à leur tour s'ébranlent; ce fut alors que les Turcs se précipitèrent dans la plaine et achevèrent la défaite des troupes impériales; mais messire Anceau n'était point encore satisfait: « J'ai un frère dans les prisons de Constantinople: » je n'ai pu faire un seul prince grec prisonnier, comment » pourrai-je racheter mon frère? » Il pleurait ainsi à chaudes larmes, lorsqu'un de ses sergens l'apercevant, lui dit: « Mon sire, que me donnerez-vous si je vous amène » un prince grec, pieds et poings liés? — Tout, sauf mon » corps et mon honneur, répondit le seigneur. » Alors il le prit par la main et le conduisit à l'entrée d'une caverne où il lui montra, ô joie extrême! le grand domestique lui-même (2). On l'emmène au camp, et des reproches retentissent de toutes parts: « L'empereur, dit-on surtout, a violé la parenté spirituelle en envahissant le territoire de la Morée, car le prince Guillaume n'est-il pas le parrain de son fils? » Le grand domestique répondit:

---

(1) Ὡσὰν παιγνίδιν παίξομεν τὸ λεγούμεν Δυπάρα. (*Chronique de Morée*, pag. 280.)

(2) Cette caverne, selon Ducange, était le fort Gardiki, sur le Pénée.

« Ma présente position, mes frères, ne me permet pas de
» répondre; il ne sied pas à l'honnête homme de se van-
» ter des chances de la fortune; les hasards de la guerre
» sont variables; le plus grand tort n'est-il pas toujours
» de votre côté? La terre de la Morée vous appartient-elle
» ou au saint Empire? » Le prince se fâcha en entendant
ces paroles hardies: « Vous êtes mon captif, je dois vous
» excuser, autrement je vous aurais déjà appelé en champ
» clos. » Dans ce temps, les Scortins se révoltèrent et le-
vèrent l'étendard des Grecs au milieu de leurs défilés
inexpugnables. On commanda aux Turcs de parcourir ces
campagnes rebelles. Vous eussiez vu alors quelle frayeur
se répandit dans ces monts escarpés; les moissons furent
embrasées, la terre offrit l'aspect d'un vaste incendie, les
rebelles se soumirent, et les Turcs revinrent au camp chargés de butin. Alors Malik, s'adressant au prince Guillaume,
lui dit: « Frère, l'expédition est finie; voici deux ans
» que nous sommes loin de chez nous; nous avons promis
» à nos femmes de nous asseoir à leur foyer dans deux an-
» nées au plus tard; tu es content de nous, aujourd'hui
» nous voulons partir. » On accéda avec peine à leur demande, mais enfin il fallut consentir, et des guides les
dirigèrent jusque dans la Valachie; quelques-uns restèrent
dans le pays et furent recherchés en mariage, après le baptême, par de nobles demoiselles qui leur confièrent leurs
fiefs.

Or, maintenant il faut raconter l'histoire du brave seigneur de Caristéna, dont la réputation était répandue par
tout le monde. Voilà que par un vice commun à beaucoup
de jeunes chevaliers, il se laisse prendre d'amour pour la
femme de messire de Catara, noble et vieux homme. Il
l'enlève, et tous deux partent et vont faire un pélerinage
à Saint-Nicolas de Rome et au mont Saint-Michel, dans la

Pouille. Le roi Mainfroy qui connaissait la réputation du seigneur de Caristéna, apprenant son voyage, s'informa de son objet. Les uns lui dirent : « Il vient en pélerinage pour voir les saints couvents; » d'autres mieux instruits lui dirent: « Seigneur, il est pris d'amour, et vient jouir librement dans ce pays de la femme du vieux messire de Catara. » Mainfroy mande Caristéna, le fait asseoir à ses côtés, et lui demande l'objet de son voyage. « Je viens visiter les
» saints lieux, accomplir les vœux de ma captivité à
» Constantinople. — Tout seul? répond le roi. — Oui,
» en toute humilité. — Je suis fâché de ce mensonge,
» noble homme, votre conduite est digne de blâme; vous
» abandonnez votre seigneur-lige pendant la guerre :
» perfidie insigne ! vous avez enlevé la femme et la
» femme légitime d'un chevalier, votre frère d'armes ;
» partez donc; si dans quinze jours vous n'avez quitté le
» royaume, je vous jure, par saint Michel, que je vous
» ferai trancher la tête. — Je m'humilie, répondit le sei-
» gneur de Caristéna, j'irai servir mes frères d'armes, et
» je ramènerai ma pèlerine à son époux. »

Au moment où il débarqua dans la Morée, il trouva l'assemblée des nobles, des bourgeois et des chevaliers réunie; on délibérait sur l'affaire que voici. Le comte d'Anjou avait eu de sa femme trois belles filles; l'une épousa messire Charles, frère cadet du roi de France, l'autre le roi, la troisième le roi d'Angleterre. A la mort du comte d'Anjou, Charles devint son héritier; alors les querelles de Mainfroy avec la cour de Rome étaient dans toute leur vivacité; le Saint-Père le sollicita de prendre le parti du successeur de saint Pierre; il lui promit, parmi toutes choses, l'investiture de la Sicile et le titre de roi. Charles n'osait point se déterminer sans le consentement de son frère le roi de France, qui avait alors convoqué une

cour plénière où les nobles dames et les preux chevaliers s'étaient réunis. Deux des sœurs, filles du comte d'Anjou, la reine de France et celle d'Angleterre, avaient pris place l'une à côté de l'autre et causaient à la manière des femmes; pendant qu'elles étaient ainsi à raconter leurs gaies aventures, voilà qu'il arrive la comtesse d'Anjou et de Provence, et lorsqu'elle eut pris place, la reine de France adressa la parole à sa sœur aînée : « Ma bonne sœur, quoi-
» que vous soyez l'aînée, il ne vous convient pas de vous
» asseoir à nos côtés, nous qui sommes reines, tandis que
» vous n'êtes que comtesse. » La comtesse rougit de honte et se retira dans sa chambre où elle pleura à chaudes larmes. Le comte de Provence arrive à l'instant; et comme nuit et jour il pouvait approcher de sa noble épouse, il la surprend tout en pleurs. « Qu'avez-vous donc, comtesse? —
» Rien, seigneur. — Vous me trompez, et si vous ne m'en
» apprenez le sujet à l'instant, je vous donnerai un juste
» sujet de pleurer. » La comtesse avoua alors son affront :
« Eh bien! je jure, dit-il en baisant sa noble épouse sur
» les lèvres, je jure, par Jésus-Christ et par la Vierge, de
» ne plus entrer dans votre lit, de ne plus toucher votre
» belle peau avant que vous ne soyez reine. » Il part sur-le-champ, va trouver le roi son frère qui se promenait avec le roi d'Angleterre, leur fait connaître les offres du pape et ses intentions, et obtient son approbation royale pour une si belle entreprise. Il part tout aussitôt, et reçoit à Rome le titre de roi de Sicile. « Saint-Père, dit-il
» alors au pape, je ne suis point venu ici pour me reposer
» ainsi qu'une femme ; je m'en vais faire la guerre à Main-
» froy et aux Gibelins. » Alors le pape lui plaça sur le côté gauche la croix qu'il venait de faire faire pour lui ainsi que pour toute l'armée; le roi se mit aussitôt en marche et se dirigea sur la Pouille. Dieu seconda ses généreuses résolu-

tions; le tyran fut vaincu, et Charles proclamé dans le royaume de Naples.

Tels étaient les événemens sur lesquels on délibérait dans la Morée, lors de l'arrivée du seigneur de Caristéna; le prince de ce pays avait considéré que l'empereur de Constantinople le pressant continuellement, il avait besoin de se placer sous la protection d'un prince assez puissant pour s'opposer à l'empereur. Le seigneur de Thèbes lui dit alors : « Pourquoi ne rompez-vous pas la fidélité que vous devez à l'empereur, pour vous placer sous la suzeraineté du roi Charles? si vous le permettez, je proposerai l'alliance! » Cette proposition fut arrêtée dans le conseil, et messire Pierre de Thou et l'évêque d'Oline, furent choisis pour porter ce message auprès du roi, qui accepta la suzeraineté, sous la condition qu'Isabelle, fille du prince Guillaume, viendrait demeurer à Rome et épouserait le fils du roi Charles. Guillaume voulut lui-même accompagner sa fille. Quelle pompe, quelle fête on fit alors à Naples! Il fut logé dans le palais; un banquet de nobles hommes et de jeunes demoiselles fut tenu avec la plus grande magnificence; des tournois et des fêtes accompagnèrent l'union des deux jeunes époux.

On apprit alors que la Morée venait d'être envahie par les Grecs, qui avaient appelé à leur secours les Cumans, les Turcs et les troupes guerrières de la Syrie. Les messagers, qui trouvèrent leur souverain au milieu des fêtes, le prièrent de hâter son départ; des vaisseaux, préparés à la hâte, le débarquèrent sous peu de jours dans sa principauté; Charles l'y fit accompagner par Galeran de Brienne, qu'il nomma son bail dans la Morée; aussitôt les guerriers délibèrent et conviennent de longer le fleuve Alphée pour aller chercher les Grecs vers Nicli. Arrivée dans la belle place de Caristéna, l'armée campa autour de la ville ; alors les soldats de l'empereur de Constantinople étaient en bataille dans les environs de Lacédémonie; ils devaient défendre les défilés et les hauteurs, toujours moins aisés à attaquer : tel était l'ordre formel de Michel Paléologue.

Que devait-on faire pour chasser les Grecs? Attaquer ces défilés, pouvait compromettre l'armée ; demeurer autour de Nicli, passerait pour lâcheté. Dans le temps qu'on délibérait, le prince Guillaume reçut l'avis que le roi Charles était menacé dans ses états par Conradin ; son suzerain l'appelait lui et ses guerriers à la défense de Naples ; Guillaume conclut aussitôt une trêve avec l'empereur, et marcha avec l'élite des chevaliers de la Morée au secours de son suzerain à Naples ; il contribua au succès de la bataille des Abruzzes, et lorsque Conradin ne fut plus à craindre, il retourna, chargé d'or et de présens, dans sa principauté ; il n'avait perdu que trois braves guerriers dans tous les combats. La trêve était rompue avec les Grecs : « Jamais, dit Guillaume, les prétextes ne manque-
» ront à ces misérables ! marchons donc encore une fois. »
Mais voilà qu'une grande dissension s'étant mise dans l'armée, le brave seigneur de Caristéna, qui s'était sacrifié pour sauver son frère, mourut. Oh quel malheur! les grands et les petits le pleurèrent, et jusqu'aux oiseaux mêmes s'attristèrent sur son sort. Comme il n'avait pas d'héritiers mâles et légitimes, sa succession fut divisée en deux lots : l'un revint au prince, par droit de retour, comme suzerain ; l'autre à sa veuve, à titre de douaire ; elle épousa le comte de Brienne, qui réunit depuis le duché d'Athènes, par le décès du mégaskir; elle mit au monde un bel enfant, qui se rendit fameux dans l'Occident.

C'est à cette époque qu'arrivèrent, dans la Morée, les Catalans, connus sous le nom de *la Grande Compagnie*, et dont nous parlerons plus tard. Messire Gautier de Rosière, seigneur d'Açora, mourut aussi dans ce temps; car la mort étendait partout ses ravages. Dame Marguerite, sa fille, s'achemina pour venir recevoir l'investiture du prince Guillaume, mais un peu tard; elle était retenue comme otage à Constantinople, et Guillaume lui refusa ce qu'elle demandait. On lui conseilla d'épouser un homme puissant qui pût faire valoir ses droits; c'est pourquoi elle donna sa main à messire Jean de Saint-Omer, frère du noble homme Nicolas de Saint-Omer, seigneur de Thèbes, dont le père avait épousé la sœur du roi de Hongrie. Jean de Saint-Omer se présenta devant le prince et lui dit : « Par Dieu, Monseigneur, je vous prie de vouloir bien convoquer tous les princes et bannerets, hommes sages de la Morée, pour juger ma cause. — J'y consens, répondit Guillaume; je suis prêt à assembler ma cour pour vous satisfaire. » En effet, la cour se réunit dans l'église de Sainte-Sophie, à Andravida. On entendit les parties. « Je vous demande, comme droit, la principauté. — Non, vous ne l'aurez que comme grâce, répondit Guillaume. — Soyons donc jugés par les usages, répondit dame Marguerite éplorée. — Quel sera votre avocat? — Messire Nicolas de Saint-Omer. — Et moi, je remets la verge de commandement à mon logogèthe, messire Léonard de Corali; qu'il juge les droits avec impartialité. »

On lut les livres des assises; l'hommage devait avoir lieu dans l'an et jour, il n'avait pas été fait; l'avocat de dame Marguerite répondit : « Elle était alors en otage pour son suzerain; » mais le logogèthe dit : « Il n'en est pas moins vrai qu'elle n'est point venue à l'hommage. » La cour opina pour ce dernier avis : or, le roi avait sur le cœur de la dépouiller; il dit à son logogèthe : « Faites un privilége franc pour dame Marguerite; je veux qu'elle tienne le fief de moi; envoyez-la chercher sur-le-champ, j'ai besoin de lui parler. » Dame Marguerite arriva : « Approchez donc, chère fille, voilà votre fief. » La noble femme se mit à genoux : « Sire, je deviens votre lige du fief. » Le prince tira son gant et la revêtit. Cependant elle ne reçut que le fief de la baronie. Peu de temps après, le prince Guillaume mourut : « Tout le monde doit pleurer pour lui, dit le chroniqueur de la Morée, car c'était un bon prince; on doit regretter qu'il n'ait pas eu d'enfans mâles; il n'eut que des filles, et perdit ainsi les fruits de ses héroïques travaux; il ne convient pas à un souverain de se réjouir quand il n'obtient que des filles; car le gendre que Dieu lui donnera, deviendra maître de toute sa souveraineté et de sa gloire. »

Isabelle, épouse du prince Louis de Naples, fut appelée à la souveraineté de la Morée; le connétable, messire Jadu, informa le roi Charles de l'événement qui appelait Isabelle au trône; le roi de Naples fut d'avis d'envoyer d'abord un homme prudent, et son choix porta sur un chevalier appelé Rousseau de Sully; il lui donna cinquante chevaliers et deux cents arbalétriers, et lui dit : « Sois le bail de la Morée. » Messire Sully arriva dans les terres qui lui étaient confiées. Les grands l'accueillirent avec plaisir, car il était l'image du roi; mais ils se refusèrent à l'hommage-lige. D'après les usages, en effet il fallait, pour exiger l'hommage-lige, que le prince se présentât en personne, et jurât aux communes de les maintenir dans leurs libertés, aux grands dans leur privilége. L'hommage-lige se fait devant le seigneur en l'embrassant sur la bouche; et cet hommage est réciproque, car le prince doit foi à son lige, aussi bien que son lige la lui doit de son côté, et il n'y a aucune différence dans la nature de leurs obligations, sauf l'honneur et la gloire, qui appartiennent au souverain : or les hommes-liges de la Morée vous prient de ne pas prendre en mauvaise part ce qu'ils mettent en avant ; ils préfèrent être dépouillés de leurs biens, et même brûlés vifs, plutôt que d'être privés de leurs lois. « Jurez donc le premier, sur l'Évangile du Christ, que vous nous gouvernerez d'après les lois du pays, et les seigneurs jureront à leur tour de rester fidèles au roi et à vous. »

Rousseau de Sully consentit à faire ce qu'on exigeait de lui ; mais il déplaça tout aussitôt le provestiaire, le trésorier, les prévôts et le châtelain, et fit sentir une pesante domination ; tandis qu'on se plaignait de sa tyrannie, on apprit la mort du jeune roi Charles, et sa mort réunit la Morée au royaume de Naples.

Depuis cette époque, les annales de la Morée n'offrent plus d'intérêt.

§. IV. — *Des Catalans*.

Tant que les Turcs n'avaient fait que se montrer sur les frontières de l'empire sans le menacer de leurs armées, les Latins et les Grecs s'étaient fait des guerres violentes, au sein des nouvelles colonies fondées par la valeur des croisés ; mais la puissance ottomane s'accroissant à l'abri de ces divisions, parut bientôt aux Francs telle qu'elle était, telle qu'elle pouvait devenir surtout, et l'alarme commune ramena quelques momens de concorde et de paix au milieu de cet empire agité. C'était à-peu-près vers le commencement du XIVe. siècle ; Andronic régnait à Bysance ; la guerre entre Charles de Sicile et l'empereur venait de se terminer par une paix que tout faisait espérer devoir être d'une longue durée ; l'Europe allait jouir du repos. Parmi les soldats que l'empereur et le roi Charles avaient réunis sous leurs drapeaux, se trouvaient des troupes d'aventuriers aragonais, connues sous le nom de *grandes compagnies*, qui, n'étant fixées sous aucune bannière, combattaient pour tous ceux qui les prenaient à leur solde : utiles en temps de guerre, elles devenaient dangereuses pour les jours de repos ; et les cités rançonnées et les campagnes dévastées signalaient leur marche à travers les royaumes. Lorsque Frédéric eut donc fini la guerre, il réfléchit sur l'emploi qu'il pouvait faire des grandes compagnies, et tandis qu'il rêvait sur les pays vers lesquels il pourrait les diriger, tout-à-coup les chefs de ces compagnies, Roger de Flour, vice-amiral de Sicile, Bérenger de Cutenza, Fernand Ximenès de Arenos et Bérenger de Roccafort, vinrent lui déclarer que l'intention des Catalans était de se mettre au service des Grecs et de solliciter l'empereur Andronic de les prendre à son service contre les Turcs qui menaçaient d'envahir l'empire. Andronic, deux fois vaincu par les enfans du prophète, n'hésita pas à accepter l'offre des aventuriers; Frédéric favorisa leur départ; on convint par un traité que Roger, un des chefs des aventuriers, aurait le titre de grand-duc, c'est-à-dire, de grand amiral de Romanie, et épouserait la nièce de l'empereur. Fernand Ximenès, le seul des capitaines qui l'accompagna, se mit à la tête des troupes de terre, et ils arrivèrent à Constantinople, l'un avec dix-huit galères et quatre gros navires, l'autre avec huit mille soldats catalans et amogavares; les Amogavares, selon Rémon de Montamer, qui suivit ses frères d'armes dans cette expédition, étaient les meilleures troupes de l'Espagne. Ils étaient les fils de ces barbares qui, réfugiés dans les montagnes de la Catalogne, firent payer cher aux paladins de Charles, au brave Roland, au courtois Olivier, leur téméraire entreprise au-delà des Pyrénées.

Peu de jours après leur arrivée à Constantinople, on délibéra sur les projets à exécuter contre les Turcs; les chefs résolurent de passer en Asie; ils étaient d'autant plus déterminés à presser leur départ, qu'une vive querelle avait éclaté entre les Catalans et les Génois; les Génois avaient prêté de l'argent aux aventuriers, ce qui leur donnait de la supériorité et de l'orgueil; ils se moquaient du costume bizarre des Amogavares, si bien qu'un d'entr'eux ayant mis l'épée à la main, le sang coula; on résolut donc d'employer promptement ces bras oisifs, et des navires débarquèrent les Catalans au-delà du bras de Saint-George. Ils rencontrèrent les Turcs, les défirent, leur tuèrent trois mille chevaux et dix mille hommes de pied. Les Catalans étaient sous les ordres de Fernand de Haones, chevalier espagnol et portant bannière. Après cette victoire, des dissensions éclatèrent entre les chefs des Catalans; Fernand Ximenès de Arenos, d'une naissance illustre, ne voulant partager le commandement avec personne, se retira auprès du duc d'Athènes, lui offrit ses services, et en fut agréé.

A ce moment arriva auprès de Roger et de Fernand de Haones, Bérenger de Roccafort, un des aventuriers qui étaient demeurés en Sicile avec deux cents chevaliers et mille Amogavares. Les Turcs assiégeaient alors Philadelphie; les Catalans les attaquent, les pressent; Alysyra qui les commandait, est blessé à mort, douze mille hommes restent sur le champ de bataille; mais ces troupes indisciplinées d'aventuriers, si utiles contre l'ennemi, étaient en même temps un poids insupportable pour leurs alliés; leur quartier d'hiver était marqué par le pillage; on ne les payait pas exactement, alors ils rançonnaient, et quelquefois même la paye régulière n'était pas un moyen efficace de se sauver du pillage; leur nombre s'accroissait chaque jour. Bérenger Entença , autre chef de bande, arriva sur ces entrefaites à Gallipoli, avec mille Amogavares et trois cents chevaux; Roger, son ancien ami, le reçut avec plaisir, et comme l'empereur Andronic venait de le revêtir de la dignité de César, il le revêtit à son tour de celle de grand-duc ou de despote de la Romanie, qu'il avait jusqu'alors possédée.

A mesure que les expéditions des Catalans prenaient quelque importance, les princes de l'Europe cherchaient à les tourner au profit de leur autorité. Le roi Frédéric confia à l'infant de Maïorque le commandement suprême de toutes les troupes catalanes, et, sous prétexte des divisions qui existaient entre les chefs, chercha à les réunir sous ses bannières et à profiter de leurs conquêtes. Alors fut conclue une nouvelle convention entre les aventuriers et l'empereur grec; on resserra les liens de la fidélité; il fut arrêté que Roger se revêtirait du chapeau piramidal des Césars, de couleur rouge mêlée d'or, et des bottines bleues, et que toutes les terres dont les aventuriers s'empareraient dans l'Asie, sur les Turcs, leur appartiendraient à titre de fief, sauf l'hommage et le tribut. Avant la conclusion de ce traité, les Génois, jaloux des Catalans, avaient offert de débarrasser l'empire de leur présence; ils armèrent cinquante galères et dix mille hommes; on n'accepta point leur offre. Pendant ce temps, Roger, chef des Catalans, fut assassiné; on soupçonna les Grecs de cette perfidie. La guerre éclata sur-le-champ; les Catalans s'enfermèrent dans Gallipoli, et de là ils envoyèrent défier l'empereur lui-même, et lui offrirent le combat singulier d'un contre un, dix contre dix, cent contre cent; ce fut alors que les Catalans prirent le titre de *compagnie française* ou *de France*; car, comme le fait observer Ducange dans son orgueil patriotique, partout où il y a de la gloire et de l'honneur, on rencontre aussi le nom de France, comme si dans ce nom il y avait quelque chose de grand et une sorte d'ennoblissement de toute roture. Michel Paléologue, fils de l'empereur, se présenta bientôt à la tête de trente mille hommes et de quatorze mille chevaux devant Gallipoli, alors défendue par moins de quinze cents hommes. Les Catalans firent élever sur les tours la bannière de Saint Pierre; vainement les Grecs tentèrent-ils l'attaque, ils furent plusieurs fois repoussés, et au moment où ils se retiraient en désordre, les braves aventuriers les chargèrent et mirent l'armée entière en déroute.

A cette époque, les Catalans s'unirent aux Turcopoles, et de Gallipoli, lieu dans lequel ils avaient fixé leur retraite, ils firent des courses sur le territoire des Grecs; Fernand Ximenès se présenta jusqu'aux portes de Constantinople; Roccafort dirigea ses braves aventuriers du côté du mont Rhodope, et Rémond de Montaner, l'un des historiens dont nous analysons la chronique et qui commandait alors à Gallipoli, assiégea et prit Madyte, à une demi-journée de cette place. De leur côté, les Grecs provoquèrent les secours des Génois; onze galères de cette nation, après deux sommations par message et trompette, vinrent s'embosser devant Gallipoli, toujours sous les ordres de Rémond de Montaner. Il n'y avait pas plus de vingt chevaliers dans la place et cent vingt hommes de roture; cependant toute espèce d'attaque fut inutile; les Génois furent repoussés. Rémond célèbre le courage des femmes catalanes, qui, au nombre de deux mille, bordèrent les remparts et soutinrent de leurs mains et de leurs poitrines les terribles assauts des Génois. Les Turcs, frappés d'admiration par ces traits de courage, envoyèrent proposer leur alliance aux Catalans, qui acceptèrent. Trois mille Turcs auxiliaires vinrent se ranger sous les ordres des braves aventuriers espagnols. Mais les dissensions éclataient toujours au moment de la victoire. Berenger de Entença, quelque temps prisonnier aux mains des Génois, retourna dans le camp; les Catalans le demandèrent pour chef; mais les Amogavares, les Turcopoles, préféraient Roccafort. Pour éviter toute effusion de sang, toute espèce de querelle, on résolut que chaque chef conduirait les soldats qui, volontairement, se placeraient sous lui, qu'ils ne dépendraient en rien l'un de l'autre. A la suite de cet arrangement, Entença, suivi des nobles arragonais, vint mettre le siége devant Macri. Roccafort, avec les Turcopoles, les Amogavares, serra de près Ener ou Enos, ville située sur la rivière de Marizi.

Ce fut durant cette expédition qu'arriva l'infant don Fernand de Maïorque; le chroniqueur Montaner, dévoué à la royale famille d'Aragon, lui remit la place de Gallipoli; les chefs reconnurent son autorité, sauf Roccafort et les Amogavares, qui ne firent qu'une soumission apparente à l'infant. De-là des dissensions et des querelles; les chefs ayant délibéré d'abandonner Gallipoli, se mirent en marche. Les soldats de Roccafort formaient l'avant-garde; sous le plus frivole prétexte ils attaquent les Arragonais, frappent de mort Entença, leur chef, et ce ne fut que la présence de l'infant, qui vint à eux nue tête et sans armes, qui put calmer leur fureur; ce prince, ne pouvant plus se fier à Roccafort, se retira dans l'île de Tasso, alors au pouvoir de Licien Jacqueria, qui s'était emparé naguère de cette île par le secours des Catalans. Roccafort demeura dès ce moment le seul chef des aventuriers.

Nous ne suivrons pas les aventures, les conquêtes et les revers de l'infant et de Roccafort; il ne nous a paru important que de faire connaître le caractère de ces nouveaux pélerinages, expression des mœurs de leur siècle;

il nous suffira de dire que Roccafort, au service de tous les princes qui voulaient le payer, finit sa vie dans les combats. Quant à l'infant d'Aragon, il s'empara du duché d'Athènes, et momentanément de l'Achaïe, et se plaçant sous la protection des rois de Sicile, sa famille posséda pendant quelques générations ce duché, l'une des dernières colonies de France dans la Grèce. Ducange en a publié la généalogie

N°. III.

Éclaircissement sur les Croisades contre les Sarrasins d'Espagne, du Portugal, et les Albigeois.

Il nous eût été impossible, dans le cours de la présente histoire, de détourner nos lecteurs du grand tableau des guerres d'Orient, pour porter leur attention sur les croisades particulières qui se dirigèrent sur différens points de l'Europe; nous avons pensé cependant qu'un tableau rapide de ces guerres entreprises au nom de la croix, serait le complément nécessaire de l'histoire des expéditions saintes. Nous allons donc suivre ces différentes troupes de pèlerins qui combattirent les Maures au-delà des Pyrénées, et les hérétiques dans les états du petit-fils du comte de St.-Gilles.

§. 1er. *Des Croisades contre les Maures d'Espagne.*

L'Espagne était soumise au faible gouvernement des Visigoths, lorsque les Sarrasins parurent pour la première fois sur les côtes d'Espagne. Déjà, sous le règne de Wamba, ils avaient tenté de pénétrer dans la Péninsule, mais leur petit nombre était venu échouer contre la résistance des armées du prince barbare.

La plupart des historiens, et particulièrement Rodrigue de Tolède, reportent à la trahison du comte Julien les premiers succès des Arabes en Espagne. Nous ne rappellerons pas les circonstances de cet événement trop bien connu, célébré par les poètes et les romanciers; il suffira de dire que dans l'année 711, Tarik, au nom de Muza, lieutenant du calife, et peu de temps après, Muza lui-même, débarquèrent en Espagne, et profitant des dissensions publiques et des ambitions personnelles, s'emparèrent en peu d'années du royaume des Visigoths. Muza plaça sa capitale à Cordoue, dont le territoire fertile et le climat heureux avaient excité, suivant l'expression d'un auteur arabe, de douces émotions dans l'âme du lieutenant du calife. Muza laissa le gouvernement à son fils Abdelasis; et tandis qu'il allait en Orient offrir au commandeur des croyans les belles esclaves et les plus riches dépouilles, Abdelasis peuplait son sérail des jeunes princesses aux blonds cheveux, choisies parmi la nation des Goths; une révolution le renversa, et Muhor, nouveau lieutenant du calife, après avoir gouverné pendant quelques années le royaume des Espagnes, entreprit de passer les Pyrénées et d'envahir la Septimanie; son projet échoua; il ne put soumettre les provinces de l'Aragon et de la Catalogne, dont les montagnes favorisaient l'indépendance. Zama fut plus heureux; la Septimanie se soumit aux lois du prophète. Un officier du calife de Damas gouverna Narbonne, Beziers, Carcassonne, Agde et Lodève. Suivant les chroniqueurs chrétiens, la tolérance des Arabes fut grande; ils laissèrent à chacun leur culte et leur loi; ils se mêlèrent, se confondirent avec les habitans du pays; de-là la dénomination de *Mozarabiques* ou *Mixti-Arabes*. Les chrétiens se soulevèrent. Cependant, Eude, duc d'Aquitaine, marcha contre les Sarrasins, les atteignit devant Toulouse, et les força à la retraite; mais de nouvelles troupes descendaient sans cesse du sommet des Pyrénées; des victoires, des alliances, des trahisons, des courses désastreuses jusqu'au cœur de la France, marquèrent l'histoire de la domination des Arabes dans la Septimanie, jusqu'à ce que l'ambitieux Abdérame envahît la Gaule, favorisé par les comtes et les barons soulevés contre l'ambition de Charles-Martel. Si l'on en croit les cartulaires des abbayes, plein de tristes expressions et de déplorables récits, les villes d'Uzès, de Viviers, Valence, Vienne, Lyon, gémirent des fureurs de ces troupes, appelées, par quelques chroniqueurs, Vandales, à cause de leur origine africaine. Toutes nos annales ont retenti de la célèbre victoire de Charles-Martel, à la tête de ses Francs et de ses Bourguignons; à la suite de leurs défaites, les Sarrasins furent chassés de la Provence, et obligés de se réfugier au-delà des Pyrénées. Aucune expédition ne fut tentée par Pépin contre les Arabes; mais Charlemagne, maître absolu du vaste empire des Francs, résolut de pousser ses conquêtes en Espagne. Des dissensions divisaient les petits princes musulmans de l'Espagne; quelques-uns s'adressèrent à Charlemagne; l'empereur n'hésita pas à les secourir. Avec l'impératrice Hyldegarde, ses barons et ses chevaliers, il se rendit dans l'Aquitaine, où il célébra la fête de Pâques. Il divisa son armée en deux corps; les milices levées dans le royaume d'Austrasie, de Bourgogne, se dirigèrent par le Roussillon; Charles, avec ses paladins, prit le chemin de la Gascogne. L'empereur assiégea Pampelune; les gouverneurs d'Huesca et de Jacca vinrent lui rendre hommage. Charles marcha à Sarragosse, l'assiégea et la prit, et la campagne étant finie, l'empereur se disposa à retourner en

France par la vallée de Roncevaux. Les chroniques et les romanciers du temps ont déploré la malheureuse défaite des Francs dans les défilés de Roncevaux; ils ont parlé surtout de la mort des braves paladins Roland et Ollivier d'Anselme, comte du palais, dont le courage et la force prodigieuse excitaient l'étonnement des contemporains. Tout ce que nous avons de positif sur la défaite de l'arrière-garde de Charlemagne, se trouve dans le chroniqueur Eginhard. Tandis que l'empereur franchissait les Pyrénées, une troupe de Gascons montagnards, à la tête de laquelle s'était mis leur duc, Loup, fils de Waifre, surprit l'arrière-garde des paladins au milieu des forêts épaisses et dans les défilés des montagnes; les Français, quoique surpris, se défendirent avec courage; mais comme ils étaient pesamment armés, ils ne purent résister à ces troupes légères qui connaissaient les lieux où elles combattaient. Les Gascons s'emparèrent de tous les bagages de l'armée, et se dispersèrent dans les montagnes à la faveur de la nuit.

Tandis que l'esprit de conquête, les sentimens religieux, entraînaient les chevaliers au-delà des Pyrénées, les débris de la population chrétienne de l'Espagne, réfugiés dans les montagnes, fondaient de petites principautés, qui, sous le nom d'Oviedo et de Soprarbe, menaçaient la puissance musulmane, alors divisée, comme il arrive toujours après la victoire. Dans le xe. siècle, ce fut une habitude chevaleresque et religieuse d'aller secourir les chrétiens des montagnes et des petites républiques d'Oviedo et de Soprarbe. Beaucoup de chartes du temps constatent cette ardeur des barons et des chevaliers de la Septimanie, de l'Aquitaine et de la Provence; on allait alors en pèlerinage à Saint-Jacques de Galice, lieu vénéré de la chrétienté, et le saint voyage n'eût pas été complet si l'on n'allait briser une lance contre les ennemis de la foi. D'ailleurs les Sarrasins, de leur côté, menaçaient souvent les terres d'au-delà des Pyrénées. En 1018, un émir vint mettre le siége devant Narbonne; en 1047, ils pillèrent l'abbaye de Lerins, et emmenèrent captifs plusieurs religieux, et jusqu'au milieu du xiie. siècle on vit des armées de Sarrasins ravager le Roussillon.

Les évêques, les prêtres, les chevaliers et les barons allaient donc essayer leur valeur en Espagne, surtout lorsqu'après la fondation des royaumes d'Aragon, de Navarre, de Léon et de Castille, et l'agrandissement du territoire chrétien, ces pélerinages offrirent des moyens de fortune, des alliances avantageuses. Les vieilles chartes citent Pierre, évêque de Toulouse, qui alla servir contre les Sarrasins qui occupaient le territoire de Barcelonne; et le brave Raymond, si célèbre dans les guerres saintes, avait noblement joûté, comme le dit le chroniqueur du Languedoc, contre les Maures, et reçut, comme récompense, Elvire, princesse de Castille, que Catel appelle *la plus belle dame du pays*; il l'emmena par mer à Marseille, et dans l'abbaye de Saint-Victor ils souscrivirent une charte en faveur des pauvres pélerins qui partaient pour l'Orient.

De l'an 1065 à l'an 1087, on compte trois expéditions des guerriers chrétiens se dirigeant contre les Sarrasins d'Espagne; l'une de Bourguignons, la seconde de Normands, la troisième, enfin, des barons de Provence et de Septimanie. Un chroniqueur, publié par Duchesne, donna la liste de ces pieux croisés.

Il faut remarquer qu'à cette époque les reliques de Saint-Jacques de Compostelle inspiraient aux pieux chevaliers presque la même vénération que le tombeau de Jésus-Christ. Lorsque les suspensions d'hostilités entre les Sarrasins et les chrétiens de Jacca et de Léon permettaient aux pélerins de se diriger vers les Pyrénées, une multitude pleine de ferveur traversait les monts escarpés, et venait dans ce lieu saint, avec la pannetière et le bourdon, déposer ses pieuses offrandes. Le reliquaire de Saint-Jacques de Compostelle fut une seule fois pillé par le fameux Almansor, vers la fin du xe. siècle.

Cet amour des pèlerinages provoqua les expéditions armées des barons et des chevaliers en Espagne, par la même raison qu'elles avaient inspiré les croisades d'Orient ; comme les mêmes idées et les mêmes opinions régnaient sur le monde chrétien, elles devaient produire en tout lieu les mêmes résultats. Les expéditions contre les Sarrasins d'Espagne reposèrent donc sur un semblable mobile que les croisades dans la Palestine.

Tandis que, brillantes de leur luxe et de leur civilisation, les cités habitées par les Maures se livraient aux plaisirs et à toutes les douceurs de la vie, les chrétiens des royaumes réunis de Navarre et de Castille appelaient sous les armes la chevalerie du Languedoc et de la Provence. Avec le secours des pèlerins, Alphonse VI reconquit Tolède, la capitale de l'ancienne monarchie, Sarragosse, et quelques autres cités de la vieille Espagne.

Lors de la formation des ordres militaires dans la Palestine, les Templiers obtinrent une brillante existence en Espagne. Quelques années après leur premier établissement, ils furent dotés de toutes les terres qu'ils conquerraient sur les Maures dans la partie de l'Aragon située au-delà de l'Èbre. Telle était alors la vénération que l'on portait en Espagne à cet ordre célèbre, qu'Alphonse Ier., roi d'Aragon, leur légua son royaume ; les cortès n'approuvèrent pas cette donation ; mais le successeur d'Alphonse se vit forcé à faire de nombreuses concessions à ces chevaliers ambitieux, et s'engagea même à ne faire de paix avec les Maures que sur leur consentement.

A l'exemple de l'ordre des Templiers, se formèrent les trois grands ordres militaires de l'Espagne : celui de Calatrava, 1158, de Santiago, 1175, et l'ordre plus moderne d'Alcantara. C'étaient, dit Mariana, de véritables colléges militaires, possédant les différentes parties de la Castille ; des villes entourées de murs et gouvernées par un grand-maître dignitaire électif, dont l'influence dans le gouvernement égalait pour le moins celle des nobles les plus puissans. En 1210, Ferdinand III conquit l'Andalousie, et Jacques Ier., roi d'Aragon, dit le Victorieux, ajouta à ses possessions le royaume de Valence, les îles Baléares et le royaume de Murcie. Depuis cette époque, les conquêtes des chrétiens s'arrêtèrent ; les Sarrasins furent plus forts, parce que leur territoire fut plus resserré, tandis que les dissensions, suite de la victoire, affaiblissaient leurs ennemis.

Dans le XVe. siècle, les possessions des Sarrasins ne consistaient plus qu'en la seule ville de Grenade. Ferdinand et Isabelle, qui unirent sur leur tête toute la monarchie espagnole, entreprirent la conquête de ce dernier abri de la puissance musulmane. Elle fut achevée en 1478 ; tout le monde connaît la mesure sévère du cardinal Ximenès, et les circonstances déplorables de l'expulsion des Maures de la monarchie espagnole.

§. II. *Croisade contre les Albigeois.*

Une des plus sanglantes et la plus malheureuse des croisades, fut incontestablement celle des Albigeois, dirigée contre l'infortuné comte de Toulouse. Comme il nous a été impossible de nous en occuper dans la marche de notre récit, nous allons y suppléer dans cette partie de notre éclaircissement.

L'hérésie des Albigeois dut son nom à la ville d'Albi, principale retraite des hérétiques. Elle avait des rapports intimes avec celle des Vaudois, que Pierre Valdo, ou du Vaud, propagea dans la ville de Lyon. Quelle était cette hérésie? dans quelle source était-elle puisée? Ces questions ont occupé l'Europe savante. Je dois donner succinctement l'analyse des travaux qui ont été faits.

Dans les premiers siècles de l'église, une hérésie vaste et hardie troubla les doctrines pures de l'Évangile ; sous les noms de Gnostiques, Ophites, Valentiniens, Carpocratiens, Manichéens, des chrétiens osèrent mêler les doctrines orientales, les démonologies de l'Inde, de la Perse et de l'Égypte, avec les enseignemens de Jésus-Christ ; on vit alors s'introduire dans le système des chrétiens les deux principes de Zoroastre, la longue série d'émanations de la doctrine platonicienne, la théorie des nombres de Pithagore, une multitude d'autres idées empruntées à des systèmes étrangers.

D'abord, ces doctrines nouvelles se concentrèrent dans l'Orient, où elles étaient nées; mais l'évêque Marc les transporta en Espagne pendant le IVe. siècle, sous le nom de Priscillianisme. D'un autre côté, les sectaires, persécutés dans l'Arménie, se retirèrent d'abord dans la Bulgarie ; dans le XIe. siècle, ils formèrent des établissemens fixes, sous le nom de Patirini, dans l'Italie, et en Allemagne, sous le nom de Catharre ou Gazarre. Ils parurent en France sous la dénomination ignoble de *Bougres*, et l'opinion des savans veut qu'ils aient été les pères des Albigeois.

Tout ce qu'on sait de positif sur les opinions des malheureux sectaires, nous le tenons des écrivains ecclésiastiques. Il existe à la Bibliothèque du Roi l'interrogatoire subi devant l'inquisition par les Albigeois; et tout ce que l'on peut découvrir, c'est une ferme persévérance dans des opinions secrètement enseignées, et dont ils se gardent de faire la révélation. Il paraît toutefois que les dogmes des deux principes distincts et également incréés, l'un la source du bien, l'autre la source du mal, le système des Eons ou émanations spirituelles, avaient survécu, et que sur ces deux points les doctrines orientales et primitives des Gnostiques se montraient encore dans le système des Albigeois.

Quoi qu'il en soit, les croisés qui s'armèrent contr'eux ne voyaient les choses ni aussi loin, ni aussi profondément; ils répondirent à l'appel de l'église et au jugement du concile.

Le comte Raymond gouvernait le vaste et riche comté de Toulouse; ses ancêtres s'étaient illustrés dans les guerres saintes, et lui-même avait combattu les Sarrasins d'Espagne; il paraît cependant que le comte, indifférent sur la doctrine, avait négligé de poursuivre cette portion de ses sujets qui était sortie des devoirs de l'église orthodoxe; cette tolérance, unique alors dans l'Europe chrétienne, avait attiré dans le comté du Languedoc un grand nombre d'hérétiques, et l'attention du pape s'était plusieurs fois dirigée vers ce foyer de l'hérésie. D'abord, il envoya des prédicateurs pour les convertir; ensuite, des légats parcoururent les provinces pour lancer la terrible excommunication. Le plus ardent fut Pierre de Castelnau; il ne respecta même pas le comte de Toulouse, et dans sa capitale même il osa l'excommunier. Quelque temps après, Pierre Castelnau fut assassiné; comme il s'était attiré le juste courroux du comte de Toulouse, on accusa ce seigneur de la mort du légat. Dès-lors la croisade fut dirigée contre lui-même; l'hérésie n'en fut plus que le prétexte ; on promit à ceux qui marcheraient contre le Languedoc les mêmes indulgences qu'aux guerriers qui prenaient la croix contre les infidèles. On vit alors sous les drapeaux de la croisade, Guillaume, archevêque de Bourges ; Pierre, évêque de Sens ; Robert, archevêque de Rouen ; les évêques de Nevers, d'Autun, de Lisieux, de Chartres et de Bayeux; Eudes, duc de Bourgogne; les comtes de Metz, de Nevers, et plusieurs autres vassaux de la couronne, dont le plus ardent, sans contredit, fut ce Guillaume de Montfort, que les chroniques du temps comparent à l'aîné des Machabées. L'orage était prêt à éclater; Raymond recourut au pape; il se plaint de l'abbé de Cîteaux, légat du Saint-Siége ; celui-ci est remplacé par Milon, notaire de l'église romaine, sectaire plus fougueux et plus fier. Il somme Raymond de comparaître devant lui à Valence; le malheureux comte obéit; là, il lui commande de livrer sept places principales de ses états comme gages; Raymond obéit encore; enfin, dans le petit concile qui se tint à l'église de Saint-Gilles, tant vénérée par ses ancêtres, Raymond fit amende honorable sur le tombeau de Pierre de Castelnau, et reçut, nu, en chemise, l'absolution des mains du légat.

Mais cette absolution ne suffisait pas pour rendre la paix à ces malheureuses provinces; les croisés avaient reçu l'ordre d'exterminer les hérétiques. Que pouvait faire Raymond ? il crut empêcher le mal en se mettant lui-même dans la confédération ; il prit la croix et s'unit aux confédérés contre les Albigeois. Alors tous les seigneurs qui dépendaient de lui se crurent dégagés du serment de vassalité; ils cherchèrent individuellement à se défendre.

Cinq grands fiefs dépendaient du comté de Toulouse ;

les comtés de Foix et de Quercy, la vicomté de Narbonne, celle de Beziers et la baronie de Montpellier; tous ces feudataires indépendans, abandonnés par leurs seigneurs, se préparent à se défendre; cependant les croisés s'avançaient toujours dans le Languedoc; Beziers est assiégé et pris d'assaut, tous les habitans en sont égorgés; Carcassonne est obligée de se rendre ; mille horreurs, mille excès que l'histoire se refuse à retracer, signalent la marche des soldats de J.-C. Ce fut alors que Simon de Montfort, au refus du duc de Bourgogne et du comte de Nevers, fut élu chef de la croisade, et son ambition put déployer, sous ce titre, tous les ressorts dont elle était capable; il proposa au comte de Toulouse de lui céder les places conquises par les armes des croisés ; sur son refus, il les sollicite de la cour de Rome ; le pape n'osa point encore déployer cette excessive rigueur; il blâma le comte de Montfort, l'inexorable vengeance des légats, et après voir donné l'absolution au comte de Toulouse, il convoqua un prochain concile, dans lequel Raymond devait se purger du crime d'hérésie et du meurtre de Castelnau. Le concile fut en effet assemblé; les ordres du pape y furent méconnus, ou du moins exagérés ; on ne voulut point entendre, on excommunia de nouveau Raymond, parce qu'il n'avait point exterminé l'hérésie, et ne cessait *d'accabler ses peuples de péages et d'impôts*. Un chroniqueur du temps rapporte que le malheureux comte pleura de rage et de désespoir au pied de l'autel.

Dans cette triste situation, le comte de Toulouse provoqua l'intervention de Pierre II, roi d'Aragon ; ce prince, son seigneur supérieur pour le fief de Carcassonne, avait été violemment irrité de ce que les croisés avaient ruiné cette cité, qui ressortissait de la mouvance ; le légat et le comte de Monfort feignirent d'accueillir ces souveraines remontrances ; ils consentirent à restituer au comte toutes les terres de son domaine, pourvu qu'il exterminât l'hérésie, condition qui rendait toujours le chef des croisés maître de décider si le traité devait ou non recevoir son exécution entière. Raymond ne voulut point signer le traité, il reprit son énergie ; mais il n'était plus temps, Montfort avait reçu de nouvelles troupes, que sa femme lui avait amenées ; le roi d'Aragon lui-même s'était réuni aux croisés ; Monfort avait reçu de lui le comté de Carcassonne.

Le siége et la prise de Lavaur par les croisés, présenta les plus horribles circonstances ; Girande de Montréal, la dame du lieu, fut précipitée dans un puits ; Aimers, son frère, et quatre-vingts gentilshommes de nom et d'armes, furent égorgés ; on brûla les soldats et les bourgeois ; Raymond, pendant ce temps, réunissait ses sujets sous sa bannière. Le danger commun multipliait les défenseurs de sa cause. De son côté, le bouillant Montfort rassemblait ses fougueux compagnons : de tous les points de la France marchaient, comme à une guerre sainte, *tous les hommes sans condition et sans honneur*, comme les appellent les deux savans bénédictins, auteurs de l'*Histoire du Languedoc*. Les premières opérations militaires furent avantageuses au comte Raymond. Montfort, qui avait poussé ses conquêtes jusqu'à Toulouse, fut forcé de lever le siége de cette place, et bientôt il fut lui-même assiégé dans Castelnaudary. La noblesse du Languedoc, secondée par son comte, avait toute espérance de s'emparer du comte Montfort ; mais l'habile lieutenant du Saint-Siége échappa à toutes les attaques de ses ennemis ; Raymond fut obligé de lever précipitamment le siége de Castelnaudary ; Montfort le poursuit, et bientôt le comte est réduit à sa seule capitale et Montauban.

Maître du plus beau fief de la couronne de France, Montfort réunit les principaux chefs de son armée; il leur distribue les places et les châteaux pour les tenir en arrière-fief; en présence des évêques et de ses guerriers convoqués à Pamiers, il publie un code de lois féodales, un code des devoirs et des droits pour ses nouvelles conquêtes; on y remarque cette disposition : « D'ici à dix ans, toute femme » noble ne pourra, sans la permission du comte de Mont- » fort, épouser un gentilhomme du pays. » Le pape n'approuva pas la conduite hardie, l'usurpation violente des croisés; il existe encore des lettres d'Innocent III, où il blâme avec véhémence le comte de Montfort : « Non con- » tent de vous être élevé contre les hérétiques, vous avez » tourné les armes des croisés contre les catholiques; vous » avez répandu le sang des innocens, vous avez choisi le » moment où le roi d'Aragon était occupé avec les Sar- » rasins pour vous mettre en possession des terres de ses » vassaux, quoiqu'aucun de leurs sujets ne fût suspect » d'hérésie. »

Un concile fut assemblé à Lavaur; le roi d'Aragon proposait, si l'on ne voulait rendre au comte de Toulouse son domaine, de poser la couronne du comte sur la tête de son jeune fils; le concile, sous l'influence de Montfort, rejeta toute proposition. Le roi d'Aragon recourut à la terrible nécessité de la guerre; c'était un peu tard; déjà, sous l'inspiration du légat, Philippe-Auguste avait réuni une cour plénière à Paris; le mercredi des cendres de l'an 1212, en présence des barons réunis, Philippe traça à son jeune fils, Louis VIII, qui avait promis de combattre les ennemis de l'église, le projet de cette croisade; il distribue les emplois aux chefs et prend toutes les mesures pour assurer le succès de l'expédition; le roi de France voulait, dans cette occasion, moins expulser le comte Raymond de son grand fief que conserver dans toutes circonstances l'influence de la couronne; la présence de l'héritier présomptif du trône diminuait, par le fait, l'autorité du comte de Montfort. La guerre comme la conquête allaient se faire, pour ainsi dire, sous la bannière de France. Le chroniqueur Guillaume de Puy, partisan de Montfort, exprime son mécontentement sur l'arrivée du jeune prince.

Pendant ces préparatifs, le roi d'Aragon envahissait le Languedoc et assiégeait Muret; Montfort se jeta dans cette place avec neuf cents hommes; le roi d'Aragon était à la tête de plus de cinquante mille lances, disent les chroniqueurs enthousiastes *du Machabée de la nouvelle loi*, et pourtant, dans une sortie, cette armée est dispersée, comme si la main de Dieu avait soulevé encore une fois les flots de la Mer-Rouge contre un nouveau Pharaon. Montfort frappe de sa main le roi d'Aragon lui-même; l'énorme lance de l'ennemi de l'église fut envoyée à Rome comme un trophée de la victoire, et Montfort, prosterné au pied des autels, chanta des cantiques d'humilité et de contrition; des prières et des réjouissances publiques signalèrent sa victoire. Le malheureux comte opposa encore quelques faibles résistances, mais elles furent inutiles; son ennemi, toujours actif, acheva sa conquête, et en sollicita le prix de la cour de Rome. Le légat, plus sage et plus modéré, se contenta de réconcilier la plupart des seigneurs du Languedoc avec l'Église; les bourgeois de Toulouse obtinrent la même faveur; on conféra à Montfort le titre d'administrateur suprême de tout le comté de Toulouse; mais ce titre ne suffisait pas à son ambition, il lui fallait la dépossession de Raymond. Les prélats n'osèrent pas prononcer sur une question féodale d'une aussi haute importance. Philippe-Auguste se borna à envoyer son fils,

Louis VIII, comme nous l'avons vu, jusqu'au concile de Latran.

Ce fut au mois de novembre 1215 que le concile de Latran s'assembla dans l'église de Saint-Jean à Rome; il fut composé de quatre cent douze évêques et de huit cents abbés ou prieurs. Le comte de Toulouse, accompagné de son fils et de deux des principaux vassaux, se présenta pour demander la restitution de tout ce qui lui avait été enlevé. Sa réclamation fut repoussée; le pape et les évêques le déclarèrent déchu de tous ses droits, adjugèrent au comte de Montfort le comté de Toulouse et les autres conquêtes qu'il a faites, sous l'hommage néanmoins dû à tous les seigneurs de qui les fiefs relèvent. Le concile réduisit le malheureux Raymond à une rente de huit cents livres, payable tous les ans pour son entretien. Quant aux marquisats de Beaucaire et de Provence, il fut ordonné qu'ils demeureraient en séquestre dans les mains de l'Église jusqu'à la majorité du jeune Raymond son fils, qui serait alors mis en possession ou de la totalité ou d'une partie de ces débris de la fortune de son père, pourvu qu'il se montrât digne d'en jouir.

Lorsque Montfort connut ce jugement, il s'empressa de solliciter l'investiture des fiefs que l'Église venait de lui donner; il l'obtint facilement; mais cette investiture fut comme le terme de ses succès. Sans cesse aux prises avec les anciens possesseurs légitimes de ce comté et avec les peuples qui les soutenaient de leur affection, le comte de Montfort fut tué devant Toulouse; il laissa pour successeur Amaulry son fils.

Le premier soin du vassal était toujours de solliciter l'investiture des fiefs; Amaulry s'adressa donc à Philippe-Auguste; de son côté, le jeune comte Raymond rappela dans une lettre éloquente adressée au roi de France, les anciens services de ses aïeux, leur titre à la possession de Toulouse ; le pape rappelait au roi les décisions inflexibles du concile de Latran et l'obéissance que les fidèles devaient aux suprêmes décisions de l'Église.

Philippe-Auguste se prononça pour Amaulry ; six cents hommes d'armes et dix mille hommes d'infanterie durent marcher sous les ordres du prince Louis pour remettre l'héritier de Montfort en possession du comté de Toulouse. Le jeune Raymond ayant obtenu quelques succès, la politique du roi de France se modifia, ses affections pour Amaulry se refroidirent ; Louis eut ordre de revenir auprès de son père. Enfin, pressé de toutes parts, le fils du comte de Montfort offrit au roi Philippe de lui céder en toute propriété le Languedoc pour le réunir à son domaine ; le pape, le comte de Toulouse, les princes, sollicitèrent Philippe-Auguste de mettre un terme à ces incertitudes. On réunit plusieurs assemblées à Melun, où les propositions d'Amaulry furent rejetées ; ces négociations continuèrent encore quelque temps, lorsque le roi indiqua une cour plénière pour les décider en dernier ressort ; cette cour devait se réunir en 1223 ; mais Philippe-Auguste mourut cette année, laissant à son successeur la décision de cette importante affaire.

Nous ne pousserons pas plus loin l'histoire des fiefs de Toulouse et des malheureux Albigeois ; tout le monde connaît la part malheureuse que prit saint Louis lui-même dans l'extermination des hérétiques ; nous ajouterons seulement que la guerre contre les comtes de Toulouse eut cet immense résultat pour la couronne, de renouer les liens féodaux entre le Languedoc et le roi de France, qui s'étaient brisés pendant les désordres de la deuxième race. A la fin du règne de Louis VII, le Languedoc était comme un état étranger par rapport aux rois de France ; à la fin du règne de Philippe-Auguste, il était rentré dans la subordination féodale et s'était soumis à toutes les obligations de la vassalité.

Croisade dans le Portugal.

Nous avons peu de renseignemens sur les croisades qui se dirigèrent vers le Portugal; toutefois nous allons faire connaître, d'après les chroniqueurs et les romanciers portugais, les souvenirs que laissa dans ces contrées le passage des pèlerins.

Le Portugal avait subi comme l'Espagne la domination des Maures ; ces belles provinces étaient divisées en petites principautés musulmanes; la fondation du royaume de Portugal est due au comte Henri, dont les aventures romanesques ont été célébrées par tous les poètes des bords du Tage. Henri était de Bourgogne, fils de Robert Ier., duc de ce vaste fief. Comme l'oisiveté lui devenait insupportable et que *les délices des châteaux ne valaient pas une joûte*, il résolut d'aller au-delà des Pyrénées rompre une lance contre les Musulmans. Il paraît que s'étant distingué dans les combats, il reçut d'Alphonse, roi de Castille, le gouvernement des provinces situées entre le Douro et le Minho. Le jeune duc de Bourgogne, par son courage et par l'alliance d'Alphonse avec Constance sa tante, obtint tant de crédit à la cour qu'il fut nommé juge du camp dans les combats qui eurent lieu à l'occasion du mariage des infans avec Elvire et Donna Sol, filles du Cid. En 1095, Henri suivit dans la Terre-Sainte les pèlerins de Godefroy; et les romanciers portugais le font un des douze chefs qui conduisaient cette expédition. A son retour il fut fait comte de Portugal, et fixa sa résidence à Guimarens. Par des conquêtes successives Henri agrandit ses états; les rois maures de Coïmbre et de Huesca furent faits prisonniers et conduits dans sa capitale. Il porta ses armes dans la Galice et dans le royaume de Léon. Au siége de la ville de Braga, il rendit le dernier soupir, recommandant à son fils de continuer la guerre contre les infidèles. Henri mourut donc en 1130; il avait gagné dix-sept batailles contre les Maures, et pris sur eux un grand nombre de villes; il eut pour successeur Henri ou Henriques Ier., d'abord comte, et qui prit ensuite le titre de roi de Portugal. A peine monté sur le trône, le jeune prince écrivit à saint Bernard pour le prier de lui envoyer des moines de son ordre, afin d'élever des cellules et bâtir des monastères dans les villes et les campagnes. En effet, saint Bernard envoya quatre moines de son ordre; ils s'établirent sur la montagne de Voaga. Les conquêtes contre les Maures agrandissaient chaque jour le territoire du Portugal; la plus importante des entreprises fut dirigée en 1139 contre Ismaïl, qui gouvernait les provinces au-delà du Tage; avec quinze mille hommes et le secours de la croix, car on en portait dans le Portugal comme dans les autres expéditions saintes, il dispersa la multitude innombrable d'infidèles que dirigeait Ismaïl. On comptait parmi les chevaliers qui prirent part à cette grande affaire, plusieurs barons des comtés de Champagne et de Bourgogne.

La victoire redoublant l'ardeur commune, on résolut de marcher sur Lisbonne, dont les Maures s'étaient emparés depuis quelques années. En ce moment on apprit qu'une flotte de soixante-dix navires chrétiens était arrivée à Porto; le roi leur fit proposer de se joindre à lui pour assiéger Lisbonne; les Francs y consentirent; ils se présentèrent devant la ville, mais inutilement; leurs tentatives furent repoussées; les chevaliers du Temple, cette milice invincible, dit un chroniqueur, fut elle-même obligée de penser à la retraite. Après avoir aidé le roi de Portugal dans d'autres entreprises dirigées contre les infidèles, les Francs mirent à la voile et se dirigèrent vers la Terre-Sainte.

Un jour le roi se promenait autour d'une montagne d'où son regard pouvait plonger sur Lisbonne et sur la mer; comme il regardait attentivement cette ville et rêvait en la regardant, il vit la mer couverte de vaisseaux qui voguaient à pleines voiles vers l'embouchure du Tage; il envoya immédiatement un des chevaliers qui étaient auprès de lui, pour s'informer d'où venait et où allait cette flotte; il apprit que c'étaient des Anglais, des Français et des Allemands qui allaient à la Terre-Sainte, sous la conduite de différens chefs; ils s'appelaient Guillaume de Corni, Childe Rollin et Ligel. Leur flotte était composée de cent quatre-vingts vaisseaux qui portaient quatorze cents hommes.

Le roi fit alors proposer aux chefs de cette armée, de l'aider à faire le siège de Lisbonne. Cette ville, dit un poète portugais, dont on a cru qu'Ulysse avait jeté les premiers fondemens, est située presque dans le milieu du Portugal, vers l'endroit où le Tage va décharger ses eaux dans la mer. Le roi désirait ardemment de la soumettre à sa domination; il proposa donc un parti avantageux aux croisés; il leur offrit de leur abandonner tout le butin s'ils réussissaient; ils y consentirent et coupèrent toute communication entre les Maures de Lisbonne et ceux de l'Afrique. Par-là les vivres manquèrent aux premiers, et toute communication avec la ville fut interceptée; le roi investit la place par terre. Les chrétiens pèlerins ou portugais, qu'excitait le double motif de l'intérêt et du zèle, combattaient avec une ardeur égale; les Maures prodiguaient leur vie pour la défense de leurs foyers. Le 25 octobre 1147, toutes les troupes étant réunies, on résolut un assaut général; quelque temps avant d'attaquer, Alphonse tint ce discours aux soldats de toutes les nations : « Amis et compagnons, il s'agit ici de la conquête du Portugal et de la ruine des infidèles ; ils sont à nous si par votre valeur nous réduisons cette place où sont renfermées toutes les richesses des mécréans. Ceux que vous allez combattre ne sont que des habitans timides ; les plus braves ont succombé. » A ces mots, les soldats pleins d'ardeur escaladent les murs; les pèlerins, venus par mer, descendent de leurs navires, et un assaut général est donné. Après une opiniâtre résistance, la ville fut prise; plus de deux cent mille Maures périrent, selon l'opinion des chroniques; la ville fut livrée au pillage pour récompenser les soldats. Lorsque le calme fut rétabli, on consacra la grande mosquée pour servir de cathédrale. On nomma Gilbert, quoique prêtre étranger, à l'épiscopat de Lisbonne ; c'était un homme d'une vaste érudition et d'une vertu reconnue. La fertilité du pays et la température invitèrent une partie des croisés à s'établir dans ces contrées ; Alphonse leur accorda toutes sortes d'immunités et de priviléges; il leur permit aussi de bâtir quelques villes, et ce sont eux qui jetèrent les premiers fondemens d'Almaida, Villa-Verde (de la couleur de leurs croix), d'Arada, d'Azembaya, de Castaneda, et quelques autres places qui subsistent encore.

L'établissement des croisés dans le Portugal fut immédiatement suivi de l'institution d'un ordre de chevalerie. Le roi créa l'ordre *de l'Aile* à la suite d'une vision qu'il eut dans son sommeil, et dont le siége de Lisbonne avait été l'occasion ; il accueillit aussi l'ordre espagnol de Calatrava, et le conféra à plusieurs des pèlerins qui s'étaient établis dans ses états. Cette même année 1148, il leur donna des libertés municipales et des lois.

Ces nouvelles colonies s'agrandissaient sous le paisible gouvernement du roi de Portugal, qui pensait toujours à agrandir ses états, lorsque l'arrivée d'une nouvelle flotte de pèlerins lui donna l'occasion de satisfaire sa bouillante ambition. « Quelques princes danois, frisons et flamands, dit un savant portugais, poussés par cet esprit aventurier qui était si fort à la mode dans ce siècle d'ignorance et de barbarie, avaient depuis peu armé cinquante-trois vaisseaux pour aller à la Terre-Sainte ; la mer, que le Ciel ne mettait pas toujours dans les intérêts de pareils conquérans, les forçait souvent d'aborder dans des lieux où ils ne savaient que faire. » Une tempête força donc ces aventuriers flamands à chercher un refuge dans le port de Lisbonne. Nous apprenons par les chroniques françaises, qu'ils avaient à leur tête Jacques, seigneur d'Avesne, maréchal de Brabant ; le roi les reçut honorablement et leur demanda des secours contre les Maures qui l'environnaient. On convint de part et d'autre qu'on assiégerait Silvès, ville forte et florissante dans le royaume des Algarves, et qui servait de retraite aux pirates maures. Un traité fut conclu. Le roi de Portugal devait rester possesseur de la ville, à condition qu'il donnerait aux étrangers le butin qu'on y ferait. Les étrangers remirent à la voile et se rendirent devant Silvès ; ils furent suivis de quarante galères portugaises chargées de toutes les munitions nécessaires. Le roi partit avec l'armée de terre, dont il donna le commandement au comte Mundez de Souza. Dès que la flotte et l'armée furent arrivées dans le royaume des Algarves, on investit la place et on commença l'attaque. Tout ce que l'industrie, la force et le courage peuvent inventer pour la défense et pour l'attaque d'une ville, fut pratiqué par les assiégeans et les assiégés ; mais la faim et la soif forcèrent les ennemis à se rendre et à implorer la clémence du vainqueur, qui leur accorda la vie. Le siége avait duré deux mois; on démantela la ville après qu'on l'eut pillée; quelques-uns des pèlerins obtinrent des terres dans le pays et s'y fixèrent; le plus grand nombre prit la route d'Orient, et continua son voyage.

D'après le témoignage des monumens portugais, tous les deux ou trois ans les rives du Tage étaient visitées par des pèlerins anglais, flamands et français; leurs armes servaient à détruire la puissance des Maures, et un poëme portugais, qui nous a été conservé, compare ces troupes de pèlerins à la manne céleste que Dieu envoya aux Israélites dans le désert. Nous renvoyons, pour les détails, à deux Mémoires publiés par l'académie de Lisbonne sur l'état du Portugal lors du débarquement des croisés.

No. IV.

Lettre à M. Michaud sur la croisade d'Enfans de 1212, par Am. Jourdain.

L'expédition d'outre-mer, entreprise vers 1212, et composée d'enfans, si elle n'est pas un des événemens les plus marquans de l'histoire des croisades, n'en paraît pas un des moins extraordinaires. Que des institutions, dictées par l'esprit de religion, destinées à propager notre culte, ou à en relever l'éclat, n'aient pas toujours trouvé dans leur objet un préservatif contre la corruption attachée aux choses humaines, c'est une vérité qu'établissent de nombreux exemples; mais que le fanatisme ou le génie du mal soit assez puissant pour éteindre dans l'enfance le sentiment naturel de sa faiblesse, et l'arracher à ses soutiens, pour lui inspirer cette suite d'idées, cette persévérance dans les résolutions, cet accord qu'exige toute entreprise formée par un concours nombreux d'individus, c'est ce qu'on a peine à croire, quoique le souvenir du fait soit con-

servé par plusieurs historiens. Quiconque connaît le goût
du moyen âge pour le merveilleux, et n'a lu que le récit
incomplet des historiens modernes des croisades, est d'abord tenté de ranger cette expédition parmi les aventures
fabuleuses, et pour y ajouter quelque foi, il faut la reunion de témoignages dignes de notre confiance.

Dans ma première incrédulité, je me suis plu à réunir ces
témoignages ; je vous les offre dans cette lettre, Monsieur,
afin de fournir, s'il est possible, un trait de plus pour le
tableau varié des égaremens de l'esprit humain.

Il faut distinguer diverses circonstances dans cet étrange
événement : sa date, les moyens qui le préparèrent, les
lieux qui en furent témoins, son issue. Quoique la critique
n'ait pas les moyens suffisans pour déterminer chacun de
ces points avec précision, cependant les chroniques du
moyen âge fournissent des documens assez étendus pour
satisfaire une sage curiosité.

Quant à la date, les historiens contemporains placent
tous cette croisade sous l'année 1212 (1) ou 1213 (2) au
plus tard. Ce n'est que par une erreur facile à reconnaître,
que d'autres l'avancent de douze ans (3) ou la reculent de
dix (4).

Quant aux lieux qui virent naître et s'exécuter une sem-

---

(1) Vincent Bellov., *Specul. Hist.*, liv. xxx, cap. 5. — Albert Stad.,
Chron. fol. 202, ex ed. Rein. — Godéfr. Monach., *Annal.* ap. Freh.
Collect. — Alberici, *Chron.* pag. 459. — Sicard., *Chron.* ap. Murat.,
tom vii, pag. 623.

(2) Thom. de Cantipr., *De Apibus.*

(3) *Chron. Argent.*, ap. Urtii collect., tom. i, pag. 11.

(4) Jacob. de Vorrag., *Chron. Januense*, ap. Murat., tom. ix, p. 46.
Ce qui prouve l'erreur de date, c'est que Bizarre (*Hist. Genuens*),
qui a copié cette chronique, place l'événement sous l'année 1212. Je
ne sais d'après quelle autorité Jean Massé le met dans sa Chronique
en 1210.

blable entreprise, il paraît que les croisés appartenaient à deux nations, et formèrent deux troupes qui suivirent une route opposée. Les uns, partis de l'Allemagne, traversèrent la Saxe, les Alpes, et arrivèrent jusqu'aux bords de la mer Adriatique (1); la France fournit les autres; et ceux-ci, rassemblés aux environs de Paris, traversèrent la Bourgogne, et arrivèrent à Marseille, lieu de leur embarquement (2).

Les prestiges, les fascinations, l'annonce de prodiges, furent employés pour soulever cette jeunesse et la mettre en mouvement. On rapportait, selon Vincent de Beauvais, que le Vieux de la Montagne, qui avait coutume d'élever des *Arsacides* depuis l'âge le plus tendre, retenait deux clercs captifs, et ne leur accorda la liberté que lorsqu'ils lui eurent promis de lui ramener de jeunes garçons de la France. L'opinion était donc que ces enfans, trompés par de fausses visions et séduits par les promesses des deux clercs, se revêtirent du signe de la croix.

Le promoteur de la croisade en Allemagne était un certain Nicolas, allemand de nation (3). Cette multitude d'enfans s'était persuadée, dit Bizarre, à l'aide d'une fausse révélation, que la sécheresse serait telle cette année que les abîmes de la mer se trouveraient à sec, et elle était venue à Gênes dans l'intention de se rendre à Jérusalem, en suivant le lit aride de la Méditerranée.

La composition de ces troupes répondait parfaitement à

---

(1) Voyez la *Chron. Anon.* de Strasbourg, Godefroy le Moine, Jacques *de Vorragine*, et l'évêque Sicard.

(2) Albéric entre dans d'assez grands détails, et quoique cet historien pèche généralement par une grande crédulité, son témoignage ne saurait ici être révoqué en doute.

(3) Jacq. de Vorrag.

ces moyens de séduction. On y voyait des enfans de tout âge, de toute condition, même de tout sexe; quelques-uns n'avaient pas plus de douze ans; ils se mettaient en route des villes et des villages, sans chefs, sans guides, sans aucune provision, ayant la bourse vide. En vain leurs parens, leurs amis cherchaient à les retenir en leur montrant la folie d'une telle expédition : la captivité dans laquelle on les condamnait redoublait leur ardeur; brisant les portes, ou s'ouvrant une issue à travers les murs, ils parvenaient à s'échapper et allaient rejoindre leurs bandes respectives. Si on les interrogeait sur le but de leur voyage, ils répondaient qu'ils allaient visiter les lieux saints. Quoiqu'un pélerinage commencé sous de semblables auspices, marqué de toutes sortes d'excès, dût être un objet de scandale plutôt que d'édification, il y eut des gens assez peu sensés pour y voir un effet de la toute-puissance de Dieu; des hommes, des femmes quittèrent leurs maisons et leurs champs, et se joignirent aux troupes vagabondes, croyant suivre la route du salut; d'autres leur fournirent de l'argent et des vivres, pensant aider des âmes inspirées de Dieu, et guidées par les sentimens d'une vive piété. Le pape, instruit de leur marche, dit en gémissant : « Ces » enfans nous reprochent d'être plongés dans le sommeil, » tandis qu'ils volent à la défense de la Terre-Sainte (1). » Si des hommes prévoyans, parmi le clergé, blâmaient ouvertement cette expédition, on donnait l'incrédulité et l'avarice pour motif de leurs censures, et afin d'éviter (2) le mépris public, la sagesse était condamnée au silence.

Cependant l'événement fit voir que tout ce que l'homme

---

(1) Albert de Stadt.

(2) Chronique anonyme de Strasbourg.

ÉCLAIRCISSEMENS.

entreprend dans le balancier de la raison et la vigueur de la réflexion, n'obtient point une heureuse issue; et bientôt, dit l'évêque Sicard, cette multitude disparut tout entière: *quasi evanuit universa.*

Mais il faut soigneusement distinguer ici le sort des croisés allemands et français, quoiqu'une partie de ceux-ci ait pu se diriger vers l'Italie.

Il suffisait de porter le signe de la croix pour être admis dans la croisade; si la surveillance des princes et des prélats dans les expéditions dirigées par la puissance ecclésiastique et séculière, ne parvenait point à en écarter les hommes de mauvaises mœurs, quelle espèce de gens ne devait point recéler une réunion formée sans aucun soin, et dont la plupart des membres fuyaient, comme l'enfant prodigue, la maison paternelle, pour se livrer sans contrainte à leurs penchans vicieux? Aussi le récit de Godefroi-le-Moine ne doit-il point nous étonner, lorsqu'il rapporte que des voleurs se mêlèrent parmi les pèlerins allemands, et disparurent après les avoir dépouillés de leurs bagages et des dons que les fidèles leur distribuaient. Un de ces voleurs ayant été reconnu à Cologne, termina ses jours sur la potence. A ce premier malheur se joignit une foule de maux, résultat nécessaire de l'imprévoyance des croisés. La fatigue d'une longue route, la chaleur, le besoin, en moissonnèrent une grande partie. De ceux qui arrivèrent en Italie, les uns se dispersèrent dans les campagnes, et, dépouillés par les habitans, ils furent réduits en servitude; d'autres, au nombre de sept mille, se présentèrent devant Gênes: d'abord le sénat leur permit de séjourner six ou sept jours dans la ville; mais réfléchissant ensuite sur l'inutilité de leur entreprise, craignant qu'une telle multitude n'apportât la disette, appréhendant surtout que Frédéric, qui était alors en rebellion contre le Saint-Siége et en guerre avec Gênes, ne profitât de cette circonstance pour exciter quelque tumulte, il ordonna aux croisés de s'éloigner de la ville. Cependant une opinion, reçue du temps de Bizarre, était que la république accorda le droit de cité à plusieurs de ces jeunes Allemands distingués par l'éclat de leur naissance; ils acquirent par la suite une telle considération, qu'ils entrèrent dans l'ordre des patriciens; et c'est d'eux, ajoute le même historien, que tirent leur origine plusieurs familles encore existantes de nos jours, parmi lesquelles on distingue la maison des Vivaldi. Les autres, reconnaissant trop tard leur erreur, reprirent la route de leur pays; et ces croisés, qu'on avait vus s'avancer par troupes nombreuses, en répétant des chants propres à les animer, revinrent isolément, dépouillés de tout, marchant les pieds nus, éprouvant les angoisses de la faim et servant de dérision à la population des villes et des campagnes : dans cette déconfiture, plusieurs jeunes filles perdirent la fleur de la virginité.

Les croisés de France éprouvèrent un sort à-peu-près semblable : une faible partie revint; le reste périt dans les flots ou devint un objet de spéculation pour deux négocians de Marseille. Hugues Ferreus et Guillaume Porcus, c'étaient leurs noms, faisaient avec les Sarrasins un grand commerce, dont la vente des jeunes garçons formait une branche considérable. L'occasion d'un trafic avantageux ne pouvait être plus favorable; ils offrirent donc aux pèlerins, qui arrivèrent à Marseille, de les transporter en Orient, sans aucune rétribution, donnant à cet acte de générosité la piété pour motif. Cette proposition fut acceptée avec joie, et sept vaisseaux, chargés de ces pèlerins, voguèrent vers les côtes de Syrie. Au bout de deux jours de navigation, lorsque les bâtimens étaient parvenus en face de l'île Saint-Pierre, près de *la Roche du reclus*, une tem-

ECLAIRCISSEMENS.

pête violente s'éleva, et la mer engloutit deux de ces navires et tous les passagers qu'ils portaient. Les cinq autres parvinrent à Bugi et à Alexandrie, et les jeunes croisés furent tous vendus aux Sarrasins ou à des marchands d'esclaves (1). Le calife en acheta quarante pour sa part, qui tous étaient dans les ordres, et les fit élever avec soin dans un lieu séparé : douze autres périrent martyrs, n'ayant point voulu renoncer à la religion. Aucun d'eux, au dire d'un des clercs élevés par le calife, et qui recouvra par la suite sa liberté, n'embrassa le culte de Mahomet : tous, fidèles à la religion de leurs pères, la pratiquèrent constamment dans les larmes et dans la servitude. Hugues et Guillaume, ayant formé plus tard le projet d'assassiner Frédéric, furent découverts et périrent d'une mort honteuse, ainsi que trois Sarrasins leurs complices, trouvant, dans cette fin misérable, le juste salaire de leur trahison.

Par la suite, le pape Grégoire IX fit élever une église dans l'île de Saint-Pierre, en l'honneur des naufragés, et institua douze canonicats pour la desservir. On montrait encore, du temps d'Albéric, le lieu où avaient été ensevelis les cadavres que la mer avait rejetés sur ses bords.

Quant aux croisés qui survécurent à tant de calamités et restèrent en Europe, le pape ne voulut point les relever de leurs vœux, à l'exception toutefois de quelques vieillards ou infirmes : le reste fut obligé de s'acquitter du pèlerinage dans l'âge de maturité, ou le racheta par des aumônes.

Telle fut l'issue de cette croisade, que deux chroniques désignent sous une juste épithète : *expeditio nugatoria*, *expeditio derisoria* (2).

---

(1) Ce récit nous est fourni par Albéric; on le trouvera confirmé par Thomas de Champré et Roger Bâcon.
(2) *Chron. Augus.* — *Chron. Argent.*

ÉCLAIRCISSEMENS.

Deux faits pourront paraître extraordinaires dans ce récit : la condition attachée par le Vieux de la Montagne à la liberté du clerc dont parle Vincent de Beauvais, et ce commerce d'enfans entrepris par les négocians de Marseille.

Sur le premier point, on ne peut offrir que l'opinion reçue parmi les peuples de l'Occident; on croyait généralement, au XIIIe. siècle, que le Vieux de la Montagne entretenait des intelligences dans l'Europe chrétienne; plusieurs princes furent même accusés d'avoir eu recours au poignard de ses sicaires pour se défaire de leurs ennemis. Frédéric reçut ses ambassadeurs en Sicile (1). Roger Bâcon se plaint amèrement des fascinations qu'emploient secrètement les Sarrasins pour séduire les jeunes serviteurs du Christ (2); le nom d'*assassins* était déjà passé dans la langue vulgaire au XIIIe. siècle, et ce nom était l'objet de la terreur commune. Malgré l'opinion de quelques critiques, il faudrait donc un plus mûr examen que ne le comporte cette lettre, pour rejeter le récit de Vincent de Beauvais.

Quant au commerce des jeunes garçons, ce n'est point un fait nouveau; on en trouve des traces bien antérieures à cette époque. Les Grecs et les Vénitiens le pratiquaient assez ouvertement. Le pape Zacharie racheta, en 748, plusieurs esclaves chrétiens, enlevés à Rome par les marchands de Venise; les gens de Verdun, au témoignage de Luitprand, allaient vendre, aux Arabes d'Espagne, des jeunes gens qu'ils avaient mutilés, et qui devaient servir à la garde des femmes dans le sérail (3). D'ailleurs,

---

(1) Godefr. Mon.
(2) *Opus majus*, p. 254, édit. in-fol.
(3) Voyez Marin, *Storia civile et politica del commercio del Vene-*

le sort de ces jeunes croisés, qui s'embarquèrent à Marseille, et trouvèrent l'avilissement et l'esclavage au lieu du sol sacré promis à leur zèle aveugle, est attesté par deux écrivains contemporains dignes de toute confiance : ce sont l'illustre Thomas de Champré (1) et Roger Bâcon (2). Je n'aperçois donc aucun doute raisonnable à élever sur ce fait; mais j'y trouve un nouvel exemple de la cupidité humaine, qui sacrifie, pour se satisfaire, ce que la nature et la religion ont de plus sacré.

Recevez, Monsieur, etc.

---

ziani, tom. 1, pag. 206; De Guignes, *Mémoire sur le commerce des Francs dans le Levant*, etc., tom. xxxvii des *Mém. de l'Académie des Inscript.*

(1) *Videmus anno ab incarn. Di. 1213, infinitam puerorum multitudinem spiritu deceptionis arreptos, cum signaculo crucis iter Hierosolymitanum aggressos fuisse, periisseque diversis in locis; et maximam ex iis multitudinem per maleficos quosdam sarracenis in mari venditos extitisse.* (Lib. De *Apibus*.)

(2) *Forsan vidistis aut audivistis pro certo quod pueri de regno Franciæ semel occurrebant in infinitâ multitudine post quemdem malignum hominem, itâ quod nec à patribus, nec à matribus, nec ab amicis poterant detineri, et positi sunt in navibus et sarracenis venditi, et non sunt adhuc LXIV annis.* (*Opus majus*, pag. 254.)

FIN DES ÉCLAIRCISSEMENS.

PIÈCES JUSTIFICATIVES.

N°. 1er.

Lettres de Célestin III à Hubert, archevêque de Cantorbéry, concernant les affaires de la Terre-Sainte.

Nous vous exhortons, nos très chers frères, archevêques et évêques, auxquels ont été confiés le soin et la conduite des âmes, et qui ne cessez d'adresser à l'Éternel de ferventes prières, à engager les peuples du ressort de votre obéissance spirituelle, à prendre le signe de la croix, et à marcher contre les persécuteurs de la foi de Jésus-Christ. Nous espérons, et vous devez espérer également que le Seigneur secondera les effets de vos prédications et de vos prières, et qu'il jettera le filet pour la pêche miraculeuse; qu'il remplira principalement du désir de marcher à la défense de la province d'Orient, ceux qu'animera le désir de coopérer à une entreprise méritoire, plutôt que la confiance dans leurs propres armes; qu'enfin les ennemis de Dieu seront dispersés, et que ceux qui le haïssent fuiront loin de sa présence. Pour nous, conformément au pouvoir que nous avons reçu de Dieu, et qui est attaché à notre ministère, nous réintégrons dans le sein de l'Église, et relevons de toute censure ecclésiastique antérieure à ce jour, tous ceux qui entreprendront ce voyage par zèle pour le service de Dieu, et dans le dessein de contribuer de tout leur pouvoir au succès de sa cause. Nous accordons également indulgence plénière et ouvrons le chemin de la vie éternelle à tous ceux qui, ayant abandonné la foi, s'engageraient, dans les dispositions d'un esprit humble et d'un cœur contrit, à s'exposer aux fatigues et aux travaux de cette sainte entreprise. Nous mettons sous la protection spéciale du Saint-

Siége, ainsi que sous celle des archevêques et autres prélats de l'Église, les biens et les familles de ceux qui feront partie de l'expédition, à partir du moment auquel ils auront reçu le signe de la croix, et aucune atteinte ne sera portée aux possessions dont ils jouissaient, tant qu'on n'aura pas acquis la certitude de leur retour ou de leur mort. Quant à ceux qui consacreraient une partie de leurs biens au secours de ladite terre, ils obtiendront le pardon de leurs péchés autant que les prélats croiront devoir le leur accorder. Nous finissons, archevêques nos très chers frères, en vous enjoignant de prescrire à vos peuples le travail méritoire de cette expédition; recommandant également à notre très cher fils en Jésus-Christ, l'illustre roi d'Angleterre, d'envoyer au secours de ladite terre une armée bien équipée; et, à cet effet, de parcourir toute l'Angleterre, exhortant de tout son pouvoir les peuples soumis à sa puissance, à se munir du signe de la croix pour la défense de la chrétienté, et à traverser les mers pour visiter la Terre-Sainte.

Vous nous avez fait connaître qu'en Angleterre il se trouve un grand nombre de personnes qui, ayant pris le signe de la croix pour visiter le sépulcre de Notre Seigneur et secourir cette Terre-Sainte sur laquelle posèrent ses pieds, cherchent, au péril de leurs âmes, à se soustraire à l'exécution d'un vœu que rien ne les empêche d'accomplir. Vous nous avez fait connaître également qu'il s'en trouve d'autres qui, bien qu'ils aient pris le signe de la croix, se trouvent, soit à cause de leur indigence, soit à cause de leur faible santé ou de quelqu'autre raison légitime, dans l'impossibilité d'accomplir leur vœu comme il convient. Or, comme votre fraternité a cru devoir nous consulter sur le parti qu'elle devait prendre à leur égard, nous vous mandons et ordonnons, par l'autorité de la présente lettre apostolique, d'enjoindre, sous peine d'excommunication, à tous ceux qui ont négligé ce vœu, de l'accomplir dans tous ses points et comme il convient, à moins que de très fortes raisons ne puissent porter à les en dispenser. Quant à ceux que l'exiguité de leurs moyens, ou la faiblesse de leur santé, ou quelqu'autre cause légitime empêcherait d'acquitter, ainsi qu'il convient, le vœu solennel qu'ils auraient prononcé, nous vous exhortons à leur permettre, d'après les rapports véridiques qui vous auront été faits, de s'abstenir du voyage, leur imposant toutefois une pénitence proportionnée à leur situation, et leur enjoignant fortement qu'aussitôt qu'ils se trouveront en état de satisfaire à leur vœu, ils n'aient plus à en différer l'accomplissement sous aucun prétexte. Ceux toutefois que vous reconnaîtriez absolument incapables, à cause de leurs infirmités corporelles, de l'accomplir par eux-mêmes, enverront à leur place une ou plusieurs personnes propres à la chose, selon que leurs facultés le leur permettront; lesquelles personnes passeront à leurs frais au-delà des mers, pour y demeurer au service de Jésus-Christ pendant une ou plusieurs années, selon que vous le jugerez convenable.

Donné à Saint-Jean-de-Latran, le 2 des ides de janvier, la cinquième année de notre pontificat.

N°. II.

Lettre du duc de Saxe à l'archevêque de Cologne (1).

Comme nous connaissons la grande part que vous prenez à notre élévation et à la prospérité de toute la chrétienté, nous faisons savoir à votre sagesse et à votre discrétion, qu'ayant été élu chef de toute l'armée par les princes de l'empire romain, par les barons du territoire de Jérusalem et par la voix de tout le peuple, nous avons, d'accord avec les princes et tous les officiers de l'armée, dirigé notre marche vers Bérite; et lorsque dans la nuit de Saint-Seve-

---

(1) Cette lettre se lit dans Otton de S. Blaise, sous l'année 1197.

rin, nous nous avancions en ordre et avec beaucoup de précaution entre Tyr et Sidon, Saphadin, et tous les amiraux de Babylone et de Damas, à la tête d'une grande multitude de Sarrasins, se sont présentés à nous du flanc de la montagne ; et aussitôt, environnant notre armée par derrière jusqu'à la mer, ils n'ont cessé de harceler nos bataillons par de vives et continuelles attaques. Enfin cette nation détestable réunissant toutes ses forces, et les rangeant en ordre, les a dirigées contre nous. En effet, le dessein de ces peuples était de nous attaquer avec toutes leurs forces, afin d'éprouver quelles étaient véritablement les nôtres. Mais le Dieu protecteur de ceux qui espèrent en lui, qui préserve le faible du joug du puissant, a arraché ses faibles serviteurs des mains des impies, non sans un grand désastre pour ces derniers, car ils ont perdu le gouverneur de Sidon et beaucoup d'autres Sarrasins, qui, comme lui, sont demeurés sur la place ; et, dès ce moment, ils n'ont plus osé nous attaquer ; en sorte que, dès le jour même, nous avons eu l'avantage d'asseoir notre camp sur les bords du fleuve de Sidon. Et comme nos vaisseaux précédaient l'armée, les Sarrasins qui étaient dans le port de Bérite les voyant s'avancer, furent saisis de crainte, et abandonnèrent ce port, qui était très fortifié. Pour nous, le lendemain, en poursuivant l'armée ennemie, nous nous emparâmes, sans aucun obstacle, de ce lieu si propre à la résistance, et nous y trouvâmes une si grande quantité d'armes de toute espèce, que vingt chariots étaient à peine suffisans pour les transporter. Nous y trouvâmes également tant de vivres, qu'ils auraient pu suffire à alimenter cinq cents hommes pendant plus de sept ans. Comme nous séjournâmes en cet endroit pendant vingt jours, les autres Sarrasins, craignant notre arrivée, abandonnèrent le château de Gibel, et un autre château très fortifié, dit le château de Liéche. Étant donc instruits que tous les postes voisins de la mer étaient, jusqu'à Antioche, au pouvoir des chrétiens, tournant aussitôt notre marche vers le territoire de Sidon, nous ravageâmes tout le pays qu'avaient occupé les Sarrasins. Ainsi, ayant, avec le secours du Roi du ciel, chassé les Sarrasins, qui n'osent plus paraître, nous espérons que dans peu nous pourrons prendre la cité sainte de Jérusalem; car les Sarrasins, apprenant que notre armée est forte et animée du même esprit, n'osent plus se montrer dans aucune occasion. Nous prions donc instamment votre révérence qu'elle veuille bien, tant pour notre prospérité que pour celle de toute la chrétienté, faire faire mémoire de nous par toute l'étendue de son archevêché, et engager tous ceux de cet archevêché qui ont pris le signe de la croix, à s'acquitter de leur vœu, et à marcher au secours de la chrétienté. Quant à ceux qui voudraient se fixer dans la Terre-Promise, nous leur assignerons des revenus suffisans.

N°. III.

Lettre de Henri VI adressée à ses prélats d'Allemagne (1).

Henri, par la grâce de Dieu, empereur des Romains, roi de Sicile, et toujours auguste, à ses chers et fidèles archevêques, abbés et prélats des églises, salut et toutes sortes de prospérités.

Nous avons cru devoir vous faire connaître, à tous en général et à chacun en particulier, qu'ayant soumis, par la grâce de Dieu, le royaume de Sicile, rétabli par nos soins dans un état prospère, pour la gloire de celui qui a étendu ses bras sur la croix et qui s'est immolé pour nous; considérant la misère et la détresse auxquelles (par suite des péchés commis) la Terre-Promise se trouve réduite de la manière la plus révoltante par la barbarie des païens, nous avons, pendant la célébration de la fête de la résurrection de notre Seigneur, résolu, dans une assemblée solennelle tenue à Bari, à l'effet de s'occuper des moyens de délivrer ladite

---

(1) Nous avons tiré cette lettre des Annales de Godefroi-le-Moine, *Ap. Freh. Collect.*, tom. 1, *ex ed. Struv.*

Terre-Promise, d'envoyer, à nos frais, quinze cents soldats et autant de sergens, qui demeureront au service de l'expédition pendant un an, à dater du mois de mars. A cet effet, nous avons promis de donner à chaque soldat trente onces d'or et autant de vivres qu'il lui en faudra pour un an. L'argent leur sera compté partout où ils s'embarqueront. Quant aux vivres, nous les leur ferons transporter et remettre au lieu de leur débarquement. De leur côté, les soldats et sergens jureront d'obéir à celui que nous leur donnerons pour chef, et de demeurer pendant une année entière au service de Dieu. S'il arrive que quelqu'un d'entr'eux vienne à mourir, ce qui restera de son argent et de ses vivres ne pourra être assigné à aucun autre, mais devra, d'après la décision des chefs de l'armée, être réservé à celui qui le remplacera dans le service. Nous vous recommandons donc instamment à tous d'avoir soin, chacun dans vos diocèses, d'insinuer notre volonté aux soldats et hommes zélés pour le service de la chrétienté, afin que ceux d'entr'eux qui, animés par l'inspiration divine, voudraient aller venger les injures faites à Jésus-Christ et à la chrétienté, se préparent au départ avant le terme prescrit.

Donné, etc.

N°. IV.

Lettre du grand-maître des Hospitaliers (1).

Nous désirons instruire le cœur de nos amis des événemens qui se passent ici. A l'époque déplorable du dernier passage, nous vous envoyions, comme de coutume, le récit de ce qui était arrivé dans la terre de Jérusalem; mais le navire, qui voguait vers l'Occident, s'est brisé sur les côtes de Tripoli, en face de Biblis. L'évêque d'Acre, plusieurs de nos frères, hommes recommandables par leurs qualités, et qui

---

(1) Cette lettre est tirée des Annales de Roger de Hoveden.

devaient vous entretenir des affaires de la Terre-Sainte, ainsi qu'un grand nombre de pélerins de toute classe, ont été, par la volonté de Dieu, engloutis sous les eaux, à la grande douleur de tout le peuple chrétien. Nous pensions qu'après le naufrage aucun vaisseau ne pourrait faire le trajet, car les bâtimens dans lesquels nos envoyés se préparaient à passer, étant sortis d'Acre et étant restés en mer trois jours et plus, ayant perdu leurs antennes dans une bourrasque, rentrèrent à Tripoli, échappant à peine au naufrage. Toutefois, profitant de l'occasion que nous avons pu rencontrer, nous instruisons votre fraternité que l'abominable prince de Damas, le plus terrible des ennemis de la chrétienté, est devenu prince de Babylone. . . . . . .
. . . .

Cependant nos ennemis se livrent à une grande joie, parce qu'ils connaissent notre petit nombre, et savent que nous manquons d'armes et d'argent. C'est pourquoi nous vous adressons de lamentables cris, et vous conjurons de daigner nous secourir, en employant l'aide et le conseil des grands et des petits, et de décider le roi d'Angleterre et tous ceux que vous pourrez convaincre, à concourir à notre subvention. Craignant les grandes richesses, quoique les denrées ne viennent qu'à grands frais, nous ne sommes pas moins frappés tous de la terreur accoutumée; et puisque le peuple entier de la Terre de promission avait tant de peine à se défendre contre le seul royaume de Damas et de Babylone, quelle crainte ne doit pas inspirer à nous, restes si faibles, la réunion de ces deux états sous un même sceptre? Tel est, dans la vérité, l'état de la Terre-Promise et des ennemis du Christ, lequel demeurant le même, si nous recevions de Jésus-Christ un bon aide, et que le ciel nous fût propice, nous penserions venger les injures du Christ et le déshonneur des chrétiens. Comme il suffit, cher frère, de vous dire peu de choses, vous connaissez assez l'étendue de nos besoins; mais écoutez maintenant ce qui nous afflige outre mesure : la Sicile est ravagée par les Teutons et les Lombards; notre maison de Barole est abandonnée; les frères se sont réfugiés dans l'intérieur de la ville; les maisons du dehors, dont nous tirions des secours, sont réduites à rien; personne ne se maintient même dans la ville. Depuis votre départ d'ici, nous n'avons rien reçu de la Sicile jusqu'à ce moment; depuis un an, nous achetons froment, vin, orge, viandes et fromage, tout ce qui est nécessaire pour nos maisons et nos châteaux, dont la dépense est incalculable. Nous ne recevons d'argent que de nos maisons d'outre-mer, car nous ne pouvons nous en procurer par une autre voie, et on peut dire que nous n'avons rien touché en comparaison de nos dépenses. Vous saurez que nous nous sommes accablés de dettes. Attendant vos secours et ceux de nos autres bons frères, nous vous conjurons, par l'amour de Dieu et le nôtre, de nous les envoyer par le premier passage de mars.

N°. V.

Traité d'alliance entre Baudouin, comte de Flandre; Thibault, comte de Troyes; et Louis, comte de Blois, frères; et le seigneur Henri Dandolo, doge de Venise, pour le passage de la Terre-Sainte (1).

De nombreux exemples ont prouvé que le pays de Jérusalem a été occupé par les païens, et délivré quand le Seigneur l'a permis, pour signaler sa gloire et sa puissance; mais la situation de ce pays est devenue de nos jours si déplorable, que les adversaires de la croix de Jésus-Christ ayant multiplié le nombre de leurs coupables adhérens, ils se sont emparés de Jérusalem, où reposait le corps de notre Sauveur, et toutes les autres villes et les châteaux, excepté quelques-uns, sont tombés en leur pouvoir, ce que nous

---

(1) Ce traité et les suivans se lisent dans la Chronique d'André Dandolo, insérée par Muratori dans le tome XII de ses *Scriptor. rer. Ital.*

ne devons pas attribuer à l'injustice d'un juge qui punit, mais plutôt à l'iniquité du peuple qui l'a offensé; puisque nous lisons dans l'Écriture, que quand le peuple se convertissait au Seigneur, un seul homme suffisait pour en combattre mille, et deux pour en repousser dix mille. En effet, si Dieu l'avait voulu, dans ses profonds jugemens, il aurait vengé son injure; mais il a peut-être préféré nous éprouver, et apprendre aux chrétiens que celui qui connaît ou qui recherche le Seigneur, qui saisit avec joie l'instant de la pénitence qui lui est offert, prend ses armes et son bouclier pour voler à la défense de son Dieu. Quoique, pour délivrer la Terre-Sainte, beaucoup de princes, tels que l'empereur des Romains, les rois de France et d'Angleterre, nombre de ducs, de marquis, de comtes et de barons, et beaucoup d'autres, *eussent pris le glaive de la force;* pour n'avoir pas mis dans leur service assez d'unanimité, ils n'ont obtenu que de légers avantages dans cette contrée. C'est pourquoi il a plu au Seigneur de vous inspirer à vous, illustres princes, Baudouin de Flandre, et Thibault, palatin de Troyes, Louis de Blois et de Clermont, et à plusieurs autres nobles personnages, le dessein de vous décorer du signe de la croix, et de vous armer pour sa défense contre les infidèles. Après y avoir convenablement et mûrement réfléchi, et ne voyant pas de moyen plus sûr de venir au secours de la Terre-Sainte et de dompter l'orgueil des ennemis que de vous associer à nous, avec la protection du Seigneur, pour travailler en commun à cette entreprise; à ces fins, vous nous avez envoyé les nobles hommes, Conon de Béthune, Geoffroy Maréchal, Jean de Fraise, Alard de Maqueriaux, Milon de Prévino et Gaultier de Goudonville, nous suppliant instamment, avec l'appui de la divine miséricorde, de vous aider de nos conseils, de vous prêter assistance dans cette occurrence, parce que vous vous en rapportiez entièrement à notre prudence, pour vous et tout ce qui vous regarde, et que vous ne vouliez rien faire sans nos conseils dans cette entreprise. Après les avoir entendus, nous, par la grâce de Dieu, Henri Dandolo, duc de Veniso, de Dalmatie et de Croatie, après avoir reçu, avec les distinctions et l'empressement convenables, vos députés et les lettres qu'ils nous ont présentées de votre part, nous avons éprouvé au fond de notre cœur la plus vive satisfaction, et nous nous sommes rappelé la mémoire de nos prédécesseurs, qui secoururent à propos avec éclat le royaume de Jérusalem, et ont acquis, par la grâce du Seigneur, beaucoup d'honneur et de gloire. Pour répondre à l'exhortation du souverain pontife, qui nous a souvent donné le même conseil dans sa sollicitude paternelle, et ne doutant pas que vous ne vouliez dévotement, fidèlement et sincèrement coopérer à cette entreprise, nous avons reçu, en l'honneur du Seigneur, vos supplications avec affection et cordialité. Vos susdits députés nous ont prié de leur fournir une flotte pour transporter quatre mille cinq cents hommes bien armés, autant de cavaliers et neuf mille cuirassiers; et, s'ils venaient à manquer, on ne nous en doit pas moins la somme plus bas indiquée, et vingt mille piétons bien armés, avec des vivres pour un an, ce que nous avons promis de leur fournir. A l'égard des vivres, on est convenu de distribuer, pour chaque individu, six setiers, soit de pain, farine, blé et légumes, et une demi-cruche de vin (1). Pour chaque cheval, trois boisseaux, mesure de Venise, et de l'eau en quantité suffisante, et autant de vaisseaux qu'il sera jugé convenable pour transporter les susdits chevaux. A l'égard des vaisseaux pour le transport des hommes, il en sera fourni suffisamment à notre gré et au gré de nos barons, le tout de bonne foi. Ledit moyen de transport doit être fourni depuis la fête prochaine des saints apôtres Pierre et Paul, en l'honneur de Dieu, et du bienheureux Marc, évangéliste, et de la chrétienté, durant un an, à moins que, de votre consentement et du nôtre, il en arrive

---

(1) L'interprétation de ce passage présente quelque difficulté à cause de l'incertitude qui règne dans l'évaluation des mesures du moyen âge.

autrement. A ces fins, vous devez nous donner 85,000 marcs d'argent, de bon aloi, poids de Cologne, dont on fait usage dans nos états; sur quoi nous devons avoir d'ici aux calendes d'août 15,000 marcs, et de-là à la Toussaint 10,000 autres; de cette époque à la Purification de la Sainte-Vierge, encore 10,000; enfin, d'ici au mois d'avril prochain compris, les autres 50,000 marcs restans; et, pendant tout le même mois, devront se trouver les hommes et les chevaux avec tout ce qui leur est nécessaire pour la traversée, et ils doivent aller à leur destination et rester au service du Seigneur pendant un an s'il le faut, à moins que, de votre consentement et du nôtre, il en soit autrement. Il est bon d'observer que vous ne devez pas vous procurer de subsistances depuis Crémone jusqu'à Venise, et depuis Bologne, Imola, Faïence jusqu'à Venise, si ce n'est par notre ordre; et pour assurer l'alliance qui doit régner entre nous, elle doit être telle que nous devons vous traiter avantageusement, comme vous le ferez à notre égard; et si, Dieu aidant, nous faisons quelque acquisition par la force des armes, ou en vertu d'un traité en commun ou en particulier, nous devons avoir une moitié de tout, et vous l'autre moitié. Lesquelles dites conditions ci-devant stipulées, vos susdits députés, par eux-mêmes et de votre part, ont juré sur leur âme, et par les saints Évangiles, d'observer fidèlement, ainsi que vous, ce que vous-mêmes jurerez et ferez jurer à vos barons d'observer, et à toute la nation de votre part, si nous ne décidons autrement. Vous ferez jurer la même chose, si vous le pouvez, au seigneur roi de France. Pour nous, à l'égard de la flotte que nous avons promis de vous fournir, ainsi qu'il est dit ci-dessus en vertu de nos conventions, nous jurons de les observer, et toute autre disposition ci-dessus comprise, si nous venons avec l'armée; ce que nos barons ont pareillement juré. Mais si nous ne suivions pas la susdite armée, ceux qui tiendront notre place dans cette occasion, jureront et feront jurer de notre côté, à tous ceux qui seront dans l'armée, d'observer ce traité, dans le cas où vous l'exigeriez. De notre avis et de celui de nos susdits députés, il est convenu que, de part et d'autre, on choisira six personnes, afin que si par hasard (Dieu veuille nous en préserver!) il s'élève quelque difficulté entre votre nation et la nôtre, ils rétablissent la concorde et redressent les griefs; ce qu'ils traiteront sous la foi du serment. Vous ferez souscrire le présent concordat, que nous avons fait ensemble, à notre Saint-Père le pape, afin que si l'une des parties contractantes s'écartait des clauses du traité, il lui impose la peine à laquelle il devra justement se soumettre. Et pour donner plus de force à cet écrit, nous avons ordonné d'y apposer une bulle de plomb portant nos armoiries.

Fait à Venise, au Rialto, dans le palais du doge ci-dessus nommé. Délivré par les mains d'André Conado, prêtre, chancelier de notre cour, l'an de l'Incarnation de Notre-Seigneur, 1201, le 4 avril, l'an X du règne d'Henri Dandolo.

Je, Vivien, notaire et juge de sa majesté Henri, empereur des Romains, ai vu et lu l'original de ce traité, que j'ai transcrit sur ce registre, sans y rien ajouter ni diminuer de ce que j'y ai trouvé, et je l'ai affirmé et attesté de ma propre main (1).

VI.

Serment des députés de Baudouin, comte de Flandre, fait à l'illustre seigneur doge Henri Dandolo, pour le passage de la Terre Sainte.

Notre illustre seigneur Baudouin, comte de Flandre et de Hainaut, ayant, par l'inspiration du Très-Haut, pris le signe de la sainte croix pour passer au service du Seigneur, et (d'après sa coutume de ne rien entreprendre que sur de

---

(1) On trouve, dans la même Chronique de Dandolo, un pareil traité conclu entre le doge et le marquis de Montferrat.

sages déterminations) ayant commencé par penser aux moyens de pouvoir accomplir utilement son vœu, a cru qu'aucun prince de ce siècle n'était plus propre que vous, seigneur Henri Dandolo, par la grâce de Dieu, doge de Venise, de Dalmatie et de Croatie, à contribuer au succès de l'expédition ayant pour objet de délivrer le territoire de Jérusalem. C'est pourquoi nous, Conon de Bétignies et Alard Maquarelli, avons été spécialement chargés par le susdit seigneur notre maître, de venir de la part de sa dévotion réclamer humblement vos conseils et vos secours pour une entreprise aussi pieuse et aussi salutaire; vous déclarant, en son nom, qu'il est prêt, de son côté, à abandonner sa personne et ses biens à votre sagesse et à votre discrétion, et qu'il est disposé à se conformer là-dessus à votre volonté en tout ce qui sera nécessaire. Lorsque nous sommes venus nous présenter devant votre personne, en qualité de députés, et que nous vous avons communiqué les lettres qui nous avaient été remises de la part dudit seigneur notre maître, vous avez daigné nous accueillir avec bienveillance et répondre favorablement à l'objet de notre mission. Or, le contenu des susdites lettres est que vous ajoutiez foi à tout ce que nous vous dirons de la part du seigneur notre maître, comme s'il vous le disait lui-même, tenant pour certain que tout ce que nous arrêterons avec vous de sa part, il le ratifiera et s'y conformera avec une entière volonté, comme s'il l'eût fait en personne; que si nous vous faisons quelque serment en son nom, il le confirmera, et qu'en son âme il le tiendra pour aussi sacré que s'il l'eût contracté lui-même. Et, à cet effet, il nous a remis ce parchemin non écrit, muni de son sceau, sur lequel il est marqué que le susdit comte approuve et ratifie tout ce que nous conclurons avec vous en son nom. Nous faisons donc le serment, sur notre âme et sur celle de notre susdit seigneur, que tous les articles qui seront contenus dans cet acte, que nous vous remettons l'an de grâce 1201, et auquel nous avons apposé notre sceau, il les ratifiera de sa propre main; qu'il prêtera le serment en personne, et le fera prêter à tous ceux qui lui sont soumis, ce qui sera aussi strictement observé. Fait à Venise, au mois d'avril de la susdite année, etc. (1).

N°. VII.

Traité fait sous les murs de Constantinople.

Nous, Henri Dandolo, par la grâce de Dieu, doge de Venise, de Dalmatie et de Croatie, et les très illustres seigneurs Boniface, marquis de Monferrat; Baudouin, comte de Flandre et de Hainaut; Louis, comte de Blois et de Clermont; et Henri, comte de Saint-Pol; chacun pour notre part, afin de maintenir parmi nous l'union et la concorde, et pour éviter toute matière de scandale, avec la coopération de celui qui est notre paix, qui a fait tout, et pour la gloire duquel nous avons cru devoir établir l'ordre suivant, après nous être réciproquement engagés par les liens du serment. D'abord, nous devons tous (après avoir invoqué le nom de Jésus-Christ) faire l'attaque de la ville; et si, à l'aide de la puissance divine, nous parvenons à y entrer, nous devons demeurer et servir sous le commandement de ceux qui auront été établis chefs de l'armée, et les suivre ainsi qu'il aura été ordonné. Tout l'avoir qui aura été trouvé dans la ville, chacun devra le déposer en commun dans le lieu qui aura été désigné à cet effet, nous réservant toutefois, ainsi que pour nos Vénitiens, trois parts de cet avoir, qui doivent nous être remises comme une indemnité de ce que l'empereur Alexis était tenu de nous payer ainsi qu'à vous. De votre côté, vous retiendrez une quatrième part, jusqu'à ce que nous ayons obtenu tous une satisfaction égale; et s'il se trouve quelque chose de reste, nous le partagerons également entre nous et vous, en sorte

---

(1) Nous nous dispensons de rapporter les sermens prêtés par les députés de Thibault, comte de Troyes, et du comte de Blois, parce qu'ils sont conformes à celui qu'on vient de lire.

que tous soient satisfaits. Et si ledit avoir n'est pas suffisant pour acquitter ce qui nous est dû, ce dit avoir, de quelque source qu'il provienne, sera partagé de même entre vous et nous, ainsi qu'il a été ci-dessus réglé, sauf les vivres et fourrages qui devront être mis en réserve et partagés également entre vos gens et les nôtres, afin que les uns et les autres puissent subsister d'une manière convenable; et ce qui se trouvera de reste, devra être partagé avec l'autre butin, selon qu'il a été prescrit ci-dessus. Nous et nos Vénitiens devrons jouir partout l'empire d'une manière libre et absolue, et sans aucune espèce de contradiction, de toutes les prérogatives et possessions dont nous avions accoutumé de jouir, tant dans l'ordre spirituel que dans le temporel, ainsi que de tous les priviléges et usages écrits ou non écrits. Seront aussi choisis six membres de notre part et six de la vôtre, qui, après avoir prêté serment, devront choisir dans l'armée, et l'élever à l'empire, celui qu'ils croiront le plus propre à l'exercer et à commander en cette terre pour l'avantage et la gloire de Dieu, de la sainte Église romaine et de l'empire. S'ils s'accordent entr'eux, nous devrons reconnaître pour empereur celui qu'ils auront élu d'une commune voix. Mais s'il arrive que six soient d'un avis et six d'un autre, on s'en remettra au sort, et celui sur lequel le sort tombera, nous devrons le reconnaître pour empereur. S'il se trouve majorité d'un côté, nous reconnaîtrons pour empereur celui en faveur duquel cette majorité se sera déclarée. Si le conseil se divise en plus de deux parties, on reconnaîtra pour empereur celui que la partie la plus nombreuse se sera accordée à élire. Le personnage qui aura été élu empereur aura le quart de ce qui aura été conquis sur l'empire, le palais des Blaquernes et la Gueule-de-Lion. Les trois autres quarts seront partagés également entre vous et nous. Quant aux membres clercs qui se trouveront du côté où l'empereur n'aura point été choisi, ils auront le privilége de composer le clergé de l'église de Sainte-Sophie, et d'élire un patriarche pour la gloire de Dieu, de la sainte Église romaine et de l'empire. Mais pour les membres clercs de l'un et l'autre côté, ils composeront le clergé des églises qui tomberont chacune en leur partage. Pour ce qui est des biens des églises, on aura soin d'en distribuer aux ecclésiastiques autant qu'il leur en faudra pour vivre honorablement, et aux églises autant que leur entretien en exigera. Ce qui restera de ces biens sera partagé et réparti ainsi qu'il a été réglé ci-dessus. Nous devons en outre prêter le serment, de part et d'autre, qu'à dater du dernier jour du présent mois de mars, nous devrons rester pendant l'espace d'une année entière au service de l'empereur, contribuant à affermir sa puissance, pour la gloire de Dieu, de la sainte Église romaine et de l'empire; et que tous ceux qui auraient auparavant séjourné dans l'empire, devront jurer fidélité à l'empereur, selon la bonne et louable coutume. Ainsi donc, tous ceux qui habitent maintenant dans l'empire, doivent, ainsi qu'il vient d'être mentionné, jurer qu'ils tiennent pour bons et authentiques les règlemens et traités qui auront été faits. Il est aussi à propos de mentionner que, tant de votre part que de la nôtre, il devra être choisi douze membres au plus, selon qu'il conviendra, lesquels, après avoir prêté le serment, seront chargés de distribuer entre les particuliers les fiefs et honneurs, et de régler les droits de servage auxquels ces mêmes particuliers devront être assujettis envers l'empereur et l'empire, selon qu'eux membres le jugeront convenable ; que le fief qui aura été assigné à chacun, sera possédé librement et sans aucun obstacle, par sa postérité tant masculine que féminine, et que le possesseur aura entière puissance d'exécuter tout ce qui sera en sa volonté, sauf l'obéissance aux lois et ce qu'il devra au service de l'empereur et de l'empire. Sera en outre fait, pour l'empereur, tout le service nécessaire, indépendamment de celui auquel seront obligés les possesseurs de fiefs et privilèges, selon l'ordre qui leur aura été assigné. Il est statué, en outre, qu'aucun habitant d'une nation qui aurait la guerre avec nous, ou avec nos successeurs, ou les Vénitiens, ne pourra être reçu dans l'empire jusqu'à ce que cette guerre soit entièrement terminée. De plus, chaque partie est tenue de travailler sincèrement à obtenir de notre Saint-Père le pape, que si quelqu'un tentait de contrevenir à la présente constitution, il soit frappé de l'excommunication. De son côté, l'empereur est tenu de jurer que les actes et dons qui auront été faits, il les tiendra pour irrévocables, conformément à tout ce qui a été ci-dessus mentionné. Que si le présent traité venait à exiger quelqu'addition ou suppression, il sera en notre pouvoir et liberté de le faire, assistés de nos six conseillers, conjointement avec ledit seigneur Marquis, assisté également de ses six conseillers. D'un autre côté, le susdit seigneur doge ne pourra prêter le serment à l'empereur pour aucun service, pour aucun fief ou privilége qu'on lui accorderait; mais celui ou ceux qu'il déléguera touchant ce qui le concerne, prêteront serment de faire, envers l'empereur et envers l'empire, tout service requis, conformément à tout ce qui a été ci-dessus mentionné. Donné, l'an de grâce 1204, le septième jour du mois de mars (1).

N°. VIII.

Charte relative à l'introduction du Maïs (2).

Anno nativitatis domini nostri Jesu-Christi millesimo ducentesimo quarto, ind. VII die V vel non. Augusti, in oppido Incisæ Montisferrati, in ecclesiâ Parochiali collegiatâ S. Joannis-Baptistæ..... et in pleno consilio.... in quo interfuerunt.... integrum consilium componentes.... excellentissimus dominus noster Henricus, Marchio Incisæ, Valis, etc.... et populo ibi congregato... compatuerunt egregi domini; *Jacobus ex Marchionibus Incisæ*, quon-

---

(1) Vient ensuite la ratification du traité par le marquis de Monferrat, les comtes de Blois et de Saint-Pol.

(2) Cette pièce curieuse est tirée de la *Storia d'Incisa et del già celebre suo marchesato*; Asti, 1810.

dam *Alberti* et *Antoniellus Molinari*.... ambo capitanei equitum serenissimi Bonifacii Marchionis Montisferrati, et supremi ducis christianarum omnium potentiarum, qui declaraverunt se contulisse militando cum eodem Bonifacio, eorum duce, ad magnam Constantinopoli civitatem, et illâ captâ.... redivisse ad civitatem Casalis Montisferrati, et in eam Alexium imperatorem illum, victum et captum cum uxore et filiis ejus traduxisse, et per hanc eorum patriam transeuntes, donavisse sicuti et donant et remittunt.... acceptantibus pro eâ domino Henrico Marchione eximioque publico consilio ante dictis, crucem unam argenteam.... in quâ parva crux de ligno veræ crucis domini nostri Jesu-Christi.... Translatis indè supradictis omnibus.... in ejusdem communitatis consularem aulam, ipsi egregii domini capitanei equitum *Jacobus* et *Antoniellus* tradiderunt et donaverunt eorum patriæ (quibus suprà acceptantibus), bursam unam capacitatis octavæ partis stads unius de hâc mensurâ plenam de semine, seu granis de colore aureo, et partim albo, non amplius anteà visis in regionibus nostris, qui dixerunt detulisse ab unâ provinciâ Asiæ *Natolia* dictâ, per quam cum equitibus suis incursiones executi erant, tempore circumvalationis magnæ illius civitatis Constantinopoli, et vocari *Meliga*, quæ tractu temporis magnum redditum, et subsidium patriæ compararet. Quam bursam et seminis grana uti suprà *Meliga* dicta prælibati excellentissimus dominus Henricus Marchio et magnifici consules in hoc publicum archivium consulare tradiderunt..... pro seminatione et collectione promissi fructûs ad hujus populi utilitatem, si terræ qualitas, aër, et cultura favebunt, uti sperant.

Pro quibus muneribus.... gratias egerunt nomine patriæ... et pro ipsorum munerum memoriam chartam hanc fieri rogarunt, cui testes interfuerunt omnes supra dicti, et scripsi.

Ego Laurentius Ferrarius publicus imp. auctoritate notarius, et hujus communitatis cancellarius.

No. IX.

Lettre du pape Innocent III.

Maintenant que des motifs plus pressans que jamais appellent les chrétiens au secours de la Terre-Sainte, et qu'on a lieu d'attendre des présens secours, des résultats plus heureux que tous ceux que l'on avait obtenus jusqu'à ce jour, nous prenons le parti d'élever de nouveau la voix, et de vous faire entendre nos cris au nom de celui qui, en mourant, a crié à haute voix sur la croix, et qui a porté l'obéissance envers Dieu, son père, jusqu'à mourir de la croix, en criant pour nous arracher aux tourmens d'une mort éternelle; qui crie aussi par lui-même, et dit : « Si » quelqu'un veut venir après moi, qu'il renonce entière- » ment à soi-même, qu'il porte sa croix; et qu'il me » suive. » C'est comme s'il disait d'une manière plus manifeste : que celui qui veut me suivre à la couronne, me suive aussi au combat qui est maintenant proposé à tous pour servir d'épreuve. En effet, le Dieu tout-puissant aurait bien pu, si telle eût été sa volonté, empêcher tout-à-fait cette terre de tomber entre les mains des ennemis; il pourrait aussi maintenant, s'il voulait, l'en arracher facilement, puisque rien ne peut résister à sa volonté. Mais comme l'iniquité se trouvait bientôt portée à son comble, et que le zèle de la charité se refroidissait dans la plupart, pour tirer ses fidèles serviteurs du sommeil de la mort, et les rappeler au désir de la vie, il leur a proposé cette lutte afin d'y éprouver leur foi, comme l'or au creuset; leur offrant en cela une occasion, bien plus, un gage assuré de salut. C'est pourquoi ceux qui auront combattu fidèlement pour lui, obtiendront de lui une couronne heureuse; mais ceux qui, dans une nécessité aussi pressante, se seront refusés à un service qu'ils devaient à la gloire du Seigneur, mériteront d'entendre, au grand jour du jugement, prononcer leur juste condamnation. Quels heureux effets produira cette sainte entreprise! Combien, recourant à la pénitence, se rangeront sous l'étendard de la croix et mériteront, par leurs efforts, une couronne de gloire, qui peut-être auraient péri dans leurs iniquités, après avoir passé une vie entièrement consacrée aux voluptés charnelles et aux frivolités de ce monde! C'est un ancien artifice de Jésus-Christ, qu'il a daigné renouveler en ces jours pour le salut de ses fidèles serviteurs. En effet, si quelque monarque de la terre se trouvait chassé par ses ennemis hors de ses états, ne le verrait-on pas, lorsqu'il les aurait recouvrés, condamner comme infidèles, et destiner à tous les supplices que méritent de grands coupables, ceux de ses vassaux qui, dans ce cas, n'auraient point exposé pour lui, non seulement leurs biens, mais encore leur personne? De même le Roi des rois, notre Seigneur Jésus-Christ, qui vous a donné un corps et une âme et tous les autres biens dont vous jouissez, vous condamnera comme coupables d'une noire ingratitude et du crime d'infidélité, si vous négligez de marcher à son secours dans un temps où il est comme chassé du royaume qu'il a acquis au prix de son sang. Que quiconque se refusera, dans cette nécessité pressante, d'aller au secours de son Rédempteur, sache donc qu'il fera voir une criminelle dureté, et qu'il sera grièvement coupable. Si quelqu'un se voyait enlever injustement une portion, même légère, de l'héritage de ses pères, bientôt, conformément aux usages de ce monde, il travaillerait de toutes ses forces à se faire réparer cette injustice et à repousser la violence; et il n'épargnerait ni sa personne ni ses biens, jusqu'à ce qu'il fût parvenu à recouvrer entièrement ce qu'il aurait perdu. Quelle excuse pourra donc apporter celui qui se sera refusé à quelques faibles travaux pour punir les offenses faites à son Rédempteur, et le venger des outrages qu'il reçoit; et qui, en épargnant sa personne et ses biens, empêche que l'on ne recouvre les lieux témoins de la passion et de la résurrection de Notre-Seigneur, où Dieu, notre Roi, a daigné, il y a quelques siècles, opérer, au milieu de la terre, le salut des hommes? Comment aussi, d'après le précepte divin, celui-là aime-t-il son prochain comme soi-même (ainsi qu'il est écrit), qui sait que ses frères, chrétiens de croyance et de nom, gémissent dans les prisons des perfides Sarrasins, et souffrent toutes les horreurs de la plus dure captivité. et qui se refuse à travailler d'une manière efficace à leur délivrance, transgressant de la sorte ce précepte de la loi naturelle, que Dieu a fait connaître dans son Évangile : « Faites aux hommes tout ce que vous voudriez » qu'ils vous fissent à vous-mêmes? » Ignorez-vous que, chez eux, plusieurs milliers de chrétiens gémissent dans l'esclavage et dans les fers, et sont sans cesse livrés aux plus cruels tourmens? car toutes les provinces, maintenant au pouvoir des Sarrasins, furent habitées par les peuples chrétiens jusque passé le temps de saint Grégoire; mais, vers cette époque, il s'est élevé un enfant de perdition, un faux prophète, nommé Mahomet, qui, par l'appât des jouissances de ce monde et par l'attrait des voluptés charnelles, a trouvé moyen de séduire un grand nombre et de les détourner du sentier de la vérité. Quoique sa perfidie ait triomphé jusqu'à ce jour, nous mettons néanmoins notre confiance dans le Seigneur, qui nous a déjà si bien inspirés, et nous espérons qu'on verra bientôt arriver la fin de cette bête, dont, selon l'Apocalypse de saint Jean, « le nombre est renfermé dans six cent soixante-six. » Il finira bientôt par l'opération du Saint-Esprit, qui ranimera du feu de la charité les cœurs refroidis des fidèles ; et, de ces années, il s'en est déjà écoulé près de six cents. Outre les anciennes injures graves et considérables que les perfides Sarrasins ont faites à notre Rédempteur à cause de nos péchés, dernièrement, sur le mont Thabor, où il fit apercevoir à ses disciples l'image de la gloire future, ces mêmes perfides Sarrasins ont élevé une forteresse pour la confusion du nom chrétien. Ils espèrent, au moyen de cette forteresse, s'emparer facilement de la ville d'Acre, qui en est voisine, et envahir ensuite, sans le moindre obstacle, tout le reste de la Terre-Sainte, presqu'entièrement dénué de forces et de secours. C'est pourquoi donc, mes chers enfans en

Jésus-Christ, changez en des sentimens de paix et d'amour vos dissensions et vos discordes fraternelles, et que chacun de vous s'empresse de se ranger sous l'étendard de la croix, sans hésiter à exposer sa personne et ses biens pour celui qui a offert pour vous son âme et a versé pour vous son sang. Marchez avec sécurité à cette sainte expédition, certains que, si vous êtes vraiment repentans, ce travail court et passager sera pour vous un moyen sûr de parvenir à la vie éternelle. Pour nous, dépositaires de la miséricorde divine, et à qui a été transmise l'autorité des bienheureux saint Pierre et saint Paul, d'après le pouvoir que, quoique nous en fussions indignes, Dieu nous a donné de lier et de délier, nous accordons à tous ceux qui entreprendront en personne et à leurs frais ce travail méritoire, le pardon absolu de leurs péchés, après qu'ils s'en seront repentis sincèrement de cœur, et qu'ils les auront confessés de bouche, et nous leur donnons l'espoir certain de parvenir par ce moyen plus facilement à la vie éternelle. Quant à ceux qui, sans assister en personne à l'expédition, y contribueraient de leurs facultés et enverraient, selon leur rang et leurs moyens, des hommes propres à la chose, de même qu'à ceux qui iraient en personne, quoiqu'aux dépens des autres, nous accordons à tous le pardon de leurs péchés. Nous accordons le même pardon, à raison de l'étendue de leurs sacrifices et de la ferveur de leur dévotion, à tous ceux qui se priveront d'une partie de leurs biens pour subvenir aux frais de l'entreprise. Nous prenons également, sous la protection de saint Pierre et sous la nôtre, les personnes et les biens des fidèles, du moment où ils auront reçu le signe de la croix; nous les mettons sous celle des archevêques et évêques, et de tous les prélats de l'Église; et nous déclarons qu'aucune atteinte ne sera portée aux possessions des absens, tant qu'on n'aura pas acquis l'entière certitude de leur mort ou de leur retour. S'il arrivait à quelqu'un d'y porter atteinte, il sera cité par les prélats de l'Église, et devra encourir la censure ecclésiastique. S'il arrivait, d'un autre côté, que quelques-uns de ceux qui se disposeraient à partir pour la Terre-Sainte fussent obligés, par serment, à payer quelques usures, nous enjoignons aux prélats de l'Église d'user des mêmes moyens pour forcer leurs créanciers à les dégager de leur serment, et à se désister de leurs poursuites usuraires; et s'il arrivait que quelqu'un de ces créanciers entreprît de forcer son débiteur au paiement des usures, qu'il encoure la même censure et soit forcé à la restitution. Quant aux Juifs, nous ordonnons qu'ils soient forcés, par la puissance séculière, à faire remise de toute usure à ceux qui partent pour la Terre-Sainte; et jusqu'à ce qu'ils aient fait cette remise, ils seront privés, par la voix de l'excommunication, de toute espèce de commerce avec tous les chrétiens. Mais afin que les secours à fournir pour la Terre-Sainte deviennent moins onéreux et plus faciles, étant prélevés sur un plus grand nombre, nous prions tous les fidèles en général, et chacun en particulier, au nom du Père, du Fils et du Saint-Esprit, le seul vrai, le seul Dieu éternel, demandant, au nom de Jésus-Christ et pour Jésus-Christ, à tous les archevêques, évêques, abbés et prieurs, à tous les chapitres des églises, tant cathédrales que conventuelles, à tous les clercs ainsi qu'à toutes les villes, bourgs et cités, de fournir chacun, selon leurs facultés propres, le nombre requis de guerriers, avec toutes les choses nécessaires à leur entretien pour trois ans. Si, à cet effet, chaque contribution particulière paraissait insuffisante, on en réunirait plusieurs ensemble; car nous ne doutons pas que les personnes ne se présentent en nombre suffisant, si les ressources ne manquent point. Nous invitons particulièrement à contribuer de leurs moyens, les rois, princes, comtes, barons et autres grands qui n'assisteraient point en personne à l'expédition. Quant aux villes maritimes, nous en réclamons le secours des vaisseaux. Et de peur que nous ne paraissions imposer aux autres de graves et pesans fardeaux, auxquels nous ne voudrions pas toucher, nous déclarons en conscience, devant Dieu, que ce que nous exigeons des autres, nous le ferons nous-même avec empressement. Nous avons cru devoir statuer, par rapport aux clercs qui feront partie de l'expédition, que, toute contestation cessante, ils pourront, à cet effet, engager les revenus de leurs bénéfices pour trois ans. Mais comme le secours que réclame la Terre-Sainte pourrait éprouver beaucoup d'obstacles ou de retards, si, avant de conférer à chacun le signe de la croix, il fallait s'arrêter à examiner s'il serait capable de s'acquitter personnellement de toutes les obligations qu'impose un pareil vœu, nous consentons à ce que, les personnes séculières exceptées, tous ceux qui le voudront prennent le signe de la croix; et à ce que, si les raisons d'une pressante nécessité ou d'une utilité évidente l'exigent, leur vœu puisse, en vertu d'un mandement apostolique, être changé, racheté ou différé, et, pour la même raison, nous révoquons les pardons et indulgences accordés par nous, jusqu'à ce jour, à ceux qui se sont présentés pour marcher contre les Maures en Espagne, ou contre les hérétiques de Provence; surtout en ce qu'elles leur ont été accordées pour un temps qui est maintenant entièrement écoulé, et pour des raisons qui présentement n'existent plus en grande partie. Car, avec la grâce de Dieu, l'une et l'autre affaire se trouvent tellement avancées, qu'elles n'exigent plus des mesures bien actives; et si, par hasard, elles en exigeaient, nous aurions soin de tourner notre attention de ce côté. Nous accordons toutefois que les pardons et indulgences de cette espèce demeurent aux Provençaux et aux Espagnols. Au reste, comme les corsaires et les pirates entravent beaucoup les mesures que l'on prend pour secourir la Terre Sainte, en saisissant et dépouillant ceux qui y vont, ou ceux qui en reviennent, nous les frappons d'excommunication ainsi que leurs principaux complices et fauteurs, défendant, sous peine d'anathème, à toutes personnes de traiter sciemment avec eux d'aucune vente ou d'aucun achat, et enjoignant aux gouverneurs des villes et des lieux qu'ils habitent de les rappeler de ce commerce d'iniquité et d'arrêter leurs brigandages. D'ailleurs, comme ne vouloir point troubler les méchans n'est autre chose que les encourager; et comme celui-là n'est point étranger aux manœuvres d'une société secrète qui néglige de s'opposer à ses crimes manifestes, nous ne pourrons donc nous dispenser d'exercer la sévérité ecclésiastique sur les personnes et les biens de ceux qui se trouveraient dans ce cas, puisqu'ils ne deviendraient pas moins dangereux au nom chrétien que les Sarrasins eux-mêmes. De plus, nous renouvelons la sentence d'excommunication portée, dans le concile de Latran, contre ceux qui fournissent aux Sarrasins des armes et du fer, et qui servent de pilotes aux corsaires de ces nations; nous déclarons aussi qu'ils seront privés de ce qu'ils possèdent, et demeureront dans l'esclavage, si par hasard ils y tombent. Nous ordonnons que cette sentence soit publiée dans toutes les villes maritimes, chaque dimanche et chaque jour de fête. Mais comme nous devons beaucoup plus attendre de la clémence divine que de la puissance humaine, il nous faut, dans de pareilles conjonctures, combattre moins avec des armes corporelles qu'avec des armes spirituelles; c'est pourquoi nous statuons et ordonnons qu'une fois chaque mois, il se fasse séparément une procession générale d'hommes, et de même séparément, autant que possible, une de femmes, pendant lesquelles, l'esprit rempli des sentimens d'humilité, on demandera, par de ferventes prières, qu'il plaise à la miséricorde divine d'éloigner de nous l'opprobre et la confusion, en délivrant des mains des païens cette terre sur laquelle ont été opérés tous les mystères de notre rédemption, et en la rendant, pour la gloire du Tout-Puissant, au peuple chrétien. L'on aura toujours soin, dans cette procession, de faire au peuple une fervente exhortation, et de lui répéter le nom du signe de notre salut. L'on joindra à la prière, le jeûne et l'aumône, afin que l'un et l'autre soient pour elle comme des ailes qui lui servent à s'élever plus facilement et plus promptement aux oreilles pieuses de l'Éternel, qui nous exaucera avec bonté dans un temps propice. Chaque jour également à la messe solennelle, après le baiser de la paix, au moment où l'hostie salutaire, offerte pour les péchés du monde, et sur le point d'être consumée, tous les assistans, les hommes ainsi que les femmes, se prosterneront humblement contre terre, les clercs chanteront à haute voix le psaume : *Deus venerunt gentes in hæreditatem tuam*, auquel ils ajouteront : *Exurgat Deus et dissipentur inimici ejus ; et fugiant à facie ejus qui oderunt eum*. Ensuite le célébrant chantera à haute voix sur l'autel, l'oraison : *Deus qui admirabile*, etc. Dans les églises où s'assemblera la procession générale, on aura soin de placer un tronc qui sera fermé de trois clefs, dont l'une demeurera entre les mains d'un honnête prêtre, l'autre entre celles d'un dévot laïque, et la troisième entre celles d'un religieux, pour qu'ils aient soin de les garder fidèlement. C'est dans ce tronc que les clercs, les laïques, les hommes et les femmes, déposeront les aumônes destinées au secours de la Terre-Sainte, selon les dispositions de ceux auxquels ces soins auront été confiés. Quant au départ et au passage, qui devront se faire avec modestie et ordre, en temps et lieu convenables, nous ne voulons rien statuer encore à cet égard jusqu'à ce que l'armée du Seigneur ait pris le signe de la croix. Mais comme toutes les circonstances sont maintenant prévues, nous prendrons tous les arrangemens qui nous paraîtront nécessaires, d'après le conseil d'hommes sages et prudens. A cet effet, nous avons choisi notre cher fils de Sales, les ci-devant abbés de Novo-Castro, C. doyen de Spire, et le gardien des Augustins, tous hommes d'une probité et d'une fidélité reconnues, qui, après s'être associé des hommes probes et honnêtes, régleront et disposeront, en notre nom, tout ce qu'ils croiront nécessaire pour la réussite de cette entreprise, faisant exécuter fidèlement et soigneusement leurs arrêtés dans chaque diocèse, par des hommes propres à la chose et spécialement députés à cet effet. C'est pourquoi nous vous prions tous, vous supplions et vous conjurons au nom du Seigneur, vous mandons par les présentes lettres apostoliques, et vous enjoignons par l'autorité du Saint-Esprit, d'avoir soin de prouver, en toute occasion, à ces légats de Jésus-Christ, par votre empressement à leur fournir les choses nécessaires, qu'ils trouveront, par vous et en vous, les moyens propres à parvenir au but si désiré.

No. X.

Nobili viro Saphadino soldano Babyloniæ et Damasci timorem divini numinis et amorem.

« Daniele propheta testante didiscimus, quod est Deus in cœlo, qui revelat mysteria, mutat tempora, et transfert regna, et universi cognoscent quod dominatur excelsus in regno hominum, et cui voluerit dabit illud. Hoc autem evidentur ostendit cum Hyerusalem et fines ipsius, in manus fratris tui (nimirum Saladini), tradi permisit, non tam propter ejus virtutem, quam propter offensam populi christiani, Deum ipsum ad iracundiam provocantis. Nunc autem ad illum conversi speramus, quod ipse miserebitur nostri, qui secundùm prophetam cum iratus est, non oblivicitur misereri. Undè illum imitari volentes, qui se dicit in evangilio; *discite amo, quia mitis sum, et humilis corde*, magnitudinem tuam humiliter obsecramus, quatenùs ne propter violentam detentionem præfatæ terræ plus adhuc effudatur humani sanguinis, quam hactemus effusum est: saniori utaris consilio: restituas eam nobis de cujus detentione, præter manem gloriam fortè plus tibi difficultatis, quam utilitatis accrescet: ipsaque redita, et dimissis ultrimque captivis, quiescanus a mutuis impugnationum offensis. Itaque apud te non sit deterior conditio gentis nostræ, quam apud nos est conditio gentis tuæ. Latores ergo præsentium ad tuam præsentiam destinatos, rogamus ut benignè suscipias, et honestè pertractis, dignum illis responsum tribuens cum effectu. Dat. Lat. xiii, kal. Maii Pont. nost. an. xvi°. »

No. XI.

Nobili viro Soldano de Alapiâ.

« Sicut veridica multorum relatione didicimus, et si

nondum christianæ religionis susceperis sacramenta, fidem catholicam tamen veneraris, in multis christi fidelibus deferendo. Undè de illius immensâ pietate confidimus, quod te suæ visitationis rationis illustrabit, ut gratiâ divinæ cognitionis acceptâ, ad cultum æterni et veri Dei, qui pro salute hominum factus est temporaliter verus, homo, devotus aspires. Quapropter in nomine J.-C. te attentius exhortamur, quatenùs justitiam extollas et diligas veritatem, quæ in salutis semitas derigant gressus tuos. Et venerabilem fratrem nostrum P.......... Antiochenum Patriarcham, quem suæ probitatis intuitu inter cæteros fratres, et cœpiscopos nostros sincerâ diligimus in domino caritate, habeas ob reverentiam nostram propensius commendatum; ipsum et ecclesiam ejus non permittas, quantum inté fuerit, ab aliquibus indebitè molestari, quin immœidem exhibeas auxilium, et consilium opportunum, ut per hoc divinæ majestatis gratiam, et apostolicæ sedis favorent, tibi valeas comparare. Dat. Dater. vii, id. Jun. Pont. nost. an. xiv°. »

N°. XII.

Extrait de deux lettres d'Honoré III, concernant les sommes données par ce pape pour la croisade (1).

Nous ne vous rappellerons pas que nous avons donné dix-neuf mille marcs d'argent pour la flotte des Romains; cinq mille livres pour les armes et les vivres qui devaient être transportés au port; à vous, mille onces d'or lorsque vous êtes parti; cinq mille autres onces d'or tirées de notre trésor que les frères de l'Hôpital et du Temple ont été chargés de payer après votre départ; puis cinq mille, tirées aussi de notre trésor, et remises par notre vénérable frère, l'évêque de Bethléem, et par les frères Teutoniques; six cent douze, tant marcs d'argent qu'onces d'or, provenant du vingtième

---

(1) Ces deux lettres se lisent dans le cinquième livre des registres d'Honoré III.

et du rachat des vœux ; onze mille six cents, du vingtième levé en France ; trois mille du vingtième et du rachat des vœux, délivrés au cardinal de Sainte-Cécile, notre secrétaire et camérier; cent soixante marcs d'argent du vingtième et du rachat des vœux donnés au patriarche d'Antioche; toutes ces sommes vous étaient destinées, et vous ont été remises. Nous avons encore fait payer par le comte Jacques, notre maréchal, quatre-vingts marcs provenant du vingtième pour un navire et une machine à lancer des pierres, pour lesquels marcs votre évêché s'est obligé, selon que vous nous l'avez mandé par vos lettres. Nous avons encore donné quatre-vingts onces d'or du vingtième à maître Mathieu, votre camérier, pour envoyer aux Vénitiens qui sont devant Damiette, les lettres du doge et des galères. Nous avons fait assigner au duc de Bavière deux mille marcs que l'empereur nous devait. Trois mille onces d'or tirées de notre trésor ont encore été délivrées à Otton de Machillon; nous vous envoyons aujourd'hui, par Gison, prêtre et chanoine de la basilique de Saint-Pierre, et par Octon, frère de l'ordre Teutonique, cinq mille onces provenant du vingtième; ils ont reçu en outre quatre-vingt-six mille, provenant également du vingtième pour leurs dépenses et pour l'achat de chevaux ; nous avons aussi mandé par Hugues de Saint-Georges et Jean de Novill, frères de la milice du Temple, qu'on eût à vous compter treize mille marcs du vingtième levé en Angleterre; nous donnerons des ordres pour que le reste vous soit promptement envoyé. Les Hospitaliers et les Templiers ont reçu de Hongrie mille sept cent onze marcs d'argent, et trente-huit marcs d'or de la part de maître Accontio, notre chapelain, que nous avions envoyé dans ce pays à cet effet; ils en doivent encore recevoir d'autres que notre chapelain n'a pas touchés jusqu'à présent. Toutes ces sommes vous seront envoyées par notre ordre au prochain passage. Nous avons ordonné à l'archevêque de Gênes de vous envoyer en sterling et autres monnaies d'argent, mille quatre cent cinquante-huit livres génoises, qu'il a retirées du rachat des vœux et du vingtième de son diocèse. L'évêque de Lausanne, qui a acheté un vaisseau à Gênes pour aller au secours de la Terre-Sainte, ou toute autre personne sûre, si le passage de cet évêque vient à être retardé, vous les portera. Nous avons donné ordre aux maîtres de la milice du Temple et de l'Hôpital, en Espagne, de vous faire payer par des personnes prudentes et fidèles, soixante-cinq marcs d'or, et vingt-cinq mille six cent quarante-deux *marabotins* (monnaie d'Espagne), et sept cent cinquante-quatre oboles *maximutines*, et trois cent cinquante-trois marcs d'argent, et cinq mille cent livres en diverses monnaies d'Espagne, toutes sommes provenant du vingtième levé par Centius, chanoine de la basilique de Saint-Pierre, et déposées en différens endroits de l'Espagne. Notre espérance et notre intention est que tout cet argent vous soit remis au prochain passage.

(*Cette lettre est immédiatement suivie d'une seconde qui en forme comme le complément, et que nous traduisons ici.*)

Outre les secours que nous avons envoyés à la Terre-Sainte en différens temps, il en est quelques-uns que nous allons noter, afin que le souvenir ne s'en perde pas pour la postérité. Nous avons fait passer une fois aux Templiers cinq mille marcs du vingtième d'Angleterre, par Aimar, templier, trésorier de Paris. Une autre fois le frère S., notre pannetier, a envoyé, par notre ordre aux Templiers, six mille onces d'or, comme il nous l'a mandé par ses lettres. Nous avons donné à l'évêque d'Ostie, que nous avons envoyé en Lombardie pour prêcher la croix, cent marcs sterling pour ses dépenses, et deux cent cinquante livres pour payer ses dettes. Nous avons donné à l'évêque de Reggio, qui était allé avec lui pour le même objet, cinquante marcs sterling provenant du vingtième. Nous avons accordé trente livres, deniers du sénat, à l'évêque de Tusculum, qui est allé auprès de l'empereur; au marquis de Montferrat, qui s'y est également rendu, cent onces d'or provenant du vingtième, pour ses dépenses; plus cent livres, deniers du sénat; plus, dix onces d'or provenant du vingtième, lesquelles lui seront payées le 15 de mars lorsqu'il sera prêt à passer la mer. Nous avons de même assigné........ onces d'or provenant du vingtième à l'évêque de Reggio.

N°. XIII.

Récit de la reddition de Damiette en 1221, par l'auteur anonyme de la Chronique de Tours. (Recueil des Historiens de France, tom. XVIII, pag. 300 et suiv.)

Le légat Pélage voyant que l'armée innombrable qui était à Damiette ne faisait rien depuis long-temps, et désirant avec ardeur étendre l'empire du nom chrétien, commença à examiner s'il conviendrait mieux de la conduire à Alexandrie, ou du côté du Caire en remontant le fleuve; mais quand il eut appris que Casal, sur la rive du fleuve, était une place remplie d'édifices et de richesses, à vingt-trois stades du Caire et à égale distance de Damiette, où le fleuve, se partageant en trois branches, forme autant de grands fleuves, dont le premier se rend à Alexandrie, le second à Damiette, le troisième dans les campagnes de Taphnis, et où les Sarrasins avaient construit un pont de bateaux qu'on appelait le Pont-Casal, le légat conçut le plus vif désir d'aller assiéger cette place; ce qui excitait principalement son désir, c'était un livre trouvé parmi les dépouilles des ennemis, dans lequel il était dit que la loi de Mahomet ne durerait que six cents ans, qu'elle serait détruite au mois de juin, et que celui qui la détruirait viendrait de l'Espagne. Le légat, qui était né dans ce pays, avait beaucoup de confiance dans ce livre. D'un autre côté, l'évêque d'Acre annonçait publiquement que David, roi des Deux-Indes, venait au secours des chrétiens, amenant avec lui des peuples très féroces qui dévoreraient les sacriléges Sarrasins comme des animaux sauvages. Le légat, qui voyait qu'il ne pouvait rien entreprendre sans le secours du roi de Jérusalem, lui envoya des députés pour le supplier de compâtir aux soldats de la Croix, de se montrer le fils de l'église romaine, et de revenir au plus tôt à Damiette. Le roi se rendit volontiers aux prières du légat; mais lorsqu'il eut connu son dessein, il s'y opposa en assurant qu'on ne pourrait venir au secours de l'armée chrétienne, soit par terre, soit par eau, quand elle serait à Casal. Le légat, supportant impatiemment cette opposition, excommunia tous ceux qui voudraient empêcher l'entreprise. Le roi, qui vit que rien ne pouvait faire changer la résolution du légat, promit, malgré lui, de partir sur-le-champ avec Pélage, aimant mieux souffrir avec le peuple chrétien, ou subir le martyre, que de l'abandonner sans guide ou de rester dans le bourbier des voluptés du siècle.

Le jour de la fête de saint Pierre et de saint Paul, le roi et le légat ordonnèrent que tous sortissent de la ville avec leurs armes et portassent avec eux pour deux mois de vivres. Au jour désigné toute l'armée se mit en marche pleine d'espérance, et s'éloigna des frontières de Damiette avec ordre et précaution. Une multitude de vaisseaux portait sur le fleuve les armes et les vivres. Plusieurs croisés craignant que l'humidité du rivage ou de la terre ne les incommodât pendant qu'ils dormiraient, portaient sur leurs épaules des lits de bois et autres : mais l'ardeur du soleil, la fatigue du chemin et les fréquentes incursions des ennemis, les forcèrent à abandonner leur fardeau à deux milles de Damiette. Toute l'armée chrétienne s'étendait sur un espace de seize stades de long et de huit de large. Le roi avait ordonné que tous marchassent en bataillon serré, à petits pas et sans bruit. Il avait défendu qu'on poursuivît les Parthes dans leur fuite. Les ennemis de la Croix ne cessaient jour et nuit d'attaquer les chrétiens par une grêle de traits et de javelots. Enfin, précédant notre armée, ils arrivèrent au pont, s'enfermèrent dans Casal, et fortifièrent la ville et l'entrée du pont par un grand nombre d'hommes armés. Les nôtres campèrent dans une plaine qui bordait le rivage, et se fortifièrent du côté des ennemis par des fossés et des palissades. Tout le pays retentissait du bruit des trompettes et des armes des deux armées; l'air brillait des diverses couleurs des boucliers et des casques. Les Romains ne cessaient d'étaler leur orgueil; les Espagnols et les Gascons, de faire entendre leur babil facétieux, et les Allemands de montrer leur entêtement: mais la milice des Français, remarquable par sa modestie, ses mœurs et ses armes, se tenait avec le roi de Jérusalem, les Templiers et les Hospitaliers, loin du bruit et des clameurs. Enveloppant l'armée du Christ du côté des Sarrasins, elle soutenait leurs continuels assauts. Les Pisans, les Vénitiens, les Génois, les Siciliens, les habitans de la Pouille, les Africains, furent envoyés à la garde du rivage et des vaisseaux. L'armée chrétienne se montait à près de 70 mille hommes, sans compter le vulgaire. Les Sarrasins étaient venus au secours du soudan du Caire en nombre considérable. Le prince voyant leur multitude, et prévoyant de la part des nôtres beaucoup d'audace et de résistance, tint conseil et résolut de ne pas combattre; mais il ordonna qu'on gardât toutes les avenues, afin qu'aucun secours et aucunes provisions ne pussent arriver à l'armée chrétienne. Il espérait que par ce moyen exécrable l'armée du Seigneur périrait, sans aucun dommage pour les siens.

Enfin, à cause de nos péchés, les vivres venant à manquer, une horrible famine affligea l'armée chrétienne, et le Nil se débordant selon sa coutume, inonda tout le terrain qu'elle occupait. Ainsi le peuple de Dieu perdait ses forces par le besoin, et restait dans la boue jusqu'à la cheville des pieds; en sorte qu'on pouvait dire avec le prophète: *Infixus sum in limo profundi et non est substantia*. Là, étaient des pleurs et des grincemens de dents; là, les gémissemens de la langueur; là, les hurlemens du désespoir; là, les cris des mourans, afin que fût accomplie cette parole du prophète: *Foris vastavit eos gladius et intus pavor*. Des prêtres du Seigneur, au nombre de trois cents, après en avoir obtenu la permission du légat, montèrent des vaisseaux et naviguèrent au plus vite vers Damiette; mais tous ces vaisseaux furent pris par les Sarrasins, excepté un. Ces prêtres gagnèrent la palme du martyre, et le Seigneur commença ainsi par son sanctuaire. Les chrétiens se voyant près de périr par la disette de pain et par l'inondation, tinrent conseil, et décidèrent de retourner à Damiette. Ils abandonnent donc leur camp pendant le silence de la nuit; mais les Allemands furieux brûlèrent leurs tentes. Les Égyptiens, à la vue de ce feu, connurent la fuite des nôtres. Ils se mettent aussitôt à leur poursuite, et les conduisent jusqu'à deux milles du pont en les chassant avec impétuosité au milieu de l'eau, que les croisés avaient jusqu'au genou. Épuisés par la marche et par le jeûne, les chrétiens restèrent alors immobiles, implorant la miséricorde de Dieu. Comme ils ne pouvaient plus avancer, ils soutinrent patiemment les continuels assauts des ennemis, n'attendant plus que la mort; mais celui qui ne veut pas la mort du pécheur, mais qu'il se convertisse et vive, et dans la main duquel est le cœur des rois, arracha les croisés à la mort, qui était présente, et tourna le cœur du roi d'Égypte à la miséricorde envers eux; car le soudan du Caire, touché d'une pitié naturelle, les exempta des fers et de la mort, et leur fournit les vivres nécessaires. Enfin, après plusieurs propositions de paix faites de part et d'autre, il fut convenu que les chrétiens rendraient Damiette aux Sarrasins; que ceux-ci restitueraient aux chrétiens la partie de la vraie croix que le soudan avait enlevée à Jérusalem; qu'on donnerait aux croisés une sauve-garde, et que les prisonniers seraient rendus des deux côtés. Une trève de huit ans fut jurée.

La renommée, qui a coutume de ne rien faire en secret, vola aussitôt à Damiette, où elle porta la consternation en y racontant l'infortune de l'armée chrétienne. Les uns voulaient bien rendre la ville, mais les autres ne le voulaient pas. Une sédition s'éleva à ce sujet; les Vénitiens, les Pisans, les Génois, les Siciliens et les seigneurs allemands, prétendaient défendre Damiette; d'un autre côté, les Grecs, les Syriens, les Arméniens, les Hospitaliers, les Templiers, et les seigneurs de France, qui étaient restés dans la ville, menaçaient de la rendre. Les Vénitiens et ceux de leur parti, assiègent les palais du roi, du Temple et de l'Hôpital, les battent avec diverses machines; et le matin du jour de saint Gilles, 2 septembre, s'en rendent maîtres. Pendant que la ville était ainsi occupée par le parti de l'empire, les nôtres, qui étaient restés captifs, envoyèrent des députés à Damiette pour leur dire que si la ville n'était rendue aux Égyptiens, ils donneraient la ville d'Acre en place. A cette menace, toute la ville se rassembla dans l'église de la Sainte-Vierge pour délibérer sur ce qu'il y avait à faire; voyant que les vivres manquaient, que l'hiver approchait, qu'ils ne pourraient recevoir de secours, et qu'en perdant la ville d'Acre on ferait une plus grande perte qu'en rendant Damiette, de l'avis des plus expérimentés, tous convinrent unanimement de remettre la ville aux Égyptiens.

Il fut donc ordonné que le lendemain, c'est-à-dire la veille de la Nativité de la Vierge, tous et chacun sortiraient de la ville emportant avec soi leurs bagages, et dresseraient leurs tentes sur le rivage; à cet ordre, un cri s'élève dans les airs; le deuil, les plaintes, les gémissemens remplissent toute la ville. Vous auriez vu les ecclésiastiques et les fidèles entrer en pleurant dans les églises, renverser les autels consacrés et les images des saints, pour que les Sarrasins ne les souillassent pas, ou ne les fissent pas servir à leurs insultes et à leurs moqueries. Ainsi, la veille de la Sainte-Vierge, ils sortirent de la ville les larmes aux yeux et allèrent dresser leurs tentes sur la rive du fleuve; ils pouvaient dire avec raison comme le prophète : *Super flumina Babylonis illic sedimus et flevimus cum recordaremur Sion.* L'armée chrétienne, étant considérablement augmentée par le grand nombre de prisonniers qui furent rendus, et les vaisseaux ne suffisant pas pour transporter une si grande multitude, on pria humblement le soudan du Caire de faire conduire en Palestine tous les chrétiens pauvres. Ce prince y consentit volontiers; il donna même son fils en otage, et fit conduire par le désert jusqu'à Ptolémaïs, près de soixante dix mille chrétiens; il accorda un an à ceux qui ne pouvaient alors emporter avec eux, par mer ou par le désert, leurs bagages et effets; et le jour de la Nativité, les Sarrasins, entrant dans Damiette, passèrent le jour et la nuit dans les fêtes et dans la joie. Toute la ville fut illuminée, et les rues retentirent d'une infinité d'instrumens de musique. Les chrétiens, au contraire, tristes et silencieux, montèrent sur leurs vaisseaux, et trois jours après s'éloignant de Damiette, allèrent aborder en Syrie.

FIN DU TROISIÈME VOLUME.

TABLE DES MATIÈRES

CONTENUES

DANS LE TROISIÈME VOLUME.

LIVRE IX.

1193 Révolutions qui suivent la mort de Saladin, pag. 1. — Avènement d'Afdal; guerre civile entre les fils de
1194 Saladin, 4. — Malek-Adel, 7. — Changement dans
1196 la conduite d'Afdal, 8. — Continuation des troubles dans la famille des Ayoubides, 9. — État des colonies chrétiennes. Royaume de Jérusalem, 11. — Henri de Champagne, 12. — Principauté d'Antioche, 12. — Bohémond III, 13. — Les ordres de Saint-Jean et des Hospitaliers, 14. — Situation des chrétiens d'Orient, 15. — Célestin III, 18. — Le roi Richard et Philippe-Auguste, 19. — Henri VI, 22. — Diète de Worms, 24. — Prédication de la croisade, 26. — Départ de l'empereur; marche à travers l'Italie, 27.
1197 — Marche des évêques, commandée par l'archevêque de Mayence, 29. — Arrivée à Ptolémaïs, 30. — Malek-Adel. — Siége et prise de Jaffa, 31. — Siége de Berithe par les croisés, 34. — Marche de Malek-Adel contre les croisés, 35. — Bataille de Sidon, 36. — Victoire des chrétiens. — Reddition de Sidon, Laodicée et Giblet, 36. — Invasion d'Henri VI dans le royaume de Naples, 40. — Les Normands, 41. — Effets déplorables de la conquête, 44. — Rapport de l'empereur d'Allemagne

avec les princes d'Orient, 48. — Départ du chancelier Conrad. — Son arrivée dans la Palestine, 48. — On délibère de marcher contre Jérusalem, 50. — Situation respective des Musulmans et des chrétiens, 52. — Les croisés prennent la résolution d'assiéger Thoron, 52. — Siége de Thoron, 54. — Capitulation des Musulmans, 57. — Les royaumes d'Alep et de Damas se lèvent en armes, 60. — Retraite confuse des chrétiens, 61. — Discordes entre les chrétiens, 62. — Causes de ces divisions, 63. — Les Allemands se séparent des chrétiens de Syrie, 64. — État du royaume de Jérusalem, 66. — Isabelle, veuve d'Henri de Champagne, 66. — Son mariage avec Guy de Lusignan, 67. — Départ des Allemands, 67. — Trêve conclue avec le comte de Monfort; considération générale sur cette croisade.

1198

LIVRE X.

1198 Examen d'un paradoxe de Rousseau sur les troupes chrétiennes. — État des colonies chrétiennes, 77. — Départ de l'évêque de Ptolémaïs, 78. — État de l'Europe, 78. — Innocent III, 79. — Caractère de ce pontife, 80. — Lettre de ce pontife aux princes chrétiens, 81. — Prédication de la croisade, 82. — Lettre d'Innocent III aux patriarches, au roi de Jérusalem et à l'empereur de Constantinople, 84. — État de l'empire, 86. — Philippe-Auguste, 87. — Foulques de Neuilly, 88. — Effet de la prédication en France, 90. — Martin de Litz, 91. — Héloin, 92. — Effet des prédications de la croisade, 92. — Thibaut, comte de Champagne, 93. — Noms des croisés, 93. — Ecclésiastiques qui prennent part à la croisade, 96. — Baudouin, comte de Flandre, 97. — Assemblée de Compiègne, 98. — Députation à Venise, 98. — Fondation et progrès de la république de

1199

1200

1201

Venise, 99. — Dandolo, 101. — Réception des envoyés français, 103.—Traité avec la république de Venise, 103. — Discours des députés français dans l'assemblée de Saint-Marc, 105.— Émotion des Vénitiens. — Conclusion du traité, 107. — Départ des croisés italiens, 110. — Le maréchal de Champagne et Gauthier de Brienne, 110.— Mort de Thibaut de Champagne. — Choix d'un nouveau chef pour la
1202 croisade, 112. — Le duc de Bourgogne, le comte de Bar, le marquis de Montferrat, 113. — Situation désespérée des chrétiens d'Orient, 114. — Nouvelles lettres d'Innocent III.—Mort de Foulques de Neuilly, 117. — Départ des croisés, 118. — Passage à travers l'Italie, 119. — Arrivée à Venise, 119. — Discussion pour le prix du passage, 120.— Arrangement avec les Vénitiens, 122. — La ville de Zara, 124. — Discours de Dandolo, 126.—Préparatifs de départ, 127.
1203 —Arrivée d'Isaac à Constantinople, 128. — Les croisés devant Zara, 130. — Division entre les croisés, 131.— Guy, abbé de Vaux-Cernay, 132.—Lettre du pape sur le siége de Zara, 134. — Arrivée au camp des ambassadeurs de Philippe de Souabe, 138. — Discours de ces ambassadeurs, 139.—Avis divers parmi les pélerins, 142.—Motif secret des Vénitiens et de Dandolo, 143. — L'abbé Léon, 144.— Le bruit du siége de Zara parvient à Constantinople, 146. — Alexis, 147. — Plaintes des chrétiens d'Orient, 147. — Lettres d'Innocent III aux croisés, 148. — Division entre les pélerins, 148. — Arrivée du jeune Alexis devant Zara, 150. — Sentimens que sa présence inspire, 151. — Caractère d'Alexis, usurpateur de l'empire, 152. — Cour de Bysance, 153. — Caractère des Grecs, 156.—Arrivée des croisés devant Corfou, 156. — Quelques pélerins se disposent à suivre Gauthier de Brienne, 157. — La flotte traverse l'Archipel, 161. — Description de Constantinople, 163.—Histoire de la fondation de cette cité,

163. — Étonnement des chrétiens à l'aspect de Constantinople, 165. — Commencement du siége, 166. — Les croisés descendent sur la rive asiatique du Bosphore, 167. — Ambassade de l'empereur auprès des croisés, 168. — Réponse de Conon de Béthune, 169. — Les croisés montrent le jeune Isaac aux habitans de Constantinople, 170. — Premières hostilités des croisés, 171. — Première attaque de Constantinople, 173. — Siége de Galata, 174. — Ils s'en rendent les maîtres, 176. — Première sommation aux habitans, 178. — Attaque de Constantinople, 179. — Par les croisés, 180. — Par les Vénitiens, 181. — Ils se rendent maîtres de la ville, 183. — Faute de l'empereur, 186. — Restauration d'Isaac, 186. — Situation des Grecs, 186. — Discours de Villehardouin au nouvel empereur, 189. — Entrée solennelle des nouveaux souverains dans Constantinople, 191. — Les croisés se retirent à Galata, 192. — Couronnement d'Alexis, 193. — Ambassade des seigneurs français auprès du sultan de Damas, 194. — Auprès du souverain pontife, 194. — Réponse du pape, 196.

LIVRE XI.

1204   Réflexions sur la prise de Constantinople, 198. — Situation des Grecs et des nouveaux empereurs, 199. — Discours d'Alexis aux croisés, 200. — Discussion dans le camp des pélerins, 200. — Différends entre les rites latins et les rites grecs, 201. — Discussions à ce sujet, 204. — Retraite d'Alexis, 205. — Les Bulgares, 206. — Incendie de Constantinople, 207. — Le jeune Alexis se réfugie dans le camp des croisés, 210. — Isaac, 211. — Troubles dans Constantinople, 220. — Les croisés somment Alexis d'exécuter ses promesses, 220. — Réponse des empereurs aux croisés, 222. — Les pélerins se proposent de nouveau d'assiéger Constantinople, 222. — Les Grecs ten-

tent de brûler la flotte des croisés; le feu grégeois, 223. — Sédition à Constantinople, 226. — Murzuffle, 227. — Alexis sollicite le secours des guerriers francs, 228. — Mort d'Isaac et d'Alexis, 230. — Les croisés se décident à assiéger la ville, 232. — Préparatifs de Murzuffle, 233. — Sortie des Grecs, 234. — Proposition de l'usurpateur aux barons francs, 236. — Préparatifs de siége, 237. — Siége de Constantinople, 239. — L'assaut général, 242. — Deuxième assaut, 244. — Les croisés entrent dans la ville, 246. — Fuite de Murzuffle, 250. — Élections de nouveaux empereurs, 251. — Lascaris, 252. — Incendie de Constantinople, 253. — Conduite des croisés, 254. — La cité est livrée au pillage, 255. — Destruction des monumens de l'art, 262. — Description des statues détruites par les croisés, 264. — Les reliques, 270. — L'abbé Martin de Litz, 270. — Golon de Dampierre, 273. — Partages rigoureux du butin, 275. — Élection d'un empereur, 279. — Choix des électeurs, 280. — Les suffrages s'arrêtent d'abord sur Dandolo, 281. — Le comte de Flandre, le marquis de Monferrat, 282. — Élection de Baudouin, comte de Flandre et de Hainault, 283. — Couronnement de l'empereur, 284. — Partage des provinces entre les barons, 286. — Prétentions du clergé latin sur les églises grecques, 289. — Lettres des croisés au pape, 292. — Réponse du pape, 293. — Les croisés d'Europe se dirigent vers le nouvel empire, 297. — Mort de l'épouse de Baudouin, 298. — Principauté grecque fondée par les Grecs, 299. — Mort de Murzuffle, 300. — Sort d'Alexis, 302. — Départ des comtes français pour les provinces conquises, 304. — Le marquis de Monferrat et le royaume de Thessalonique, 305. — Guerre civile entre le marquis et Baudouin, 306 et 307. — Réconciliation entre les deux princes, 309. — Les croisés soumettent les provinces, 311.

1205   Première apparition des Bulgares, 314. — Lois

promulguées par les barons francs, 315. — Alliances des Bulgares et des Grecs, 316. — Révolte des provinces conquises, 317. — Siége d'Andrinople, 318. — Les Bulgares s'opposent aux Francs, 318. — Les Cumans, 319. — Bataille d'Andrinople, 321. — Captivité de Baudouin, 322. — Invasion des Bulgares, 324. — L'évêque de Soissons est envoyé en Occident, 326.

1206 — Ravage des Bulgares, 327. — Les Grecs se révoltent, 330. — Fin de Baudouin, 331. — Réflexions sur cette croisade, 332. — L'historien de Nicétas, 333. — Le maréchal de Champagne, 335. — Martin Litz, 338. — Caractère de cette croisade, 340. — Chevalerie, 340. — Venise, 341. — Résultat de la croisade, 345.

LIVRE XII.

1200 État de l'Égypte et de la Syrie, 353. — Calamités
1202 dont ces provinces sont affligées, 355. — Effets des tremblemens de terre, 357. — État des colonies
1205 chrétiennes, 359. — Saadi, 359. — Mort d'Amaury, 360.
1206 — Exhortation d'Innocent III, 362. — Pélerinage par
1209 suite de pénitences ecclésiastiques, 363. — Ambassade auprès de Philippe-Auguste pour le choix d'un roi de Jérusalem, 365. — Jean de Brienne, 366. — Division dans les sectes chrétiennes d'Orient, 369. — Projet d'une croisade, 370. — État de l'Allemagne — Arrivée de Jean de Brienne dans la Palestine, 370. — Situation de la chrétienté, 373. — Guerre des Albigeois, 359. — Contre les Maures d'Espagne, 369. —
1213 Croisade d'enfans, 380. — Concile de Rome, 382. — Lettre du pape aux sultans du Caire et d'Alep, 387. — Ardeur du souverain pontife, 388. — Le cardinal
1214 de Courçon, 389. — Jacques de Vitri, 390. — État de l'Angleterre, 393. — Prédication de l'archevêque

1215 de Cantorbéry, 393. — Le roi Jean se croise, 394. — Trouble de l'Allemagne par rapport à l'érection de l'empire, 398. — Concile de Latran, 396. — Discours du pape, 397. — Décret du concile, 400. — Publication de ces décrets, et publication de la croisade,
1216 401. — Chants des troubadours, 403. — Mort d'Innocent III, 406. — Exaltation d'Honoré III, 406. — Préparatifs de croisade, 408. — André, roi de Hongrie, 409. — Croisade contre les Prussiens, 411. — Tableau des mœurs des Prussiens, 411. — Prédication de saint Adalbert, 419. — Les croisés d'Orient choisissent le roi de Hongrie pour chef, 422. — Leur
1218 arrivée dans la Syrie, 422-425. — Malek-Adel, 426. — État des Musulmans, *ibid.* — Les croisés se proposent d'attaquer le Mont-Thabor, 427. — Retraite précipitée des croisés, 429. — Discussions qui s'élèvent entre les chefs, 431. — Départ du roi de Hongrie, 432. — Croisade dans le Portugal. — Expédition d'Égypte; les croisés d'Orient se disposent à assiéger Damiette, 435. — Arrivée des croisés devant cette cité; premières attaques des guerriers francs, 439. — Elles se dirigent contre la tour au milieu du Nil, 440. — Machine des chrétiens, 441. — Prise de la tour du Nil, 444. — Mort de Malek-Adel, 445. — Situation de l'Orient à sa mort, 446. — Désertion des pélerins, 447. — Arrivée de nouveaux croisés dans le camp des pélerins, 450. — Le cardinal Pelasge, 451. — Son ambition, 452. — Mort du cardinal de Courson, 453. — Préparatifs des sultans du Caire et de Damas, 452. — Traits de bravoure des
1219 Templiers, 455. — Emad-eddin, 457. — Cause de la retraite des armées musulmanes, d'après les historiens arabes, 456. — D'après les Latins, 458.
1219 Continuation du siége de Damiette, 462. — Le Caroccio, 463. — Défaite des croisés, 464. — Arrivée de saint François d'Assises, 466. — Caractère du saint personnage, 467. — Proposition de paix de la part

des Sarrasins, 468. — On délibère sur ces propositions, 469. — État des Musulmans, 472.— Continuation de la guerre, 474. — Lois de discipline, 475. — On annonce un dernier assaut, 475. — Prise de Damiette, 476. — État déplorable de la cité, 477.— Terreur que répand parmi les Sarrasins la prise de
1220 Damiette, 479. — Conduite des chrétiens, 482. — Arrivée de nouveaux pèlerins, 482. — Débats élevés entre les chefs sur les expéditions ultérieures des croisés, 485. — On délibère si l'on marchera sur le Caire, 486. — Opinion du légat, 486. — Celle de Jean de Brienne, 487. — Les croisés s'avancent sur les rives du Nil, 488. — Les sultans viennent au secours de
1221 l'Égypte, 490. — Nouvelles propositions de paix de la part des Musulmans, 490. — Les chrétiens refusent, 491. — Accroissement des eaux du Nil, 493. — Les chefs se décident à la retraite, 493. — Les Musulmans les poursuivent, 494. — Désastre des croisés, 495. — Ils proposent de capituler, 496. — Les Sarrasins délibèrent sur ces propositions, 499. — Elles sont acceptées, 500. — Entrevue du roi de Jérusalem et du sultan, 500. — Reddition de Damiette, 502. — Réflexions sur ces croisades, 503. — Esprit de ces nouveaux pèlerinages. — Effets de ces croisades, 509. — La lèpre. — Esprit de prosélytisme, 512. — Croisade contre les Prussiens et Albigeois; comparaison des guerres religieuses des anciens avec la croisade.

ÉCLAIRCISSEMENS.

N°. I. Sur le chancelier Conrad, 520. — N°. II. Sur l'établissement des princes francs dans l'empire de Constantinople, 522. — N°. III. Sur les croisades en Espagne, en Portugal et contre les Albigeois, 584. — N°. IV. Sur la croisade d'enfans, 605.

DES MATIÈRES. 659

PIÈCES JUSTIFICATIVES.

N°. Ier. Lettre de Célestin à Hubert, archevêque de Cantorbéry, 615. — N°. II. Lettre du duc de Saxe à l'archevêque de Cologne, 617. — N°. III. Lettre de Henri VI adressée à ses prélats d'Allemagne, 619. — N°. IV. Lettre du grand-maître des Hospitaliers, 620. — N°. V. Traité d'alliance entre Baudouin, comte de Flandre, Thibault, comte de Troyes, et Louis, comte de Blois, frères; et le seigneur Henri Dandolo, doge de Venise, pour le passage de la Terre-Sainte, 622. — N°. VI. Serment des députés de Baudouin, 626. — N°. VII. Traité fait sous les murs de Constantinople, 628. — N°. VIII. Charte relative à l'introduction du maïs, 631. — N°. IX. Lettre du pape Innocent III, 633. — N°. X. Nobili viro saphadino soldano Babyloniæ et Damasci timorem divini numinis et amorem, 641. — XI. Nobili viro soldano de Alapiâ, 641. — N°. XII. Extrait de deux lettres d'Honoré III, concernant les sommes données par ce pape pour la croisade, 642. — N°. XIII. Récit de la reddition de Damiette en 1221, par l'auteur anonyme de la chronique de Tours, 645.

FIN DE LA TABLE DU TROISIÈME VOLUME.